알레산드로
멘디니
일 벨 디자인 Il Bel Design

minimum

Alessandro Mendini _ Il Bel Design
알레산드로 멘디니 _ 일 벨 디자인

초판 1쇄 발행일 2013년 10월 31일
초판 3쇄 발행일 2016년 1월 20일

지은이 최경원
감　수 알레산드로 멘디니
펴낸이 정상민 · 허주영
펴낸곳 미니멈
디자인 황윤정 · 이수영
사　진 김승민 · 이준호

주소 서울시 종로구 부암동 332-19
전화 · 팩스 02-6085-3730 / 02-3142-8407
등록번호 제 204-91-55459

ISBN 978-89-964173-3-0 03600

가격은 뒤표지에 있습니다.
잘못된 책은 바꾸어 드립니다.

알레산드로 멘디니

일 벨 디자인 Il Bel Design

글 최경원
감수 알레산드로 멘디니

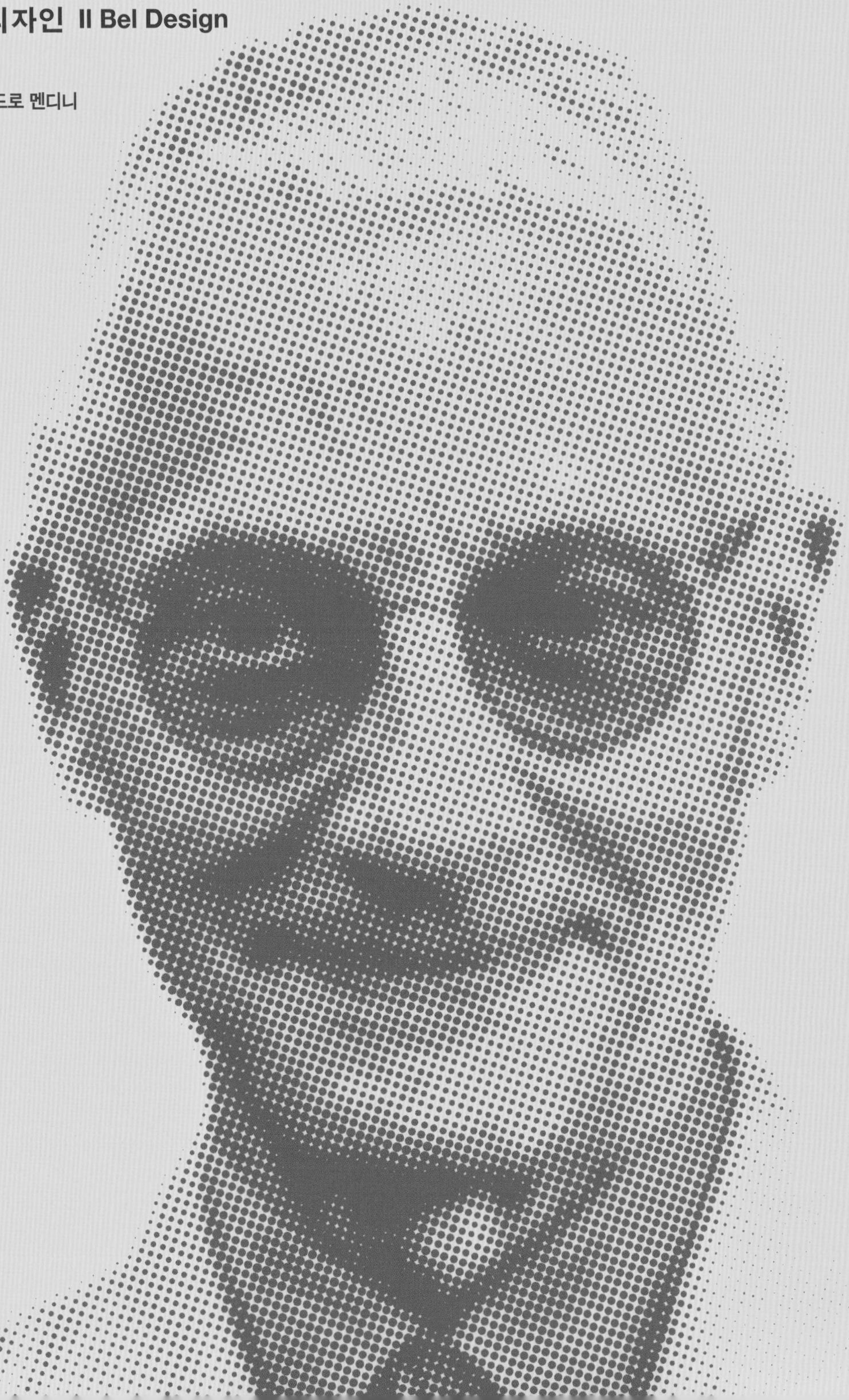

minimum

감 수 평

나의 작품과 나의 아틀리에에 대해 쓴 이 책은 정 부사장이 소개해준 최경원 교수의 아이디어에서 나왔다. 모든 것은 2년 전 최 교수가 그의 학생들, 에디터, 사진작가와 함께 나의 아틀리에를 방문했을 때 시작되었다. 최 교수는 매우 친절한 사람이었으며, 나를 만난 것을 너무나 기뻐했다. 그는 나에게 선물을 주었고, 우리는 함께 차와 커피를 마셨다. 그것은 친밀함이 지속되는 가운데에서 우정과 지식을 쌓아가는 흥분되고 즐거운 만남이었으며, 이러한 관계는 지금까지 계속 이어지고 있다. 그날 우리는 긴 대화를 통해, 그리고 아틀리에에서 이루어졌던 그 외의 다른 모든 이야기를 통해 책에 가장 적합한 방식이 무엇인지를 의논했다. 그들은 내게 많은 것을 물어보았으며, 내 사진도 많이 찍었다. 우리는 아틀리에의 건축가와 디자이너가 컴퓨터 화면에 올려놓고 작업하고 있는 프로젝트를 설명하면서 책상 사이를 돌아다녔다. 때로 정 부사장도 같이 있었다. 그렇게 조금씩조금씩 우리가 디자인과 건축에 대해 이야기를 해나가는 동안 이 책은 구체화되어갔다. 나는 책이 만들어지는 과정의 여러 국면과 책의 내용, 그리고 사진 선택에까지 쭉 관계했다. 나는 최 교수의 역사적인 지식과 비평적인 지성, 그리고 이 작업에 대한 엄청난 헌신에 너무나 감사하다는 말을 전하고 싶다. 우리 사이에 강한 유대감을 발생시킬 정도로 이 책은 독보적이며 특별하다. 그리고 내 작품에 대해 설명한 다른 글과는 완전히 차별화되는 책이다.

알레산드로 멘디니

Alessandro Mendini

The idea for this book about my work and my Atelier came from Professor Choi, who was introduced to me by Mr. Chung.

It all began two years ago, when Choi came to visit me with a group of his students, collaborators and photographers. Choi is a very friendly man, and he was happy to see me. He brought me gifts, and we drank tea and coffee together.

It was a stimulating and enjoyable encounter that led to an ongoing rapport of friendship and knowledge, still continuing today. During our lengthy exchange, and during the others that followed, all held in my Atelier, we discussed which would be the best formula for this book. They asked me many questions and took many photographs of me. We strolled among the tables, explaining our projects on computer screens together with our architects and designers. Often Mr. Chung would be present.

And so, little by little, as we talked about design and architecture, this volume materialized. I followed all its different phases, its contents and the photographic selection. I need to thank professor Choi very much for his historical and critical intelligence and his great dedication to this job. Given the intense relationship that originated between us, this publication is unique and special, and entirely different from any other documentation of my work.

Alessandro Mendini

추 천 사

김난도

서울대학교 소비자학과 교수, 〈아프니까 청춘이다〉, 〈김난도의 내:일〉 저자

언제부터인가 '꿈'이라는 단어가 '직장'이라는 뜻을 갖게 되고, '열정'이라는 단어가 '취업공부'라는 뜻을 갖게 되었다. 안타깝고 가슴 아픈 현실이다. 더구나 각자의 얼굴만큼 다른 개성과 재능을 가지고 있는 모두가 '회사'에서 원하는 비슷한 능력을 갖추기 위해 각자의 개성과 재능과 상관없는 '스펙'을 만드느라 시간과 에너지를 쏟고 있는 모습을 보면, 그 젊음이 너무도 아깝다.

아주 잠시라도 내가 남과 다른 점, 내가 가장 재미있어 하는 일, 내가 가장 잘하는 일이 무엇인지 고민해보기를 진정으로 권한다. 아주 사소한 것이라도 말이다. 그런데 만약 나의 그런 '나다움'을 원하거나 받아주는 직장이 없다면, 그렇다면 직접 그런 장을 만들어보는 것은 어떨까?

《알레산드로 멘디니Alessandro Mendini_일 벨 디자인Il bel design》을 읽으며, 디자인이 얼마나 중요한 것인지, 디자인이 얼마나 대단한 일을 해낼 수 있는지 알게 되면서 아주 흥미로웠다. 특히 난생 처음 보는 아름다운 디자인 작품을 생생한 사진으로 접할 수 있어 그 자체로도 신기했다. 그러나 나는 무엇보다 레오나르도 다빈치의 환생이라고 평가받는 알레산드로 멘디니 개인의 삶의 궤적에 감동했다. 나는 독자 여러분에게 평생 해오던 일을 접고 58세에 아틀리에를 열어 디자이너로서의 새로운 삶을 시작해 세계적인 디자이너가 되고, 또 거기서 안주하지 않고 80을 훌쩍 넘긴 나이에도 라문의 아물레또와 같은 새롭고 신선한 디자인을 선보이는 세계 최고의 디자이너 알레산드로 멘디니의 삶을 보여주고 싶다.

그는 대학에 입학해서도 공학에서 건축으로 전공을 바꾸고, 졸업 후에도 전공을 살리는 일을 하다 돌연 전공과는 전혀 다른 편집자의 길을 선택했다. 그리고 편집자 일을 하면서도 디자인실험 집단을 만들어 활동한다. 그의 이런 모든 선택에서 놀랍게도 '돈'에 대한 고려는 항상 가장 마지막이었다고 한다. 아틀리에를 열어 디자이너가 될 때도 마찬가지다. 그러나 돈을 가장 고려하지 않은 그는 가장 성공한 디자이너가 되었다.

이 책을 읽고 꿈과 열정이 한 개인의 인생은 물론, 그가 속한 사회와 국가를 어떻게 바꿔버리는지 경험해보기 바란다. 단순한 놀라움이 아니라 치열한 삶이 주는 감동을 느낄 수 있을 것이다.

장호익 서울대학교 디자인과 교수

글을 따라가다 보면 세계적인 디자이너 알레산드로 멘디니에 관한 쉽지 않은 내용들이 흥미진진하게 들어온다. 전공자가 아닌 일반인도 어렵지 않게 읽어나갈 수 있을 정도다. 이처럼 독자의 흥미를 이끌만한 독특한 구성과 재미있고 편안한 문체야말로 이 책의 가장 큰 덕목이라고 생각한다. 그리고 흔히 볼 수 없는 자료를 직접 발로 뛰어 발굴한 점도 매우 칭찬할 만하다. 이 책을 통해 알레산드로 멘디니에 대해 몰랐던 많은 사실이 알려지게 되었으며, 특히 세계 디자인, 이탈리아 디자인에 미친 그의 업적을 보다 구체적으로 알 수 있게 되었다. 그리고 책의 내용이 한 개인의 성과를 칭송하는 데 그친 것이 아니라 그의 삶을 세계 역사의 흐름 속에서 입체적으로 조망하면서 역사적 의미를 찾고 있다는 점, 그리고 그러한 의미 속에서 후학들이 따라야 할 모범을 제시했다는 점에서도 큰 의미를 찾을 수 있다. 무엇보다 멘디니의 여러 디자인 작품을 꼼꼼하게 설명한 부분은 디자인을 하는 사람이나 디자인을 보는 사람에게 디자인을 비평하는 눈과 마음을 키워줄 것이다.

Lucio Izzo

알레산드로 멘디니는 수 십 년 동안 가장 대중적인 이탈리아 디자이너로서 광범위한 찬사를 받아왔다. 하지만 그는 그것을 넘어선다. 멘디니가 성취한 업적은 자신을 어떤 분야에서든 이탈리아 창조성의 진정한 상징으로 받아들이게 만들었다. 그런 까닭에 나는 최경원이 멘디니의 삶과 작품에 헌정한, 그리고 '일 벨 디자인Il bel design'이라는 뜻 깊은 부제를 달고 있는 이 흥미로운 책을 읽게 되어 너무나 기쁘다. 이 글은 멘디니의 물질적인 제품 이야기만 더듬는 것이 아니라, 무엇보다도 그의 생각이 진화되는 과정과 창조의 여정을 매우 신중하게 추적하고 있다. 최경원은 멘디니의 방법론과 미학관을 분석하고 있는데, 그것을 통해 이탈리아 포스트모더니즘을 낳게 한 오리지널한 콘셉트와 새로운 형태가 개발되는 데 그가 어떤 공헌을 했는지 직접 대면하게 된다. 멘디니의 작업은 공공공간디자인과 건축디자인에서부터 인테리어디자인에 이르기까지, 마찬가지로 그래픽디자인과 공업디자인에서 기념비디자인에까지 뻗어있다. 멘디니는 이런 각각의 프로젝트를 실제로 완수하면서, 그리고 결과에 대한 피드백을 통해 그의 정교하게 계획된 이론을 강화시켜왔다. 알레산드로 멘디니와 직접 만나고 인터뷰를 한 덕분에 최경원은 공적으로 형성된 인격체 뒤까지 파고드는 신선한 심리학적 통찰을 가능하게 해주었고, 또한 이것은 이 글에 전기적인 풍취를 더해주고 있다. 나는 이 책이 한국뿐 아니라 전세계에 멘디니의 디자인과 20세기와 21세기 이탈리아 디자인을 알리는 데 크게 기여할 것이라고 확신한다.

루치오 이조 현 이탈리아 외무성 문화진흥국장, 전 주한 이탈리아 대사관 문화원장

Peter Weiss

다양한 예술 조류와 시대를 아울러, 20세기 후반 디자인에 다른 어떤 예술가보다 큰 영향을 미친 것은 알레산드로 멘디니의 작품이다. 특유의 보편성과 우아함은 작품에 다층적인 아름다움을 갖게 했다. 이는 건축가이자 디자이너, 문화이론가인 한 남자에 의해 창조되었다. 국제적으로 그의 프로젝트는 급진적 디자인, 알키미아, 포스트모더니즘, 키치와 바날의 부활, 신미래파라는 디자인의 가장 중요한 양식 단계에 결정적인 영향을 미쳤다. 그의 유토피아적 시각의 연속성, 전통적인 카테고리를 비난하는 모든 리뷰, 무한한 미학적 어휘와 리디자인 프로젝트 모두는 예술계에 중요한 기여를 했다.

현재 예술 현장에서 튼튼한 거미줄처럼 서로 맞물리고 연결된 관계에서 알레산드로 멘디니는 비범한 존재다. 그는 서로 연결되어 있는 다양한 형태의 디자인 문화와 완전히 다른 것 사이의 경계선에서 일했던 예술가이기 때문에 단순히 전형적인 이탈리아 디자이너라고 정의할 수 없다. 멘디니는 인본주의적으로 이탈리아 문화에 속하지만, 국제 공식 언어를 사용해 조형미술, 건축, 디자인에서 전세계적으로 영향력을 행사하고 있다.

페터 바이스 디자인 평론가

Silvana Annichiarico

알레산드로 멘디니는 무엇보다 자신의 작품을 건축이나 디자인 오브젝트에서의 작품이라기보다 이미지를 생산해내기 위한 실천으로 봤다.

실바나 안니치아리코
트리엔날레 디자인 뮤지엄 Triennale Design Museum 디렉터

Franco Bosisio

우리는 알레산드로 멘디니와 함께, 그의 예술작품이 일반적인 디자인 개념보다 얼마나 더 깊은 깊이를 가졌는지, 또 그의 디자인의 가치가 비즈니스 전략에서 어느 단계까지 올라갔는지 볼 수 있다. 전략적 감성은 예술가에게는 드문 면이다. 그래서 이미지가 자유롭게 흐르는 독창성을 한 회사의 소통지향성에 결합시킬 수 있는 개성 있는 인간을 만난다는 것은 정말이지 참으로 소중한 경험이다.

프랑코 보시시오 스와치 이탈리아Swatch Italia 지사장

Juli Capella

알레산드로 멘디니는 나에게 스승이다. 건축, 디자인, 저널리즘, 정치의식 그리고 무엇보다도 행동에서. 그는 제자를 원하지 않지만, 그러나 그와는 매우 다른 자유정신과 영혼은 숨겨진 공간을 탐험하기 위해 자유롭게 날아다닌다. 멘디니는 사람을 깊게 끌어들인다.

줄리 카펠라 저널리스트, 건축가, 디자이너

Alberto Alessi

알레산드로 멘디니와 나(알레시)의 관계를 쓴다는 것은 너무 어려운 일이다. 이유는 간단하다. 멘디니는 다른 일반적인 디자이너나 컨설턴트와는 전혀 다르기 때문이다. 그 이상이다. 내게 우리가 일하고 있는 이 매력적인 분야의 모든 미스터리를 계속 알려준 그는, 실천의 달인이고 마치 소크라테스 같다.

알베르토 알레시 알레시Alessi 회장

책을 펴내며

한 디자이너의 생애와 작품을 총체적으로 살펴보고 규명한다는 것은 쉬운 일이 아니다. 특히 알레산드로 멘디니와 같이 디자인 역사에 큰 족적을 남긴 디자이너에 관한 것이라면 어려운 일이기도 하거니와, 개인의 차원을 넘어서는 역사적 평가가 되기 때문에 매우 부담스러운 일이다. 하지만 시대의 흐름 속에서 자신의 세계를 엮어나가는 디자이너의 생생한 드라마를 실시간으로 보는 일이니, 긴장되기는 하지만 결코 외면할 수 없는 흥미진진한 일이다. 설사 독이 든 성배라도 마시지 않을 수 없다.

대학교를 다니며 디자인을 해야 할지 말아야 할지를 고민하던 시절, 알레산드로 멘디니는 세계 디자인계의 흐름을 주도하면서 활발하게 활동하던 세계 최고의 디자이너였다. 아직 기능주의적 디자인이 학교나 현장에 팽배해 있었고, 그 외의 디자인이 들어설 공간이 전혀 없던 답답한 시절, 그는 밤하늘에 떠있는 북극성과 같은 존재였다. 도저히 다가갈 수 없는 거리에 있는 전설적인 인물이기도 했지만, 획일화된 디자인 가치관에 힘들어할 때 등대가 되었고, 용기를 불어 넣어주던 멘토와 같은 인물이다.

그런 고마움을 잊을 수 없기도 했고, 그의 역사적 기여에 대해 정리할 필요성도 느껴 그동안 책을 통해서나 칼럼을 통해서 그와 그의 디자인에 대한 글을 적지 않게 쓰기도 했다. 하지만 글을 통해 묘사된 그의 모습은 언제나 밤하늘의 북극성일 뿐이었다. 신비롭기는 하지만 현실적이지는 않았다. 문화적 차이가 크고, 역사적 맥락이 다른 입장에서 그를 보기 때문에 나타나는 문제였다. 한국이라는 공간과 역사에서 보는 그는 언제나 신화 속 인물이었다.

그런 그를 현실적 인물로 대하면서 글을 쓴다는 것은 정말 환상적인 일이 아닐 수 없다. 책에서나 볼 수 있던 그의 모습을 두 눈으로 직접 보면서 대화를 나눌 수 있다는 것은 정말 대단한 기회였고, 상상하지 못한 경험이었다. 공기중으로 전달되는 그의 목소리 떨림과 그의 손의 실핏줄까지 느끼면서 이야기할 때는 공중에 붕 떠있는 것 같았다. 게다가 따뜻한 온기가 감도는 육성으로 그의 삶과 생각을 듣는 것은 문자로 냉동된 상태로 받아들이는 그것과는 완전히 달랐다. 문자와 문자 사이의 커다란 빈틈은 그의 친절한 설명으로 메꿔졌고, 그동안 알고 있던 건조한 지식에는 피와 살이 갖추어지고 따뜻한 온기가 돌았다. 무엇보다 알레시 회장이 말한 바 있는 그리스 철학자 같은 그의 면모, 그의 현명함과 따뜻한 배려를 오감으로 느낀 것은 잊을 수 없는 추억이 되었다.

적당하게 쓰려고 했던 원고 양은 눈덩이처럼 불어나기 시작했고, 처음 약속했던 원고 마감은 기약할 수 없게 되어버렸다. 덕분에 빚쟁이에 쫓기는 신세가 어떤 것인지 절실히 알게 되었는데, 다행인 것은 책이 나오기를 간절히 기다리는 분들이 '사채업자'와는 전혀 달랐다는 것이다. 그렇다고 마음의 부담이 적어진 것은 아니었다. '말 없음의 독촉'은 저자의 무의식을 사정없이 흔들어놓았고, 원고가 마무리되는 동안 무한한 죄책감과 정신분열을 가져왔다. 변명을 하자면 그건 전적으로 알레산드로 멘디니 때문이다. 그의 디자인 세계는 파면 팔수록 엄청난 가치들이 쏟아져나왔다. 그렇게 파고들다 보면 거대한 함정에 빠진 스스로를 발견하는 게 한두 번이 아니었다.

그러나 결국은 두 손으로 책을 만지게 되는 순간을 맞이하게 되었다. 감격스럽기는 하지만 먼저 책이 완성되기까지 온갖 뒷바라지를 해주었던 허주영 편집장의 노고에 감사드리지 않을 수 없다. 아마도 이 책이 나오기까지 속으로 엄청난 눈물을 흘렸을 것이다. 모두 저자의 잘못이다. 디자인을 해준 황윤정에게도 같은 감사를 전한다. 스승 잘못 만나면 어떤 '봉변'을 당하는지 많이 느꼈을 것이다. 얼떨결에 디자인에 참여했던 제자 이수영도 고맙다. 그리고 이탈리아까지 가서 사진을 찍어준 후배이자 제자 김승민 군에게도 고마움을 전한다. 역시 선생 잘못 만나서 언제나 고생이다. 그리고 이 책이 나오기를 간절히 바라면서 정신적인 사채업자 역할을 하지 않을 수 없던 정상민 부사장님께는 그 고마움을 말로 표현할 수가 없다. 시간이 지나면 알레시의 회장을 능가하는 세계적인 디자인 서포터가 되실 것이라 확신한다. 그리고 언제나 편안하게 분위기를 잡아주시는 안용수 상무님께도 감사를 드린다. 상무님의 넉넉한 인품 덕에 즐겁게 책을 만들 수 있었다. 그리고 멘디니 스튜디오에서 물심양면으로 챙기고 고생해주신 차영희 실장님의 노고도 잊을 수 없다. 그녀의 도움이 없었다면 이 책은 나올 수 없었을 것이다. 이탈리아에서 취재하는 동안 느꼈던 그녀의 따뜻한 마음씨와 명석함은 엄청난 도움이었다. 그리고 이 책의 주인공 알레산드로 멘디니 씨에게 진정 감사를 드린다. 이 책을 쓰는 동안 그의 삶에 흠뻑 빠져 한 편의 거대한 대하드라마를 본 것 같다. 그 감흥은 저자가 아니면 맛볼 수 없는 지극한 즐거움이었다. 그런 즐거움을 통해 앞으로의 인생에 큰 깨달음을 얻게 되었으니, 그는 진정한 스승이다.

2013년 10월 10일 연남동 현 디자인 연구소에서

최경원

Part 5
멘디니의 매력적인 디자인 세계

Part 6
멘디니의 디자인관

Part 7
멘디니와 주고받은 질문과 응답

Part 8
알레산드로 멘디니를 만나다

Part 1

난해한 디자이너 알레산드로 멘디니

1

단순한 모양
복잡한 내면

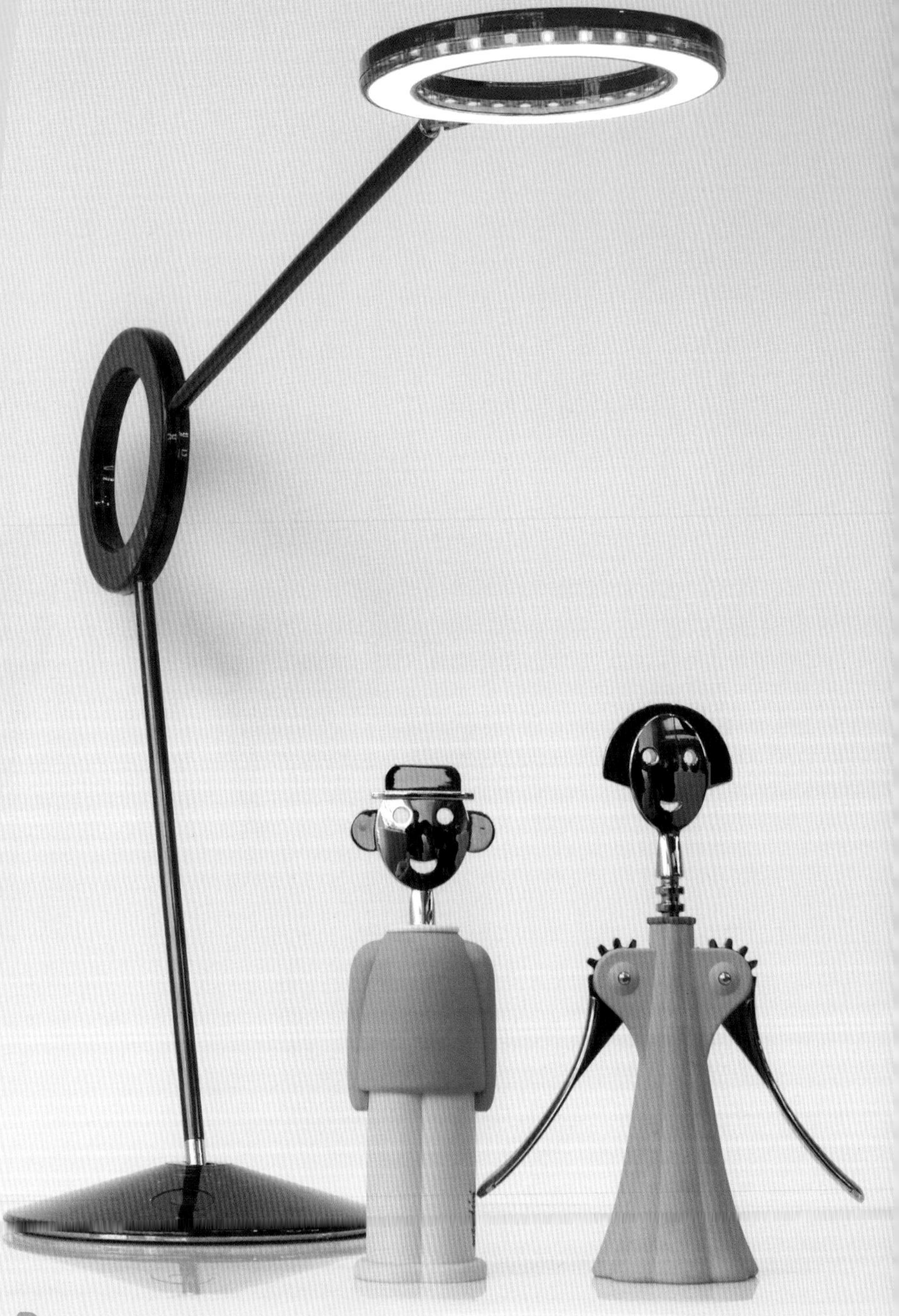

1.1

1.1 램프 아물레또와 와인오프너 알레산드로 M, 안나 G

무엇에 쓰는 물건인가

차가운 질감의 스테인리스 스틸은 보는 사람의 마음을 편하게 하는 재료는 아니다. 하지만 단발머리에 미소를 잔뜩 품은 이 수수한 여인의 얼굴은 마치 따사로운 피부를 가진 것 마냥 정답게 다가온다. 얼굴 아래로는 치마처럼 우아하게 퍼지며 내려가는 플라스틱 몸통에 날씬하게 휘어진 예쁜 팔이 다소곳하게 붙어 있다. 팔을 올려 만세를 할 수도 있다. 장난감 인형이라고 해도 전혀 이상하지 않은 모양이다.

편안하면서도 동심이 가득 묻어나는 색을 보면 더욱 그렇다. 게다가 바비인형처럼 이름도 있다. '안나 G Anna G.' 하지만 바비인형처럼 공주병을 촉발시키는 과장된 아름다움은 아니다. 그래서인지 이 물체는 남녀노소 모든 사람의 마음에 큰 거부감 없이 다가간다. 무엇에 쓰는 물건인지는 모르겠지만 두 팔을 벌리고 아무 생각 없이 웃고 있는 얼굴 앞에서 인상을 찌푸리기는 어렵다.

놀라운 것은 이것이 장난감이 아니라 와인오프너라는 사실이다. 모양은 장난감 같지만 와인병 위에 덮어서 머리를 돌리면 팔이 올라가고, 그 팔을 두 손으로 다정하게 잡고 아래로 내리면 와인병의 코르크 마개가 경쾌한 소리를 내며 따진다. 와인오프너로서도 흠잡을 데 없는 능력을 보여준다. 외모에 비해서는 좀 의외다.

형식적으로 뚫린 눈과 코에 단발머리를 가진 둥근 얼굴은 수수함을 넘어서 어리숙해 보이기까지 한다. 디자인이라면 어떻게 해서든 세련되고 눈부시게 보이려는 것이 인지상정일 텐데, 이 디자인은 완성도 높은 내면을 가지고 있으면서도 전혀 티를 내지 않는다. 그저 디자인이지만 참으로 겸손하다. 하지만 바로 그 겸손함이 보는 사람의 입가에 미소를 깃들게 한다. 와인오프너 하나가 사람을 그렇게 만든다는 것은 그냥 지나칠 일이 아니다. 왜냐하면 디자인이 기능적 효용을 제공해주는 데서 그치는 것이 아니라 사람의 마음을 움직이는 차원으로까지 나아갔다는 것을 의미하기 때문이다. 눈에 보이는 뚜렷한 기능적 효용으로 사람을 이해시키는 것은 그래도 할만한 일이다. 하지만 감동시킨다는 것은 정말 어렵다. 악플보다 무플이 더 무섭다는 말이 있

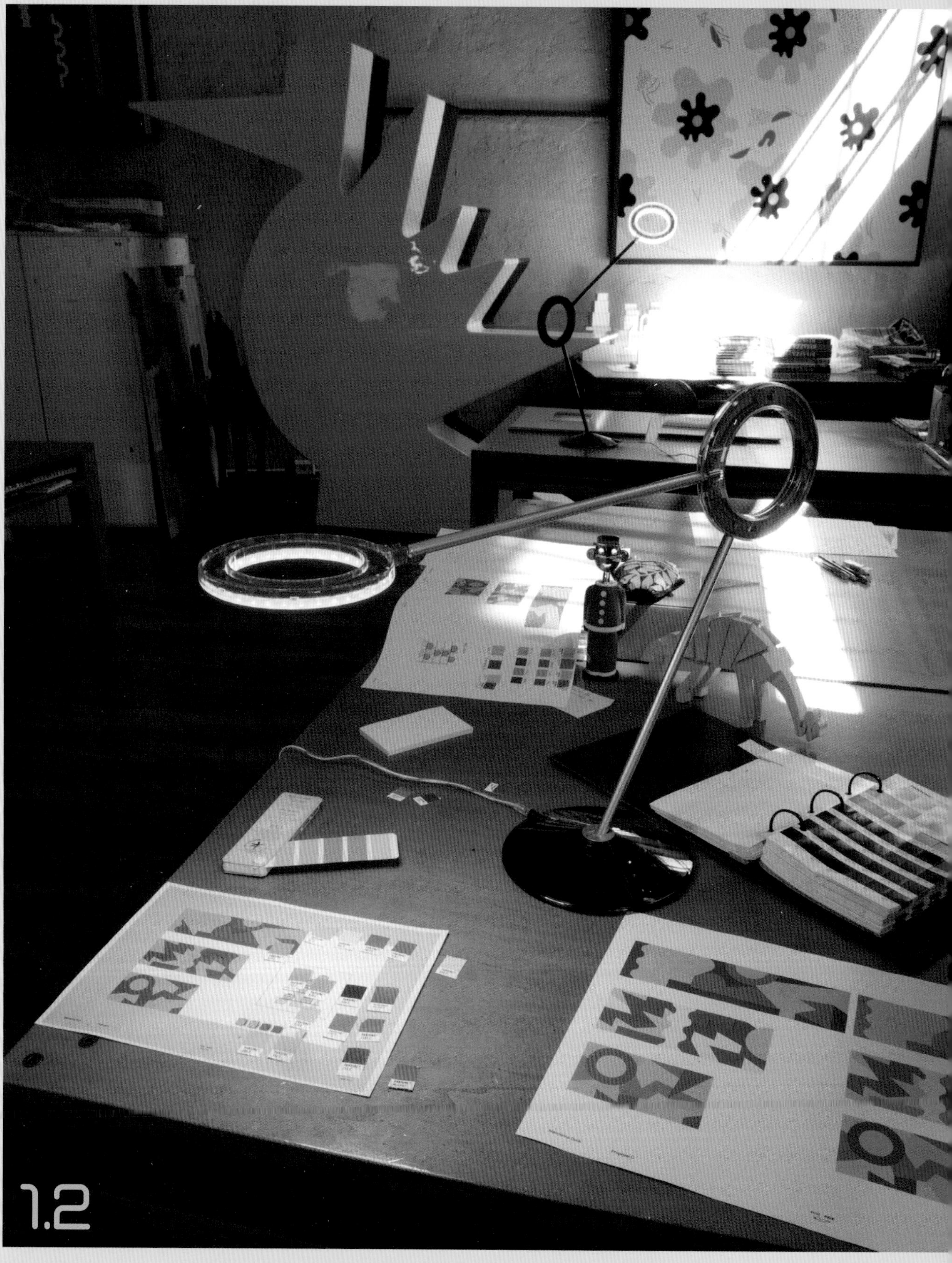

1.2

듯이 좋은 감정이든 나쁜 감정이든 사람의 마음을 움직인다는 것은 쉽지 않다. 인간에 대한 심층적 이해가 없으면 어려운 일인데, 일개 무생물인 와인오프너가 그런 일을 하고 있다는 것은 참으로 대단하다.

하나의 물체가 사람의 마음을 움직인다는 것, 정서를 움직인다는 것은 아름다운 음악이나 좋은 영화나 훌륭한 그림이 사람을 감동시키는 것과 다르지 않다. 그런 점에서 본다면 안나 G는 사람들에게 디자인이면서도 예술작품처럼 작용하고 있다. 이런 디자인 앞에서는 디자인이 예술이 아니라는 말을 큰 소리로 외치기가 어렵다. 얼굴은 그저 소박하게 웃고 있을 따름이지만, 안나 G는 순수미술과 디자인이 다른 길을 걸어야 한다는 고정관념을 고루하게 만들고, 디자인의 존재방식을 근본적으로 바꾸고 있는 것이다. 멘디니의 다른 디자인 역시 그렇다.

예를 들어 사진 1.2의 조명디자인을 보면 원과 직선의 단순한 기하학적 형태만으로 구성되어 있다. 언뜻 보면 조명등이기보다 추상조각품에 더 가까워 보인다. 특히 가운데가 뚫린 원들은 이 물건에서 부품이 내장될 공간이 하나도 없기 때문에 자기는 디자인이 아니라 예술품이라고 증명하는 것처럼 보인다. 마치 마술사가 마술을 하기 전에 자기 손에는 아무 것도 없다는 것을 관객에게 보여주는 제스처 같다.

노란색과 빨간색, 파란색. 정확하게 삼원색으로만 이루어진 색의 조합은 20세기 초 네덜란드 신조형주의나 러시아 아방가르드avant-garde의 기하학적 조각을 연상케 한다. 그렇다고 추상미술의 심각함으로 빠지지는 않는다. 보는 사람에 따라서는 조각이 아니라 레고 블록을 떠올리기도 한다. 적어도 보는 사람의 마음이나 정신을 긴장하게 하지는 않는다. 특히 노란색 원은 전체의 인상을 매우 부드럽고 천진난만하게 만든다.

그런데 이 물건의 파란색 바닥에 손가락을 갖다 대면 머리부분의 원이 마술처럼 빛나기 시작한다. 예술작품이 디자인으로 바뀌는 순간이다. 램프의 불이 켜지면서부터 이 물체는 바로 조명으로서의 임무에 들어간다. 둥근 테두리에서 빛이 나는 모습은 마치 UFO가 내려앉은 듯하지만, 원형으로 배치된 램프에서 빛이 사방으로 비추기 때문에 그림자가 생기지 않는다. 수술대 위의 조명등과 같은 원리다. 멋있기도 하지만 작업할 때 아주 기능적이다. 눈에 부담을 많이 주지 않는 것도 빼놓을 수 없다. 사랑하는 손자들의 건강과 행복을 기원하며 디자인했다는 램프 아물레또Amuleto는 친구처럼 가까이서 나를 지켜주며 내 소원을 들어주는 수호물이라는 의미의 이름처럼 눈에 피로감을 주지 않도록 램프의 빛이 과학적으로 매우 엄격하게 조율되어 있다. 그리고 램프의 둥근 테두리 부분은 훌륭한 손잡이가 된다. 이 부분을 손으로 잡고 옮기면 램프가 아주 부드럽게 원하는 위치로 움직인다. 램프 몸체의 길이나 관절부분이 손의 힘과 팔의 길이를 고려하여 인체공학적으로 디자인되었기 때문에 움직이는 반경이나 힘과 촉감이 상당히 좋다. 또한 램프 아랫부분의 몸체를 손가락으로 살며시 이리저리 밀면 빛이 마술처럼 밝아졌다 어두워지면서 밝기가 조절된다.

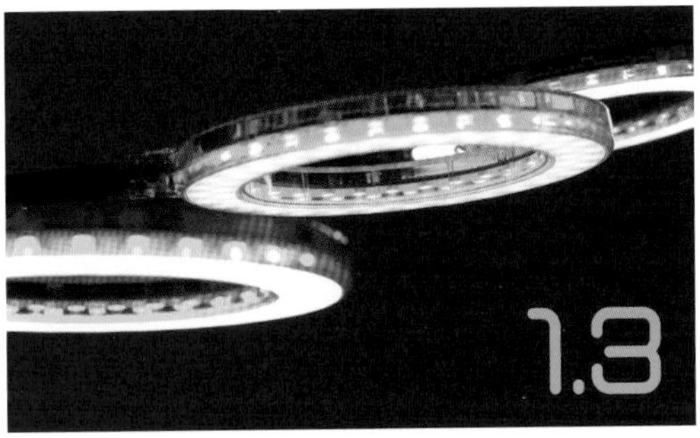

1.2 안나 G와 유사한 길을 걷고 있는 알레산드로 멘디니의 램프 아물레또
1.3 아물레또의 LED램프

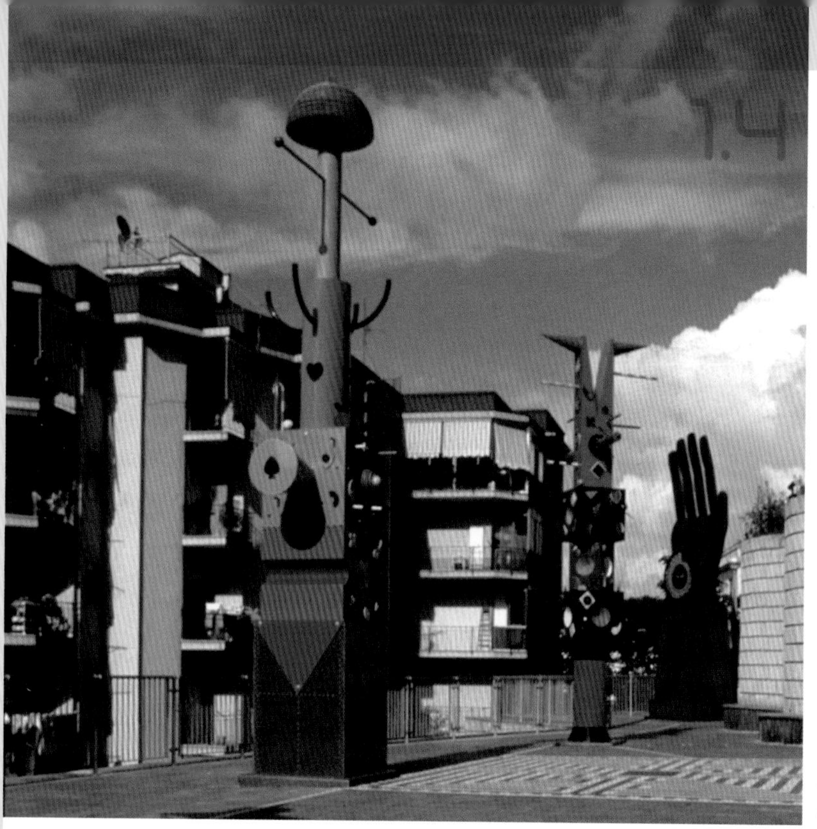

1.4 나폴리 지하철역 주변의 공간디자인
1.5 지금까지 판매되고 있는 프루스트 의자

나폴리 지하철역 주변의 공간디자인도 순수미술과 디자인을 융합하고 있다. 사람들이 오가는 일상공간 안에 마치 순수조형작품 같은 것들이 놓여 있다. 얼핏 보면 화랑에 놓을 것들이 택배사의 실수로 잘못 옮겨진 것은 아닌가 싶을 정도로 황당한 모습이다. 작가의 개성을 무분별하게 펼쳐놓은 듯한 형태도 그렇고 원색으로 이루어진 색채도 이해하기가 쉽지 않다.

그렇지만 이 디자인은 난해한 예술성을 빙자해 지나가는 사람들의 머리 위에 군림하고 있지는 않다. 블록을 연상케 하는 형태와 어린이 놀이터에서 흔히 볼 수 있는 원색은 오히려 사람을 즐겁게 만든다. 지극히 일상적인 공간에 놓인 이 비현실적인 모양은 자칫 건조해질 수 있는 공공공간을 이상한 나라의 앨리스가 불쑥 튀어나올 것 같은 초현실적 공간으로도 만든다. 예술적 외양을 가지고는 있지만 공간의 성격을 획기적으로 바꿔주기 때문에 오히려 적당한 편리함만 제공하는 공공디자인과는 차원이 다른 기능을 수행하고 있다. 그런 점에서 하나의 디자인으로서도 전혀 손색이 없다.

알레산드로 멘디니의 디자인은 이처럼 대체적으로 유머러스한 가운데 순수미술을 방불케 하는 면모를 갖고 있으면서도 디자인으로서도 모자람 없는 역할을 하고 있다. 그런데 하나의 디자인 안에 이처럼 복잡한 가치를 담으면 너무 난해해서 세상의 이해를 받지 못하는 비운의 걸작으로 추락할 확률이 높다. 특히 추상작품 같은 형태가 화랑 밖의 일상생활에서 받아들여진다는 것은 웬만한 세계적 아티스트도 꿈꾸기 어려운 일이다. 하지만 놀랍게도 멘디니의 실험적인 디자인은 대중으로부터 고립되기는 커녕 환영받고 있으며, 심지어 상업적으로도 큰 성공을 거두고 있다.

놀라운 성공

장난감 같은 안나 G를 세상에 처음 선보인 것은 1993년이다. 상품의 라이프 사이클 이론에 입각하면 하나의 상품은 차츰 절정기에 이르렀다가 시간이 지날수록 그 수명이 떨어져야 한다. 그런데 안나 G는 몇 십 년이 지난 지금까지 그럴 기미를 전혀 보이지 않고 있다. 지금도 세계적으로 1분마다 1개씩 팔리고 있다는 통계도 있으며, 천만 개 이상 팔린 기록을 보유하고 있다. 첨단기술로 만들어져서 뛰어난 성능을 자랑하는 것도 아니고, 보석같이 빛나는 아름다움을 가진 것도 아니고, 그저 수수한 인상에 팔만 벌리고 있을 뿐인 와인오프너인데 참으로 이해하기 어려운 현상이다.

멘디니가 디자인한 의자 프루스트Proust는 더하다. 1978년에 처음 세상에 선보인 이후 지금까지 팔리고 있으니 단연 최강의 스테디셀러라 할 수 있다. 이런 성공 때문인지 지금까지 알레산드로 멘디니는 까르띠에Cartier, 에르메스Hermes, 베니니Venini, 스와로브스키Swarovski, 알레시Alessi, 비사자Bisazza 등 세계적인 기업과 수많은 프로젝트를 했거나 하고 있다.

그런데 이렇게 상업적으로도 크게 성공한 멘디니지만 정작 그는 옛날부터 지금까지 디자인에서 상업성을 부정해왔던 급진적인 사람이었다. 디자인에서 가장 중요하다고 할 수 있는 상업성과 기능성을 모두 부정하면서 디자인은 기능성을 가지고 뽐낼 것이 아니라, 그 안에 내재된 희비극에 의해 표현되어야 한다고 주장해왔다. 그의 초기 디자인을 보면 상업성을 포기한 게 아닌가 싶을 정도로 대단히 실험적이었으며, 팔지도 팔리지도 않았다.

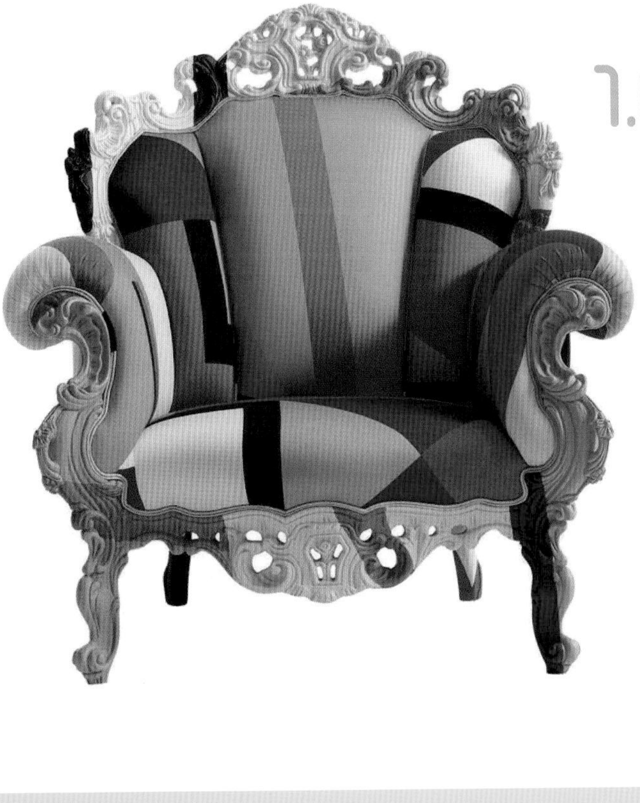

1.5

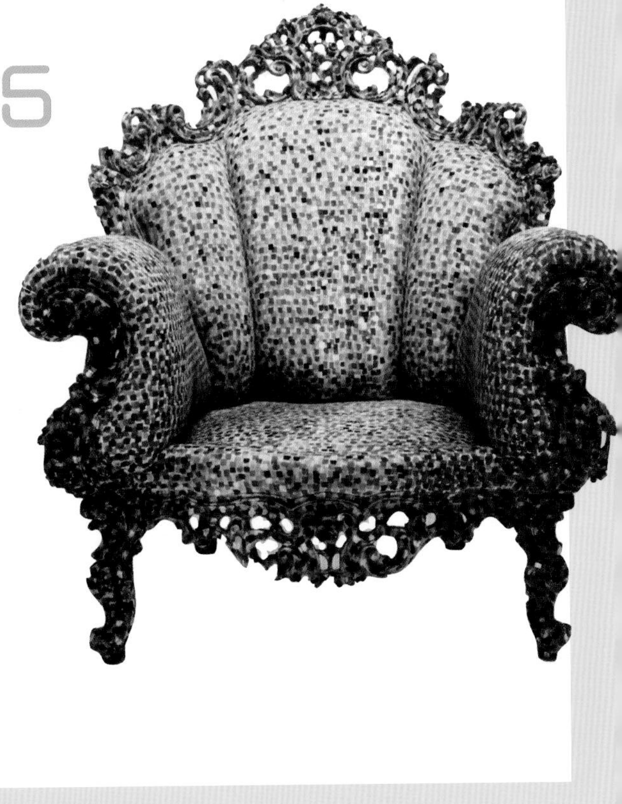

1.6

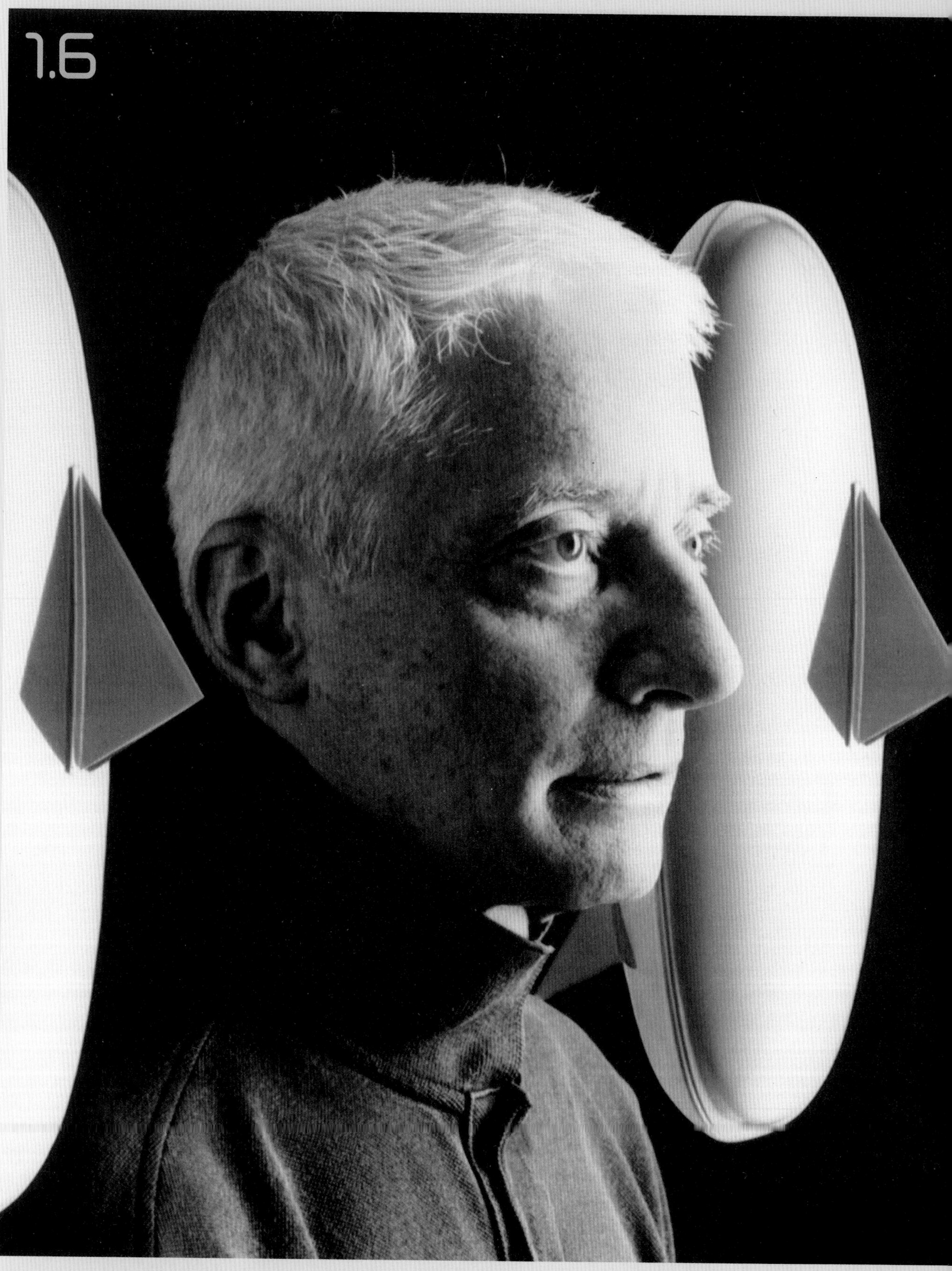

디자이너는 상업성을 부정했고, 디자인도 상품 개발과는 전혀 다른 방법으로 만들어졌는데 어떻게 상업적으로 성공할 수 있었을까? 그것도 몇 십 년 동안 꾸준하게 팔릴 수 있었을까? 뿐만 아니라 멘디니가 디자인한 많은 디자인은 세계 디자인 역사에 획을 긋는 문제작이 되었다. 도대체 이런 모순이 가능한 이유는 무엇일까?

이런 문제를 이해하기 위해서는 우선 알레산드로 멘디니라는 사람에 대해 살펴볼 필요가 있다. 그 과정에서 그 자신의 디자인만큼이나 복잡하기 그지없는 멘디니를 먼저 만나야 한다.

2

다층적인
멘 디 니

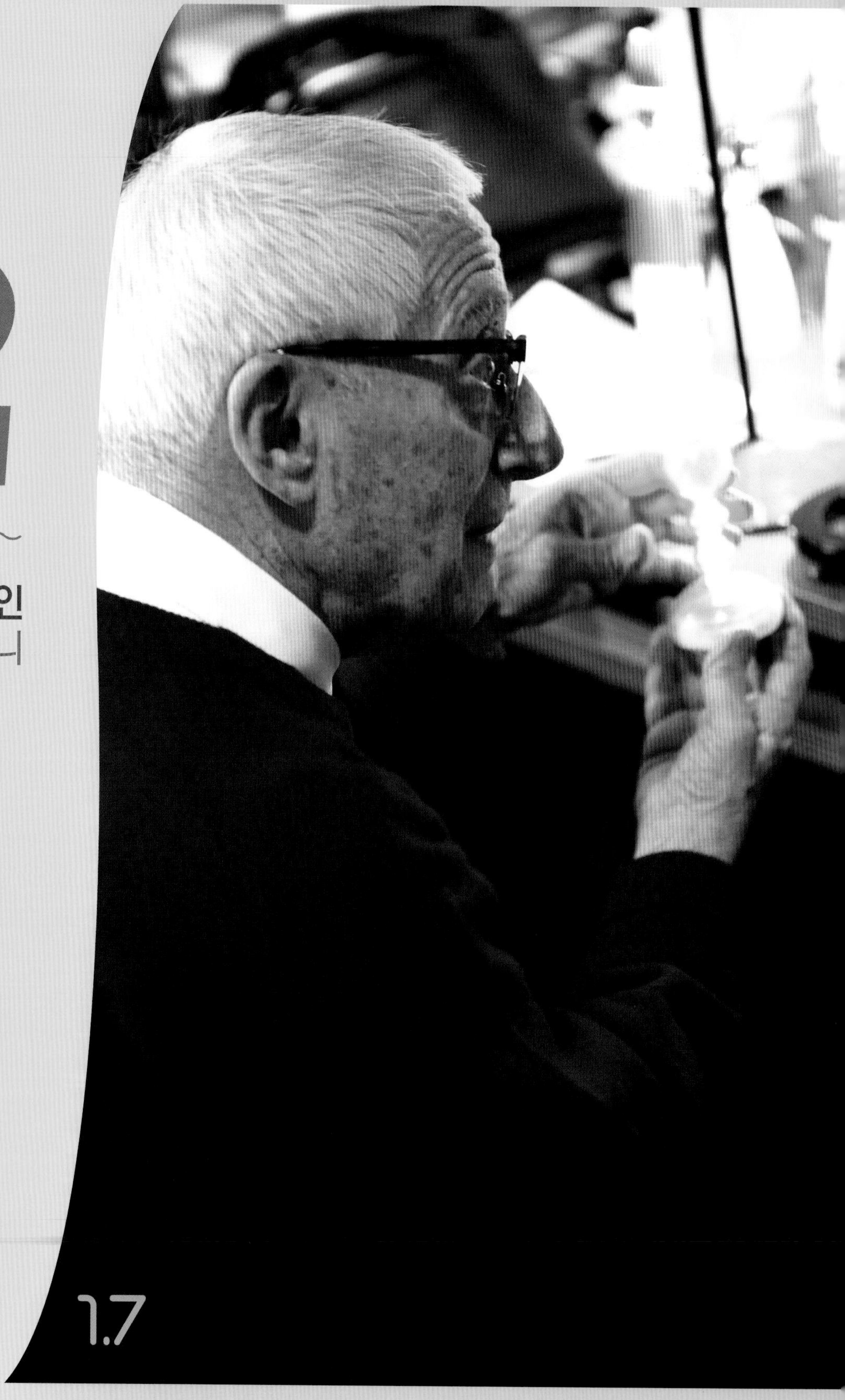

1.7

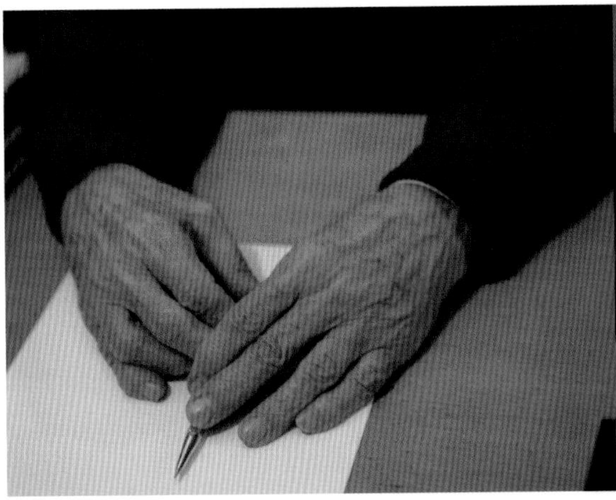

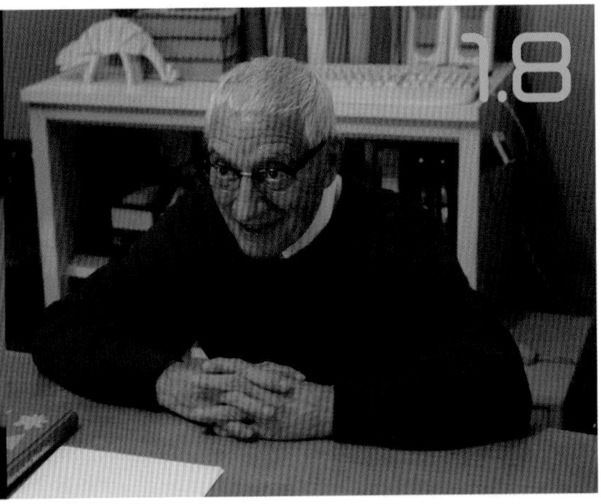

1.7 하얀 머리와 큰 코가 두드러져 보이는 알레산드로 멘디니의 얼굴
1.8 가지런하게 손을 정렬하고 대화를 나누는 멘디니

초월적 인상

줄리 카펠라Juli Capella는 알레산드로 멘디니를 굉장히 매력적인 인물이라고 설명하며, '누구도 그의 진짜 모습은 알지 못하지만 연약한 육신이 쉼 없이 항상 재기발랄한 정신을 지탱하고 있고, 머리에는 하얀 머리카락이 덮여 있고, 이것을 둘로 나누고 있는 도끼 모양의 코를 가지고 있다'고 묘사했다.

멘디니를 만나보면 정말 그렇다. 자그마한 체구에 하얀 머리카락과 그 아래 크고 높은 코가 우뚝 솟아 있다. 차분하고 친절하기 그지없어 보이는 노인이지만, 그 큼직한 코는 무언가 범상치 않은 인물이라는 느낌을 준다. 코를 중심으로 양쪽에 포진된 깊고 큰 눈은 정말 눈에 보이지 않는 것까지 꿰뚫어볼 것처럼 깊고 투명하다. 이런 모습에 장착된 겸손하고도 부드러운 매너는 그를 산 속에서 수도하는 수도승으로 보이게 한다. 줄리 카펠라의 말대로 그의 손은 즐거울 때나 진지할 때나 항상 책상 위에 가지런히 놓인다. 이야기할 때마다 자유롭게 움직이긴 하지만 곧 원래 자리로 돌아간다.

자신의 감정을 절제하고, 남에 대해 끊임없이 배려하고 있다는 것은 이런 제스처를 통해 은은하게 느껴진다. 조심스러움 속에서 느낄 수 있는 따스함과 에너지. 옛날 현자의 모습이 오버랩된다. 알레시 회장 알베르토 알레시Alberto Alessi는 이런 그의 모습을 그리스 철학자 소크라테스와 비교했다. 그의 품위 있는 태도나 지적 능력에 비춰본다면 매우 합당한 표현이다. 적어도 그의 겉모습만 보면 현란한 색깔의 유머러스하며 비판적이며 실험적인 그의 디자인이 전혀 연상되지 않는다. 도대체 이 도인 같은 사람이 어떻게 그런 디자인을 하게 되었을까?

트러블 메이커

겉으로는 그리스 철학자를 연상케 할 정도로 정신적이지만, 사실 그의 활동 뒤에는 항상 '안티anti'나 '래디컬radical'과 같은 말이 따라다녔다. 열정적으로 디자인 활동을 시작할 때부터 그가 했던 일은 주로 과거의 기득권 · 권위 · 상업성 · 기능주의 등에 대한 날 선 비판과 반항이었다. 구체적으로 그가 비판하고 반항했던 대상은 제2차 세계대전 이후 1960년대까지 기능주의에 안주했던 이탈리아 디자인이었다.

그는 기존 디자인에 반대하는 급진주의적 디자인 이론을 펼치면서 기능적 디자인에서는 상상도 못 할 놀라운 시도를 해왔다. 그간 저급문화로 치부되었던 키치적 산물을 디자인에 적극 받아들였고, 기능주의에 밀려 폄하되었던 장식을 디자인 중심부에 도입하였다. 이런 디자인을 통해 기존의 디자인, 즉 기능성과 상품성만 쫓는 디자인 흐름에 철저하게 저항했으며, 그런 활동을 통해 낡은 디자인을 파괴하고 그가 생각하는 새로운 디자인을 세상에 알리기 위해 온갖 노력을 다했다.

그러다보니 그는 자신의 유머러스한 디자인과는 달리 앞선 기득권 세대나 권위적인 디자인 흐름과 필연적으로 부딪힐 수밖에 없었다. 어떤 비평가는 그의 디자인에 담긴 가치를 깊이 살펴보면 매우 차갑고 공격적이고 비평적이라고 정곡을 찌르기도 했다. 그리고 기존 세력이나 전통적인 관습에 대해 너무나 끊임없이 의문을 제기하고 공세를 가했기 때문에 이탈리아 디자이너 사이에서도 그는 항상 트러블 메이커였다고 한다. 부드럽고 온화한 그의 철학자적 인상과는 완전히 반대다. 그러나 반전은 여기서 그치지 않는다.

신참 디자이너

알레산드로 멘디니는 에토레 소트사스Ettore Sottsass와 더불어 이탈리아 현대 산업디자인을 부흥시켰고, 지금은 이탈리아를 대표하는 세계적인 디자이너다. 그러다보니 많은 사람이 그가 아주 오래 전부터 디자이너로 활동해왔을 것이라고 생각한다. 하지만 그는 원래 디자이너가 아니었다.

그가 디자이너로서 본격적인 활동을 시작한 것은 놀랍게도 대부분의 디자이너가 디자인을 슬슬 그만둘 나이인 50대 후반부터였다. 정확히는 58세에 밀라노에 디자인 스튜디오를 열고 디자인을 시작했다. 1989년의 일이다. 그래서 그는 스스로가 나이는 많지만 디자이너로서는 신참이라고 너스레를 떨기도 한다. 아무리 인생은 60부터라고 하지만 은퇴할 나이에 디자인을 시작할 생각을 했다니 돈키호테가 따로 없다. 더 놀라운 사실은 그 나이에 디자인을 시작해서 세계적인 디자이너가 되었다는 사실이다.

세계적 잡지의 편집장

놀랍게도 디자이너가 되기 전까지 알레산드로 멘디니는 건축과 디자인 관련 잡지 편집장으로 활동했다. 보통 잡지가 아니라 〈카사벨라Casabella〉 〈모도Modo〉 〈도무스Domus〉. 그가 일했던 잡지는 모두 이름만 대면 고개를 끄덕일 만한, 디자인 분야에서 세계적인 권위를 가진 잡지다. 어떻게 한 사람이 이처럼 세계적인 잡지를 모두 섭렵할 수 있는지 놀라울 정도인데, 7, 80년대 멘디니는 이들 잡지의 편집장을 역임하면서 이미 세계적인 명성을 얻었다.

편집장으로서의 멘디니도 디자이너 멘디니 못지않게 대단한 능력을 보였다. 현재 세계적인 명성을 가진 잡지들이지만, 그 명성은 멘디니가 편집장으로 활약하면서 만들어진 것이다. 유명한 잡지사 편집장

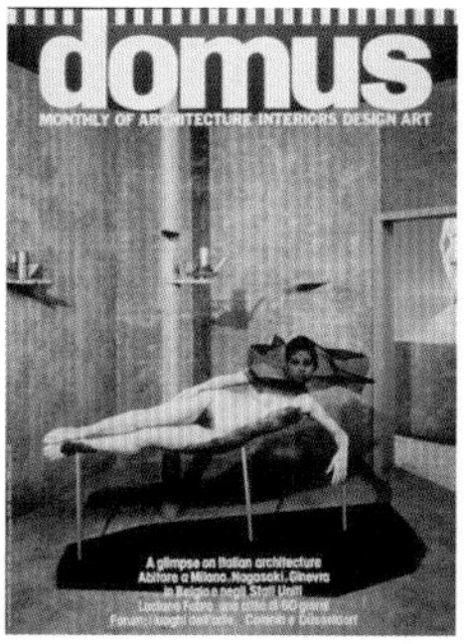

1.9

1.9 세계적인 건축 잡지 〈도무스〉

이라 그가 유명해진 것이 아니라, 그의 활동을 통해 그 잡지가 반석에 올랐다고 볼 수 있다. 그래서 디자이너로서 그의 성공은 어쩌면 편집인으로서의 그의 인생에 선물로 주어진 보너스가 아닌가, 하는 생각이 들기도 한다. 인생에서 한참 왕성한 활동을 할 30~50대에 그는 디자이너가 아니라 편집인으로서의 커리어를 쌓고 있었다. 게다가 당시 이탈리아 잡지사의 편집장은 단지 책 만드는 일만 하지 않았다.

이탈리아 산업 발전을 이끈 숨은 손

알레산드로 멘디니가 활동하던 시기 이탈리아 경제와 산업은 많이 어려웠다. 독일과 달리 산업혁명을 제대로 거치지 못한 상태에서 통일되었고, 그나마 제2차 세계대전으로 많은 산업적 기반이 유실되었기 때문이다. 그러다보니 제2차 세계대전 후 이탈리아는 르네상스 때부터 이어져오던 수공업의 기반 위에서 산업을 일으켜야 하는 독특한 상황에 직면했다. 이때 가장 필요했던 것이 뛰어난 감각을 가진 디자이너 발굴이었다.

멘디니는 잡지사 편집장으로 있으면서 이런 작업을 수행했다. 세계를 돌아다니며 숨어있는 유망주를 발굴해, 디자인을 잘 이해하고 있는 이탈리아 기업과 연계시켰다. 그 결과 이탈리아의 솜씨 좋은 산업체는 뛰어난 감각의 디자이너와 만나 훌륭한 디자인 상품을 생산하게 되었고, 이탈리아 경제는 자연스럽게 고급 품질과 디자인으로 현대적인 발전을 이루게 된 것이다.

이처럼 이미 편집장 시절 혁신적인 디자인 운동을 리드하기도 했고, 기업을 위한 디자인 컨설팅도 해왔기 때문에 사실상 그에게 디자이너로의 변신은 새로운 일이 아니었다. 오랜 편집장 생활은 디자이너가 되기 위한 준비기간이라 할만했고, 그렇게 충분히 준비한 다음에 디자이너로 활동하기 시작한 것이다.

세계 디자인사 변화를 주도한 힘

제2차 세계대전 전후로 기세등등했던 기능주의적 디자인은 1960년대 이후로 주춤하기 시작했다. 하지만 당장 그것을 대체할 만한 스타일이 만들어지지 않았기 때문에 세계 디자인계는 잠시 혼란을 겪었다. 이때 빛을 제공해준 것이 알레산드로 멘디니를 비롯한 이탈리아 디자이너들의 실험적인 디자인 운동이었다.

거의 20세기를 장악했던 딱딱하고 건조한 기능주의 디자인에 비해 이탈리아 디자인이 보여준 새로운 스타일은 대단히 충격적이었지만, 그만큼 매력적이었다. 활발하고 유머러스한 색상, 설치미술처럼 생겼으면서도 어렵지 않은 형태, 무엇보다 머리가 아니라 마음을 사로잡는 새로운 유형의 디자인은 순식간에 세계 디자인계의 이목을 집중시켰고, 기능주의적 디자인을 넘어설 새로운 대안으로 급부상했다.

이런 경향은 그대로 미국에 영향을 미쳐 포스트모던 디자인을 낳았고, 미국의 포스트모던 디자인은 이전의 기능주의적 디자인, 즉 모던 디자인을 대신해서 세계를 주도하게 되었다. 이것은 사실상 세계가 기능 중심의 독일식 디자인을 표현 중심의 이탈리아 디자인으로 대신한 것이다.

물론 당시 이탈리아 디자인은 이런 결과를 의도했던 것은 아니었다. 하지만 6, 70년대 이탈리아에서 일어난 실험적이고 반항적인 디자인이 미국의 포스트모던 디자인으로 인해 80년대에 이르러서는 마이너의 틀을 벗어던지고 세계 디자인의 주류가 되었다. 이런 흐름을 주도하던 알레산드로 멘디니는 본인의 의사와는 상관없이 세계 디자인의 흐름을 바꾸는 데 크게 일조한 것이다.

레오나르도 다빈치의 환생

편집장과 디자이너에 걸쳐 있는 알레산드로 멘디니의 활동영역에서 이미 감지했겠지만, 그는 오랜동안 디자인 분야에서 대단히 다재다능한 활동을 펼쳐왔다. 편집장이었으니 당연히 많은 글을 썼는데, 그의 글은 단순한 칼럼에서부터 자신의 디자인관을 입증하는 학술서적에 이르기까지 대단히 넓은 스펙트럼을 보여주었다.

또한 큐레이터로서 다양한 전시를 기획하고 실행했다. 그 당시 기존 권위에 대항하는 디자인 운동은 주로 상업적 공간보다는 전시공간을 통해 진행되었는데, 멘디니는 이런 전시를 기획하면서 혁신적인 디자인 운동을 이끌게 되었다. 그리고 그가 기획했던 전시 중에는 세계적으로 성공한 것도 상당해 지금도 전시 큐레이팅 프로젝트 의뢰가 많다.

한편 그가 진행했거나 진행하고 있는 디자인 프로젝트를 살펴보더라도 대단히 다양한 분야를 섭렵하고 있는 것을 알 수 있다. 자신의 전공인 건축은 물론이고, 생활소품에 이르기까지 그는 다양한 분야의 디자인을 해왔으며, 심지어는 일러스트레이션이나 평면디자인에 이르기까지 아무렇지도 않게 진행하고 있다.

이처럼 멘디니는 도저히 한 명의 디자이너가 감당할 수 없는 광활한 범주에서 성공적인 결과를 만들어오고 있다. 정신적인 부분에서부터 다재다능한 손에 이르기까지, 건축에서 그래픽디자인에 이르기까지 모든 분야에서 완벽한 인간형을 보여준다. 이런 사람이야말로 진정한 슈퍼 디자이너라 할 수 있지 않을까. 그를 보면 마치 500여 년 전에 활약했던 레오나르도 다빈치가 환생한 듯하다.

1.10 **여전히 왕성하게 활동하는 알레산드로 멘디니**

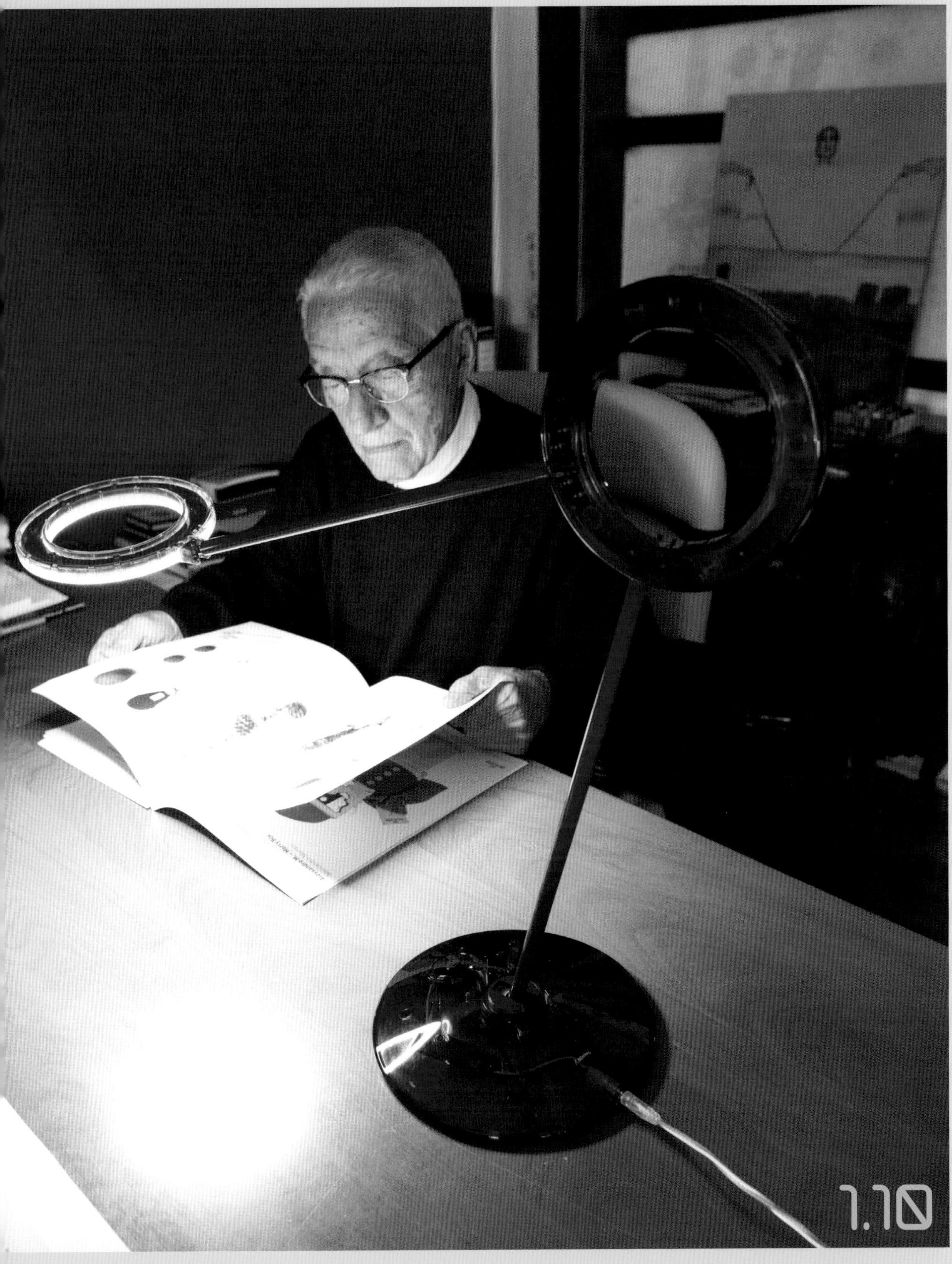

1.10

3

멘디니를 알아야하는 이유

멘디니의 난해한 디자인

앞서 살펴본 것처럼 알레산드로 멘디니나 그의 디자인이 주는 첫인상은 부드럽고 편안하기 그지없지만, 그 안에는 복잡하고 거대한 세계가 녹아 있다. 그의 디자인 안에는 실험성과 상업성, 디자인과 예술성이 복잡하게 어울려 있고, 그 자신 안에는 비평가와 디자이너, 편집자와 전시기획자, 디자인 컨설턴트와 예술가가 마구 섞여 있다. 한 디자이너 속에 이처럼 복잡한 가치가 들어 있기도 어려운 일인데, 또한 그러한 것이 모두 성공적이었다는 것은 더 불가사의한 일이다. 상업적 논리 안에서 그의 성공의 이유를 찾기는 어렵다.

오래된 디자인인데도 전혀 식상해 보이지 않고 여전히 인기를 끌 수 있는 것은 무엇 때문일까? 어떻게 세계적인 경쟁력을 가지게 되었으며, 어떻게 세계 디자인의 흐름을 바꿀 수 있었을까? 이런 디자이너와 디자인에 담긴 내공을 어떻게 이해해야 할까?

디자인 클래식, 멘디니

수천 년 동안 퇴적된 지층처럼 두터운 가치의 층을 가지고 있는 알레산드로 멘디니와 그의 디자인을 이해한다는 것은 고고학자의 발굴작업에 비견될 만큼 어려운 일인 반면, 또 그만큼 그와 그의 디자인에 담긴 매력을 완전하게 맛볼 수 있는 흥미로운 도전이기도 하다. 하지만 멘디니와 그의 디자인이 세계 디자인의 흐름을 주도하면서 센세이션을 일으켰던 1980년대도 한참이나 지났고, 그가 영향을 미친 포스트모던 디자인도 이제는 역사의 한 페이지가 되었다. 그럼에도 불구하고 지금 알레산드로 멘디니를 살펴보아야 하는 이유는 무엇일까?

그것은 이미 그와 그의 디자인이 시간을 넘어서는 클래식에 도달했기 때문이다. 형식적 완성도, 지적이면서도 파격적인 내용, 시대의 흐름에 기여한 정도, 작가의 기량 등 멘디니는 모든 면에서 고전적 완전함에 올라 있다. 아무리 시대가 변하고 새로운 디자인이 나온다고 해도 빛이 바래지 않을 역사적 교훈이 되었다. 바로 그 점이 우리가 알레산드로 멘디니를 살펴보아야 하는 이유이다.

멘디니의 디자인에서 우리가 읽어낼 수 있는 고전적 가치라고 한다면, 하나의 디자인 속에 다양한 가치를 녹여내는 통합의 역량일 것이다. 그의 디자인 속에는 뛰어난 조형능력, 시대를 주도하는 사상, 그리고 모든 이에게 거부감 없이 다가갈 수 있는 보편적 정서 등이 사이좋게 어울려 있다. 편향된 가치에 입각해 있는 이전의 디자인과는 확연히 다르다. 게다가 이런 가치가 어느 시대, 어느 디자인 분야에 국한된 것도 아니며, 일반적인 디자이너가 쉽게 다룰 수 있는 것도 아니다. 그의 디자인을 통해 그가 평생 축적해놓은 노하우를 엿보는 것은 앞으로 디자인의 흐름을 만들고 비전을 세우는 데 좋은 전망을 제공해줄 것이다.

멘디니의 디자인은 어떤 입장에서, 어떤 시각에서 보든지 깊은 교훈과 흥미를 주지만, 그의 복잡한 디자인 세계를 탐험하는 일은 너무도 막막한 일이다. 어디서 어떻게 접근해야 할까? 당연하게도 가장 빠르고 효과적인 방법은 먼저 그의 디자인을 살펴보는 것이다.

기업

디자인이 기업에 이익을 가져다주는 중요한 자산임에는 틀림없으나, 디자인의 성공 여부는 기업이 어떤 성향을 가지고 디자인을 어떻게 운영하는가에 달려 있다고 보아야 한다. 방정식에 숫자를 대입해 결과를 얻듯이 기업 논리에 디자인을 단순 대입한다면 성공할 확률은 떨어질 것이다.
그리스 철학자 같은, 그리고 언제나 실험적 디자인만 하고 상업성을 부정하던 알레산드로 멘디니는 사실 꽤 많은 기업에 디자인 컨설팅을 해왔다. 그리고 그의 도움으로 세계적인 기업으로 발돋움했거나 위기를 넘긴 경우도 많다. 적어도 디자인은 기업의 논리보다는 디자인의 논리를 따라야 성공확률이 높아진다는 것을 확인할 수 있는 지점이다.
형식적인 소비자 리서치, 빡빡한 도표, 빈틈없는 경영학 논리 없이 멘디니는 어떻게 기업을 도와 세계적인 성공으로 인도할 수 있었을까? 그는 기업 입장에서 생각하는 사람들에게 디자인 경영학이라는 틀에서는 도저히 배울 수 없는 디자인 사용법을 가르쳐줄 것이다.

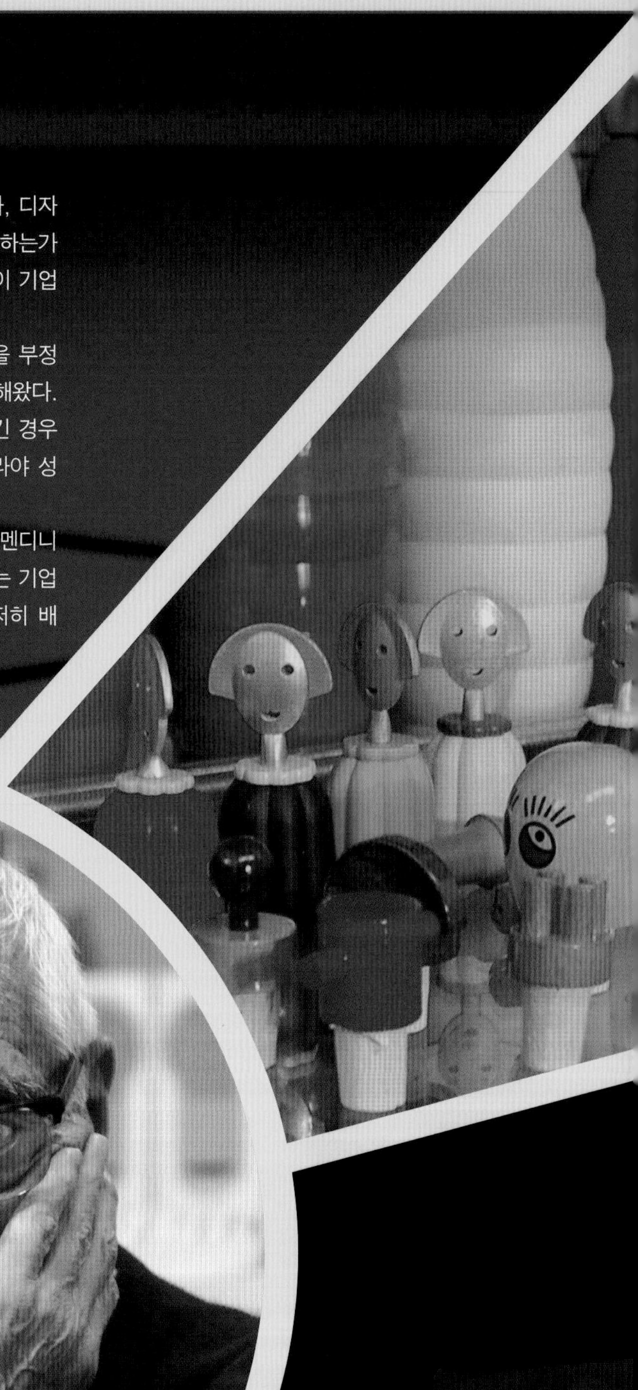

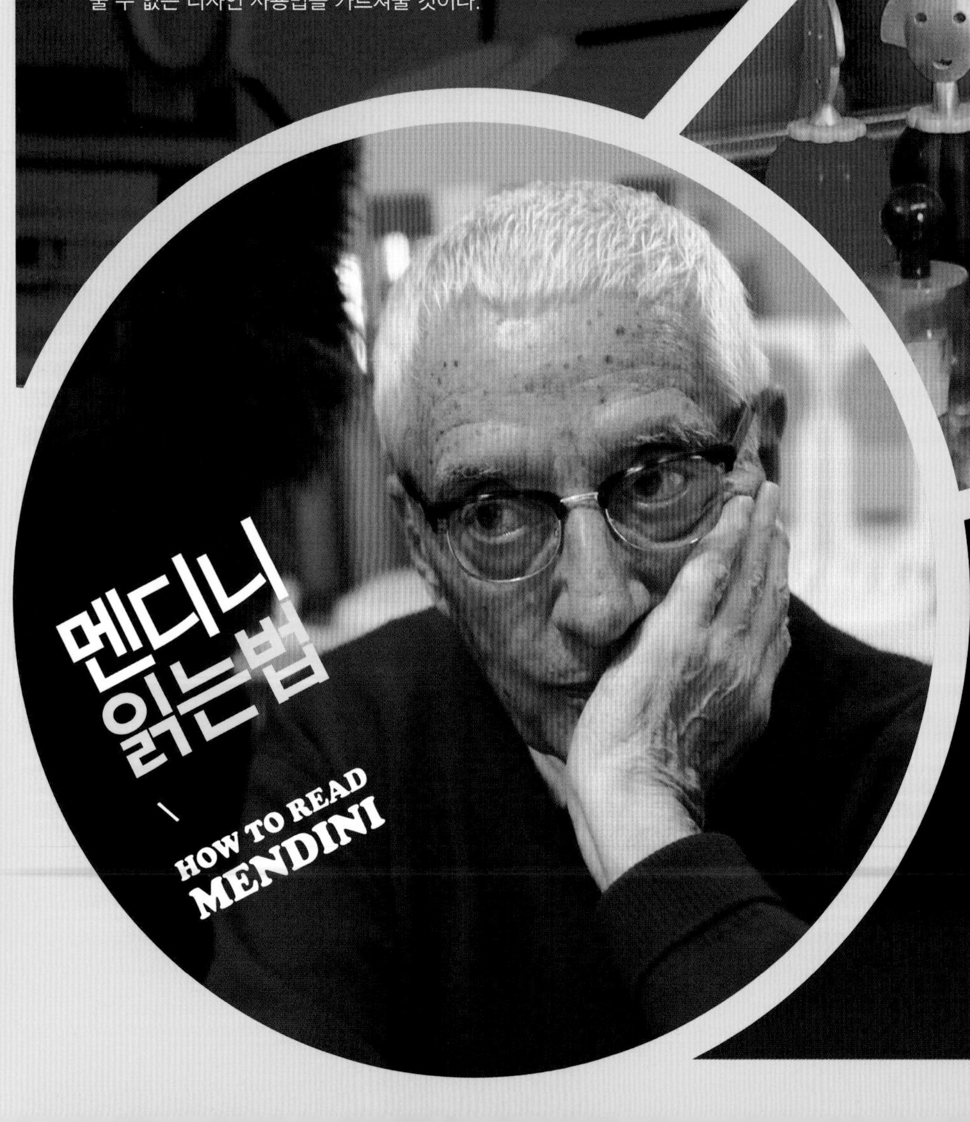

대중

디자인은 주로 상품 형태로 사회화되기 때문에 대중에게 디자인은 상업적이거나 기능적인 모습으로 다가간다. 그러다보니 대중에게 디자인은 음악이나 영화나 미술처럼 이해하고 즐기는 대상이 되기가 어려웠다. 물론 디자인 자체가 상업성이나 기능성 이외의 가치를 제대로 준비하지 못한 문제도 크다. 알레산드로 멘디니는 바로 이 점에 대해 오랜 시간 싸워왔고, 자신의 디자인에 상업성이나 기능성을 넘어서는 가치를 담으려 하였다. 그 결과가 안나 G와 같은 디자인이다. 디자인 비평계에서는 이런 그의 디자인이 순수미술의 영향을 받았다는 정도로만 설명하지만, 사실 멘디니는 디자인을 통해 예술을 추구한다기보다 대중과 함께 어떠한 가치를 나누려 했다고 보는 게 더 정확하다. 그의 디자인이 대부분 이해하기 어려운 실험적 외형을 가지고 있음에도 불구하고 대중에게 즐거움을 주며 다가갈 수 있었던 것은 이 때문이다. 그 안에는 이해하기 어려운 가치와 그렇지 않은 가치가 함께 있기 때문에 어떤 수준의 사람이든 자기 수준에서 그의 디자인을 어렵지 않게 받아들일 수 있다. 그가 디자인에 담은 가치는 그의 발군의 조형능력을 통해 실현되고 있다. 그의 빼어난 조형감각을 하나하나 구분해가며 그가 자신의 가치를 형태나 색으로 어떻게 표현하고 있는지 읽어보는 것은 흥미진진한 드라마와 같다. 그렇게 읽어가다 보면 색이나 형태를 보는 눈과 작품성을 음미할 수 있는 교양도 자연스럽게 고양시킬 수 있다. 한마디로 그의 디자인은 읽어야 할 대상이며, 읽는 수준에 따라 감상의 폭이 달라진다. 그의 디자인은 한 권의 교양서적이라고 해도 전혀 모자람이 없다.

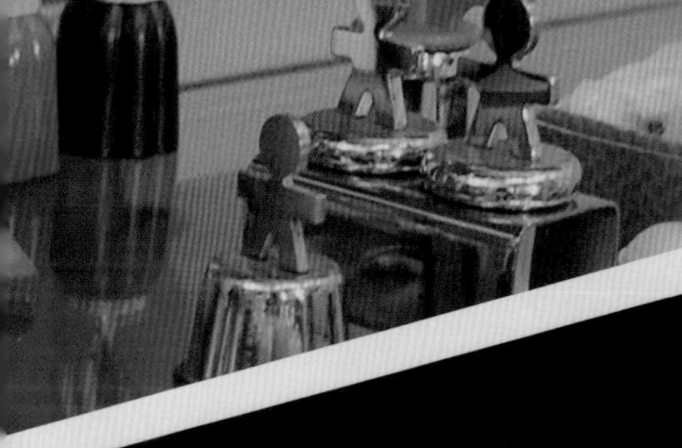

디자이너

기업과 소비자의 틈바구니에서 상업성을 추구할 것인지 창조성을 추구할 것인지 갈등을 겪고 있는 디자이너라면 꼭 알레산드로 멘디니를 살펴보기를 권한다. 아마도 그러한 갈등을 해소시켜주거나 위로해줄 거대한 멘토를 만나게 될 것이다. 돈을 따라가지 말고 돈이 따라오게 하라는 말이 있다. 멘디니가 딱 그렇다. 세계적인 성공을 거둔 그의 명성 뒤에는 기존의 권위, 특히 상업성과 사투를 벌여온 역사가 자리잡고 있다. 젊은 시절 그는 지금 시각으로 보면 전혀 돈이 되지 않는 일만 쫓아다녔다. 대신에 그는 현재의 부조리를 지적하고 특유의 진지한 태도와 꾸준한 노력으로 자신이 생각하는 세상을 만드는 데 집중했다. 상업성은 배척했지만 조국의 산업 발달에 크게 이바지했고, 무엇보다 완성도 높은 디자인을 위해 끊임없이 연구했다.

오늘날 그의 명성과 업적은 세상과 타협하지 않고 자신의 순수한 목적을 지킨 결과라 할 수 있다. 그는 세상과 타협하기보다는 세상을 바꾸어버렸다. 그의 디자인을 보고 있노라면 언제나 디자인에 대한 순수한 열정을 유지하고, 사회적 성공보다 먼저 자신의 디자인에 책임질 수 있도록 매진하라는 말이 들려온다. 그의 디자인을 통해 많은 디자이너가 디자이너로서의 길에 대해 커다란 울림을 얻게 될 것이다.

Part 2

멘디니만의

멘디니 디자인

1

멘디니 디자인 보는 법

이해를 가로막는 미학적 비평

일단 알레산드로 멘디니의 디자인이 어떤지 살펴보려고 하면, 그의 디자인에 대한 어려운 설명이 길을 가로막는다. 가령 '리디자인Re-Design'이나 '래디컬 디자인Radical Design' '디자인과 예술의 융합' 등 어려운 비평적 언사가 앞을 막아선다. 그리고 바우하우스Bauhaus로 대표되는 엄격한 기능주의적 디자인에 반대했다든지, 디자인의 표면과 형태 자체를 매우 중요시했다든지, 평범과 비상함을 통해 대중적 속성과는 차별되고 위반되는 접근으로 예상외의 돌발성을 중층적으로 실현했다든지…. 전문가가 아니면 이해하기 힘든 말이 마치 호위무사처럼 그의 디자인을 둘러싸고 있다.

대체로 이런 말은 멘디니와 그의 디자인을 대단해 보이게는 하지만 그의 디자인을 이해하는 데는 별 도움이 되지 않는다. 가장 좋은 방법은 어떤 선입견도 없이 그의 디자인을 직접 대면해 하나하나 살펴보는 것이다.

2.1 마치 어린아이가 그린 것처럼 천진난만한 알레산드로 멘디니의 일러스트레이션

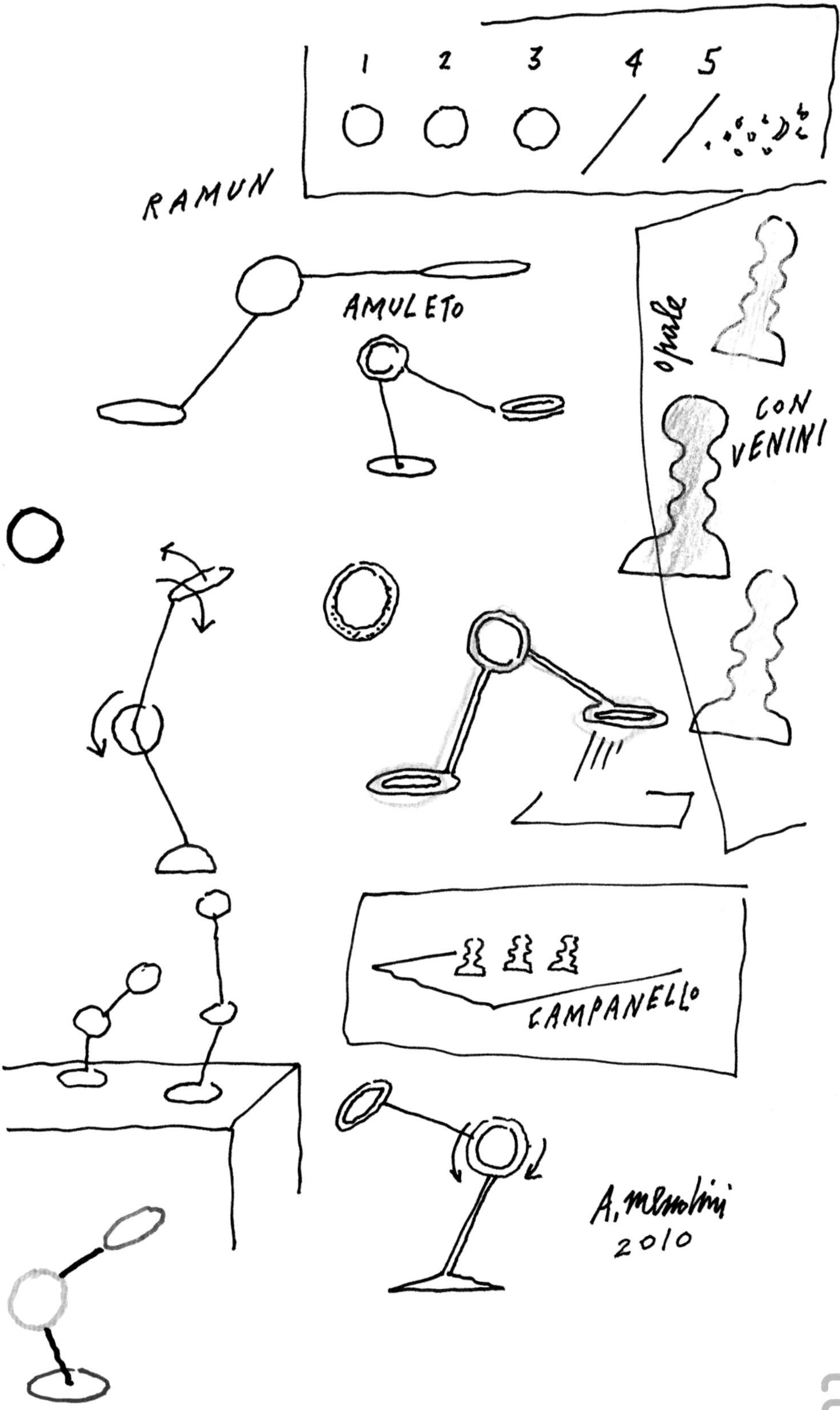
1 2 3 4 5
RAMUN
AMULETO
opale
CON VENINI
CAMPANELLO
A. Mendini
2010

2.2

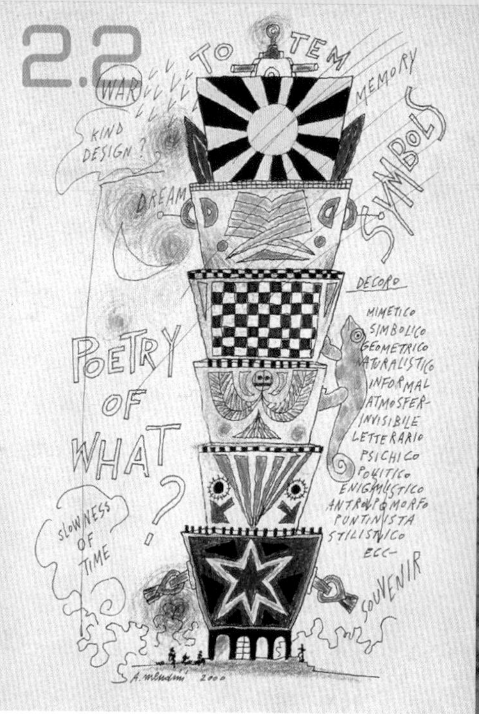

2.3

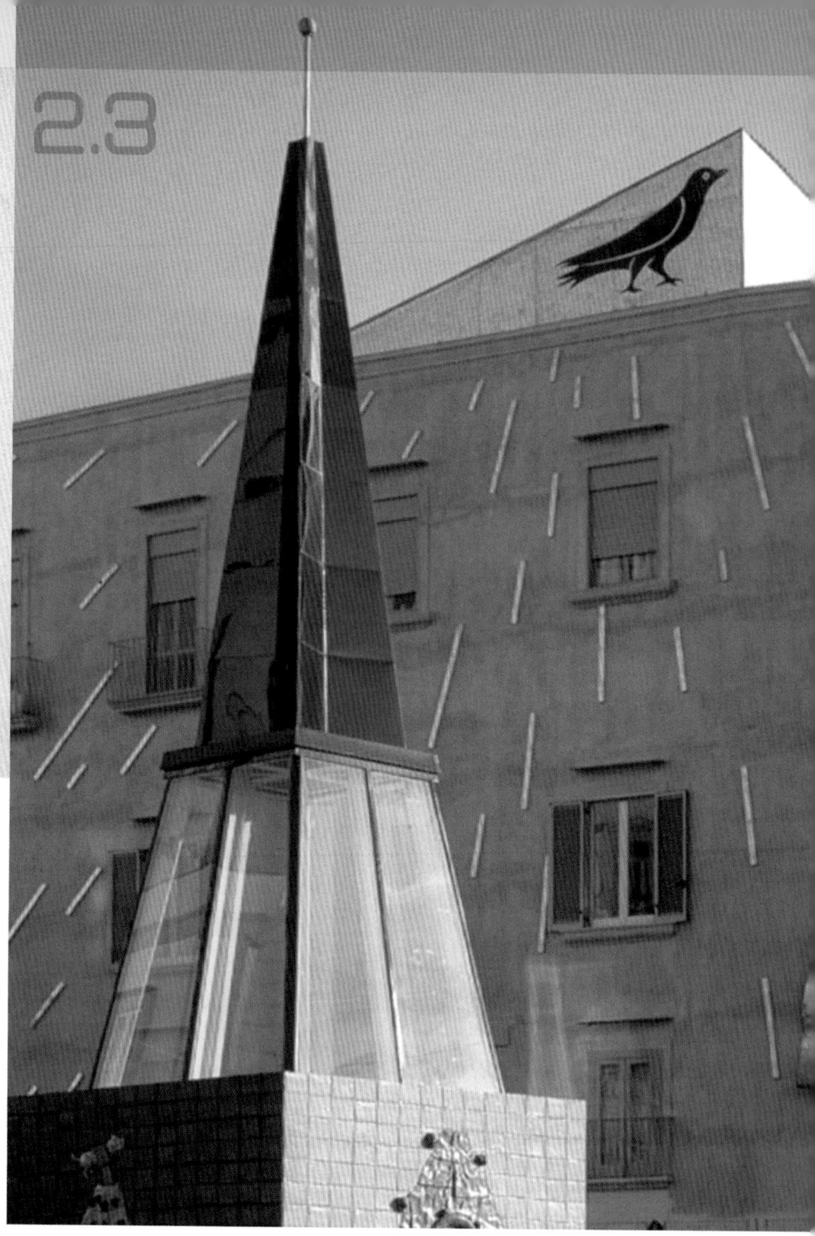

2.2 정감 있는 알레산드로 멘디니의 일러스트레이션
2.3 환상적인 공간디자인
2.4 장난감 같은 가구
2.5 귀엽고 앙증맞은 기하학적 형태의 조명 깜빠넬로

쉽고 친근한 디자인

알레산드로 멘디니의 디자인에 대한 골치 아픈 비평을 뒤로하고 선입견 없이 그의 디자인을 보면 쉽고 다정한 모양이 보인다. 그 역시 자신의 디자인이 사람들에게 어렵게 다가가는 것을 원하지는 않는 것 같다.

그림 2.2를 보고 겁을 먹거나 난해함을 느낄 사람이 얼마나 있을까. 이 그림은 어떤 디자인을 위한 아이디어 스케치인데, 그림의 분위기는 마치 동화 속 삽화 같다.

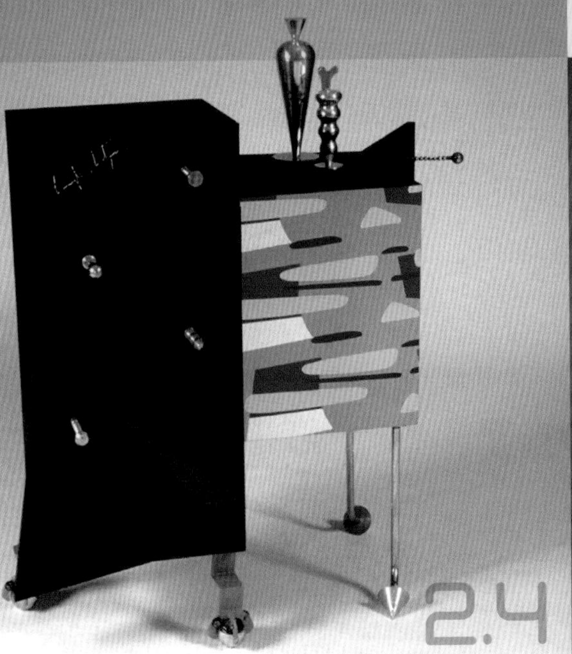

2.4

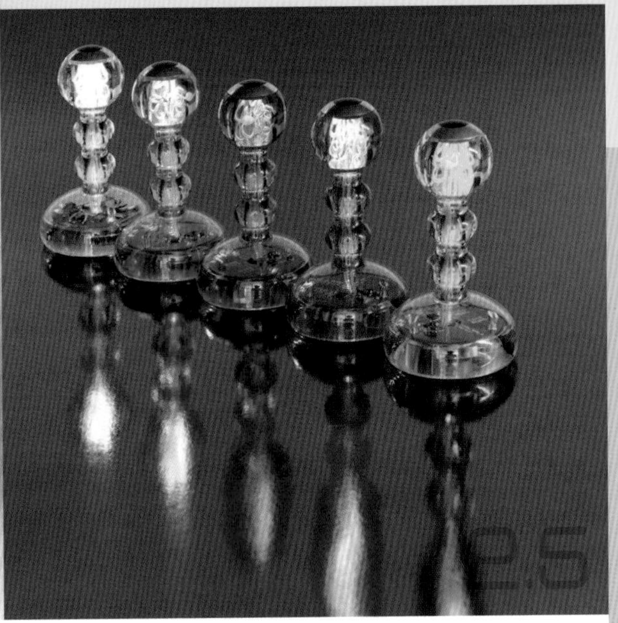

2.5

그림에서 그치지 않고 현실 공간에서도 그런 분위기를 이어간다. 사진 2.3을 보면 마치 동화 속의 공간처럼 보인다. 일반적인 건물 위에 몇 가지 디자인을 덧붙여놓은 것뿐인데 일상적인 공간이 순식간에 초현실적 공간으로 바뀌어버린다. 전혀 심각하거나 부담스럽지 않고 그냥 즐겁다.

사진 2.4는 멘디니가 정말 정색하고 만든 가구다. 기존의 기능적 디자인에 대해 엄청난 반감을 가지고 만든 심각한 작품인데, 보기에는 장난감 같다. 그의 의도를 먼저 알아주는 것이 예의이긴 하지만 이런 모양의 가구를 보고 심각한 표정을 짓기는 어렵다. 일단은 가지고 놀아야 될 것 같지 않은가.

어려운 미학적 이론을 모르더라도 멘디니의 디자인은 재미있고 지적으로 겁을 주지 않는다. 그래서 누구라도 친근하게 다가갈 수 있다. 자기의 디자인을 너무 심각하게 대하지 말고 일단은 재미있게 즐기라는 멘디니의 목소리가 들리는 듯하다.

그렇지만 디자인이라기보다는 설치미술작품 같은 모양을 가볍게 바라보기는 쉽지 않다. 무언가 조금이라도 아는 사람일수록 이 뒤에 무엇이 숨겨져 있을지 더욱 긴장하게 된다. 그렇지만 멘디니의 디자인을 제대로 보려면 눈에 보이는 대로 일단은 편안하게 즐기는 것이 좋다. 마치 방실방실 웃는 아기를 보는 것 같이, 마치 동네 아저씨의 우스갯소리를 듣는 것 같이, 귀여운 강아지가 짖어대는 것을 보는 것처럼 그의 디자인을 대하다보면 어느새 그의 디자인은 소리 없이 우리에게 다가와 깊은 속마음을 열어 보인다.

멘디니가 디자인한 조명 깜빠넬로Companello는 장난감과 구별하기도 어렵게 생겼다. 이 조명의 광고사진을 찍을 때 그의 손자들이 이 앙증맞은 물건을 장난감처럼 아주 좋아했다고 한다. 아이들의 마음이 가장 정확한지도 모르겠다. 사실 이 조명은 기하학적으로 매우 정제된 모양을 가지고 있다. 램프가 켜지면 투명한 몸체 안에 있는 투명한 전선이 빛을 반사하며 매우 우아한 분위기의 조각품이 된다. 하지만 어린아이들 앞에서는 그들의 순수한 마음을 움직이는 장난감이 된다.

사실 어렵고 복잡한 개념을 담은 작품일수록 일부러 허하고 유머러스한 모습을 취하는 경우가 많다.

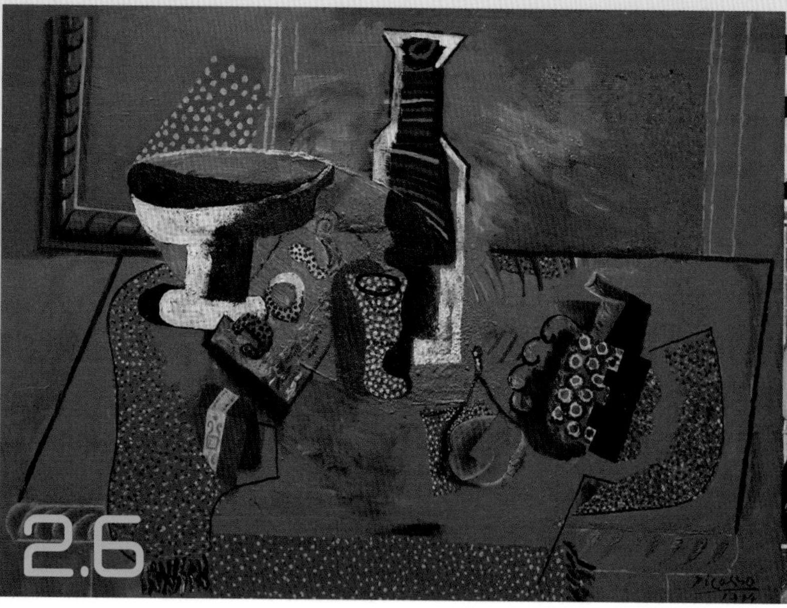

2.6

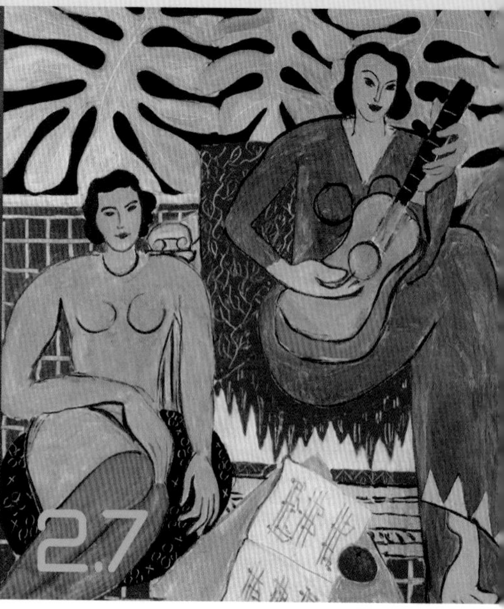

2.7

그림 2.6은 난해한 입체파적 시각을 피력한 피카소Pablo Picasso의 그림이지만, 아이가 그린 것 같은 이 그림을 보고 심각해지는 경우는 없을 것이다. 특히 아이들이 피카소의 그림을 좋아한다고 한다. 자기들이 그린 그림과 비슷하기 때문이란다. 그림 2.7의 마티스Henri Matisse의 그림도 마찬가지다. 야수파의 대표 화가지만 그의 그림은 전혀 '야수'스럽지 않다. 야수는커녕 천진난만하고 즐거운 기분을 불러일으킨다.

물론 이런 그림 깊숙한 곳에 있는 가치는 그렇게 천진난만하고 기쁘지만은 않지만, 처음부터 머리를 싸매고 덤벼들면 더욱 이해하기 어려워진다. 마음을 열고 천천히 그림을 대하면, 피카소와 마티스의 분위기가 보는 이의 피부에 와닿는다. 어려운 내용은 그 다음부터 살펴보면 된다. 멘디니의 디자인도 그렇다.

여기서 우리가 잘 봐야 할 것은 자신이 전하고 싶은 심각하고 어려운 가치를 전혀 다른 느낌의 형상에 숨겨놓는 멘디니의 솜씨다. 멘디니의 디자인은 재미있고 편안해 보이기는 하지만 많은 사람이 말하듯 장식적이기도 하다. 그의 디자인에는 대체로 화려한 색깔, 많은 형상이 눈을 즐겁게 한다.

하지만 멘디니 디자인의 장식적인 요소는 눈을 즐겁게는 하지만 자극하지는 않는다. 사진 2.8에서처럼 무언가 많이 보이지만 전체적인 이미지는 대단히 편안하다. 바로 이 점이 중요하다. 만약에 과도하게 세련되었다면 눈만 사로잡았을 것이다. 반대로 색의 조화가 조금만 틀어졌어도 이도저도 아닌 최악의 물건이 되었을 것이다.

멘디니는 너무 촌스럽지도, 너무 세련되지도 않은 적절한 바로 그 지점에서 딱 멈춘다. 그래서 보는 사람의 눈이 아니라 마음을 열게 하는 것이다. 그 틈으로 멘디니는 수많은 가치를 차곡차곡 다져넣는다.

극도로 세련되거나 극도로 촌스럽게 만드는 것은 차라리 쉽다. 하지만 원하는 정도의 상태로 정확히 표현하는 것은 정말 어렵다. 그것도 보는 사람의 마음까지 계산해 넣는다는 것은 대단한 경지다.

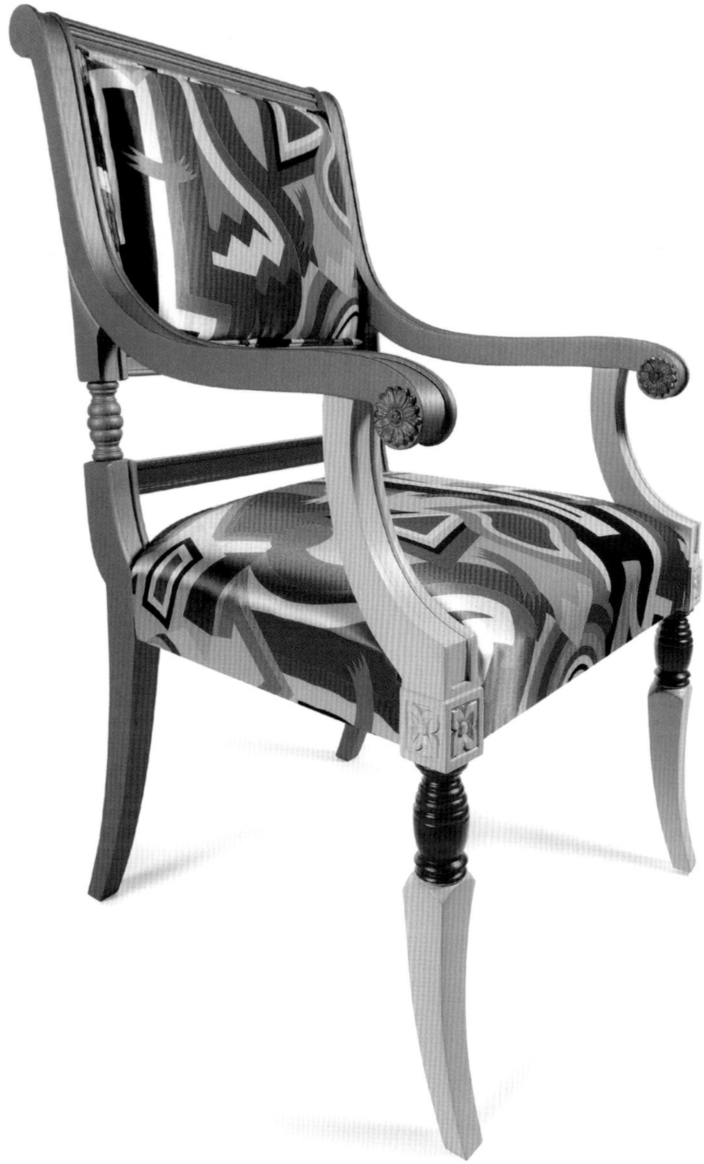

2.8

2.6 난해하지만 재미있는 이미지를 가진 피카소의 그림
2.7 수수하고 재미있는 인상을 가진 마티스의 그림
2.8 장식적이면서도 즐겁고 편안한 이미지를 가진 알레산드로 멘디니의 가구디자인

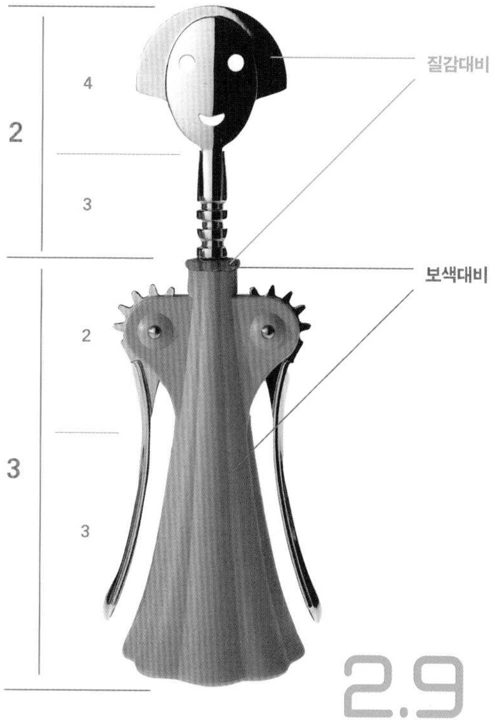

2.9 비례미가 뛰어난 안나 G

뛰어난 조형성

귀엽고 수수한 이미지에 장식적인 경향이 강하다 보니 알레산드로 멘디니의 디자인을 그저 재미있게만 디자인된 것으로 보기가 쉽다. 하지만 그의 디자인은 의외로(?) 조형의 기본원리에 충실하다. 자세히 살펴보면 비례체계나 대비 등 형태의 기본원칙이나 색의 원리를 정확하게 지키고 있다. 이미지만 보아서는 모를 부분이다.

예를 들어 사진 2.9의 안나 G를 보면 전체에서 부분에 이르기까지 비례체계가 매우 복잡하면서도 완벽하게 구성되어 있다. 그것도 2 : 3이나 3 : 4 등 고전적 황금비례를 적절히 활용하고 있다. 하나의 형태에 이처럼 짜임새 있게 비례를 조화시킨다는 것은 그리스 시대부터 내려오는 서양 조형예술의 전통인데, 멘디니는 자신의 디자인에 정확하게 활용하고 있다.

색도 마찬가지다. 즐겁고 귀여운 색감은 몸통의 파란색과 목의 오렌지색으로 만들어지는데, 이 둘은 정확하게 보색관계다. 수수하면서도 촌스러워 보이지 않는 것은 이처럼 색이 뒷받침해주고 있기 때문이다. 색을 감각이 아니라 논리로 제어하는 모습을 엿볼 수 있다.

여기에 하나 덧붙일 수 있는 것은 질감의 대비다. 머리부분과 팔의 번쩍이는 금속 질감은 목 이하의 플라스틱 질감과 강하게 대비된다. 차가운 금속의 질감은 세련된 느낌을 주고, 플라스틱 질감은 편안한 느낌을 준다. 수수한 인상을 가진 형태지만 촌스러워 보이지 않는 것은 이런 조형적 대비 때문이다.

전체적으로 보면 짜임새 있는 비례체계가 형태를 조화롭게 하고, 색과 재질의 대비는 형태의 인상을 강하게 만든다. 조화와 대비의 긴장감 있는 구성을 통해 안나 G는 탄탄한 조형적 내실을 갖추었다.

이렇게 완벽한 형태에 수수하고 즐거운 이미지가 덧씌워진다. 조형의 완벽함을 가리기 위한 장치라고 볼 수 있는데, 그렇지 않았다면 이 디자인은 완벽하기는 했으되 대단히 건조해졌을 것이며 금방 식상해졌을 것이다. 어떤 형태든 속성이 읽혀버리면 빤해진다. 완벽함 위에 얹어지는 수수함 때문에 안나 G는 시간이 지나도 식상하지 않은 탄탄한 조형적 생명력을 갖게 된 것이다. 멘디니가 거장인 것은 이처럼 몇 수 앞을 내다보는 조형적 노련함 때문이다.

멘디니가 디자인한 램프 오팔레Opale는 좀더 단순한 구조에 단순한 비례를 가지고 있지만 그 내면은 전혀 단순하지 않다. 맨 위에 있는 구형의 높이와 작은 구형들의 높이, 그리고 맨 아래 스탠드의 높이가 서로 큰 차이로, 혹은 미세한 차이로 비례가 달라지면서 변화무쌍한 비례의 리듬을 보여준다. 덕분에 이 단순한 형태는 전혀 단조로워 보이지 않는다. 그리고 이 조명의 머리 꼭대기에 있는 작은 금속 꼭지는 유리로 된 몸체의 질감과 크게 대비되면서 조형적 재미를 만들어준다.

2.10 **단순하지만 꽉 짜여진 비례를 가진 오팔레는 조명으로서는 물론, 공간의 격을 높여주는 오브제로도 훌륭하다**

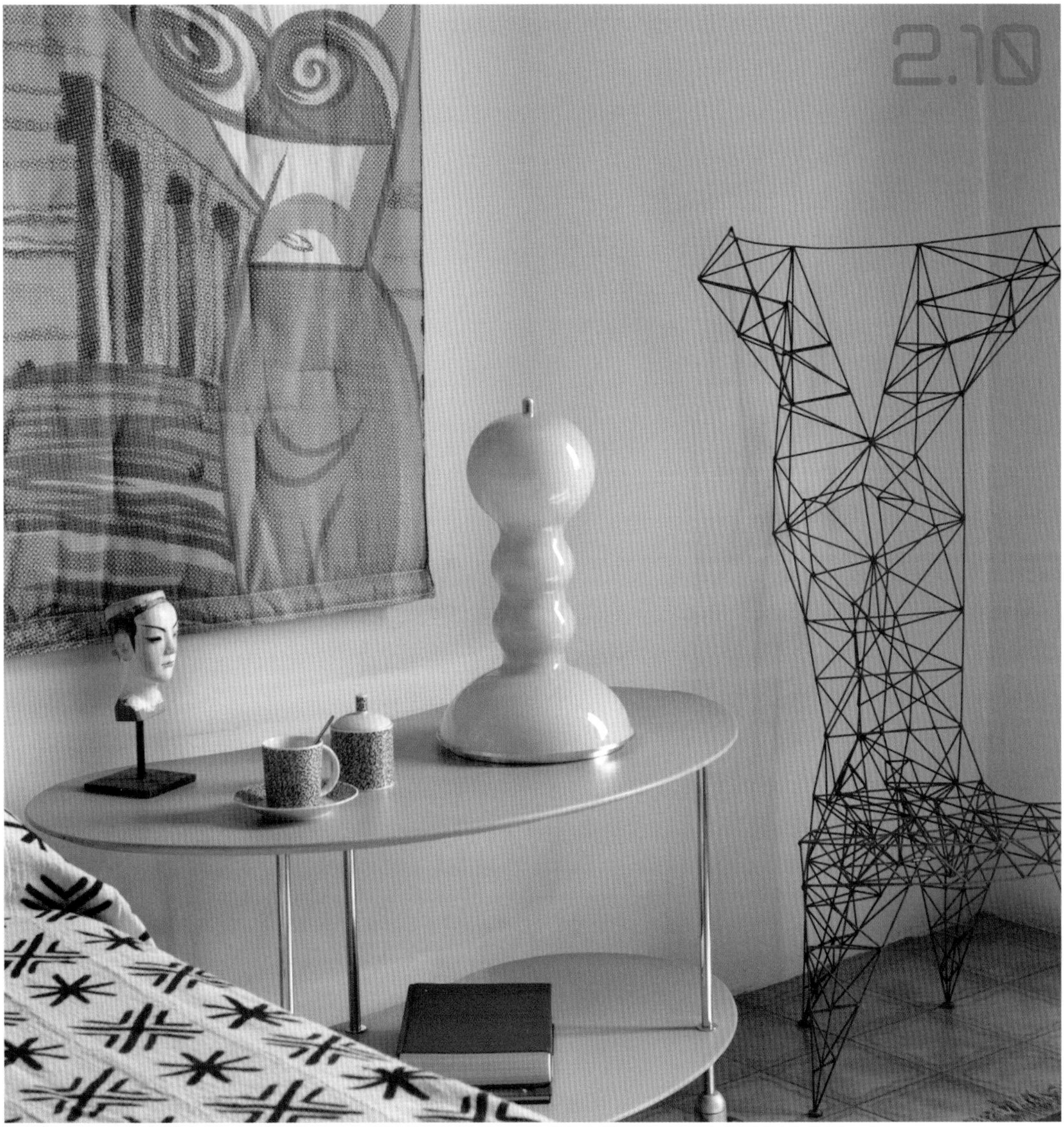

내면을 채우는 가치

알레산드로 멘디니 디자인에 담긴 고난도의 조형 능력도 볼만한 것이지만 그런 조형성을 좀더 깊게 파보면 디자인을 통해 그가 실현하고자 한 가치를 하나씩 만나게 된다.

프루스트 의자를 보자. 앤티크 의자를 하나 사서 그 위에 점만 찍어서 지금까지 팔고 있다는 사실만 놓고 보면 좀 당혹스러울 수도 있는 디자인이지만, 멘디니가 의자를 처음 세상에 선보일 때의 의도는 복잡했다. 멘디니는 기능성이나 상업성에 반기를 들고, 더 이상 새로운 물건을 만드는 일을 중단하고 기존의 상품을 재활용하자는 의미에서 이런 실험적인 시도를 했다고 한다. 산업혁명 전에 만들어졌을 법한 고전주의적 의자를 고른 것도 산업사회의 부조리를 비판하기 위한 그의 계산이었다. 마치 마르셀 뒤샹Marcel Duchamp이 엘리트적 미술을 파괴하기 위해서 시중에서 파는 변기를 화랑에 전시하고 '샘Fountain'이라고 이름붙인 것과 비슷하다.

멘디니는 프루스트를 통해 향후 자신만의 독특한 디자인 세계관인 리디자인에 대한 화두를 잡게 되고, 기존의 기능적 디자인을 비판하면서 일상생활에 예술을 실현하려는 반항적이고도 파격적인 디자인 세계를 꽃피워 나간다. 이런 배경을 이해하지 못하면 이 의자는 단지 유럽의 호사스런 취향을 반영한 키치적인 가구로밖에는 보이지 않는다. 물론 지금 이 디자인을 사는 사람은 그런 배경보다는 고전적이면서도 현대적이고, 우아하면서도 즐거운 모양에 더 관심을 가질 것이다. 하긴 배경이나 의도를 빼고 보더라도 고전적 조각이 장식하고 있고 즐거운 점이 찍힌 이 소파는 매력적이다.

이처럼 멘디니 디자인에 담긴 의미와 가치는 사회와 역사적인 관계에서 형성된 것이기 때문에 그것을 조망하는 시야가 없으면 쉽게 보이지 않고, 그럴 경우에는 독특한 디자이너, 디자인밖에 보지 못한다.

읽어야 할 멘디니의 디자인

알레산드로 멘디니의 디자인에는 대단히 많은 가치가 중층적으로 융합되어 있다. 한 비평가의 말처럼 그의 디자인은 모양과 의미가 풍부한 조형요소가 복잡하게 어울려 있기 때문에 자칫 어렵고 거슬려 보일 수도 있지만, 디자인 안에 담긴 내용과 효과적인 모양으로 보는 이의 마음을 강하게 이끄는 특징이 있다.

편안하고 즐거운 외형은 모든 사람에게 쉽게 다가간다. 그렇지만 멘디니의 디자인을 이해하기 위해서는 디자인의 표면에서부터 깊은 내면까지 살펴보면서 입체적으로 맞물려 있는 여러 가치의 복잡한 어울림을 하나하나 찬찬히 쓰다듬어 보는 촉각적인 과정이 필요하다. 그런 과정을 통해 멘디니가 가진 풍요로운 세계에 좀더 깊게 빠져들 수 있다. 겉모습에만 국한하여 그의 디자인을 대하면 그의 깊은 작품 세계 입구에도 들어서지 못한다. 때문에 그의 디자인은 '보기'보다는 '읽어야' 한다.

앞서 살펴본 것처럼 그의 디자인을 읽고 이해하기 위해서는 우선 조형(색과 형태)적 특성과 의도를 꼼꼼히 챙겨야 하며, 그 안에 녹아 있는 내면적 가치를 순차적으로 읽어가는 것이 좋다. 그리고 멘디니의 개인적 성향, 이탈리아의 전통, 시대적 배경 등 디자인 외부의 가치도 폭넓게 참조해야 한다.

2.11 기성품 소파에 점만 찍어 성공한 프루스트 의자

2.11

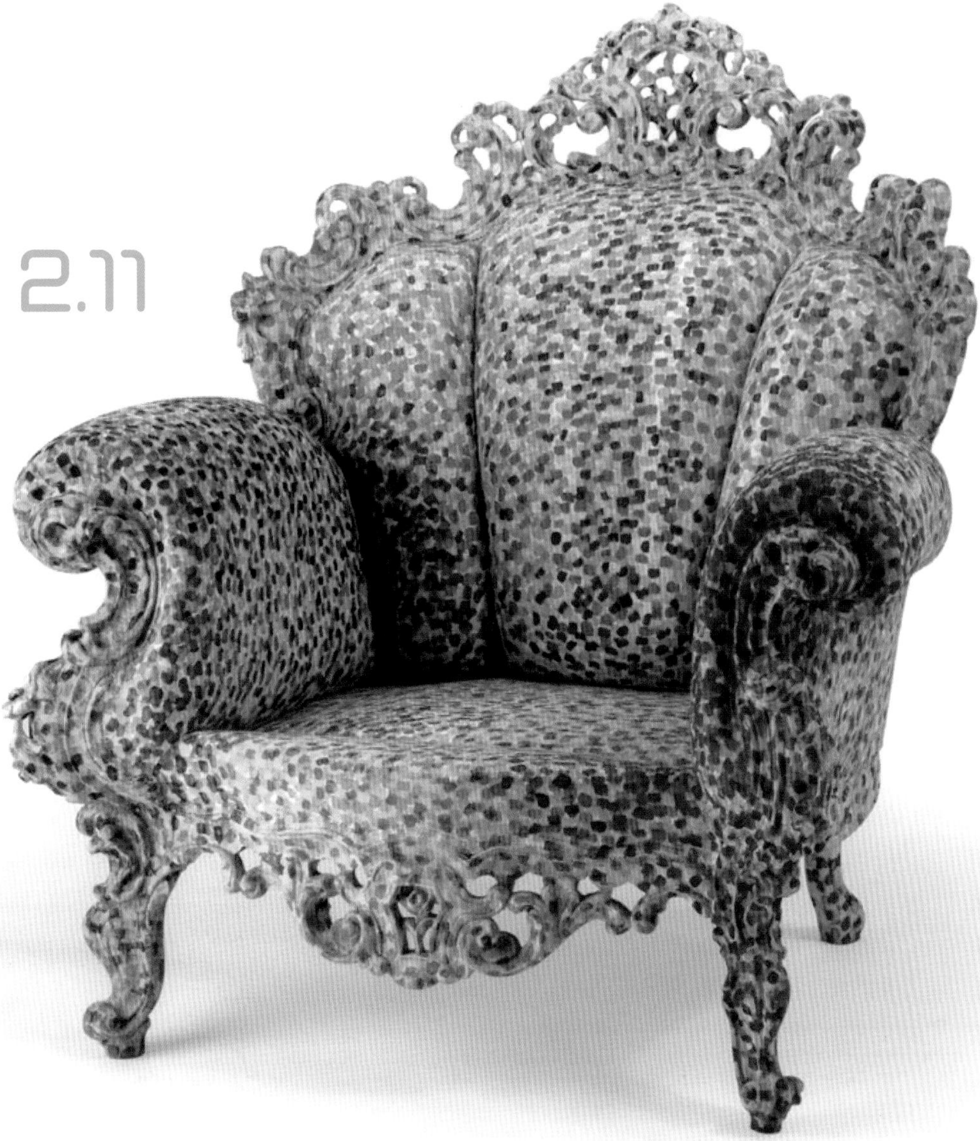

2

멘디니의
색 COLOR

눈에 띄는 색

알레산드로 멘디니의 디자인에서 가장 눈에 많이 띄는 것은 색이라 할 수 있다. 사람을 꼼짝 못하게 하는 그의 디자인의 재기 발랄한 성격은 대부분 색에서 비롯된다.

예를 들어 사진 2.12의 그로닝거 미술관Groninger Museum은 규모가 큰 미술관이지만 건축물이라기보다 하나의 예술작품처럼 실험적이고 아름답다. 좀 심하게 말하면 장난감 같다. 큰 건물이 가져야 할 위압감이나 권위 등 미술관에 대해 우리가 가지고 있는 모든 선입견이 이 미술관에서는 보이지 않는다. 대신 편안하고 귀엽고 부드럽다.

이 모든 것의 중심에는 건물의 샛노란 색이 있다. 긴 박스 모양의 건물이라 형태는 별로 눈에 띄지 않지만 대신 색깔이 눈부시게 부각된다. 건물에 잘 쓰이는 색은 아니지만, 노란색 하나로 이 미술관은 세상에 회자될 만한 강한 인상과 대중에게 다가갈 수 있는 편안함을 얻었다.

만약 이 건물의 노란색이 회색이나 빨간색이었다면 어땠을까? 철골과 시멘트로 지어진 일반적인 미술관처럼 권위적이고 딱딱해졌을 것이다.

한편 복잡하고 흐트러진 형태 요소를 하나로 연결시키는 데도 색은 중요한 접착제 역할을 한다.

2.12 노란색이 귀여운 느낌을 주는 그로닝거 미술관의 입구

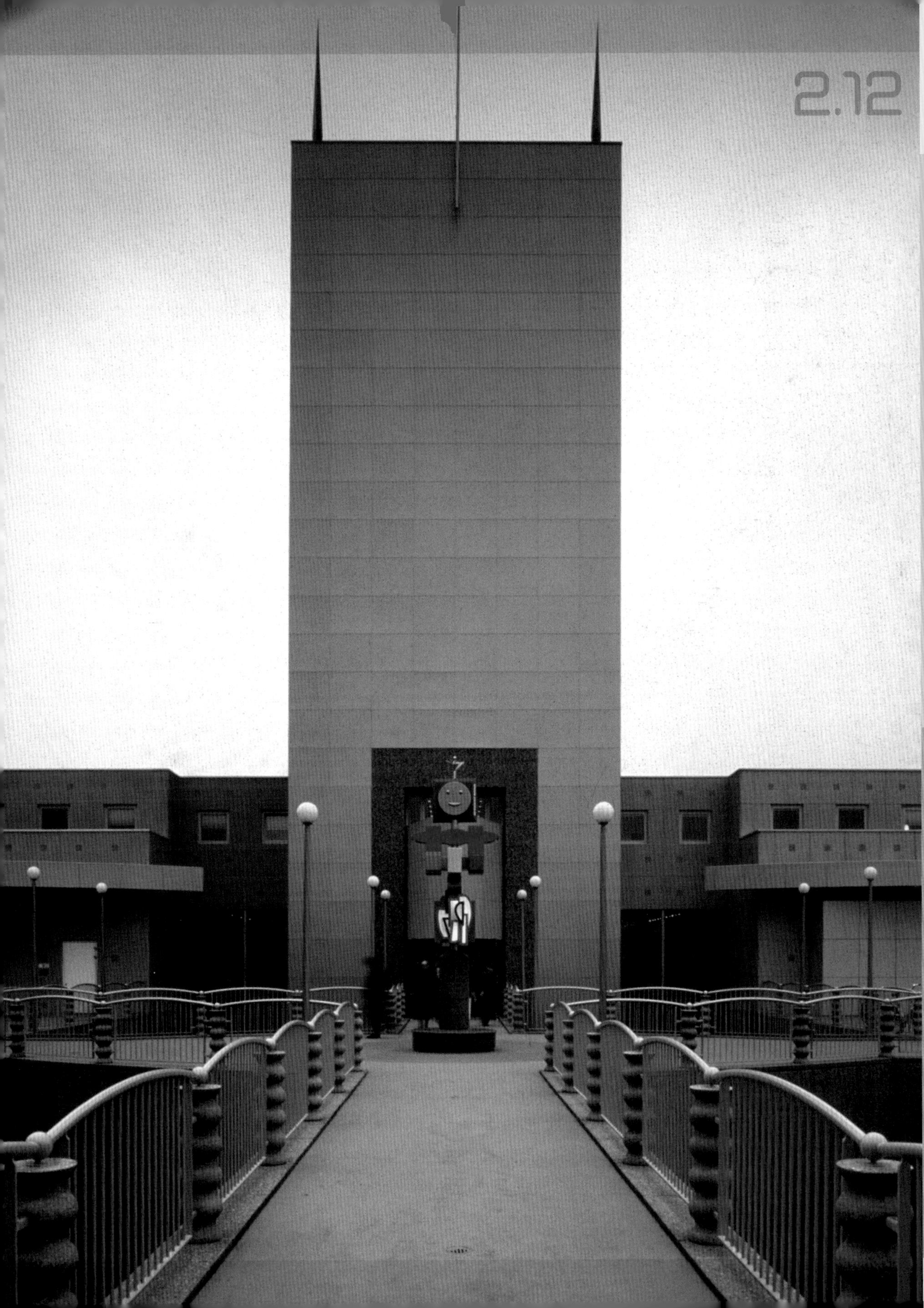

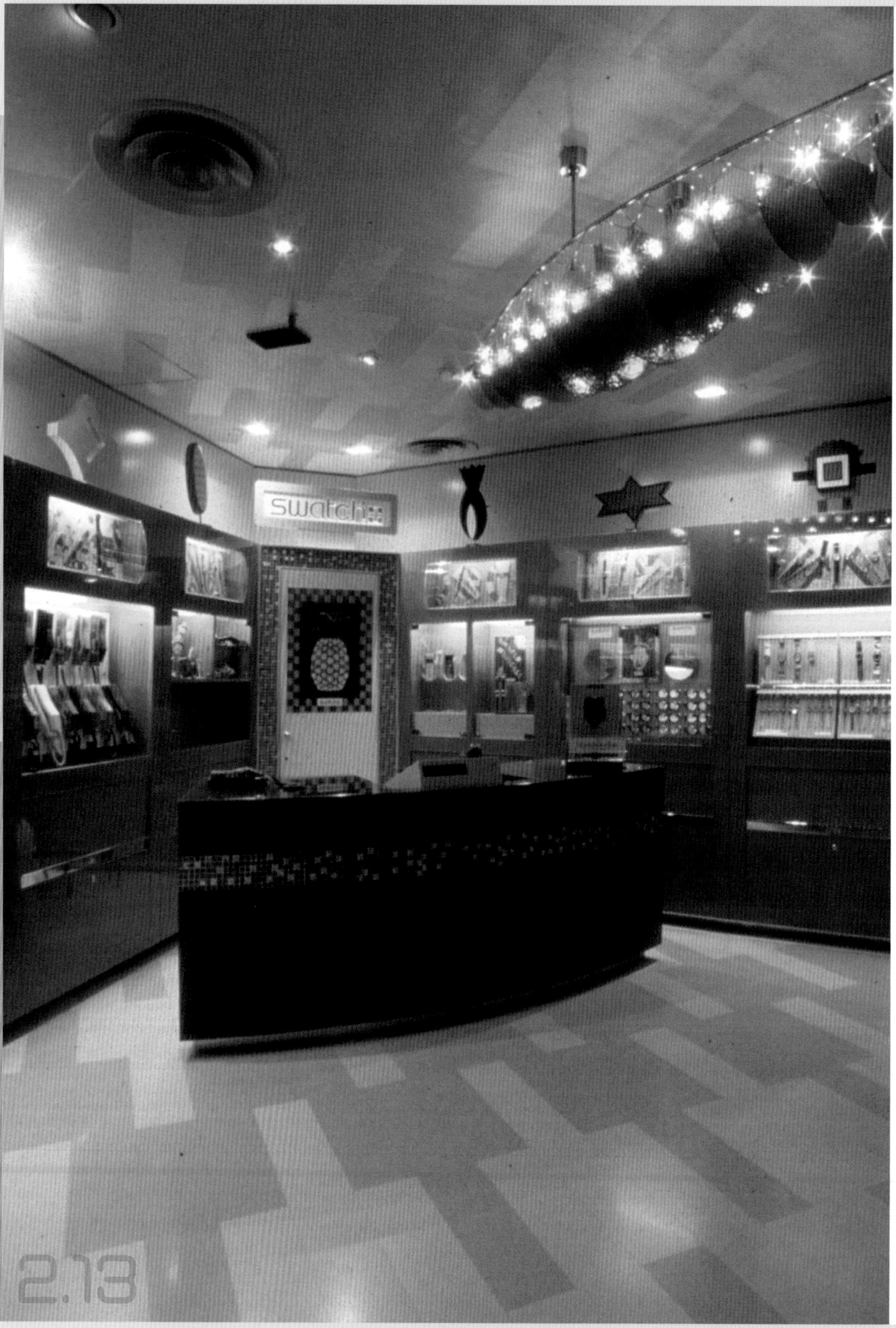

2.13

사진 2.13을 보면 한 장소에 수많은 요소가 어울려 있다. 하지만 신기하게도 전혀 복잡해 보이지 않는다. 오히려 하나의 덩어리처럼 일사불란하다. 파란색과 황토색이 전체를 주도하면서 수많은 요소를 하나로 다잡고 있는 것을 볼 수 있는데, 이 두 주조색은 서로 보색관계에 있다. 보색은 서로를 튀게 만들면서 하나가 되는 특징이 있다. 이 디자인이 강한 인상을 가지면서도 하나의 덩어리로 보이는 이유가 바로 그것이다. 하지만 색의 대비가 너무 심하면 형태가 흐트러지기가 쉽기 때문에 두 보색의 밝기를 서로 비슷하게 맞춰 전체 형태가 분산되지 않게 단단히 붙잡고 있다. 그 결과 이 디자인은 색이 두드러져 보이면서도 차분한 모순적인 분위기를 실현하고 있다. 역시 고수의 솜씨가 돋보인다.

알레산드로 멘디니의 디자인에서 색이 차지하는 역할은 이처럼 큰데, 그것은 크게 두 가지로 나누어 볼 수 있다. 디자인의 전체적인 인상을 규정하는 면과 복잡한 형태를 하나로 구조화시키는 기능이다. 산업디자인에서는 이런 역할을 대체로 형태가 맡는데 비해 멘디니의 디자인에서는 색이 그 역할을 맡는다는 것이 특징이다.

색을 통해 구축되는 멘디니 디자인의 인상은 대체로 강렬하기는 하지만, 그것이 보는 사람을 불편하게 만들지 않고 편안하고 발랄한 분위기로 호감을 불러일으킨다. 그의 디자인이 강렬해 보이지만 불편하게 느껴지지 않는 것도 대체로 색 때문이다.

2.13 **복잡한 형태들을 하나로 연결시키는 색**
2.14 **색의 채도가 높고 대비가 심한 알레산드로 멘디니의 디자인**

멘디니 색의 특징

알레산드로 멘디니는 대단히 많은 색을 쓰고, 대체로 편안하고 유머러스한 색감을 가지고 있으면서도 채도가 높은 색이라 눈에 잘 띈다. 그렇기 때문에 얼핏 보면 그의 색은 감각의 소산으로만 보기가 쉽다. 하지만 그의 디자인에서 구현된 색을 자세히 살펴보면 아주 일관된 원리를 따르고 있음을 알 수 있다. 아무리 많은 색을 써도 멘디니 디자인에서 일관된 개성이 느껴지는 것은 그 때문이다.

사진 2.14에서 볼 수 있는 것처럼 멘디니 디자인은 전혀 다른 색을 써도 인상이 비슷하다. 자세히 살펴보면 대체로 고채도색이 많은 것을 알 수 있다. 회색이나 저채도색은 간혹 배경 정도에 쓸 뿐 잘 사용하지 않는 경향이 있다. 고채도색을 쓸 때도 보색까지는 아니지만 색상의 대비를 많이 주는 편이다.

2.14

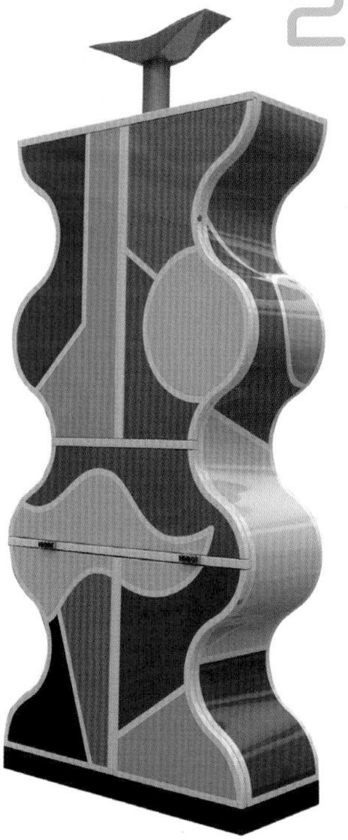

2.15

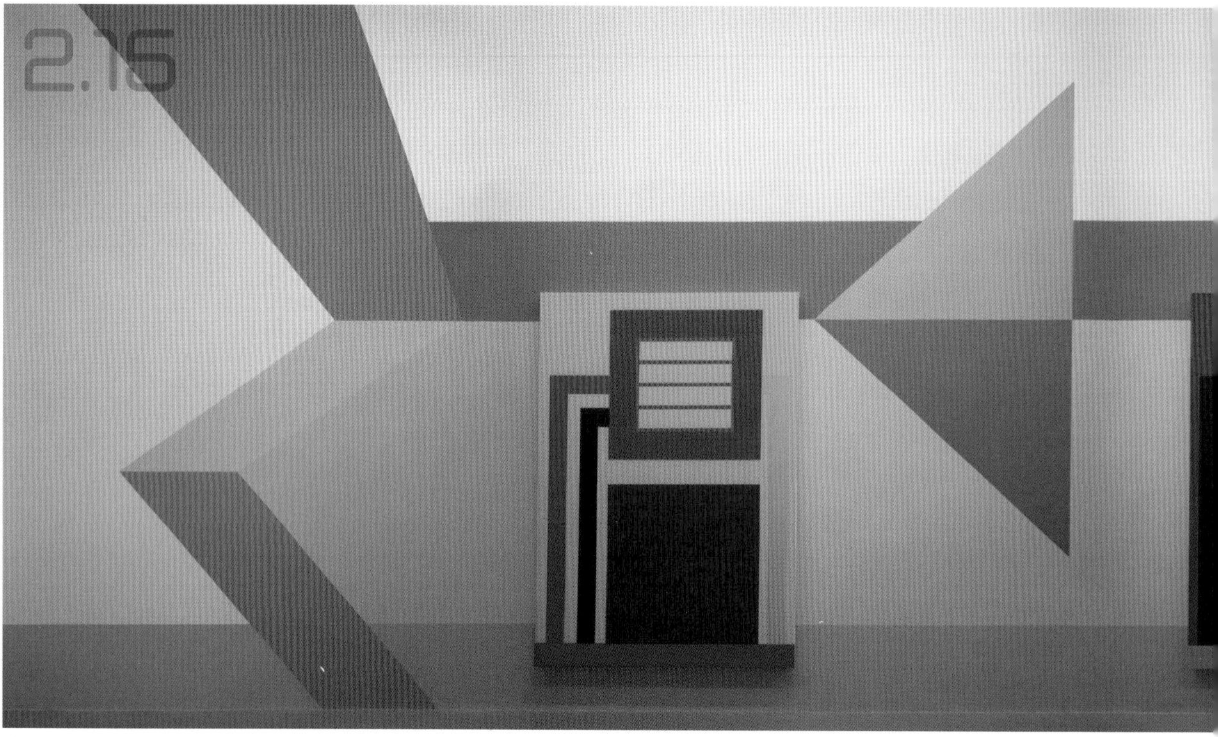

2.15 색의 밝기가 잘 조절되어 있어서 선명한 느낌을 준다
2.16 몬드리안의 그림과 유사한 색상을 사용하고 있는 알레산드로 멘디니의 디자인

그리고 또 하나 색의 밝기를 언급하지 않을 수 없다. 멘디니의 디자인에서 느낄 수 있는 밝고 산뜻한 분위기는 색상의 대비 때문이기도 하지만, 색의 밝기도 큰 역할을 하고 있다. 사진 2.15의 인테리어를 보면 수많은 면과 색으로 이루어져 있지만 전체적으로는 혼란스럽기보다 흥겨운 분위기다. 자세히 보면 수많은 색의 면의 밝기가 매우 정교하게 조율되어 있다. 밝은 것 옆에는 반드시 그것보다 더 밝거나 어두운 색이 조화되어 강렬한 명도대비를 이루어서 어느 한 곳도 뭉쳐 보이지 않는다. 때문에 쾌활하고 밝은 분위기가 만들어진다.

이처럼 그의 디자인에서 느낄 수 있는 인상은 감각에 의해 저절로 이루어진 것이 아니라 대단히 정교한 논리에 입각해서 색을 조율시킨 결과다. 그의 디자인에 일관되게 흐르는 유머러스함과 따뜻한 품격은 대체로 고채도색을 심한 대비로 조화시키고, 명도를 시원하게 준 데서 비롯된 것이라 할 수 있다.

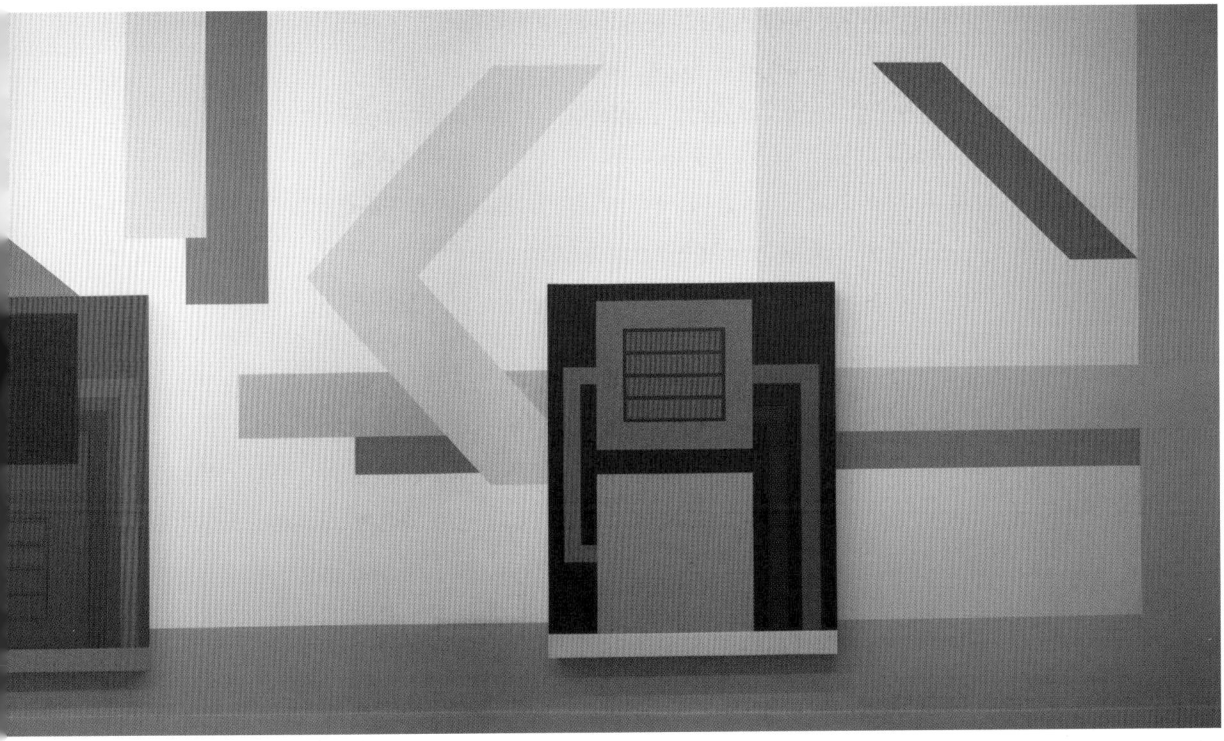

현대미술의 영향

알레산드로 멘디니가 색을 이처럼 독특하게 구사할 수 있는 것은 그의 타고난 능력 때문이기도 하지만 20세기 현대미술과 이탈리아의 전통적인 색 감각의 영향도 빼놓을 수 없다.

멘디니 디자인의 색 감각 중에 특히 선명하고도 강렬한 색채 느낌은 대체로 20세기 현대미술의 영향이라고 할 수 있다. 멘디니 스스로도 현대미술에 관심이 많고 영향을 많이 받았다고 자주 말한다. 디자인을 보면 그 영향을 바로 확인할 수 있다.

사진 2.16에서처럼 멘디니의 디자인에는 빨강 · 파랑 · 노랑과 같은 원색이 많다. 여기에 흰색과 검정색이 들어가면 색채학에서 말하는 기본색상이 된다. 이 디자인은 몬드리안Piet Mondrian이 그림에 사용한 것과 같은 색으로 디자인되어 있다. 적어도 색에 있어서는 20세기 현대미술의 영향을 받았다는 것을 쉽게 짐작할 수 있다.

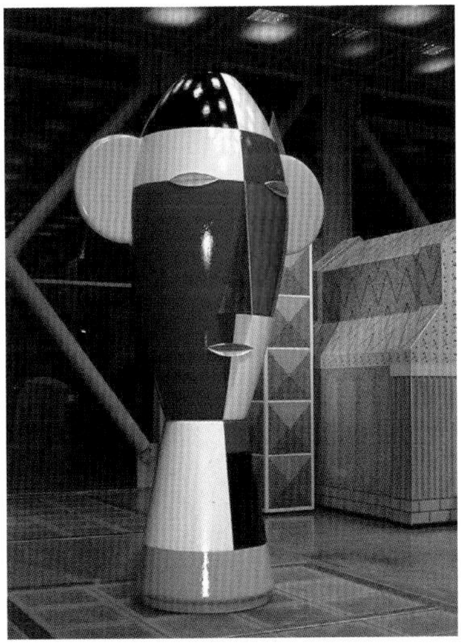

2.16

그런데 멘디니가 20세기 현대미술의 영향을 받았다는 사실을 노골적으로 밝힌 디자인이 있다. 바로 칸딘스키 의자다.

러시아 구성주의의 대표적인 화가 칸딘스키Wassily Kandinsky의 화풍에 영향을 받아 디자인한 의자다. 삼원색을 주조색으로 활용하면서도 중간색을 자유롭게 배치해 강렬한 인상을 자아내는 방식이 많이 닮아 있다. 그림과 아이디어 스케치와 의자를 함께 보면 더욱 확실하게 느낄 수 있다.

그 다음으로 살펴볼 것은 점묘적 기법이다. 멘디니의 디자인에서 정말 자주 접할 수 있는 기법인데, 이것은 누가 봐도 알 수 있듯이 점묘파 화가의 영향을 받은 것이다.

쇠라Georges Pierre Seurat는 광학이론에 따라 원색의 점으로 그림을 그렸다. 물감을 섞어서 색을 만들면 채도가 낮아지기 때문에 채도를 떨어뜨리지 않고 그림을 그리기 위해서였다. 멘디니는 그런 점묘파 화가의 기법을 자신의 디자인에 도입해 예술과 디자인을 넘나드는 자신만의 스타일을 개발했다. 정확히 말하면 점묘파로부터는 색이라기보다는 기법의 영향을 받았다고 해야 할 것이다.

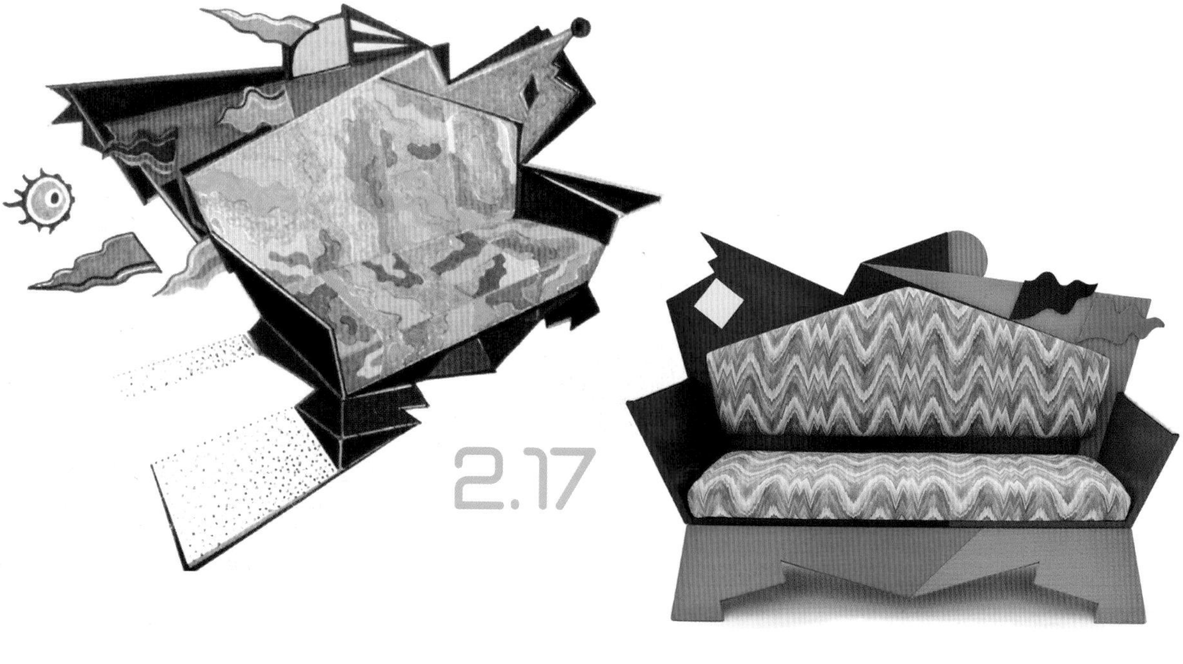

2.17

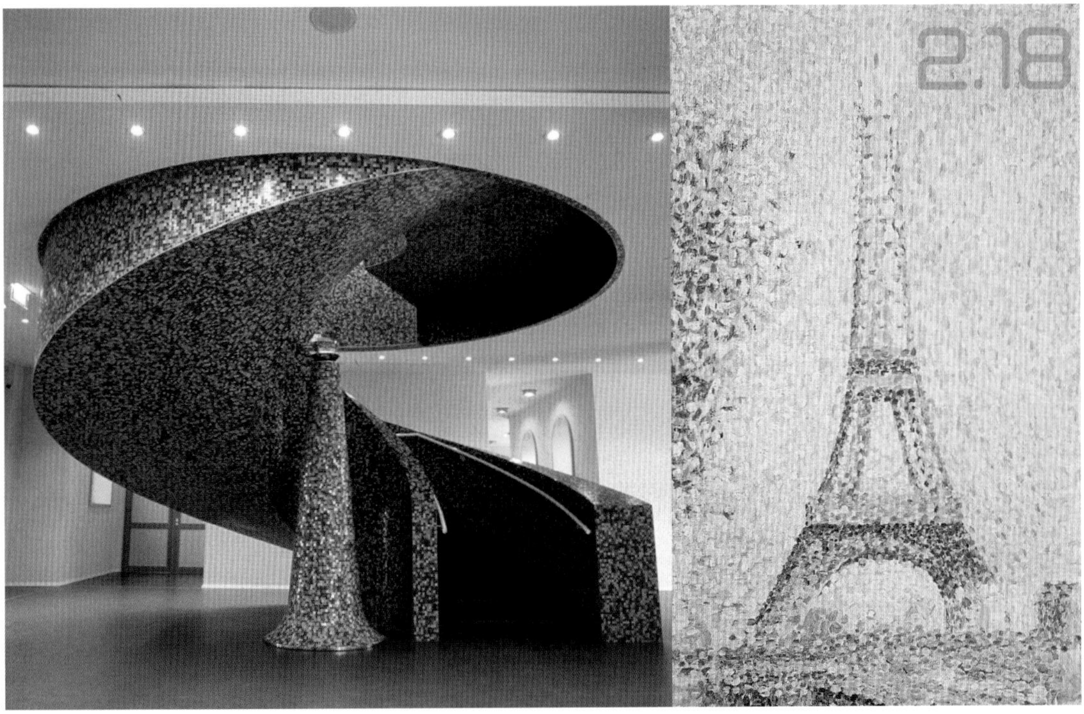

이런 영향은 어렸을 때부터 현대미술에 관심이 많았던 멘디니의 성장과정을 생각하면 지극히 당연한 일이다. 러시아 구성주의, 네덜란드 신조형주의 등 현대미술은 대체로 빨강 · 파랑 · 노랑 등의 원색을 사용해 조형의 본질을 표현하려고 했기 때문에 20세기 현대회화는 자연스럽게 강렬하면서도 순수한 색감을 갖는다. 멘디니의 디자인에서도 느낄 수 있는 청량하면서도 강렬한 색감은 바로 그 영향이다.

하지만 20세기 현대미술의 색이 대체로 진지하고 심각한 느낌을 주는 데 반해 멘디니의 색은 편안하고 유머러스하다. 쓰는 색은 비슷해도 전혀 다른 인상을 주는데, 이런 차이는 어디서 비롯된 것일까?

2.17 **칸딘스키 의자와 스케치**
2.18 **점묘파 그림의 영향을 받은 그로닝거 미술관의 계단과 쇠라의 그림**

이탈리아 전통의 영향

같은 원색을 쓰면서도 현대미술과 달리 알레산드로 멘디니의 색이 편안하고 유머러스한 느낌을 주는 이유는 원색을 조화시키는 원리가 다르기 때문이다. 멘디니는 파스텔조의 색 조합, 즉 원색 옆에 비슷한 계통의 색을 같이 써서 약간 바랜 듯 보이도록 한다.

사진 2.19의 디자인을 보면 그런 사실을 쉽게 확인할 수 있다. 전체적으로는 파란색과 오렌지색이 강한 보색대비를 이루고 있지만, 원색 주변에 원색과 같은 계통의 색을 넣어 색감을 부드럽게 만들고 있다.

그런데 이런 색감은 멘디니만의 특징이라기보다는 이탈리아에서 흔히 볼 수 있는 색감이다. 이탈리아에서는 이미 오래 전부터 이런 색감을 즐겨 써왔다. 예를 들어 멘디니의 디자인과 르네상스 시대의 회화를 비교해보면 어렵지 않게 알 수 있다.

둘 다 오렌지색과 청록색이 주조색이며, 사이사이에 비슷한 계통의 색을 넣어서 예의 파스텔조의 부드러운 색감을 보여준다. 멘디니만이 아니라 이탈리아 출신의 다른 디자이너도 보통 이런 계통의 색을 즐겨 쓴다.

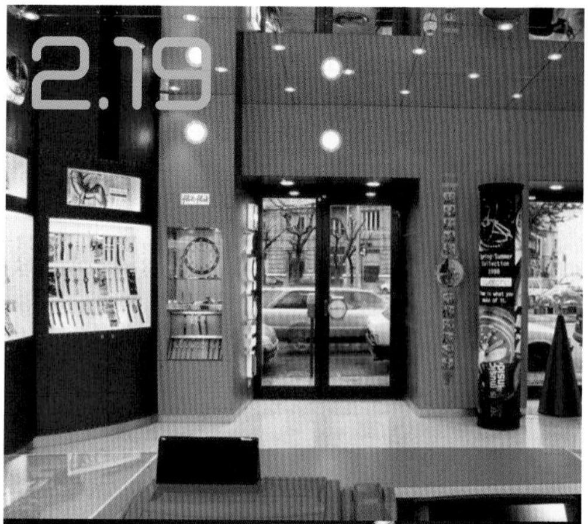

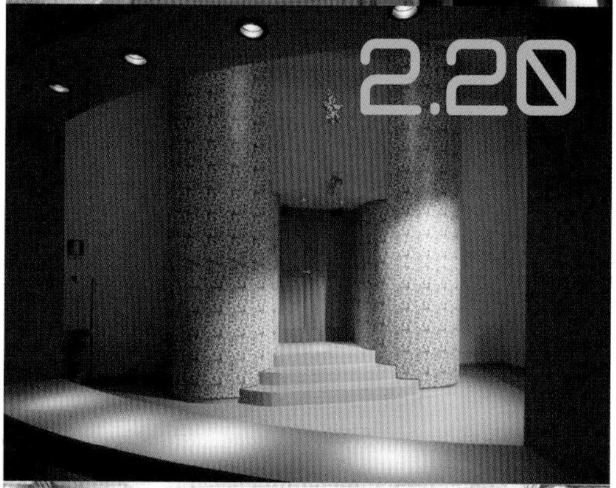

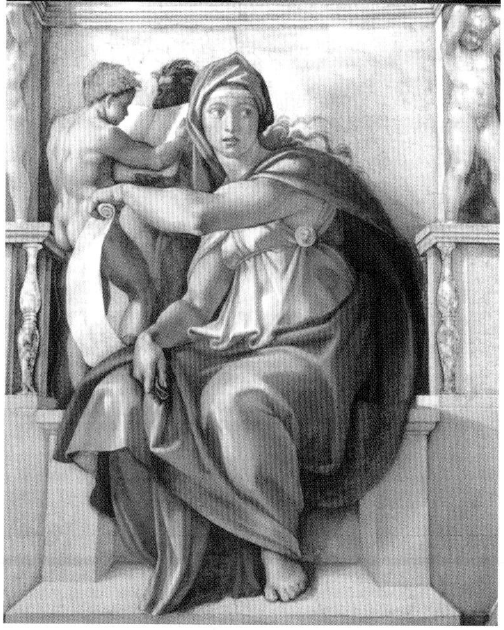

2.19 비슷한 계통의 색을 같이 쓰면서 강한 대비를 이루고 있다
2.20 알레산드로 멘디니의 디자인과 미켈란젤로의 시스티나 성당 벽화
2.21 파스텔톤으로 조화를 이룬 부라노 섬의 아름다운 집들

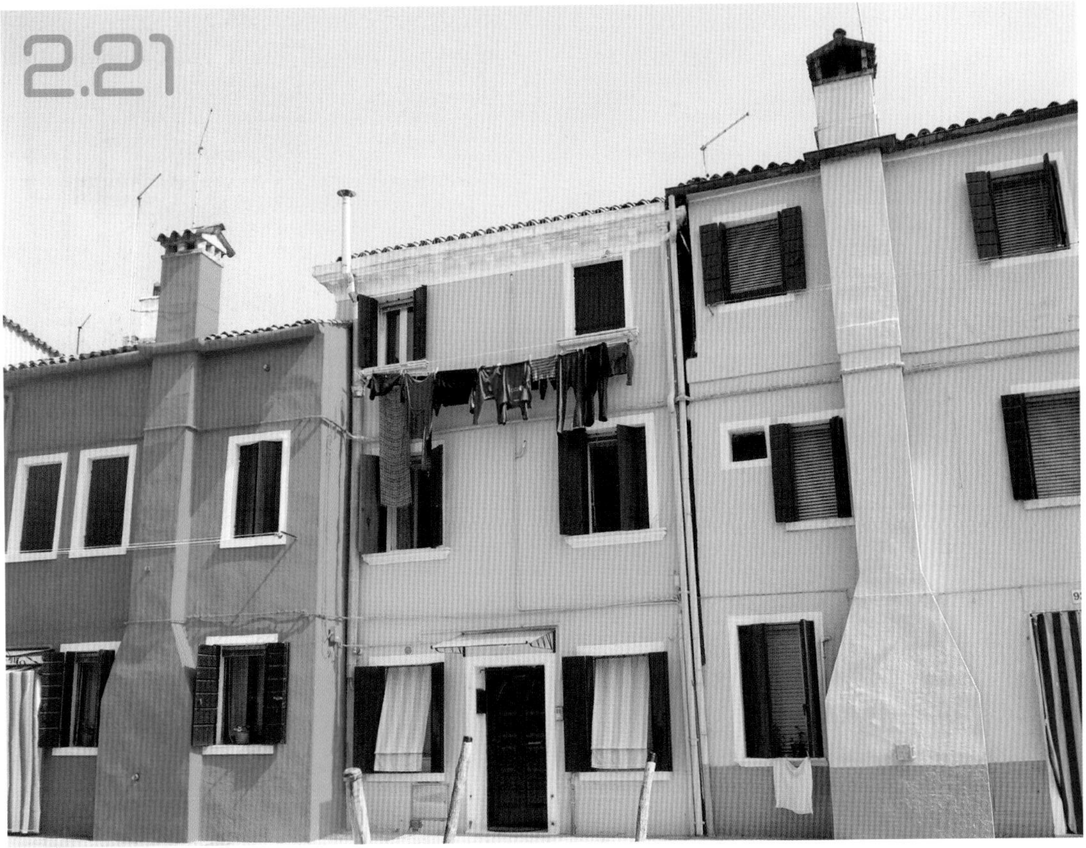

멘디니와 자주 비교되는 에토레 소트사스의 디자인에서도 이탈리아 특유의 파스텔톤 색감을 느낄 수 있고, 이탈리아를 대표하는 베르사체Versace의 패션에서도 동일한 색감을 느낄 수 있다.

회화나 디자인뿐 아니라 이탈리아의 일상 공간에서도 이런 파스텔톤의 색을 쉽게 볼 수 있다. 베니스의 부속 섬 부라노의 작은 마을은 거의 회화나 디자인에서 볼 수 있을 만한 수준의 색감을 보여준다. 대비가 강하면서도 귀엽고 발랄한 느낌을 주는 파스텔톤의 색상이 봄날의 흐드러진 꽃처럼 환하게 피어 있다. 어느 골목을 가더라도 이처럼 다양한 색의 향연이 펼쳐진다. 창밖에 걸린 빨래마저도 기가 막힌 색 감각을 보여준다.

파스텔톤의 아름다운 색은 이처럼 르네상스 회화에서부터 조그마한 어촌마을에 이르기까지 어디서나 볼 수 있을 정도로 일반화되어 있다. 가히 국민취향이라고 할만하다. 멘디니의 말처럼 르네상스부터 미래파회화에 이르기까지 이탈리아의 회화는 색과 아주 특별한 관계를 가지고 있는데, 이런 문화적 풍토에서 자란 멘디니가 이탈리아 특유의 색에 영향을 받지 않았을 리 만무하다.

강렬하면서도 유쾌하고 부드러워 보이는 멘디니의 색은 의심할 여지없이 이탈리아 문화에서 유전된 것이다.

2.22

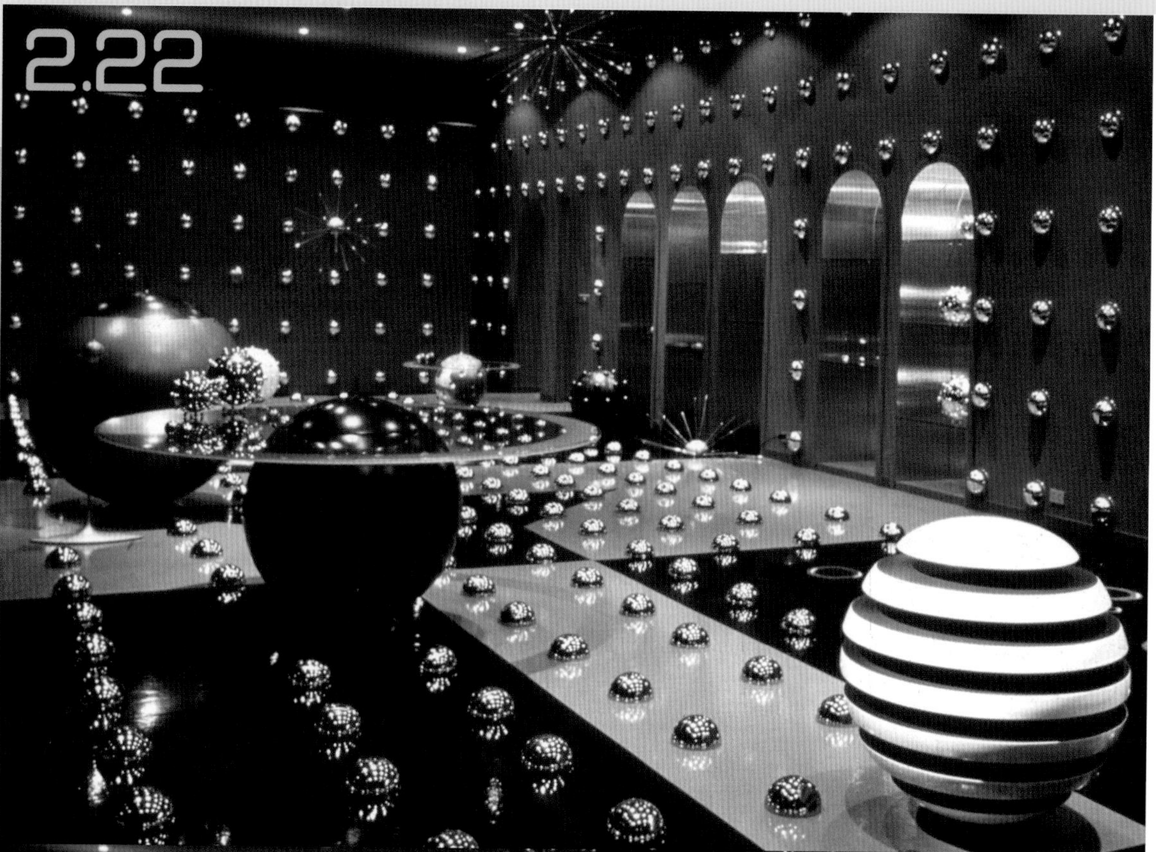

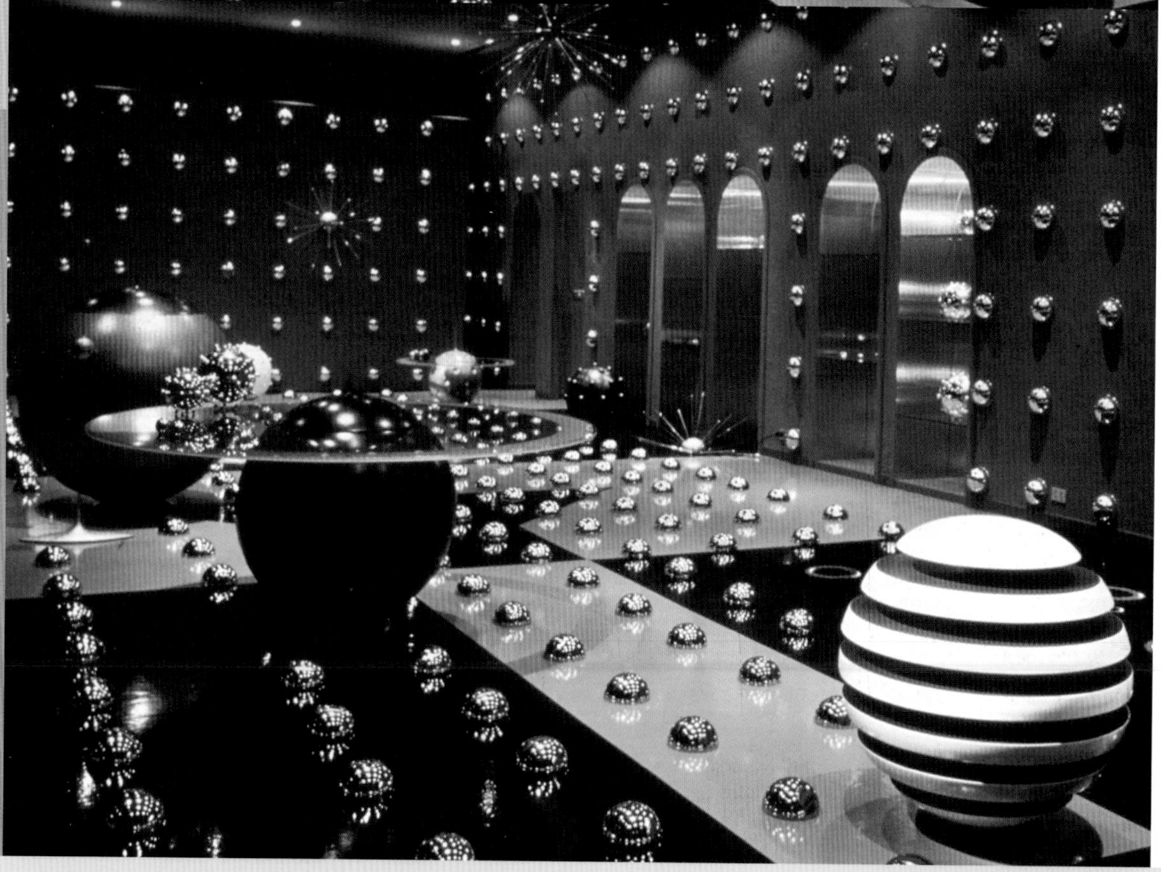

편안함의 원천

알레산드로 멘디니 디자인에서 색을 빼면 그의 디자인에서 색이 얼마나 큰 역할을 하는지 금방 알 수 있다. 왼쪽 흑백톤의 디자인을 보면 대단히 심각하고 차가운 설치미술처럼 보인다. 직선과 구로 이루어진 기하학적 구성과 금속성의 구슬 질감이 보는 사람을 긴장하게 만든다. 어려운 철학적 설명이 잔뜩 들어 있을 것만 같다.

하지만 이 모양에 멘디니의 색이 들어가면 분위기가 완전히 바뀐다. 어렵고 딱딱해 보이던 모양이 단박에 재미있고 정겨워진다. 이해하기는 어렵지만 따뜻한 청록색이 마음을 편하게 해주고, 간간이 보이는 노란색이 귀엽게 손짓한다. 저만치 서있는 빨간색 큰 공은 차가운 금속 질감의 공을 다스리는 여왕처럼 보인다. 색만 넣었을 뿐인데 분위기는 완전히 달라지고, 이해하지는 못하더라도 보는 사람이 감정을 이입하게 만든다.

멘디니 디자인에서 색의 역할이 이렇다. 실험성 가득한 그의 디자인이 소외되지 않게 만드는 가장 중요한 소통 도구이자 무기다. 이 정감 가득한 색감 덕분에 그는 아방가르드한 디자인을 하면서도 대중성을 확보하는 마술 같은 일을 할 수 있었다.

그는 20세기 현대미술의 색상에서 색의 명시성을, 이탈리아 전통에서 대중의 마음을 사로잡는 방법을 터득해 자기만의 독특한 색의 세계를 만들었고, 그것을 통해 지금까지 대중과 소통하면서 실험적인 디자인을 마음껏 해왔던 것이다.

물론 그는 형태에 있어서도 만만치 않게 두툼한 자신만의 세계를 구축해놓았다.

2.22 **실험적이지만 편안해 보이는 알레산드로 멘디니의 디자인**

3

멘디니의 형태 SHAPE

원칙이 없어 보이는 형태

색에 비한다면 알레산드로 멘디니 디자인에서 형태는 별 원칙이 없어 보이는 게 사실이다.

그의 디자인을 형태 위주로 보면, 실험적인 면모는 그렇다 치고, 한 디자이너의 디자인이라고 할 수 없을 정도로 다양하다는 것을 알 수 있다. 원과 직선으로만 이루어진 기하학적 형태도 있고, 화가가 그냥 끼적이며 드로잉해놓은 것 같은 형태도 있고, 박물관에서 금방 가져온 것 같은 것도 있다. 색에 비하면 형태는 일관성이 없어 보인다.

그러나 한발 뒤로 물러나서 보면 다 이유가 있음을 알 수 있다. 오른쪽 디자인은 테이블인데, 테이블의 구조가 화살이 둥근 테이블을 관통해서 세로로 꽂힌 것 같은 재미있는 모양이다. 그가 흔히 쓰는 장식이나 현란한 색을 마구 넣었다면 이런 의미를 제대로 볼 수 없었을 것이다. 표현하고자 하는 의미를 정확하게 전달하기 위해서 장식적인 형태를 일부러 절제했다. 대신 화살이 꽂힌 바닥에 강한 색과 패턴을 넣어 화살촉이 확실히 보이도록 했다. 재미를 준다는 점은 다른 장식적인 디자인과 같지만 상황에 따라서는 이렇게 기하학적 형태로만 표현하기도 한다.

2.23

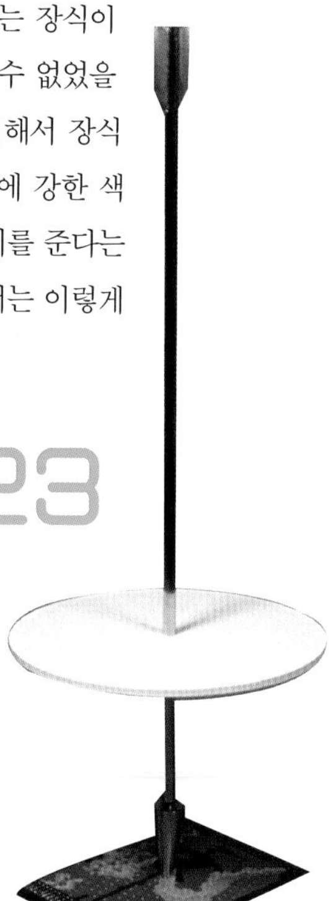

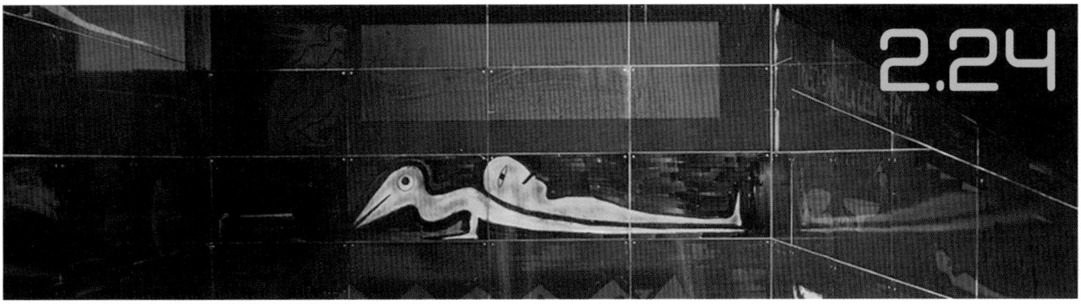

위 디자인의 경우에도 저곳이 나폴리 지하철역 입구라는 것을 생각하면 왜 이렇게 예술적인 디자인을 했는지 알 수 있다. 벽에 붙은 드로잉 하나로 많은 사람이 오가는 이 공공공간이 순식간에 예술적으로 바뀐다. 단순히 역 이름만 눈에 잘 띄는 기능적인 사인디자인과는 비교할 수 없을 정도로 많은 역할을 해주는 것이다. 공공장소를 디자인할 때 멘디니는 특히 이렇게 예술적으로 표현하는 경우가 많다.

오른쪽의 프루스트 의자는 애당초 편안한 소파가 아니라 기존 디자인을 비판하기 위해서 작정하고 실험한 디자인이다. 여기서 고전적인 의자의 형태는 그의 파격적인 실험성을 공격적이지 않게, 그리고 많은 사람에게 어렵지 않고 쉽게 받아들여지게 만드는 장치로 작용하고 있다. 내용은 실험적이지만, 그렇기 때문에 형태는 오히려 익숙한 것을 극히 보수적으로 사용한 것이다.

다양한 형태 유형을 가지고 있기 때문에 멘디니의 디자인을 예술적이라고 말하는 경우가 많지만, 알고 보면 그는 이처럼 프로젝트의 성격에 따라, 자신의 의도에 따라 매우 합리적인 형태 전략을 구사하고 있다. 겉으로는 일관성이 없어 보이지만 그 뒤에는 몇 차원 앞을 계산하는 노련함이 숨겨져 있는 것이다. 이것은 멘디니가 일반적인 디자이너에 비해서 형태를 다룰 수 있는 능력이 뛰어나기 때문에 가능한 일이기도 하다. 자유로운 예술적 형태부터 기능적 형태에 이르기까지, 말하자면 멘디니는 꺼낼 수 있는 형태의 카드가 두툼하기 때문에 적재적소에 필요한 카드를 써서 이기는 게임을 하는 것이다. 일정한 스타일만 앞세우는 디자이너와는 여러 면에서 같을 수가 없다.

앞으로 살펴보겠지만, 이런 능력은 그의 광범위한 독서와 폭넓은 관심 분야, 그리고 기성의 권위나 고정관념에 안주하지 않고 언제나 신중하고 깊이 생각하는 사색 능력에서 기인한 것이다.

2.23, 2.24, 2.25 **다양한 스타일 형태를 가진 알레산드로 멘디니의 디자인들**

2.25

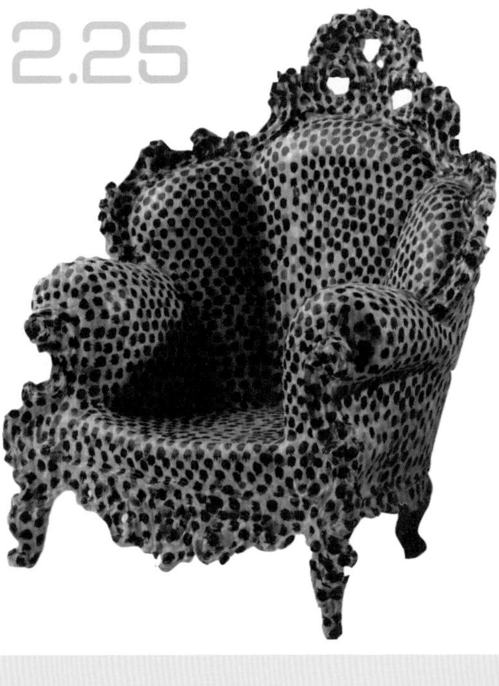

기본은 기하학

알레산드로 멘디니의 디자인을 관통하는 형태의 공통점을 알아차리기는 어렵다. 좌우대칭의 기하학적 모양으로 이루어진 형태도 있고, 자유롭고 파격적인 구조를 가진 형태도 있어서 혼란스럽기까지 하다. 그의 디자인 안에서는 기하학적 형태와 고전적 장식이 부딪히고, 수학적 질서와 유기적 질서가 부딪히고, 기능성과 예술성이 부딪힌다.

진화론적 관점에서 그의 디자인을 살펴보면 이러한 모순적 상황 저변에 흐르는 어떤 일관성의 단초를 발견할 수 있다. 예외가 없지는 않으나, 그의 다양한 디자인을 살펴보면 기하학적 형태가 원자나 분자의 역할을 한다는 것을 알 수 있다. 그것이 단순한 구조의 결합을 이루고 있는가, 복잡한 구조의 결합을 이루고 있는가에 따라 다양한 유형으로 나타나는 것이다.

이런 특징을 어떤 평론가는 구축적 기하학을 탈구조적으로 활용하면서 이중성과 실험성을 표현하고 있다고 설명하기도 했다. 보통 디자이너가 형태를 다룰 때는 엄격한 규칙에 입각하거나, 아니면 해체하거나 둘 중 하나를 선택한다. 그런데 멘디니는 두 가지 방향을 상황에 따라 자유롭게 구사하기 때문에 보는 사람은 양식적으로 혼란스러워질 수밖에 없다. 그 때문에 그는 이중적이라든지, 실험적이라는 평가를 받는 것이다.

여기에는 20세기 초 현대미술이 큰 영향을 미쳤다. 20세기에 들어오면 많은 화가가 조형의 본질을 추구하며 추상미술이라는 새로운 예술을 꽃피웠다. 멘디니는 현대미술 중에서도 기하학적 형태를 바탕으로 하는 순수미술의 흐름에서 많은 영향을 받았다.

색뿐 아니라 형태에서도 20세기 추상미술은 그에게 큰 영감의 원천이었던 것이다. 구체적으로 미래파 · 입체파 · 구성주의의 영향을 많이 받았다. 미래파 같은 경우에는 이탈리아 내에서 일어났던 현대미술운동이기도 했고, 이탈리아 디자인의 원천 역할을 했기 때문에 알레산드로 멘디니도 자연스럽게 영향을 받을 수밖에 없었다.

2.26 **기하학적 형태들로 자유롭게 구성한 알레산드로 멘디니의 디자인**

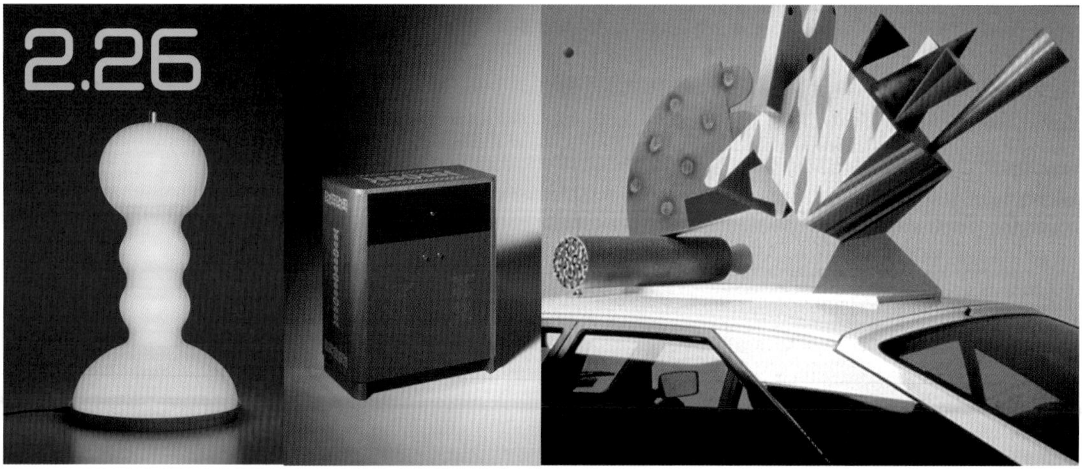

20세기 현대미술

20세기 초 이탈리아에서 일어났던 미래파 운동은 과거의 전통과 단절하고 기계문명에 대한 찬양을 예술적으로 표현하려 하였다. 이 운동은 작가였던 마리네티Filippo Tommaso Emilio Marinetti로부터 시작되는데, 그는 1909년 〈르 피가로〉에 기계문명을 찬양하는 '미래파 선언'을 했다. 이 선언을 시작으로 이탈리아 건축 · 미술 · 문학 등에서 미래파 운동이 불꽃처럼 일어났다.

미술에서 미래파는 기계문명의 중요한 특징으로 속도에 주목했다. 당시 세상에 등장한 기차나 자동차, 비행기야말로 인류 역사상 경험할 수 없던 새로움을 가져다주는 것들로, 이들의 공통점인 속도야말로 현대문명의 가장 큰 특징이라고 생각하고 속도를 시각화하는 데 많은 노력을 기울였다.

움베르토 보치오니Umberto Boccioni의 그림을 보면 기차가 증기를 내뿜으며 달려오는 모습이 잘 표현되어 있는데, 기차와 증기의 잔상을 그린 것처럼 형체를 해체시켜서 평면에 속도감을 부여하고 있다. 마치 만화의 한 장면 같다. 속도감을 표현하기 위한 것이지만 결과적으로는 형태를 기하학적으로 분절한 다음에 작가의 주관적 질서로 재구성하는 과정을 거치고 있다. 이런 식으로 형태를 다루는 방식은 입체파의 그림에서 보다 본격적으로 나타난다.

피카소 같은 입체파 화가의 그림은 형태가 매우 복잡하고 추상적이어서 이해하기 어렵지만 그림을 구성하는 형태의 구조를 살펴보면 다른 것이 보인다. 옆의 그림을 보면, 사람의 형상과 창문이나 벽지 등 실내를 구성하는 여러 형태요소가 단순한 형태로 분절되었다가 작가에 의해 다시 재구성되었다. 단순화와 재구성되는 과정을 통해 원래의 형태와 사뭇 다른 형태가 만들어지지만, 이 과정에서 작가의 개인적 사유와 개성 등이 담기게 된다. 이런 '단순화'와 '재구성'의 과정은 세잔Paul Cézanne에서 시작한 현대추상미술의 중요한 조형 레시피다. 그래서 입체파뿐 아니라 러시아 아방가르드 화가에게서도 이러한 접근을 흔히 찾아볼 수 있다.

엘 리시츠키El Lissitzky의 포스터를 보면 입체파 화가의 그림보다 한 걸음 더 나아간 것을 볼 수 있다. 내용을 설명해주는 글자와 추상화된 기하학적 형태는 현실에 존재하는 형태와 아예 아무런 관련이 없다. 현실을 벗어난 추상적 형태는 순전히 작가의 의지나 조형원리에 따라 자유롭게 구성되었다. 이처럼 현대미술에서는 추상적인 형태와 작가의 자유로운 조형의지가 조형예술의 중심에 자리잡는다. 쉽게 말해 20세기 현대미술에서는 작가가 생각하고 의도하는 바에 따라 추상적인 조각 퍼즐을 맞추듯, 혹은 레고 블록을 쌓듯 독특한 모양을 만들게 된다.

그러다 보니 중요해지는 것은 조형요소를 구성하는 조형논리다. 예컨대 비슷한 조형요소로 시작한다고 하더라도 엄격한 기하학적 원칙으로 형태에 질서를 부여하면 네덜란드의 신조형주의와 같은 미니멀한 기하학적 조형이 만들어진다. 반대로 단순한 조형요소를 자유분방하게 구성하면 칸딘스키의 그림과 같은 표현적인 조형이 만들어진다.

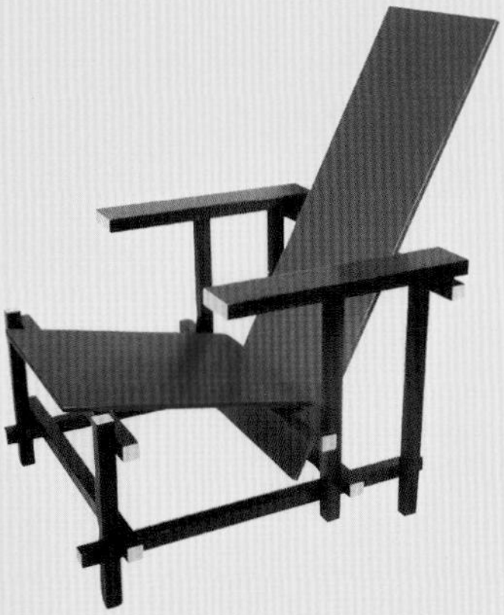

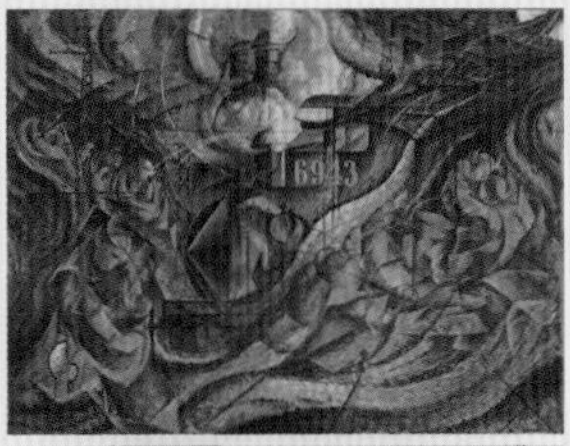

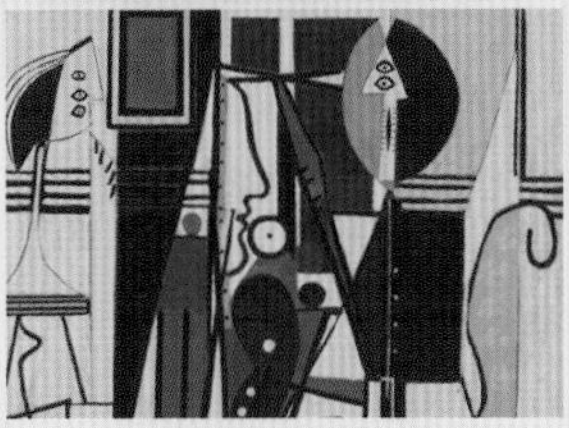

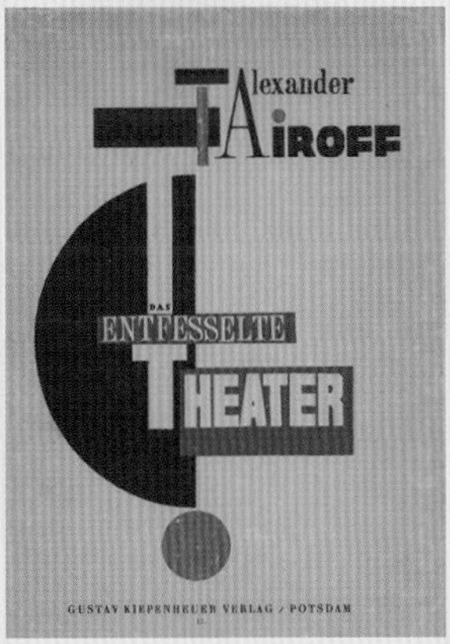

위에서부터

엄격한 기하학적 질서로 구성된 게리트 리트펠트의 의자
미래파 화가인 움베르토 보치오니의 그림
형태를 해체하고 재구성하는 과정에서 새로운 형태를 만든 입체파 화가 피카소의 그림
단순화와 재구성의 원칙에 충실한 엘 리시츠키의 포스터

젊어서 유럽 아방가르드의 많은 예술운동과 화가의 영향을 받았던 멘디니는 20세기 초반 현대미술의 형태원리를 정확하게 이해하고 있었다. 특히 입체파 · 미래파 · 표현주의와 같은 사조가 스스로에게는 드림월드였다고 할 정도로 열혈 마니아였으니 당연한 일이다. 하지만 그는 이해하는 선에서 그치지 않고 실제 자신의 디자인에 적극 받아들였다.

네덜란드 신조형주의 작가처럼 엄격하게 기하학적 구성원리를 적용하기도 하고, 또 러시아 아방가르드 작가처럼 자유분방하게 기하학적 형태를 적용하기도 하면서 다양한 형태를 디자인했다.

"형태는 구성 체계에서 발생한다. 발달은 곧 구성이다"라는 그의 말에서도 알 수 있듯이 그는 특정한 형태 이미지보다는 형태를 재구성하는 데 보다 많은 무게를 두었다. 그런데 이렇게 형태를 재구성하는 과정에서 그는 기존의 기능주의적 디자인에서는 전혀 찾아볼 수 없던 독특한 시적 표현을 디자인에 담을 수 있게 되었다. 이것은 현대미술에서 직접 얻은 것이라기보다는 현대미술을 적용하는 과정에서 멘디니 자신이 직접 일구어낸 결과라고 할 수 있다. 멘디니가 현대미술에서, 특히 형태 논리에서 얻은 것은 사실 다양한 형태의 이미지가 아니라 궁극적으로는 자신만의 독특한 시적 감흥이었던 것이다.

이처럼 형태가 구성되는 원리가 다양하고 그 속에 시적 감흥까지 표현되고 있으니, 그의 디자인에서 형태가 일관성 없고 혼란스럽게 느껴지는 것은 당연한 일이다. 그렇다 하더라도 그의 디자인이 기하학적 형태를 기본으로 하고 있다는 점은 변함없는 사실이다.

2.27 기하학적 형태를 엄격한 질서와 자유로운 질서로 구성한 알레산드로 멘디니의 디자인
2.28 기하학을 기본으로 하는 르네상스 건축물
2.29 이탈리아 전통건축의 기하학적 구조에 영향을 받은 듯한 알레산드로 멘디니의 디자인

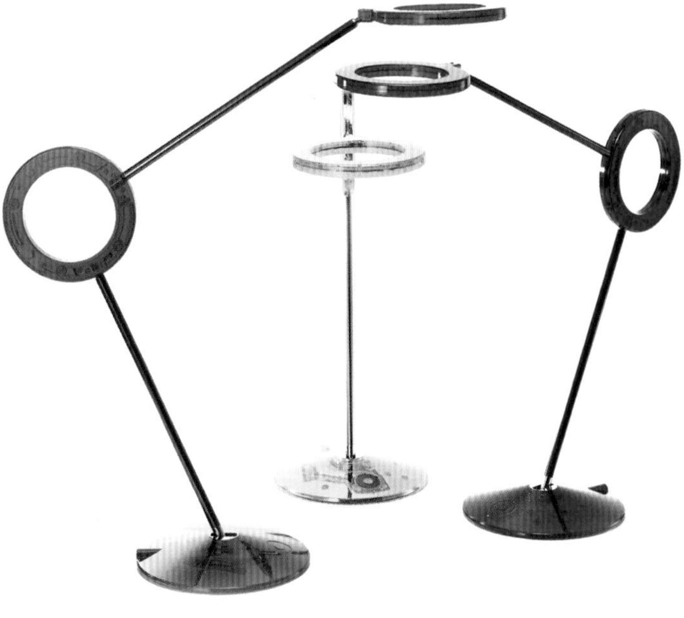

2.27

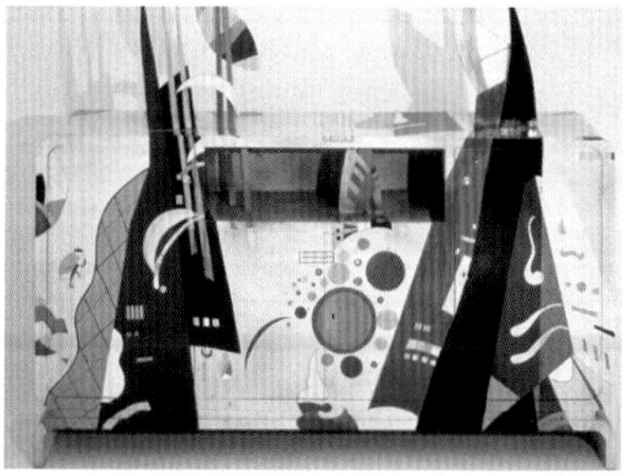

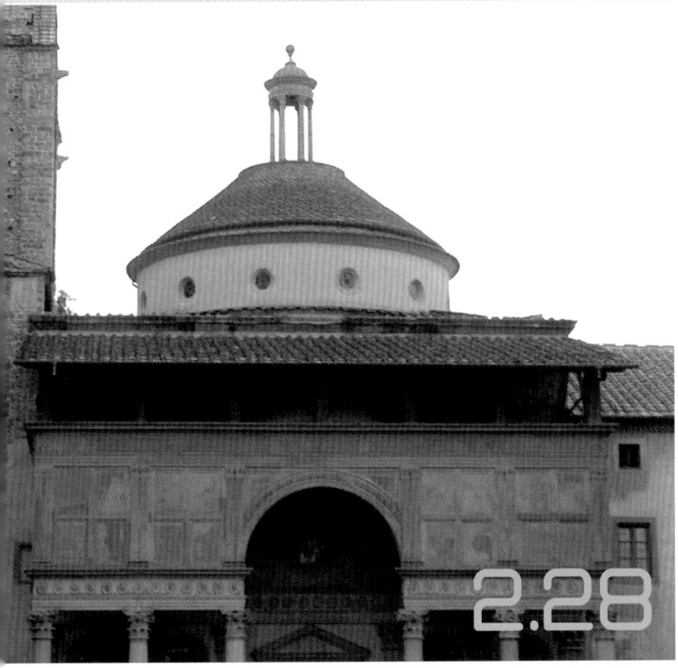
2.28

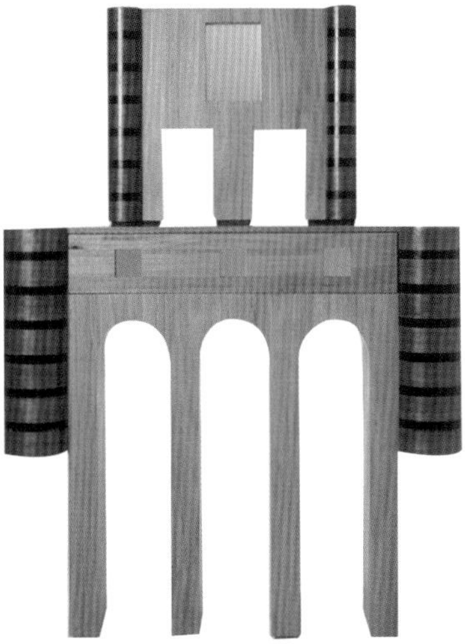
2.29

이탈리아 전통의 영향

알레산드로 멘디니의 기하학적 형태관에 영향을 미친 것으로 빼놓을 수 없는 것이 하나 더 있다. 바로 이탈리아 전통이다. 기하학적 형태를 기본요소로 하는 것은 현대미술만의 특징이 아니다. 르네상스 시대 이탈리아 건축 역시 기하학적 형태를 추구하였다.

웅장하고 화려한 고딕시대를 지나 르네상스에 들어오면 건축가는 규모나 장식이 아닌 정신으로 디자인하려고 하였다. 그 정신은 그리스 시대에 확립된 수학, 특히 기하학적 원리였다. 토마스 아퀴나스 Thomas Aquinas가 중세의 신학체계를 만들 때 기독교 사상에 그리스 철학을 결합하였는데, 구체적으로 그것은 기독교의 삼위일체 사상과 그리스 기하학의 결합으로 나타났다.

르네상스 시대의 건축가는 바로 이런 신학관에 입각하여 기독교의 원리를 삼각형 · 사각형 · 원을 이용해 건축으로 표현하려 하였다. 그래서 르네상스 시대의 건물은 아무리 복잡해 보여도 거의가 기본 기하학 형태를 조합하고 변주한 외형을 가지게 되었다.

멘디니의 디자인에서 볼 수 있는 기하학적 특징에는 이런 이탈리아 전통건축의 영향도 담겨 있다. 원기둥 모양이나 좌우대칭적 형태에 기반한 사각형과 원, 삼각형 구조를 가지고 있는 멘디니의 디자인은 현대미술보다는 이탈리아의 전통건축에 더 가깝다고 할 수 있다.

멘디니의 기하학적 형태의 특성에는 복잡한 현대미술의 영향과 유서 깊은 전통의 영향이 복합적으로 녹아 있다. 그렇기 때문에 현대미술의 아방가르드한 성격을 가지면서도 차분하고 격조 높은 품위를 유지할 수 있고, 고전건축의 안정감을 가지면서도 현대적인 재기발랄함을 동시에 가질 수 있는 것이다.

형태 이미지의 차용

알레산드로 멘디니는 이탈리아 전통건축에서 기하학적 원리뿐 아니라 전통건축이 가지고 있는 여러 이미지를 매우 적극적으로 차용하고 있다.

때로는 고전건축의 외벽을, 때로는 성당바닥의 대리석 효과를, 때로는 천정의 타일화를 현대적으로 재해석하면서 매우 독특한 자신만의 디자인 세계를 만들었다. 대중에게 친숙하면서도 역사적 신뢰를 얻고 있는 이탈리아의 고전적 이미지를 인용하면 자신의 아방가르드한 디자인이 실험성을 잃지 않으면서도 대중적 관심을 얻을 수 있다는 사실 또한 정확하게 알고 있었을 것이다.

멘디니는 이탈리아의 전통뿐 아니라 대중에게 익숙한 여러 형태를 자신의 디자인에 많이 인용하고 있다. 여기에는 몇 가지 유형이 있는데, 남의 디자인을 차용하는 경우가 있고, 기성품에 약간의 손질을 가하는 경우, 주변 인물을 캐릭터처럼 차용하는 경우 등이 그것이다.

주로 실험적인 디자인을 하던 70년대 멘디니는 유명한 디자인을 직접 인용해 자기 디자인으로 바꾸는 작업을 했다. 처음에는 실험적 차원에서 시도했던 것인데, 그의 손길을 거친 기성 디자인은 새로운 디자인으로 재탄생하는 의외의 수확까지 얻었다. 이미 유명세를 뒤로한 디자인이 멘디니를 통해 재조명되고 새로운 모습으로 다시 세상에 나서게 된 것이다. 덕분에 멘디니는 실험적인 디자인을 하면서도 고전을 부활시킨다는 의미 있는 결과를 얻었다.

2.30

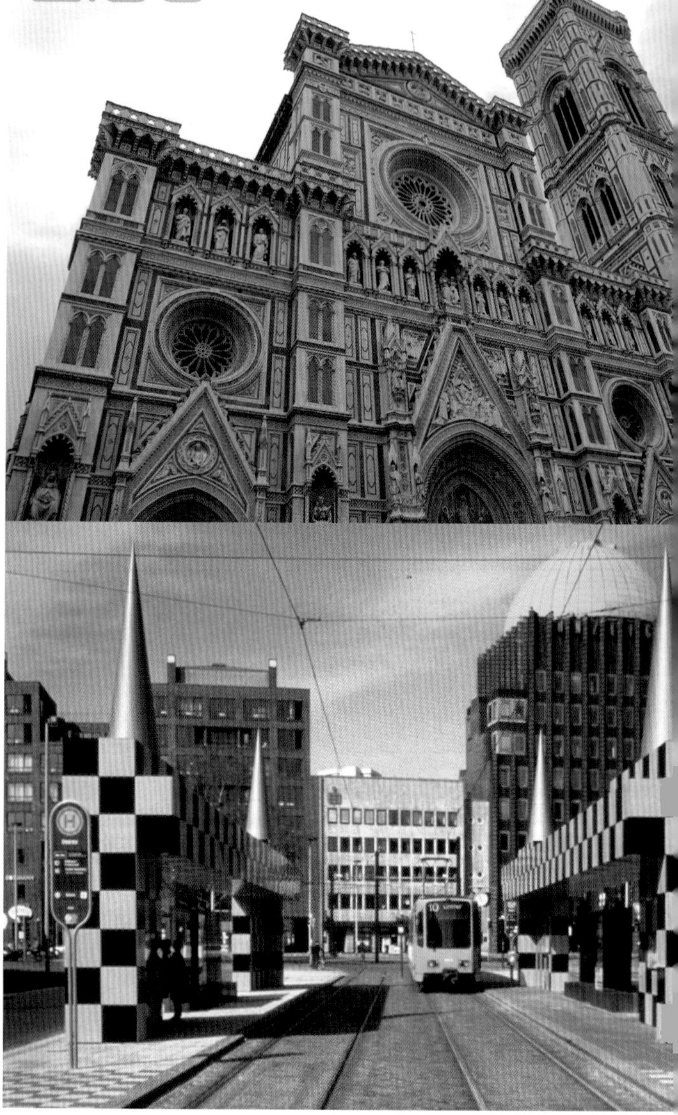

2.30 **전통건축의 이미지를 차용한 알레산드로 멘디니의 디자인**

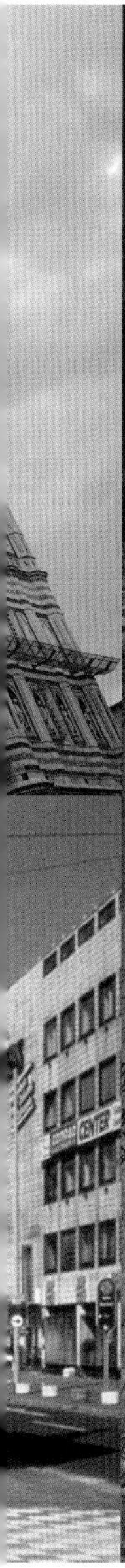

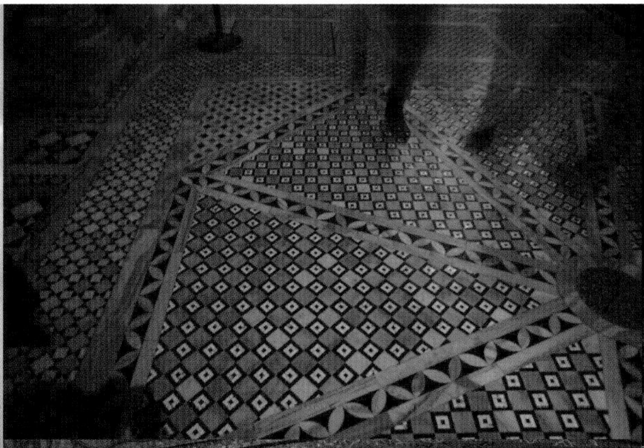

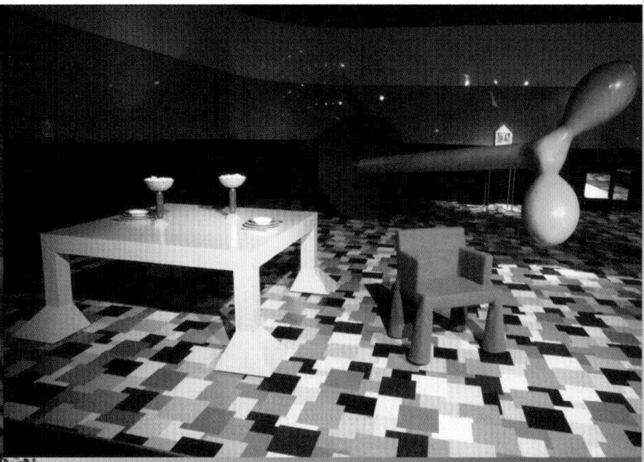

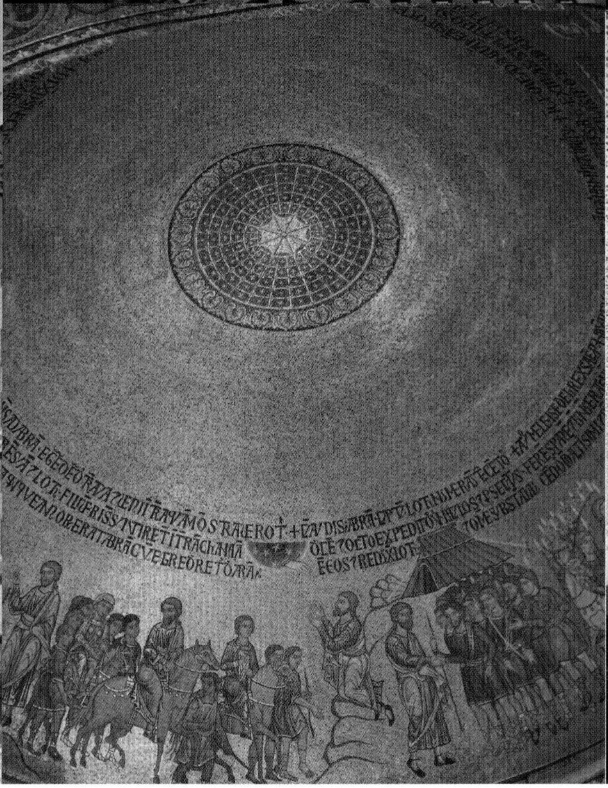

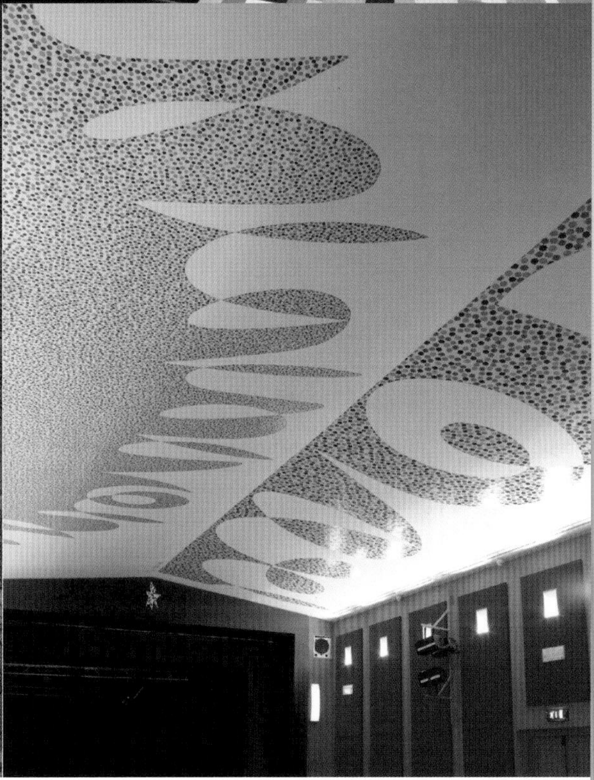

멘디니는 실제로 생산되는 기성품에 색을 칠하거나 모양을 약간 바꾸는 것만으로 디자인에 대한 새로운 해석을 만들기도 했다. 말이 해석이지 남이 만들어 놓은 물건에 색만 칠해서 자기 디자인이라고 하는 것이니 생각하기에 따라서는 문제가 있을 수 있는 시도였다. 하지만 많은 사람이 사용하는 물건을 인용한 것이기 때문에 대중에게 어렵지 않게 다가갈 수 있었고, 그 위에 자기만의 재기발랄한 이미지를 덧씌우기 때문에 자기의 개성을 담을 수도 있다. 그런 과정을 통해 평범한 기성품은 멘디니의 손길을 거쳐 고급 디자인으로 거듭나게 되었고, 멘디니는 좀더 수월하게 새로운 디자인을 만들게 되었다. 실험적 차원에서 시도한 것이지만 결과는 모두가 성공하는 윈윈 게임이 된 것이다. 프루스트 의자는 멘디니의 이 같은 시도가 실험에서 그치지 않고 상업적으로도 큰 성공을 거둘 수 있다는 것을 보여주었다.

2.31

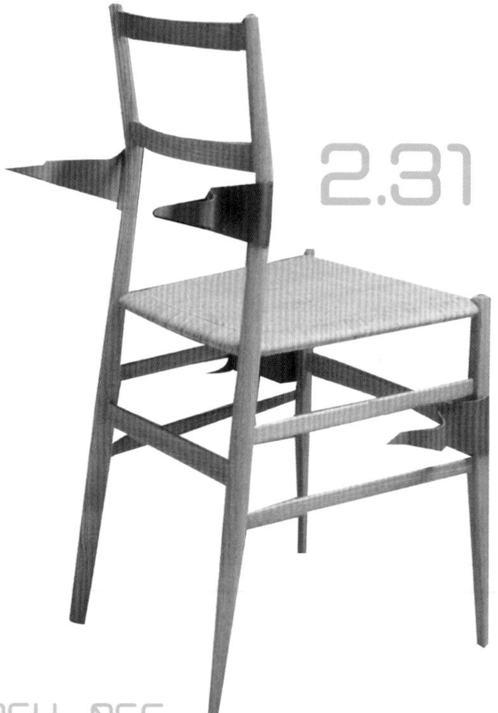

2.32

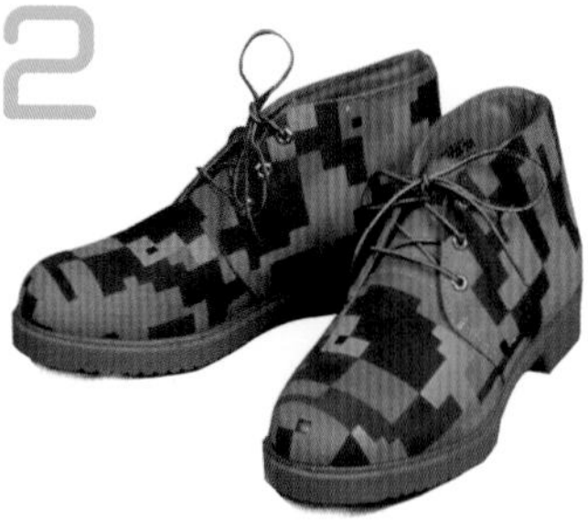

또 멘디니는 가끔 기능을 수행해야 하는 물체를 사람 모양으로 디자인하여 뜬금없는 유머를 불러일으키기도 한다. 디즈니랜드에서 파는 캐릭터 상품이 아닌데도 말이다. 사실 이는 위험할 수도 있는 일이다. 자칫 가치 없는 장난으로 비칠 수도 있기 때문이다.

캐릭터가 너무 빼어나도 문제다. 디자인은 사라져버리고 캐릭터만 남기 때문이다. 캐릭터가 좋지 않으면 더 문제다. 싸구려 캐릭터 상품으로 전락해 버리기 때문이다. 하지만 멘디니는 이런 어려운 경계에서 매우 뛰어나게 줄타기한다. 스스로를 캐릭터화해 와인오프너를 디자인한 것만 봐도 알 수 있다.

이 디자인은 미키 마우스처럼 세련되고 강한 인상을 가진 형상은 아니지만, 그렇다고 3류 캐릭터처럼 촌스럽지도 않다. 하지만 손가락도 없고 몸통이나 얼굴도 두루뭉술하게 얼버무리듯 만들었다. 바로 그렇기 때문에 이 디자인은 보는 사람의 마음에 부드럽게 다가간다. 미키 마우스를 좋아하는 사람이든 미키 마우스를 좋아하지 않는 사람이든, 이 디자인에 대해서 적어도 거부감은 갖지 않는다. 도리어 누구든 얼굴에 미소를 짓게 만든다. 멘디니가 멀쩡한 와인오프너에 자기 모습을 넣은 이유는 바로 그것이다. 웃음 짓게 만드는 것!

전통이든 기성품이든 캐릭터든 이런 외부요소를 디자인의 내부로 인용하는 가장 중요한 목적은 유머라고 할 수 있다. 유머는 그의 디자인이 누구에게나 쉽게 다가갈 수 있게 하며, 그들의 마음을 사로잡을 수 있는 중요한 자원이다.

멘디니는 이런 유머를 중심에 놓고는 여러 형태를 능수능란하게 차용한다. 그리고 그 위에 자신의 실험을 마음껏 펼쳐놓는다. 그의 형태 뒤에는 이처럼 복잡한, 그러나 계산된 전략이 깔려 있다.

2.31 **건축가 지오 폰티의 초경량 의자 슈퍼 레게라를 인용한 알레산드로 멘디니의 디자인**
2.32 **기성 신발에 색을 칠해서 자신의 디자인으로 만든 경우**
2.33 **알레산드로 멘디니 자신의 모습을 캐릭터처럼 넣은 와인오프너 알레산드로 M**

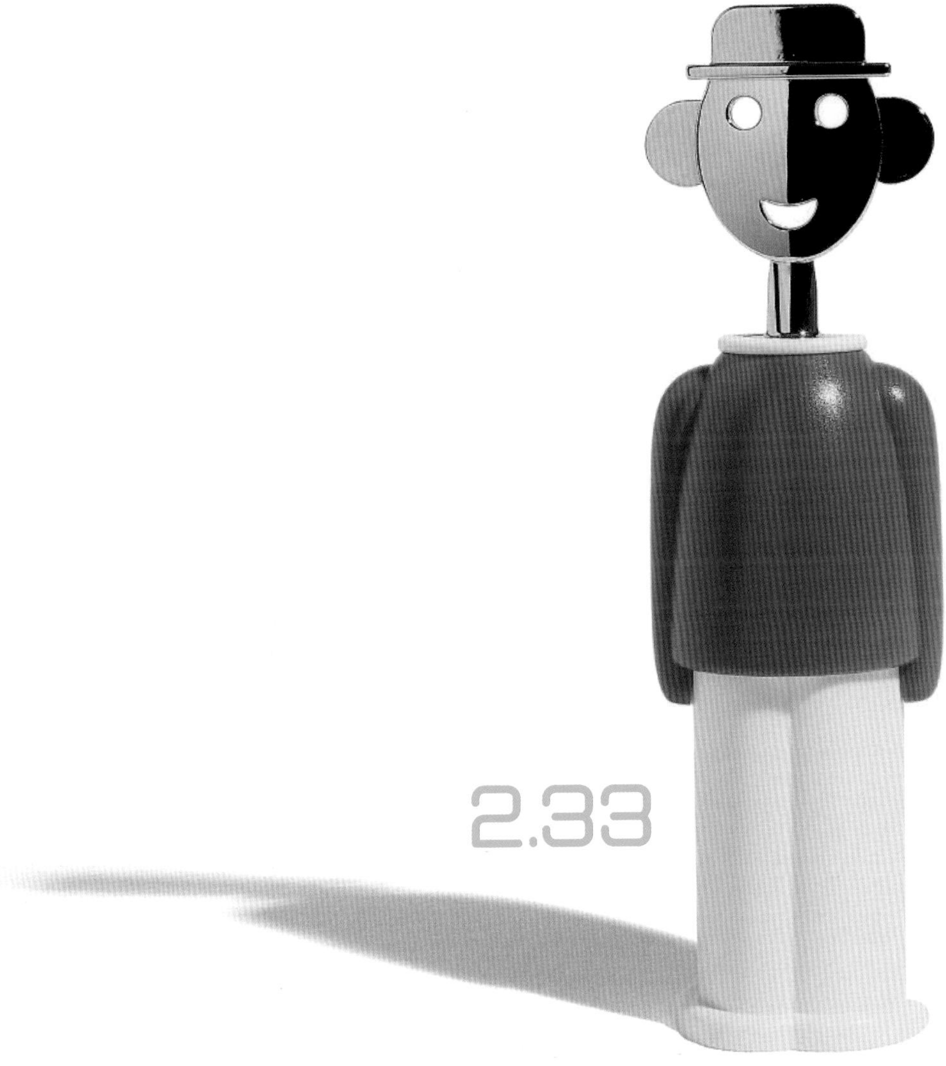

2.33

4

멘디니 디자인의 가치 VALUE

형식과 내용, 조형성과 가치

현대미학에서는 예술을 형식과 내용으로 나눈다. 눈에 보이는 예술의 모든 것이 형식에 속하고, 그 안에 들어 있는 눈에 보이지 않는 가치가 내용에 속한다. 이렇게 보면 예술의 겉모습인 형식은 내용을 담는 그릇이 되며, 중요한 것은 그 그릇 안에 담기는 내용이다. 그러니 하나의 작품을 온전히 이해하려면 형식이 어떤지 먼저 파악해야 하고, 그 다음은 그 안에 담기는 내용을 유추해 살펴보아야 한다. 알레산드로 멘디니의 디자인도 마찬가지다. 지금까지 살펴본 색과 형태는 주로 형식이었으며, 이제 남은 것은 여기에 담기는 가치, 즉 내용을 파악하는 것이다.

그런데 색과 형태도 그랬지만 멘디니 디자인 안에 담기는 내용도 만만치 않게 복잡하다. 멘디니는 자기가 생각하는 가치를 형태와 색 안에 보이지 않게 잔뜩 숨겨놓았다. 그 가치는 표피적인 것에서부터 심층적인 것에 이르기까지 넓은 스펙트럼을 이루고 있기 때문에 멘디니의 디자인을 이해하기 위해서는 이런 가치의 층을 표피에서 심층까지 단계적으로 살펴보아야 한다.

표피적 가치

복잡하고 중층적인 색과 형태원리를 가지고 있는 멘디니의 디자인이지만, 그의 디자인을 대할 때 받는 첫인상은 유머러스함이다.

알레산드로 멘디니의 디자인은 안쓰러운 모습으로 걱정스런 웃음을, 장난기 가득한 인상으로 밉살스러운 웃음을, 때론 천진무구한 표정으로 밝은 웃음을 유발하곤 한다. 같은 웃음이지만 따지고 보면 인간의 웃음을 매우 세밀하게 나누어서 다루고 있다. 웃다보면 그냥 넘어가기가 쉽지만 찬찬히 살펴보면 웃음과 인간의 심리에 대해 꿰뚫고 있는 멘디니를 볼 수 있다. 웃음이라는 가치를 담는다는 것은 우스운 일이 아니다. 사람을 웃게 만드는 힘, 멘디니가 자신의 디자인 제일 윗부분에 놓은 가치다.

즐거운 마음으로 그의 디자인에 빠지면 재미를 느끼는 단계에 이른다. 웃음은 감수성이 즉각적으로 움직인 결과지만 재미는 이해의 과정을 거친다.

2.34 **알레산드로 멘디니의 유머러스한 디자인**

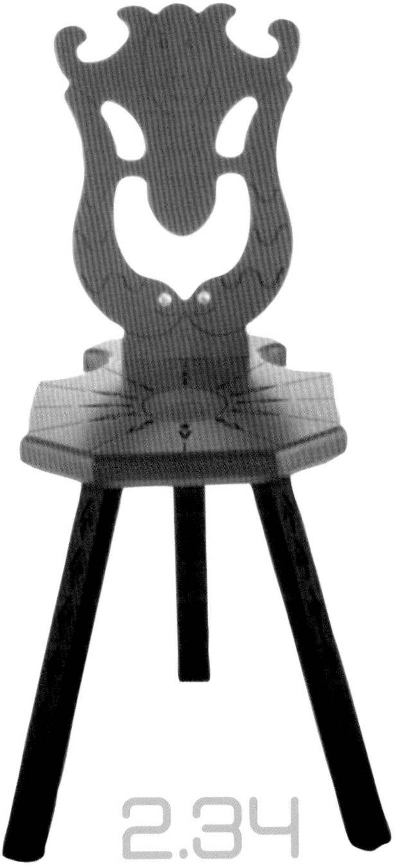

2.34

2.35

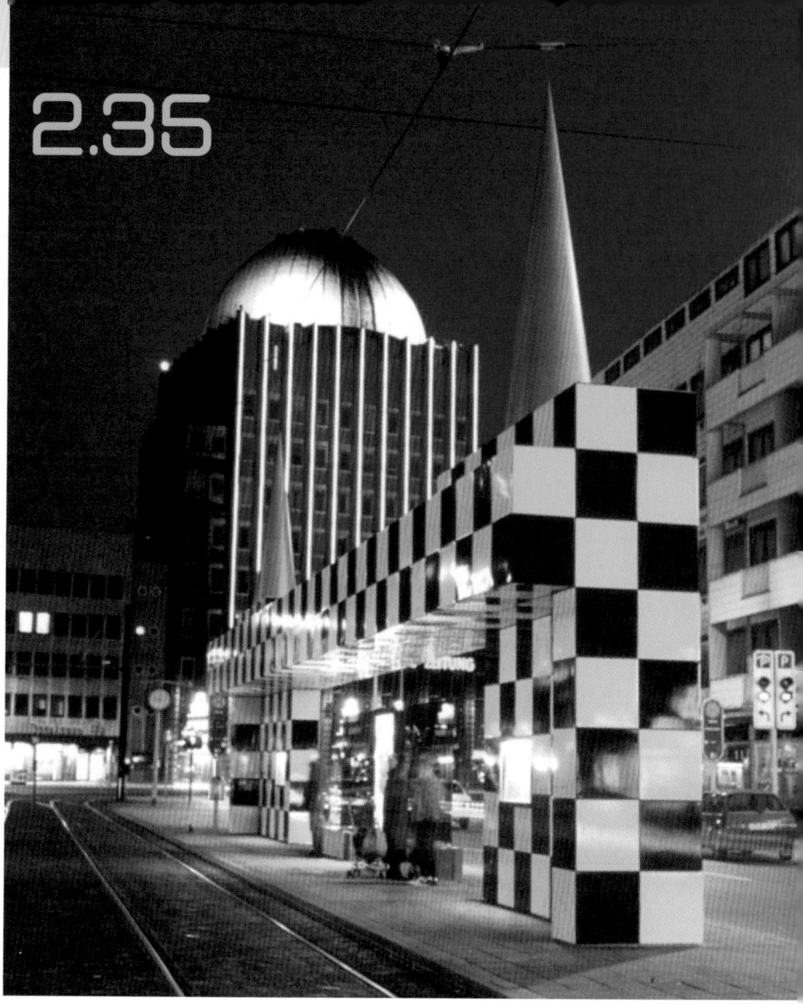

2.35 버스정류장에 대한 선입견을 타파하는 디자인
2.36 오토바이에 색을 칠한 리디자인
2.37 환상적인 비블로스 아트 호텔의 로비 전경

독일 하노버Hanove에 디자인한 버스정류장을 보자. 이 디자인은 유머를 넘어서서 우리의 상식을 무너뜨리며 다가온다. 버스정류장이라면 당연 이래야 한다. 일상공간이란 항상 재미도 없고 그저 그런 곳이라는 선입견을 크게 흔들었다. 재미는 바로 이런 것들이 무너지면서 얻게 되는 부산물이다.

앞서 말했듯이 기성품에 색만 칠해서 자기 디자인으로 내놓기도 했는데, 실제로 그것을 실현한 그의 배짱은 놀랍고, 그렇게 만들어진 결과물은 재미있다.

재미라는 것은 편안하고 웃음을 준다고 해서 얻어지는 것이 아니라, 재미를 느낄 수 있는 구체적인 가치를 주어야 한다. 감각만으로 얻을 수 있는 가치가 아니라는 뜻이다. 유머와 달리 재미는 싸워야 얻을 수 있다. 고정관념과 싸워야 하고, 새로움에 대한 두려움과도 싸워야

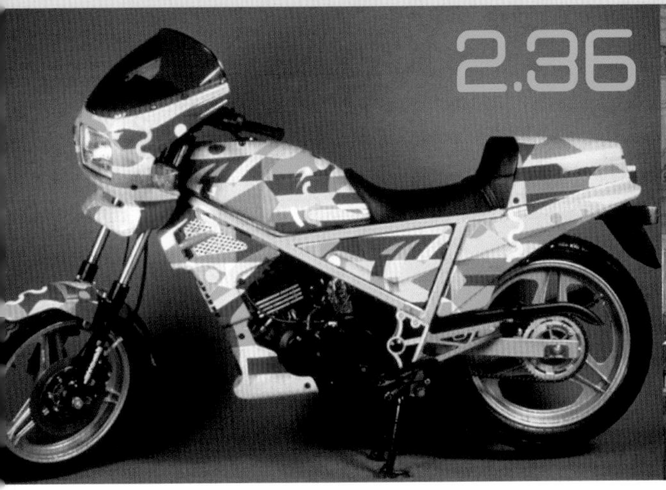

2.36

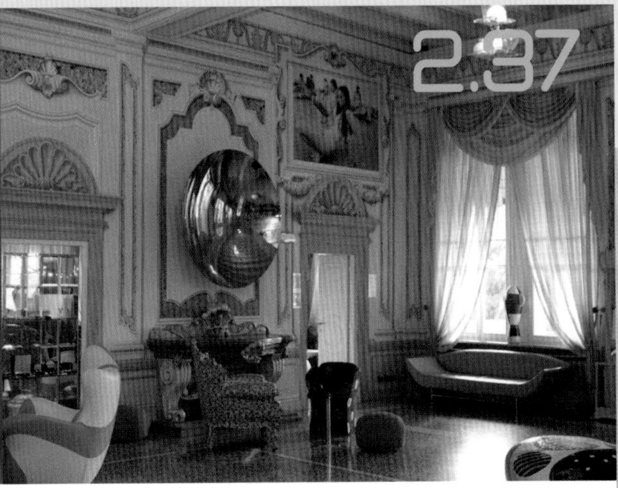

2.37

한다. 세상 모든 즐겁지 않은 것과 싸워야 얻을 수 있는 것이 재미이니, 유머와는 다른 차원의 가치라 하겠다. 이러한 재미는 멘디니가 유머 바로 밑에 깔아놓은 가치다.

그런데 그가 유도하는 재미를 따라가면 일상의 모든 것을 넘어서는 새로운 세계, 환상의 세계로 자연스럽게 이끌린다. 그가 무너뜨린 선입견 위로 만들어진 세계는 이 세상에 존재하지만, 존재하지 않았던 완전히 새로운 세상이다. 웃고 즐기다보면 어느새 멘디니가 만든 이 꿈의 세계에 들어서게 된다.

멘디니의 디자인이 유머러스하고 재미있지만 항상 자기만의 환상적인 세계까지 만들어낸다는 것은 비블로스 아트 호텔Byblos Art Hotel 전경을 보면 알 수 있다. 그의 디자인에서 궁극적으로 감지하게 되는 것은 현실 위에 세워져 있는 환상적인 아름다움이다. 앞서 살펴보았던 유머나 재미와 같은 가치는 이런 환상적인 세계로 인도하는 계단 내지는 관문이라고 할 수 있다.

사실 유머나 재미는 한 번 경험하면 흥미가 떨어지기 쉬운 가치다. 그런데도 멘디니 디자인의 유머와 재미는 두 번 세 번 보고, 세월이 지나도 식상해지지 않는 묘한 구석이 있다. 그것은 그만의 환상적인 세계가 뒤를 든든하게 받쳐주기 때문이다. 그의 디자인에서 유머나 재미나 환상은 서로서로 동전의 앞뒷면을 이루고 서로를 살리고 있다.

그런데 멘디니 디자인에 담긴 이런 가치가 사람들에게 매우 친근하게 다가간다는 점은 그의 디자인에 담긴 또 하나의 중요한 가치다.

눈 감고 아무 디자인이나 집어들더라도 멘디니의 디자인은 긴장감을 주지 않는다. 스와치Swatch 매장만 보아도 그렇다. 으레 들어가야 할 명품의 고고함이나 계급적 긴장감 등이 전혀 느껴지지 않는다. 하지만 이 디자인 안에는 고전적 이미지와 현대적 이미지가 충돌하고 있고, 그것이 어울려 신비한 환상의 공간을 만들고 있다. 이 공간을 장식하고 있는 색이나 조명등의 꼬불꼬불한 모양은 이 고급스럽고 전투적인 공간을 완전히 천진난만하게 만들어버린다. 그냥 세련되게 디자인을 마무리할 수도 있을 텐데 말이다. 하지만 세련된 것을 세련되게 디자인하는 것보다 훨씬 어려운 일인 것은 틀림없다.

사실 그의 명성에 따라다니는 아방가르드라는 말을 생각하면 이런 친근함은 좀 의외다. 혁신과 진보는 아무래도 새롭고 어렵기 마련이고, 익숙하지 않아 불편함을 야기하기 쉽다. 그런데 멘디니는 혁신

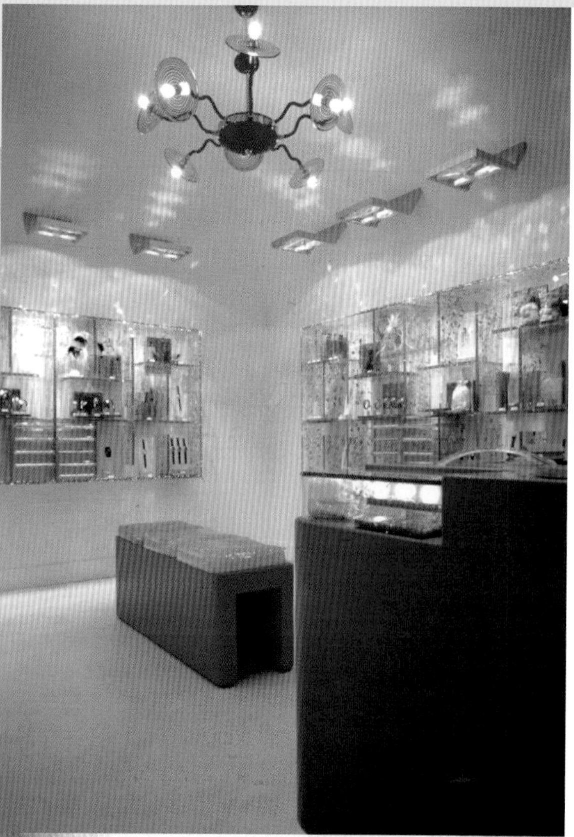

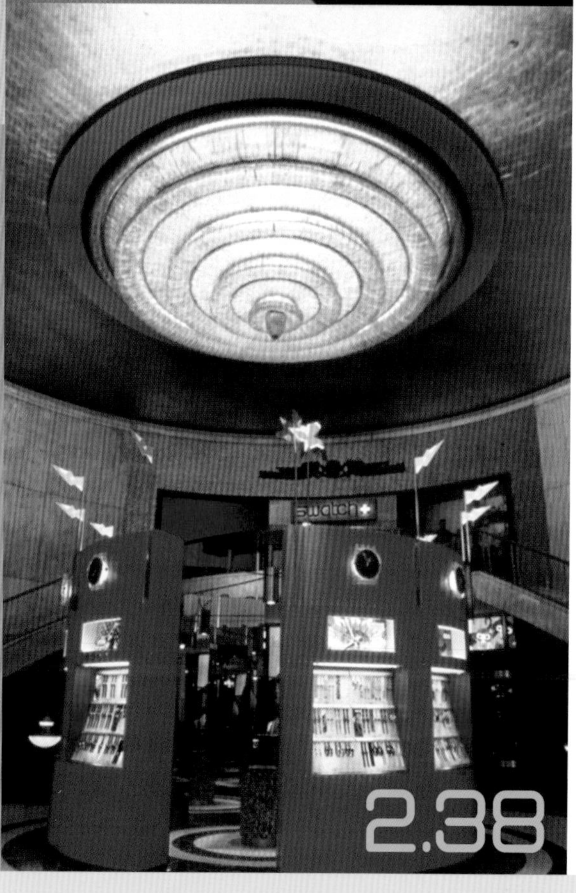

적이고 반항적인 성격을 유지하면서도 항상 그것과 정반대에 놓여있는 친근함을 적극적으로 디자인에 내세워왔다. 그래서 그의 디자인은 누구에게나 다가갈 수 있는 대중성, 세월이 지나도 식상해지지 않는 보편성을 얻었다. 이런 가치 덕분에 그는 쉽게 식상해질 수도 있을 아방가르드함을 영원히 유지할 수 있었다.

그의 디자인에는 유머와 재미, 환상 등의 가치가 형태와 색을 통해 저장되어 있고, 그 맨 아래에는 친근함이라는 가치가 든든하게 받쳐주고 있다. 그런데 이런 가치는 다른 가치에 비하면 표면적인 것이라고 할 수 있다. 멘디니 디자인의 가장 깊은 부분을 파고 들어가면 커다란 에너지를 발산하며 숨쉬고 있는 진정 아방가르드하고 반항적인 가치를 만나게 된다.

멘디니가 추구했던 진정한 가치

리디자인이라고 명명한 일련의 시도는 기존의 기능주의적 디자인, 상업적 디자인을 비판하려는 목적에서 나온 것이다.

알레산드로 멘디니는 일찌감치 기능에만 집착하는 디자인이 대단히 편협하다는 문제의식을 가지고 있었다. 합리와 효용으로 가장하지만 사실은 인간의 시적 감수성을 무시하고 디자인을 도구화시켰다고 본 것이다. 이런 그의 생각은 당시 일반적이었던 기능주의적 관점과는 사뭇 다른 것이었다.

"나는 결코 물체 그것의 실질적인 또는,
기능적인 목적 단독으로 감별하지 않는다.
모든 한 가지 물체는 상징, 집착, 기표,
유토피아로서 꿈의 제품, 무드와 열정이다.

2.38 **실험적이면서도 친근함을 잃지 않는 스와치 매장**

모든 물체는 사람처럼 태어나서
하나 또는 여러 삶으로 출발하며,
여러 가지를 경험하며, 소멸되고, 죽는다.
물체는 결코 단순한 도구가 아니다.
그것이 표출하는 에너지는 스토리가 있고,
그것 자신의 운명이 있고, 물체의 모양에
개성을 부여한다. 나는 항상 이러한 서술적
감각을 표출하려 한다.
그리고 물체와 사용자가 마치 소설의 작가를
만나는 것 같은 시도를 한다.
나는 스타일 구조, 표면의 색깔을 통해
그것의 스토리를 말한다."

이처럼 그는 그간 기능주의적 디자인에서 등한시했던 가치를 중심에 놓으면서 당시 사회적 주류를 형성하고 있던 기능적 디자인에 제동을 걸었다. 그에게는 기능만을 챙기는 디자인은 결핍된 디자인으로 보였고, 세상은 그런 디자인이 사회적인 권위를 행사하는 부조리한 상태였던 것이다. 그래서 그는 자신의 디자인관을 주장하면서 기존의 디자인에 비판적이고 공세적인 태도를 취했다.

한편 그가 기능주의 디자인 못지않게 문제시했던 것이 상업성이다. 지금도 그렇지만, 디자인의 상업성은 적정한 사회적 수요를 고려하지 않고 판매와 소비라는 자본주의의 탐욕성을 향해 돌진하는 계기를 마련한다. 그 과정에서 나타나는 심각한 현상은 자원과 환경 문제다. 멘디니가 활동하던 때는 과도한 생산으로 자원 낭비가 심해졌고, 그로 인한 오염물질이나 쓰레기가 자연에 치명적인 부담을 주었다. 멘디니는 이런 문제에는 기존의 상업적 디자인 논리가 큰 역할을 하고 있다고 보았다. 때문에 그는 디자인의 상업성에도 대단히 공격적인 태도를 취했다.

그는 기능주의 디자인이 이러한 상업성에 '쓸모있는 것을 디자인한다'는 면죄부를 제공해 문제의 핵심을 흐리고 있다는 것을 간파하고 있었다. 그가 보기에 기능주의와 상업성은 동전의 앞뒷면이었다. 기능주의가 디자인 내부의 문제라면 상업성은 디자인 외부문제고, 기능주의가 디자인의 목표를 획일화시켰다면 상업성은 디자인의 사회적 문제를 야기시켰다.

기성품이나 유명 디자인을 그대로 활용하는 리디자인은 바로 이 두 가지 문제에 대해서 멘디니가 대응한 매우 스마트한 비판이었다. 이미 대중에게 익숙한 물건을 도입해 새로운 디자인으로 만든 것은 재미를 주기 위함도 있지만, 현대디자인의 상품성을 근본적으로 부정하는 행위였다. 그리고 디자인에서 기능보다는 예술성을 앞세운 것은 디자인에서 인간의 감수성을 새롭게 바라보자는 것이기도 했지만, 기능만을 추구하던 기존의 디자인을 정면으로 공격하는 시도였다.

디자인의 표면은 유머러스하고 재미있고 환상적인 가치로 충만하지만, 그 안에는 멘디니가 담아놓은 신랄한 비판적 가치로 가득 찼던 것이다. 여기서 우리는 하나의 디자인 안에 상반되는 가치를 겹쳐놓은 멘디니의 정신적 능력을 다시금 인정하지 않을 수 없다.

그런데 멘디니가 깊이 담아놓은 가치 가운데 '예술'에 대해서는 좀더 깊게 살펴볼 필요가 있다. 그는 '디자인이란 물체에 미학적인 질과 기능적인 질을 부여하는 것Design means aesthetic and functional quality to object'이라고 했다. 그냥 아름다움이 아니라 예술적 질이라고 말한 것을 잘 보아야 한다. 그가 생각하는 미학적인 질, 즉 예술적 가치는 디자인의 외피를 예쁘게 하는, 즉 기능과 미의 통일이라는 디자인의 전통적인 목적과는 다른 것이다. 그의 생각은 디자인이 진짜 예술이 되는 것이다. 기존의 디자인관에서 예술이란 개인 주관의 자유로운 표현일 뿐이고, 그것은 곧 대중에게 쓸모 있어야 한다는 디자인의 가장 기본적인 미덕을 갖추지 못한 결핍된 대상이기 때문에 기존 디자인관으로 볼 때 예술은 부정적인 대상이었다. 그런데 멘디니는 그런 '쓸모 없는 예술'을 디자인에서 만들어야 한다고 주장한 것이다.

멘디니의 예술적 디자인을 보면 정말 쓸모없어 보이긴 한다. 눈에 보이는 것은 정신없는 형태와 색채, 그리고 전혀 갈피를 잡지 못할 형태구성 논리다. 적어도 쓸모 있는 물건이 가져야 할 덕목은 쓸모 없는 예술성에 가려서 잘 보이지 않는다. 하지만 멘디니의 디자인이 예술인 척하는 디자인과 다른 점은 기능성에 하자가 없으면서도 사람의 마음을 움직인다는 것이다.

예술적인 외모 때문에 그렇지 사실 그의 디자인은 사용하는 데 문제가 전혀 없다. 오히려 사람의 마음을 움직이는 능력을 하나 더 갖추었다고 보는 것이 정확하다. 그의 디자인을 보고 있으면 어떤 마음의 변화가 일어난다. 즐겁고 편안하기 때문에 강하게 감지되지 않을 뿐, 분명 마음이 움직인 '감동'이다. 감동은 예술이 가진 가장 큰 힘이다. 이 때문에 그의 디자인은 진짜 '쓸모 없는 디자인' '예술인 체하는 디자인'과 구별된다. 멘디니 스스로도 자신의 디자인은 '순수예술의 쓸데없는 자유와 기능적인 디자인의 실용적인 제한 사이에 묶여 있다'면서 기능성과 예술성이 모두 갖추어진 디자인을 이야기하고 있다.

그가 디자인에 예술성을 담아서 궁극적으로 하고 싶었던 것은 디자인의 예술화라기보다는 일상의 예술화다. 이것은 '기능성을 상실한 물건'이나 '작가의 주관성이 마구 들어간 물건'을 일상생활 속에 합법화시키려고 하는 것이 아니라, 그동안 디자인이 등한시했던 사람의 마음을 적극적으로 어루만지려는 것이고, 나아가 일상생활을 예술적으로 풍요롭게 만들고자 한 것이다. 결코 대중의 머리 위에 군림하는 제도적 예술을 하려는 것이 아니다.

이러한 생각은 기능성만 추구해야 한다는 원리주의자에게는 상당한 공격이었다. 예술을 기능성이 결핍된 쓸모 없는 물건으로 치부할 때 기능적 디자인이 절로 도덕적 우위를 차지할 수 있는데, 멘디니의 관점에 의하면 기능적 디자인은 사람의 마음을 아우르는 단계에 이르지 못한 결핍 상태의 디자인으로 전락해버리기 때문이다. 멘디니의 예술적 디자인관은 겉모습과 달리 기존 디자인에 비판적이고 그래서 위협적일 수밖에 없었다.

멘디니는 편안하고 유머러스한 자신의 디자인 내면에 이처럼 기존 디자인을 근본적으로 부정하고 비판하는 정신을 은근하게 담아놓았다.

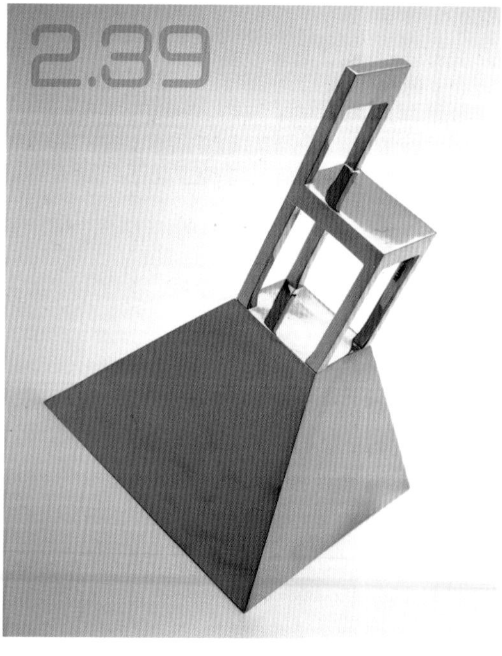

멘디니의 사회적 · 역사적 의미

기능을 예술로 가린다든지, 공격성을 유머러스함으로 가린다든지, 한 디자인에 많은 가치를 조화시킨다든지, 그러면서도 뛰어난 조형성을 보여주는 알레산드로 멘디니의 디자인은 기존의 디자인에서는 볼 수 없는 매우 독특한 것이다. 하지만 그의 디자인 앞에 종종 붙는 '실험적이다' '아방가르드하다'는 표현은 그의 디자인적 가치가 아직 사회적으로 현실화되지 않았다는 것을 뜻한다.

이런 멘디니의 디자인은 1980년대부터 '실험'이라는 접두사를 떼어내고 하나의 사회적 흐름이 된다. 모든 것은 멘디니의 디자인 안에 담긴 중층적 가치 때문이다. 그의 디자인에 담긴 복합적인 가치는 단지 기존의 것을 공격만 하는 것이 아니라 미래의 대안을 제시했고, 그의 디자인에 담긴 가치의 다양함과 완성도는 제기되는 어떤 문제라도 여유롭게 해결할 만큼 두터웠다. 그래서 기존의 기능주의 디자인이 많은 문제점을 노출하고, 사회적인 힘을 잃어갈 때 멘디니의 디자인은 새로운 대안으로 자리 잡았다. 그리고 그가 주장하는 가치는 새로운 시대의 디자인이 지향해야 할 가치가 되었다.

자신의 디자인에 구축한 중층적인 가치가 개인의 범주를 넘어서서 국가로, 그리고 세계로 그 영향력을 확대한 것이다. 따라서 그는 단지 한 명의 성공한 디자이너로만 이해할 수 없으며, 사회적 차원에서 그 가치와 의미를 살펴보아야 할 디자이너인 것이다.

예컨대 디자이너로서 본격적인 활동을 하기 이전에 그는 이미 여러 실험적인 디자인을 해왔다. 주로 기득권을 가지고 있던 기존 디자인을 비판하면서 새로운 디자인을 모색하는 실험이었는데, 이런 과정을 통해 그는 기존의 디자인을 대신할 수 있는 많

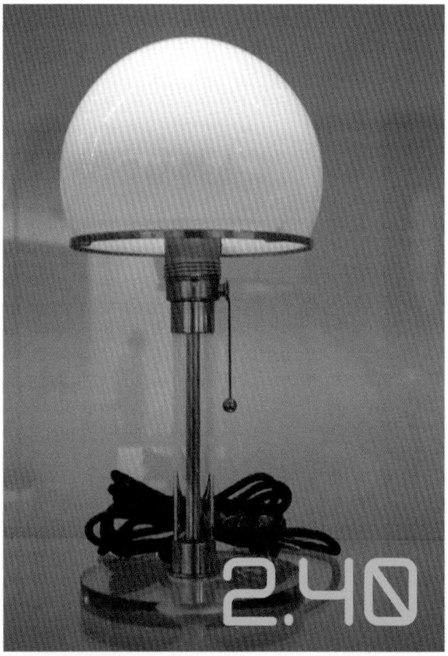

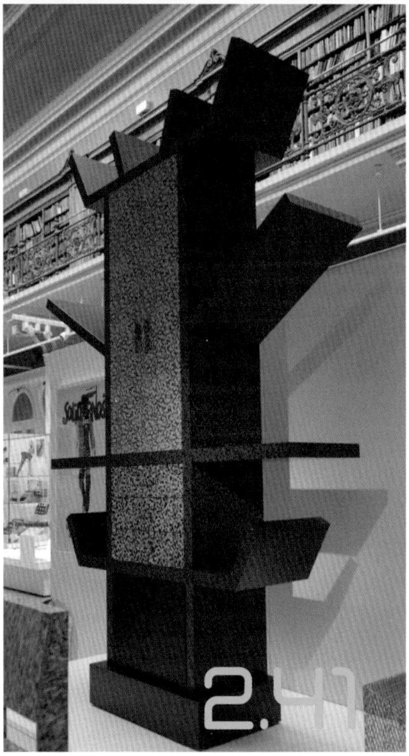

2.39 순수미술과 구별하기 힘든 알레산드로 멘디니의 디자인
2.40 기능주의적인 바우하우스의 조명디자인
2.41 에토레 소트사스의 책장디자인

은 대안을 내놓았다. 앞서 언급했던 리디자인은 그런 과정을 통해 얻은 성과 가운데 하나다.

이런 과정에서 그는 자신만의 독특한 디자인관과 강렬한 스타일을 다졌고, 아틀리에를 열고 본격적인 디자인활동에 들어가면서부터 그의 공력이 꽃을 피우기 시작했다. 준비기간이 길었던 만큼 질적으로도 완성도가 높았고, 양적으로도 풍부한 결과물이 쏟아져나왔다.

본격적으로 디자인을 시작한 때부터 멘디니는 자신의 과격한 디자인 성향을 산업으로 자연스럽게 전환시키면서 실험성과 산업을 이어놓았고, 그 결과 그의 디자인은 이탈리아 디자인계뿐 아니라 세계 디자인계에 큰 변화를 불러일으켰다. 그 뒤에는 이탈리아 디자인계 전체가 기능주의 디자인보다는 자기의 고유한 스타일을 찾는 방향으로 선회한 사실과 역시 기능적인 디자인보다는 가치를 가진 디자인을 선호하는 방향으로 돌아선 국제 디자인계의 변화가 자리잡고 있다.

이처럼 멘디니 디자인의 배후에는 근본적인 사회 변화가 작용했다. 한 디자이너에게 이렇게 국제적 흐름과 사회적 문제, 디자인의 움직임이 집중되고 화학작용이 이루어진다는 것은 디자인 역사에서도 참으로 보기 드문 일이다. 그리고 한 디자이너의 디자인에 이처럼 복잡하고 모순된 가치가 중층적으로 조화된 경우도 찾기 어렵다. 어떤 방향에서 보더라도 멘디니의 디자인 세계는 개인의 차원을 벗어난 수준에 이르러 있다.

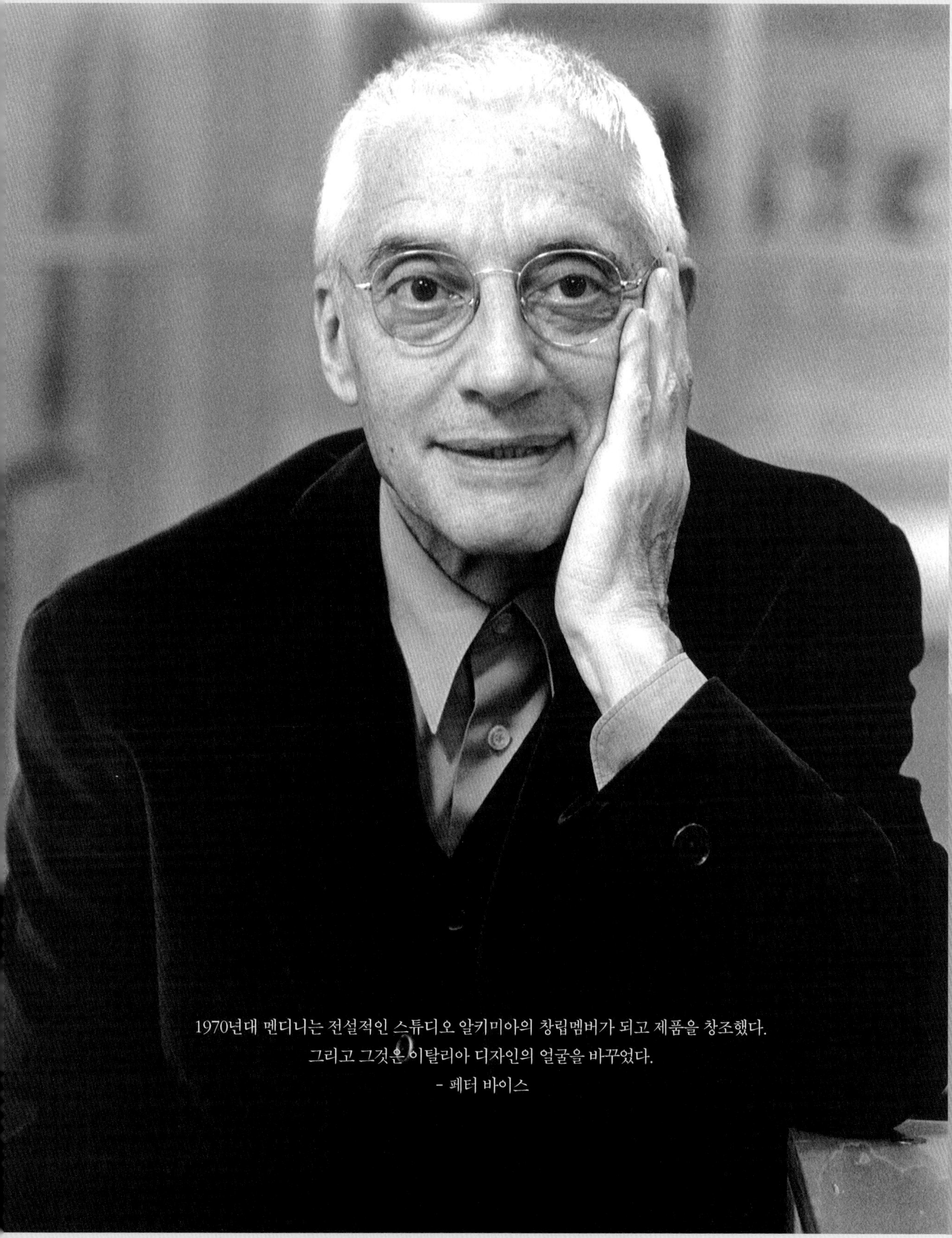

1970년대 멘디니는 전설적인 스튜디오 알키미아의 창립멤버가 되고 제품을 창조했다.
그리고 그것은 이탈리아 디자인의 얼굴을 바꾸었다.
- 페터 바이스

Part 3

멘디니의 삶과 디자인관 형성

1

멘디니 디자인관의 밑바탕

멘디니의 디자인관

많은 사람이 알레산드로 멘디니의 디자인을 장식적이라고 느끼며, 디자인 평론가 중에서도 그렇게 생각하는 사람이 많다. 틀린 말은 아니지만 그것이 좋은 뜻이라고 할 수만은 없다. 왜냐하면 디자인 분야에서 장식이라는 말은 기능성의 반대말로 인식되고 있으며, 디자인의 내면보다는 표피의 시각적 효과만을 챙기는 듯한 부정적인 느낌도 가지고 있기 때문이다. 하지만 그런 의미의 장식은 대체로 기능주의 디자인이 나타나기 이전, 아직도 상류층과 하류층이 나뉘었던 계급시대의 생각이다.

멘디니가 본격적으로 활동하던 시기에는 기능주의적 디자인이 오히려 산업과 상업의 중심에 자리잡고, 세계 디자인의 권력이 되고 있었다. 기능 이외의 것은 생산성과 판매라는 잣대에 의해 부정되고 외면당했으며, 장식은 디자인의 발전을 가로막는 구시대의 걸림돌이라고 인식했다.

그런 면에서 멘디니의 디자인 경향은 장식이라기보다는 기존 권위에 대한 저항의 의미가 강했다. 기능주의가 팽배했던 시기에 이런 스타일은 사회적으로 오히려 마이너였기 때문에 그의 디자인은 장식이라는 말보다는 실험적이라는 말을 더 많이 들었다. 그가 기능주의 디자인에 대해 비판적이었던 것은 장식이 더 중요하다고 생각했기 때문이 아니라, 디자인이 지향해야 할 가치가 단지 기능에서 멈추어서는 안 된다고 생각했기 때문이었다.

그의 디자인을 좀더 분석적으로 보면 새로운 것과 오래된 것, 전통에 대한 해석, 현대미술과 고전미술, 그러면서도 아주 화사하고 즐거운 분위기 등 단지 장식적이라고만 규정할 수 없는 복잡한 가치가 한 디자인에 담겨 있다. 페터 바이스Peter Weiss는 형形의 콜라주, 절충적 매너리즘, 다양한 구성, 형과 표현의 다원성, 오브제 조합, 위상적 다양성, 회화적 건축 등이 멘디니의 건축 작품을 설명할 때 올바르게 적용할 수 있는 개념이라고 했다. 그 정도로 멘디니의 디자인 안에는 한 마디로 말할 수 없는 다양한 가치가 함축되어 있다.

멘디니 디자인에 담긴 이런 융합적 성격을 피셔V. Fisher는 〈디자인 나우Design Now〉에서 순수예술로부터 도입된 것이라고 설명했다. 즉 멘디니의 디자인은 '순수미술에서 디자인 모티브를 찾거나 화가의 작품기법과 팝아트의 미를 도입하여 가구와 공간 디자인에 반영하였고, 진보적이고 아방가르드한 미의 근간을 대중문화에서 찾고자 하였으며, 일상생활의 평범한 물건이 미적인 반영의 재료로 변화되어 사용되도록 시도하였다'는 것이다. 아닌 게 아니라 멘디니 자신도 디자인과 예술의 결합을 통해 현실에 유토피아를 창출하는 것이 자기 디자인의 주요한 목표임을 자주 언급하였다. 다른 디자이너와 달리 그는 화가나 그림에 관심이 많았고, 실제로 그의 디자인에서도 조르조 데 키리코Giorgio de Chirico, 데스틸de Still, 칸딘스키, 폴 클레Paul Klee, 오스카 슐레머Oskar Schlemmer, 바우하우스, 몬드리안 등 1900년대 현대회화로부터 많은 영향을 받았음을 발견할 수 있다. 페터 바이스의 언급처럼 그의 회화, 디자인, 이론에서 나타나는 다양성 덕분에 그의 건축에 다채로운 형태가 사용되었고, 그의 작품은 오늘날 범위가 다양한 '구성composition'의 독창적인 사례가 되었던 것이다.

멘디니의 디자인은 반기능성만을 향한 것이 아니라 기능성을 포함한 다양한 가치를 융합하고 있기 때문에 외형이 복잡하고 장식적으로도 보였던 것이다. 이런 다양한 가치는 예술이라는 그릇에 의해서 하나로 융합되고 있다.

그렇다면 기능주의 디자인에서 폄하했던 예술을 그는 왜 이처럼 자기의 디자인에 전면적으로 내세웠던 것일까? 혹은 내세울 수 있었던 것일까? 거기에는 그의 어린 시절 경험이 자리하고 있다.

예술적 분위기

알레산드로 멘디니는 1931년 유복한 가정에서 태어났다. 가족은 온화하고 평범했으며, 생활 속에서 예술을 자연스럽게 즐기는 분위기였다고 한다. 그의 아버지는 변호사로 앤티크 가구를 좋아하여 수집하는 취미를 가지고 있었으며, 어머니는 그림 모으는 것을 좋아했다고 한다. 할아버지는 엔지니어였는데, 역시 그림 모으기를 즐겼다고 한다. 특히 그의 삼촌들, 안토니오 보쉬Antonio Boschi와 마리에타 디 스테파노Marieta Di Stefano는 그림 모으는 것을 너무 좋아해서 무려 200여 점의 그림을 컬렉션했고, 이를 위한 화랑까지 가지고 있었다고 한다. 어린 멘디니는 예술적으로 매우 호사스러운 환경에서 자랐던 것이다.

어릴 적부터 삼촌들이 만든 화랑을 드나들면서 너무나 자연스럽게 미술을 접하면서 클 수 있었다. 자신도 그림을 보는 것뿐 아니라 그리는 것을 좋아했다고 한다. 특히 월트 디즈니의 만화를 좋아해서 어려서부터 만화나 유머러스한 그림을 많이 그렸다고 하는데, 그 흔적은 그의 유머러스하면서도 스타일리쉬한 일러스트레이션에 잘 나타나 있다.

3.1 알레산드로 멘디니의 유머러스한 일러스트레이션

3.1

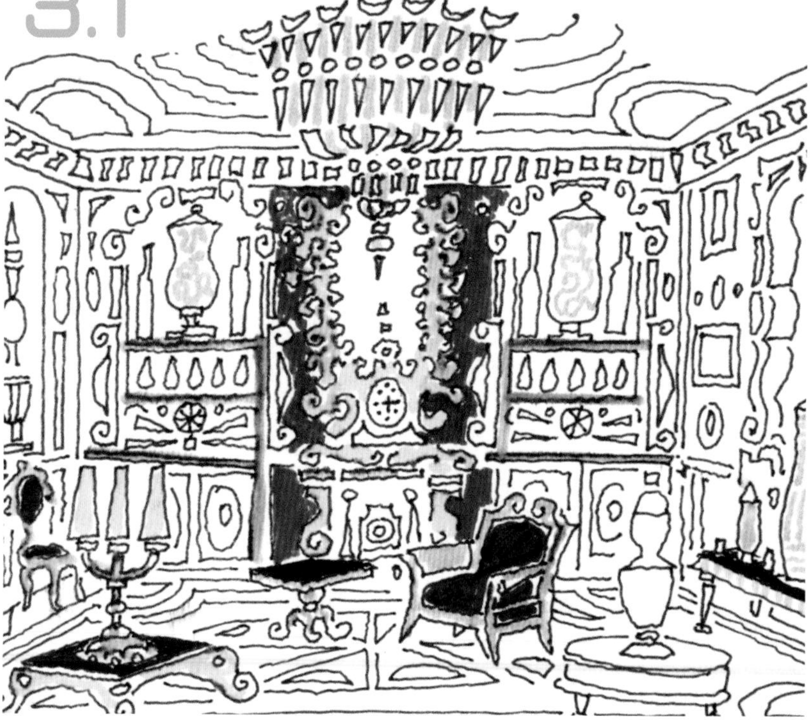

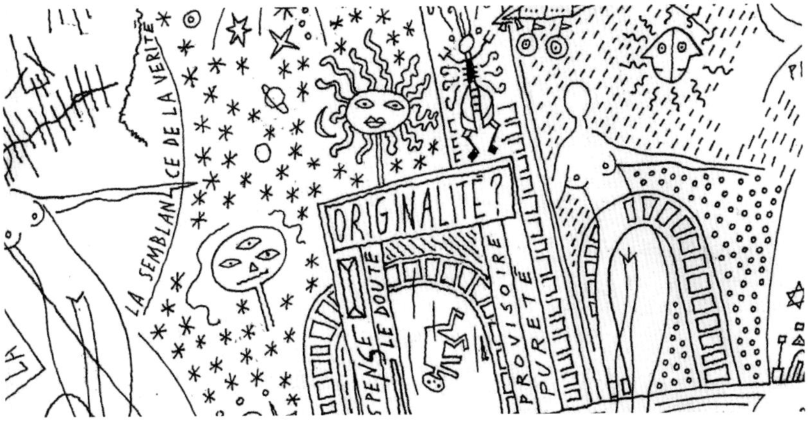

〈카사벨라〉의 편집장을 하기 전까지 자기가 디자이너가 될 줄은 몰랐다는 그의 회고를 보면, 그의 디자인의 밑바탕을 이루고 있는 것은 디자인보다는 미술이었다는 것을 짐작할 수 있다. 그가 예술과 디자인을, 건축에서 인테리어, 산업디자인에서 그래픽디자인까지 분야를 막론하고 자유롭게 넘나들 수 있었던 데는 이런 어린 시절의 교양이 밑바탕이 되었던 것이다. 뿐만 아니라 다양하고 복잡한 조형요소를 조화시키는 능력이나 그의 디자인에서 느껴지는 매우 복합적인 느낌, 즉 마성적이면서도 위트를 느끼게 하고 밝으면서도 복잡함을 느끼게 하는 것은 모두 미술에서 시작된 것이라고 보아도 틀리지 않는다. 아니, 그가 자란 환경을 생각하면 도리어 그렇게 되지 않는 게 이상할 정도다. 여기에 그가 성장했던 밀라노의 예술적 분위기도 크게 한몫했다.

또 하나 뺄 수 없는 것은 그의 디자인에 깊게 흐르는 인문학적 바탕이다. 예술을 바탕으로 하는 인문학적 분위기가 풍부했던 집안의 분위기 때문인지 그는 어렸을 때부터 그림만 그린 것이 아니라, 책도 많이 읽고 글도 아주 많이 썼다고 한다. 그것은 항상 문학과 예술비평, 소설을 읽는 것, 관심 있는 이의 전기를 읽는 것을 좋아하는 그의 성향을 형성하는 밑바탕이 되었다. 그는 거의 체질적으로 사진을 좋아하고, 글 쓰는 것을 좋아하고, 인쇄된 지면에 관심이 많았다고 한다. 디자이너보다 먼저 잡지 편집장이 된 것을 보면 그의 핏속에는 조형보다는 글이 먼저 자리잡고 있었던 것 같다. 디자이너임에도 불구하고(?) 지적 호기심이 뛰어나 다방면에 해박한 지식을 가지고 있고, 많은 책을 읽고 썼던 것은 모두 어릴 적의 이러한 경험이 바탕이 되었던 것이며, 그것은 그가 〈카사벨라〉나 〈도무스〉의 편집장으로 눈부신 활약을 펼칠 수 있게 한 자양분이 되었다. 그리고 그것은 다른 디자이너가 보지 못하는 통찰력과 그의 독특한 디자인을 형성하는 데도 큰 역할을 했다.

디자이너로 활동하고 있는 지금도 그의 아틀리에에는 작업중인 디자인 흔적만큼이나 많은 책이 쌓여 있어서 여전한 그의 지적 활동을 확인하게 해준다.

멘디니의 유년시절은 이처럼 그의 미래를 위한 거의 모든 것이 준비되는 시기라고 보면 틀림이 없다. 그런 준비과정을 통해 멘디니는 독특하면서도 시대를 앞서는 활동을 펼칠 수 있었고, 위대한 디자인과 저작을 만들게 되었다. 그의 유년기는 그런 점에서 그의 인생에서 매우 중요한 단초라고 할 수 있다.

그런데 그의 어린 시절은 그리 평탄한 시기가 아니었다. 당시는 제2차 세계대전이 한참 막바지에 이르던 시기였다. 어린 멘디니는 폭격을 피해 그의 성장에 결정적인 영향을 미쳤던 밀라노로 이주하게 되었다. 이탈리아는 제2차 세계대전 패전국이 되면서 왕정에서 민주제로 바뀌는 격변기를 겪었다.

전쟁 후 성장한 멘디니는 저널리스트나 일러스트레이터가 되기 원했지만, 밀라노 폴리테크니코 대학에 들어가서 공학을 전공했지만, 적성에 맞지 않아 곧 건축으로 전공을 바꿨다. 이때 전공을 바꾸지 않았더라도 언젠가는 편집장과 디자이너가 되었을 것 같긴 하지만, 그래도 이때의 선택이 오늘날의 알레산드로 멘디니를 만든 결정적인 계기가 되었다. 하지만 그때까지도 그는 디자이너가 되겠다는 생각은 없었던 것 같다. 그렇지만 좌충우돌하는 그의 인생은 이렇게 본격적으로 시작되었다.

밀라노의 분위기

알레산드로 멘디니는 지금도 밀라노 외의 다른 곳에서 산다는 것은 상상도 할 수 없다는 말을 한다. 뉴욕 같은 대도시도 아니고, 피렌체나 베니스처럼 유서가 깊은 곳도 아니고, 특별히 깔끔한 도시도 아니지만, 그가 어린 시절부터 세계적인 디자이너가 된 지금까지 영향을 받는 곳이기 때문이라고 한다. 그 정도로 밀라노라는 도시는 멘디니에게 중요한 의미를 가지고 있다.

이탈리아는 제2차 세계대전 후 피폐한 상황에 직면했지만 그런 상황이 꼭 나쁜 것만은 아니었다. 멘디니가 대학교를 다니던 당시 밀라노는 르네상스 시대 피렌체가 그랬던 것처럼 산업화의 중심지가 되면서 이탈리아의 경제와 문화가 집결되면서 무언가 새롭게 다시 일으켜 세우려는 분위기가 팽배했다.

산업뿐 아니라 문화적으로도 그랬다. 서유럽 중심으로 발전을 이루었던 20세기 전반기 미술의 영향이 제2차 세계대전 이후로 알프스 산맥 이남으로 가파르게 내려오고 있었다. 예를 들어 제2차 세계대전 때 파괴되었던 유명한 라 스칼라 극장Teatro alla Scala이 재건축되어, 1946년 토스카니니Toscanini가 지휘하는 작품을 시작으로 공연을 재개했다. 그러면서 밀라노 음악계는 부흥을 맞았다. 브레라 미술관Accademia di Brera

은 고전미술을 비롯해 현대미술까지 소개하면서 밀라노 미술의 붐을 일으키며 미술의 중심이 되었다. 그리고 건축잡지 〈도무스〉가 당시 건축이나 디자인, 새로운 디자인 이론을 소개하면서 밀라노의 건축과 디자인의 혁신을 주도하고 있었다.

이런 밀라노의 분위기는 앞서 살펴본 멘디니의 예술적이고 인문적인 성향과 아주 잘 맞았다. 비록 그는 내성적인 성품으로 혼자 있는 시간이 많았지만, 밀라노의 이런 예술 현상을 곁에서 지켜보면서 그의 생각과 행동도 많은 영향을 받았다. 그래서 멘디니의 디자인이 진화하고 창조되는 모든 과정은 제2차 세계대전 후 밀라노의 이런 변화와 분위기를 연관 짓지 않고서는 이해할 수 없다.

당시 그는 예술·건축·디자인 분야에서 밀라노를 이끄는 혁신세력과 많은 교류를 가졌는데, 이것은 멘디니의 디자인 성향을 결정짓는 데 크게 작용했다. 이후 펼쳐지는 밀라노의 상황과 세계 흐름의 변증법적 변화는 멘디니의 국제적이면서도 이탈리아적인 디자인 경향을 낳게 하였고, 예술과 건축, 디자인이 다르지 않다는 생각을 공고히 하게 했다.

밀라노의 이런 역동적인 분위기에서 멘디니는 학교를 다니고, 회사를 만들기도 하고, 여러 파격적인 건축 실험도 하면서 당시 밀라노의 분위기에 나름대로 부응하고 있었다. 전시회 디자인에도 관심이 많아서 1950년대 말에서 1960년대까지 가우디Antoni Gaudi와 멘델존Eric Mendelsohn, 미국식 건축 관련 전시회를 준비하기도 했다.

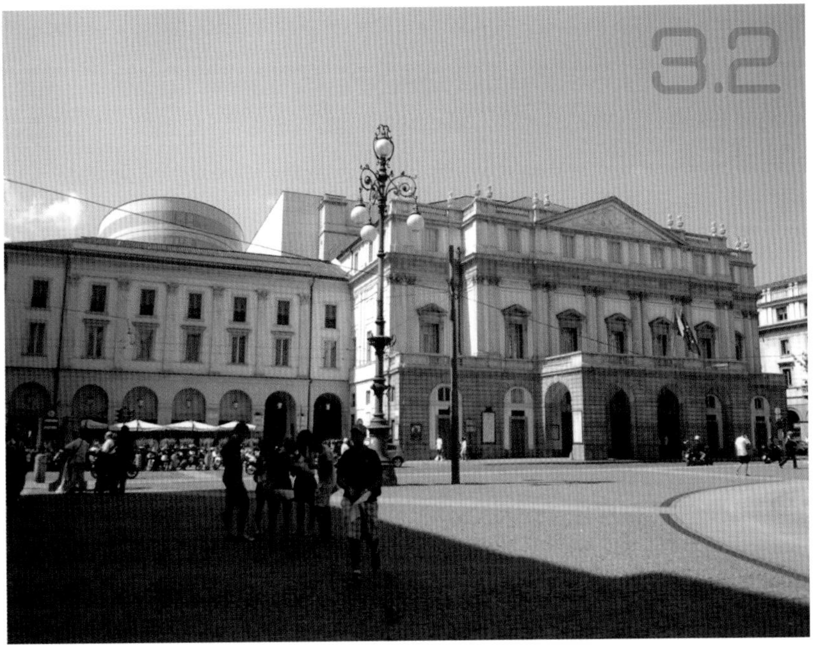

3.2 **밀라노의 라스칼라 극장**

제2차 세계대전 후 국제사회 재편과 세계 디자인

제2차 세계대전이 끝나면서 국제사회에도 큰 변화가 일어났다. 그동안 서유럽의 제국주의 국가를 중심으로 움직였던 세계의 헤게모니는 제2차 세계대전이 끝나자마자 미국으로 이동했다. 미국은 자국 내의 건설 붐이나 경제성장으로 사회적 수요가 급작스럽게 증가했고, 또 전쟁으로 초토화된 유럽의 재건을 위한 세계적인 수요 역시 급증했다. 그래서 제2차 세계대전 후 미국은 이런 엄청난 수요를 해결하기 위하여 고도의 산업화에 들어가면서 고도성장을 이루게 된다.

이때 눈에 띈 것이 독일 출신의 기능주의 디자인과 디자이너였다. 이들은 생산과 사용의 기능성만을 고려하여 제한된 자원으로 필요한 물건을 가장 경제적으로 만드는 데에 비스마르크의 군국주의 시대부터 바우하우스 시대까지 축적된 노하우가 있었다. 이념이야 어떻든 당시 미국사회가 직면한 디자인적 과제를 풀어주기에는 이들의 경험이 매우 유용했다. 그래서 독일 출신 디자이너들은 단박에 미국 디자인의 주류를 형성하게 되었고, 이런 과정을 통해 독일의 기능주의적 디자인은 미국의 막대한 자본과 생산능력 위에 실용주의적 디자인의 꽃을 피웠다.

특히 제2차 세계대전 때 발전된 전기기술은 제품의 모양이나 크기를 성능의 제약에서 해방시켜주었고, 플라스틱 기술 발전은 대량생산을 용이하게 만들어주었다. 미국의 실용주의 디자인은 이런 기술 발전을 등에 업고 일체의 장식을 없애고 기능성만 고려한 작고 심플한 외형만을 추구하게 되었다. 거기에 인체공학적 접근이 더해져 제2차 세계대전 후 세계 디자인의 주류가 되었다. 그리고 기능주의는 점차 디자인 세계에서 권력이 되어갔다.

사실 이런 기능주의적 디자인을 주도해간 것은 건축이었다. 바우하우스의 4대 교장이었던 건축가 미스 반 데어 로에Mies van der Rohe를 중심으로 미국의 건축계는 기능만을 고려한 심플한 빌딩을 대거 만들었다. 당시 미국은 도시의 발달로 빌딩 수요가 많아졌으며, 특히 건축주였던 부동산 업자에게는 엠파이어스테이트 빌딩처럼 양식이 중심이 되는 건물보다는 적은 비용으로 땅의 효율성을 극대화할 수 있는 고층빌딩이 필요했다. 원래 미국을 대표하는 건축가로 프랭크 로이드 라이트Frank Lloyd Wright와 같은 이들도 있었지만 싸게, 빨리, 튼튼하게 빌딩을 지을 수 있는 독일 출신 건축가가 더 환영받았던 것이다. 이미 제1차 세계대전 이후부터 그런 건축을 해왔던 독일 건축가가 당시 부동산 업자에게나 미국 사회에는 더 매력적일 수밖에 없었던 것이다. 그래서 기능주의적 건축은 독일 출신의 건축가를 중심으로 빠른 시간에 미국의 건축유형을 바꾸어놓았으며, 제2차 세계대전 후 초토화된 유럽사회를 재건하는 데도 이런 기능주의 건축이 급속도로 파급되었다. 그 규모나 속도는 매우 놀라울 정도였다.

제2차 세계대전 후 나타난 미국의 실용주의적 디자인

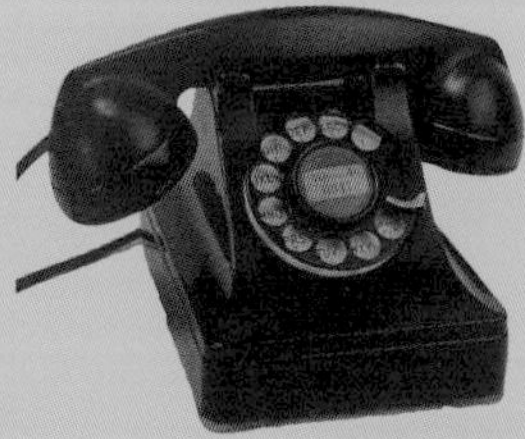

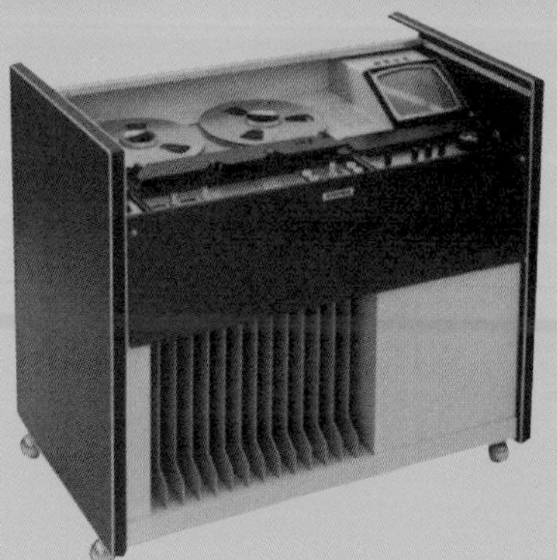

그러한 시대 변화에 대한 자신감에서였는지 당시의 기능주의 건축가는 자신들의 건축유형을 국제양식International Style이라고 불렀다. 자신들의 건축 스타일은 세계 어느 곳에서나 유용하고, 또 적용되어야 하는 표준이라는 자신감, 지금에 와서는 교만이라고 할 수 있는 그런 자신감에서 나온 명칭이다. 물론 거기에는 대중의 삶을 균등하게 배려한다는 기능주의의 긍정적 미학이 있긴 하지만, 그 배후에는 세계 최고의 대국 미국과 상업성이 자리잡고 있었다.

제2차 세계대전 후 이탈리아 디자인

이탈리아는 로마 멸망 이후 도시를 중심으로 발전했다. 피렌체나 밀라노, 베로나나 베니스 등의 도시는 도시이기도 했지만 독립된 문화와 경제를 가진 국가이기도 했다. 그런데 1871년이 되면 이탈리아는 독일과 비슷한 행보를 걸으며 통일한다. 하지만 워낙 지방 분권적인 성격이 강하고, 독일처럼 산업이 탄탄하게 뒷받침해주지 못한 관계로 독일과 같은 수준의 통일은 이루지 못했다. 게다가 경제적으로도 불완전하다보니 파시즘으로 쉽게 빠져서 제2차 세계대전에 독일 편에 서는 패착을 범했다.

따라서 제2차 세계대전에서 패한 후에도 여전히 내적으로는 통일과 산업화의 과정이 지속되었다. 이탈리아가 패전국임에도 불구하고 제2차 세계대전 후 무언가 만들어보자는 건설적인 분위기가 있었던 것은 그런 이유 때문이다. 그러한 움직임은 르네상스 시기의 피렌체나 베니스에서 그랬던 것처럼 밀라노 주변으로 모였다.

이탈리아의 디자인은 미래파 운동에서 시작되었다고 해도 과언이 아니다. 미래파가 만든 현대문명이라는 공간, 전통의 고리타분함이 범접할 수 없는 그 공간에서 꽃을 피운 것은 미술이 아니라 디자인이었다. 안토니오 산텔리아Antonio Sant'Elia를 보면 그것을 확실하게 느낄 수 있다. 건축가였던 그는 그러나 아쉽게도 20대에 요절했다. 하지만 그가 남겨놓은 건축물의 설계는 현대문명의 설계도다.

그의 설계 중에서는 고층빌딩과 공장이 많다. 그가 살던 당시에는 항공기가 상용화되지 않았고, 고층빌딩 같은 것은 꿈도 꾸기 어려운 시대였는데 그는 마치 미래를 예견이라도 한 듯 설계도를 그렸고, 그것은 미래와 정확히 맞아떨어졌다. 순수미술이 기계문명을 찬양하는 수준에 머무는 반면, 건축이나 디자인은 그런 기계문명을 직접 만드는 주역이었다.

하지만 미래파는 지적이거나 도덕적인 측면보다는 현대 기계문명에 과도한 의미를 두어 결국 당시 이탈리아 파시즘과 연결되지 않을 수 없었다. 이탈리아의 파시즘 역시 산업화를 통해 새로운 근대사회를 만들고자 했으며, 그 외의 어떤 가치도 염두에 두지 않았다.

독일의 히틀러에 비할 수는 없지만 건축에 대한 무솔리니의 관심과 지원은 대단했다. 그는 통치기간 중 이탈리아의 거의 모든 도시에 건축 흔적을 남겼는데, 기차역과 우체국, 법원, 대학, 공장, 요양원 같은 공공시설을 건설하면서 파시즘이 진보적이라는 인식을 심으려고 노력했다. 지금 밀라노 중앙역 건물이 바로 그런 목적으로 건설된 파시즘 시대의 건물이다. 이 건물에서 느껴지는 압도적인 규모, 과도한 모양과 크기의 조각, 딱딱한 이미지 등은 모두 파시즘을 선전하기 위한 흔적이라고 할 수 있다. 그리고 이 건물은 알레산드로 멘디니와 같은 나이라고 한다.

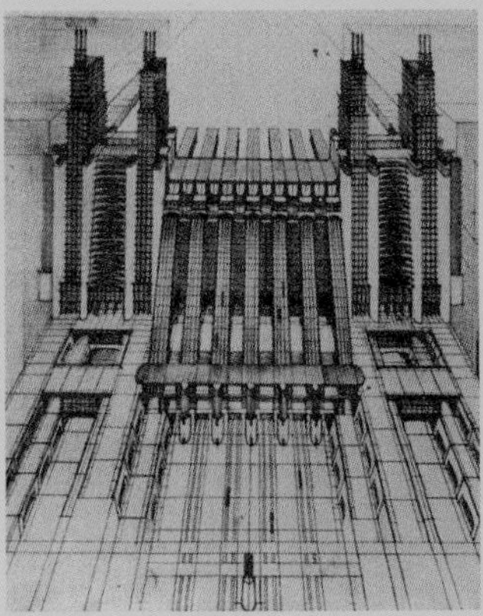

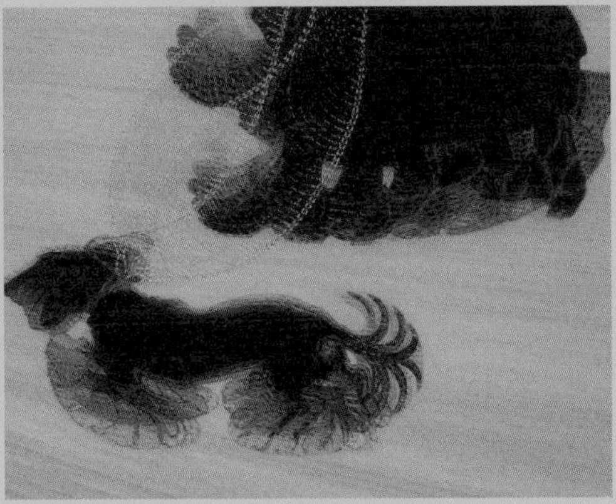

놀라운 선견지명이 담긴 안토니오 산텔리아의 그림과 속도를 시각화하는 데 중점을 두었던 이탈리아 미래파 화가 자코모 발라의 작품

밀라노 중앙역

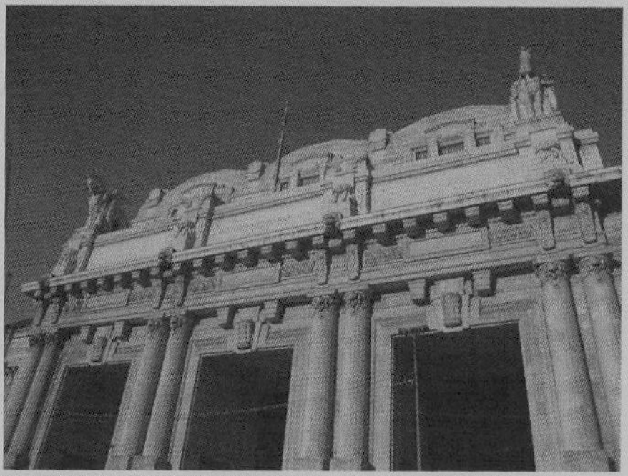

히틀러나 스탈린 등 다른 독재자 역시 건축을 정치적으로 후원하고 관심을 기울이는 것은 비슷했지만, 무솔리니의 경우에는 다른 점이 있었다. 이탈리아 문화의 깊은 전통 때문인지는 몰라도, 무솔리니 치하에서 이루어진 건축은 그래도 질적으로 남루하지는 않다는 인정을 받는다는 것이다. 무솔리니를 위해 일했던 건축가로는 마르첼로 피아첸티니Marcello Piacentini나 주세페 테라니Giuseppe Terragni, 주세페 파가노Giuseppe Pagano 같은 이들이 있는데 비록 파시즘 치하이긴 했지만 모두가 이탈리아 현대건축사에 남을 흔적을 만들었다. 피아첸티니는 로마의 도시구조를 파시즘적으로 재해석한 E42 신도시 건설계획을 진행했고, 주세페 테라니는 코모 파시스트의 집을 설계했다.

이 건물은 파시즘의 이상을 전혀 억압적이거나 기념비적으로 만들지 않고, 투명하면서도 평등한 구조를 가진 현대건축 언어로 선전하고 있다. 비록 주제는 정치적이고 목적 지향적이었지만, 그것이 고전주의적 장식을 통해서 유치하게 표현된 것이 아니라 대단히 정갈하고 세련된 현대적 건축언어로 표현되고 있어서 정치적 목적을 은유적으로 표현한 20세기 건물 가운데 최고로 손꼽힌다.

주세페 파가노는 로마 만국박람회를 위한 지구 에우르EUR의 초기 도시를 설계하기도 했다. 전쟁 발발로 취소되긴 했지만 에우르 지구는 상당 부분 계속 진행되어 지금 로마 신도시가 되었는데, 모더니즘 건축 언어로 표시된 파시즘 도시의 모습을 보여주는 독특한 곳이다. 하지만 이곳은 또한 이탈리아 모더니즘 건축의 역사를 보여주는 곳이기도 하다. 이곳에서도 가장 유명한 이탈리아 시민궁전이나 국회의사당은 비록 파시즘의 산물이긴 하지만, 고도로 추상화된 심플한 모양과 은유로 가득한 이미지를 가지고 있다. 그 어떤 모더니즘 건축보다 모던하고, 파시즘 건축의 과장되고 촌스러운 면은 거의 없다. 특히 원형인 콜로세움에 비해 사각형의 콜로세움 같다고 해서 '스퀘어 콜로세움'이라고 불리는 시민궁전은 현대건축이 지향하던 모든 가치를 최고 수준으로 이루고 있다. 그러면서도 동시에 이탈리아의 고전적인 면모를 갖추고 있어서, 이후 펼쳐질 이탈리아 디자인의 방향을 미리 암시하고 있는 것 같아 보는 사람을 놀라게 하는 건축이다.

이탈리아의 현대건축은 이처럼 파시즘과 동전의 앞뒷면처럼 밀접한 관계를 가지고 있으며, 사실상 파시즘의 지원으로 많은 발전을 이루었다. 다른 분야의 디자인 역시 파시즘의 정치적 후원으로 많은 발전을 이루었다. 하지만 제2차 세계대전 이후 지금까지, 이것은 이탈리아 디자인과 건축의 역사적 부채이기도 하다.

이탈리아도 제2차 세계대전 전후로 다른 나라와 마찬가지로 기능주의적 디자인이 주류를 이루었다. 당시 이탈리아는 없는 수요를 창출하면서 일과 물건을 만들어야 했으므로 유용하면서도 싼 물건을 많이 디자인하고 생산하게 되었다. 이때 만들어졌던 이탈리아의 대표적인 디자인은 프랑코 피아지오Franco Piaggio의 베스파 스쿠터였다.

〈로마의 휴일〉이라는 영화에서 주인공 남녀가 이 스쿠터를 타고 로마 시내를 누비는 장면으로도 유명한데, 비록 기능주의를 지향하는 디자인이었음에도 불구하고 이탈리아적인 조형미를 잘 보여주어, 지금까지도 유사한 디자인이 계속 생산되고 있을 정도로 이제는 이탈리아 디자인의 클래식이 되었다.

피아트에서는 모델 500, 일명 친퀘첸토라 불리는 싸고 유용한 국민자동차를 생산하였다. 크기는 작아도 동글동글하고 탄탄한 구조적 아름다움과 뛰어난 성능으로 지금까지도 이탈리아 자동차의 모범이 되고 있고, 이탈리아 자동차디자인에서도 중요한 위치를 차지하고 있다.

그러나 이탈리아의 전체적인 상황은 좋지 않았다. 당시 회사는 수공업을 중심으로 하는 미미한 수준의 규모였다. 이들과 예술가 혹은 건축가는 서로 도와서 무엇이든 만들어야만 하는 상황이었다. 그렇게 시작한 기업이 카시나, 카르텔, 알레시와 같은 회사였고, 여기에 지오 폰티Gio Ponti나 마르코 자누소Marco Zanuso, 조 콜롬보Joe Colombo, 비코 마지스트레티Vico Magistretti, 아킬레 카스티글리오니Achille Castiglioni와 같은 디자이너가 협력해 활동하면서 이탈리아 디자인에 새로운 불씨가 만들어진다.

1950년대에 이르면, 디자이너와 기업이 하나의 공동체가 되어 운명을 같이하게 되는 이탈리아 특유의 산업 방식이 일반화된다. 이때 디자이너이면서도 기업가인 사람도 많이 등장하는데, 테크노사는 보르사이라는 디자이너의 의자를 주로 생산했고, 아트 플렉스는 마르코 자누소의 디자인을 주로 생산했다. 그리고 1930년대에 건축교육을 받았던 이들이 가구 디자이너로 변신하여 이탈리아 산업의 새로운 길을 개척하게 되는데, 이때 등장했던 사람이 에토레 소트사스Ettore Sottsass, 비코 마지스트레티와 같은 신세대 디자이너다.

이렇듯 이탈리아 디자인은 파시즘 시기부터 독일과 유사한 기능주의적 성격을 띠고 있었다. 이탈리아의 어려운 상황 때문에 그런 경향은 지속되었고, 밀라노를 중심으로 한 산업 발전의 분위기와 맞물려 기능주의적 스타일은 이탈리아 디자인의 주된 흐름이 되었다.

하지만 전후 국제사회 질서와 이탈리아의 변화, 국제 디자인의 변화와 이탈리아 디자인의 흐름은 밀라노를 중심으로 모이고 있었고, 앞선 디자인을 극복할 수 있는 새로운 산업적 · 문화적 계기들 또한 서서히 만들어지고 있었다. 바로 그 한가운데에서 알레산드로 멘디니는 학교를 다니고 있었던 것이다.

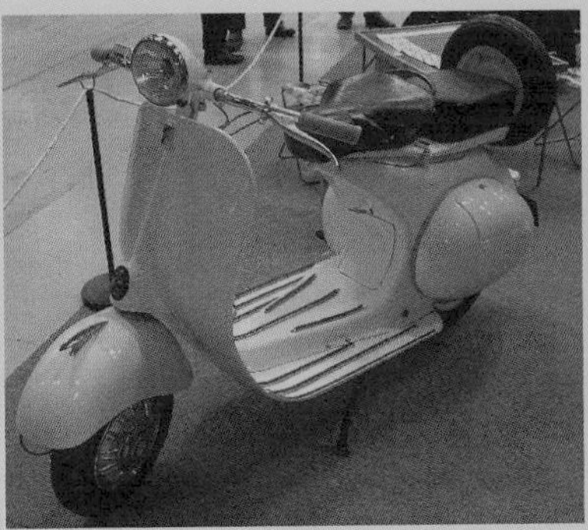

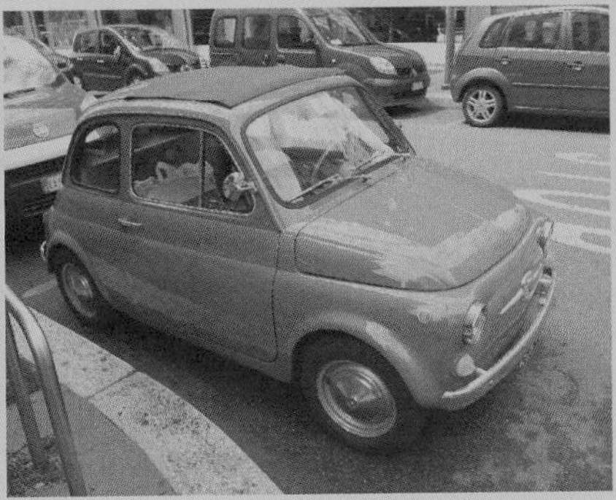

전후 이탈리아 기능주의 디자인의 상징이라고 할 수 있는 베스파 스쿠터
이탈리아의 대표적인 국민차 피아트 500

2

건축설계 사무소 시절

설계사무소에서의 활동

알레산드로 멘디니는 대학교를 졸업하고 니졸리 아소시아티Nizzoli Associati라는 건축설계사무소에 들어갔다. 거기서 가구디자인이나 주거용 건물을 시공하는 일, 그리고 주거 관련 공동 프로젝트 등을 경험했다. 예컨대 지오 폰티Gio Ponti 스타일의 벽화 프로젝트 등이 그것이다. 눈에 띄는 것은 그는 경력 초기부터 정통 건축디자인 작업에서 살짝 벗어난 일을 주로 했다는 것이다. 특히 건축과 회화를 융합하는 실험에 많은 관심을 가졌으며, 이런 그의 행보는 계속 이어졌다.

그는 전시기획에도 관심이 많아서 전시기획과 아방가르드한 전시 활동을 진행했다. 그리고 이때쯤부터 여러 매체에 건축과 관련된 다양한 글을 쓰기 시작했다.

이런 행보를 보면 디자인과 미술의 경계를 오가는 독특한 그의 디자인관이나, 디자이너와 전시 큐레이터를 오가며 활동해온 그의 범상치 않은 이력이 건축설계사무소에 있을 때부터 이미 준비되고 있었다는 것을 알 수 있다. 그리고 건축설계사무소에 근무하면서 건축 관련 글을 썼던 인연은 그가 편집장으로 변신하는 데 결정적인 역할을 했다.

그러나 건축과 관련된 일을 하면 할수록 어려움을 겪게 됐다. 왜냐하면 당시 이탈리아 사회가 관심을 가졌던 건축 내용, 즉 기능성과 상업성만 쫓는 건축에 공감할 수가 없었고, 그렇게 지어진 건물에 살고 있는 이들이 건물로부터 잔인한 대우를 받는 것에 매우 비관적인 인상을 받았기 때문이다. 그래서 그는 잠정적으로 건축이 아닌 다른 분야에 전념하겠다는 결심을 했다고 한다. 그는 점점 건축의 주류에서 벗어나고 있었던 것이다.

그러던 중 국제적으로 유명한 잡지에 기고할 수 있는 기회를 만났는데, 이를 통해 자신이 생각하고 있는 문제점과 새로운 디자인 개념을 알릴 수 있었다. 물고기가 물을 만난 격이랄까. 글을 통해서 자신이 하고 싶은 말을 원 없이 할 수 있었고, 무엇보다 자신이 생각하는 문제점을 대중에게 널리 알리면서 디자인과 사회를 변화시킬 수 있는 가능성을 느꼈다. 그에게 그런 기회를 제공해주었던 곳 가운데 하나가 바로 건축잡지 〈카사벨라〉였다.

기존 건축에 깊은 회의를 느낀 멘디니는 1970년 근무하던 니졸리 아소시아티 건축설계사무소를 떠났다. 그리고 자신에게 글을 쓸 기회를 주었던 건축잡지 〈카사벨라〉에 들어가 편집장 및 이사가 되어 새로운 활동을 시작했다. 그곳에서 그는 건축가나 디자이너로서 그가 얼마나 아웃사이더였는지 보여주는 수많은 프로젝트를 수행하면서 이탈리아 디자인과 세계 디자인을 변화시키게 된다.

68혁명과 멘디니의 리디자인

알레산드르 멘디니가 건축설계사무소를 떠나서 아방가르드한 운동을 전개하게 된 데에는 1968년도 프랑스에서 일어났던 68혁명의 영향도 컸다. 68혁명은 제2차 세계대전 후 파괴되었던 유럽 경제가 어느 정도 복구된 상황과, 제2차 세계대전 후 권위적으로 흘렀던 프랑스나 다른 유럽 정치권에 대한 사회적 불만의 축적, 그리고 서구 현대문명에 대한 근본적인 반성이 복합적으로 어우러져서 발생한 현상이었다. 이것은 프랑스 내부 문제와 관련된 일이었을 뿐만 아니라 유럽 전체의 모순적 상황과도 관계가 있는 일이었기 때문에, 이 혁명을 시작으로 유럽의 여러 나라가 비슷한 혁명의 소용돌이에 휘말리게 되었다.

프랑스에 유독 민감했던 이탈리아 사회와 문화는 다른 어느 나라보다도 68혁명의 직접적인 영향을 받아 권위와 반항이 격렬하게 부딪히는 극심한 혼란을 겪게 되었다. 멘디니가 살고 있던 밀라노는 그런 혼란이 시작되는 지점이었다.

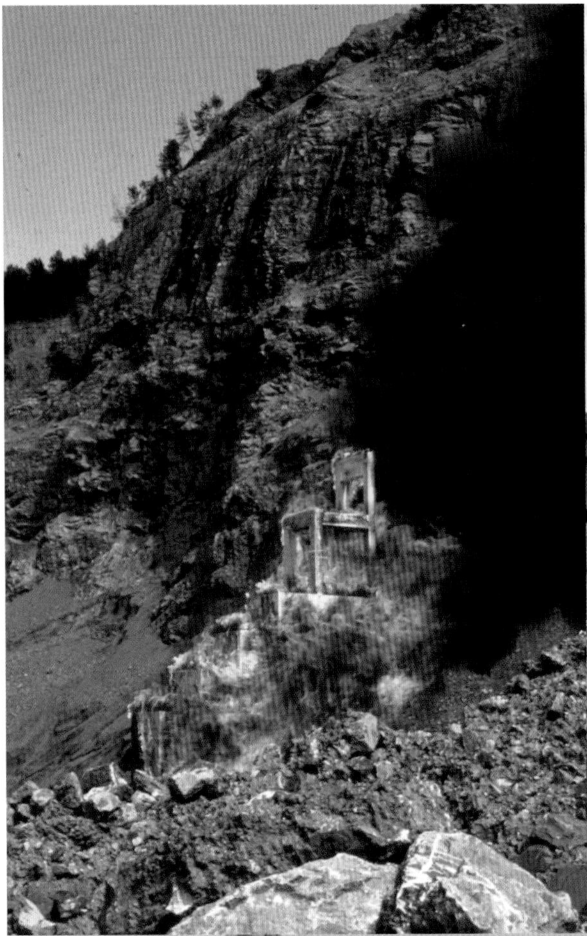

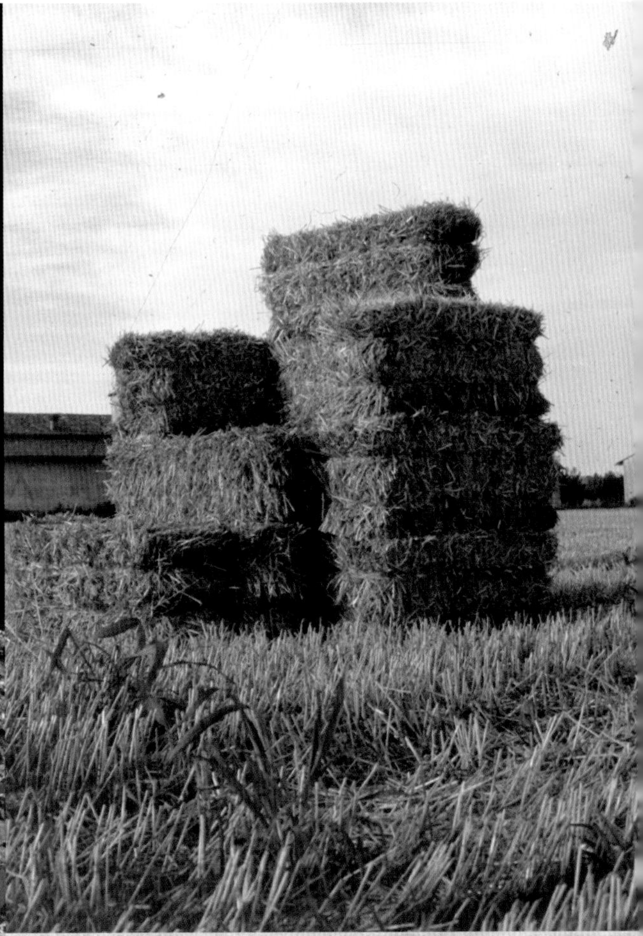

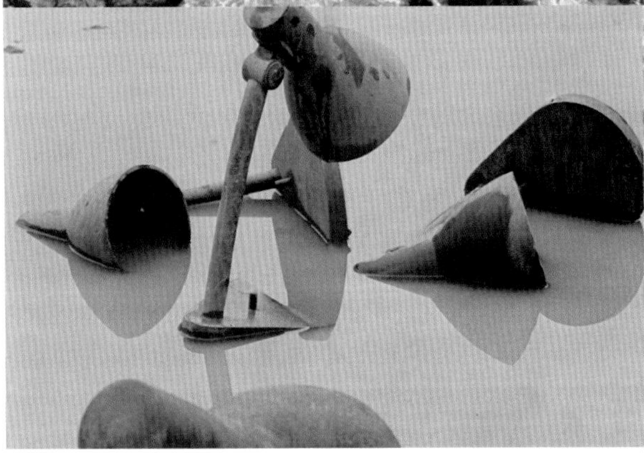

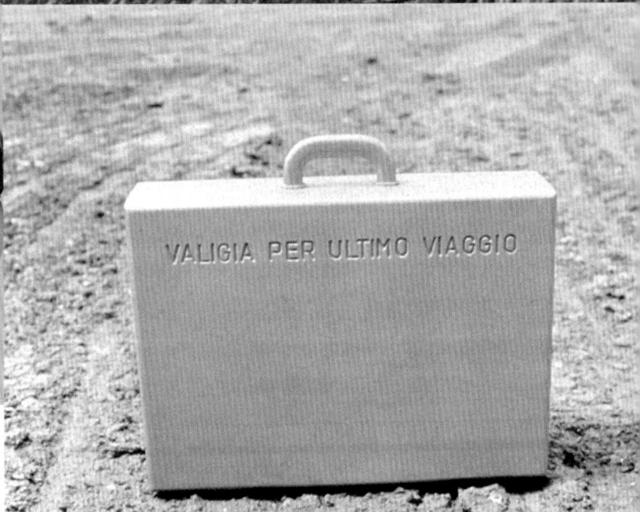

3.3

무정부주의자는 연일 거리로 뛰쳐나왔고 경찰은 최루탄을 난사했으며, 학생은 학교를 점령하고 교수를 내쫓는 등의 상황이 벌어졌다. 정치적인 혼란도 극심했다. 1975년부터 1980년까지 정부가 무려 여덟 번이나 바뀌었고, 1978년에는 붉은 여단Red Brigades이 기독민주당의 대표 알도 모로Aldo Moro를 납치하여 살해하는 등의 정치적 만행도 자행되었다.

이탈리아 디자인계에서 일어났던 안티디자인Anti-Design운동도 단지 디자인계 안에서 일어났던 혁신적인 움직임이 아니라 68혁명을 필두로 벌어진 사회적 저항운동의 한 현상이었다. 밀라노에 있던 멘디니에게도 프랑스의 68혁명과 그에 따른 이탈리아 사회의 저항운동은 그동안 문제점을 느끼고 있던 기성 권위에 대해 전투의식을 고취시켰다. 그는 기존의 권위적인 디자인에 보다 본격적으로 반항하는 움직임을 실천했다. 당시 이탈리아 디자인계는 막 시작된 소비사회의 필요로 비환경적 소재의 제품이 쏟아져나왔고, 대중소비시대로 들어서면서 상업주의가 만연했다. 그 결과 인간과 사물이 서로 대화할 능력을 상실했다는 반유토피아적 정서가 팽배했다.

이런 복잡한 문제 속에서 알레산드로 멘디니는 기존의 디자인을 전복하고 새로운 디자인에 대한 변화를 촉구하는 혁신적이고도 실험적인 디자인 운동을 펼쳐나가게 되었던 것이다.

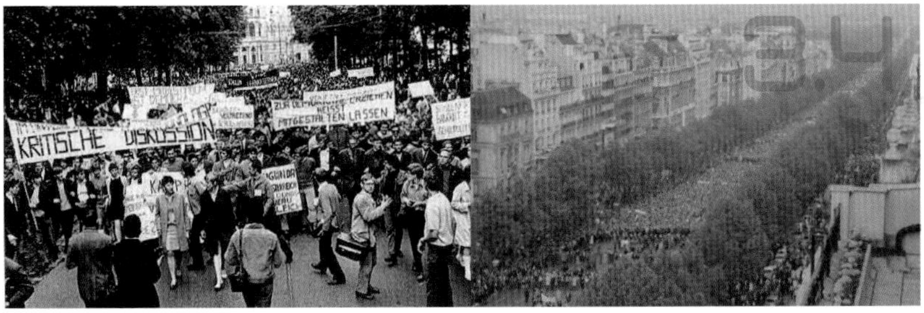

3.3 실험성이 강한 초기 작품들
3.4 프랑스 68혁명 당시의 사진

이탈리아에서 시작된 새로운 디자인 경향

불안정한 정치시스템으로 사회는 여전히 혼란스러웠지만, 1960년대에 들어오면서부터는 피폐했던 경제상황이 어느 정도 회복되고 있었다. 60년대 말 이후 시작되는 사회적 혼란은 이탈리아 경제가 어느 정도 회복되었기 때문에 나타난 현상이라고 할 수 있다. 경제 발전을 위해서는 사회 전체가 불합리하고 획일적인 상황을 어느 정도 참고 견딜 수 있지만, 경제가 회복되면서부터는 그런 부분이 오히려 사회문제로 부각되기 시작한 것이다.

당시 젊은 디자이너들은 모더니즘적 경향의 디자인을 추구하는 선배들의 행보에 상당한 문제의식을 가지고 있었다. 우선 이들은 전쟁 후의 어려운 사회를 상속받은 것에 대한 불안감이 컸다. 자신의 뜻과 상관없이 이탈리아의 낙후된 산업 상황에 직면했으며, 그런 힘든 상황을 자신의 힘으로 극복하지 않으면 안 되었기 때문이다. 그러다보니 기성 디자인계에 대한 반항심 또한 심상치 않았다. 시간이 지날수록 윗세대에 대한 이러한 불만은 두터워졌다. 프랑스의 68혁명은 이런 불만이 사회적으로 표출되는 결정적인 계기가 되었다. 68혁명이 시작되는 것을 보고 이탈리아에서는 안티디자인, 혹은 래디컬 디자인이라고 불리는 혁신운동이 불같이 일어났다.

1960년대 중반부터 안티디자인 운동이 아키줌Archizoom과 슈퍼 스튜디오Super Studio를 중심으로 포문을 열기 시작했다. 두 운동 모두 피렌체에서 일어났는데, 아키줌은 건축가 안드레아 브란치Andrea Branzi, 질베르토 코레티Gilberto Corretti, 파올로 데가넬로Paolo Deganello, 마시모 모로치Massimo Morozzi와 디자이너 다리오 바르톨리니Dario Bartolini와 루시아 바르톨리니Lucia Bartolini가 만든 그룹이다. 이들은 주로 미래의 건축이나 도시계획에 관해 작업했는데, 기존과는 완전히 다른 혁신적인 스타일로 디자인계에 큰 충격을 던져주었다.

슈퍼 스튜디오는 1966년에 시작하여 1978년에 문을 닫은 건축회사다. 아돌포 나탈리니Adolfo Natalini, 크리스티아노 토랄도 디 프란시아Cristiano Toraldo di Francia가 설립했고, 1960년대 래디컬 건축Radical Architecture 운동에서 중요한 역할을 했다. 이들의 작품은 대부분 건축잡지 〈카사벨라〉를 통해 세상에 알려졌는데, 몇몇 평론가의 견해에 의하면 이 슈퍼 스튜디오는 자하 하디드Zaha Hadid, 렘 콜하스Rem Koolhaas, 베르나르 추미Bernard Tschumi 등과 같은 해체주의 건축가에게도 많은 영향을 미쳤다고 한다. 이들의 활동은 1978년까지 지속되었는데, 특별한 외부 활동은 없었지만 정치색이 강했으며, 이탈리아 디자인계에 기성세대에 반대하는 혁신 바람을 불러일으키는 역할을 했다는 평가를 받고 있다.

아키줌과 슈퍼 스튜디오를 시작으로 이탈리아 신세대 디자이너에게는 안티디자인 운동이 불꽃처럼 확산되었다. 안티디자인 운동에 참여한 디자이너는 디자이너의 사회적 역할을 자본주의라는 틀에서 벗어나 정의했고, 디자이너 스스로의 존재감에 대한 인식도 새롭게 하였다. 1960년대 후반부터 일어났던 이탈리아 안티디자인 운동은 먼저 획일화와 규격화 및 대량화로 치닫는 현대디자인의 폐해에 대해 강렬하게 저항하였다. 당시 안티디자인 운동에 참여한 디자이너는 그간 대량생산과 결탁했던 이탈리아 상품의 굿 디자인Good Design적 경향을 와해시키면서 디자인의 개념을 근본적으로 재정립하려 했다. 나아가 디자인이 본래 지니고 있던 문화적 · 정치적 역할을 회복하는 데 초점을 맞추었다.

좀더 급진적인 디자이너는 디자이너의 창의력을 단순히 자본 축적을 위해 사용하기보다 인간의 삶의 질을 향상시키는 데 사용해야 한다고 주장하면서, 규격화나 대량생산을 초래한 근본적인 원인인 자본주의의 상업성을 정면 공격했다. 이들은 상업주의로 외면받은 디자인의 인간적 가치를 되찾아야 한다고 역설했으며, 현대 산업사회의 대량생산 체제가 얼마나 폭력적으로 작용하는지 비판했다. 그리고 디자인은 경제적인 목적보다는 인본주의적 목적을 위해 더 헌신해야 한다고 주장했다. 물론 말에서 그치지 않았다.

이들은 자신의 과격한 주장을 표명하면서도 매력적인 디자인을 만들기 위해 매우 활발하게 실험했으며, 그 결과로 이후 새로운 디자인의 전형을 만들게 된다.

새로운 디자인을 찾기 시작한 세계 디자인계

1972년 7월 미국 세인트루이스에서 11층짜리 33동의 아파트형 주거단지 프루이트-아이고Pruitt-Igoe가 폭파된다. 포스트모던 건축 이론으로 유명한 찰스 젱크스Charles Jencks는 바로 이 사건으로부터 포스트모던이 시작되었다고 말했다.

이 건물은 쉽게 폭파시킬 만큼 흔한 건물이 아니다. 국제공모를 통해 만들어졌으며, 심지어 건축상까지 받은 17년밖에 안 된 멀쩡한 건물이었는데도 폭파시킨 것이다. 왜 그랬을까? 폭파 당시 이 건물은 너무나 건조하고 천편일률적으로 생겼다는 비판을 듣고 있었다. 입주자도 없어서 많은 집이 비어 있었고, 그러다보니 노숙자나 부랑자가 드나드는 무법지대로 변해버려 도시에서도 가장 공포스럽고 절망적인 공간이 되었다고 한다. 그 결과 건물을 없애자는 결정을 내렸던 것이다. 한때는 상을 받을 만큼 시대를 주름잡았던 스타일이었지만 세월이 지나면서 불친절하고 무감각하고 엘리트적인 스타일로 전락해 아무도 찾지 않는 집이 되어버린 것이다.

한때 국제양식이라고 불렸던 모더니즘 스타일의 건축은 졸지에 비판 대상으로 전락했다. 그리고 여기에 대한 새로운 디자인 움직임이 나타나는데, 이것을 보통 포스트모더니즘 운동이라고 한다. 이유는 달랐지만 미국에서도 이탈리아와 마찬가지로 기능주의 디자인에 대한 비판적 움직임이 나타났던 것이다. 기능주의의 획일성이 이제는 문제점이 되었다. 지역의 자연과 문화적 차이를 무시한 부작용과 건조한 모더니즘 디자인 스타일에 대한 반감이 서서히 불거지기 시작하면서, 그동안의 긍정적인 시각은 부정적으로 변했다. 페터 바이스는 이렇게 말했다.

> "거주하는 것과 집을 짓는 것은 항상 기술과 예술의 합의 문제이며,
> 동시에 제조와 함양cultivating의 합이다. 이러한 합은 '형태는 기능을 따른다'
> 혹은 '형태는 건축을 따른다'는 원칙에 의해 기술로 미리 결정지어질 수 없다.
> 혹은 문화적 코드의 불변성에 굴복할 수도 없다."

기능만 생각하면 때와 장소에 상관없는 보편적 스타일이라는 것이 있을 수 있지만, 문화와 예술이 고려되기 시작하면 가치의 다양성, 가치의 민주화가 따른다. 미국에서 시작되고 국제적인 유행이 되었던 모더니즘 디자인은, 그래서 미국 내뿐 아니라 세계적으로 맹렬한 비판에 직면하게 되었다. 그리고 새로운 디자인에 대한 요구가 서서히 국제적으로 일어나기 시작한다.

3

잡지 편집장 시절

잡지 편집장으로서의 변화와 활약

1970년, 알레산드로 멘디니는 〈카사벨라〉에서 편집장으로서의 활동을 시작했다. 〈카사벨라〉 이후 〈모도〉와 〈도무스〉에서 편집장으로 활동했다. 〈카사벨라〉에서는 1970년부터 6년간, 1977년부터는 〈모도〉에서 4년간 편집장으로 활동했다. 〈도무스〉의 편집장은 1980년부터 1985년까지로, 〈모도〉와 2년간이 겹친다.

겹치는 기간도 있긴 하지만, 대체적으로 그가 한 잡지에서 편집장으로 활동한 기간은 약 5년쯤 된다. 그의 말에 의하면 한 곳에서 한 5년 정도 일하다보면 지겨워져서 스스로 잡지사를 옮겼다고 한다.

그가 편집장으로 활동하던 시기는 그의 인생에서도 대단한 격변기였지만, 이탈리아 디자인계나 세계 디자인계 모두가 큰 변화를 겪었다. 그런데 여기서 눈에 띄는 것은 멘디니 개인과 시대의 흐름이 마치 약속이나 한 것처럼 서로 유기적으로 어울려 있다는 것이다.

이탈리아 디자인계는 그가 편집장을 시작하던 1970년부터 기존의 디자인에 대한 비판적 분위기가 본격화되었다. 안티디자인, 래디컬 디자인 등으로 불리는 실험적이면서도 반항적인 디자인 운동이 7, 80년대를 통해 이탈리아 디자인계에 광풍처럼 불어닥쳤던 것은 앞서 살펴본 바와 같다. 디자인에 대한 새로운 전망과 스타일을 내놓으면서 전면적으로 디자인혁신운동을 일으키기 시작한 것도 이탈리아였다. 제2차 세계대전 후 미국이 국제양식을 주도했던 것처럼, 모더니즘 디자인에 대항하는 움직임은 자연스럽게 이탈리아가 주도했다. 멘디니는 그 맨 앞에서 잡지사 편집장으로, 전설적인 디자인 그룹 알키미아Alchymia의 리더로서 활약하고 있었다. 그가 시대의 흐름을 잘 탔는지, 그에 의해서 시대 흐름이 바뀌었는지는 모르겠으나, 멘디니는 이탈리아 디자인과 국제 디자인의 흐름이 격하게 변화해가는 그 한가운데서 항상 활약하고 있었다.

그는 스스로 디자이너가 되어 실험적인 디자인을 직접 하기도 했는데, 당시 가장 유명한 디자인 그룹 알키미아에 창립 때부터 관여하면서, 실험적인 전시를 직접 기획하고 작품을 전시하기도 했다. 사실 그는 1989년에 갑자기 디자이너가 된 것이 아니라 편집장으로 활동할 때부터 이미 디자이너로서의 역량을 키워나가고 있었던 것이다.

그의 회고에 의하면 〈카사벨라〉에서 잡지를 만들면서부터 디자인을 하고 싶은 욕구가 더 많이 생겼으며, 자신이 앞으로 해야 할 일도 궁극적으로는 디자인이라는 생각을 했다고 한다. 잡지 편집장으로 활약하다가 디자이너가 되는 경우는 그 말고도 많았다. 멘디니의 멘토라고 할 수 있는 지오 폰티가 그랬다. 그는 이탈리아를 대표하는 거장 건축가였을 뿐 아니라, 멘디니가 편집장을 했던 〈도무스〉를 직접 창간하고 편집장까지 지냈다. 멘디니의 말에 의하면 당시 유럽에서는 편집이나 이론적인 일을 하다가 디자이너가 되는 '절충적 지식인'이 거의 공식화되다시피 했다고 한다. 그러니까 미술에 관심이 많고, 글을 잘 쓰고, 심지어는 편집장을 직업으로 했던 사람이 아무렇지도 않게 세계적인 디자이너가 되는 것은 성공적으로 직업을 옮긴 특이한 경우가 아니라, 뛰어난 디자이너가 성장하는 일반적인 과정이었던 것이다.

이를 통해 디자인에 대한 교훈을 하나 얻을 수 있다. 상업성이나 기능성이 아니라 예술성이나 가치를 추구하는 디자이너에게는 깊은 교양이나 예술적 역량을 성장시키기 위한 오랜 숙련과정이 필요하다는 것이다. 그러니까 멘디니는 편집장을 하다가 늦은 나이에 뜬금없이 디자이너로 변신해서 성공한 희대의 천재가 아니라, 편집장을 하면서 얻은 경험을 자산으로 세계적인 디자이너가 된, 지극히 상식적인 과정으로 그런 위치에 올랐던 것이다. 그의 뛰어난 점은 자기가 생각하는 것을 위해 치열하게 싸웠나갔다는 것과, 묵묵히 오랜 시간 흔들리지 않고 자기완성을 향해 쉼 없이 전진했다는 것이다. 알레시 회장이 그에게서 그리스 철학자의 풍모를 느꼈던 것은 그의 이런 수신修身하는 인생행로 때문이었을 것이다.

〈카사벨라*Casabella*〉

알레산드로 멘디니가 〈카사벨라〉의 편집장을 맡던 당시는 새로운 시대의 분위기, 특히 기능주의적이고 상업적인 디자인에 대한 반발 움직임이 막 시작되고 있었다. 멘디니 자신부터가 그런 디자인에 대한 비판적 입장으로 건축을 포기하고 잡지 편집장이 되지 않았던가. 시작부터 시대의 변화가 그의 뒤를 확실하게 받쳐주고 있었다. 그리고 멘디니와 그의 〈카사벨라〉는 그 시대의 급진적인 건축과 새로운 세계관을 세상에 알리고 기존의 디자인을 공격할 모든 준비가 끝나 있었다. 편집장이 되자마자 그는 그동안 갈고 닦은 역량을 최고조로 분출하기 시작했다.

그는 역동적인 시대 상황에 맞추어 수많은 일을 동시에 수행했다. 〈카사벨라〉에서 그가 했던 일은 크게 다섯 가지로 정리할 수 있다.

우선 편집장이었으니 글을 많이 썼다. 기존 권위에 대항하고 새로운 움직임을 만들어나가는 데는 매체가 매우 효과적이다. 멘디니는 이런 매체의 장점을 글을 통해 최대로 활용했다. 디자인에 대한 새로운 여러 이론을 잡지 지면을 통해 세상에 알리면서 기능적 디자인을 효과적으로 비판했다. 또한 기업의 제약으로부터 벗어나 활동하는 급진적인 디자인을 옹호하는 글을 써서 신참 디자이너에게 힘을 보태기도 했다. 모더니즘 디자인에서 중요시했던 규범이나 표준 등을 해체하는 데 관심이 많았던 그는 보다 인간적인 가치를 디자인에 반영하는 유토피아적 디자인관을 글로 알렸다.

둘째, 글로벌 툴즈Global Tools 창립이다. 이는 대중에게 새로운 디자인관을 교육시켜 안티디자인 운동을 확장시키려는 목적으로 1973년에 만든 학교인데, 여기에는 안티디자인 운동에 관련된 거의 모든 디자이너가 참여했다. 이 학교는 〈카사벨라〉가 주도했으며, 편집장 멘디니는 창립멤버로 활동했다. 글로벌 툴즈는 이탈리아의 혁신적인 디자인 운동에서 매우 중요한 역할을 한다.

셋째, 세계를 돌아다니면서 디자인 유망주를 발굴하여 이탈리아 기업과 연계시켰다. 뒤에서 자세히 이야기하겠지만, 이렇게 발굴한 디자이너를 이탈리아 기업과 연결시키며 산업적으로도 훌륭한 결과를 만들어냈다. 이런 노력으로 그는 단지 디자인 분야뿐만 아니라 이탈리아 산업이나 세계 디자인계에까지 영향력을 미치게 된다.

넷째, 그 자신이 건축가나 디자이너로서 기존의 범주에서 얼마나 많이 벗어나 있는지 보여주는 듯한 실험적인 전시 프로젝트를 진행했다. '정신적 용도를 위한 오브제Objects for Spiritual Use'와 같은 전시가 그 좋은 예라고 할 수 있다.

이 전시는 제목부터가 기능주의적 디자인을 '고급스럽게' 깔아뭉개고 있다. 제목에 이미 기존의 기능주의 디자인은 몸의 용도만을 위하고 있다는 비난이 은근히 감추어져 있다. 아울러 이제부터는 몸보다는 정신을 위한 디자인을 해야 하지 않겠냐는 주장도 숨겨져 있다. 이 전시에서는 불이 켜지지 않는 청동 램프나 마실 수 없는 유리잔, 관 모양의 유리 테이블 등을 전시하여 기능주의적 디자인을 간접적으로 비판했다.

멘디니는 받침대 위에 얹은 의자를 출품했다. 피라미드같이 생긴 단 위에 올린 의자는, 우선 전체적으로 기하학적인 형태로만 이루어져 있고 군더더기가 하나도 없다. 모더니즘 디자인, 기능주의 디자인을 상징하고 있는 것이다. 의자가 높은 단 위에 올라가 있기 때문에 그 위로는 도저히 올라갈 수 없다. 껑충 뛰어 올라갈 높이가 아니다. 그러니까 이 의자는 아무도 올라오지 못할 조건 위에 우뚝 서있는 것이다. 올라갈 수 없는 의자를 만들어놓고, 또 의자는 아주 기능적으로 디자인했다. 모순이다.

멘디니가 생각하고 있는 기능주의 디자인의 문제점을 은유적으로 아주 기가 막히게 표현한 것이다. 기존의 기능주의적 디자인이 기능주의 하나로 얼마나 허세가 심했는지 자신의 시적 재능으로 통쾌하게 비판한 디자인이다.

다섯째, 〈카사벨라〉 시절의 활동에서 빼놓을 수 없는 알키미아 활동이다. 알키미아는 그가 〈카사벨라〉를 그만둘 즈음 창립되었는데, 알레산드로 구에리에로Alessandro Guerriero가 주축이 되어 만들었다. 멘디니는 설립 당시부터 알키미아 그룹에 참여했다. 덕분에 하루하루를 대단히 바쁘게 살게 되었다고 한다. 멘디니는 그때 마침 조그마하게 개인 사무실을 오픈해 잡지와 개인 사무실 일 두 가지를 동시에 하고 있었는데, 여기에 알키미아 활동까지 추가되다보니 정신없는 시간을 보내게 되었다. 하루에 잡지사와 개인 사무실, 알키미아, 이렇게 세 군데를 두루 방문하면서 밤낮 없이 일했다고 한다. 원래는 잠깐의 여유로 알키미아에 참여하게 되었던 것인데, 하다보니 거의 매일 알키미아 일을 하게 되었다고 한다.

물론 돈 되는 일은 아니었다. 세계적인 디자인 그룹으로 주목을 받게 된 것은 이후의 일이고 처음에는 순수한 열정으로 한번 해보자고 시작한 모임이다. 그리고 멘디니 스스로도 당시에 경제적인 고려는 가장 마지막이었다고 말한 바 있다. 하지만 알키미아 그룹 활동을 통해서 그는 새로운 시각언어와 사회변화를 반영하는 실험적인 프로젝트의 가능성을 얻었다고 한다. 그런 순수한 정신 때문이었는지 알키미아는 실험적 전시를 통해 점점 세상에 알려졌고, 나중에는 세계적인 그룹으로, 이탈리아의 급진적 운동의 거대한 상징으로 자리매김하게 된다.

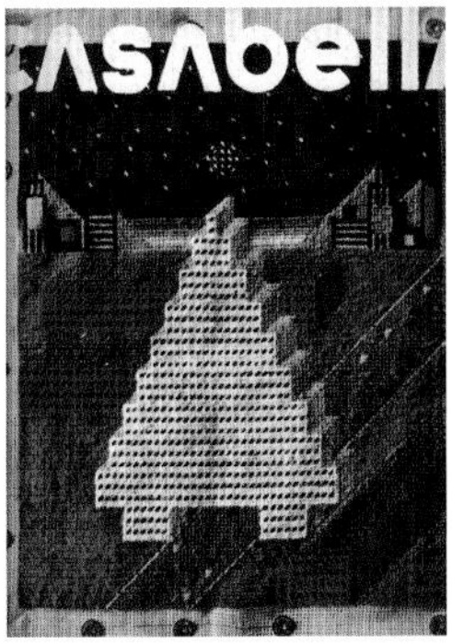

3.5

3.5 〈카사벨라〉

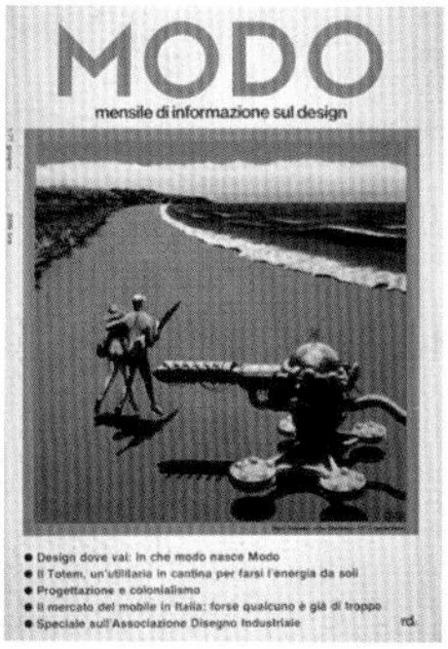

3.6

3.6 〈모도〉

〈모도*Modo*〉

〈모도〉는 알레산드로 멘디니 자신이 창간한 잡지다. 여기서 그는 약 5년 동안 편집장으로 활동하는데, 앞서 살펴본 것처럼 후반 2년은 〈도무스〉 편집장과 겹친다.

이 시기에는 멘디니가 창단멤버로 참여했던 알키미아 그룹이 본격적으로 실험적 작품을 만들고 전시하면서 세계적인 주목을 받던 때였다. 그는 개념미술, 포스트모던 경향을 디자인에 받아들이면서 잡지를 통해서는 그에 따르는 이론을 대중적으로 알렸다. 이처럼 잡지를 통해 디자인의 뿌리 깊은 관행과 고착된 스타일을 바꾸자는 문제제기를 하고, 알키미아 활동을 통해서는 자신의 이론을 구체적인 디자인으로 실천했다. 멘디니는 〈모도〉 편집장을 지내면서 이론과 실천을 오가며 이탈리아 디자인의 새로운 경향을 맨 앞에서 이끌었다.

〈도무스*Domus*〉

지금도 그렇지만, 건축잡지 〈도무스〉는 세계적인 명성을 가진 잡지로, 편집장을 맡는다는 것은 대단한 일이다. 게다가 알레산드로 멘디니는 이 잡지의 창간자며, 자신의 멘토라고도 할 수 있는 지오 폰티로부터 〈도무스〉의 편집장을 맡아달라는 요청을 직접 받고 편집장이 되었다. 운명이었는지 선견지명이었는지 그가 〈도무스〉 편집장을 맡은 1년 후 지오 폰티는 사망한다. 편집장 멘디니는 이후 눈부신 활동으로 〈도무스〉의 명성을 한층 더 빛내 멘토 지오 폰티의 선택이 잘못되지 않았음을 입증했다.

〈도무스〉는 1928년 지오 폰티에 의해 창간되었으며, 몇몇 휴식기를 제외하고는 창간 이후 줄곧 지오 폰티가 편집장을 맡았다. 건축가가 창간한 잡지인지라 시대에 영합하거나 보수적이지 않았고, 기득권에 저항하는 새로운 건축관을 내놓으며 시대를 앞서갔다. 멘디니에게 편집장을 의뢰할 당시에도 지오 폰티가 노구를 이끌고 편집장을 하고 있었으니 이미 그의 나이는 88세. 대단하기는 했지만 후계자가 필요한 시기가 지나도 한참이나 지났다. 하지만 멘디니를 선택한 지오 폰티의 안목은 마지막까지 뛰어났다.

멘디니에게 편집장을 제안했던 당시 〈도무스〉는 51년간 이어왔던 역사를 뒤로하고 시대변화에 맞추어 한층 새롭게 도약하려는 계획을 가지고 있었다. 프랑수아 부르크하르트François Burkhardt에 따르면 〈도무스〉는 도시 및 도시 외곽에 살고 있는 중산층을 위한 가구를 자주 다루었던 폰티의 시대에서 부르주와 미학과는 단절한 1970년대 신아방가르드를 향해 이행할 준비를 하고 있었다고 한다. 이 일을 가장 잘할 수 있는 사람으로 알레산드로 멘디니가 선택되었던 것이다. 예상은 적중했다. 그가 〈도무스〉를 맡은 이후로 〈도무스〉는 1980년대 이후 새로운 시대를 열면서 세계적인 잡지로 자리매김하게 된다.

지오 폰티와 알레산드로 멘디니 두 사람 모두 디자인에서 기능성이나 논리적 형태구성보다는 직관적이고 영적인 면을 중요시했고, 실제로 그런 디자인을 했다. 그리고 여러 이미지와 분야를 콜라주나 몽타주 기법으로 섞어 디자인하는 작업상의 공통점도 있었다. 예를 들어 지오 폰티는 1968년 뉴욕의 알리탈리아 사무실을 개보수하는 작업을 하면서 예술작품을 건물과 조명시설에 통합한 디자인을 선보였다. 멘디니도 스와치 매장 인테리어 디자인에서 그와 흡사한 시도를 했다.

그리고 둘 다 모더니즘 관습을 거부했는데, 비교한다면 멘디니가 장식적 기호를 중시한 반면 폰티는 고전적 양식에 더 치중한 편이었다.

무엇보다 멘디니와 폰티의 공통점은 집필활동이라고 할 수 있다. 두 사람 모두 건축이나 디자인 활동을 하면서도 뛰어난 필치로 저작을 집필했을 뿐 아니라, 세계적으로 저명한 잡지를 꾸려나갔던 지적 엘리트다. 이런 공통점을 보면 지오 폰티가 알레산드로 멘디니를 자신의 후계자로 정한 것은 매우 자연스러운 일이다.

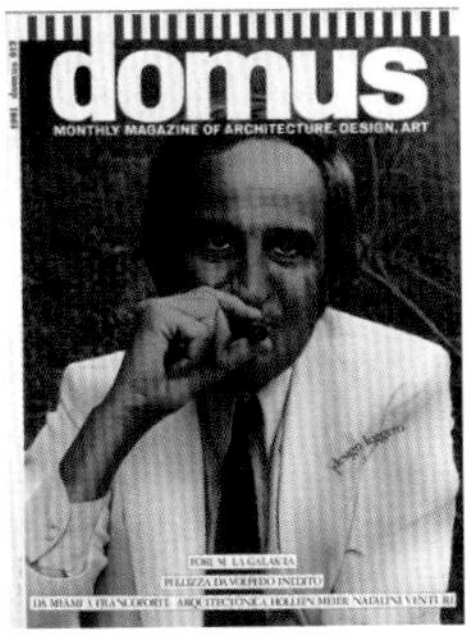

3.7

3.7 〈도무스〉

멘디니의 아방가르드한 디자인 운동, 알키미아*Alchymia*

알키미아를 빼고 알레산드로 멘디니를 말할 수 있을까? 알키미아에서 활동하던 시기에 멘디니는 세계적인 잡지의 편집장이었지만, 정작 멘디니가 세계적인 디자이너로 주목받게 된 것은 알키미아에서의 활동 때문이다.

알키미아는 당시 이탈리아의 전위적 디자인 운동을 주도하던 대표적인 그룹으로 알려져 있지만 앞에 붙는 이 '전위'라는 단어는 이 그룹의 활동을 매우 협소하게 제한할 위험이 있다. 전위라는 말이 갖는 일반적인 의미, 그리고 그 뒤에 항상 따라붙는 안티 혹은 래디컬이라는 말이 이 그룹의 활동을 자칫 반항에만 중점을 두었던 일시적인 문화운동으로 오해하게 만들 수 있기 때문이다. 하지만 알키미아가 수많은 디자인 운동 중에서도 특히 세계적인 주목을 끌 수 있었던 것은 디자인에 대한 근본적인 개념에서 매력적인 스타일에 이르기까지 디자인의 모든 것을 바꾸어놓았기 때문이다.

그것은 단지 반대나 반항만 한다고 되는 것이 아니다. 반항만 하는 것은 누구나 할 수 있고, 사실 그다지 어려운 일도 아니다. 하지만 알키미아 멤버는 당시 시대의 흐름을 정확히 읽고, 무엇보다 자신들이 짊어져야 할 사회적 의무가 무엇인지 정확히 알고 있었던 것 같다. 그래서 이들은 이탈리아와 세계 디자인의 흐름을 바꿀 만큼의 뛰어난 가치와 전망을 내놓았다. 자신들의 반항정신에 대한 책임을 졌던 것이다. 이들의 관점은 정확했고, 이들이 내놓은 전망은 세계를 뒤흔들 정도였다. 그렇게 해서 알키미아는 그저 그런 저항적 그룹이 아니라 역사의 한 페이지가 됐다.

알키미아가 성공한 이후 알키미아에 참여했던 디자이너 대부분이 세계적인 디자이너로 활약한 사실만 보아도 이 그룹이 반항을 위한 반항에 그치지 않았다는 것을 알 수 있다. 그렇기 때문에 알키미아 활동에서 보아야 할 것은 눈부신 반항의 흔적이 아니라 그 반대편에 자리잡고 있는 이들의 가치, 이들의 비전인 것이다.

이런 알키미아의 디자인 이념과 알키미아의 구체적인 활동을 중심에서 이끌어나갔던 사람이 바로 알레산드로 멘디니다. 실제로 그는 알키미아 전시를 기획하고 이끌었으며, 리디자인과 같은 새로운 방식으로 디자인에 접근했다. 이런 그의 노력과 활동은 후에 알키미아가 세계적인 주목을 받게 되는 데 큰 자양분이 된다.

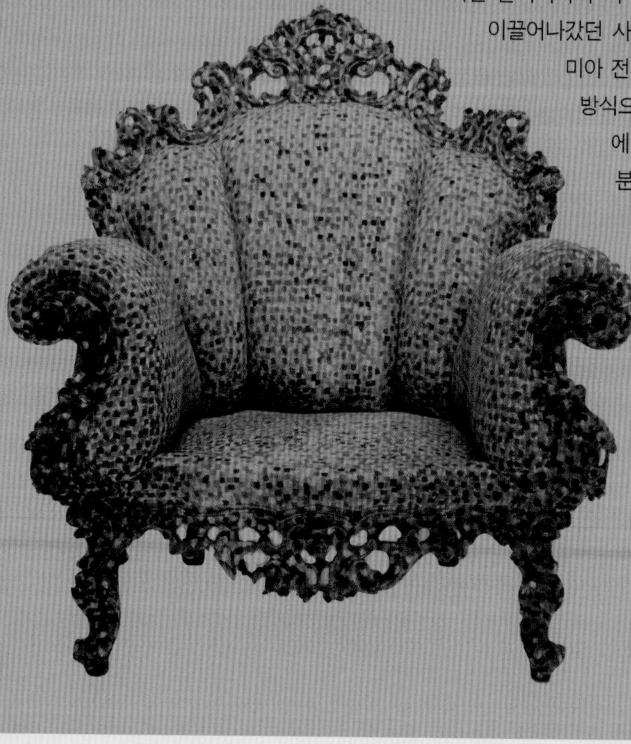

**알키미아의 '리디자인' 전에 전시되며
큰 반향을 일으킨 알레산드로 멘디니의 프루스트 의자**

나중에 이 그룹에는 에토레 소트사스, 안드레아 브란치 등 당시에 전위적으로 활동하던 거의 대부분의 디자이너가 참여했다. 1980, 90년대 세계를 주름잡았던 대부분의 이탈리아 출신 디자이너가 알키미아와 직간접적인 관계를 맺었던 것이다. 사실 이처럼 기라성 같은 천재가 한자리에 모여서 문화적 혁신을 이루었던 것은 15세기 르네상스 이래로 처음 있는 일이다. 가히 20세기의 르네상스라 해도 모자람이 없는 인적 구성이다.

이 그룹은 원래 알레산드로 구에리에로가 시작하고 멘디니가 참여하여 만들어졌다고 알려져 있지만, 실은 알키미아를 만들 즈음에 알레산드로 구에리에로가 몇몇 디자이너와 오브제와 가구를 디자인했는데 그 결과가 너무도 이상하리만큼 동종strangely homogeneous의 비슷한 유형을 가지고 있었다. 그렇게 서로 일치하는 부분을 발견하면서 의기투합해 그룹을 형성하게 되었던 것이다.

이들은 진부한 일상적 소재를 디자인에 도입하여 상징성을 적극적으로 구현하였고, 그것은 또한 장식과 기교를 디자인의 한가운데로 불러오는 결과를 낳기도 했다. 그리고 기능에 얽매이지 않는 자유로운 형태를 시도하면서 기존 디자인과는 다른 스타일을 모색했다. 이것은 멘디니의 말처럼 새로운 스타일만 쫓아서 나온 것이 아니라, 디자인에 대한 독특한 사유 활동에 의한 결과였다. 즉 이전과는 완전히 다른 관점으로 디자인을 보기 때문에 만들어진 지극히 논리적인 결과였던 것이다.

그런데 알키미아 그룹은 반항적인 이미지에도 불구하고 그들의 실험적인 디자인은 대중의 외면을 받지 않았다. 즉 반항적이고 낯선 시도를 하면서도 화려한 장식과 익숙한 사물이나 이미지를 통해 디자인이 항상 떠들썩하고 활력이 넘쳤기 때문에, 대중이 디자인을 이해하기는 쉽지 않아도 대중의 마음을 사로잡을 수 있었다. 이것은 앞에서 살펴보았던 멘디니의 디자인 성향과 매우 비슷하다.

알키미아를 창립하는 데 처음부터 참여했던 멘디니는 알키미아를 통해 자신의 디자인 이론을 정립하게 되었고, 건축이나 인테리어, 제품 디자인 등 다양한 프로젝트를 진행했다. 초급적인 디자인을 바탕으로 만들어졌다는 말을 들을 정도로 아주 기초적인 기하형태의 형태 실험이 많았다. 그리고 그런 형태에 키치적 의미를 끌어와 유머러스하게 표현하거나, 혹은 진부한 오브제를 도입해 디자인의 본질을 재설정하는 실험을 통해 자신의 디자인 세계에 대한 실마리를 잡아나갔다. 그의 리디자인 개념도 알키미아에서의 활동을 통해 만들어졌다.

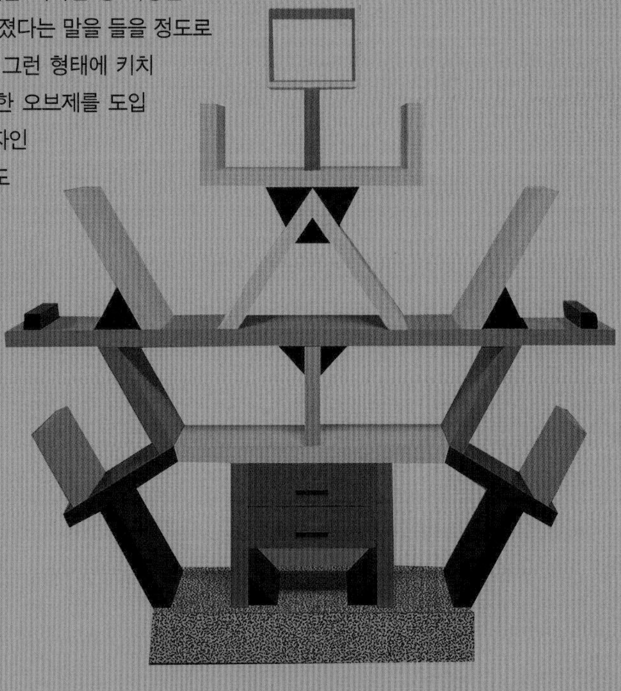

알레산드로 멘디니와 함께 알키미아의 주요 멤버였던 에토레 소트사스의 책장

리디자인*Re-Design* *1978*

1978년, 알키미아 그룹의 약 30명의 디자이너가 기존의 가구를 다시 디자인하는 전시 프로젝트를 진행했다. 이 전시를 통해 이탈리아의 전위적인 디자인 그룹 알키미아는 단박에 세계적으로 알려졌고, 알레산드로 멘디니는 그간 고민해온 리디자인 개념을 이 전시를 통해 확실하게 정리하게 됐다. 전시 제목인 '리디자인'은 사실 멘디니가 그동안 꾸준히 관심을 가지고 생각해오던 주제였다. 그는 이 전시에서 자신의 리디자인 개념을 다양한 방식으로 실험했다.

우선 디자인 역사에 길이 남을 유명한 의자를 차용해 리디자인한 작품을 선보였다. 지오 폰티의 슈퍼 레게라Super Leggera 의자나 게리트 리트펠트Gerrit Rietveld의 지그재그Zig Zag 의자, 조 콜롬보Joe Colombo의 유니버설Universal 의자, 마르셀 브로이어Marcel Breuer의 바실리Wassily 의자 등 디자인 역사에 남을 명품을 그대로 가져와서는 그 위에 약간의 손길을 가해서 자신의 디자인이라고 내놓았다. 그러나 의자의 원래 디자인이 가지고 있는 의미를 생각하고 보면 멘디니의 별 것 아닌 손길이 결코 만만한 것이 아님을 알게 된다.

예를 들어 리트펠트의 지그재그 의자등받이에 멘디니는 가로 면을 더해서 십자가처럼 만들었다. 약간의 변형이지만 이로 인해 이 의자는 완전히 다른 의미를 가진 대상으로 변해버렸다. 말하자면 십자가가 더해진 이 의자는 성직자의 의자나 장례식 기념비처럼 보이게 된 것이다. 의자등받이 모양이 길쭉하니까 그냥 재미로 그런 것처럼 보이지만 이 의자를 디자인했던 게리트 리트펠트가 어떤 사람인지 생각하면 멘디니의 의도가 그렇게 단순하지 않다는 것을 알 수 있다. 게리트 리트펠트는 모더니즘 디자인이 형성되는 시기에 활동했던 네덜란드 출신의 건축가이자 디자이너다. 그런 사람의 의자를 이렇게 성스럽게 리디자인한 것은 모더니즘의 엘리트주의적 태도에 대한 멘디니의 견해를 매우 풍자적으로 표명한 것이라고 볼 수 있다.

마르셀 브로이어의 바실리 의자는 기능주의 디자인의 상징이라고 할 수 있을 정도로 유명한 디자인이다. 이 의자를 디자인한 마르셀 브로이어는 바우하우스 교수 출신이며, 독일 기능주의 디자인의 거장 중 한 명이다. 이 의자의 이름은 마르셀 브로이어와 바우하우스에서 같이 교수로 있던 화가 바실리 칸딘스키의 이름에서 따온 것이다. 칸딘스키는 멘디니가 아주 좋아하는 작가다.

여기서 여러 가지 의미가 복잡하게 얽힌다. 기능주의에 대해 반감을 가지고 있는 멘디니의 입장에서는 마르셀 브로이어의 의자를 긍정적으로 볼 수가 없다. 그런데 칸딘스키를 생각하면 부정적으로 대할 수도 없다. 이런 복잡한 상황 속에서 멘디니는 이 의자를 어떻게 처리했을까?

3.8

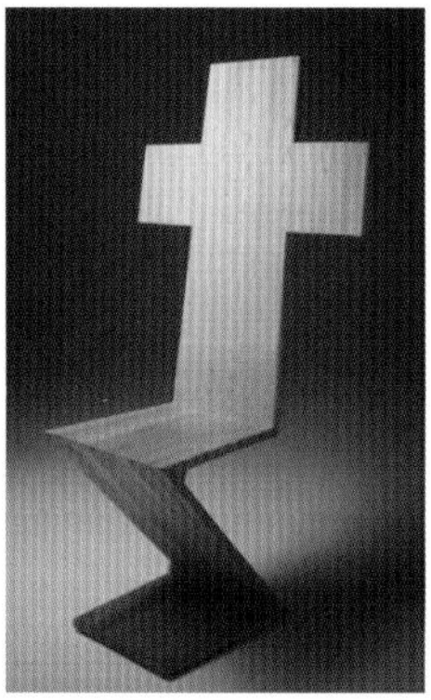

3.8 **지그재그 의자 리디자인**

멘디니는 바실리 의자 위에 칸딘스키를 연상케 하는 이미지를 잔뜩 덮어버렸다. 이 의자의 내면에 들어있는 칸딘스키를 끄집어내 이 의자의 기능성을 완전히 가려버린 것이다. 그럼으로써 멘디니는 예술로 기능주의를 대체하고자 하는 자신의 은유적 의미를 매우 문학적으로 표명했다. 겉으로는 장난스럽지만 리디자인하는 대상을 선택하고 그것을 은유적으로 처리하는 멘디니의 노련함에 감탄을 금할 수 없다.

이탈리아 출신 조 콜롬보의 의자를 리디자인한 데도 은유적 의미가 가득하다. 조 콜롬보는 멘디니보다 좀 앞서는 세대에서 활동했던 디자이너다. 제2차 세계대전 후 이탈리아가 어려웠던 시절, 저렴한 플라스틱 의자를 주로 디자인하여 이탈리아 산업과 디자인에 돌파구를 마련한 사람이다. 멘디니는 그런 조 콜롬보의 플라스틱 의자를 대리석 질감의 의자로 바꾸었다. 덕분에 가볍고 싸 보이던 플라스틱 의자는 묵직하고 고전적이면서도 고급스러운 의자로 탈바꿈했다. 모양은 하나도 바꾸지 않고 재질만 바꾸었는데도 의자의 인상이나 의미가 완전히 달라졌다.

이 리디자인에서는 우선 앞의 두 리디자인에서와는 달리 이탈리아 디자인계를 이끌던 선배 디자이너에 대한 헌정의 의미가 가득 느껴진다. 싼 재료의 가구를 주로 디자인했지만 그 안에 담긴 뜻은 지극히 뛰어났다는 존경의 의미를 고급재료를 통해 은유했다는 것을 읽을 수 있다. 또 하나는 이탈리아 고전문화에 대한 선호다. 녹색 마블링이 있는 대리석 질감은 이탈리아 고전건축을 연상시킨다. 현대적인 디자인의 작은 의자에 거대한 고전건축의 이미지를 드리운 것을 보면, 멘디니를 비롯한 알키미아 그룹의 디자인적 실험이 어느 방향을 향하고 있는지 잘 보여주는 디자인이라 할 수 있다.

멘디니는 현대디자인만 리디자인한 게 아니라 디자인 역사의 서막을 열었던 고전적인 디자인도 인용해 리디자인했다.

토네트Thonet 의자는 1859년 미하엘 토네트Michael Thonet가 개발하여 대량생산했던 가구다. 아직 금속파이프나 플라스틱이 본격적으로 생산되기 전에 나무를 규격대로 휘고 잘라서 대량으로 똑같은 모양을 만들고, 그렇게 만들어진 나뭇조각 부품 다섯 개를 볼트로 고정시키기만 하면 훌륭한 의자가 되는 디자인이다. 재료의 경제성이나 생산의 용이성, 그리고 튼튼하고 편한 의자로서의 기능성 등에서 모두 뛰어나 지금까지도 디자인의 고전으로 남아 있는 의자다.

멘디니는 이 의자에 칸딘스키를 연상케 하는 조형물 몇 개를 덧붙여서 이 의자의 의미와 이미지를 새롭게 만들었다. 즉 고전적이면서도 내추럴한 의자에 현대적인 조형 이미지를 콜라주시켜서 원래 요소와는 전혀 다른 새로운 의미의 의자를 디자인한 것이다. 개념적으로 보면 고전적 기능성과 현대추상미술이 이 의자에서 하나로

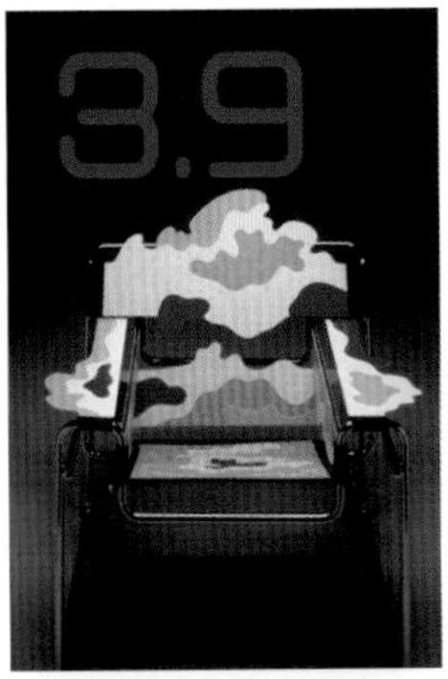

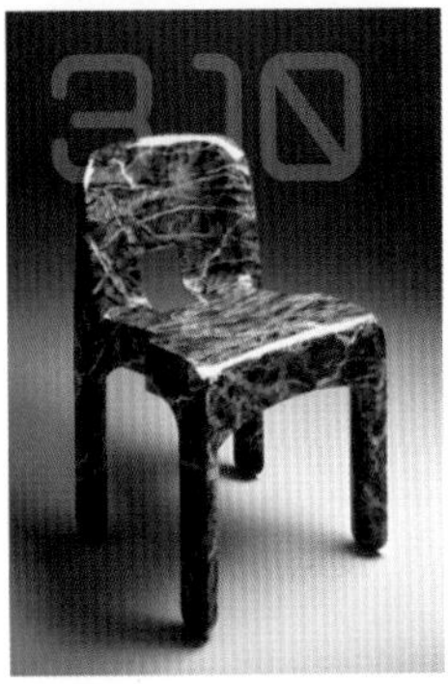

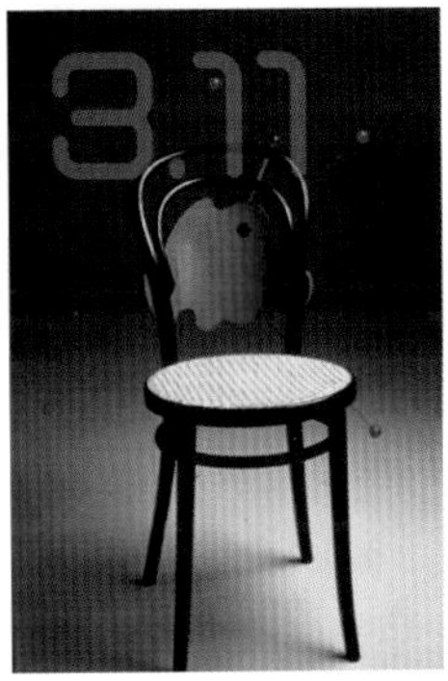

3.9 **바실리 의자 리디자인**
3.10 **유니버설 의자 리디자인**
3.11 **토네트 의자 리디자인**

융합되면서, 디자인에서의 예술성 추구라는 멘디니의 디자인관을 아주 자연스럽게 실현하고 있다. 하지만 모양은 심각하지 않고, 그저 장난감처럼 재미있어서 부담스럽지 않다. 이렇게 간단한 처리만으로 복잡한 의미를 담아내는 멘디니의 능력이 참으로 돋보인다. 문학적으로 본다면 가히 역설의 대가라고 할만하다. 그래서 많은 평론가가 멘디니 디자인의 특징 중 하나로 '이중성'을 꼽는다.

1902년경에 만들어진 찰스 레니 매킨토시Charles Rennie Mackintosh의 유명한 의자도 이때 리디자인했다. 장식이 하나도 없고 직선적인 형태로만 구성된 의자의 형태는 이후로 전개될 20세기 현대디자인, 특히 기능주의 디자인을 예견하고 있다. 그 때문에 이 디자인은 그냥 간결한 의자가 아니라 역사의 한 페이지를 장식하는 명품의 반열에 올랐다. 높다랗게 올라가 있는 등받이는 그런 걸 알고 디자인된 건지, 이 간결한 모양의 의자에 범상치 않은 무게의 권위를 더하고 있다. 멘디니는 이 의자의 등받이에 기다란 장대를 연결해서 이 의자의 권위를 더 높게 과장하고 있다. 하지만 거기서 그치지 않았다. 그 권위의 그 끝자락에 깃발 같기도 하고, 번개 같기도 한 모양을 달아서 모호하지만 어떤 은유적 의미를 더하고 있다. 깃발이든 번개든 그것이 이 의자에 어떤 의미를 부여하는지는 보는 사람에 따라 달라질 것이다. 하지만 바벨탑을 쌓듯이 간결하고 엄숙한 형태로 아래에서부터 차곡차곡 쌓아 올라가던 권위가 끝에 달린 자유로운 형태 때문에 완전히 무너지는 것은 틀림없다.

이 의자가 기능주의적 디자인을 예견한 명작이라는 것을 다시 생각해보면 멘디니가 이 의자에 은유한 바가 무엇인지는 대략 짐작할 수 있다. 숭고하고 엄밀한 기능주의적 형태를 맨 꼭대기에서부터 흔들어놓은 것이다. 건조하고 긴장된 이미지를 가진 원작과는 다르게 멘디니의 이 리디자인은 조형요소를 살짝 덧붙여 부드러우면서도 유머러스한 의자로 탈바꿈시켰다. 멘디니는 리디자인에 대해 다음과 같이 설명한 바 있다.

> "완전히 독창적인 것은 존재하지 않는다.
> 새로운 형의 개발은 이미 여러 가지 장식 · 모델 · 표면 분야에서 이루어지고 있다.
> 디자인은 이제 리디자인이다. 디자인을 한다는 것은 장식하는 것과 같다."

페터 바이스에 의하면 멘디니는 이미 익숙한 대상에 장식적 형태를 조합하여, 장식이 장식에서 그치지 않고 새로운 의미를 만들어내는 모순적 장식을 구현했다. 그리고 그렇게 만들어진 디자인은 원래의 고전적인 디자인을 부활시키는 새로운 시각적 코드를 창조했다. 쉽게 말해서 멘디니는 원본 디자인이 가지고 있는 의미 위에 새

3.12

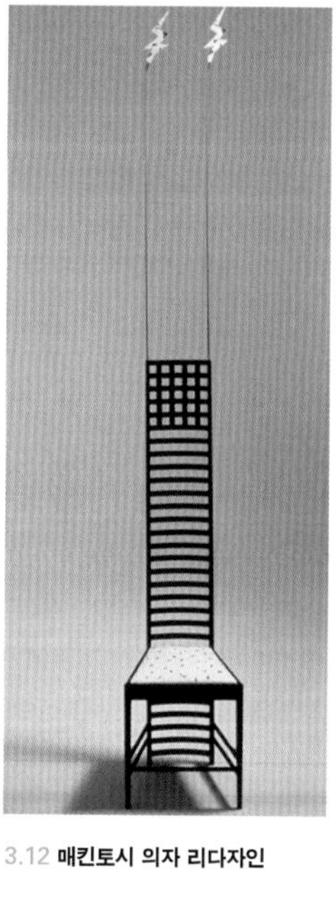

3.12 **매킨토시 의자 리디자인**

로운 의미의 조형을 결합해 자신이 원하는 의미의 새로운 디자인으로 거듭나게 만들었다. 원본 디자인을 인용한 것이지만 결과적으로 전혀 다른 디자인을 만든 것이다.

그의 리디자인이 세계적으로 주목받게 된 것은 이런 식으로 디자인 행위에 대한 고정관념을 근본적으로 바꾸어버렸기 때문이다. 이전의 디자인이 대체로 원재료를 기능주의적 목적에 따라 가공해 쓸모 있는 물건을 만드는 행위였다면, 멘디니의 리디자인은 이미 만들어진 디자인을 재료로 하여 원하는 '의미'를 만들어내는 행위로 디자인의 목적과 본질을 바꾸어버렸다. 그리고 멘디니의 이런 리디자인은 기업에 의해 대량생산된 물건이 얼마나 단조롭고 건조한지 간접적으로 비판하기도 한다. 기존의 물건에 약간의 의미만 더해주어도 디자인이 이렇게 재미있고 많은 의미로 활력을 갖게 되는데, 그동안의 제품은 기능성과 상업성만 추구하느라 이런 가치에 대해서는 전혀 생각하지 않았다는 것을 역으로 느끼게 해주었다.

1978년 리디자인 전시에서 멘디니가 보여주었던 것은 유명 디자인의 리디자인만이 아니었다. 그는 1940년대의 진부한 모양의 서랍장에 순수미술의 이미지, 특히 러시아 아방가르드나 칸딘스키 스타일의 그림을 넣어서 리디자인하기도 했다. 일부러 유행이 한참 지나고 진부해질 대로 진부해진 것을 고르다보니 아마도 1940년대 수납장을 선택하게 되지 않았나 싶다. 오래 되었고 익숙한 물건이라는 점에서 이 가구는 앞에서 살펴보았던 유명 디자인의 경우와는 완전히 다른 의미를 가진 물건이다. 이런 물건에다 칸딘스키풍의 색채와 구조를 가진 추상적인 이미지를 빈틈없이 그리고 덧붙였다. 수납장이 진부하고 익숙하다는 것 말고는 자체적으로 아무 의미도 없었기 때문에 멘디니는 이 백지 같은 수납장 위에 예술적 이미지를 마음껏 덧씌울 수 있었다. 그 결과 진부하고 익숙해 보였던 가구는 전혀 다른 의미와 시각적 이미지를 갖춘 물체로 탈바꿈했다. 즉 평범한 물체에서 예술적 가치를 지닌 물건으로 존재가치가 급상승하게 된 것이다.

일반적인 제품처럼 이 가구 위에 예쁜 장식만 그려넣었다면 어떻게 되었을까? 그저 많은 가구 가운데 괜찮은 가구 정도밖에는 되지 않았을 것이다. 예쁘지는 않더라도 예술적 의미를 가진 형태가 융합되면서 이 1940년대의 가구는 가구가 아닌 전혀 다른 존재가 되었다. 이것을 생각하면 이미지가 아니라 의미로 디자인하는 멘디니의 리디자인 개념을 좀더 쉽게 이해할 수 있다.

3.13

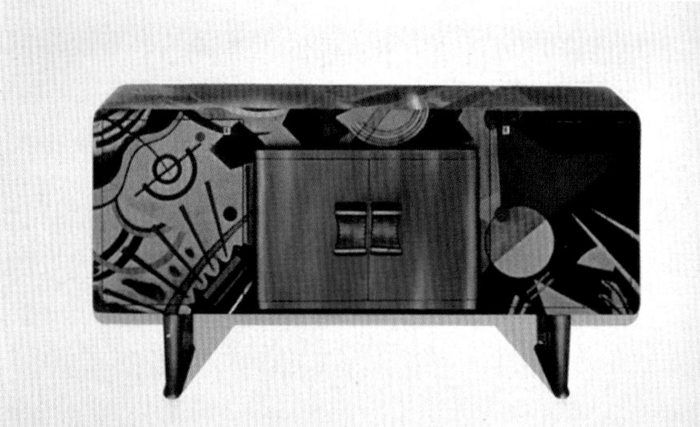

3.13 1940년대 수납장 리디자인

프루스트Proust 의자

알레산드로 멘디니의 리디자인 가운데 가장 유명하고 지금까지도 영향력을 행사하고 있는 디자인은 프루스트 의자다. 1978년 '리디자인'전의 가장 대표작이라고 할 수 있고, 멘디니의 실험적 디자인 가운데 가장 유명하고 성공한 디자인이기도 하다. 하지만 이 의자는 루이 15세 양식을 연상시키는 고전적 모양의 의자에다 폴 시냐크Paul Sinac의 점묘를 찍은 게 전부다.

멘디니는 르네상스 시대의 화가 지오토의 의자나 세잔의 테이블에 대해 생각하다가 1976년 프랑스의 문학가 프루스트의 문학작품에서 형태의 표면을 새롭게 창조하는 관점과 아이디어를 얻었다. 그는 마치 시인이나 소설가가 기존에 있던 단어를 조합해 새로운 내용을 써나가는 것처럼, 기존에 있던 디자인이나 추상적 형태를 조합해 새로운 의미를 갖는 디자인을 만들었다. 디자인을 마치 글 쓰듯이 한 것이다. 이런 방식으로 디자인의 본질뿐 아니라 디자인 방법까지도 파격적으로 바꾸었다. 어려서부터 많은 책을 읽고, 많은 글을 썼던 그의 풍부한 문학적 교양이 이런 창조적인 디자인 방법론을 가능하게 했다는 것을 추측하게 한다. 프루스트 의자에서는 아예 프랑스 문학가의 이름을 가져다 제목으로 쓰고 있어서 그의 문학적 교양이 디자인 철학에 얼마나 큰 영향을 미치는지 짐작하게 한다. 디자인 영역을 넘어서는 디자이너의 수준 높은 교양이 창조적인 디자인 이념을 만드는 데 결정적인 자산이 된다는 것을 알 수 있다.

원래 멘디니는 프루스트가 살았던 여러 지역을 수시로 방문할 정도로 그의 문학을 좋아한다고 한다. 그는 자연스럽게 프루스트 문학에 담긴 시각적 세계와 물질적 세계에 대해 많이 연구하게 되었다. 그러다가 1977년부터는 프루스트 문학을 자신의 디자인에 적극적으로 도입하려는 생각에 이르렀다. 특히 프루스트의 소설 〈잃어버린 시간을 찾아서〉에서 많은 영감을 얻어, 소설 속에서 사소한 감각을 깨우는 세밀한 언어가 서로 병치되면서 이들 언어들이 마치 모자이크처럼 통일된 이미지와 의미를 생성하는 것에 주목하고 그것을 디자인에 어떻게 적용할 것인지 고민했다.

마침 베로나 근처에 옛 가구를 똑같이 만들어주는 회사가 있었는데, 여기서 멘디니는 18세기풍의 앤티크 소파 하나를 구입했다. 그리고 이 소파에 수많은 색 점을 찍었다. 의자의 구조나 모양과는 상관없이 찍힌 색 점은 매우 초현실적인 시공감각을 만들었고, 이렇게 멘디니는 프루스트 소설 속의 언어방식을 자신의 디자인에 성공적으로 적용했다. 바로 프루스트 의자다.

그런데 회화에서 도입한 점묘기법은 고풍스런 소파의 형태와 어울려 대단한 반향을 일으켰다. 소파의 모양도 아름다웠고, 그 위에 칠해진 점묘의 어울림은 소파에서 고풍스러움을 지우고 상큼하고 세련된 현대성을 가져다주었다. 그렇게 해서 이 18세기풍의 의자는 앤티크 의자가 아니라 완전히 새로운 현대적인 디자인으로 재탄생했다. 그것도 매력적인 대상으로!

신기한 것은 1978년에 처음 선보인 프루스트 의자의 인상이 얼마나 깊었는지, 전시에서 끝나지 않고 지금까지 그 인기가 지속되고 있다는 것이다. 물론 계속 똑같은 모양의 의자만 만드는 것은 아니다. 의자에 칠해진 색깔이나 점의 모양 등을 여러 가지로 달리해서 다양한 이미지의 프루스트 의자를 만들고 있다. 시대가 변하더라도 유연하게 적응하고 있을 뿐만 아니라, 시간에 따라 달라지는 다양한 취향에 적절하게 대응하고 있다.

그뿐 아니라 의자의 모양은 그대로 둔 채 크기를 축소하거나, 금속이나 도자기 등의 재질을 사용해 다양한 소품으로도 만들고 있다. 그만큼 이 의자는 단지 하나의 의자로 그치는 것이 아니라 알레산드로 멘디니의 캐릭터와도 같은, 하나의 상징으로 자리잡고 있다는 것을 알 수 있다. 이 의자는 여전히 디자인이 끝나지 않은, 현재 진행형의 디자인인 것이다.

그러니 굳이 새로운 디자인을 만들려 하지 말고, 기성품에 약간의 손질을 더해 매력적인 디자인을 만들어야 한다는 멘디니의 리디자인 개념을 가장 성공적으로 실천하고 있는 디자인으로 꼽을 수 있겠다. 아울러 이 의자는 그의 실험적인 시도가 단지 실험이 아니라 현실적 디자인 논리로도 충분히 가능하다는 것을 입증하고 있다.

2005년에는 3미터 정도의 모뉴먼트로 만들어지기도 했다. 커다랗게 확대된 의자 모양에 색을 칠한 것이 아니라 유리로 모자이크했다. 평면이 아니라 휘어진 3차원 곡면에 유리로 모자이크한 것은 물론, 복잡한 장식이 들어가 있는 부분에까지 유리조각을 정교하게 맞추어 모자이크를 해낸 이탈리아 유리 장인의 솜씨가 돋보인다.

이처럼 70년대 말에 세상에 선보인 프루스트 의자는 수십 년이 지난 지금까지도 시간의 흐름 속에서 도태되지 않고 살아있는 클래식 디자인이 되었다.

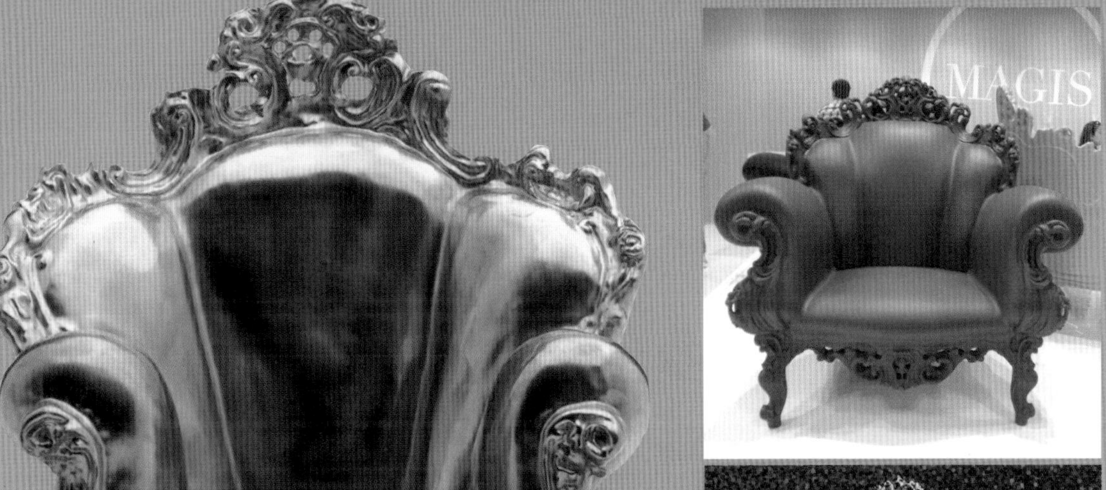

크기와 재료를 달리하여 만들어진 프루스트 의자와 소품

바우하우스 I, 칸딘스키 의자 *1979*

알키미아는 '리디자인' 전시 다음해에 '바우하우스'라는 주제로 연작 전시를 시작한다. 그 첫 전시가 바로 '바우하우스 I'이었다.

바우하우스는 제1차 세계대전 후 독일에 세워진 현대적 디자인학교였으며, 기능주의와 산업적 디자인의 틀을 만들었던 상징적인 학교다. 이 학교에서부터 비로소 기능주의 디자인 이념이 정리되었고, 개인의 창조성보다는 산업과 사회적 요구에 적합한 결과물을 만드는 일이 디자인이라는 생각이 일반화되었다. '바우하우스 I'은 그런 독일의 디자인학교 바우하우스를 페러디한 전시라 할 수 있다. 그리고 알키미아가 비판했던 기능주의는 궁극적으로 바우하우스로 대변되는 독일식 디자인이었다는 것을 간접적으로 보여주는 전시이기도 했다.

이 전시에서 빼놓을 수 없는 것이 바로 알레산드로 멘디니의 칸딘스키 의자다. 이 의자는 앞서 살펴본 프루스트 의자보다도 훨씬 더 '예술적인 형태'다. 순수미술이라고 해도 전혀 문제가 없을 정도로 예술적인 형태가 자유분방하게 조합되어 있고, 기능에 대한 배려는 찾아보기 힘든 실험적인 디자인이다.

다만 의자의 이미지는 칸딘스키가 직접 디자인했다고 해도 무어라 할 수 없을 정도로 칸딘스키적인 형태와 색채를 갖추고 있다. 깃발처럼 생긴 삐죽삐죽한 형태, 원색 중심의 색조화, 그리고 무엇보다 그런 다양한 모양과 색이 흥겨운 음악처럼 어울려 있는 구성은 칸딘스키의 회화를 그대로 소파에 옮겨놓은 것이다.

이런 접근은 앞선 전시에서 보여주었던 리디자인과는 좀 다른 실험이다. 기능주의에 대한 비판에서 시작한 점은 같지만 순수미술을 디자인에 적극적으로 적용하고자 했다는 점에서 분명 이전의 실험과는 다른 종류의 것이다. 순수미술과 디자인의 경계를 넘나드는 멘디니의 독특한 디자인 세계는 이 칸딘스키 의자에서부터 대중적으로 각인되기 시작했으며, 또한 세계적인 성공을 거둔다. 아마 이 의자를 통해 멘디니는 순수미술을 디자인에 도입하고 적용하는 실마리도 잡을 수 있었고, 그 결과에 대한 자신감도 가질 수 있었을 것이다.

하지만 이 칸딘스키 의자 안에 담긴 의도는 많이 삐딱하다. 수많은 화가 중에 하필 바우하우스 교수였던 작가의 스타일을 빌어다 전혀 기능적이지 않은 의자를 디자인한 것은 분명 바우하우스의 기능주의적이고 기계적인 디자인관을 은유적으로, 하지만 매우 강력하게 비판하려는 의도가 컸다고 할 수 있다.

하지만 굳이 그런 생각을 하지 않더라도 의자가 가진 독특한 매력은 대중에게 신선하고 강렬하게 다가갈 만하다. 내용적인 면에서는 분명 페러디였지만, 디자인에 순수미술을 적용하려고 했던 참신성과 예술적이면서도 고급스럽게 마무리된 조형

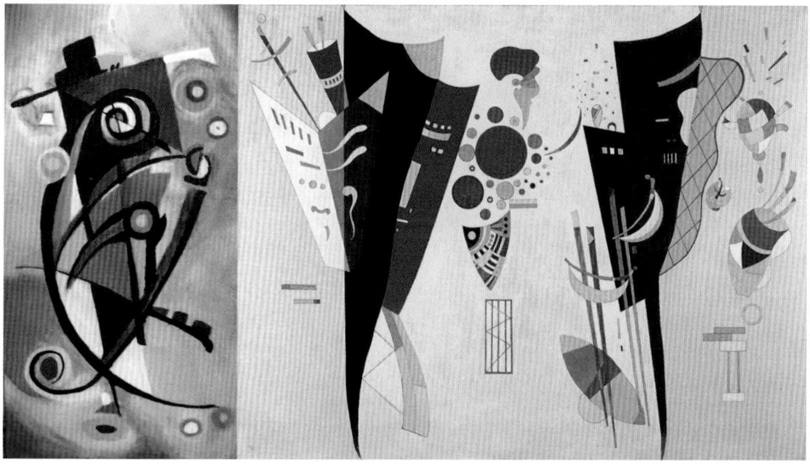

3.14 칸딘스키의 그림과
알레산드로 멘디니의 순수미술 같은
칸딘스키 의자

3.14

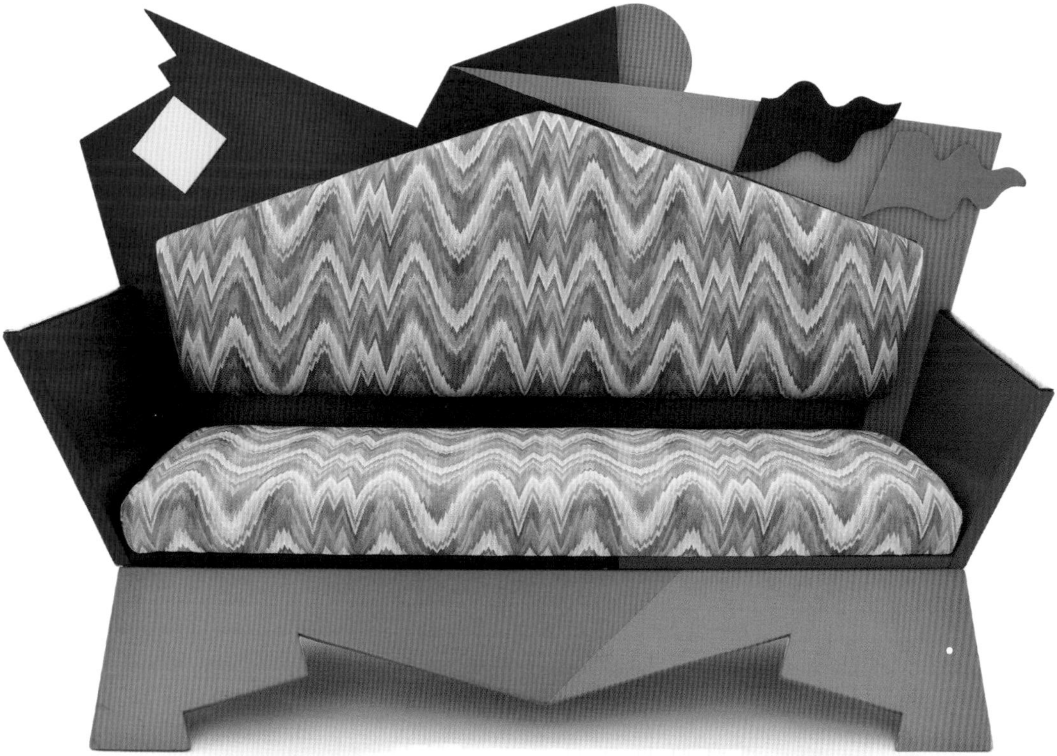

적 완성도는 이 디자인을 페러디로 느껴지지 않게 만들었다. 그 때문인지 이 의자는 프루스트 의자와 더불어 멘디니의 초기 디자인을 대표하는 작품으로 대접받고 있다.

이후로도 알키미아에서는 연속으로 '바우하우스 II'를 전시하면서 기존의 기능적이고 기술 중심적인 디자인에 대한 우아한 반항을 이어나갔다. 그리고 멘디니는 1981년 〈모도〉에 다음과 같은 글을 기고했다.

"고전적인 기계 · 제품 · 상거래 개념과 대량생산 주거에 바탕한
기존 산업 체계는 이제 사회적 · 문화적 · 기술적 관점에서 서서히 저물어가고 있다."

알키미아의 바우하우스 연작 전시 바탕에는 바로 이런 멘디니의 논리가 깔려 있던 것이다. 이런 실험적인 전시를 통해 멘디니를 비롯한 알키미아 그룹 회원은 기존의 디자인이 가지고 있던 문제점, 즉 기능성만 챙기고 상업적인 목적만 강조하며 대량생산에만 맞는 체계 등을 겨냥해, 예술적 외형과 내면에 가득한 의미 그리고 소량 생산되는 디자인을 내세우면서 여유롭고 과격하지 않게 공격했다. 하지만 디자인계의 반응은 뜨거웠다.

진부한 오브제*Banal Object 1980*

알레산드로 멘디니와 그가 속한 알키미아 그룹은 1980년에 파올라 나보네Paola Navone, 다니엘라 푸파Daniela Puppa, 프랑코 라기Franco Raggi 등과 함께 베니스 비엔날레에서 '진부한 오브제'라는 주제의 전시를 열었다. 일상생활에서 접하는 그저 그런 물체를 새롭게 재조명하고자 한 전시다.

이 전시에서 멘디니는 커피메이커나 진공청소기, 분무기, 조명등과 같이 일상생활에 이미 쓰이고 있는 비싸지 않은 물건에 색을 달리 칠한다든지, 몇 가지 장식적 요소를 더해 변화를 주었다. 금속성의 질감에 색이 들어가면서 익숙했던 커피메이커가 낯선 이미지로 바뀌기도 하고, 어떤 것은 흡사 외계인이 사용하는 물건처럼 보이기도 했다. 너무나 진부하고 일상적인 물건이기 때문에 그런 초현실적 의미가 더욱 잘 스며들었고, 대비효과도 극적으로 일어났다.

멘디니를 비롯한 알키미아 회원은 아무리 평범하기 그지없는 물건이라도 조금만 해석을 달리해주면 이렇게 환상적인 사물로 바뀐다는 것을 보여주면서, 사람들이 보지 못하고 있는 일상생활의 아름다움에 눈 뜨도록 독려한 것이다. 내용으로 볼 때는 앞선 리디자인 전시의 연장선상에 있는 전시다. 알키미아는 1980년대 들어서도 실험적인 전시를 계속했다.

3.15

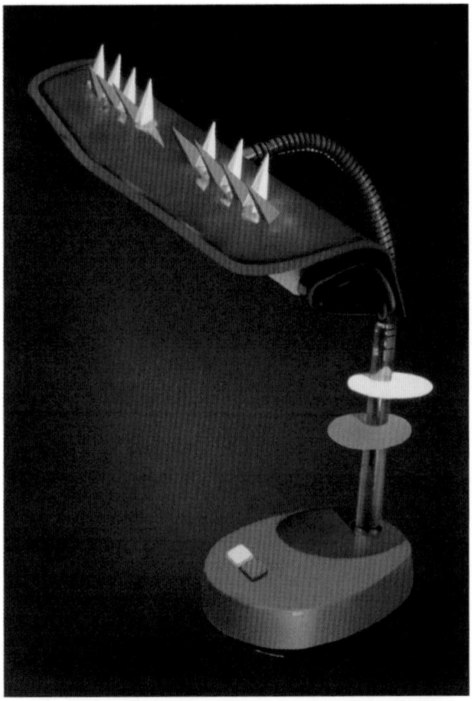

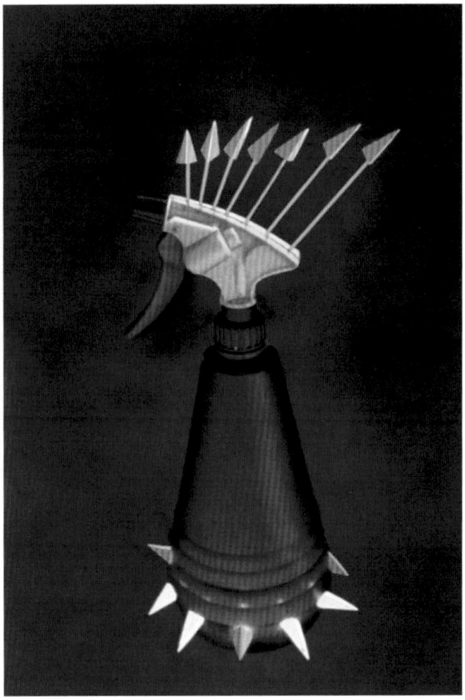

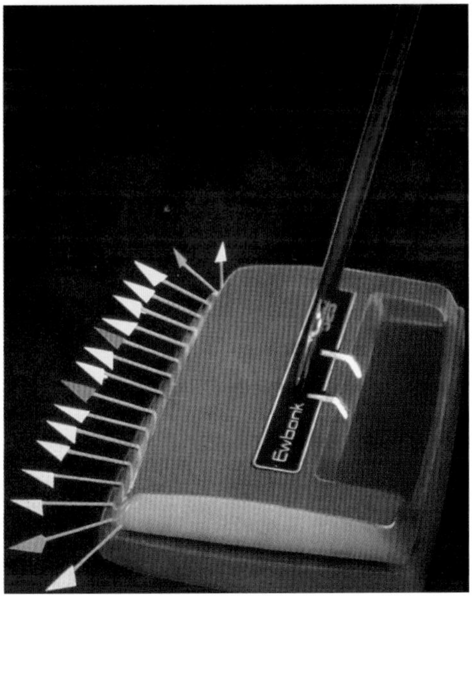

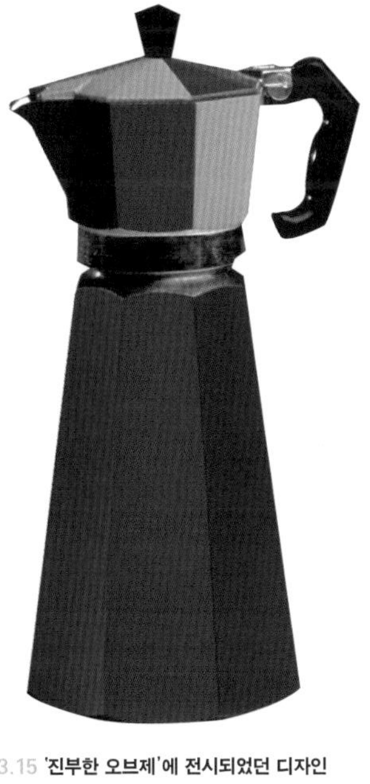

3.15 '진부한 오브제'에 전시되었던 디자인

실력 있는 디자이너와 솜씨 있는 업체와의 만남

세계적인 잡지의 편집장으로서, 실험적인 디자인을 이끄는 단체의 리더로서 알레산드로 멘디니의 활약은 한 사람의 능력을 넘어서는 수준이었다. 이런 그의 활동은 대체로 개인의 범주에서 이루어지는, 그래서 활동을 하면 할수록 자신의 존재감과 명성이 올라가는 일이지만, 개인의 범위를 넘어서는 사회적 공헌도 그 못지않게 이루었다. 사회적으로 가장 의미 있는 일 가운데 하나가 바로 세계적인 유망주 발굴이다.

〈카사벨라〉 편집장 시절부터 부지런히 세계를 돌아다니며 우수한 디자이너를 발굴해 잡지를 통해 그들을 세상에 알렸고, 동시에 이탈리아의 능력 있는 기업과 연계하여 우수한 디자인 제품을 만들도록 했다. 이런 과정을 통해 이탈리아 산업 발전의 토대를 마련하는 역할을 했다.

이탈리아의 기업은 제2차 세계대전 후까지도 여전히 수공업적 시스템만 가지고 있었고, 규모와 자본은 미약했다. 하지만 디자인에 대해서는 세계 어느 기업보다도 제대로 이해하고 있었으며, 어떠한 난해한 디자인이라도 만들어낼 수 있는 오랜 세월 축적된 경험과 기술이 있었다. 밀라노나 베니스 주변에는 작은 회사가 많았는데, 이들이 모이면 '르네상스 효과'라 부르는 큰 힘을 발휘할 수 있었다. 예를 들어 나무를 가공하는 업체가 많은 베니스에서 가구를 만드는 프로젝트가 있다고 하면, 앞다리 만드는 업체, 뒷다리 만드는 업체, 등판 만드는 업체가 각각 일을 나누어 완벽한 결과물을 만들어낸다고 한다.

3.16

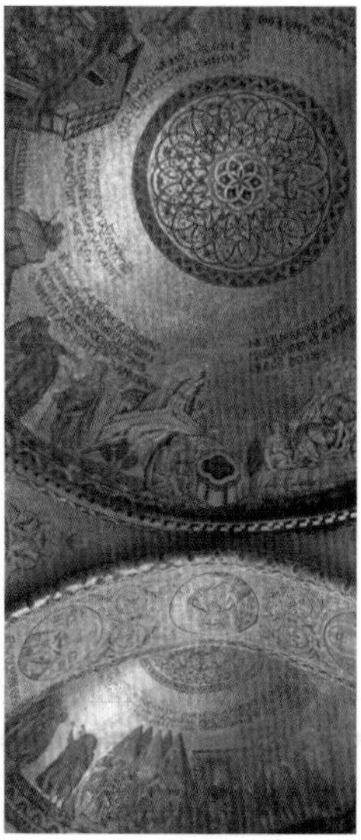

베니스를 대표하는 산마르코 성당에서는 한눈에 동방의 영향을 알 수 있는 황금색의 화려하고 정교한 타일 모자이크 장식을 볼 수 있다. 이미 5, 600년 전부터 베니스에는 이렇게 뛰어난 장식을 만들 수 있는 기술이 있었다. 그래서 베니스에는 예로부터 유리나 타일과 관련된 수공업이 발달했으며, 지금도 베니스나 그 주변 지역에는 타일산업체나 유리공예산업체가 많다. 멘디니와 많은 타일 모자이크 작업을 한 트렌드나 비사자와 같은 타일 메이커가 바로 그런 업체다. 이들은 베니스 부근에 있는 자그마한 소도시 비첸차Vicenza를 근거로 활동하던 수공업 기반의 업체였지만, 지금은 세계적인 기업으로 인정받고 있다.

특히 유리공예의 경우, 동방지역과 무역을 했던 베니스는 상품뿐 아니라 동방의 유리기술도 도입해서 일찌감치 유리공예가 발달했다. 기술 유출을 우려한 베니스 당국은 유리장인을 모두 베니스의 부속 섬인 무라노로 이주시키고, 거기서만 유리공예품을 생산하도록 했다. 그래서 조그마한 섬 무라노는 유리공예로는 세계 최고의 역량을 자랑하면서 지금까지도 전통적인 수공업 기술을 바탕으로 아름다운 유리제품을 만들고 있다.

현대에 들어오면서 무라노의 많은 유리공예업체가 산업화하면서 이탈리아 유리공예산업을 국제적 수준으로 높이고 있다. 그 과정에 멘디니 같은 유명한 디자이너가 참여해 이탈리아 유리공예산업이 성장하는 데 큰 힘을 보태주고 있다.

무라노 섬의 유리제품 메이커나 비첸차의 타일 메이커처럼 이탈리아에는 수공업을 바탕으로 형성된 업체가 대단히 많다. 따라서 이탈리아 국내 기업과 세계적인 디자이너를 잘만 연결한다면 독일이나 영국같이 산업화된 나라의 기업은 흉내내지 못하는 산업적 효과를 이룰 가능성이 컸다.

멘디니는 바로 이런 점에 일찌감치 주목했다. 본인이 디자이너로서 직접 기업과 디자인 작업을 하기 훨씬 이전부터 이탈리아의 소규모 기업과 아직 세상에 알려지지 않은 참신한 디자이너를 연결하여 뛰어난 산업적 효과를 이루고자 했다. 국제적인 영향력이 있는 잡지 편집장이었으니 신인을 발굴해 이슈로 만드는 것은 어렵지 않았다. 그래서 그는 직접 세계를 발로 뛰며 능력 있는 디자이너를 발굴했다.

그가 잡지 편집인으로 있으면서 발굴한 디자이너는 이탈리아에만 국한되지 않고 미국이나 프랑스, 독일 등 여러 나라에 포진해 있다. 가령 오스트리아 비엔나에서는 한스 홀라인Hans Hollein을, 미국 뉴욕에서는 리차드 마이어Richard Meier, 마이클 그레이

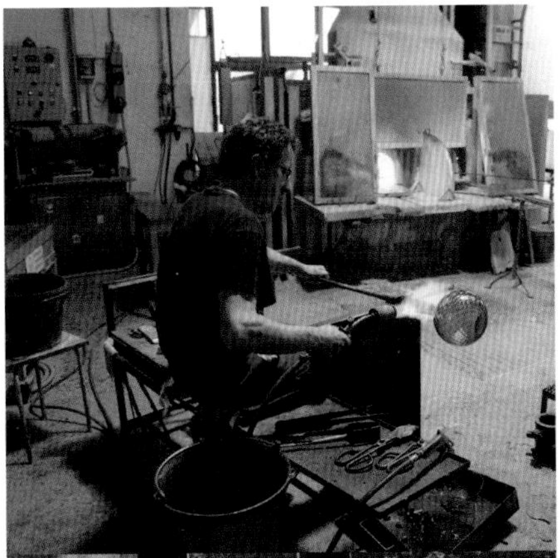

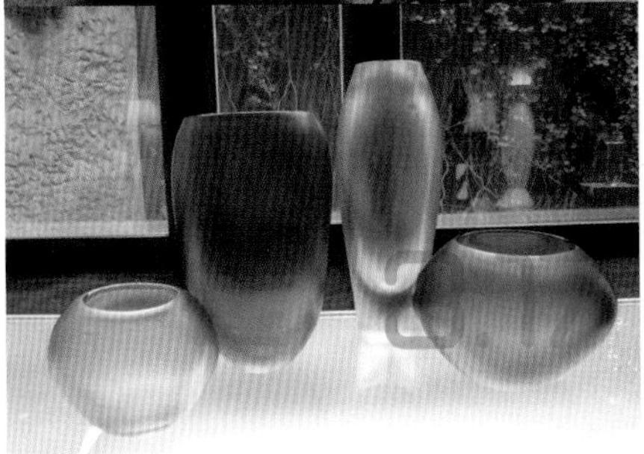

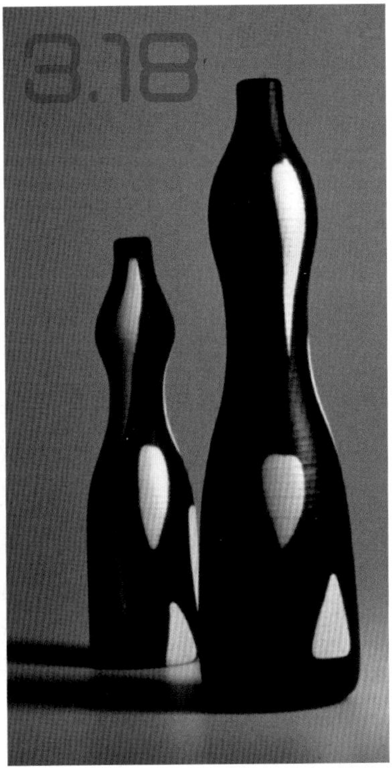

3.16 동방의 영향을 받은 베니스 산마르코 성당의 화려한 모습
3.17 전통적인 방식으로 유리제품을 만들고 있는 베니니와 베니니의 유리공예품
3.18 베니니를 위해 디자인한 알레산드로 멘디니의 작품

브스Michael Graves, 프랭크 게리Frank Gehry를, 영국에서는 자하 하디드Zaha Hadid, 론 아라드Ron Arad를, 프랑스에서는 필립 스탁Philippe Starck 같은 디자이너를 발굴했다. 멘디니의 회고에 의하면 자신이 발굴하기 위해 만났던 당시의 자하 하디드는 아가씨였고, 프랭크 게리는 수염난 아저씨였다고 한다. 이들 중에는 그 이전까지는 전혀 세상에 알려지지 않은 이도 있고, 어느 정도 알려지기 시작한 이도 있지만, 멘디니의 발굴로 잡지 표지를 장식하거나 기사화되면서 세계적인 명성을 얻게 됐다.

이렇게 해서 멘디니와 관계를 맺게 된 디자이너는 곧 이탈리아의 유명 회사와 연결되었다. 필립 스탁은 이탈리아의 유명한 가구회사 카시나와, 론 아라드 역시 유명 가구회사인 카르텔과 연결되어 좋은 관계를 이어나가게 된다.

이때도 멘디니는 이탈리아 기업과 디자이너가 단지 명함만 교환하게 한 것이 아니라, 이들의 뛰어난 역량이 기업 활동 위에서 마음껏 펼쳐질 수 있는 프로젝트를 기획하고 진행했다. 대표적인 것이 1983년 알레시의 '차와 커피의 광장' 즉, '티 앤 커피 피아자Tea & Coffee Piazza'라는 프로젝트다.

멘디니에 의해 발굴된 뛰어난 디자이너는 자신만의 강한 개성으로 이탈리아 기업에 뛰어난 디자인을 공급하였고, 이탈리아 기업은 그런 디자이너의 창의성을 완벽하게 실현시켰다. 그렇게 해서 만들어진 결과는 세계 어느 나라 기업도 만들 수 없는 것이었고, 당연히 세계의 주목을 받게 되었다. 이전까지 기능에만 신경 써서 만들어진 대량생산품과는 모양과 개념이 전혀 다른 결과물로 궁극적으로는 모두가 역사에 남을 만한 성과를 거둔 것이다. 디자이너는 세계적인 거장으로 성장했으며, 이탈리아의 여러 기업은 상업적으로 큰 이익을 얻었을 뿐 아니라 세계적인 명품명가로서의 신뢰와 명성을 보너스로 구가할 수 있었다. 여기서 끝이 아니다. 이런 복합적인 성과는 곧바로 '디자인 이탈리아'라는 이미지를 만들었고, 이탈리아는 명실상부한 디자인 세계 최강대국이 되었다. 바로 이 같은 변화의 배후에 알레산드로 멘디니의 숨은 노력이 있었던 것이다.

현명한 혁명가

알레산드로 멘디니는 잡지 편집장이 되면서 과격하고 반항적이고 전위적인 디자인 운동을 본격적으로 시작했다. 하지만 결국 그의 과격해 보였던 실험은 시간이 지나면서 새로운 시대를 여는 디자인으로 승화되었고, 상업주의만을 추구하는 디자인을 비판했지만, 아이러니하게도 자신의 파격적인 디자인관을 산업과 연계하여 이탈리아 산업 전체를 발전시켰다. 말하자면 그는 실험을 위한 실험만을 외치는 순진한 예술가가 아니었던 것이다. 그는 자신의 꿈을 현실과 연결시킬 수 있는 현명함을 가진 사람이었고, 그의 그런 현명함은 주변의 디자이너와 이탈리아 산업에 시너지 효과를 주었다. 말만 한 것이 아니라 현실을 바꾸었으니, 그는 진정한 혁명가라고 할 수 있겠다.

결과적으로 그는 이탈리아 산업과 디자인의 미래를 설계한 기획자이자 실행자였다. 그의 이런 현명함은 디자인에 대한 그의 윤리적 당위성에서 시작된 것이다. 디자인이 왜 단지 편협한 기능성과 상업성에만 국한되어야 하는가 하는 의문, 그리고 그래서는 안 된다는 그의 윤리적 믿음. 이런 믿음으로 그는 자신의 디자인관을 강력하게 밀고나갈 수 있었고, 또한 그의 이런 당위성은 당시 시대 상황에 대한 정확한 진단이었기 때문에 그의 여러 실험은 실험에 그치지 않고 새로운 가능성을 만들게 되었던 것이다. 이것이 70년대 이탈리아 디자인에 경쟁력을 가져다주었고, 80년대에 들어서부터는 그와 이탈리아 디자인계, 그리고 이탈리아 산업 전체가 세계적으로 부각되는 계기를 마련하게 된 것이다.

결과론일 수도 있겠지만, 만일 그가 디자인에 대한 당대의 선입견이나 권위에 굴복했다면, 또는 사회적 통념을 무작정 따라가기만 했다면 그와 이탈리아 디자인의 성공은 생각할 수 없었을 것이다.

그렇게 알레산드로 멘디니는 뛰어난 디자이너나 이론가에 머물지 않고, 다른 여러 디자이너와 사회 전체의 발전을 도모하는 존경받는 선각자로 자리잡게 되었다.

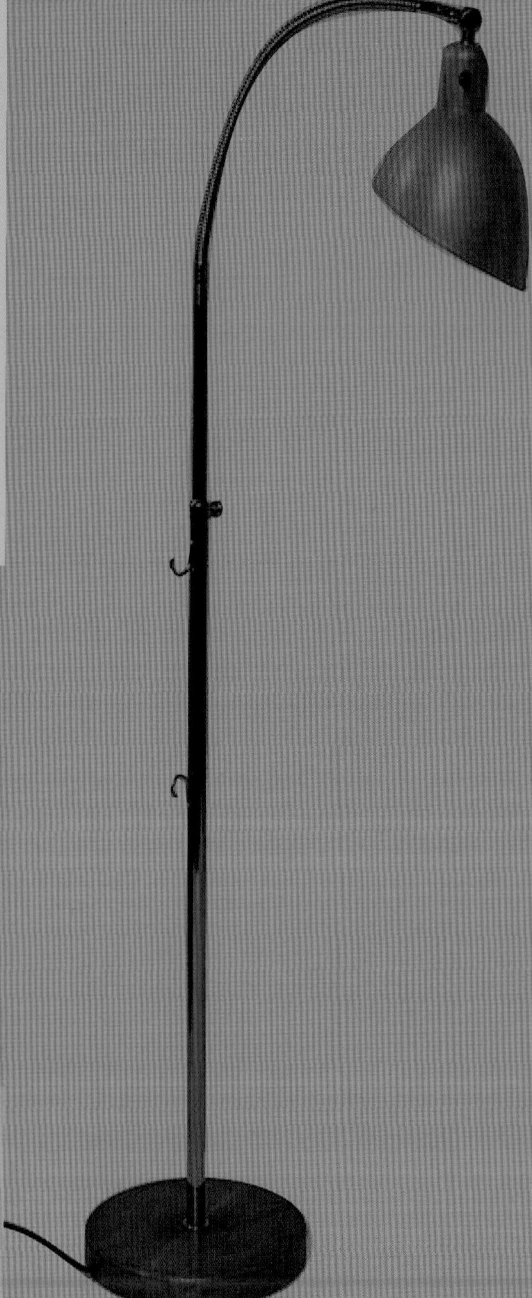

기능주의 디자인 vs 이탈리아 디자인

1970년대 세계 주류 디자인의 흐름은 미국을 중심으로 세계적인 영향력을 행사하던 모더니즘 디자인, 즉 기능과 상업성을 추구하던 디자인이 본래의 역동적인 힘과 순수함을 잃고 나락으로 떨어지고 있었다.

기능주의로 대변되는 모더니즘 디자인의 가장 큰 문제는 획일화, 즉 하나의 가치만 중요시해 다른 여러 가치를 폄하했기 때문이다. 독일에서 시작된 기능주의 디자인은 '형태는 기능을 따른다Form Fallow Function'는 슬로건을 앞세워 모든 것을 기술과 과학의 하부요소로 만들어버렸고, 그 결과 모든 디자인은 기능성이라는 하나의 가치만 떠받들게 되었다.

기술과 과학이 유용성을 제공해줄 수는 있지만 인간의 삶을 윤택하게 하는 아름다움이나 철학을 제공할 수는 없음에도 모던 디자인이라 불리는 흐름은 이런 문제를 완전히 무시했던 것이다. 기술이나 과학의 유용성과 효율성은 미학적 아름다움이나 철학적 사유와 균형을 이루어야 했지만, 제2차 세계대전 이후로 기술과 과학으로 완전히 기울었고, 그런 불균형에서 나타나는 문제점이 1960년대 말부터 서서히 불거지기 시작해 1970년대 말에 이르면 거친 비판에 직면하게 된 것이다. 알레산드로 멘디니는 기계적인 합리주의에 치중한 디자인에 대해 이렇게 비판했다.

> 일관된 디자인 솔루션은 죽음 같은 냄새가 나고,
> 과학적 솔루션은 사악하게 나온다.
> 일관성은 연역이며, 연역은 징역을 의미한다.
>
> *The "concistent" design solution smells like death,*
> *the scientific solution non turns out to be sinful.*
> *"Consistency" means deduction,*
> *and deduction means imprisonment.*

기능주의적인 바우하우스의 램프

일정한 입력에 일정한 출력이 나오는 기계적 디자인이 사실은 인간적인 측면을 파괴해왔다는 것을 잘 드러내준다. 지오 폰티는 기술이나 과학을 빙자한 디자인적 접근이 사실은 효율성이나 본질과는 아무 상관없는 대량생산체제와 수요에 입각한 것뿐임을 지적하며, 디자인에서 정말로 중요하게 챙겨야 할 점에 대해서 이렇게 말했다.

> 하나의 선은 공장에서 만들어져야 된다고 믿는 자들이 있다. 즉 기술적인 측면에서 고려되어야 하고, 대량생산을 할 수 있는 디자인이어야 한다는 것이다. 비록 대량생산이 그런 과정에 융통성이 있고, 모든 것의 대량생산이 실제로 가능하다고 할지라도, 대량생산은 수요에 그 기초를 둔다는 것을 명심해야 한다. (…) 대량생산은 수요에 따라 결정되지만, 그 생산품의 미적 가치를 수요의 규모나 공장과 관련지을 수는 없다. 공장에서 만들어내는 모델은 대부분 모양이 형편없다. 대량생산이 되고 있는, 혹은 대량생산이 예상되는 모형은 미학적으로 다듬어진 정신이 있어야 성공한 것이다.

페터 바이스는 '문화와 예술이 기술에 의해 결정된다는 기술 결정론적 태도는 사람의 삶이 문화와 예술을 결정한다는 인류학적 결정론에 배치되는 것'이라면서 비판의 칼날을 휘둘렀다. 그는 인간의 기본적인 욕구와 좋은 삶에 대한 욕구가 기술과 예술의 기준과 시작점이 되어야 한다고 주장했다.

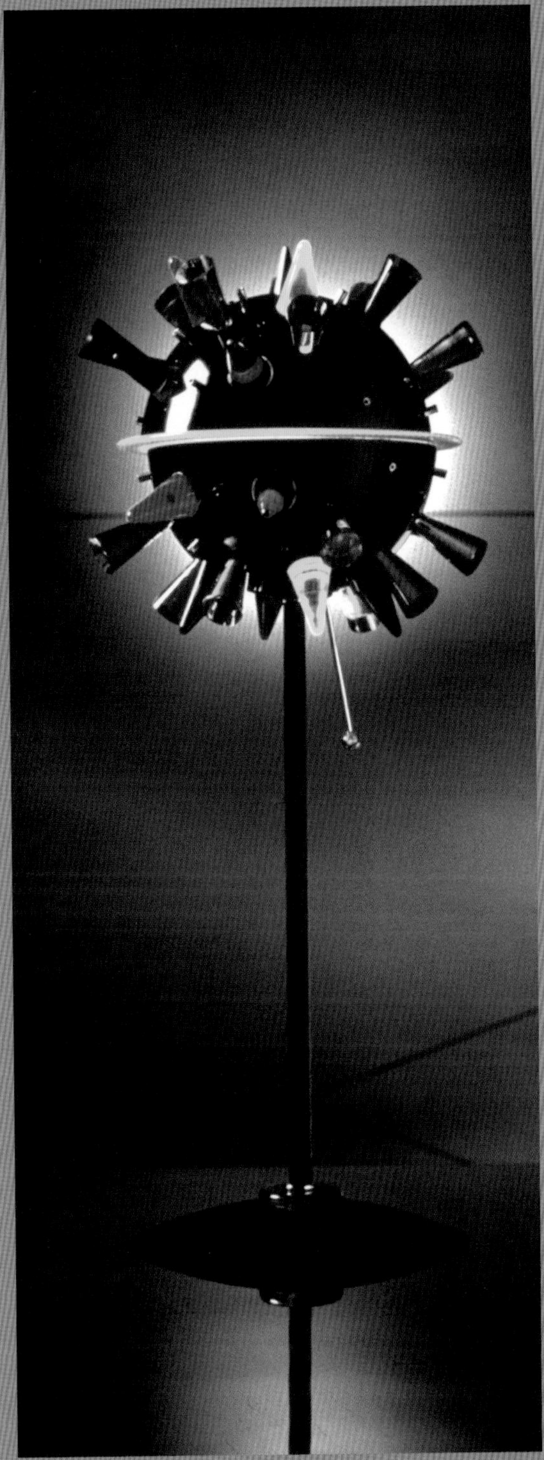

화려한 멘디니의 램프

이전의 장식적 디자인에 대한 반발의 의미가 강했던 바우하우스의 단순한 디자인

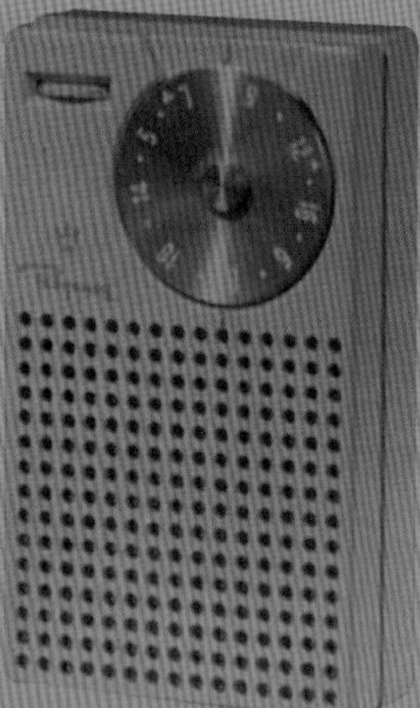

기능성이라는 가치는 디자인에 생산비 절감이나 생존을 요구할 때만 선택할 수 있는 가치이지, 평가잣대가 다양하게 변하게 되면 언제라도 폐기될 수 있는 기준이다.

그런 점에서 본다면 기능주의적 디자인에 대한 비판이 시작되었던 1960년대 후반부터는 기능주의를 주장하는 것 자체가 시대에 맞지 않는 일이 되어버렸다. 페터 바이스는 오늘날 기능주의는 더 이상 유효하지 않기 때문에 미학적 관점에서는 '키치'라 할 수 있다면서, 초창기의 기능주의와 현재의 기능주의를 구별했다. 그러면서 바우하우스 시절에 요구되었던 것은 대량생산이었지만, 실제로 바우하우스에서는 대량생산이 실행된 적이 없었다는 것을 명심해야 한다고 말하기도 했다. 그리고 바우하우스의 간결하고 기능주의적인 디자인도 사실은 이전 디자인이 가지고 있던 양식적 허세에 대응하는 차원에서 지향했던 것이지, 경제적 · 기술적 요구에 대응해 만들어진 것은 아니었다고 정확히 지적한다.

사실 우리는 기능주의의 원조를 바우하우스에서 찾고, 과학과 기술을 전면에 내세운 디자인의 전형이 바우하우스에서 최초로 만들어졌다고 생각한다. 바우하우스의 디자인에서 볼 수 있는 간결한 형태와 경제적인 재료 사용 등이 기능적인 문제를 해결하는 데 총력을 기울이는 것처럼 보이기 때문이다. 하지만 바우하우스의 디자인이 간결한 형태를 취한 것은 기능주의적 태도 때문만은 아니었다. 사실 바우하우스를 비롯한 현대건축디자인이 간결함을 지향한 가장 큰 이유는 계급적 허세와 착취를 위해서 과장된 장식으로 일관했던 서양 고전건축에 대한 반발 때문이었다. 기능만을 생각하는 간결한 형태는 장식으로 가득 찼던 신고전주의적 건축물과 디자인에 대한 준엄한 비판이었으며, 평등주의를 실현하려는 의욕으로 충만한, 도덕적으로 숭고한 스타일이었다. 결코 대량생산이나 경제적 이유만을 위한 결과물이 아니었던 것이다. 초기의 기능주의 디자인, 즉 고전적 기능주의 디자인은 미학적 관점에서 야심에 찬 창조적 에너지가 넘쳤으며, 생산비 절감의 수단으로 기술적 · 경제적 중요성을 강조했다. 이때의 기술과 경제는 모두 평등한 대중을 지향하고 있었다.

하지만 모던한 스타일에 담겨있던 서릿발 같은 정신은 결국 시간이 흐르면서 생산단가절감과 소비촉진을 최고로 여기는 기계적 기능주의와 상업주의에 굴복했고, 오히려 인간의 주체적 심미감과 개별적인 삶의 다양함을 삼켜버리는 괴물로 변해버렸던 것이다. 그런 점에서 건강했던 초기의 기능주의와 70년대 기능주의를 구별해서 살펴볼 필요가 있으며, 이때의 기능주의적 디자인은 키치적 기능주의라는 비판의 대상이 된 것이다.

그런데 멘디니는 건축의 모던함이 종말을 고하게 된 이유를 세 가지로 정리하면서 기능주의 디자인 자체에 이미 근본적인 문제가 있었다고 지적한다.

먼저 그는 기능으로 형태가 대체될 수 없기 때문에 아무리 시간이 지난다고 해도 기능은 창조 원리로서 작용하기 역부족이라고 했다. 기능주의 디자인은 '형태는 기능을 따른다'라는 믿음을 가지고 있었다. 어느 시대, 어느 공간에서도 보편적으로 받아들여질 수 있는 본질

적인 형태가 있다는, 말하자면 수학문제의 답처럼 똑 떨어지는 디자인이 있다는 전제를 가지고 있었던 것이다. 하지만 같은 기능을 충족시키면서도 형태는 수만 가지로 다르게 만들어질 수 있다. 그러니 기능이 형태를 규정하기는 어려울 뿐더러 서로 독립적인 원리로 운용된다. 그런 점에서 기능성이 창조성 원리로 부적합하다는 멘디니의 말은, 형태가 기능을 따른다는 믿음이 그동안 형태의 자율성을 얼마나 심하게 눌러왔는지를 간접적으로 비판하는 것이라고 할 수 있다.

또 하나의 이유로 멘디니는 디자인 형태에 대한 사람들의 심미적 욕구를 들었다. 기능에 대한 욕구 못지않게 사람들은 디자인의 형태에 대해서 많은 것을 원한다는 것이다. 기능만을 앞세워서 그런 보편적 욕구를 더 이상 누를 수 없기 때문에 기능주의 디자인은 한계에 직면할 수밖에 없다는 것이다.

그리고 디자인에 담기는 맥락성은 기술이나 과학에 의해 대체될 수 없다는 점도 지적했다. 하나의 디자인은 단지 기능을 수행하는 물건을 넘어서서 역사적인 의미나 역할, 그리고 그 외의 여러 가치가 중층적으로 담기게 되는데, 이것은 과학이나 기술에 의해 해결될 수 없다는 것이다.

그렇기 때문에 멘디니는 과학이나 기술, 기능과 같은 가치에만 입각하여 디자인을 해결하려는 것은 과도한 독점을 발생시키며, 결과적으로는 한계에 직면할 수밖에 없다고 지적했다.

1980년대에 접어들면서 기능주의적 디자인은 이미 그 한계가 명확해졌고, 키치 기능주의를 비판하는 목소리가 대단히 논리정연하고 급진적으로 이루어졌다. 그리고 기능주의적 디자인에 대한 새로운 대안이 점차 세계적으로 확산되기 시작했다. 이때 새로운 대안으로 급부상한 것이 바로 이탈리아의 디자인이다.

언제나 삶 속에서 풍성한 감수성과 예술적 가치를 실현해왔던 이탈리아 사람들의 문화적 전통을 생각해보면 기능주의 디자인에 대해 왜 이탈리아가 유독 민감하게 반대했는지 쉽게 알 수 있다. 기능만을 내세우는 독일식 기능주의 디자인은 자유와 예술을 추구하는 이탈리아 사람들에게 생리적으로 너무 맞지 않았던 것이다.

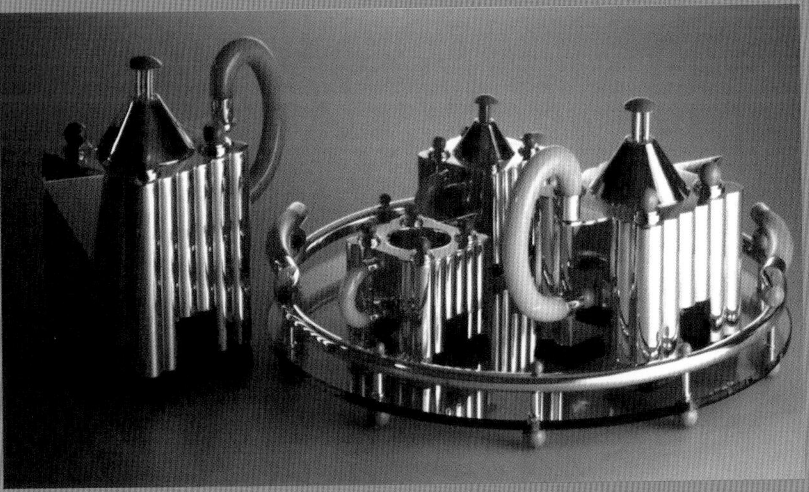

마이클 그레이브스의 '티 앤 커피 피아자' 프로젝트 결과

4

이탈리아
디자인과
멘디니

이탈리아 디자인의 급격한 부상과 알레산드로 멘디니

1980년대에 들어서면서 이탈리아 디자인은 급부상이라는 말이 적합할 정도로 세계 디자인의 중심에 오른다. 그 촉발제가 되었던 것은 알키미아나 멤피스Memphys와 같은 디자인 그룹의 활동이었다. 1960년대 말이나 1970년대 초부터 시작되었던 이탈리아의 디자인 실험이 1980년대에 이르면 이미 어느 정도 성과를 이루게 되고, 기능주의 디자인의 퇴조에 따른 공백을 대신하는 위치에 올라선다. 80년대 들어서 이탈리아가 급부상하게 되었던 것은 결코 우연이 아니었다. 사실 이탈리아 디자인의 아방가르드한 행보가 처음에는 좀 과격하고 실험을 위한 실험처럼 보이는 부분도 많았다. 1970년대 중반까지 알레산드로 멘디니의 디자인 실험만 해도 그랬다.

투명한 플라스틱판을 붙여 의자를 만들어놓고 그 안에다 흙을 넣은 1972년의 실험작 세디아 테라Sedia Terra나 라수Lassu의자를 불태웠던 1975년의 퍼포먼스, 1975년 짚으로 만들었던 파글리아Paglia 소파 등은 의미 있는 접근이기는 했지만, 디자인 현실이나 주류 디자인에 큰 영향을 줄 정도는 아니었다. 비판적 태도나 재료를 활용하는 방법, 퍼포먼스 등의 형식은 오히려 순수미술에 가까웠다. 하지만 1975년 이후부터, 정확히 말하면 알키미아 창립 이후부터 멘디니의 실험은 새로운 디자인에 대한 구체적인 가능성을 열기 시작했다. 그 증거가 바로 프루스트 의자와 칸딘스키 의자, 혹은 '리디자인'전 등이다. 이들은 모두 일회성 실험에 그치거나 비판을 위한 비판에 머물지 않고, 향후 멘디니의 디자인 세계를 형성하는 실마리가 되었다. 동시에 그의 이런 실험은 세계적인 주목을 끌면서 시대의 흐름을 이끄는 위치에 올랐다. 멘디니만 그런 것이 아니었다. 다른 이탈리아 디자이너들의 행보도 비슷한 과정을 걸었다. 처음에는 디자인이라고 말하기도 어려울 정도로 황당하고 파격적인 디자인이었지만, 이탈리아 디자이너의 혁신적인 실험은 시간이 지날수록 영향력이 커졌고, 80년대에 들어오면서부터는 세계 디자인의 흐름을 바꾸었다.

끊임없이 비판하고 새로운 대안을 실험하던 이탈리아 디자이너들은 그들의 생각이 받아들여지는 적절한 시기를 만나 꽃을 피우게 되었고, 나아가 세계 디자인의 흐름을 주도하게 되었던 것이다. 이 중심에 바로 알레산드로 멘디니가 있었다.

멘디니는 이렇게 역동적으로 변하는 국내 상황과 국제 상황을 겪으며 드라마틱한 1980년대로 진입하고 있었다. 구체적으로 말하자면 1970년대의 실험적인 행보와는 다른 길을 걸어야 하는 시대로 들어서고 있었던 것이다.

우선 개인적으로 그동안 해왔던 디자인 실험과 여러 전시를 통해 자신의 디자인관을 명확하게 정리하는 단계에 이르렀다. 그가 디자이너로서 활동하는 데 필요한 자기만의 디자인 논리와 앞으로 전개해나갈 자신의 디자인 세계에 대한 실마리를 이즈음에 확실하게 잡은 것 같다.

아울러 이탈리아 디자인에 대한 인지도가 급부상하고 자신이 기획한 여러 전시가 성공적으로 세상에 알려지면서, 그는 자연스럽게 세계 디자인의 중심인물로 부상했다. 비판만 하고 있거나 실험만 하고 있을 수만은 없는 위치에 올라서게 된 것이다. 이제는 세계 디자인을 책임 있게 이끌어가야 하는 입장에 놓이게 되었고, 자신의 디자인 이념을 구체적으로 현실화해야 하는 과제에 직면하게 된 것이다.

물론 하고 있던 실험적인 디자인이나 편집장 업무에 큰 변화가 있던 것은 아니지만, 80년대부터 그는 구체적이고 현실적인 디자인 프로젝트에 대한 요청은 물론 기업을 위한 자문도 많이 받으면서 실험적인 디자인을 진행하더라도 산업과 연계시키는 경우가 점점 늘어갔다. 70년대까지가 준비단계였다면, 80년대부터는 자신이 생각했던 디자인을 정말 드라마틱하게 표출하는 단계였다. 그리고 무엇보다 디자이너 알레산드로 멘디니가 탄생하는 순간이 다가오고 있다.

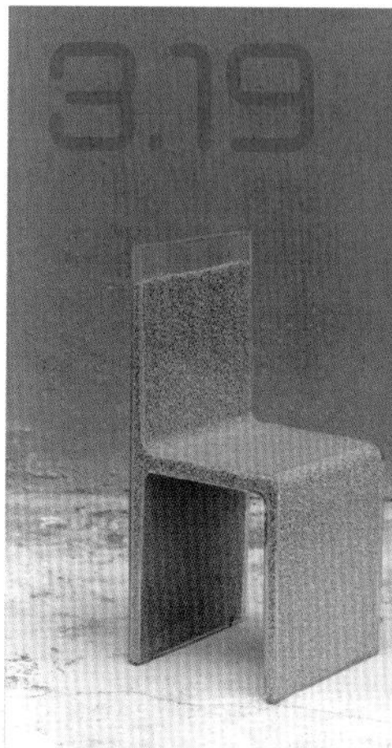

3.19 알레산드로 멘디니의 초기 디자인 실험

세계를 매혹시킨 이탈리아 디자인

1980년대에 들어서면서 알레산드로 멘디니뿐 아니라 에토레 소트사스, 안드레아 브란치, 미켈레 데 루키Michele De Lucchi, 가에타노 페세Gaetano Pesce 등 다른 이탈리아 디자이너 역시 세계 디자인의 중심에서 활약하기 시작했다. 이들은 미켈란젤로와 레오나르도 다빈치, 라파엘 등이 피렌체를 중심으로 르네상스시대를 만들었던 것처럼 밀라노를 중심으로 새로운 디자인 문화를 만들기 시작했다. 80년대를 전후로 이들의 활동은 '실험'에서 '실전'으로 옮겨갔다.

이탈리아의 산업디자인이나 건축 분야에만 그런 움직임이 있었던 것은 아니다. 자동차나 패션 등 이탈리아의 다른 디자인 분야에서도 유사한 움직임이 일어났다. 마치 약속이나 한 듯 이탈리아 디자인의 각 분야에서는 혁신적인 디자인이 나타나기 시작했고, 세계적인 센세이션을 불러일으켰다.

이때 나온 이탈리아의 혁신적인 디자인은 공통적으로 화사한 색깔이 두드러졌고, 심각하기보다는 여유롭고 유머러스한 분위기를 가지고 있었다. 어떤 디자인이든 이탈리아적 색채가 매우 강했으며, 그런 스타일을 통해 이탈리아 디자인은 세계 디자인계에 새로운 변화를 불러일으키고 있었다.

이탈리아 자동차 디자인은 이미 제2차 세계대전 이전부터 유명했다. 하지만 제2차 세계대전 후부터는 누치오 베르토네Nuccio Bertone, 세르지오 피닌파리나Sergio Pininfarina, 그리고 조르제토 주지아로Giorgetto Giugiaro와 같이 뛰어난 자동차 디자이너가 활약하면서 이탈리아 자동차 산업도 크게 도약한다.

이들은 이탈리아뿐 아니라 세계 자동차브랜드와 자동차디자인을 진행하면서 많은 명작을 내놓았다. 그런데 이들이 선보였던 자동차는 다른 나라의 자동차와 많이 달랐다. 사람이 타고 다니는 기계 덩어리 같은 느낌보다는 로마나 르네상스 시대의 조각 같은 아름다움을 가지고 있었다. 비록 차가운 금속으로 만들어졌지만 그 금속 표피 밑으로는 탄탄한 근육질의 생동감이 우러나왔다. 그것은 차가운 대리석으로 만들어진 미켈란젤로의 조각에서 느껴지는 것과 아주 비슷하며, 금속의 차가운 단단함으로 무장한 독일의 자동차에서는 찾아보기 힘든 것이었다. 그래서 지오 폰티는 '피닌파리나의 선은 마땅히 이탈리아의 선으로서 인정받아야 한다'면서 자동차디자인에 담겨있는 이탈리아적 아름다움에 대해 극찬을 아끼지 않았다. 이런 아름다운 디자인을 내놓으면서 이탈리아 자동차디자이너들은 국제적인 명성을 얻었다. 그리고 피아트Fiat나 페라리Ferrari, 람보르기니Lamborghini 같은 이탈리아 자동차 메이커 역시 조각같이 아름다운 자동차를 만들면서 세계적인 명품 자동차브랜드로 성장했다.

이런 노력을 통해 이탈리아 자동차산업은 80년대에 들어와 세계 자동차디자인과 자동차 산업의 중심으로 급부상했고, 나아가 이탈리아 디자인의 위상을 한껏 높였다.

이탈리아의
아름다운 자동차 디자인

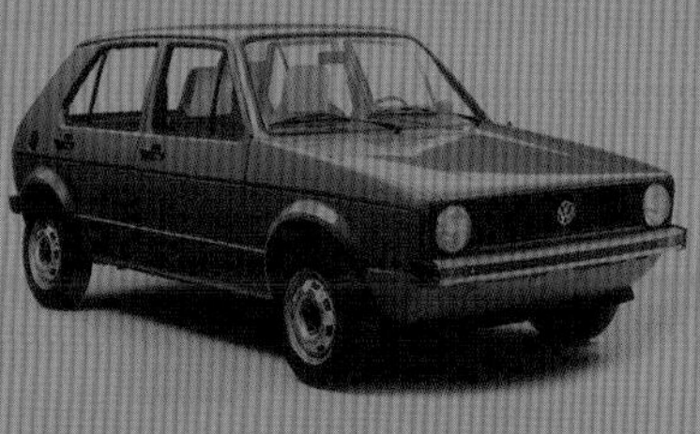

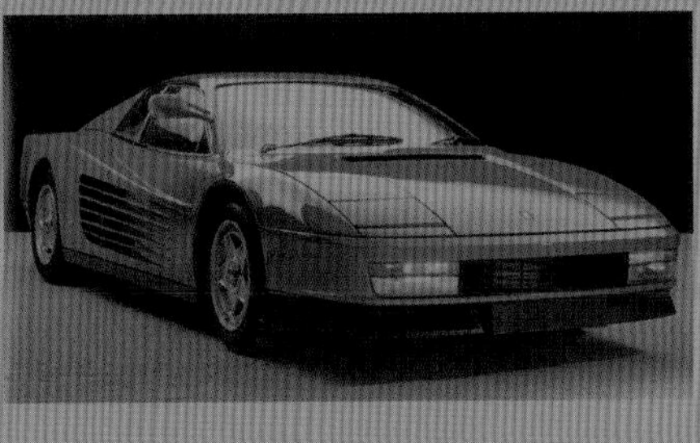

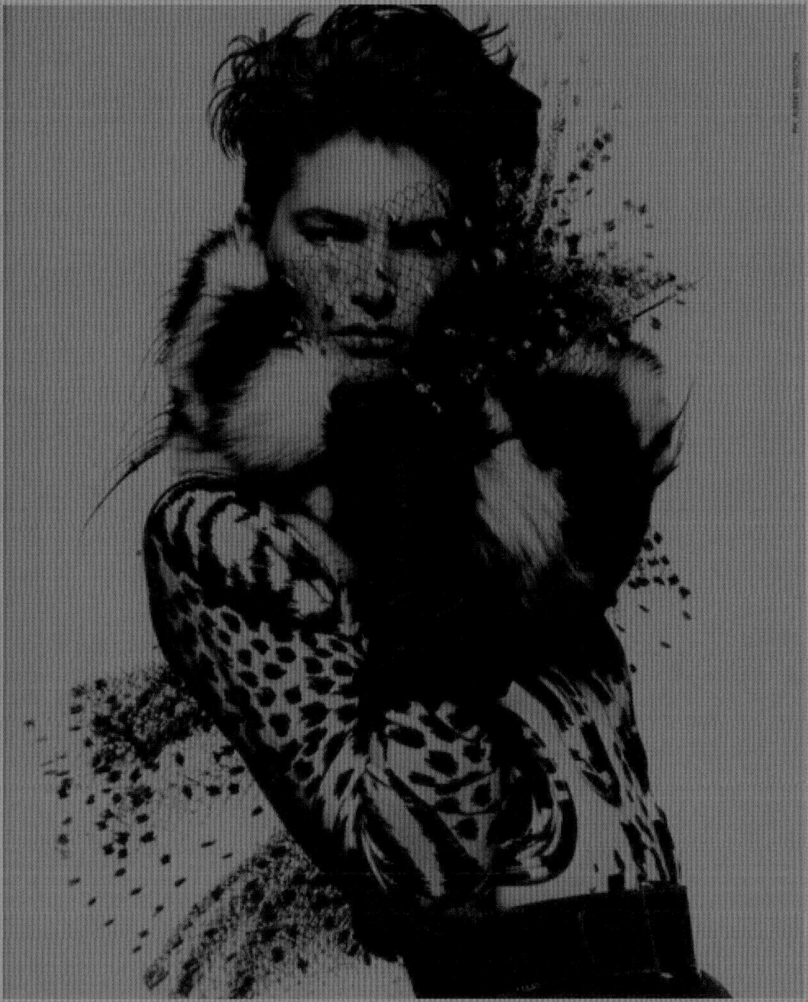

세계 정상의
이탈리아 패션디자인

한편 주로 프랑스 패션의 하청이었던 이탈리아 패션산업은 70년대 들어서부터는 독자적인 길을 모색했다. 특히 이탈리아적인 개성으로 무장한 패션디자이너들이 출현하면서부터 이런 움직임은 탄력을 받기 시작했다. 70년대 중반에 이르면 지안 프랑코 페레Gian Franco Ferre, 조르지오 아르마니Giorgio Armani, 지아니 베르사체Gianni Versace, 이른바 이탈리아의 3G라고 일컬어지는 패션디자이너가 나타나 세계적으로 두각을 드러냈다. 이들은 모두 이탈리아적 감수성을 현대화하면서 세계 패션디자인계에 강한 인상을 남겼다.

이들을 비롯해서 수많은 기라성 같은 디자이너가 활약을 펼쳤고, 그로 인해 이탈리아 패션은 프랑스 패션과 동급이 되었으며, 밀라노는 단박에 세계 패션의 중심지로 부상했다.

패션디자이너뿐 아니라 이탈리아 패션업체의 활약도 대단했다. 베네통Benetton도 그 중에 하나다.

'United colors of Benetton'이라는 슬로건처럼 베네통은 놀랄 만한 색으로 세계 패션산업에 센세이션을 일으켰다. 베네통의 옷이 가진 유머러스하면서도 경쾌한 색의 향연은 이전 패션에서는 보지 못했던 것이다. 베네통에서 생산되는 옷은 모두 베이직한 것들, 그렇게 비싸지 않은 일상적인 것이다. 하지만 다른 옷들이 주지 못한 베네통 옷의 즐거운 색은 단번에 사람들의 눈과 마음을 매료시켰고, 덕분에 베네통은 세계 패션시장의 중심으로 급부상했다.

베네통의 특징적인 화사한 색은 멘디니의 디자인에서 볼 수 있는 색과 유사한 점이 아주 많다. 밝은 노란색이나 밝은 파란색 등 밝은 원색을 많이 쓰는 것과 대비가 심한 색을 많이 쓰는 것, 무엇보다 즐겁고 명랑한 분위기의 천진난만한 색감은 거의 친척관계라고 할 수 있을 정도로 흡사하다. 그런데 이런 스타일은 멘디니뿐 아니라 그가 속한 알키미아 디자이너에게서도 나타나는 보편적인 특징이기도 하다. 그리고 패션에서도 이런 색감은 베네통에서만 볼 수 있는 것이 아니라, 미소니 · 프라다 · 에트로 등의 패션 브랜드에서도 화사하고 즐거운 색감을 앞세우고 있다.

이탈리아적 색채로 급부상한
대표적인 브랜드, 베네통

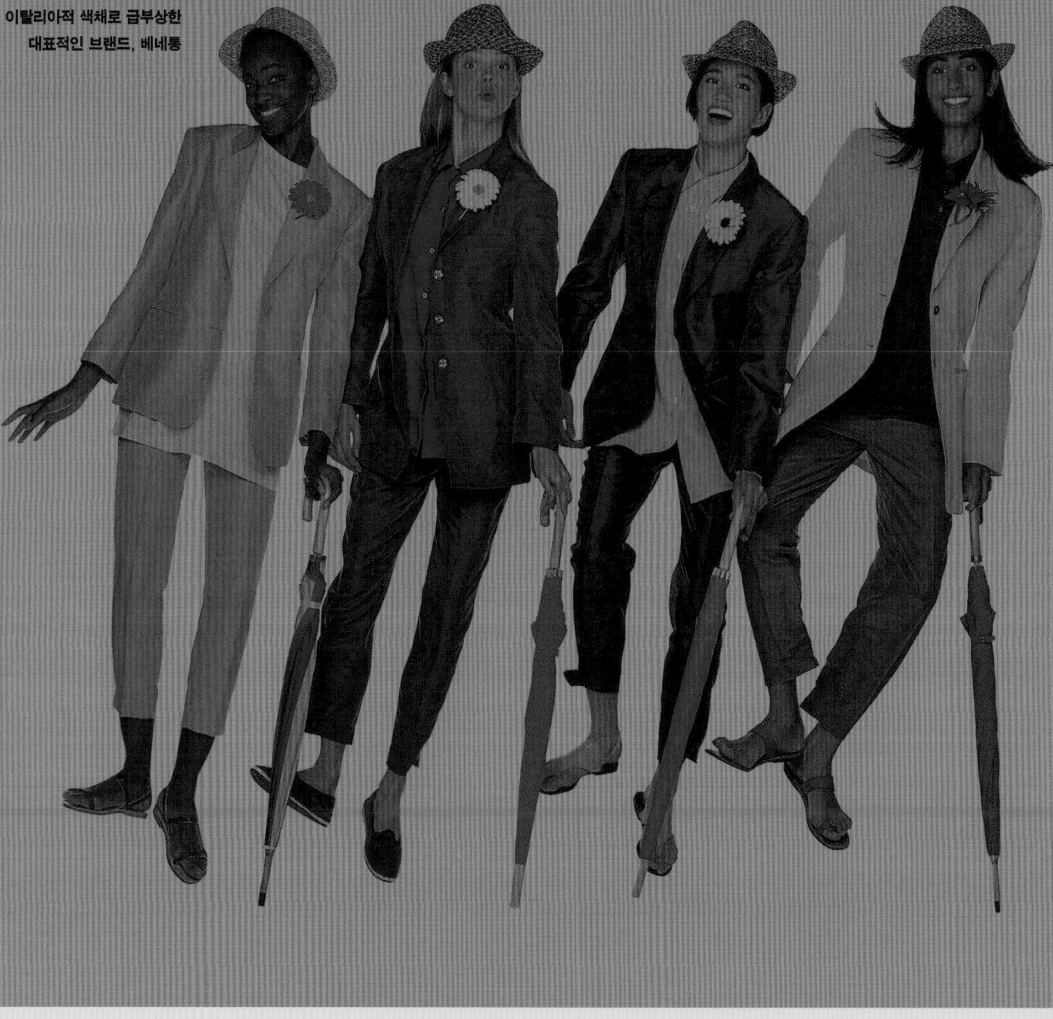

알키미아 & 멤피스

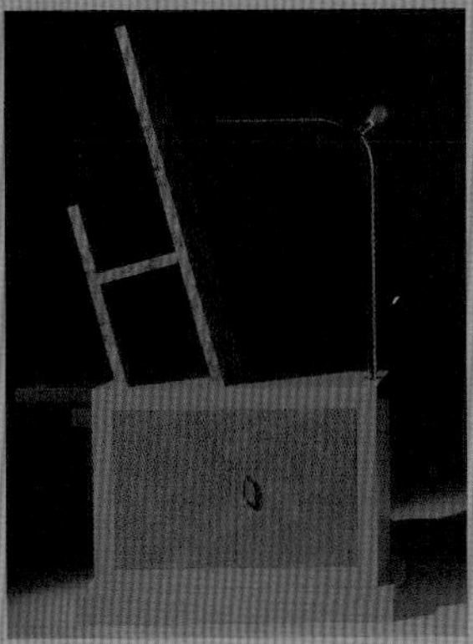

멤피스 전시에 출품한 에토레 소트사스의 장식장 디자인

이탈리아 디자인이 세계적으로 부각되는 과정에서 큰 역할을 했던 알키미아는 이때 내부적으로는 큰 변화를 겪었다. 바로 멤피스의 탄생. 멤피스는 알레산드로 멘디니와 함께 알키미아에서 활동하던 에토레 소트사스가 알키미아의 노선과 맞지 않아 새로 만든 또 다른 디자인 그룹이다.

알키미아는 대체로 이상적인 디자인관을 가지고 시적이면서도 실험적인 디자인을 추구하는 경향이었던 반면, 에토레 소트사스는 구체적인 디자인 현실에서 새로운 디자인 흐름을 관철시키려는 의지가 강했다. 그런 노선의 차이 때문에 에토레 소트사스는 알키미아를 나와 멤피스를 만들었다. 여기는 알도 치빅Aldo Cibic, 안드레아 브란치, 미켈레 데 루키, 마르코 자니니Marco Zanini 등 기라성 같은 디자이너가 함께했는데, 이들 중 상당수는 알키미아 멤버이기도 했다. 그리고 멤피스는 1981년 밀라노 가구박람회에서 자유분방하고 과격한 경향의 디자인 55점을 발표했다.

그 결과는 엄청났다. 이 전시를 통해 멤피스는 세계적인 주목을 끌게 되었고, 그 영향으로 포스트모던 디자인 운동이 국제적으로 활발하게 일어났다. 그리고 멤피스의 독특한 스타일은 그간 기능주의가 차지하고 있던 국제양식의 자리를 대신할 정도로 시대의 보편적 흐름이 되었다.

그렇다고 멤피스가 알키미아와는 완전히 다른 길을 걸었던 것은 아니다. 노선은 약간 달랐어도 멤피스의 디자인 이념이나 스타일은 알키미아와 거의 흡사했다. 무엇보다 멤피스와 알키미아는 멤버도 많이 겹쳤다. 어떻게 보면 이탈리아 디자인이라는 한 몸에 있는 두 개의 얼굴이라고 할 수도 있겠다. 그래서 이 두 그룹은 사이좋게 이탈리아 디자인의 전성기를 이끈다. 멤피스의 진취적 경향과 알키미아의 시적이고 이상적인 경향은 서로 보완적이었고, 이탈리아 디자인은 그런 탄탄한 기반 위에서 안정적으로 발전할 수 있었다.

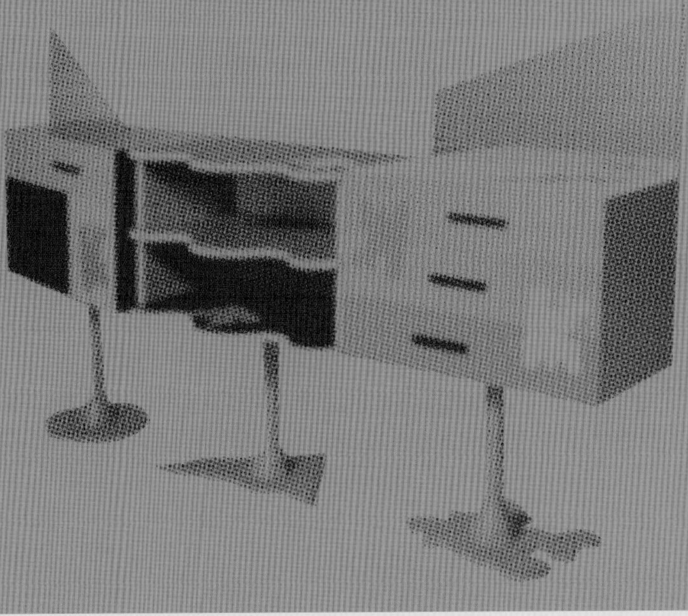

무한 가구Infinite Furniture, Mobile Infinito 1981

역사적으로 보면 1970년대와 80년대는 확연히 구분된다. 하지만 알레산드로 멘디니의 삶을 중심으로 생각하면 70년대 말과 80년대 초는 하나의 흐름으로 이어지는 시간이었다. 70년대 말 그가 알키미아 활동을 통해 시도했던 의미 있는 디자인 실험은 80년대 초에도 그대로 진행됐다. 1980년의 '진부한 오브제'전에 이어 멘디니는 1981년에 '무한 가구'라는 전시를 열었다. 이 전시는 30명의 디자이너, 건축가, 예술가에게 공동으로 가구디자인 작업을 진행하게 하여 어떤 결과가 만들어지는지 그 가능성을 실험해보는 것이었다. 참여한 공동 작업자들은 가구의 손잡이나 다리, 장식 등 각각의 부분을 나누어서 디자인하고, 완성된 부분을 조립하여 하나의 가구를 구성하였다.

알키미아 그룹의 명성 때문인지는 모르지만 이 전시에 참여한 사람들의 면면이 대단했다. 먼저 나무 등 친환경적인 재료의 가구 인테리어 파트는 지오 폰티, 루이지 베로네시Luigi Veronesi, 브루노 무나리Bruno Munari와 같은 당대 거장이 맡았다. 그리고 복합재료로 꾸며지는 가구의 외부Furniture's Exterior 파트는 엔조 쿠키Enzo Cucchi, 프란체스코 클레멘테Francesco Clemente, 산드로 키아Sandro Chia 같은 트랜스 아방가르드로 알려진 아티스트가 장식했다. 그리고 안드레아 브란치Andrea Branzi, 아킬레 카스티글리오니Achille Castiglioni, 가즈오 사토Kazuo Sato, 루이지 세라피니Luigi Serafini, 에토레 소트사스와 같은 기라성 같은 디자이너가 손잡이나 다리, 모서리 등 기타 부분을 디자인해 전체를 완성했다. 이렇게 해서 만들어진 스타일은 이후 1980년대 디자인의 표본이 됐다.

자신만의 고유한 이론과 표현 수단을 이용해 만들었기 때문에 기라성 같은 사람들이 참여했다고 해도 완성된 가구는 불완전하고 수정의 여지가 많았다.

하나의 가구라기보다는 오브제라고 하는 것이 더 적절한 모양이다. 이전의 리디자인에서 볼 수 있던 순수미술작품 같은 이미지를 그대로 이어받은 듯도 한데, 내용적으로는 좀더 발전된 결과를 가져다주었다. 멘디니는 이런 오브제 같은 가구를 '가구가 아닌 가구'라고 했으며, 동시에 '생각하게 하는 가구'라고 불렀다.

가구인데 가구가 아니라는 말은, 기표signifian와 기의signifie, 랑그Langue와 파롤Parole 등의 불일치와 관련된 현대 서양철학의 본질적 문제를 건드리고 있다. 하지만 멘디니에게 이 전시는 그런 형이상학적 문제보다는 일상적인 물건이 그 요소들의 서로 다른 결합으로 철학적으로 환상적으로 예술적으로 변할 수 있다는 큰 깨우침을 준다. 디자인에 예술을 어떻게 접목시킬지 모색해오던 멘디니에게 이 전시는 상당한 영감이 된 것이다.

3.20

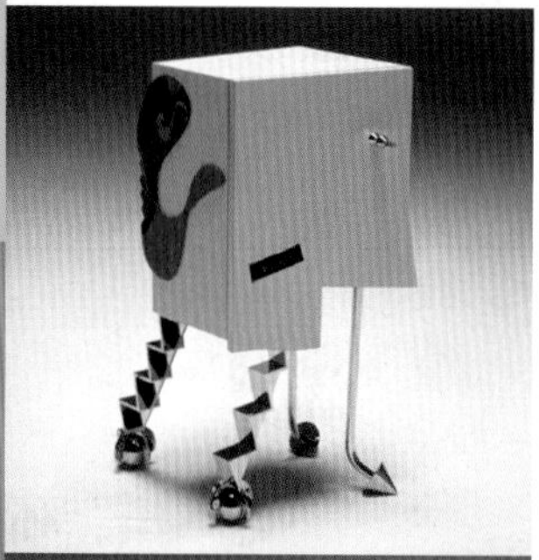
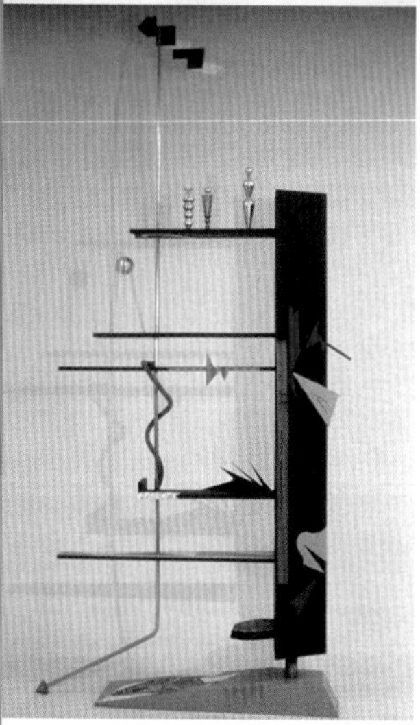

3.20 '무한 가구'의 알레산드로 멘디니 디자인

자노타를 위한 자브로 시리즈 *1984-1989*

알레산드로 멘디니는 이탈리아의 가구회사 자노타Zanotta 사와 자브로Zabro라는 이름의 가구와 소품 시리즈를 개발했다. 여기서 그는 그동안 실험해왔던 것들을 디자인에 많이 적용했다. 특히 1985년의 가구 디자인이 그랬다.

약간 오래된 듯도 하고, 기하학 구성작품 같은 모양의 가구에 현대미술을 연상케 하는 그림을 넣어서 독특한 존재감을 부여하는 방식은 1978년도의 '리디자인'과 1981년의 '무한 가구' 전시에서 선보였던 실험방식과 같은 것이다.

자신의 지적 실험을 현실 공간에 실현한다는 것은 참으로 어려운 문제다. 화랑이나 박람회같이 현실과 거리를 두고 있는 공간에서야 어떠한 실험이라도 통용되지만 현실 공간에서 그것을 관철시킨다는 것은 가슴 두근거리는 어려움이 있다. 멘디니는 그런 어려움을 정면으로 파고들었다. 자신의 실험을 현실에서 구현하고, 그러한 실험이 세상 사람들에게 어떻게 다가가는지를 확인하면서 멘디니는 자신의 디자인관을 더욱 발전시켰다.

이듬해 개발한 디자인에서는 지금의 멘디니 디자인 세계에 한층 더 다가간 모습을 보여줬다. 1년 만에 형태는 훨씬 더 단순해졌으며 색깔도 많이 정리되었다. 지금의 멘디니 디자인을 예견하는 듯한 드로잉과 색감을 가진 디자인이 나오고 있다는 점도 주목할 만하다. 그리고 오리 모양 같은 테이블에서는 형태에 의미를 부여해 디자인을 좀더 친근하고, 내용적으로 풍부하게 만들려는 시도가 엿보인다. 파격적인 실험이 아니라, 인간의 본질을 끌어안고 자신의 개성을 정리하는 디자인을 하고 있다는 것을 느낄 수 있다. 그의 디자인은 또다시 새로운 단계로 진화하고 있었던 것이다.

계속되는 디자인 실험

개인이나 사회, 세계의 여러 변화에도 불구하고 알레산드로 멘디니의 디자인 실험은 계속되었다.

1985년의 '쿠치나 네오 프리미티바Cuchina neo Primitiva' 전시에서는 좀더 원초적이고 파격적인 디자인 가구를 선보였다. 이전의 실험적 디자인에 비해서는 형태나 색에 대한 비중이 높은 실험이면서도 생활에 좀더 밀착되었다.

언뜻 보면 설치미술처럼 보이지만, 이해하기가 쉽지 않은 예술적 형상을 삶의 한 복판에다 버젓이 실현하고 있다는 것을 볼 수 있다. 멘디니는 항상 생활 자체가 예술이 되어야 한다는 믿음을 가지고 있는데, 이 전시에서는 그런 생각을 본격적으로 실험한 것이 아닌가 싶다.

한편 같은 해 베니스 비엔날레에서는 단순하면서도 재미있는 일러스트레이션으

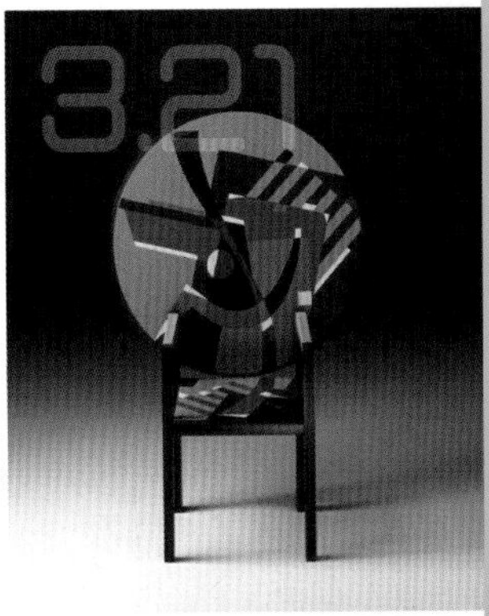

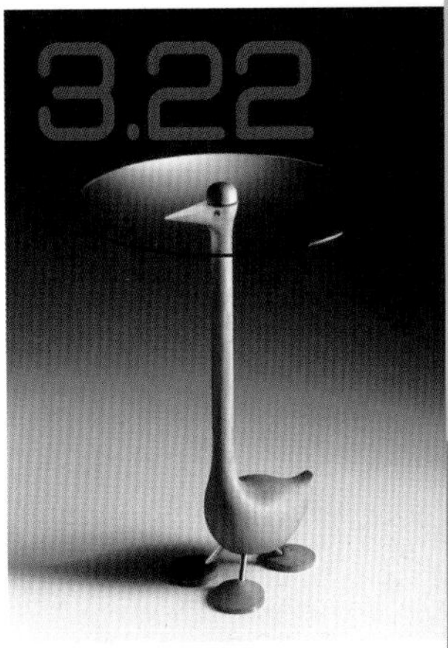

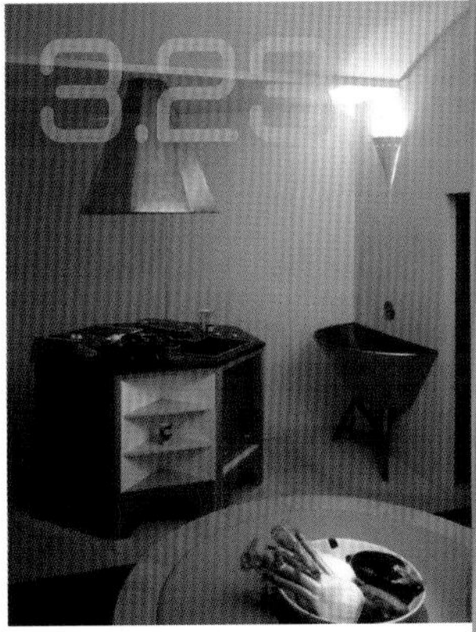

3.21 알레산드로 멘디니의 실험적 디자인을 연상케 하는 1984년 자브로 시리즈

3.22 한층 정리된 스타일을 보여주는 1986년의 자브로 시리즈

3.23 조형적 실험을 많이 했던 쿠치나 네오 프리미티바 전시의 디자인

로 독특한 실험을 했다. 언뜻 보기에는 회화나 평면구성작품처럼 보이는데, 자세히 보면 건축구조물에 대한 제안이다.

베니스의 대운하를 지나는 세 개의 다리 가운데 아카데미아 다리에 대한 디자인 제안이다. 마치 문어가 걸어가는 듯한 모양의 다리와 그 아래로 조그마한 곤돌라가 지나가는 모습은 SF소설의 삽화 같은 느낌을 준다. 문제는 이것이 환상적인 장면을 그린 일러스트레이션이 아니라 실제 다리디자인이라는 것이다. 보통 이렇게 큰 규모의 구조물이라면 주변 환경이나 입지조건, 재료나 시공방법 등을 먼저 고려해 디자인한다. 이른바 형태는 기능을 따르게 된다.

하지만 멘디니는 운하를 건널 수 있는 다리가 아니라 운하를 환상적인 공간으로 만드는 다리를 제안했다. 아쉽게도 이 다리는 실제로 지어지지는 않았지만, 이 실험에서 멘디니 스스로가 디자인에 대한 중요한 화두를 얻게 되었던 것 같다. 그것은 그저 그런 일상공간이 디자인에 의해서 완전히 환상적인 공간으로 탈바꿈할 수 있다는 가능성이다. 디자인과 예술을 접목하려 해왔던 그의 경향은 환상을 통해 현실을 초현실적으로 바꾼다는 보다 구체적인 방향을 잡기 시작했다. 이것은 이후 그의 디자인에 지대한 영향을 미쳤고, 1989년 그로닝거 미술관이나 1994년 독일 하노버 버스정류장에서 그런 화두가 제대로 빛을 발하기 시작했다.

〈도무스〉 퇴직

화두만 얻었던 것은 아니다. 알레산드로 멘디니의 인생에도 큰 변화가 찾아왔다. 그동안 정들었던 〈도무스〉를 나오게 되었던 것이다.

멘디니가 〈도무스〉를 그만두게 된 직접적인 이유는 잡지 내용에 대한 사장과의 견해 차이였다. 하지만 그는 편집장을 하면서도 항상 자기는 디자인을 해야 한다고 생각했다고 한다. 그리고 1985년이면 멘디니가 〈도무스〉에서 편집장을 맡은 지도 적지 않은 시간이 지난 뒤였다. 〈카사벨라〉나 〈모도〉에서 편집장을 지냈던 시간을 생각하면 사실 그만둘 때도 되긴 되었다. 그러나 더 중요한 것은 〈도무스〉를 그만두면서 디자이너 알레산드로 멘디니가 공식적으로 출현하는 시기가 목전으로 다가왔다는 것이다. 당시 그의 나이는 50대 후반을 향하고 있었다. 일반적으로는 그동안 쌓은 자신의 커리어를 정리하고 마무리해야 하는 시기인데, 이때 새로운 인생을 시작해야 한다는 것이 그렇게 만만한 일은 아니었을 것이다.

사실 〈도무스〉 편집장을 그만두면서 개인적으로 매우 어려운 시간을 보냈다. 오늘날 멘디니를 생각하면 믿을 수 없는 일이긴 하지만(?), 일이 별로 없어 경제적으로 어려웠고, 이혼까지 하면서 스스로 가장 힘들었던 때라고 회고할 정도다. 그러나 결과적으로 이 시기는 새로이 맞이하게 될 성공적인 인생을 위한 짧은 시련기였다.

그간 정신없이 바쁘게 살아왔던 삶의 속도도 늦추고 휴식을 취해야 할 필요도 있었다. 약간의 소강상태를 지나긴 했지만, 아무 일도 하지 않았던 것은 아니다. 몇 가지 디자인 프로젝트도 진행했고 알키미아 전시도 계속했다. 1986년 일본의 다이치 앤 코Daichi & Co를 위한 소품 디자인 프로젝트 모빌레티Mobiletti도 그 가운데 하나다. 이 프로젝트에서는 주로 번쩍거리는 금속 질감을 많이 활용했고, 일본적인 조형성과 멘디니 특유의 조형성을 결합한 독특한 스타일의 디자인을 선보였다. 높은 채도의 색상으로 다소 표현적인 디자인을 주로 해왔던 멘디니에게는 형태만으로 자신의 디자인 세계를 표출해보는 기회가 되기도 했다.

1988년에는 베니니를 위한 유리제품을 디자인하기도 했다. 베니니는 베니스를 중심으로 세계적인 명성을 가진 유리제품업체다. 그런 베니니의 뛰어난 기술에 멘디니의 감각이 더해져서 재미있는 디자인이 만들어졌고, 이후로도 지속적으로 디자인하면서 더욱 재미있는 작업을 진행하고 있다.

이렇게 활동하던 그는 1989년, 마침내 동생 프란체스코 멘디니Francesco Mendini와 함께 밀라노의 한 아파트 창고에 아틀리에를 연다. 세계 디자인계가 드디어 거장 디자이너 알레산드로 멘디니의 출현을 맞이하게 되는 순간이다. 이때부터 그는 그동안 쌓은 언론인으로서의 경력과는 완전히 다른 디자이너로서의 길을 걷게 된다. 그리고 비교적 짧은 시간 안에 세계적인 명성을 얻고 디자이너로서 최고의 활약을 펼친다.

80년대는 그에게 정말 격변의 시기, 인생의 큰 전환기였다.

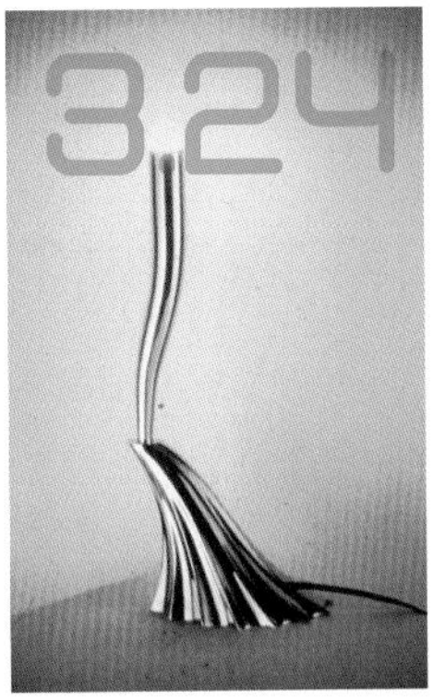

3.24 모빌레티 시리즈
3.25 베니니를 위해 디자인한 제품들

3.25

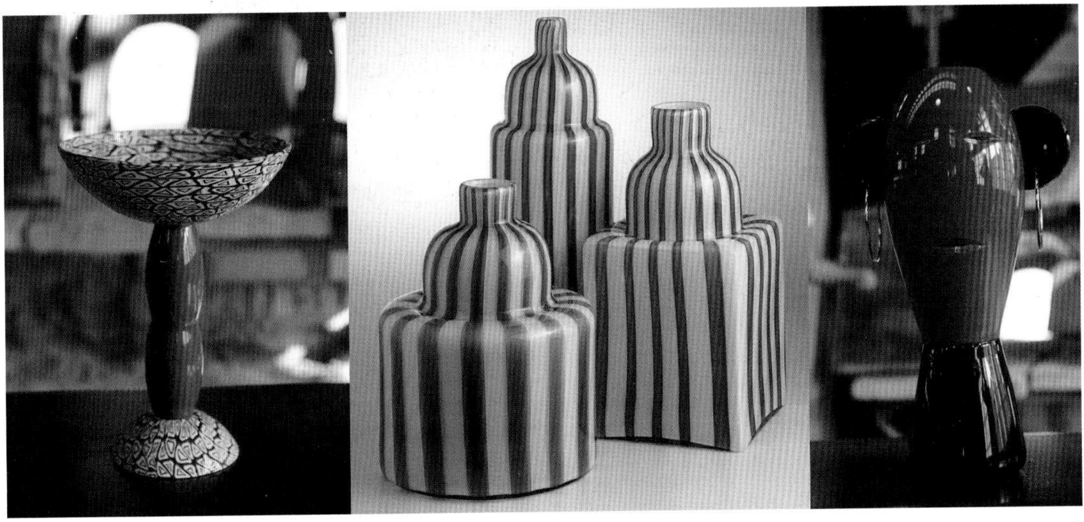

굿 디자인Gut Design VS 벨 디자인Bel Design

가장 기능적인 것이 가장 아름답다는 이념, 형태는 기능을 따른다는 이념을 가진 기능주의 디자인이 국민 전체가 기계화를 통해 적극적으로 산업혁명을 이루었던 독일에서 본격화된 것은 당연한 일이다.

그런데 이 기능주의 디자인 뒤에는 가장 완벽한 기능적 상태라는 관념적 표준이 전제되어 있다. 누가 봐도 더하거나 뺄 수 없이 완벽히 기능적인 상태의 디자인이 있다는 것. 이런 완벽한 디자인을 관념적으로 설정해놓은 것이 바로 '굿 디자인Good Design' 독일어로는 'Gut Design'이다. 이렇게 굿 디자인이라는 개념이 설정되고 나면서부터 세상의 디자인은 모두 굿 디자인과 그렇지 않은 디자인으로 나뉘어졌다. 그리고 모든 디자인은 이 굿 디자인이라는 기준에 의해 평가되기 시작했다. 그렇게 제2차 세계대전 이후로 세계의 모든 디자인은 자연스럽게 굿 디자인을 추구해야만 하는 상황으로 빠져들었다.

처음에는 모든 인류에게 보편적 혜택을 나누어주어야 한다는 좋은 의도였던 것은 틀림없다. 하지만 시간이 지날수록, 사회적인 힘을 얻을수록 굿 디자인은 모든 디자인이 따라야 할 권위적 규범 · 표본이 되었고, 멘디니를 비롯한 많은 사람이 비판했던 '키치' 기능주의로 전락했다. 이 과정에서 기능적인 것 이외의 가치는 디자인의 변두리로 완전히 내몰리게 되었다. 이는 가장 완벽하게 기능적인 디자인이 있다는 전제가 만들어낸 부작용이었다.

여기에 강한 문제의식을 제기했던 것이 바로 이탈리아 디자인이었다. 알레산드로 멘디니는 이렇게 언급한 적이 있다.

> 수십 년 동안 거의 모든 디자이너가 바우하우스부터 울름Ulm조형대학에 이르는 모던 운동Modern Movement이라고 생각되는 문화적 자산과 그것의 긴 흐름을 느꼈다. (아마도 시달렸을 것이다) 그것은 유독 기능이나 제조의 문제를 푸는 데만 입각했다. 하지만 인간의 욕구는 항상 다른 곳에 있다는 것을 간과하였다. (…)

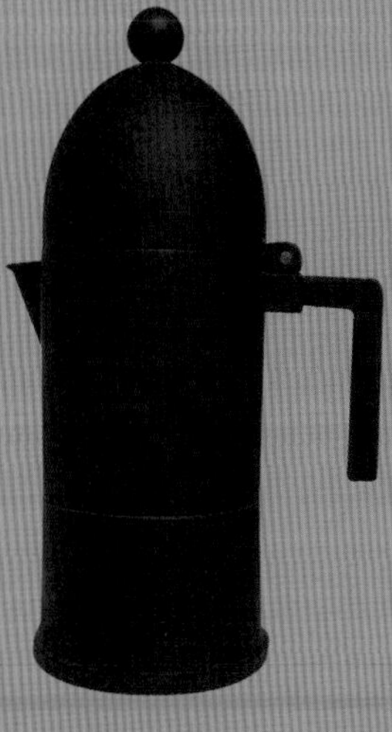

르네상스 조형예술과 유사한 조형성을 가진 이탈리아 디자인

멘디니를 비롯한 이탈리아 디자이너는 기능주의 디자인이 독일에서 비롯되었다는 것을 정확히 알고 있었다. 보편적으로 보였던 기능주의가 사실은 특정한 문화권에 기반한 것이었다는 한계를 명확하게 알고 있었던 것이다.

그래서 이탈리아 디자이너는 독일식의 디자인에 대한 새로운 대안을 1960년대부터 모색하기 시작했고, 그 결과가 1980년대에 본격적으로 나타난 것이다. 그리고 앞서 살펴보았던 것처럼, 1980년대에 접어들자마자 이탈리아의 디자이너는 이전의 기능주의 디자인과는 완전히 다른 디자인을 선보이면서 국제적인 돌풍을 일으켰다.

그런데 당시 이탈리아의 디자인을 보면 형태나 색깔, 그리고 디자인을 보는 시각에 있어서 서로 유사한 점이 많다. 하나의 양식으로 보아도 하등 이상할 것 없는 경향을 가지고 있다. 1960년대에서 80년대까지는 한 시대를 풍미할 양식이 만들어지기에는 턱없이 짧은 시간이다. 이탈리아 디자이너는 상상할 수 없는 짧은 시간 안에 완전히 새로운 양식의 디자인을 내놓았던 것이다. 어떻게 그것이 가능했을까?

열쇠는 이탈리아의 풍부한 조형적 전통이다. 당시 이탈리아 디자인을 로마나 르네상스부터 이어져 내려오는 이탈리아의 조형적 전통과 비교해보면 이들이 하늘에서 떨어진 게 아니라는 것을 확실히 알 수 있다.

이탈리아의 디자이너는 자신들의 축적된 전통을 마치 은행 예금을 찾아 쓰는 것처럼 차용해 새로운 스타일의 디자인을 빠른 시간 안에 만들었던 것이다. 하긴 독일 태생의 기능주의 디자인에 대한 강력한 반감에서 시작된 것이니 새로운 디자인의 실마리를 자기들의 전통에서 찾은 것은 그리 이상한 일이 아니다.

그런데 워낙 기능주의적 디자인과는 스타일이 다르다보니 이탈리아 외부에서는 이들의 디자인을 급진적이고 반항적인 것으로만 보았다. 하지만 이탈리아 내부에서 볼 때는 매우 전통적이고 익숙한 이미지를 가진 디자인이었다. 이들은 전통을 활용해 기존의 기능주의적 디자인과는 완전히 다른 차원의 디자인을 빠른 시간 안에 내놓았다. 그런데 이런 과정이 일반적으로는 모더니즘 디자인과 포스트모더니즘의 부딪힘, 모더니즘의 쇠퇴와 포스트모더니즘의 부각으로 더 많이 알려져 있다.

물론 틀린 것은 아니지만, 80년대 이탈리아 디자인의 급부상은 근본적으로 독일식의 굿 디자인과 이탈리아식의 벨 디자인이 격돌한 것으로 보는 것이 더 정확하다. 벨 디자인은 독일식의 굿 디자인에 대해 이탈리아 디자이너가 자신들의 디자인을 정의하는 개념으로 내놓은 말이다.

이탈리아에는 '벨라 피구라Bella Figura'라는 말이 있다. 시장을 보러 갈 때도 자신의 외모를 꾸미고, 옷차림을 챙기는 이탈리아인의 일상적 관습을 뜻하는 말이다. '벨Bel'은 이탈리아 사람들의 이런 예술적이고 감수성 가득한 삶의 방식에서 나온 말이다. 그러니까 '굿Good'이라는 단어가 기능성만 끌어안았다면 '벨Bel'은 기능성이 커버하지 못했던 부분, 특히 인간의 감수성을 끌어안는다.

멘디니의 견해에 의하면 이탈리아의 디자인은 주거에서 시작했기 때문에 생활밀착형으로 발전되었다고 한다. 그러다보니 이탈리아 디자인은 자연스럽게 생활 속에서 아름다움을 추구하는 이탈리아 사람의 삶을 따라 벨 디자인을 지향하게 된 것이다. 지금까지 이탈리아 디자인은 래디컬 디자인, 안티디자인 등으로 알려졌지만, 실상 그 내면에는 전통을 존중하고 생활의 격과 아름다움을 추구하는 벨 디자인의 속성이 있었던 것이다.

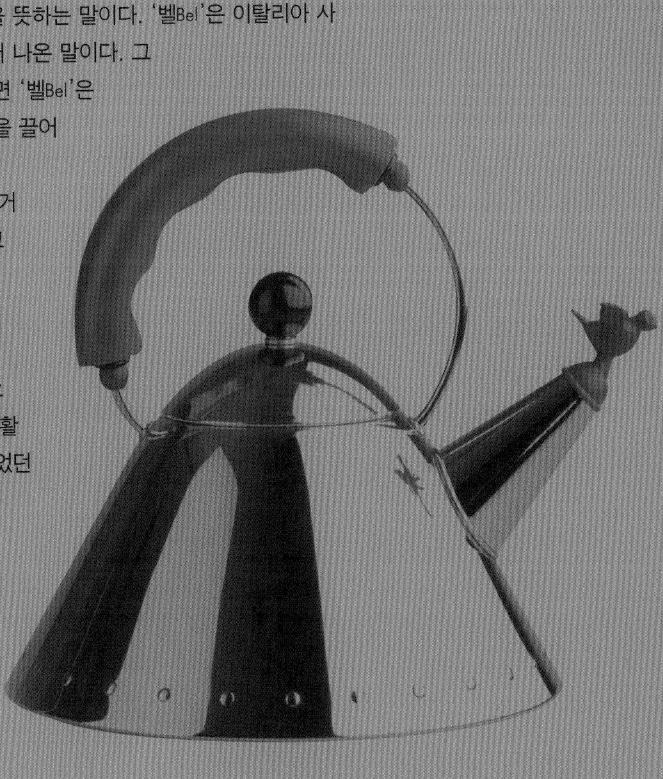

마이클 그레이브스가 디자인한
알레시의 버드 케틀

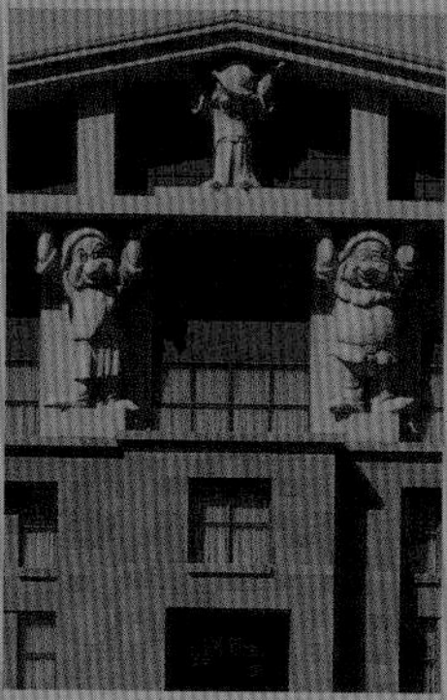

디즈니 스타일로 귀결된
미국의 포스트모던 디자인

포스트모더니즘 & 이탈리아 디자인

1980년대에 들어서면 기능주의적 디자인은 이미 시대에 뒤떨어진 경향으로 평가되면서 현실적인 힘을 거의 잃는다. 여기에 반해 새로운 디자인에 대한 움직임이 포스트모더니즘이라는 이름을 앞세우면서 세계적으로 부각됐다. 그러한 움직임은 특히 미국을 중심으로 가열차게 이루어졌다.

1960년대 말부터 미국을 중심으로 조금씩 나타나기 시작했던 포스트모더니즘에 대한 모색은 찰스 젱크스나 로버트 벤투리Robert Venturi와 같은 건축이론가에 의해 구체적인 논리적 틀과 새로운 스타일을 갖추게 된다. 그 내용은 대체로 '대중성'과 '지역성'으로 요약할 수 있다. 대중이 친근하게 여길 수 있는 색과 형태를 건물에 반영하자는 것과 지역적 성격을 건물 모양에 반영하자는 것인데, 결국 이런 포스트모더니즘 이론에 따른 건축은 파스텔 계통의 화사하고 친근한 색상조합과 고전주의 건축의 형태요소를 차용한 스타일로 귀결되었다. 미국의 건축가 마이클 그레이브스Michael Graves가 설계한 디즈니 월드의 스완 호텔을 보면 쉽게 알 수 있다.

건물 옥상에는 백조 모양의 캐릭터가 올라가 있고, 호텔 벽면에는 물결 모양이 만화처럼 그려져 있다. 그리고 입구는 마치 신드바드가 드나들 것 같은 아라비아 풍으로 디자인되어 있다. 이전의 기능주의적 건물과는 완전히 다른 모양이다. 대중에게 아주 재미있고 친근하게 다가갈 유머러스한 모양의 디자인이나 파스텔조의 색상에서 이탈리아 디자인의 영향이 많이 느껴진다.

이 건물을 디자인한 마이클 그레이브스가 멤피스의 첫번째 전시부터 참여했다는 사실, 그리고 그가 알레시를 위해서도 많은 디자인을 했으며, 특히 알레시의 인기 상품 가운데 하나인 버드 케틀Bird Kettle을 디자인했다는 사실을 생각하면 하등 이상한 일이 아니다.

실제로 미국의 포스트모던 디자인 운동에는 이탈리아 디자인의 영향이 적지 않았다. 아니, 거의 그대로 옮겨놓았다고 해도 과언이 아니다. 그런데 재미있는 것은 알레산드로 멘디니를 비롯한 이탈리아 디자이너는 정작 포스트모더니즘 디자인 운동과 항상 거리두기를 했다는 것이다.

미국의 포스트모더니즘과 이탈리아의 디자인은 서로가 상당히 유사한 유전적 속성을 가지고 있으며 교류도 적지 않았다. 디자인을 보면 두 나라 사이에 지중해와 대서양이 있다는 사실을 믿기 어려울 정도로 유사하다. 같은 편이라고 해도 좋다. 그럼에도 불구하고 이탈리아 출신의 디자이너는 스스로의 디자인을 말할 때 안티디자인이라는 표현은 썼어도 포스트모던 디자인이라고는 하지 않았다. 페터 바이스의 말처럼 멘디니의 경우는 포스트모던 경향과 얼핏 비슷한 자신의 디자인을 차별화하기 위해서 '포스트아방가르드Post-Avangard' 혹은 '네오모던Neo-Mordern'이라는 용어를 선호하기도 했다.

독일 출신의 디자이너가 제2차 세계대전 때부터 미국으로 건너가 기능주의 디자인을 모더니즘 디자인으로 확대 해석하면서 국제적 흐름을 장악했던 모습과는 많이 다르다. 미국의 관심을 적극적으로 활용할 수도 있을 텐데 이탈리아 디자이너들은 왜 거리두기를 했을까?

미국의 포스트모던 디자인 운동이 7, 80년대 이탈리아의 실험적 디자인으로부터 많은 영향을 받은 것은 사실이다. 그렇지만 내용면에서는 차이가 많다. 예컨대 예술과 디자인의 융합을 꾀한다거나, 기능주의 디자인에 대한 과격한 저항정신 같은 것은 미국의 포스트모던 디자인에서는 거의 보이지 않았다. 단지 미국 대중의 눈길을 끌만한 이미지에만 비중을 두었다는 혐의(?)만이 포착되었다.

멘디니가 밝고 화사한 색과 대중과 소통할 수 있는 이미지를 선호한 데는 심리적이고 문화적인 이유가 깔려 있다. 자신의 전통이 담긴 유형의 디자인을 만들어야 한다는 의무감, 많은 사람을 공감시킬 수 있는 디자인이어야 한다는 의식이 새로운 디자인을 가능하게 했던 것이지, 대중이 좋아할 만한 것을 만들기 위해 그런 디자인을 한 것은 아니다. 그의 화려한 색과 친근한 형태는 사람의 본성을 건드린 것이지, 말초적 감각을 자극하는 것은 아니라는 것이다.

바로 이 부분에서 이탈리아의 디자인과 미국을 중심으로 형성된 포스트모더니즘은 근본을 달리했던 것이다. 미국의 포스트모던 디자인은 기능주의 디자인의 황량함을 공격하면서 80년대를 화려하게 장악하기는 했으나 곧 상업주의와 결탁했다는 비판을 피하지 못했다. 로버트 벤투리가 ≪복합성과 대립성≫이라는 책에서 주장했던 '단순성 대신 모호성, 양자택일보다는 양자공존, 관습적인 것의 비관습적인 사용'과 같은 내용은 결국 건축이나 디자인의 '디즈니랜드화'로 귀결되었다. 포스트모던 디자인은 결국 미국 대중의 상업적 감각에만 호소했다는 혐의를 받았고 스타일도 금방 식상해져버렸다.

적어도 멘디니가 주장했던 '탈기능'이나 '혼합' '혼성'은 상업성이 아니라 인간의 본성을 향한 것이기 때문에 그의 디자인은 시간이 지나도 식상하지 않은 생명력을 가지게 되었다. 멘디니를 비롯한 이탈리아의 디자이너는 자신들의 디자인이 미국의 포스트모더니즘 디자인과는 근본적으로 노선이 다르다는 것을 간파하고 있었던 것 같다.

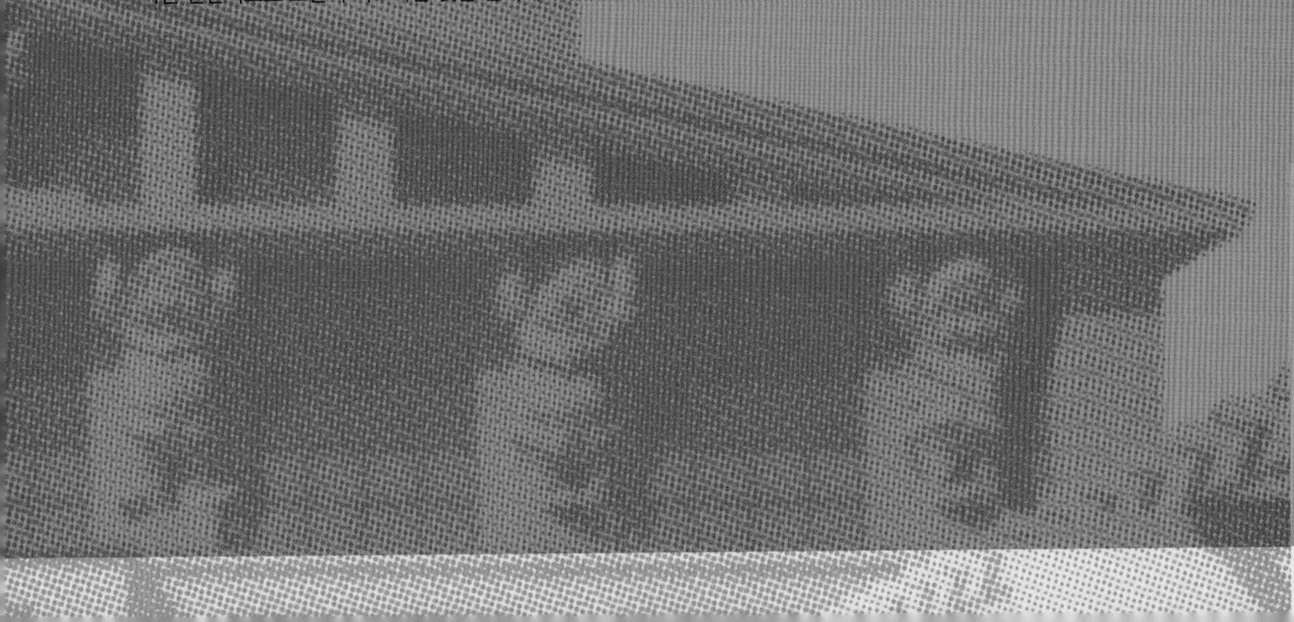

Part 4

디자이너
알레산드로 멘디니

1

멘 디 니 의
새로운 이름
디 자 이 너

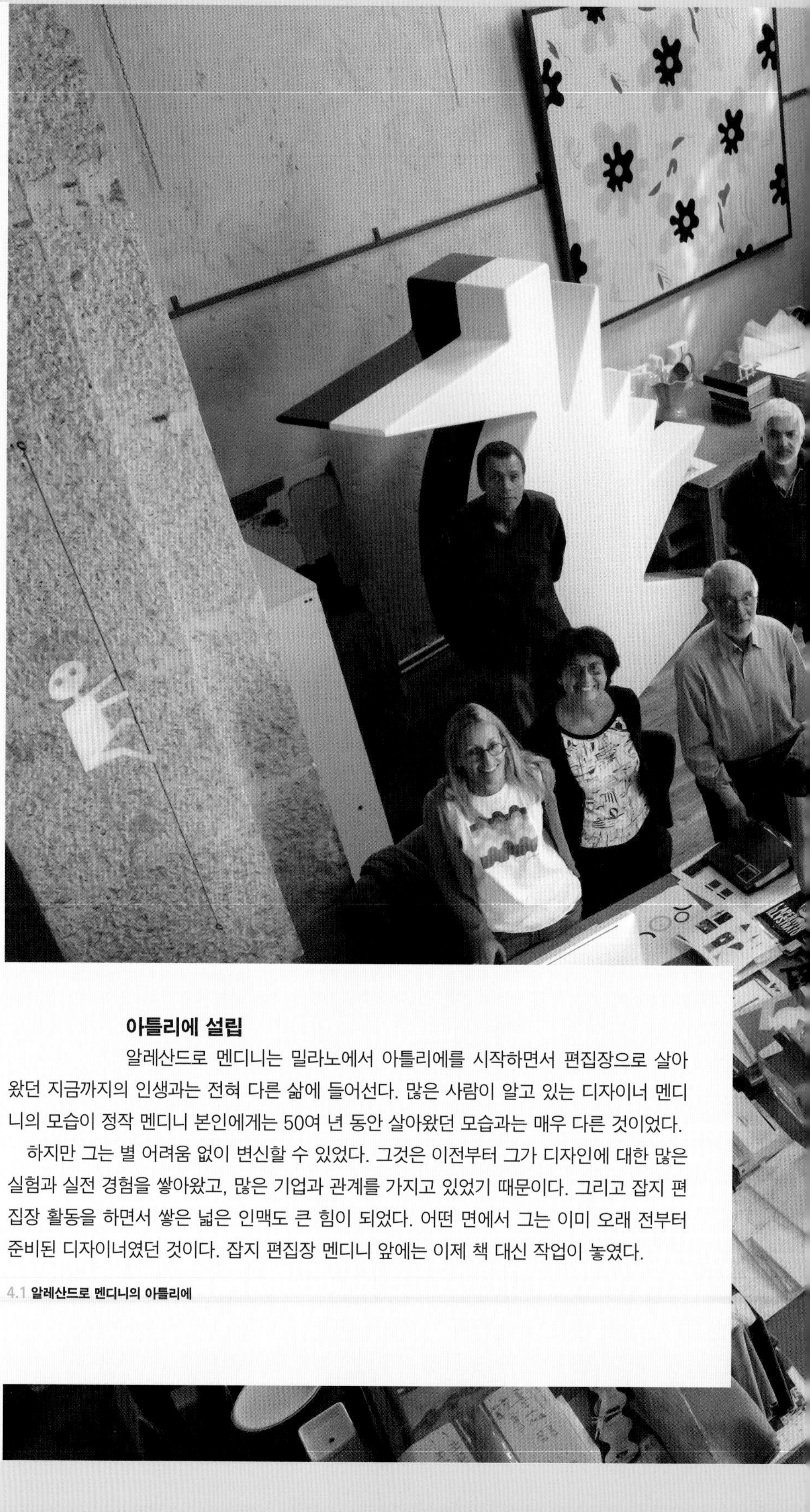

아틀리에 설립

알레산드로 멘디니는 밀라노에서 아틀리에를 시작하면서 편집장으로 살아왔던 지금까지의 인생과는 전혀 다른 삶에 들어선다. 많은 사람이 알고 있는 디자이너 멘디니의 모습이 정작 멘디니 본인에게는 50여 년 동안 살아왔던 모습과는 매우 다른 것이었다.

하지만 그는 별 어려움 없이 변신할 수 있었다. 그것은 이전부터 그가 디자인에 대한 많은 실험과 실전 경험을 쌓아왔고, 많은 기업과 관계를 가지고 있었기 때문이다. 그리고 잡지 편집장 활동을 하면서 쌓은 넓은 인맥도 큰 힘이 되었다. 어떤 면에서 그는 이미 오래 전부터 준비된 디자이너였던 것이다. 잡지 편집장 멘디니 앞에는 이제 책 대신 작업이 놓였다.

4.1 **알레산드로 멘디니의 아틀리에**

4.1

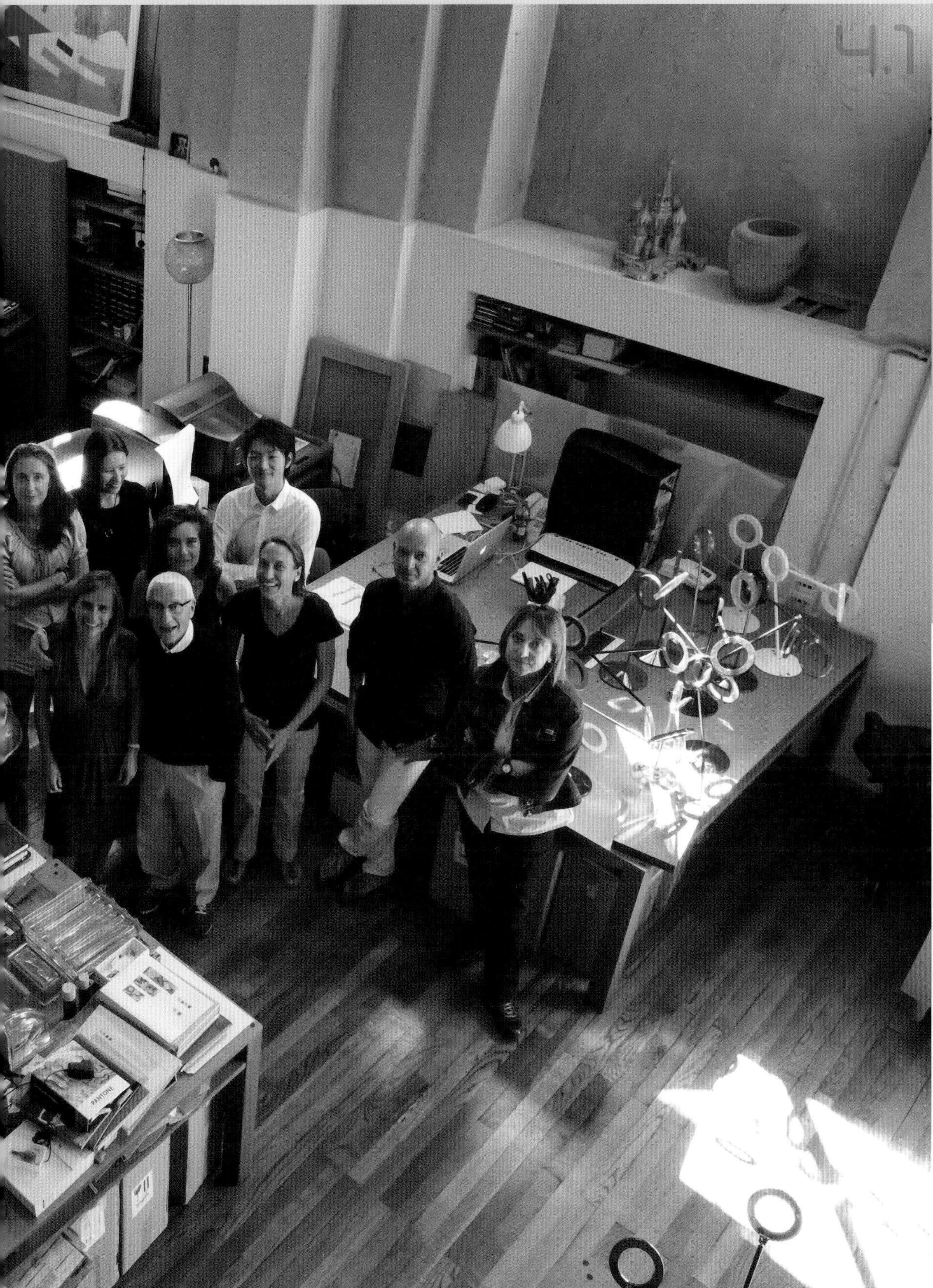

순조로운 출발

아무리 준비된 디자이너였다고 해도 이미 명성과 실력을 인정받은 언론계에서와 달리 디자이너로서의 알레산드로 멘디니는 완전히 신입생이었다. 오로지 디자인으로만 인정받는다는 것은 지금까지 해왔던 일과는 다른 차원의 일이었다. 초보자로서 미래에 대한 불안감을 50대 후반에 느낀다는 것은 보통 사람은 경험하기도, 견디기도 힘든 일이 아닐 수 없다. 하지만 멘디니의 출발은 그런 불안감을 느낄 여유가 없을 정도로 순조로웠으며, 도리어 바빴다. 우려와는 달리 많은 프로젝트가 몰려들었던 것이다.

알레시 회장의 집을 개축해달라는 요청도 이때 받았다. 이 작업은 멘디니의 디자인 중에서 그다지 많이 알려지지 않은 프로젝트지만, 아틀리에를 처음 시작한 멘디니 입장에서는 물꼬를 틔워준 프로젝트라 할 수 있다. 이 프로젝트로 멘디니는 디자이너로서의 첫 걸음을 순조롭게 뗄 수 있었다.

4.2 독특한 조형적 구성을 보여주는 알베르토 알레시의 주택 리노베이션

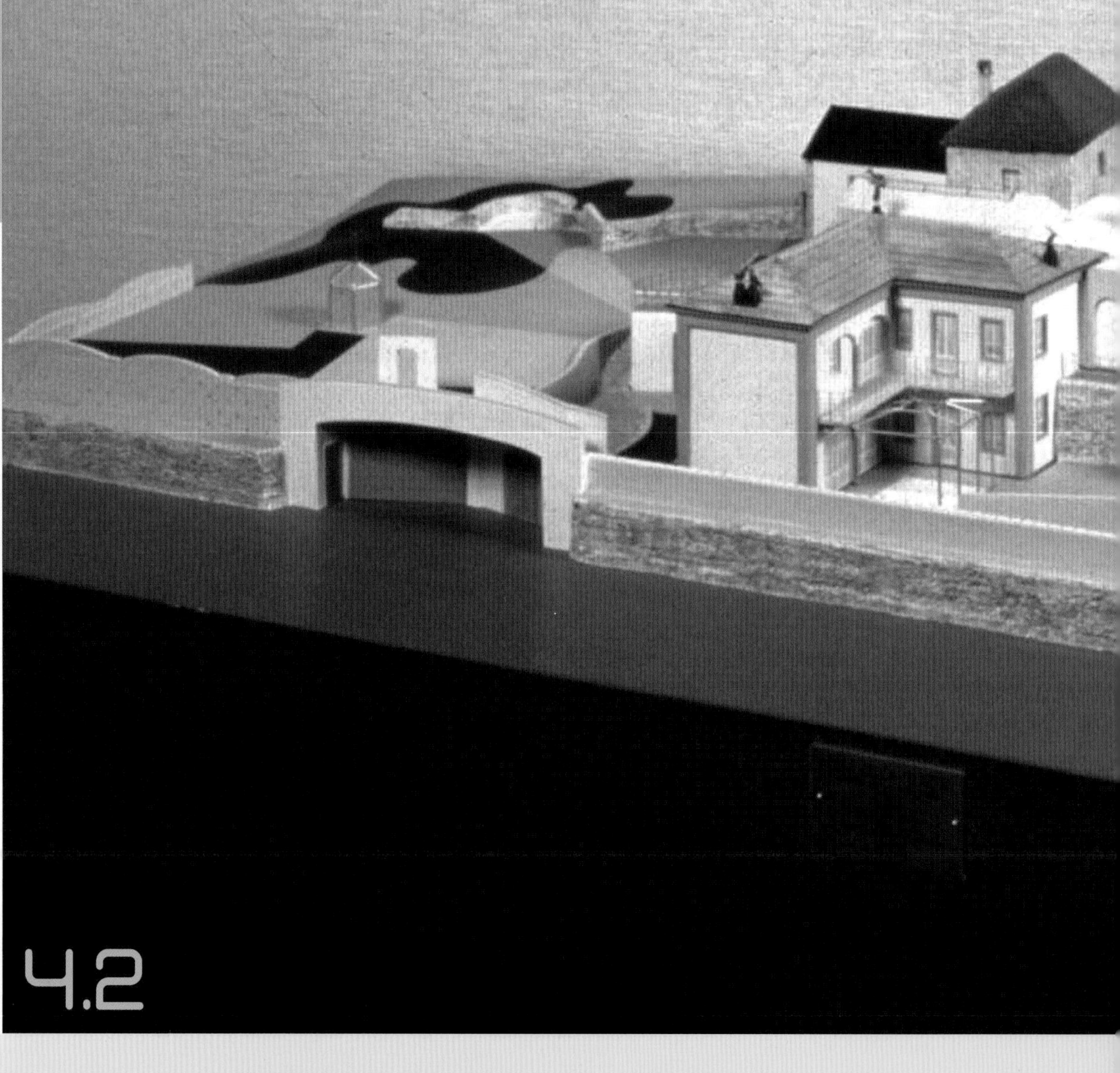

4.2

기념비적인 초기 프로젝트들

아틀리에를 시작하면서부터 제법 큰 규모의 디자인을 맡게 되었다. 디자이너로서 본격적인 출발을 하는 입장에서는 다소 행운이라고 할 수 있을 정도의 규모였다. 그것은 히로시마 항구의 기념탑을 디자인하는 것과 네덜란드의 그로닝거 미술관을 설계하는 프로젝트였다.

전위적 디자인운동을 하는 것과 현실적인 디자인 프로젝트를 완수하는 것은 차원이 다른 일이다. 알레산드로 멘디니의 명성이 아무리 세계적이라고 하더라도 디자이너로서 멘디니의 역량은 아직 구체적인 실적으로 검증된 상태가 아니었다. 게다가 우연인지는 모르지만 처음부터 그가 맡았던 프로젝트들은 그동안 자신이 해왔던 가구나 소품 디자인과는 규모나 종류가 전혀 다른 것들이었다. 하지만 멘디니의 노련한 실력은 그런 디자인 프로젝트에서도 전혀 위축되거나 달라지지 않았다. 오히려 그동안 실험을 통해 축적된 아이디어나 경험이 넓은 무대를 만나 제대로 꽃을 피우는 것 같았다.

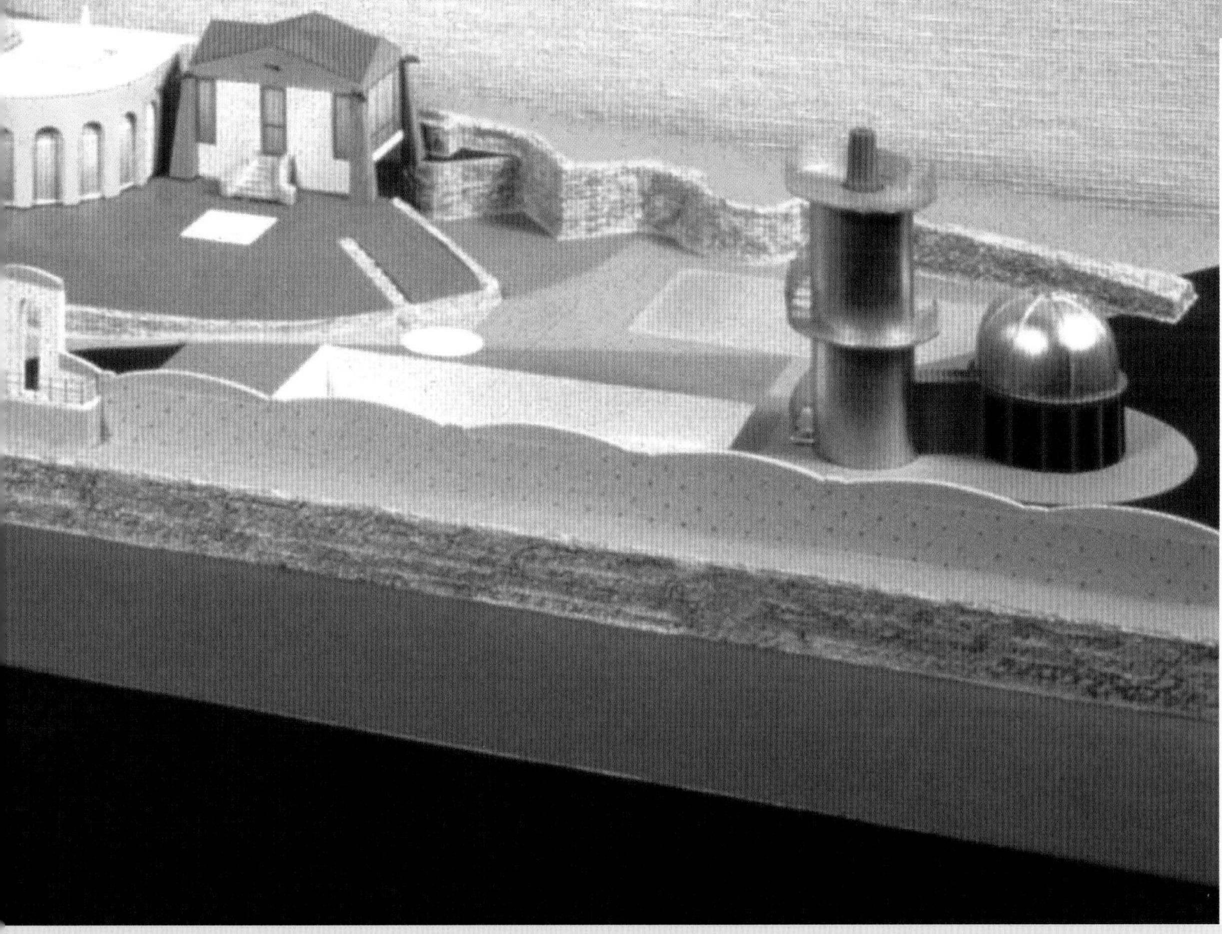

4.3

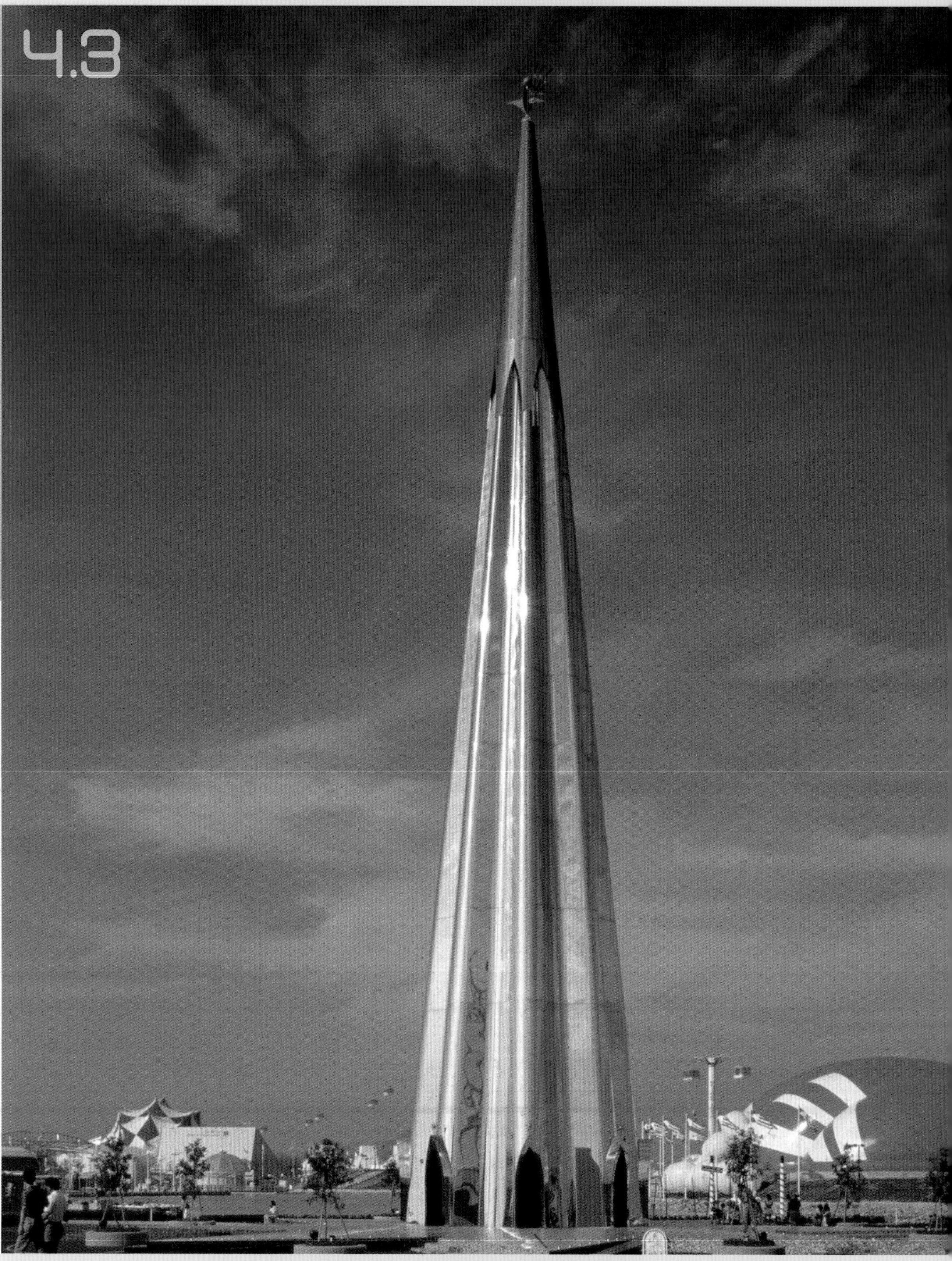

히로시마 파라다이스 탑 *1989*

Tower of Paradise

1989년 알레산드로 멘디니는 히로시마의 '바다와 섬의 박람회'를 위한 상징탑을 디자인해달라는 의뢰를 받았다. 그는 에덴동산에 높게 솟아 있는 생명의 나무에서 아이디어를 얻어 구체적인 디자인을 풀어갔다.

바다 바로 옆에 세워졌는데, 바닥은 여덟 개의 다리가 있는 별 모양이고, 그 위에 금속성의 뾰족한 탑이 인상적으로 솟아 있다. 그런데 이 탑은 모양만 우뚝하게 솟은 것도, 번쩍거리기만 한 것도 아니다.

우선 탑 안쪽이 비어 있어 그 안으로 사람이 들어갈 수 있고, 탑 안쪽 공간에는 탑 모양과 유사한 조형물이 어두운 탑 안에서 빛을 발해 드라마틱한 느낌을 준다. 멘디니가 본 것은 안쪽의 넓게 빈 이 공간이다. 그는 이 공간을 종처럼 소리가 공명되는 공간으로 활용했다. 음향 전문가에게 의뢰해 탑 안과 밖에 스피커를 설치해 소리를 냈을 때 탑이 마치 종이나 악기가 되어 아름다운 소리가 사방으로 울려퍼지도록 만든 것이다. 이는 모양은 물론 소리까지 배려한 디자인으로 초기 프로젝트임에도 불구하고 성공적인 발걸음을 내딛게 되었다.

더 큰 반향을 일으킨 것은 네덜란드의 그로닝거 미술관이다.

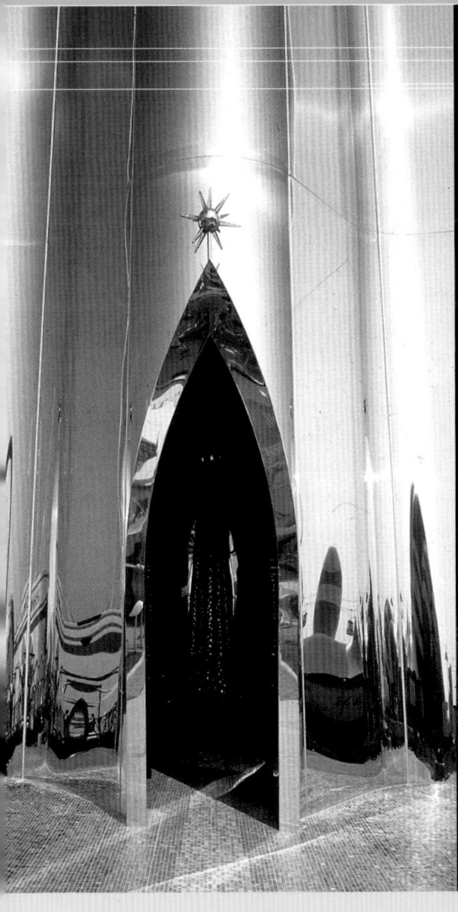

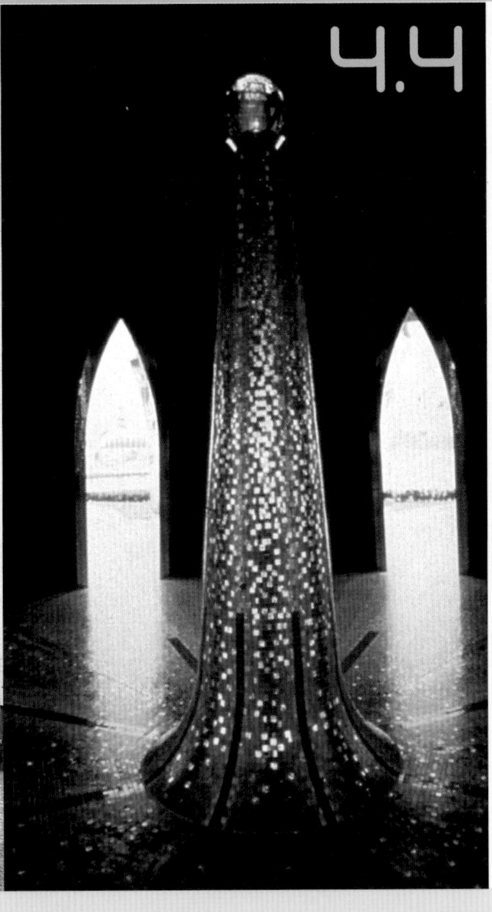

4.3 히로시마 파라다이스 탑 전경
4.4 히로시마 파라다이스 탑의 출입구와 비워진 안쪽의 모습

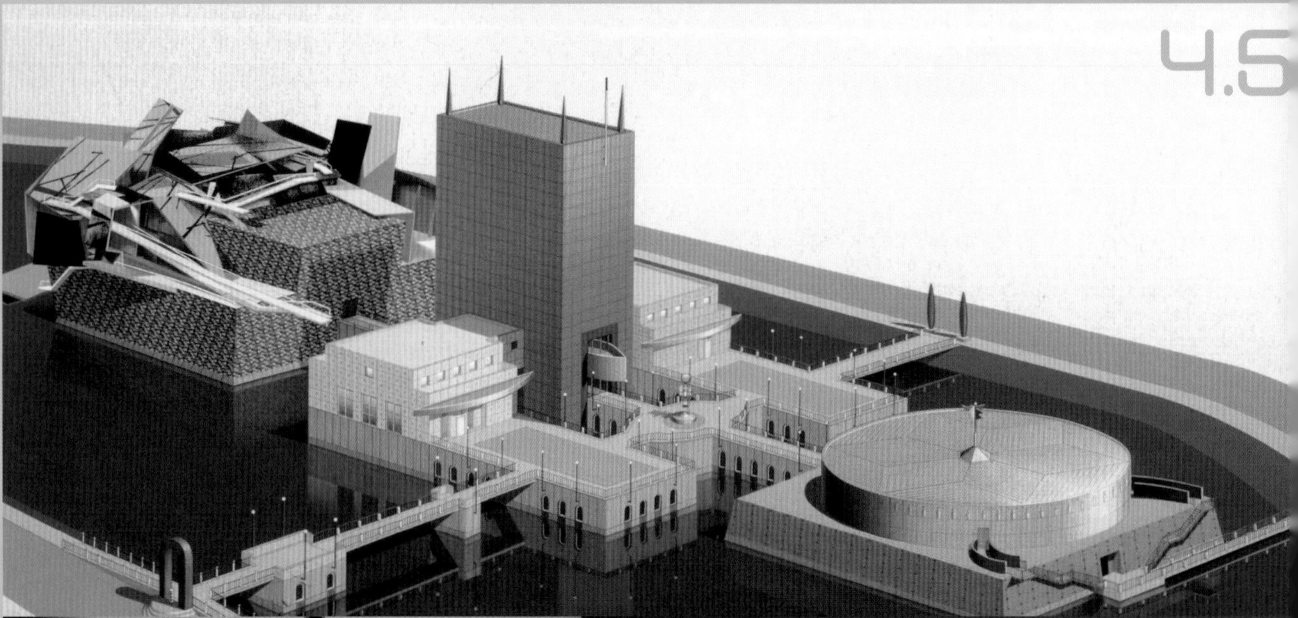

4.5

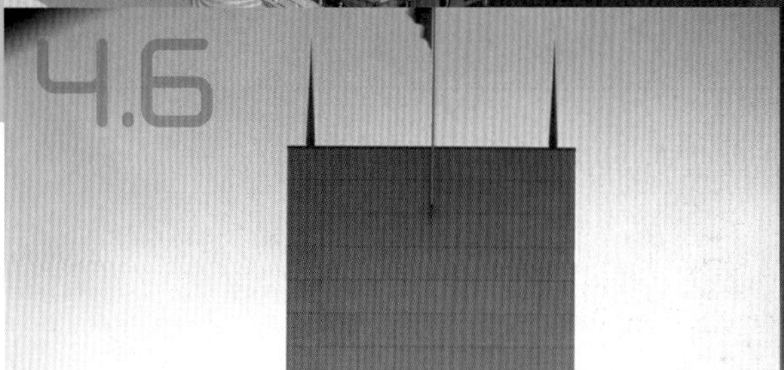

4.6

4.7

그로닝거 미술관 *1989-1994*

Groninger Museum

네덜란드의 그로닝겐Groningen 시에 세워질 미술관을 의뢰받은 알레산드로 멘디니는 이전의 미술관에서는 전혀 볼 수 없던 디자인을 시도했다. 물론 멘디니 입장에서는 전혀 새로운 접근은 아니었다. 그의 생각은 이랬다. '미술관이라면 미술품을 전시하는 곳인데, 미술관 자체도 예술작품이 되어야 하지 않을까? 그리고 일반 건물도 아니고 미술관이라면 건물의 디자인도 기능적 맥락보다는 문화적 맥락을 가지고 있어야 하지 않는가? 좀더 나아가 도시나 국가의 정체성을 표현해야 하지 않는가?' 대체로 그때까지의 미술관은 작품을 전시하는 기능적 공간으로서만 지어지고 있었다.

멘디니는 자신의 생각을 실현하기 위해서는 건물의 각 부분이 서로 다른 개성을 가진 모양으로 디자인되어야 한다고 믿었다. 하나의 일관된 이미지로 건물 전체를 통합적으로 디자인하는 기존의 방식으로는 원하는 결과를 얻을 수 없다고 생각한 것이다. 그런 생각에 대한 확신은 이미 실험적 가구나 알레시 회장의 주택 디자인에서 만들어진 것이다.

그래서 그는 건물을 디자인하는 작업에 몇 명의 디자이너를 더 참여시켰다. 당시 유명한 필립 스탁과 BMW 본사 건물 디자인으로 유명한 오스트리아 건축설계팀 쿱 힘멜브라우Coop Himmelblau, 그리고 이탈리아의 거장 미켈레 데 루키를 초대했다. 멘디니는 미술관 건물 전체의 마스터플랜을 작업하고, 이들에게는 건물의 각 부분을 나누어주면서 마음껏 디자인하도록 했다. 그 결과는 매우 놀라웠다.

건물 전체 모습에는 일관성이 전혀 없어 하나의 건물로 느낄 수가 없을 뿐 아니라, 이전의 미술관 건물과는 외관부터가 완전히 달랐다. 지금이야 별의별 희한한 미술관이 많으니 그렇게 두드러져 보이지 않지만 당시로서는 대단히 충격적인 모양이었고, 또한 새로운 접근이었다.

건물의 각 부분에서 여러 디자이너의 개성이 표현되어 그것만으로도 좋은 관람거리가 되었다. 멘디니가 디자인한 부분은 미술관의 중심부다. 특히 노란색으로 번쩍이는 타워와 그 옥상에 설치되어 있는 길고 뾰족한 두 개의 뿔이 미술관 전체에 강한 이미지를 부여하며, 건물의 얼굴 역할을 톡톡히 하고 있다. 그리고 무엇보다 멘디니 특유의 천진난만한 이미지가 선명하게 나타난다는 것도 주목해볼 부분이다. 이때부터 그는 실험적인 디자인을 하면서도 그와 같은 비중으로 따뜻하고 명랑한 분위기를 내세우는 완숙한 경지를 보여주기 시작했다.

미켈레 데 루키가 디자인한 파빌리온은 물속에 잠긴 사각박스 모양의 벽돌 건물 위에 금속성의 원기둥 모양의 건물이 올라서 있는 디자인으로 색과 질감의 대비가 강해 조각 같은 느낌을 준다. 건물에 사용된 벽돌은 이 미술관이 지어진 지역에서 전통적으로 사용하던 재료라고 한다. 20세기 후반의 가장 놀라운 포스트모던 건축물 중 하나로 불리며 '죽기 전에 꼭 봐야 할 세계 건축 1001'에도 선정되었다.

4.5 **그로닝거 미술관의 전체 모형**
4.6 **알레산드로 멘디니가 디자인한 그로닝거 미술관의 중심타워 건물**
4.7 **미켈레 데 루키가 디자인한 파빌리온**

동쪽 끝에 있는 모던 아트 파빌리온은 해체주의 건축으로 유명한 쿱 힘멜브라우의 명성에 걸맞게 해체적으로 디자인되었다. 건물의 요소들이 뒤죽박죽 혼합되어 있는 모습은 이 미술관 전체의 구성과도 닮았으며, 자체적으로 대단한 조형적 힘을 발산한다.

필립 스탁은 이 미술관 안에 있는 전시공간의 일부를 디자인했다. 밝고 부드러운 색상의 천으로 구획된 공간은 경계가 분명치 않은 신비한 인상을 주면서 필립 스탁 특유의 럭셔리한 분위기를 맛보게 해준다. 바닥에 놓여 있는 빛나는 지구본은 마치 이 공간 자체가 하나의 설치미술인 것처럼 만들어준다.

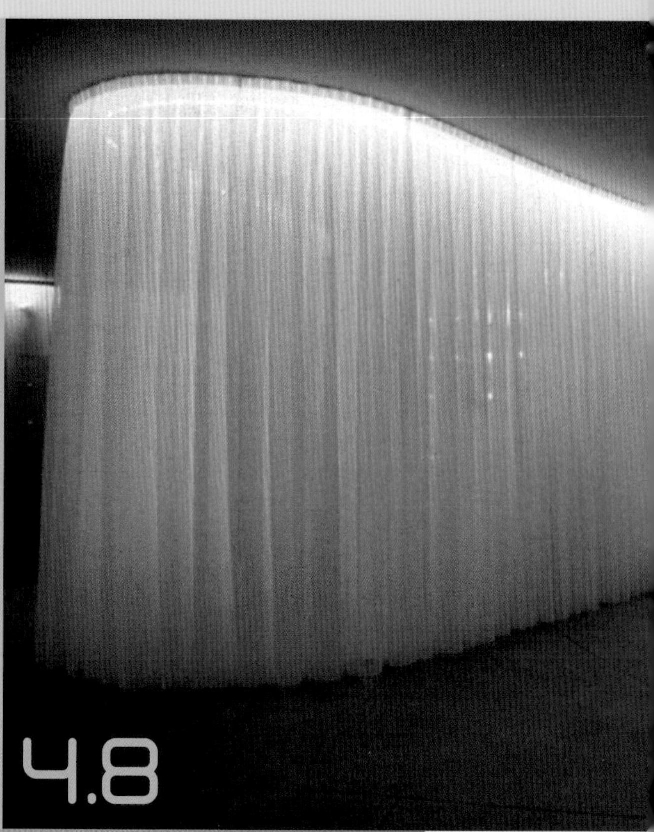

4.8

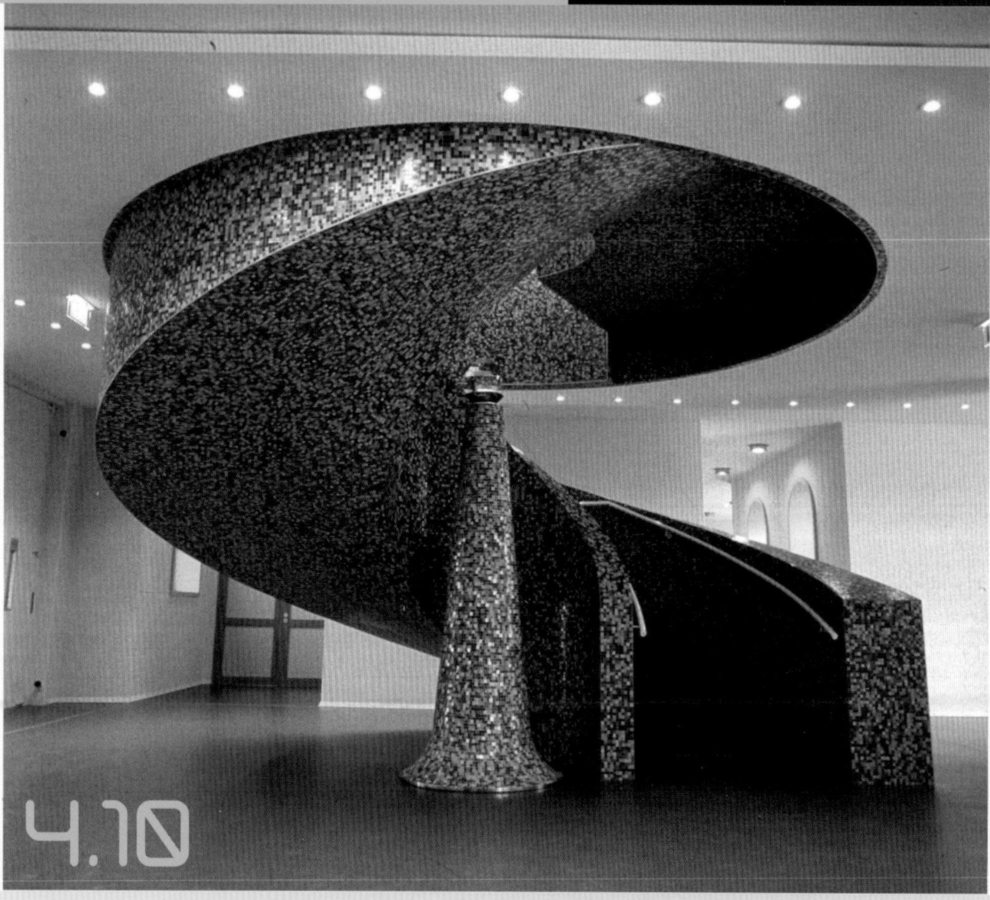

4.10

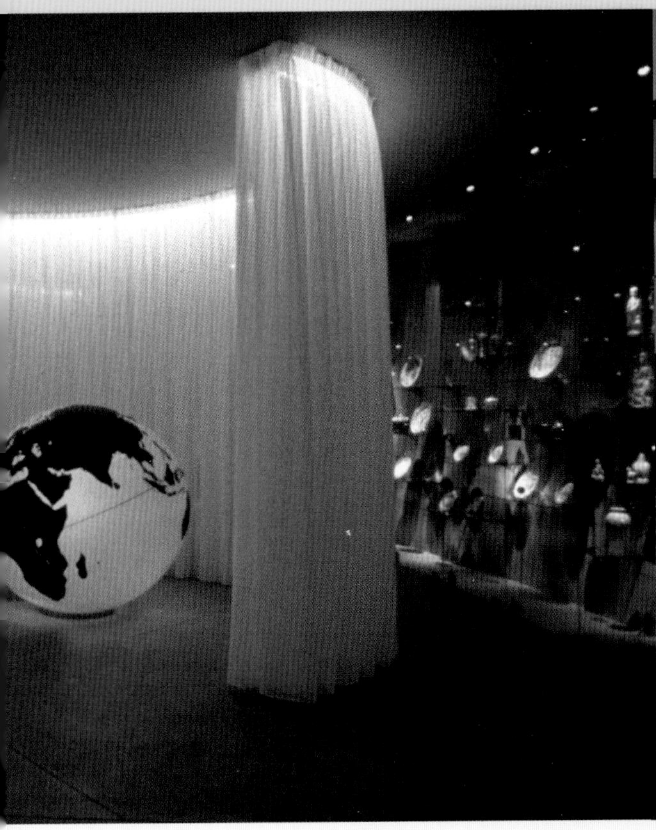

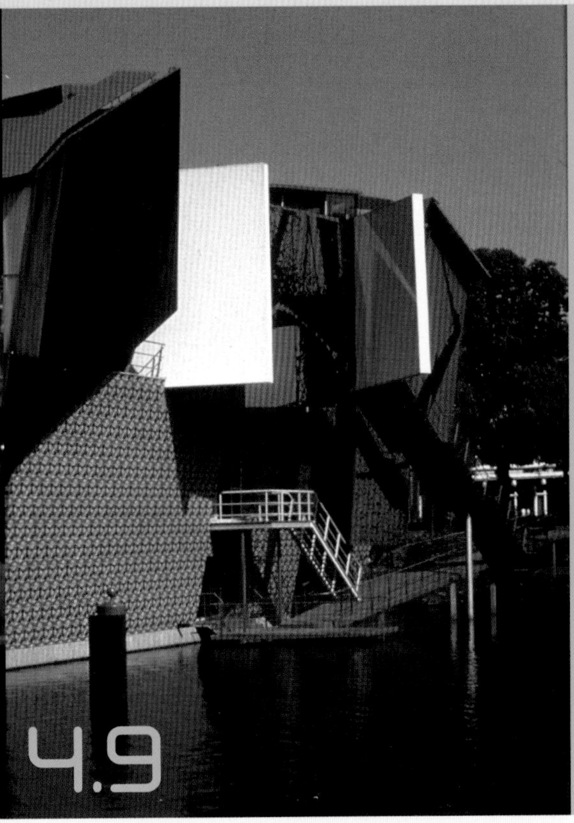

멘디니가 실험했던 유명한 회전계단도 뺄 수 없다. 황금색 타워와 더불어 그로닝거 미술관의 심벌이 된 것이 바로 이 계단이다. 회전하는 계단 전체를 조그마한 타일로 구성했는데, 프루스트 의자에서부터 그가 즐겨 시도한 점묘적 기법이다. 흔하게 볼 수 있는 타일을 이렇게 표현적으로 활용한 그의 시도는 설치미술에서나 볼 수 있는 접근이었으며, 그렇게 만들어진 회전계단은 그 자체로 대단히 인상적이다. 이후 그는 타일의 점묘적인 표현을 즐겼으며, 이 기법은 거의 멘디니 디자인의 트레이드마크가 된다.

이처럼 건물의 각 부분은 서로 다른 개성을 가지고 있었고, 조형적으로도 서로 유사성이 전혀 없었다. 바로 그런 이유 때문에 그로닝거 미술관은 전체가 하나의 이미지로 일사불란하게 디자인된 다른 미술관과는 전혀 다른 조형적 효과를 얻었다. 말하자면 서로 다른 부분이 격하게 충돌하는 데서 오는 조형적 긴장감, 폭발적인 이미지의 충돌로 기존 건축물은 도저히 흉내낼 수 없는 시각적 효과를 얻었다. 뿐만 아니라 건물 자체가 예술품이 되는 개념적인 성과도 얻었으니, 눈과 정신을 모두 충족시키는 완성도 높은 디자인으로 세상을 놀라게 했다.

비록 초기 디자인이었지만 멘디니는 건물의 개념부터 디테일한 구조에 이르기까지 여전히 실험을 멈추지 않았으며, 놀라운 것은 그런 실험이 대단한 성과를 얻으면서 지속되고 있다는 점이다. 그리고 그의 실험은 이후의 디자인을 위한 자양분이 되고, 이런 과정을 통해 멘디니의 디자인 세계는 빠른 속도로 자기 체계를 갖추었다.

시각과 청각을 사로잡는 환상적인 이미지의 히로시마 기념탑이나 비정형적인 구조로 기존의 미술관과는 완전히 다른 모습을 보여준 그로닝거 미술관은 세계적인 관심을 불러일으켰다. 신진(?) 디자이너의 행보로는 정말 대단한 것이었다. 이렇게 자신의 실력을 원 없이 보여준 멘디니는 초기 프로젝트에서부터 이미 성공적인 첫발을 내딛게 되었고, 그의 이름은 세계적인 디자이너로 확고부동하게 자리잡았다. 이후로 그는 세계적인 클라이언트와 수없이 많은 디자인 프로젝트를 진행하며 활발하게 활동한다.

4.8 **필립 스탁이 디자인한 전시공간 인테리어**
4.9 **쿱 힘멜브라우가 디자인한 모던 아트 파빌리온**
4.10 **알레산드로 멘디니의 점묘적 스타일이 타일을 통해 표현된 회전계단**

스와치의 고문과 디자인

지금의 스와치는 스위스를 대표하는 가장 대중적인 손목시계 브랜드다. 비싸지는 않지만 시간을 보기 위한 시계가 아니라 패션을 위한 시계, 감각적인 그래픽이 뛰어난 독특한 존재감을 가진 시계라는 이미지를 가지고 있다. 스와치 시계의 이런 이미지를 만든 사람이 바로 알레산드로 멘디니다.

1990년대 스와치를 비롯한 스위스 시계사업은 되돌릴 수 없는 위기에 봉착했다. 이에 스와치 사는 멘디니를 아트 디렉터로 초빙했다. 이때부터 1994년까지 멘디니는 스와치 사의 시아이C.I와 로고Logo에서부터 상품디자인, 매장디자인 등 거의 모든 것을 탈바꿈시키며 세계적인 경쟁력을 갖춘 기업으로 만든다.

스와치를 그렇게 만든 가장 중요한 화두는 '장식'이었다. 장식은 멘디니가 줄곧 주장해온 디자인의 중요한 요소다. 물론 장식은 오래 지속되지 못한다는 문제가 있긴 하지만, 멘디니는 장식이 가지고 있는 소통성과 친밀감에 주목했다. 시계라는 아이템을 시간을 알려주는 기계가 아니라 친근하고 예쁜 장식품으로 만들어 사람들이 편하게 다가갈 수 있도록 하자는 것이 그의 의도였다. 표면적으로는 시계에 장식을 많이 넣어서 소통성을 강화하자는 것이었지만, 내면적으로는 시계를 바라보는 기존의 관점을 바꾸려는 철학적 접근이 깔려 있었다.

그런 의도에 따라 1990년 스와치는 멘디니의 디자인 오롤로지오Orologio 시리즈를 선보였다. 결과는 엄청났다.

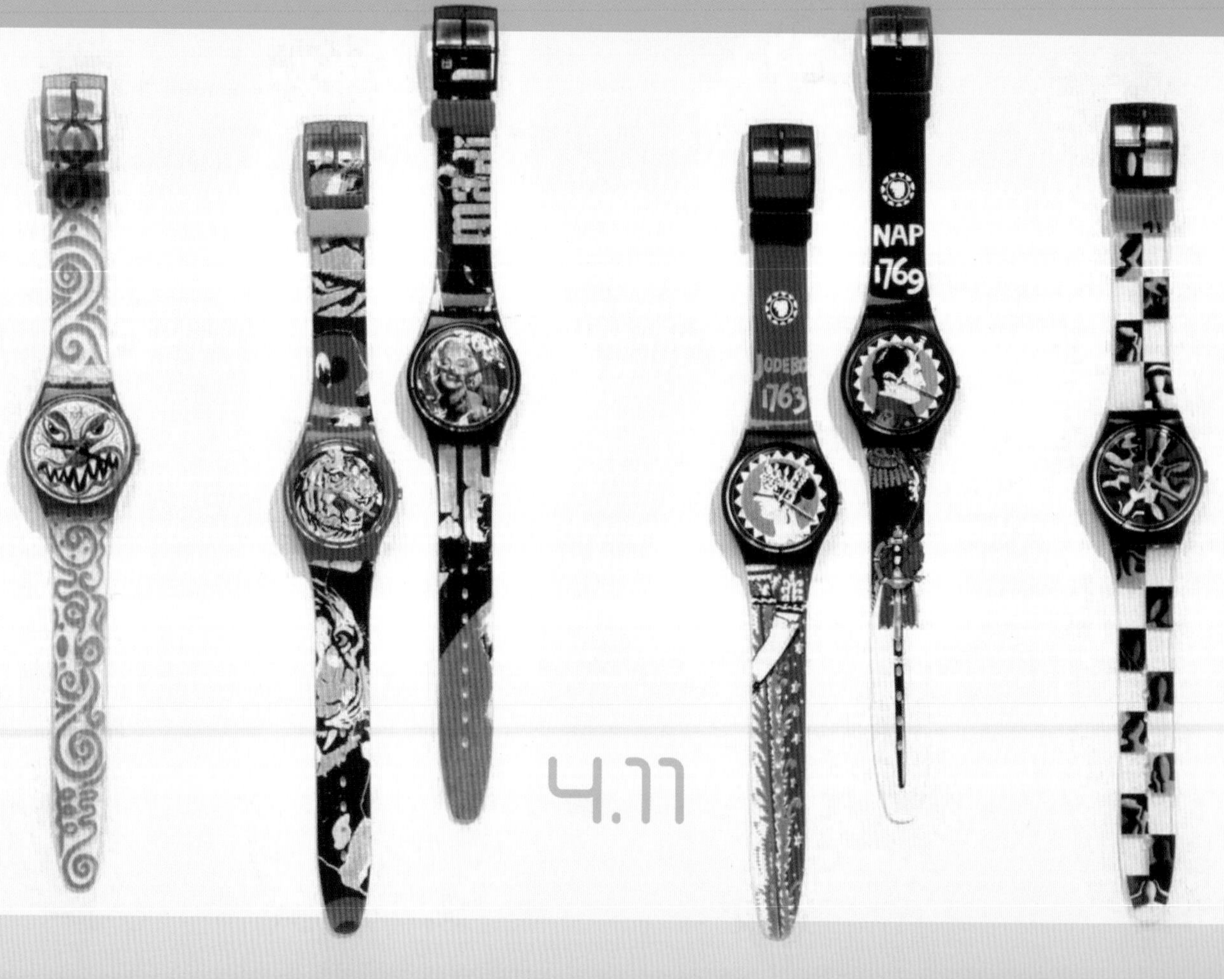

4.11

매력적인 그래픽으로 가득 찬 시계는 생전 처음 보는 것이었고, 그러면서도 과하지 않은 가격은 대중의 열광적인 관심과 환호를 불러일으켰다. 그 결과 스와치 시계는 시계에 대한 선입견을 순식간에 무너뜨리고 세계적인 인기를 얻었다.

자칫하면 브랜드 이미지를 저렴하게 만들어버릴 위험도 있었다. 하지만 대중에게는 눈이 휘둥그레질 정도의 그래픽 장식을 넣은 시계가 가격표를 따라 저렴해진 것이 아니라, 뛰어난 디자인을 가진 감각적인 물체로 다가왔다. 멘디니가 간파한 장식의 소통력이 적중했던 것이다. 친근하면서도 예술적인 격조를 잃지 않는 디자인을 해온 멘디니를 생각하면 그런 결과는 어쩌면 당연한 일이었다.

중세시대부터 시계는 정확한 시간을 알려주는 정교하면서도 럭셔리한 기계장치라는 이미지가 컸고, 스위스 시계는 그런 이미지를 부각시키면서 세계적인 신뢰를 얻고 있었다. 그런데 그것이 오히려 독이 되어 스와치 같은 시계 브랜드를 어렵게 만들었던 것이다. 그런 정교한 시계를 만드는 기술은 스위스만 가진 게 아니다. 멘디니는 이 부분을 정확하게 보았다. 그는 시계에 대한 무거운 선입견을 벗겨내고, 시계를 액세서리처럼 가볍고 친근한 존재로 만들었다. 그 결과 스와치는 일약 세계적인 브랜드로 도약했고, 이후로 그는 계속해서 패셔너블하고 아름다운 장식으로 가득 찬 시계를 디자인했다.

1992년에 디자인했던 '로트 오브 도츠Lot of Dots'에서는 점묘법을 적용하여 멘디니의 개성을 가득 표출하기도 했다.

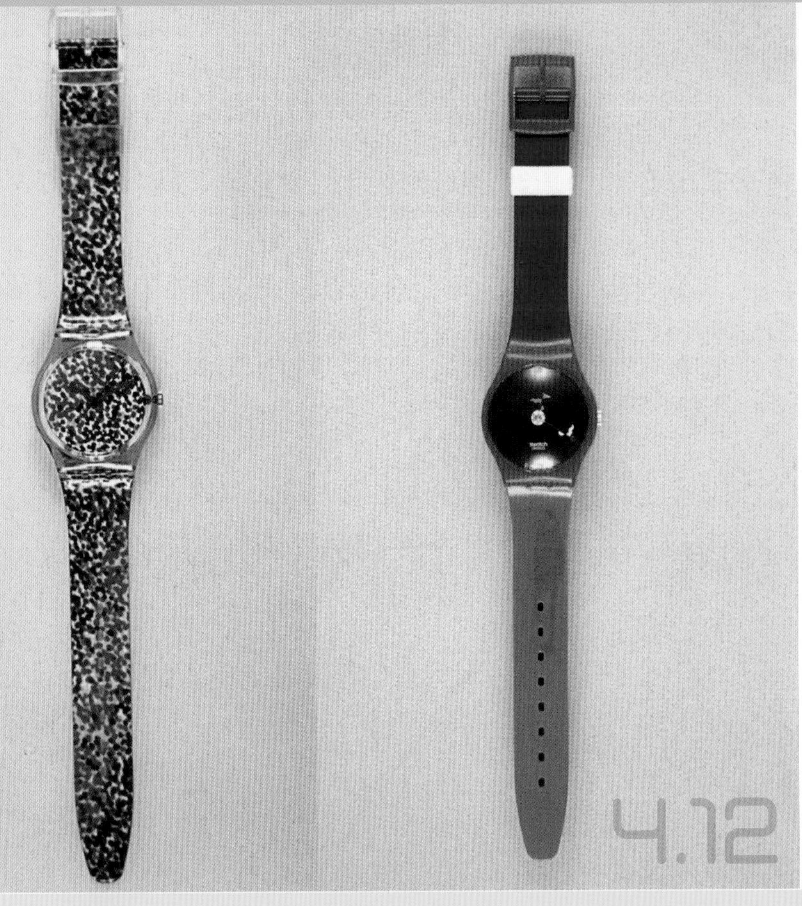

4.12

4.11 시계의 개념을 완전히 바꾼 스와치의 오롤로지오 시리즈

4.12 1992년의 '로트 오브 도츠'와 1993년의 '크리스털 서프라이즈' 오롤로지오 시리즈

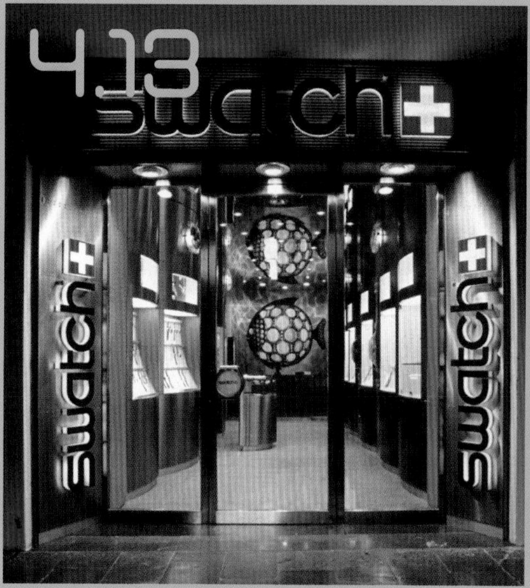

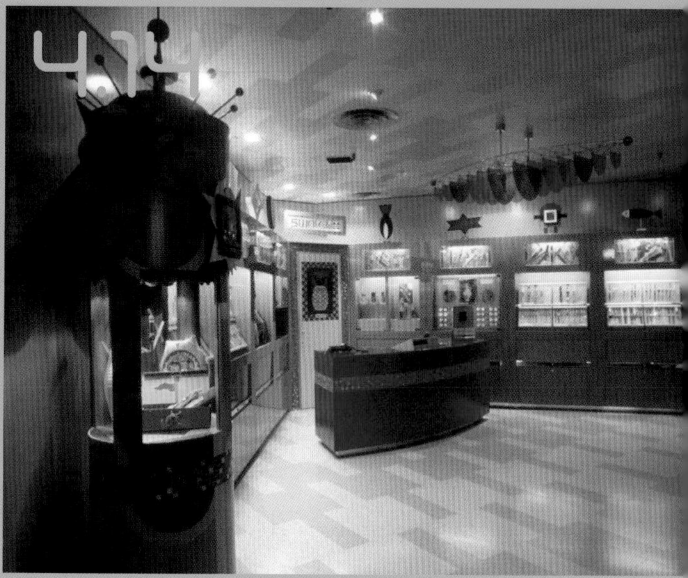

그리고 멘디니는 시계의 이미지에 따라 스와치 매장 인테리어도 함께 디자인했다.

우선 가독성이 높은 스와치 로고 타입과 그 옆에 스위스를 상징하는 십자가가 붙어있는 익숙한 디자인을 눈여겨볼 필요가 있다. 이 로고 타입도 멘디니의 솜씨다. 건축과 산업디자인뿐 아니라 그래픽디자인까지 넘보는 그의 다재다능함을 엿볼 수 있다. 그런데 간결한 로고에 비해 매장 내부 디자인은 좀 독특하다. 우선 보기에도 시계 매장이라기보다는 화랑이나 패션숍 같은 느낌이다.

시계를 딱딱한 기계 덩어리가 아니라 패션소품으로, 예술적 디자인이 반영된 격조 높은 사물로 만들고자 했던 멘디니의 의도가 그대로 반영된 디자인이다. 여느 시계 매장과는 완전히 다른 것은 누가 봐도 틀림없는데, 독특한 개성과 예술적 감수성으로 가득 찬 매장은 스와치 시계를 비롯해, 스와치라는 브랜드에 대한 이미지를 매우 매력적으로 만들어 주었다. 더 나아가 멘디니는 스와치 시계의 디자인뿐 아니라 시계를 사는 행위 그 자체에도 주목했다. 비록 크지 않고 비싸지 않은 시계지만, 시계를 사는 장소나 행위까지도 예술로 인식하도록 디자인한 것이다.

이렇게 스와치와의 디자인 작업은 큰 성공을 얻었고, 멘디니는 이후로도 스와치 매장을 비롯해 여러 디자인을 진행해오고 있다.

시간이 지날수록 그의 디자인에서 예술성이 더욱 빛을 발하며, 화려하고 장식적이면서도 현대적인 분위기로 계속해서 진화하고 있는 것을 볼 수 있다.

4.13 **로고가 인상적인 스와치 매장 입구**
4.14 **독특한 이미지의 스와치 매장**
4.15 **2003년 이탈리아 팔레르모의 매장디자인**
4.16 **2003년 파리 매장디자인**

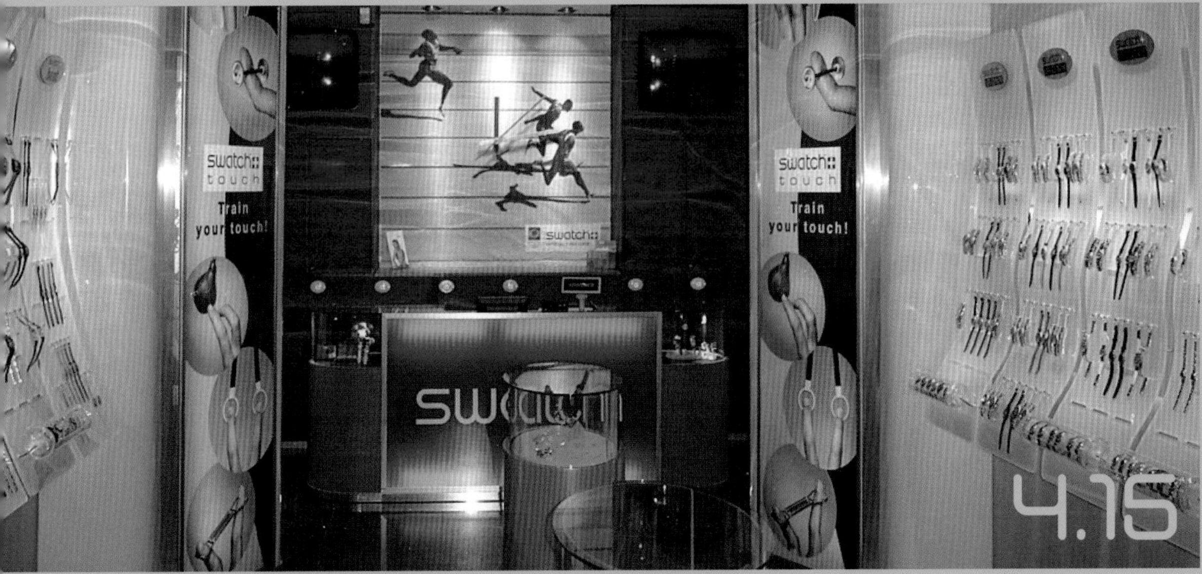
swatch touch
Train your touch!
swatch touch
Train your touch!
swatch

4.15

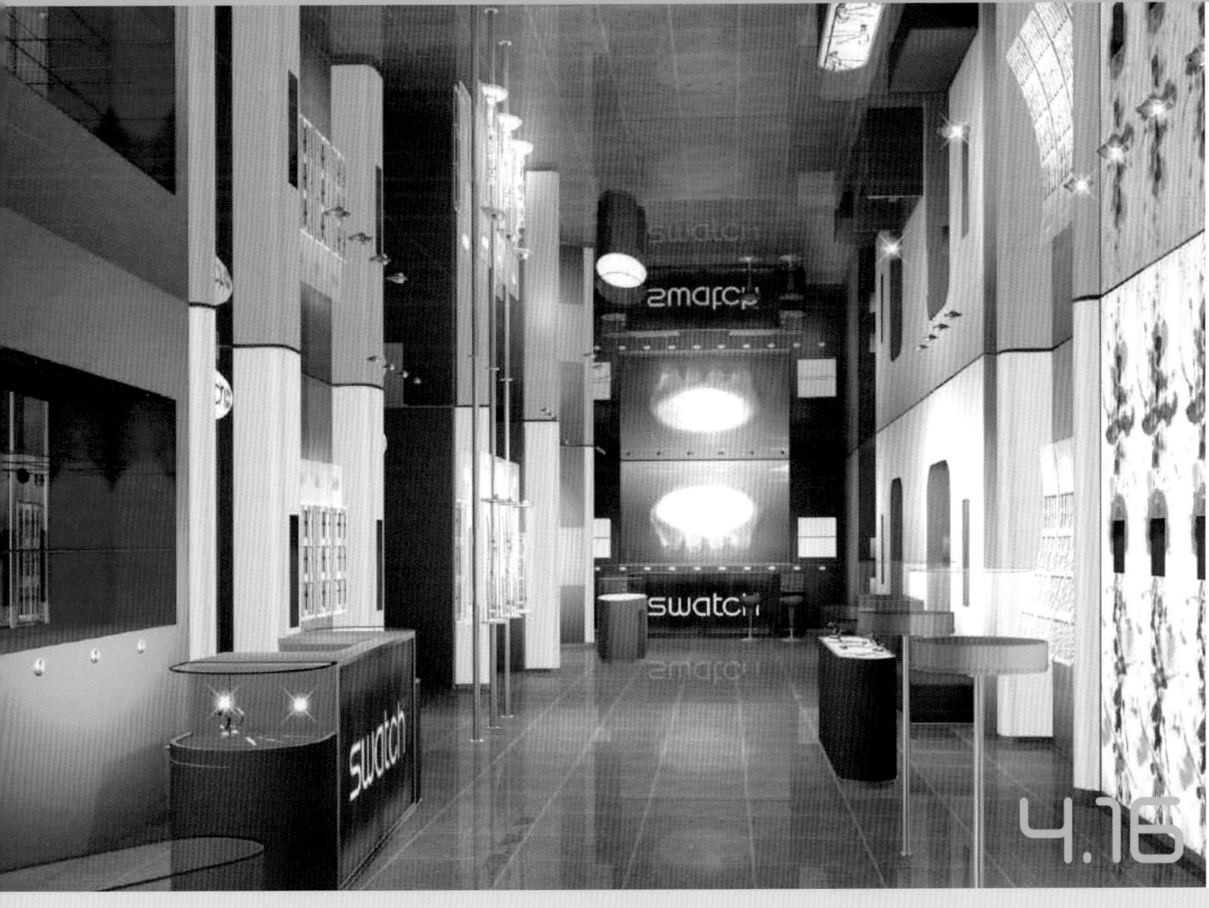
swatch
swatch

4.16

2

알레시와의 만남

기업인과 디자이너 만남의 아름다운 예

알레시는 세계 최고의 디자이너가 함께 일하고 싶어 하는 기업으로 손꼽히는, 세계 디자인을 이끄는 기업이다. 일개 주방용품 회사였던 알레시가 세계 디자인을 주도하는 중심기업이 된 데에는 역시나 알레산드로 멘디니의 공헌이 절대적이었다. 멘디니와 알레시의 관계는 단순히 디자이너와 기업의 관계를 넘어서는, 이탈리아 디자인은 물론 세계 디자인을 발전시키는 데 큰 역할을 했다.

법학을 전공한 알베르토 알레시는 30대에 알레시의 경영권을 물려받았다. 많은 디자이너와 작업하기는 했지만 그때까지의 알레시는 디자인적으로 두드러진 기업은 아니었다. 나름 고민이 많았던 젊은 알레시는 1970년대 멘디니를 찾았다. 멘디니와 장시간 기업의 디자인에 관해 이야기를 나누면서 그는 자신의 생각과 멘디니의 생각이 일치하고 있다는 것에 큰 감명을 받았다. 그리고 그리스 철학자를 연상케 하는 멘디니의 인품과 지적 면모에 매료되어 자신의 멘토로 존경하게 되었다. 그는 이렇게 말한 적이 있다.

"사람들이 알레산드로 멘디니가 당신에게
무엇을 해주었으며,
또 그의 역할이 무엇인지 물으면,
나는 그저 웃기만 한다."

"When people ask me what Mendini does for us,
What his role is. I just smile."

이 한마디에서 멘디니에 대한 지극한 존경심을 읽을 수 있다. 이런 인연으로 멘디니는 지금까지 알레시 회장에게 많은 조언과 기업에서 디자인을 어떻게 활용해야 하는지에 대해 많은 영감을 주었다. 하지만 1970년대까지는 아직 멘디니 자신도 준비가 되어 있지 않았고, 알레시의 사정 등으로 그렇게 많은 작업을 함께하지는 못했다.

알레시와 멘디니가 본격적으로 디자인 프로젝트를 하게 된 것은 1983년의 '티 앤 커피 피아자' 프로젝트부터였다.

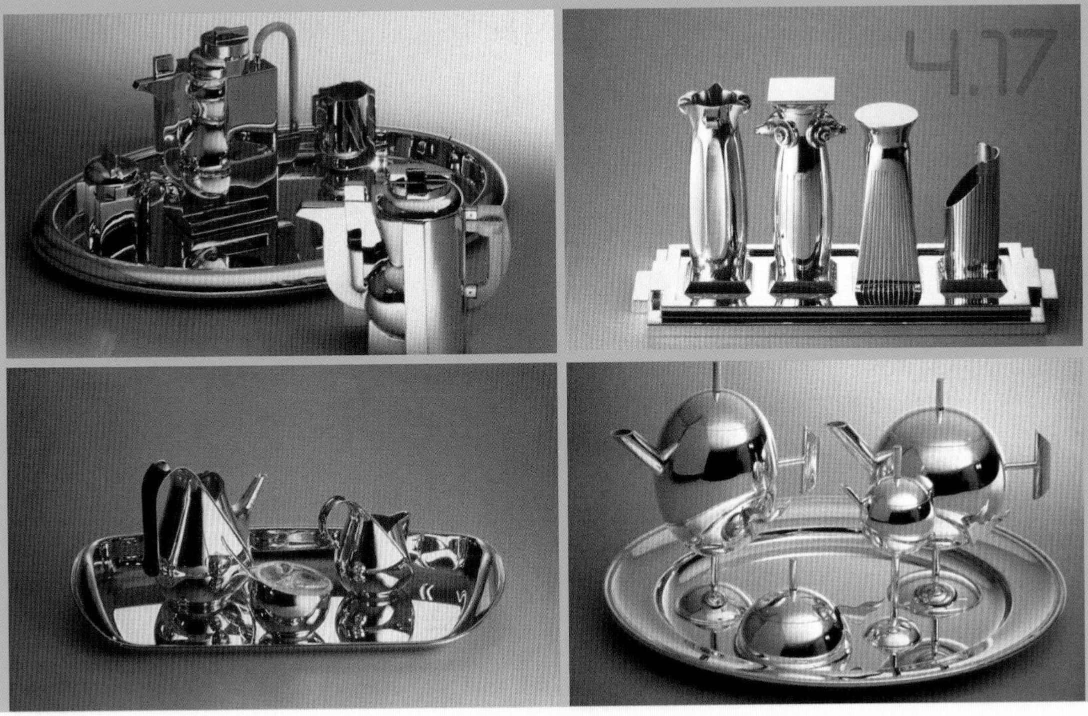

4.17 1983년 '티 앤 커피 피아자' 프로젝트

티 앤 커피 피아자 *1983*

Tea & Coffee Piazza

이것은 세계적으로 두각을 나타내기 시작한 젊은 건축가를 발굴해 아무런 제약 없이 건물을 닮은 '차와 커피 세트'를 디자인하도록 한 프로젝트였다.

알레산드로 멘디니의 이 기획은 솔직히 이윤을 추구하는 기업이 하기에는 쉽지 않은 프로젝트였다. 자칫 잘못하면 세계적인 건축가를 모아놓고 재미로 해보는 일회성 이벤트로 끝날 수도 있기 때문에 기업 입장에서는 선뜻 받아들이기 어려운 일이었다. 게다가 딱히 참고할 만한 성공사례가 있는 것도 아니었다. 하지만 멘디니의 생각을 알레시가 전격적으로 수용하면서 역사적인 시도가 이루어졌다. 사실 이전에도 멘디니는 여러 가지 아이디어를 제안했다. 하지만 회사 사정으로 실현되지 못했는데, 이때 비로소 이 기획을 첫 디자인 프로젝트로 진행한 것이다.

하지만 알레시나 멘디니나 결과를 예측할 수 있는 근거는 없었다. 서로가 모험이었다. 그러나 결과는 예상을 훨씬 뛰어넘었다.

마이클 그레이브스, 알도 로시Aldo rossi, 리차드 마이어, 찰스 젱크스 등, 참여한 사람들의 면모만 보더라도 세계 건축계의 드림팀이라고 할만하다. 게다가 이들이 내놓은 디자인은 하나같이 독특하면서도 완성도가 높았다. 건축을 조그마한 잔과 주전자로 압축해놓은 디자인은 단박에 세상의 이목을 끌 만큼 매력적이었다. 무엇보다 기능주의적 디자인과는 완전히 결별한 스타일은 당시 세계 디자인의 흐름을 주도할 만큼 혁신적이었다.

이 프로젝트는 등장하자마자 세계적인 주목을 받았다. 알레시가 돈 들여 광고하지 않아도 각종 디자인 매체나 디자인 역사책이 앞다투어 이 프로젝트의 결과물을 세상에 널리 알려주었다. 심지어 지금까지도 많은 디자인 역사책이 이때의 알레시 디자인을 홍보해주고 있다.

이렇게 알레시의 이름은 평범한 주방용품 회사에서 단박에 세계 디자인의 중심으로 올라섰다. 그냥 주방용품을 만드는 회사가 아니라 디자인 명품 메이커로 순식간에 신분상승을 한 것이다. 이것은 돈을 들여 홍보한다고 해서, 마케팅 전략을 잘 짠다고 해서 얻어질 수 있는 것이 아니다.

세계적인 건축가의 난해한 디자인을 그대로 현실화시킨 알레시의 뛰어난 제작 능력 역시 세상에 알려진 것은 물론이다. 알레시는 기술적인 측면에서도 세계적인 신뢰를 얻은 것이다.

주방용품 메이커에 불과했던 알레시가 이 프로젝트를 통해 얻은 것은 이루 헤아릴 수 없다. 알레시 회장도 생각하지 못한 대성공이었으며, 알레시는 사업적으로도 크게 성장했다. 이제는 알프스 산기슭에서 냄비를 만드는 자그마한 회사가 아니라 세계 시장을 이끄는 독보적 기업이 되었고, 세계적인 디자이너가 모이는 중심이 되었다. 이런 입지상승으로 알레시가 얻은 사업적 이익은 돈으로 환산할 수 없는 것이다.

생각해보면 이 프로젝트는 불가사의한 부분이 한둘이 아니다. 기업은 디자이너에게 무한한 자유를 주고 그것을 실현해주는 도우미 역할만 하면서 뒤로 물러나 있었지만, 결과적으로 기업은 디자이너가 심혈을 기울여 만든 획기적인 디자인을 고스란히 갖게 되었다. 그리고 단지 기업의 히트 상품이 아니라 기업의 존재를 바꾸어놓을 만한 정신적 유산도 만들게 되었다. 이 프로젝트는 디자인이 기업에 얼마나 큰 영향을 미칠 수 있는지 보여주는 역사적인 사례가 되었으며, 기업이 디자인을 어떻게 활용해야 하는지를 보여주는 모범사례가 되기도 했다.

이 프로젝트의 중요한 성과 가운데 세계적인 디자이너와 인연을 맺었다는 것, 그리고 알레시에 큰 도움을 줄 수 있는 뛰어난 디자이너를 발굴했다는 것 역시 빼놓을 수 없다. 예컨대 알도 로시와 마이클 그레이브스는 이 프로젝트 이후로 알레시와 많은 디자인을 개발했다. 알도 로시의 대표작이라 할 수 있는 커피 메이커 큐폴라Cupola와 마이클 그레이브스의 대표작이라고 할 수 있는 주전자 버드 케틀Bird Kettle은 지금까지도 판매되는 알레시 최고의 히트작이며, 이들을 통해 알레시는 세계적인 명성을 이어갈 수 있었다.

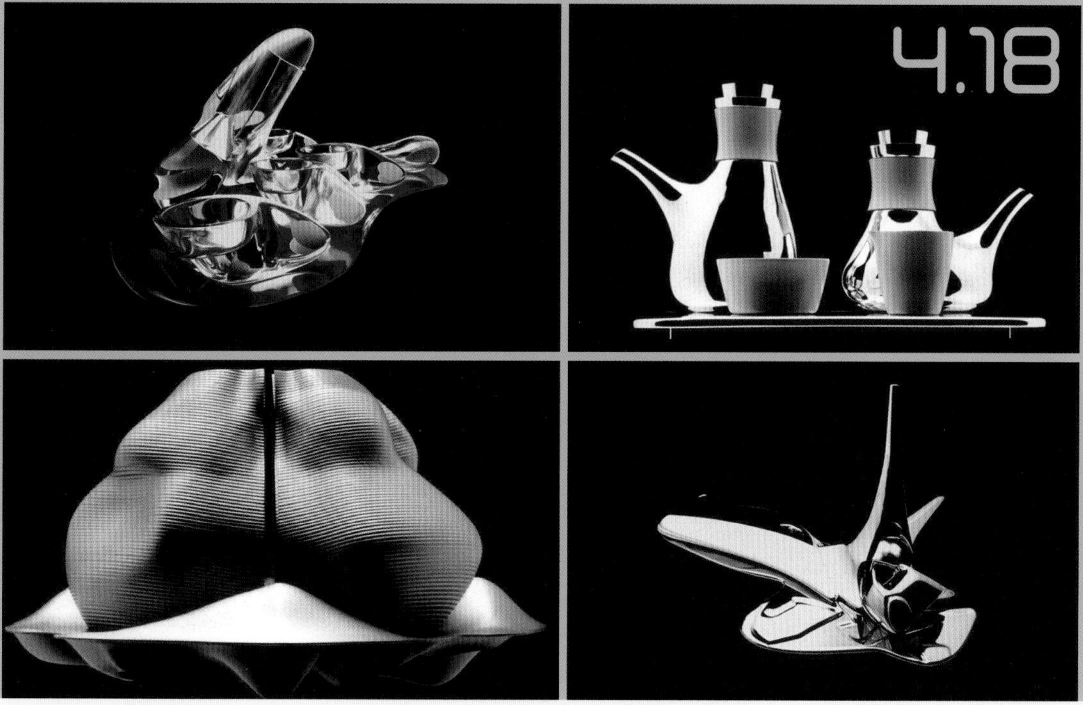

4.18 2003년 '티 앤 커피 피아자' 프로젝트의 실험적인 디자인

알레시에 이 프로젝트가 얼마나 중요한 계기였는지는 20년 후인 2003년에 다시 같은 주제로 프로젝트를 진행한 것을 보면 알 수 있다. 이때는 세계적인 건축가뿐 아니라 순수미술 작가도 같이 선별하여 아무 제약 없이 완전히 자유롭게 디자인하도록 했다.

디자이너를 선별하고 진행하는 일은 20년 전처럼 알레산드로 멘디니가 맡았다. 이 프로젝트에 참여한 사람들로는 영국의 윌 알솝Will Alsop, 네덜란드의 비엘 아레츠Wiel Arets, 홍콩의 게리 창Gary Chang, 영국의 데이비드 치퍼필드David Chipperfield, 자하 하디드, 일본의 시게루 반Shigeru Ban, 토요 이토Toyo Ito, 카즈요 세지마Kazuyo Sejima, 니시자와 류Nishizawa Ryue, 프랑스의 장 누벨Jean Nouvel, 도미니크 페로Dominique Perrault 등이었다.

모두가 세계적으로 크게 활약하는 이들로, 역시 최첨단의 디자인 흐름을 유감없이 보여주었다. 이는 세계 디자인을 이끌어온 알레시의 일관된 노력이 확인된 프로젝트였다.

이런 모든 변화를 계획하고 이끈 중심인물은 바로 알레산드로 멘디니다. 알레시 회장의 마음에 그에 대한 존경심이 무한정으로 커지는 것은 당연한 일이다. 이후로 멘디니와 알레시는 각별한 관계를 이어나간다. 특히 멘디니가 아틀리에를 열고부터는 수많은 디자인 프로젝트를 함께 진행한다.

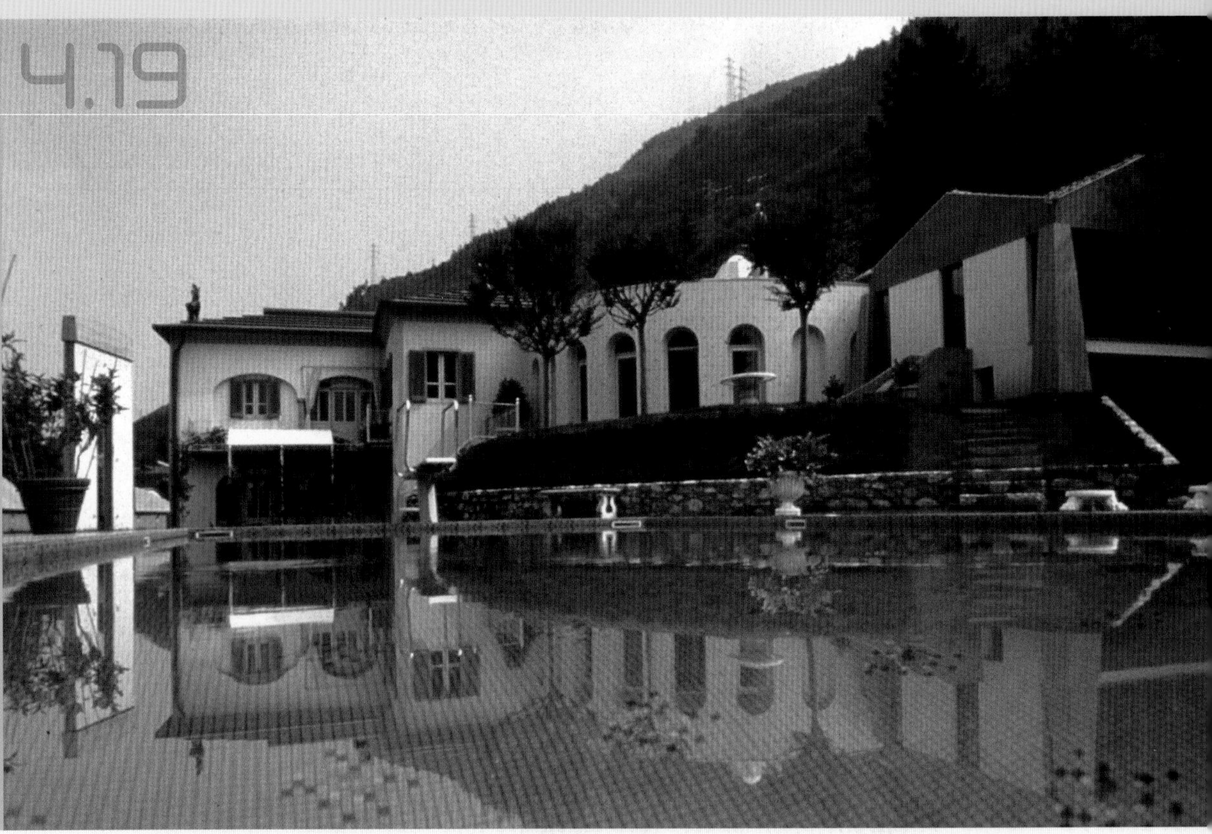

알레시 주거 프로젝트 *1989*

La Casa della felicita

이 프로젝트는 이탈리아 전원에 세워진 전형적인 주택을 알레산드로 멘디니의 감각으로 새롭게 재탄생시키는 것이었다. 가구나 소품을 주로 디자인해왔던 멘디니에게는 건축물을 디자인할 수 있는 좋은 기회이기도 했다. 그 결과 주택의 고전적인 기품은 그대로 유지하면서도 현대적인 신선함을 부여하고 있다. 오르타Orta 호수를 둘러싼 여러 개의 집과 방이 서로 다른 모양과 색을 가지고 있어서 마치 맞추어지지 않은 퍼즐 조각 같은 디자인이다. 이것은 오래된 가구에 순수미술을 도입해 독특한 디자인을 만들어낸 이전의 실험적 가구와 이어지는 바가 있다. 좀더 자세히 살펴보면 이전의 멘디니 디자인 작업에서 볼 수 있던 것처럼 서로 어울릴 것 같지 않은 형태를 마치 콜라주 기법의 회화처럼 구성해놓았다는 것을 알 수 있다. 디자인의 예술화를 주택에서도 그대로 실현한 것이다.

여기서 놓치지 말아야 할 점은 어울리지 않는 것들끼리의 부딪힘을 조형적 혼란이 아니라 조형적 긴장감으로 승화시키는 멘디니의 노련한 솜씨다. 소품이나 가구에서는 비교적 어렵지 않게 구현할 수 있지만, 한 눈에 모든 것이 다 파악되지 않는 규모가 큰 디자인에서 실현하기에는 여러모로 어려움이 컸을 것이다. 하지만 멘디니는 새로운 상황에서도 자신의 스타일을 잘 승화시켜 표현했다. 그리고 사이사이 경쾌한 색상과 고전을 현대적으로 차용한 부분들의 어울리지 않는 듯하면서도 어울리는 모습은 이전의 기능주의 디자인에서는 전혀 볼 수 없는 독특한 시각적 즐거움을 가져다준다. 이는 향후 멘디니의 건축디자인을 예견하게 하는 프로젝트였다. 멘디니는 이 주택의 정원 벽화도 디자인하여 그의 섬세한 손길을 느끼게 해주었다.

4.19 맞추어지지 않은 퍼즐 조각 같은 느낌의 알레시 주택
4.20 알레산드로 멘디니의 개성 있는 얼굴
4.21 알레산드로 멘디니 자신의 얼굴을 모티브로 디자인한 과자박스

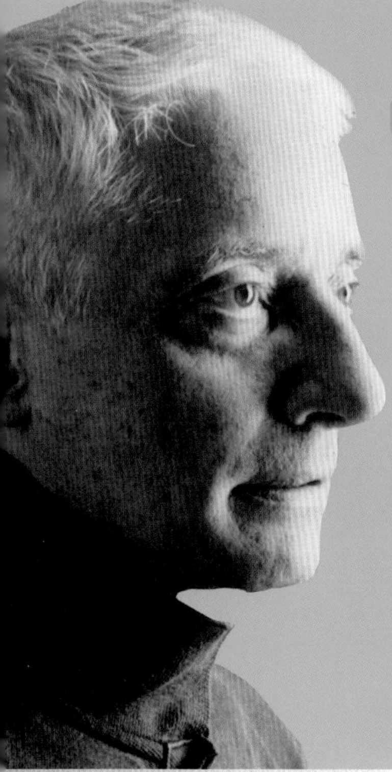

4.20

페이라노 박스 *1990*

Peyrano Box

알레산드로 멘디니는 알레시를 위해 많은 제품을 디자인했는데, 그 가운데 재미있는 것이 1990년의 페이라노 박스다. 마치 장난감 우주선처럼 생긴 금속 그릇 같다. 뚜껑에 뾰족한 부분이 둥근 곡면의 뚜껑 몸체와 강하게 대비되어 조형적으로도 눈에 띈다. 그런데 이렇게 생긴 모양은 단지 조형적으로 두드러져 보이게 하기 위해서 디자인된 것이 아니다. 뚜껑의 둥근 곡면에 크고 뾰족한 삼각형을 붙인 모양은 멘디니 자신의 얼굴을 모티브로 삼은 것이다. 언뜻 보면 멋진 그릇 같지만, 실은 자신의 둥근 얼굴과 크고 뾰족한 코를 캐릭터처럼 표현한 것이다. 디자인에 예술을 실현하고자 하는 그의 진지하고 실험적인 행보를 지켜보던 이들을 편안하게 웃게 만드는 디자인 같다. 이후로 나올 안나 G의 아이디어도 이런 디자인을 통해 얻어지지 않았나 하는 생각도 든다.

4.21

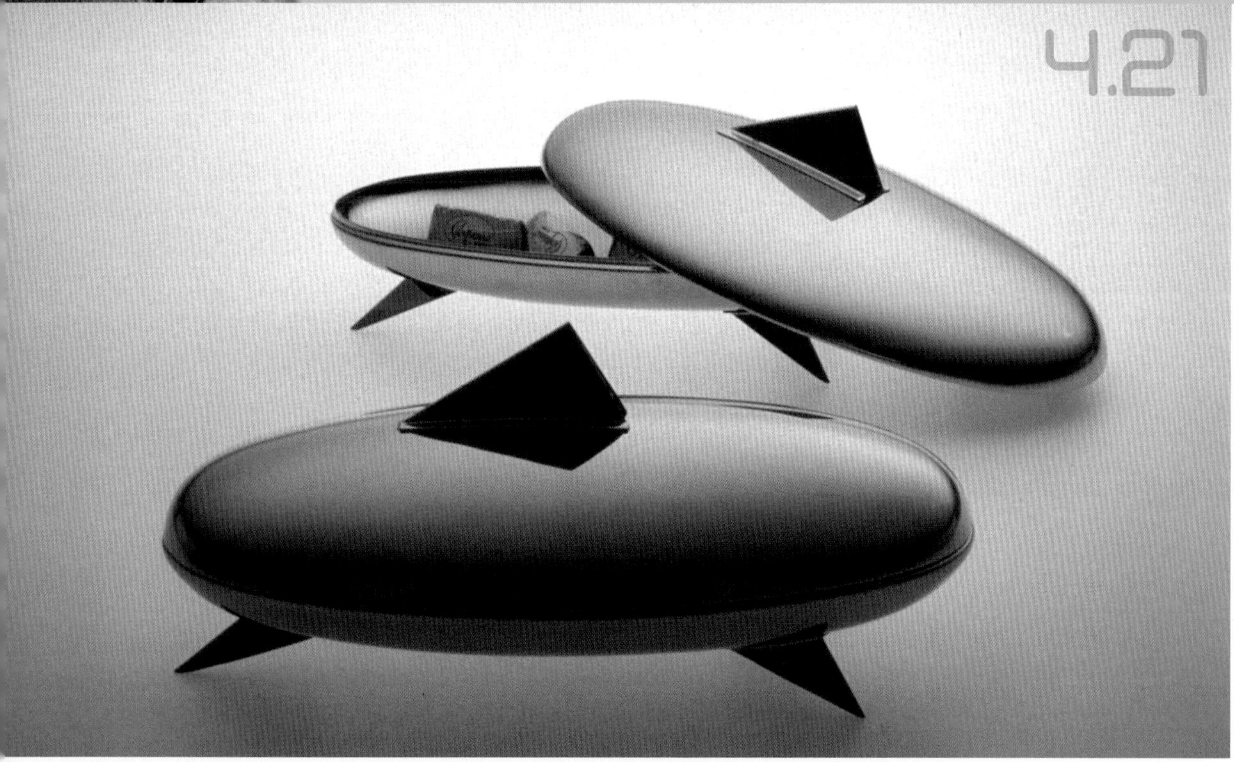

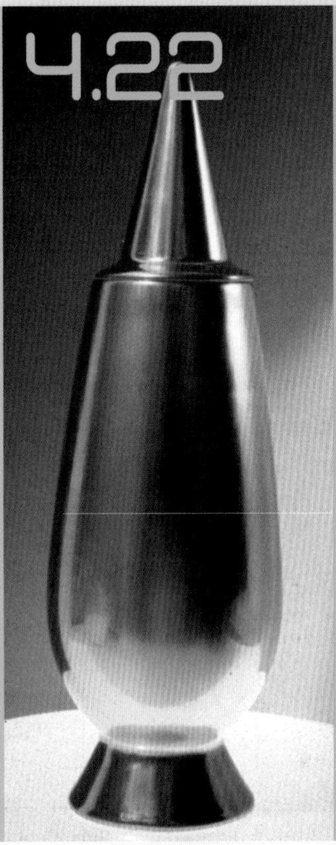

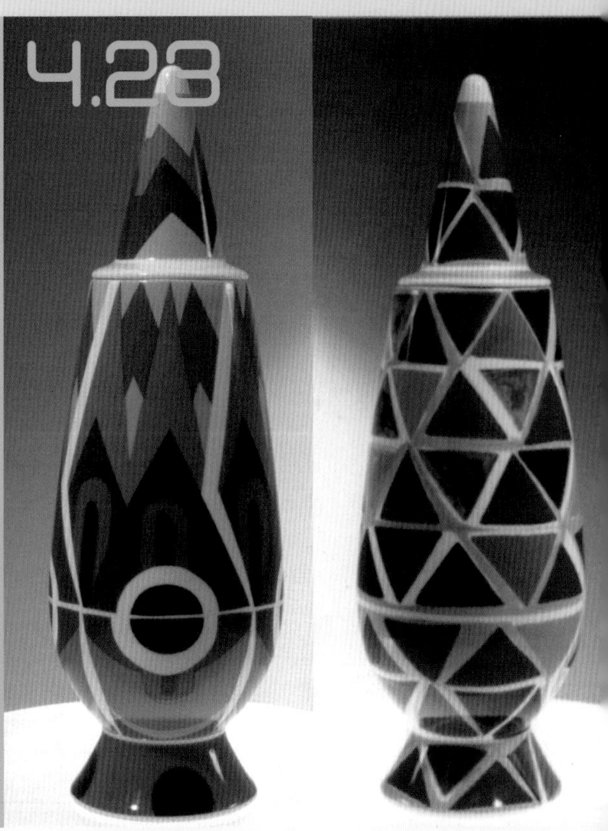

4.22 알레산드로 멘디니가 디자인하고 금색을 칠한 도자기 병
4.23 로버트 벤투리, 니콜라 데 마리아, 캄바 루에사, 라바제, 안나 질리, 레오니드 옌투스의 작품

100% 메이크업 *1992*

100% Make-up

1992년 알레산드로 멘디니는 알레시와 '티 앤 커피 피아자'에 비견될 수 있는 또 하나의 프로젝트를 진행했다. 곡식을 담는 항아리의 축소판 같은 이집트 스타일의 병을 디자인하고는 그 병을 세계 여러 작가에게 나눠주고 그 병에 그림을 그리게 한 것이다. 별것 아닌 것 같아 보이지만 그렇지가 않다.

우선 이 프로젝트에 참여하는 사람들의 범위를 크게 넓혀서, 전 세계적으로 100여 명의 화가 · 건축가 · 디자이너 · 뮤지션 등에게 그림을 그리게 했다. 그리고 병마다 번호를 매겨 작가의 이름을 모두 명시했다. 참여한 작가는 모두 세계적인 인물로 역시 멘디니가 직접 발굴했다. 똑같은 모양의 병 위에 세계적인 작가가 각자의 개성을, 그야말로 '100%' 발휘해 그림을 그리고 디자인했다. 당연히 대단한 볼거리가 되었다.

예를 들어 로버트 벤투리Robert Venturi는 화려하고도 강렬한 그래픽으로, 니콜라 데 마리아Nicola De Maria는 삼각형 문양의 조합으로 색상과 형태의 장식적인 아름다움을 잘 표현하였다. 노란색톤 위에 검은색 선으로 문양을 넣은 캄바 루에사Kamba Luesa의 작품은 이국적인 느낌을 강하게 주고, 문양과 드로잉이 잘 어울린 라바제Ravage의 작품도 재미있다. 일본풍 일러스트레이션을 넣은 안나 질리Anna Gili의 디자인은 매우 독특하고, 검은색 스트라이프 면 위에 파란색의 무늬를 중첩한 레오니드 옌투스Leonid Yentus의 작품은 동양 도자기 같은 느낌을 준다.

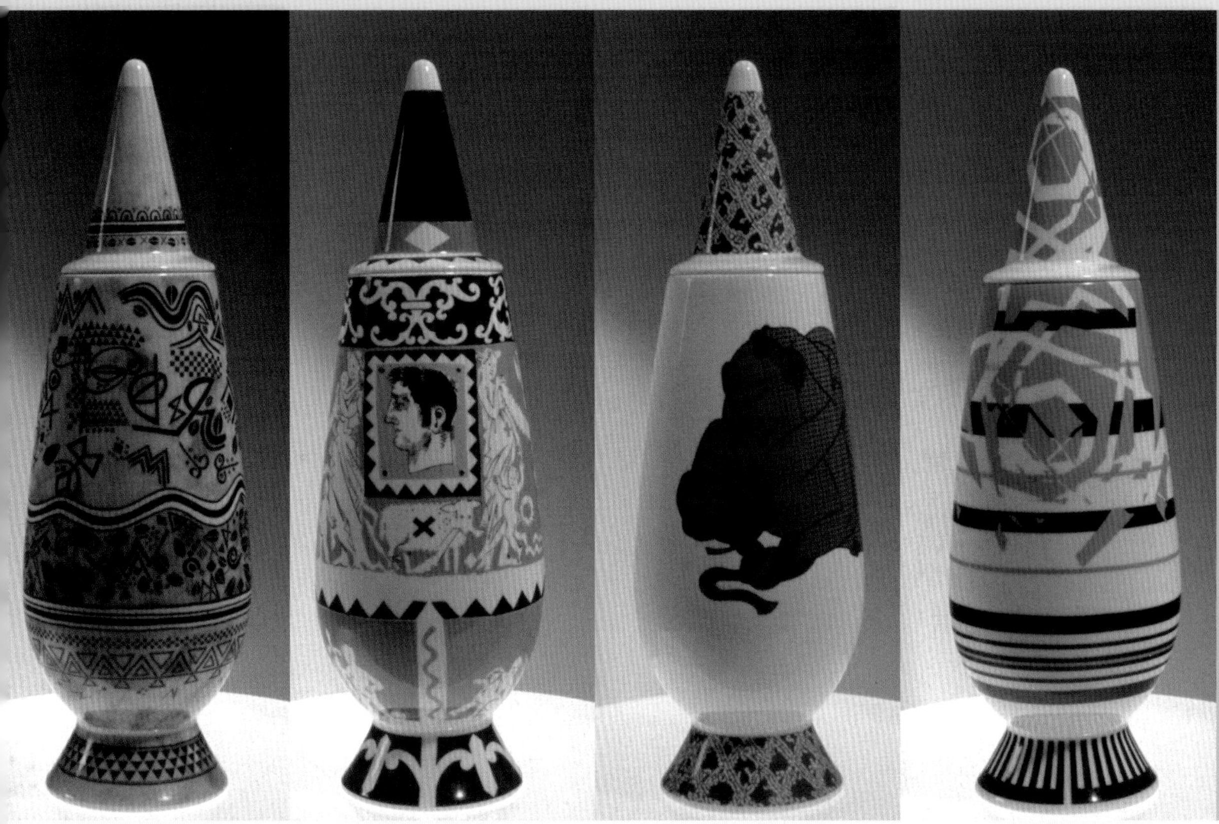

병이라는 동일한 조건에서 작가에 따라 다양한 스타일이 만들어지는 것을 목격하는 것은 참으로 재미있는 일이다. 게다가 세계 최고 수준의 그림과 디자인을 조그마한 병을 통해 모두 비교하면서 감상할 수 있다는 점 또한 매력적이다. 일단 참여 작가의 수가 100명이나 되니 양적으로도 대단하다.

당연히 100% 메이크업은 세간의 이목을 끌었다. 디자인과 예술이 접목되는 것도 이슈가 될 만했고, 작가들만으로도 매체의 호기심을 자극했다. 무엇보다 이윤을 추구하는 기업에서 이런 아방가르드한 실험을 한다는 사실은 놀랄 만한 일이었다. 더 놀랄 일은 프로젝트가 완성되는 동안 선주문이 쇄도해서 거의 다 판매되었다는 것이다.

주방용품 메이커 알레시의 입장에서 본다면, 간단하게 생긴 병 100개에 여러 작가가 그림을 그린다는 것은 그다지 매력적인 디자인 개발 프로젝트는 아니었을 것이다. 아무리 세계적인 작가의 작품이라도 상품 위에 그려진 그림으로 상품성이 고양된다는 것은 회사 입장에서도 결코 좋은 일은 아니다. 이는 수십 년 동안 기술과 경험을 쌓은 기업의 능력을 무시하는 일일 수 있기 때문이다. 역시나 멘디니의 의도나 이 프로젝트가 노렸던 진정한 효과는 다른 곳에 있었다.

100개의 병을 낱개로만 보면 그저 특이한 작품으로 보이지만, 전체를 모아놓으면 세계적인 조형예술이 한자리에 모여 있는 셈이 된다. 국제 예술 비엔날레를 도자기 병 100개에 압축해놓은 결과를 얻은 것이다. 참여했던 작가의 무게감이나 작가의 출신 지역을 체크해보더라도 국제 비엔날레라는 이름에 전혀 손색이 없다. 문화적인 관점에서 보면 도시나 국가가 수많은 비용과 노력을 들여서 하는 일을 일개 기업이 하나의 프로젝트로 압축해버린 것이다.

그렇다고 알레시가 문화지원 차원에서 사회봉사적 행위로 진행한 프로젝트도 아니다. 분명히 기업 활동 내에서 만들어진 결과물이다. 물론 직접적으로 팔리는 상품이 아니라 예술품인 것은 분명하다. 좀 애매하긴 하지만 기업 활동을 통해 만들어진 예술품이다. 그러나 이로써 이 기업의 활동 범위가 상당히 묘해졌다. 단지 상품이나 디자인을 개발하는 선을 넘어서서 예술품을 만드는 기업으로 확장된 것이다. 대중에게는 혼란스러운 일이기도 했지만, 하나의 기업이 돈을 버는 일뿐 아니라 예술품까지 만든다는 것은 긍정적인 기업 이미지를 만들기에 충분했다.

디자인과 예술, 이상과 현실 사이를 접목시키는 것은 멘디니가 항상 지향해오던 일이지만 이 프로젝트에서 그는 디자인이 아니라 기업의 활동 영역과 기업의 존재까지도 그렇게 만들어버린 것이다. 더 재미있는 것은 이 프로젝트의 결과물이 알레시에서 판매되는 다른 상품과 같은 공간에 놓이면서 그 예술적 아우라를 주변의 다른 제품에까지 전이시킨다는 것이다. 매장은 화랑이 되고, 다른 제품 역시 덩달아 예술품의 격을 나누어가지게 되었다. 꼭 매장에서만 국한된 것은 아니다.

4.24 세계의 예술을 한 곳에 모아놓은 듯한 100% 메이크업 전체 작품
4.25 알레시 제품들과 함께 있는 100% 메이크업

4.24

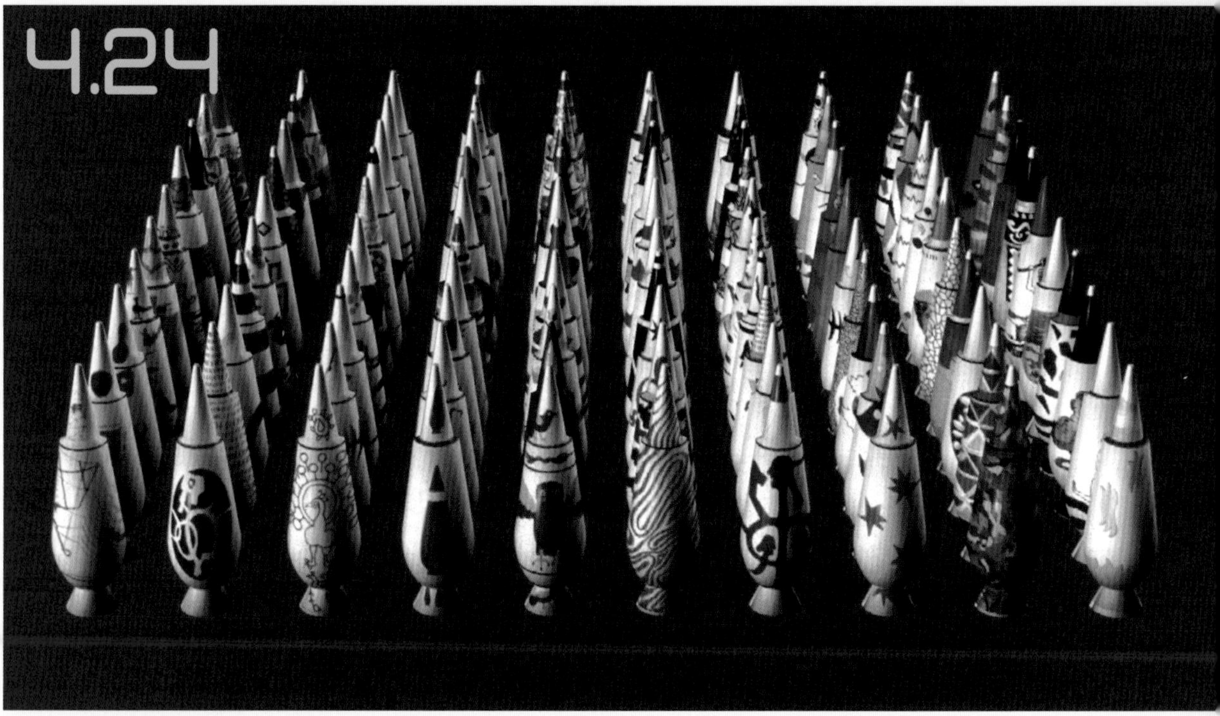

100% 메이크업의 결과물이 알레시에서 개발한 주요 품목이라는 존재감만으로도 알레시의 디자인은 자연스럽게 보통의 상품이 아니라 예술적 품격을 갖춘 대상이 되었다. 스스로가 히트 상품이 되지는 않았지만, 100% 메이크업의 결과물은 지금까지도 알레시의 이념적 유산이 되어서 히트 상품 이상의 역할을 하고 있다. 물론 이 하나의 프로젝트만으로 그런 변화가 이루어진 것은 아니지만 큰 역할을 했다는 것만은 틀림없다.

오래 전부터 꿈꾸어왔던 디자인의 예술화, 예술의 일상화라는 멘디니의 바람은 이처럼 기업과 상품의 존재를 바꾸는 단계에 이르렀다. 평론가에 의하면 이 프로젝트는 디자인 역사상 가장 똑똑하고 폭발적인 작업 가운데 하나였다고 한다. 결과는 만족할 만했고, 100% 메이크업은 알레시의 중요한 역사가 되었다.

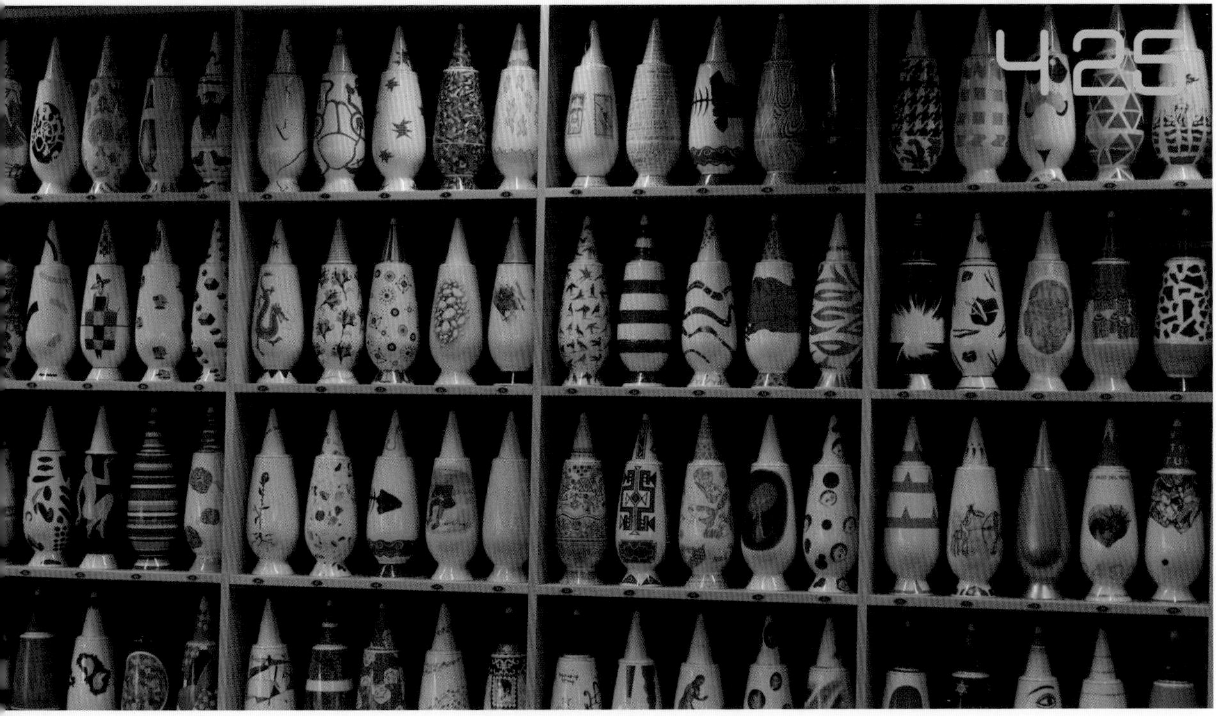

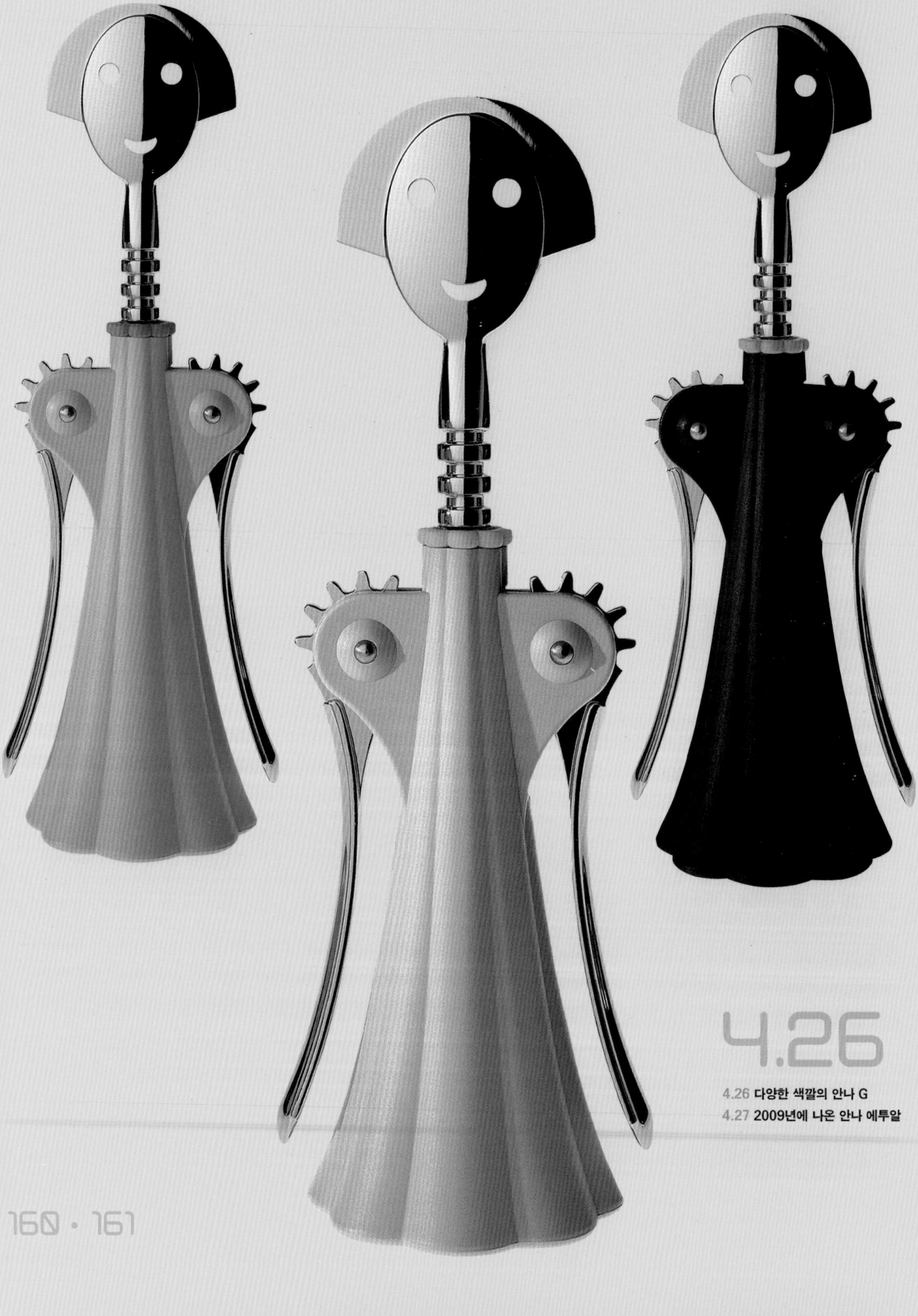

4.26

4.26 다양한 색깔의 안나 G
4.27 2009년에 나온 안나 에투알

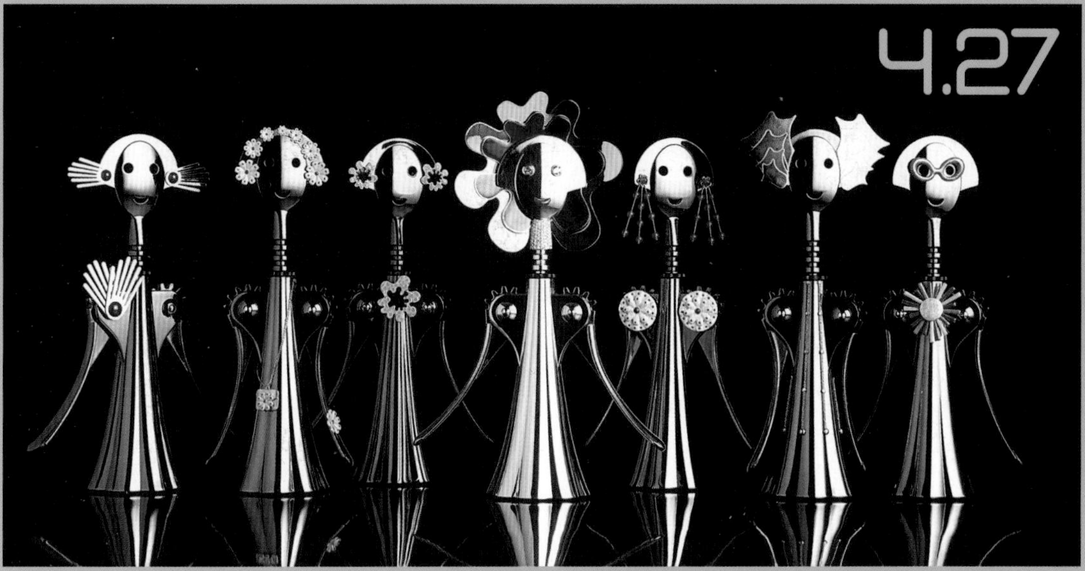

안나 G *1994*

Anna G

알레시나 알레산드로 멘디니에게 결정적인 디자인은 안나 G라고 할 수 있다. 멘디니를 대중적으로 알리는 데 가장 큰 공헌을 한 디자인이고, 멘디니의 디자인 가운데 세계적으로 가장 많이 알려진 디자인이기도 하다.

서두에서 살펴본 바와 같이 안나 G는 조형적 측면이나 내용면에서 완성도가 높은 디자인이다. 멘디니의 디자인관과 개성을 가장 함축적으로 표현하고 있는 디자인이라고도 할 수 있으며, 경제적으로도 대단한 성공을 가져다주고 있는 디자인이다. 알레시에게도 더 없는 효자 상품이기도 하며, 이제는 알레시를 대표하는 상징적인 위치에까지 올랐다고 해도 과언이 아니다.

원래는 필립스 기자회견 기념품으로 500개 한정으로 개발했는데, 당시 반응이 너무 좋아 대량생산하게 되었다고 한다. 인기가 너무 많아서 그런지 안나 G에는 전설 같은 탄생 신화가 항상 따라다닌다. 멘디니의 여자 친구가 기지개 켜는 것을 보고 아이디어를 얻었다는 말이 가장 많고, 또 여자 친구가 발레하는 것을 보고 만들었다는 등, 갖가지 의견이 난무하고 있다.

이런 이야기들에 대한 멘디니의 증언은 우리의 기대를 깨기에 충분하다. 본인도 어디서 영감을 얻었는지 잘 모르겠다는 것이다. 처음 와인오프너 아이디어를 생각할 때는 발레리나를 염두에 두긴 했는데, 그것은 어릴 때 보았던 할머니께서 발레하시던 모습이었고, 또 디자인에 실제 인물을 적용하면 재미있겠다는 생각에 디자이너 안나 G를 와인오프너에 대입해보았다고 한다. 그 결과 디자인이 더 살아 있고, 더 친근해져서 아예 이름까지 안나 G로 지었던 것이다.

안나 G의 인기가 높다보니 멘디니는 여러 버전으로 디자인했다. 색을 바꾸는 것은 기본이고, 시즌별로 다양한 테마를 곁들이기도 했다. 그리고 안나 G는 와인오프너뿐 아니라 다양한 제품에 적용되어서 계속 새로운 버전의 디자인으로 진화하고 있다.

안나 공Anna Gong은 안나 G의 얼굴을 응용한 좀더 색다른 유형의 디자인이다. 쓰지 않을 때 전체를 접어놓으면 금속으로 된 안나 G의 귀여운 얼굴이 집안을 장식하고, 쓸 때

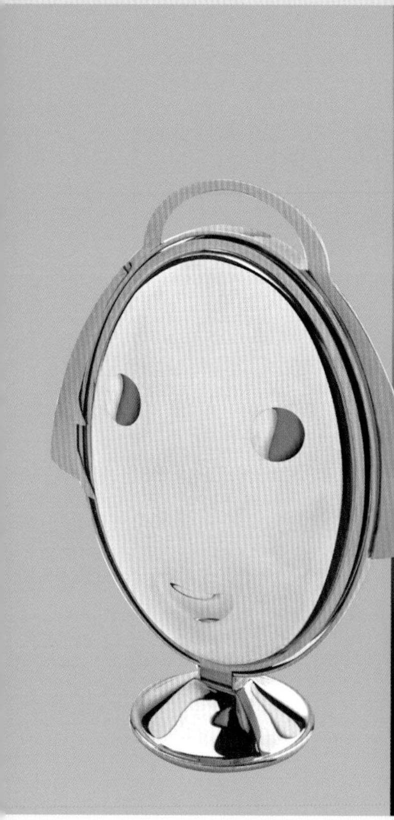

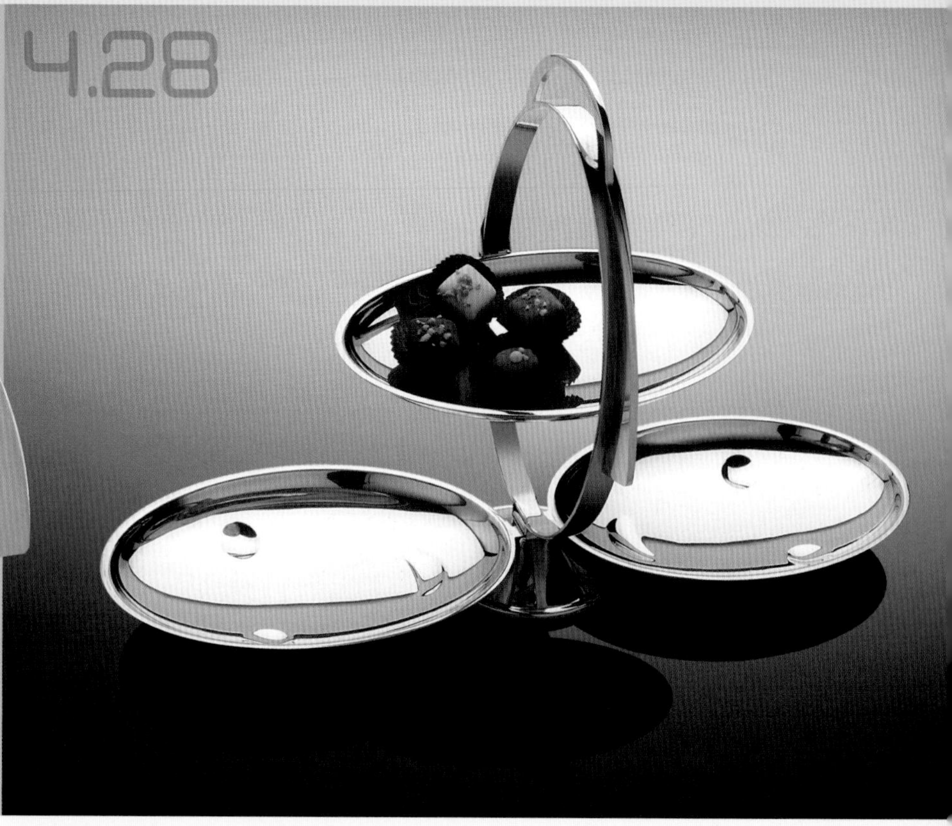

얼굴 부분을 펴면 세 개의 접시가 마술처럼 나타난다. 멘디니는 오래 전부터 인물을 디자인에 적용하는 실험을 해왔는데, 이 디자인은 그 절정을 보여주는 것 같다. 인물을 디자인에 적용했을 때 얻는 것은 친근함인데, 이 디자인에서는 그런 것과 더불어 실용성까지 갖추고 있다. 앞으로 안나 G가 어디까지 진화할지 기대된다.

한편 안나 G가 외롭게 보였는지 멘디니는 2003년에 안나 G의 파트너 알레산드로 MAlesandro M을 디자인했다.

같은 와인오프너인데, 안나 G보다 조금 작다. 디자인 개념도 달랐다. 안나 G가 우아함에 입각하여 디자인되었다면 알레산드로 M은 재미있는 캐릭터로 디자인되었다. 패셔너블해야 한다는 강박관념을 가지고 있는 캐릭터로서 여러 모습으로 변신하는 것이 이 디자인의 콘셉트라고 한다. 알레산드로 M은 확실히 안나 G보다 재미있고 다양한 패션으로 계속 디자인되고 있다. 시즌에 따라서는 산타클로스로도 변신하는 등 와인오프너를 넘어서서 하나의 인격체, 캐릭터가 되었다. 재미있다.

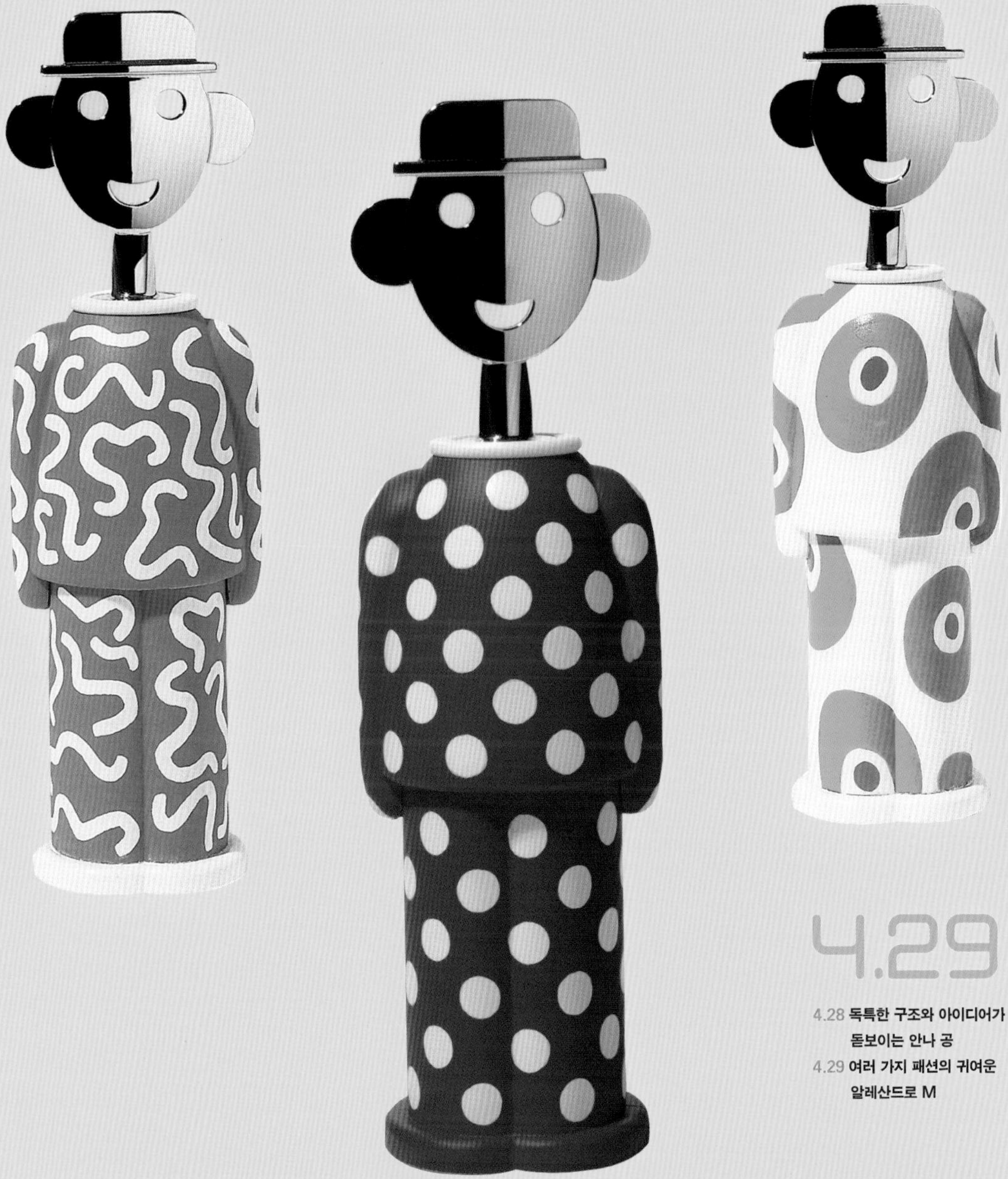

4.29

4.28 독특한 구조와 아이디어가 돋보이는 안나 공
4.29 여러 가지 패션의 귀여운 알레산드로 M

최고의 디자이너

알레산드로 멘디니는 아틀리에를 열자마자 쉬 없이 프로젝트를 진행했다. 그것은 아주 희망적인 일이었다. 게다가 알베르토 알레시의 주택 리노베이션 프로젝트를 필두로 히로시마 파라다이스 탑과 그로닝거 미술관을 마치 기다렸다는 듯이 자유자재로 디자인했다. 세 가지 프로젝트를 나란히 보면 그 차이를 분명히 알 수 있다. 세 개의 디자인이 가지고 있는 이미지나 형태구성의 원리, 디자인 콘셉트가 모두 다르다. 자신의 개성에 프로젝트를 끼워 맞추는 것이 아니라 프로젝트의 성격에 따라 자신의 스타일을 다양하게 변주시키는 노련한 디자이너의 모습을 초기 프로젝트에서부터 보여주었던 것이다.

더욱 놀라운 점은 세 가지의 디자인 프로젝트를 수행하면서도 자신의 실험을 멈추지 않았다는 것이다. 주택은 그렇다 치더라도, 거대한 미술관을 디자인하면서 서로 어울리지 않는 형태를 과감하게 시도했다는 것은 아무나 할 수 있는 일이 아니다. 그가 맡았던 초기 프로젝트가 그동안 해왔던 가구나 소품 디자인이 아니라 공공시설이나 건축이었다는 것을 생각해보면 대단한 배짱이다.

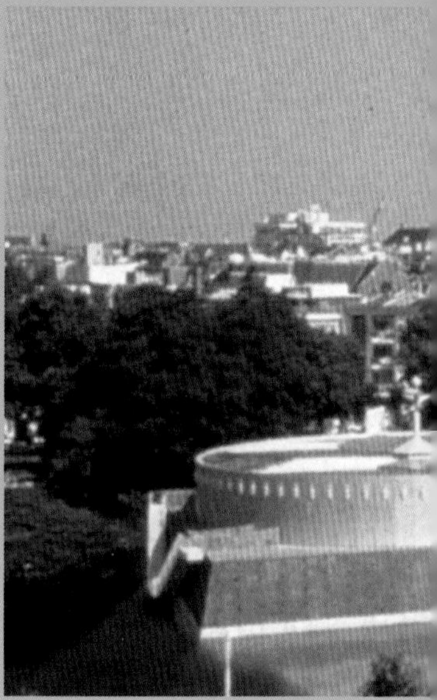

그럼에도 불구하고 엄청나게 성공했다는 것도 주목해야 할 부분이다. 멘디니는 자신의 실험적인 디자인을 그동안 보지 못했던 매력적인 디자인으로 승화시키면서 대중적인 성공을 이끌어냈다. 보면 볼수록 첫 발을 내딛는 수준의 솜씨가 아니다. 그는 이처럼 뛰어난 디자인 능력으로 초기 프로젝트부터 큰 성공을 이끌었다.

기업과의 일도 마찬가지였다. 스와치의 아트 디렉팅이나, 그 이전이긴 했지만 알레시를 위한 '티 앤 커피 피아자' 프로젝트나 '100% 메이크업' 같은 프로젝트의 성공도 우연이 아니었다. 순식간에 한 기업을 세계적으로 성공시킨 활약이 너무나 드라마틱하다보니 결과만 부각되고 과정은 오히려 잘 드러나지 않았지만, 이 뒤에도 멘디니의 노련한 통찰력이 작용했다.

자세히 살펴보면 멘디니는 자신에게 도움을 의뢰한 기업이 성공할 수 있는 길을 정확하게 제시해주었다. 스와치의 경우에는 육중한 시계를 패션 아이템으로 환골탈태시켜야 한다는 맥을 정확하게 짚었다. 이에 따라 그가 제시한 스타일도 자신의 스타일이라기보다는 스와치의 새로운 방향에 맞는 패셔너블한 것이었다. 이렇게 패셔너블하게 디자인한 프로젝트는 없었다. 그의 통찰력은 정확하게 맞아떨어졌고, 스와치에게 세계적인 성공을 안겨주었다.

비슷한 시기였지만 알레시에서는 다소 황당한 주제의 예술적 프로젝트를 진행했으며, 디자이너이기보다는 아트 디렉터나 큐레이터의 역할이 더 컸다. 좀더 기획적이고 이념적인 면이 컸다고 볼 수 있는데, 그 결과는 알레시에게 세계적인 명성을 가져다주었다. 스와치나 알레시와의 일은 단지 부분적인 프로젝트의 성공 수준이 아니라, 기업의 생사와 근본을 바꾸어놓았다. 살펴보면 볼수록 그것은 한 사람의 디자이너, 그것도 이제 막 디자인을 시작하는

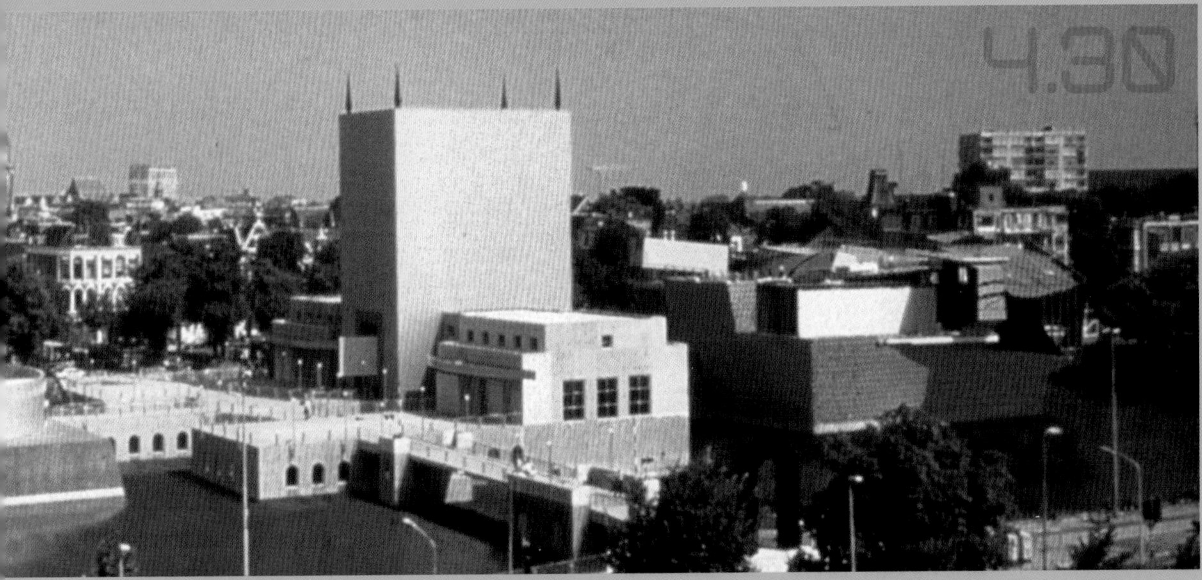

사람이 낼 수 있는 성과가 아니다. 초기에 진행했던 세 개의 프로젝트와 스와치의 아트디렉터, 알레시의 고문과 여러 실험적 프로젝트는 어찌 보면 멘디니가 처음 아틀리에를 열고 디자이너로서의 역량을 검증받은 시험무대였다. 이를 통해 그는 이제 막 디자인을 시작한 아마추어 디자이너가 아니라, 이미 최고의 경지에 오른 노련한 디자이너임을 세계에 각인시켰다. 그런 면에서 초기 프로젝트는 그가 세계적인 디자이너로 올라서는 도약대이기도 했다.

멘디니는 젊은 시절 편집장으로 주로 활동하다가 뒤늦은 나이에 디자이너로 새 출발한 사람이 아니라 디자인을 하기 위해 평생을 한 걸음 한 걸음 준비해온 사람이다. 첫 프로젝트에서부터 멘디니가 물 만난 물고기처럼 디자인할 수 있었던 것은 모두 그동안 축적해온 역량 때문이었다.

어릴 때부터 키워온 깊은 사색과 교양, 기존의 권위적 디자인에 대한 비판정신, 아방가르드했던 그의 다양한 디자인 실험과 알키미아에서의 활동, 세계를 돌면서 인재를 발굴했던 열정, 이탈리아의 문화 발전에 대한 헌신과 같은 것이 차곡차곡 쌓여 있다 기회를 만나 불타오른 것이다. 모두가 자신의 신념과 꿈을 위해 인고의 시간을 마다하지 않고, 한 시도 게으르지 않게 자신의 역량을 쌓아온 그의 노력 덕분이라고 할 수 있다. 디자이너로 활동하기 전부터 이미 세계적이었던 그의 명성은 허튼 게 아니었다.

우리에게 익숙한 디자이너 알레산드로 멘디니의 모습은 이렇게 시작되었다.

4.30 그로닝거 미술관의 혼란스러운 형태들을 자석처럼 결합하고 있는 황금빛 타워

Part 5

멘디니의 매력적인
디자인 세계

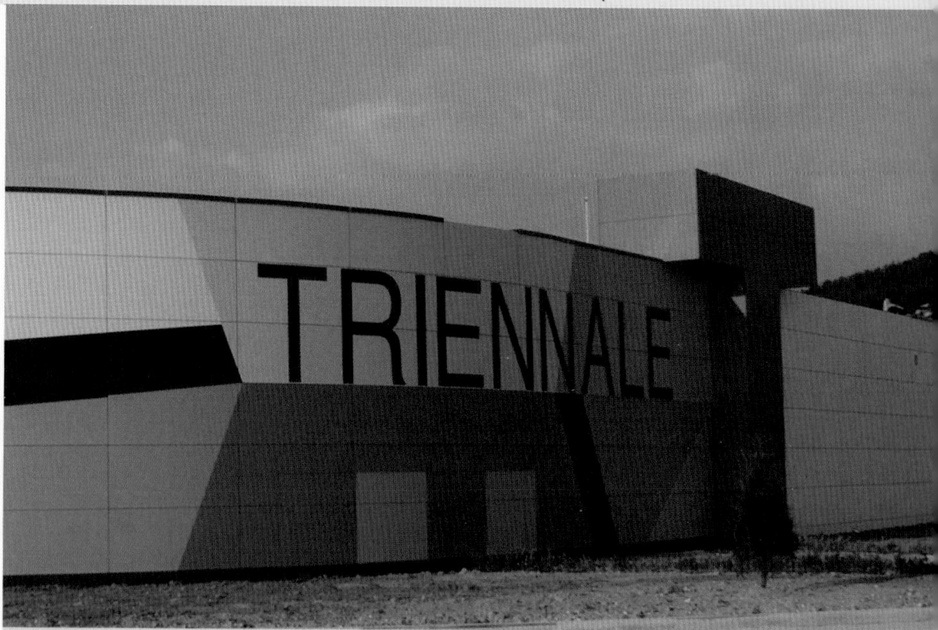

1

공공공간 디자인

알레산드로 멘디니는 줄곧 예술을 디자인에 접목시키는 실험을 해왔다. 그 때문에 멘디니의 디자인은 다른 기능적인 디자인에 비해 예술의 풍미가 강하고 개성이 묻어난다. 그런데 이런 점은 오해의 여지를 만들 공산이 있다. 디자이너의 난해한 개성이 대중성을 훼손하는 것이 아닌가, 디자인이 화랑에 걸리는 작품이 되는 것이 아닌가 하는 우려다. 사실 그런 오해가 전혀 없다고 할 수 없는 것이, 아직도 디자인과 예술을 대중성과 작가성으로 나누고, 기능과 개성으로 나누는 이분법이 분명히 존재하기 때문이다.

그러나 멘디니가 생각하는 예술성은 디자인을 화랑으로 끌고가는 것이 아니라 생활 속에 예술적 가치를 실현하는 것이다. 그런 멘디니의 의도가 가장 잘 드러나고 실현된 곳이 바로 가장 많은 사람이 접하는 공공공간디자인이다.

어떤 말을 해도 변명에 불과하겠지만 공공공간과 관련된 멘디니의 디자인을 보면 그의 진정한 마음, 그리고 그가 진정으로 얻은 것이 무엇인지 알 수 있다. 그가 하고자 했던 것은 결코 디자인을 전시장 안으로 위축시키는 것이 아니라 대중의 삶 자체를 아름다운 예술로 승화시키는 것이다. 공공공간의 디자인을 통해 그는 기능주의의 문제점을 진정으로 해결한 것 같다. 그의 예술적 디자인이 공공공간을 통해 그 진면목을 어떻게 드러내는지 살펴보자.

하노버 버스정류장 *1994*
Hanove Bus stop

1994년 알레산드로 멘디니는 독일 하노버의 대중교통 시스템과 버스정류장 개보수 사업에 참여해 정류장 하나를 디자인했다. 멘디니의 디자인은 버스가 언제 오는지 알려주는 서비스 장치나 버스를 편리하게 타고 내리게 하는 시설이 아니라 입방체를 기본단위로 한 육중한 크기의 조형물이다. 노란색 면과 검은색 면이 타일처럼 번갈아 붙어 있는 모습은 체스판이나 고전건축물을 연상시킨다. 금색으로 번쩍거리며 뾰족하게 솟은 두 개의 원뿔모양 구조물의 이미지는 이미 그로닝거 미술관에서 본 적이 있다. 정류장이 아니라 하나의 기념물, 정류장과는 아무 상관없는 예술품이라고 해도 좋을 형태다. 여기까지만 보면 멘디니는 디자인과 예술을 혼동하는 디자이너라는 오해를 살 만하다.

하지만 정류장의 주변공간을 보면 거의 수직과 수평의 직선만이 교차하는 건물들로 둘러싸여 있어 매우 건조한 것이 전형적인 독일 분위기다. 이런 공간 한복판에 독특한 모양의 정류장 하나가 들어섬으로써 전체 공간이 재미있고 활기차게 변했다. 확대된 장난감처럼 생긴 정류장 하나로 주변 공간은 순식간에 환상적인 공간이 된 것이다. 앞으로 몇 분 후에 차가 올 것이라는 사실을 알려주는 영리한 정류장이 이 정류장과 비교해 더 좋은 디자인이라고 할 수 있을까, 아니면 더 기능적이라고 할 수 있을까? 멘디니는 시적이고 경쾌한 디자인을 통해 대중의 삶 한복판을 예술적 감흥으로 충만하게 만드는 것이 디자인의 가장 중요한 의무라고 보았다. 그가 생각한 디자인의 예술성은 바로 이런 것이다.

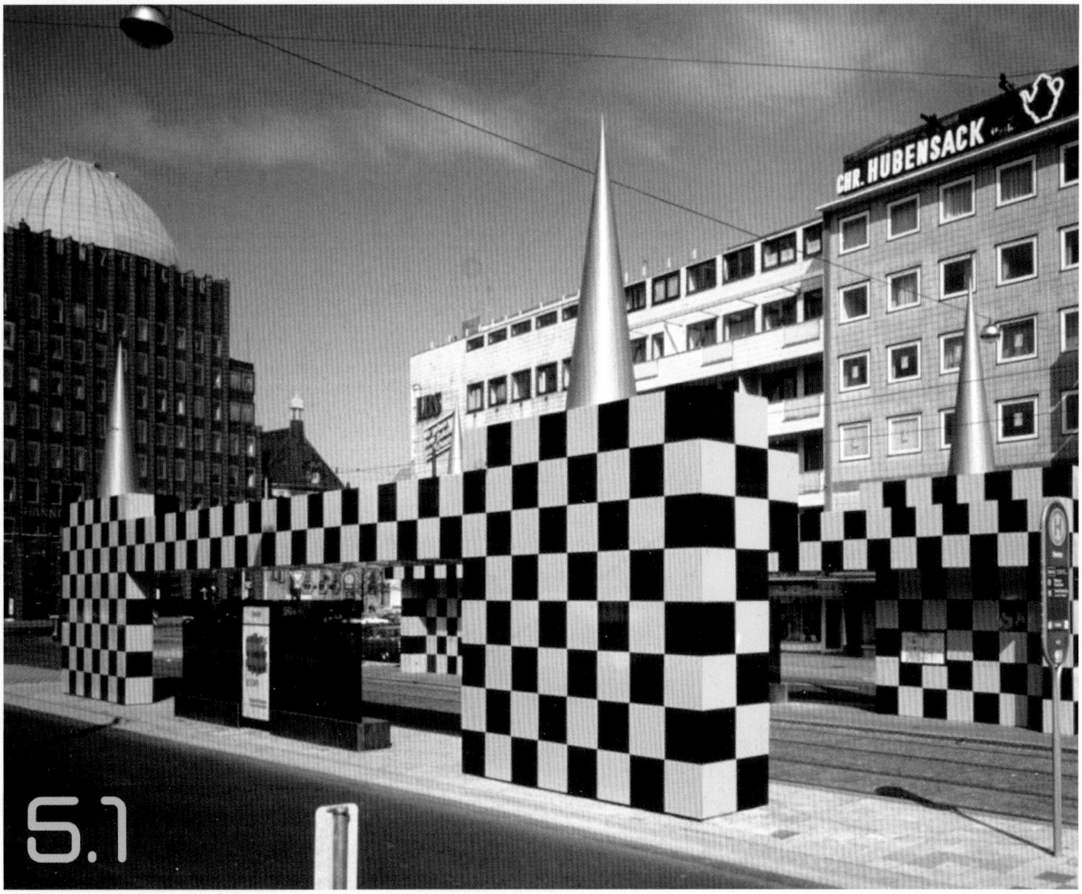

5.1 환상적인 공공공간을 제시한 하노버 버스정류장

살바토르 로사 역 *1997-2002*

Stazione Salvator Rosa

나폴리의 지하철역 디자인도 공공공간에 대한 알레산드로 멘디니의 견해가 잘 반영된 프로젝트다. 살바토르 로사 역의 경우는 디자인 범위를 지하철역에만 국한시킨 것이 아니라 사람들이 오가는 역 주변까지 확장해 지하철역은 물론 주변공간까지 미술관과 같은, 아니 미술관으로 만들었다.

사람이나 자동차가 지나는 역 주변의 그저 그런 공간에도 장난감처럼 생긴 가로등이나 현대조각품처럼 생긴 디자인을 넣어 이미 역 주변부터 환상적인 공간으로 만들었다.

또한 오래된 건물이 둘러싸고 있는 역 출입구 주변은 원래의 낡은 느낌을 그대로 유지하면서 역과 조화시키고, 더 나아가 지하철역 건물의 일부분을 고전건축의 이미지로 디자인해 주변 건물의 오래된 느낌과 역 건물의 고전적 이미지가 이중적으로 부딪히는 독특한 분위기를 만들었다. 그래서 역 주변은 마치 연극무대나 설치미술과 같은 공간이 되었다.

5.2 지하철역 주변의 공간디자인

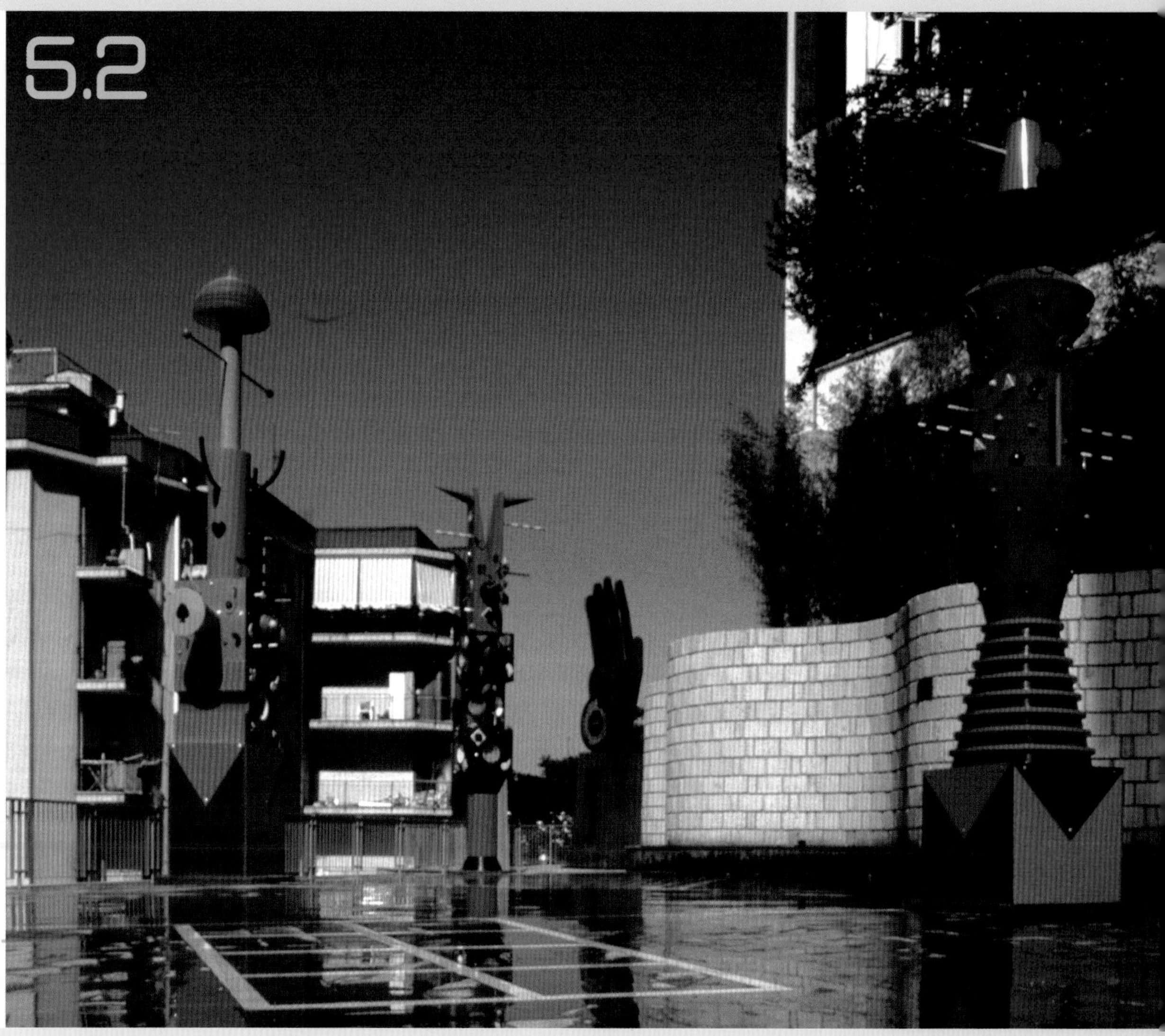

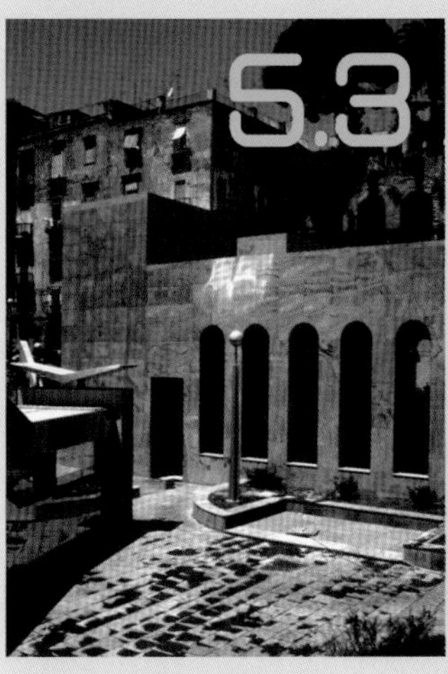

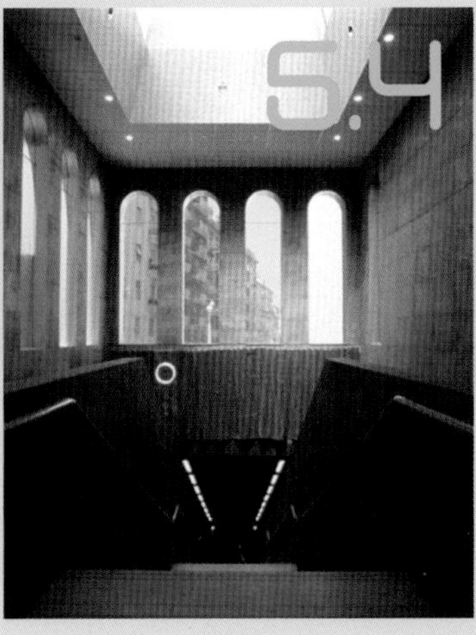

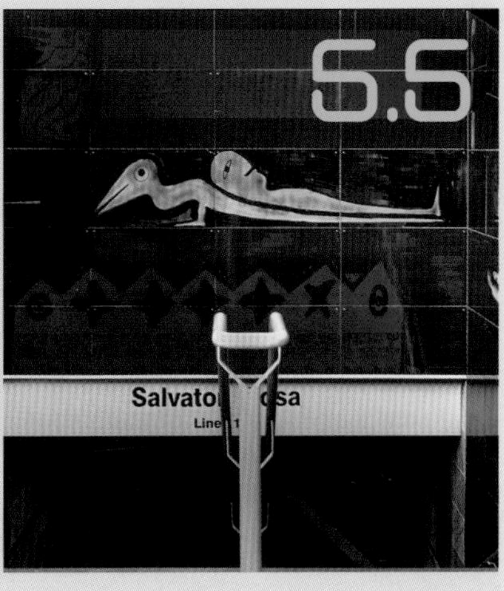

역 출입구 벽에는 현대미술품 같은 그림을 넣었다. 역에 대한 정보만 전하는 다른 역의 벽과 달리 드로잉이 더해진 벽면은 오가는 사람들이 예술적 분위기에 젖어들게 하기에 충분하다. 동심으로 가득한 그림은 지하철 출입구를 현대미술의 난해함으로 채우는 것이 아니라, 편안하고 즐거운 분위기로 만들고 있다. 그리고 이 드로잉 하나로 평범한 지하철역은 현대미술을 전시하는 화랑이 되었다.

그런데 지하철의 실내계단으로 들어가면 갑자기 르네상스 건축의 고전적인 분위기로 바뀐다. 이 같은 공간의 극적인 변화는 지하철역 안쪽으로도 이어진다.

지하철 안쪽 공간에는 설치미술 같은 작품들이 있어 이전 공간과는 또다시 달라진다. 사람들이 바쁘게 오가는 지하철 안의 긴 복도에 뜬금없이 자리잡고 있는 자동차 모양의 설치미술은 지하철 공간 전체를 전시장으로 바꾸어놓는다. 또한 지하철을 타는 곳은 벤치를 비롯한 여러 요소가 미술작품처럼 디자인되어 보통 지하철역과는 완전히 차별된다.

이 역의 디자인에서 주목해야 할 점은 지하철역을 박물관이나 미술관처럼 만든 것뿐 아니라, 위치에 따라 공간이 심한 대비를 이루도록 디자인하여 지나다니는 사람들에게 공간의 다이내믹한 연속성과 다양한 예술적 분위기를 맛보게 한다는 것이다. 일상공간에 예술적 감동을 불러일으키려는 멘디니의 디자인관은 이 역에서 더욱 정교하고 극적으로 표현되었다.

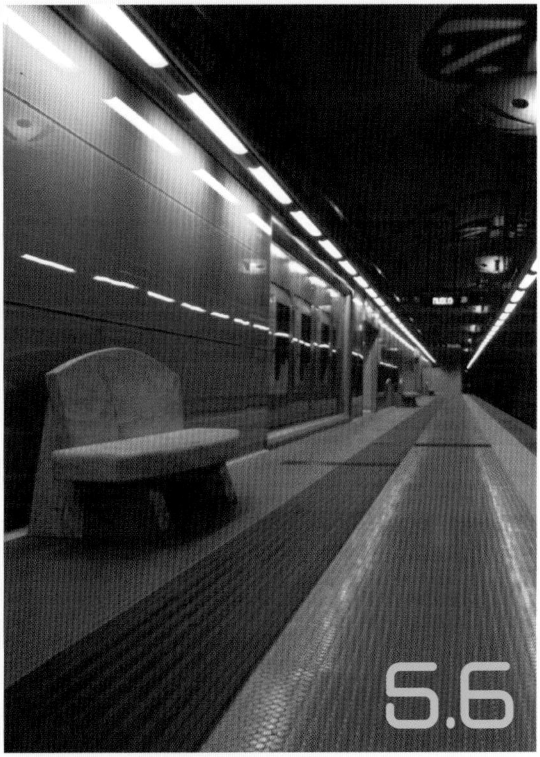

5.3 역 주변의 고풍스러우면서도 현대적인 디자인
5.4 고전적인 분위기가 물씬 풍기는 지하철 실내계단
5.5 현대미술을 옮겨놓은 듯한 지하철 입구
5.6 지하철 타는 곳의 미술작품 같은 벤치

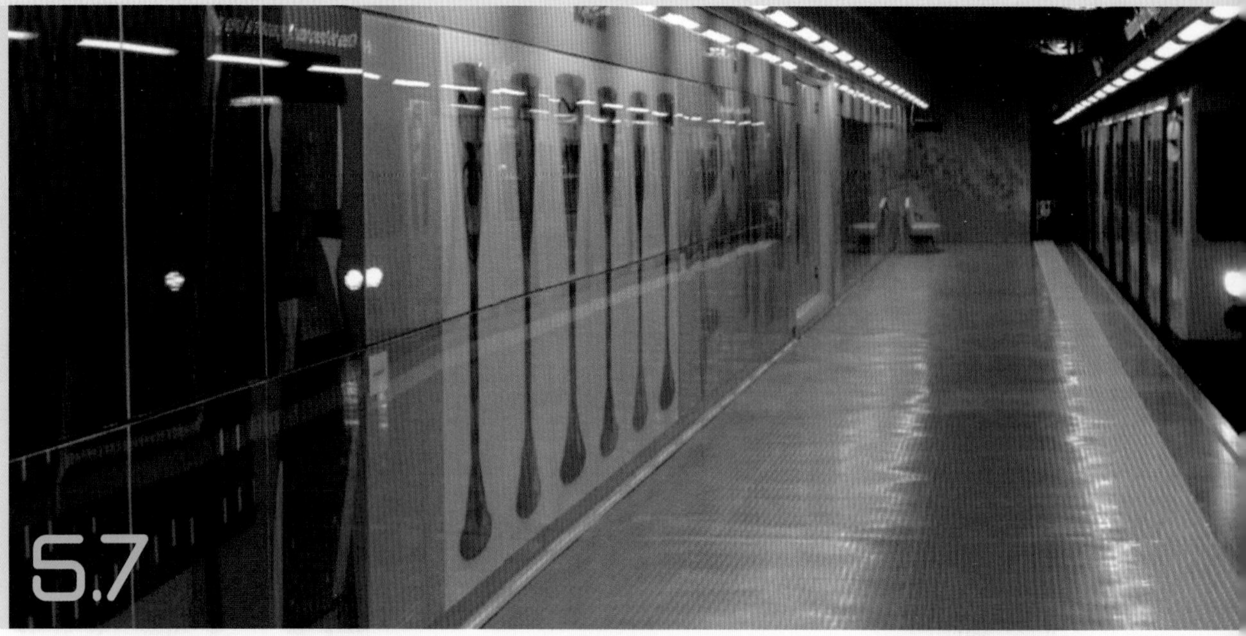

5.7

마테르데이 역 *2003*
Stazione Materdei

살바토르 로사 역을 작업한 후 디자인한 마테르데이 역은 또 다른 스타일이다. 이 역은 알레산드로 멘디니 특유의 밝고 화사하고 현대적인 느낌이 강하며, 무엇보다 그래픽 처리가 돋보인다. 물론 일상공간을 예술적으로 거듭나게 한 것은 여전하다.

살바토르 로사 역과 마찬가지로 이 역에서도 주변 공간부터 디자인했다. 바닥의 밝고 경쾌한 그래픽과 나무로 만들어진 고전적인 모양의 벤치, 기하학적 모양의 가로등만으로도 주변 공간을 초현실적으로 만들었다.

역 건물이나 엘리베이터, 장식적인 구조물에 구현된 그래픽 처리는 멘디니의 놀라운 감각을 유감없이 보여준다. 전체적으로 보면 서로 관계없는 형태들이 의미 없이 배열되어 있는 것 같지만 각각의 그래픽은 자기 이미지를 분명히 가지고 있다. 모두 현대적이지만 왠지 고전적이며, 화려하지만 왠지 차분하고, 기하학적이지만 왠지 유기적인, 일관되게 역설적인 느낌을 준다.

이런 복합적인 특징이 이 그래픽을 그냥 예쁜 디자인이 아니라 예술적인 감흥이나 분위기를 가진 조형요소로 만든다.

역 안쪽은 멘디니 특유의 원색 가득한 그래픽으로 처리되어 밝고 명랑한 분위기를 만든다. 색 면 구성이나 사진으로 디자인된 그래픽은 실내를 무척 밝게 만들면서도 현대미술의 향취를 물씬 풍긴다.

이 역에서도 역과 역 주변의 공간이 서로 다른 이미지로 디자인되어서 지하철을 타는 사람들이 공간의 시퀀스에서 오는 감흥을 느낄 수 있게 했다. 물론 일상공간을 예술적으로 승화시키는 멘디니의 일관된 시도다.

이처럼 멘디니는 공공공간을 디자인할 때 일상공간에 예술적 향취를 불러일으키려는 그의 디자인관을 마음껏 발휘한다는 것을 볼 수 있다. 공적인 공간이면서 동시에 큰 규모의 공간이라는 점이 멘디니의 그런 세계관을 표출하는 데 잘 맞아떨어진 것 같다. 디자인에 예술을 접목하고자 한 그의 실험적 디자인이 공공공간디자인을 만나 그 어떤 기능적 디자인보다 뛰어난 기능을 발휘한다.

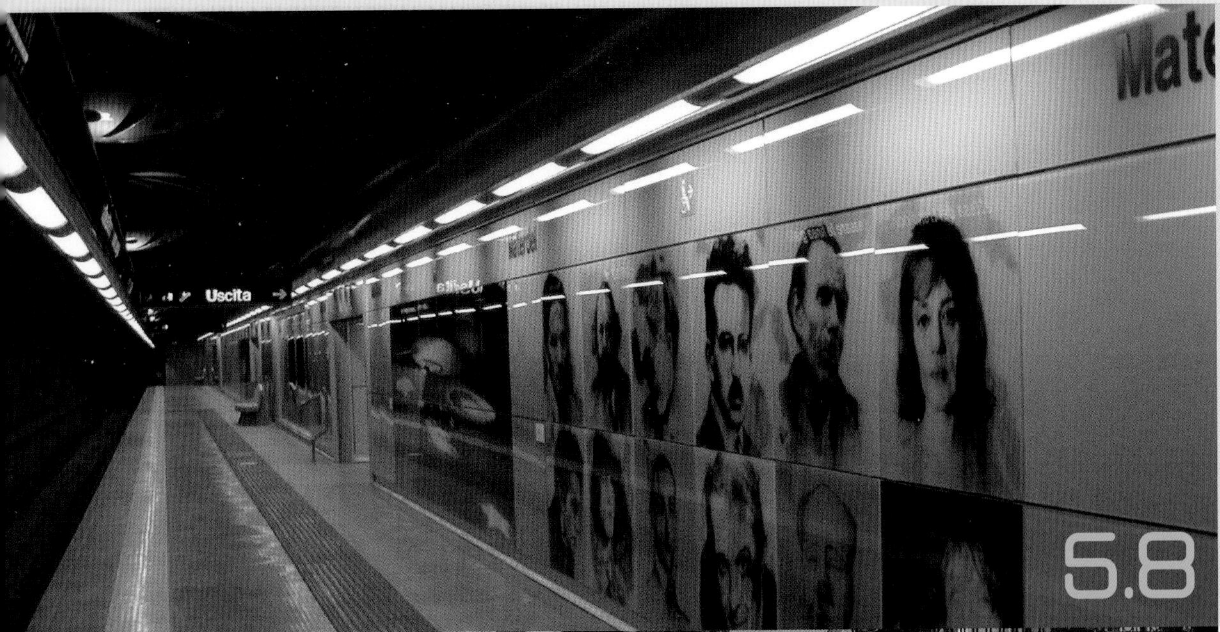

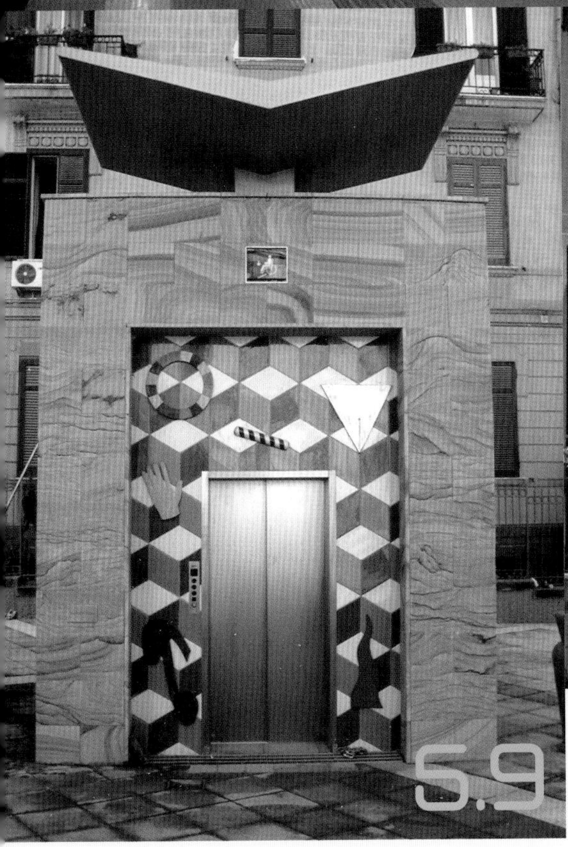

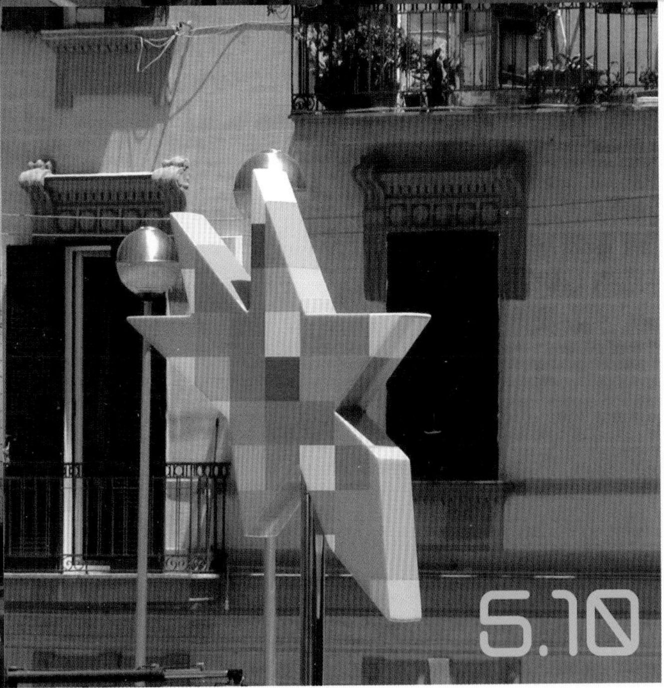

5.7 밝고 화사하게 디자인된 마테르데이 역
5.8 역 안쪽의 감각적인 그래픽 처리
5.9 역의 바깥 공간을 독특한 분위기로 만들고 있는 그래픽 처리
5.10 주변 공간의 분위기까지 바꾸는 천진한 조형물

2

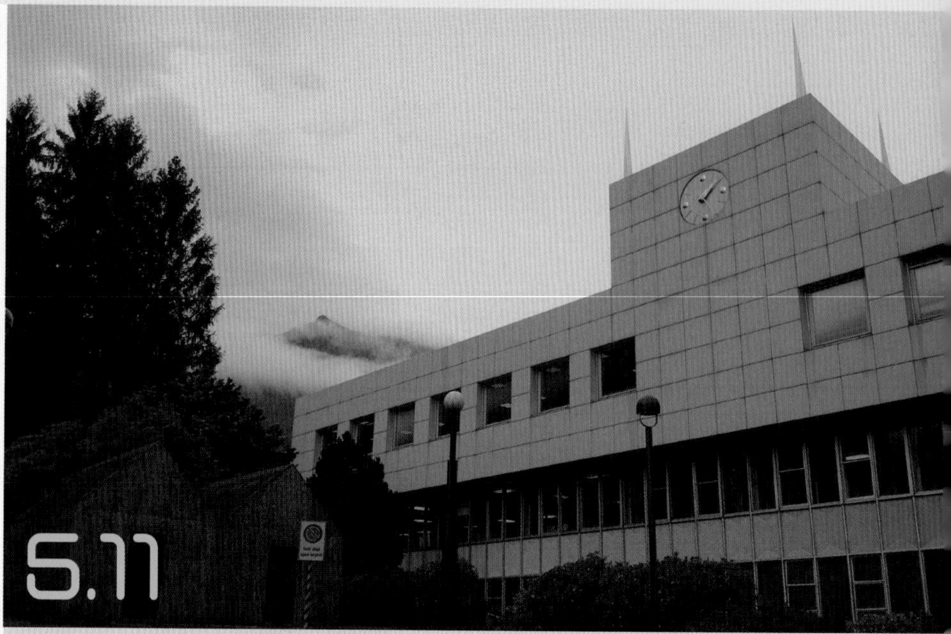

5.11

건 축 디 자 인

알레산드로 멘디니는 건축을 전공했다. 그 때문인지 그의 디자인은 건축이 아니더라도 건축에서 진화한 것처럼 보이는 경우가 많다. 알레시에서 처음 시도했던 '티 앤 커피 피아자' 프로젝트도 그랬고, 인테리어나 여러 제품 디자인에서도 건축의 그림자가 드리워진 디자인을 매우 흔하게 볼 수 있다.

다른 이탈리아 건축가처럼 멘디니 역시 건축디자인을 많이 한 편은 아니다. 게다가 그가 작업했던 건축물도 알레시 회장의 주택처럼 기존 건물을 리노베이션한 것이 많았고, 완전히 새로운 건물을 디자인한 경우는 많지 않다. 그럼에도 멘디니는 자신의 디자인 세계를 건축 작업을 통해 매우 잘 표현해왔다.

어울리지 않을 것 같은 요소를 충돌시키며 예술이 결합된 독특한 디자인을 이끌어냈으며, 건물의 표피에 독특한 패턴이나 색을 써서 건물의 존재감을 생생하고 뚜렷하게 만들었다. 얼핏 예술적이고 표피적으로 보이는 그의 이런 독특한 디자인 방식의 근원은 미적 감각이 궁핍하고 권태롭고 단조로우며 질감이 전혀 없는 기능주의적 건축에 대한 반발에서 비롯되었다. 그리고 디자이너로 출발하면서 그에 따르는 매력적인 스타일을 본격적으로 만들기 시작했다.

즐거워 보이는 그의 건축디자인은 그래서 시간이 지나도 퇴색되지 않는 생생함을 유지한다. 그리고 곧바로 다른 디자인에도 깊은 영향을 미친다.

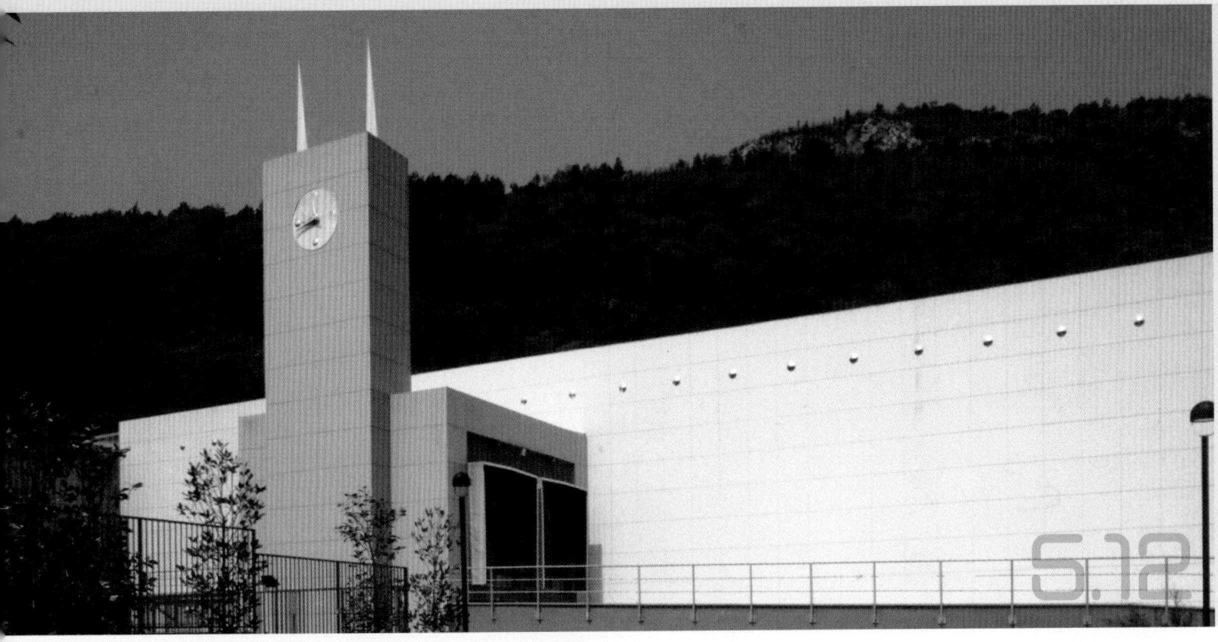

5.11 알레산드로 멘디니 특유의 독특한 조형적 인상과, 꿈이 가득한 알레시의 이미지가 우러나는 건물

5.12 알레시 물류창고와 사무실 건물

알레시 본사 건물 *1993-1996*

Alessi Office

1993년 알레시는 알레산드로 멘디니에게 알프스 산맥에 있는 본사와 공장 건물 리노베이션을 의뢰했다. 멘디니는 그리 크지 않은 규모의 본사와 공장을 천진난만하고 꿈으로 가득 찬 공간으로 만들었다.

기존의 건물에 큰 변화를 주지는 않았지만, 건물 표면에 색과 몇 개의 구조물만을 더해 대단히 큰 변화를 불러일으켰다. 특히 본사 사무실 건물 위의 육면체 구조물과 시계, 옥상 네 면 모퉁이에 원뿔 네 개를 올려놓음으로써 밋밋한 건물에 강한 표정을 심었다. 건물이 마치 장난감 블록 같고, 조형적으로 대비도 심해서 시각적인 주목성이 강해졌고, 햇빛에 바랜 듯한 밝은 청록색은 그런 이미지를 더욱 활기 있고 친근하게 만들었다.

덕분에 크지도 않고 평범했던 건물은 단박에 꿈과 개성이 가득한 초현실적 건물이 되었고, 제품을 기획하고 생산하는 지극히 기능적인 장소는 순식간에 알레시의 테마파크가 되었다. 멘디니의 건축을 표면적 장식 수준으로 보는 견해가 많은데, 이런 디자인을 보면 그의 관심은 건물 자체, 즉 건물의 표면이 아니라 공간의 인상을 바꾸는 데 있다는 것을 알 수 있다.

1996년에는 알레시 본사 근처에 있는 물류창고와 사무실 건물도 본사 건물과 같은 개념으로 디자인했다. 육면체를 기본으로 구성된 건물에 두 개의 원뿔이 솟아 있는 건물이 더해지면서 생기는 강렬한 인상은 역시나 주변 공간까지 친근하면서도 초현실적으로 바꾸어놓는다.

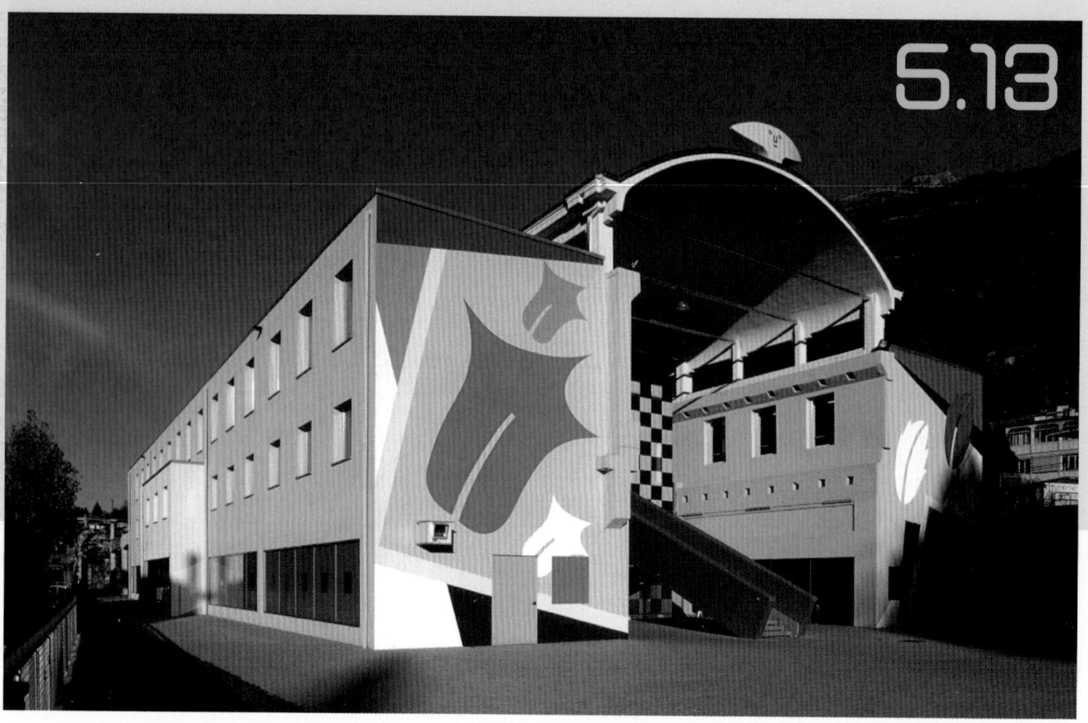

오메냐 포럼 *1996-1999*
Forum of Omegna

5.13 산에 스며 들어있는 오메냐 포럼의 독특한 형태
5.14 리노베이션 전의 모습
5.15 건물을 완전히 복구하지 않고 리노베이션해서 독특한 구조를 갖게 된 미술관

오메냐 포럼은 오래된 집을 개조해서 만든 미술관으로 멀리서 보아도 눈에 확 들어올 정도로 인상적이다. 그런데 자세히 보면 건물의 구조가 이상하다. 건물 가운데 구멍처럼 큰 공간이 뚫려 있어서 안과 밖의 구분이 모호해 보인다.

기다랗게 지어진 두 채의 건물 사이에 뚜껑처럼 둥근 천장을 씌우다보니 이런 특이한 구조가 만들어졌는데, 이 구조는 원래부터 이 건물에 있던 것이다. 이 건물을 원래의 모습과 비교해보면 알레산드로 멘디니가 좀 특이한 방식으로 리노베이션했다는 것을 알 수 있다.

멘디니는 낡아서 훼손된 건물 구조를 그대로 두고 리노베이션했다. 낡아서 무너진 천장도 막지 않았고, 허물어진 벽채도 복구하지 않았다. 필요한 부분만 최소한으로 복구하고 건물 표면을 깨끗하게 칠하고 그림만 그려 넣었다. 아이러니하게도 이 최소한의 노력 때문에 이 미술관은 전형적이지 않은 독특한 모습을 갖게 되었다. 아무 이유 없이 비워지고 뚫려 있다 보니 건물이라기보다는 조각품처럼 강한 조형성을 갖게 된 것이다.

멘디니는 자신을 비우고 자연이 만든 대로 따르다보니 이처럼 독특하고 아름다운 미술관을 디자인하게 되었다. 참으로 아이러니한 일이 아닐 수 없다. 무엇을 하지 않으면서 많은 것을 한다는 것은 매우 역설적이고 도달하기 어려운 경지다. 멘디니는 이 건물을 통해 그러한 경지를 맛보았을 것임에 틀림없다.

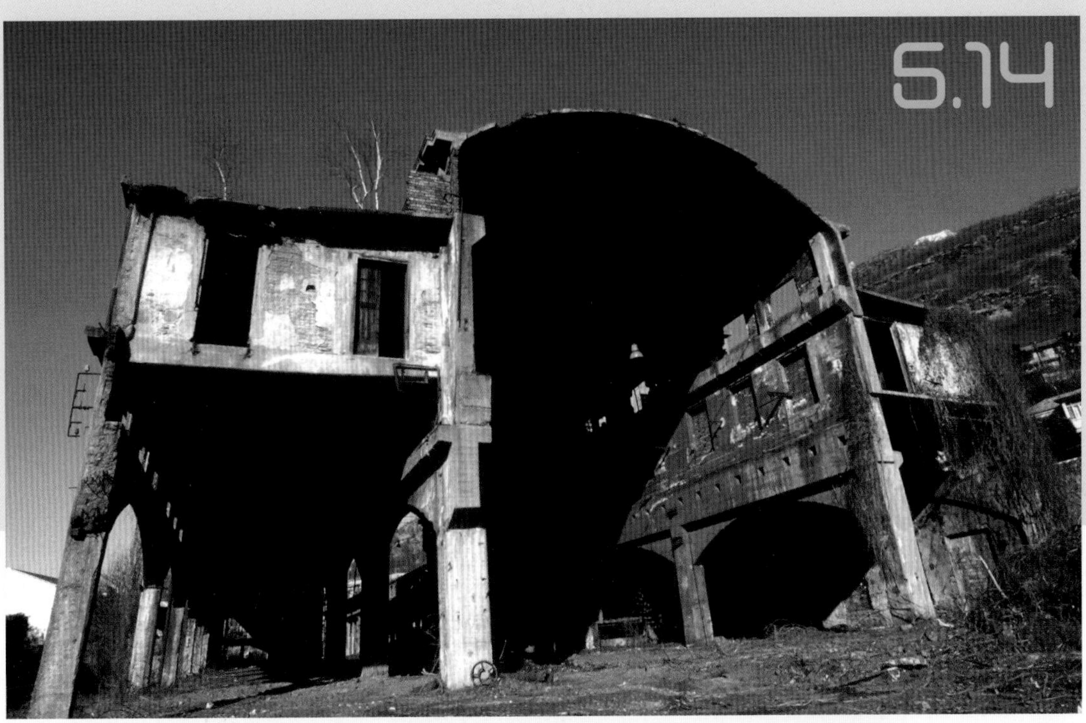

5.14

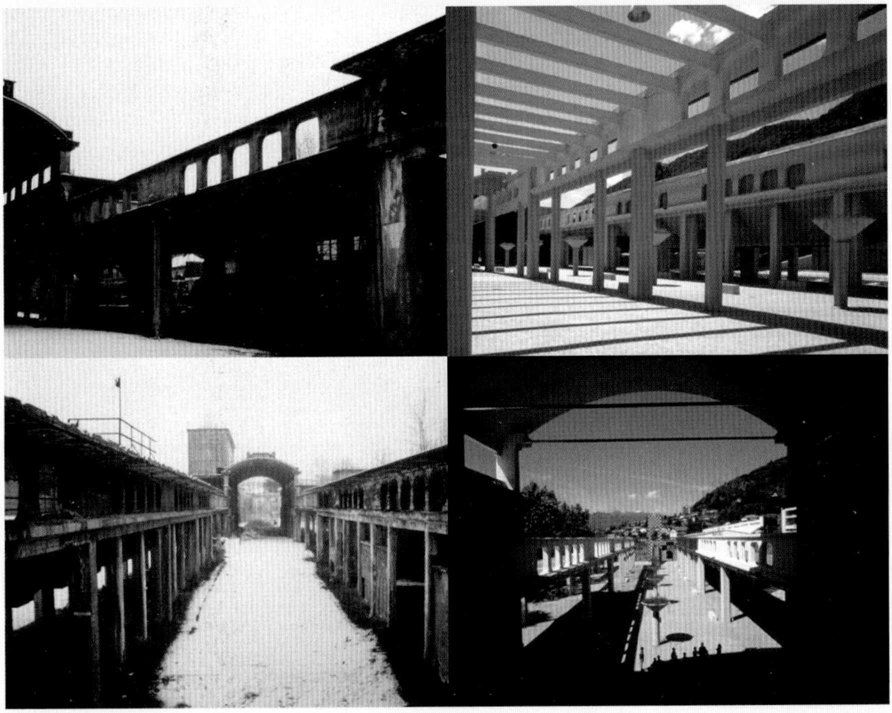

5.15

카지노 아로사 *1997*

Casino Arosa

1997년 알레산드로 멘디니는 스위스 아로사의 카지노 건물의 전면을 리디자인했다. 우선 건물 전면에 많은 타일로 오래된 느낌을 불어넣었는데, 타일이라는 재료의 익숙함은 건물의 인상을 친근하고 평범하게 만들었다. 이때 멘디니는 타일로 물결모양이나 점묘적인 표현을 시도했는데, 이는 타일로 일정한 패턴이나 무늬를 만드는 일반적인 방식과는 완전히 다른 접근이었고, 이로써 벽면은 현대적이면서도 예술적인 분위기로 가득하게 되었다. 하나의 타일로 이중적인 표현을 구현한 것이다.

그뿐 아니라 타일 중간 중간 마치 물결 같은 원색의 그래픽을 넣어 타일의 이미지를 강화하였다. 원색의 면 구성이 물결의 이미지를 매우 추상적으로 표현하고 있어서 단순한 그래픽이 아니라 추상회화의 느낌을 주기도 한다. 이 그래픽도 타일과 마찬가지로 이중적인 역할을 하고 있는 것이다.

정리해보면 멘디니가 디자인한 것은 분명 건물의 표면이었지만, 결과적으로 그의 시도는 건물의 표면을 추상적인 표현의 장으로 만들었고 예술과 디자인의 융합을 이루어냈다. 뿐만 아니라 벽면의 강렬하고 추상적인 이미지는 장식으로도 전혀 손색이 없을 정도로 화려하다.

5.16 건물 전면을 그래픽으로 처리해 새로운 이미지를 표현한 카지노 아로사
5.17 타일과 그래픽이 어울린 건물 벽면의 추상적 표현

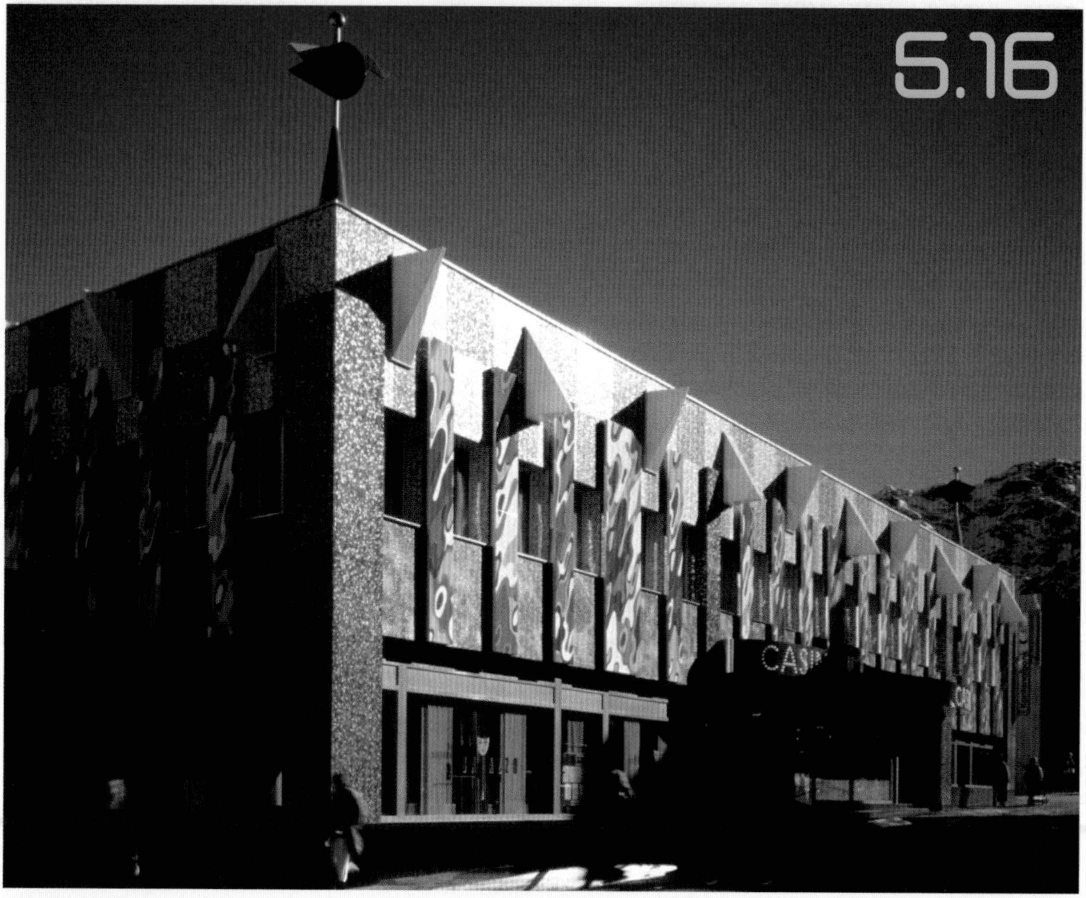

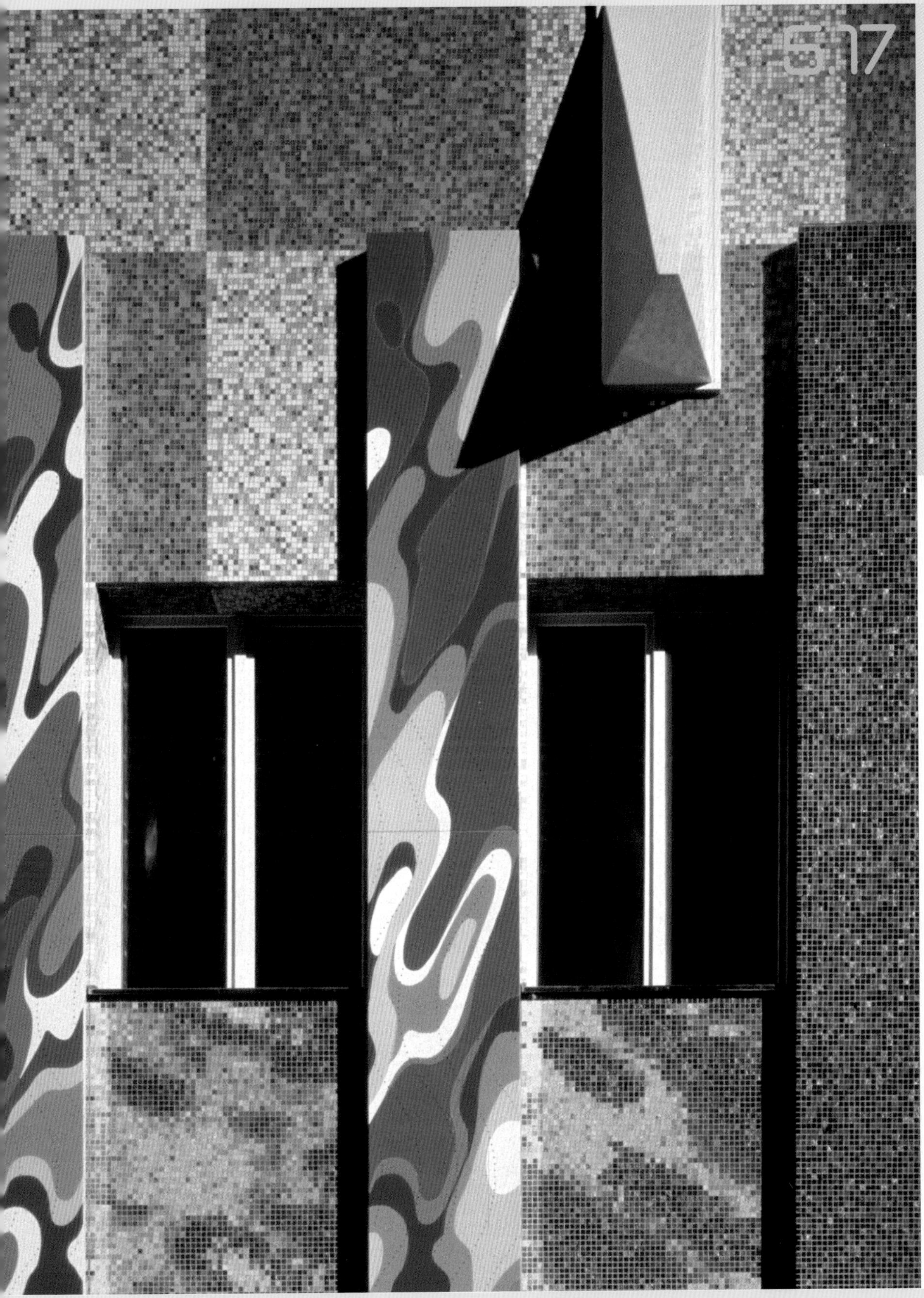
S.17

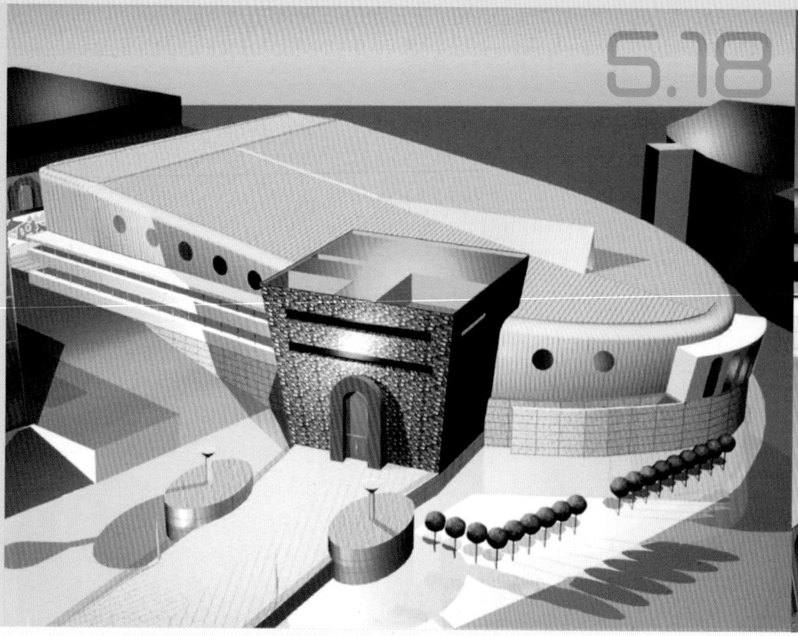

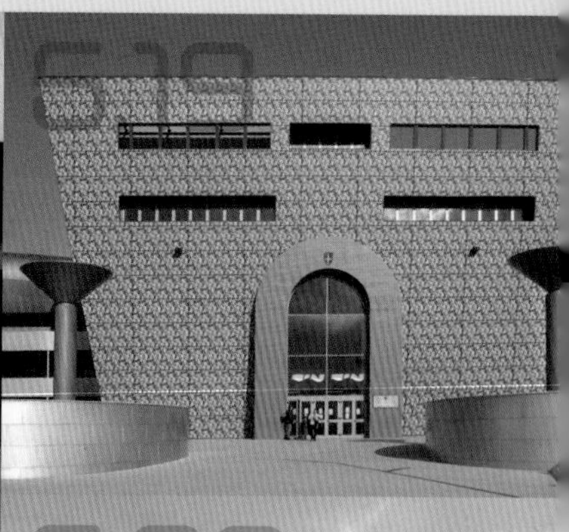

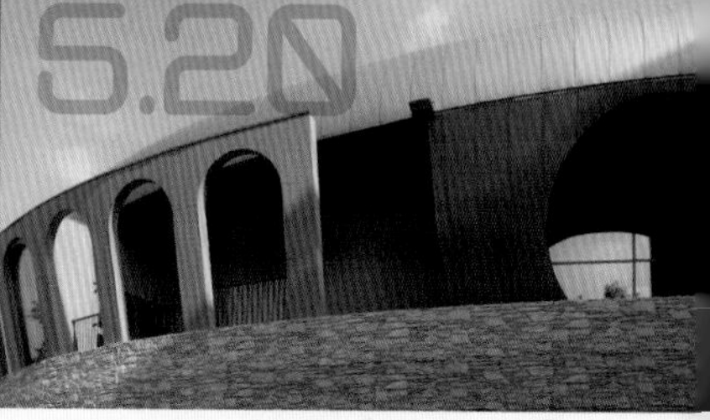

브루노 비앙키 수영센터 *2000-2002*

Bruno Bianchi Swimming Center

트리에스테Trieste 시에 지어진 이 수영장은 리노베이션이 아니라 건물 전체를 모두 새롭게 지었다. 우선 건물 전체를 보면 수영장 부분과 출입구 부분으로 구성되어 있는데, 색과 형태의 대비로 두 영역이 확연히 구분된다.

노란색의 수영장 천장 부분을 보면 평평한 천장 위에 코처럼 뾰족하게 튀어나온 부분은 알레산드로 멘디니가 자신의 얼굴을 응용해서 디자인한 알레시의 페이라노를 연상케 한다. 다만 아쉬운 점은 건물의 천장이라 거의 볼 수 없다는 것이다.

건물 입구는 단순한 형태로 디자인되었는데, 얼핏 보기에는 입술이 두꺼운 사람이 입을 위아래로 벌리는 모습 같다. 건물 벽면이나 입구의 아치는 고전적으로 처리해 그런 장난을 친 적이 없다는 듯 시침을 뚝 떼고 있다. 멘디니의 유머감각이 돋보인다.

밖에서 본 수영장은 현대적인 고전미가 잘 표현되어 있다. 황금색 지붕과 핑크계열 벽면 색의 어울림도 매우 고전적이면서 현대적이다. 둥근 창도 건물의 인상을 강렬하게 만든다.

건물 안쪽에는 실내와 실외 수영장이 모두 갖춰져 있는데, 관중석은 파란색 물과 대비되는 붉은색으로 처리해서 시각적으로 강렬한 인상을 준다. 실내 공간에서도 조형적으로 대비가 심한 형태가 어울려 강렬한 이미지를 자아내고 있다. 색이나 질감, 형태 등이 강한 대비를 이루면서 실내 공간을 매우 극적이고 예술적으로 만들었다. 이 수영장 디자인에서는 조형적으로 상반되는 두 요소를 대비시키면서 강한 이미지를 자아낸다는 일관성을 느낄 수 있다.

5.18 **두 개의 영역으로 이루어진 수영장 전체 구조**

5.19 **사람의 얼굴을 연상케 하는 수영장 입구**

5.20 **수영장 건물의 고전적인 모습**

5.21 **파란색과 붉은색의 대비가 두드러진 실외 수영장과 실내 수영장**

5.22 **서로 다른 조형요소들이 부딪히면서 독특한 이미지를 자아내는 수영장 실내**

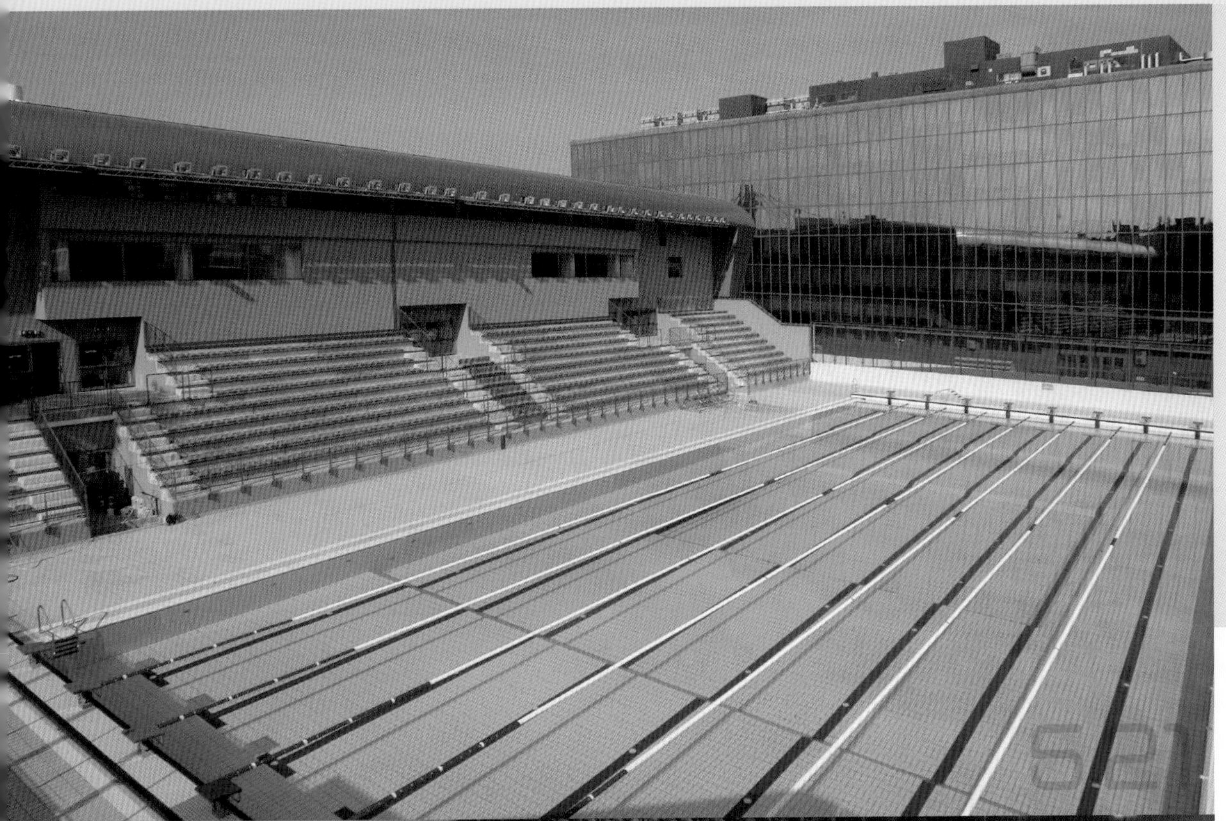

S.21

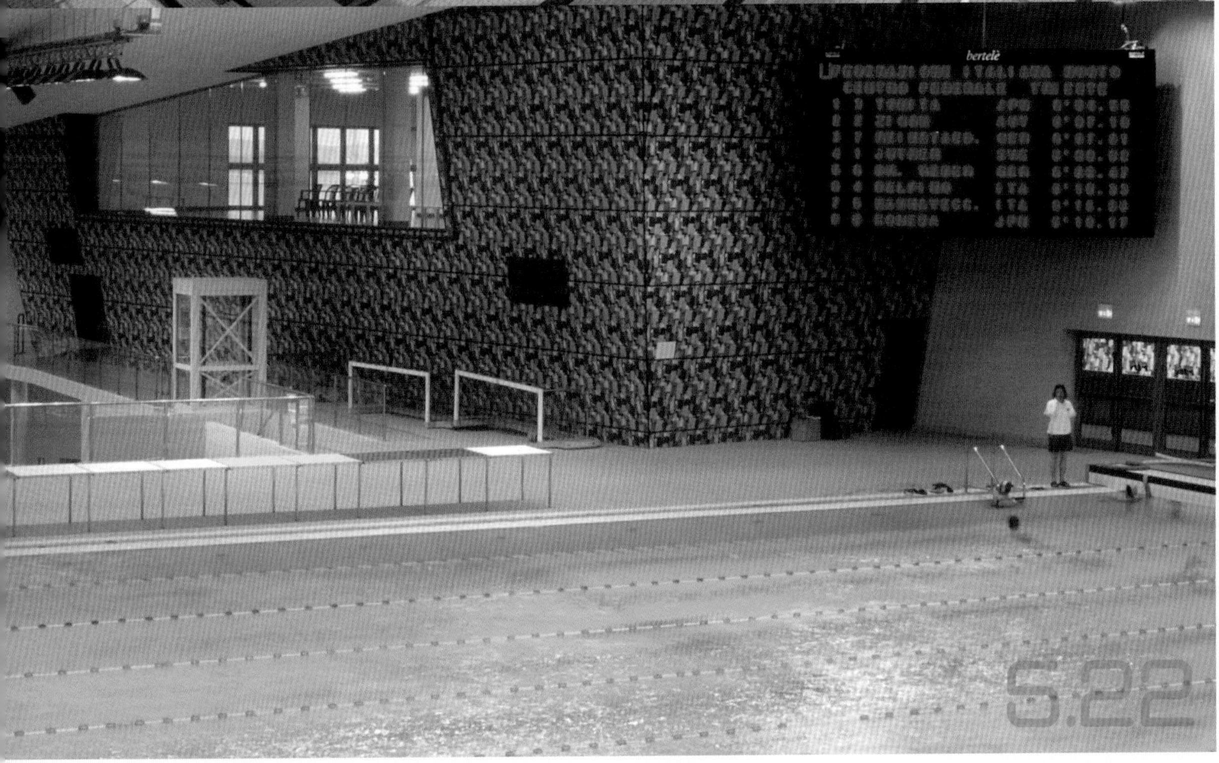

S.22

3

인테리어 디자인

제2차 세계대전 이후로 이탈리아에는 건축 작업이 많지 않아서 건축가들은 건축보다는 가구나 인테리어 디자인을 더 많이 했다. 이런 경향은 현재까지 이어지고 있고, 알레산드로 멘디니도 건축을 공부했지만 디자인 활동은 주로 인테리어 분야에서 많았다. 그런 점에서 본다면 멘디니의 디자인 세계가 가장 많이 실험되고 적용된 것도 인테리어 분야라고 할 수 있다.

그는 인테리어 디자인을 통해 자신의 디자인 스타일을 가장 잘 표현하기도 했는데, 다른 디자이너의 작품에서는 찾아볼 수 없는 환상적인 디자인을 인테리어 디자인에서 보여주었다. 거꾸로 이야기하자면 자신의 예술적이고 복합적인 디자인을 표현하는 데는 인테리어가 가장 적합했다고도 할 수 있다.

비사자 쇼룸 *1995*

Bisazza Showroom

비사자는 이탈리아 비첸차에 있는 타일회사로 알레산드로 멘디니는 1995년 이 회사의 밀라노 매장 인테리어를 디자인했다.

멘디니는 이질적인 것들을 충돌시키기 좋아하는 특유의 디자인 방법을 적용하여 매우 예술적인 디자인을 내놓았다.

이 쇼룸 인테리어에서 돋보이는 것은 비사자의 타일과 시공기술을 활용해 순수미술적인 표현을 구현한 점이다. 주로 멘디니가 디자인한 침대나 가구 주변에 순수미술 같은 그림을 타일로 만들어 붙임으로써 쇼룸은 일상공간이 예술적으로 승화되는 듯한 초현실적인 이미지로 가득 차게 되었다.

이런 분위기에서 빛을 발한 것은 비사자에서 만든 타일과 시공기술이다. 멘디니가 디자인한 난해한 예술적 조형을 비사자의 타일과 기술이 완벽하게 실현하였고, 덕분에 비사자의 타일은 단지 상품이 아니라 예술품의 반열에 올랐다. 비사자의 타일과 시공기술의 수준을 파악하고 이런 예술적인 디자인을 했던 멘디니의 숨은 의도가 빛난다. 비사자와의 인연은 이듬해에도 이어진다.

5.23 **예술과 디자인을 넘나드는 비사자 밀라노 쇼룸디자인**

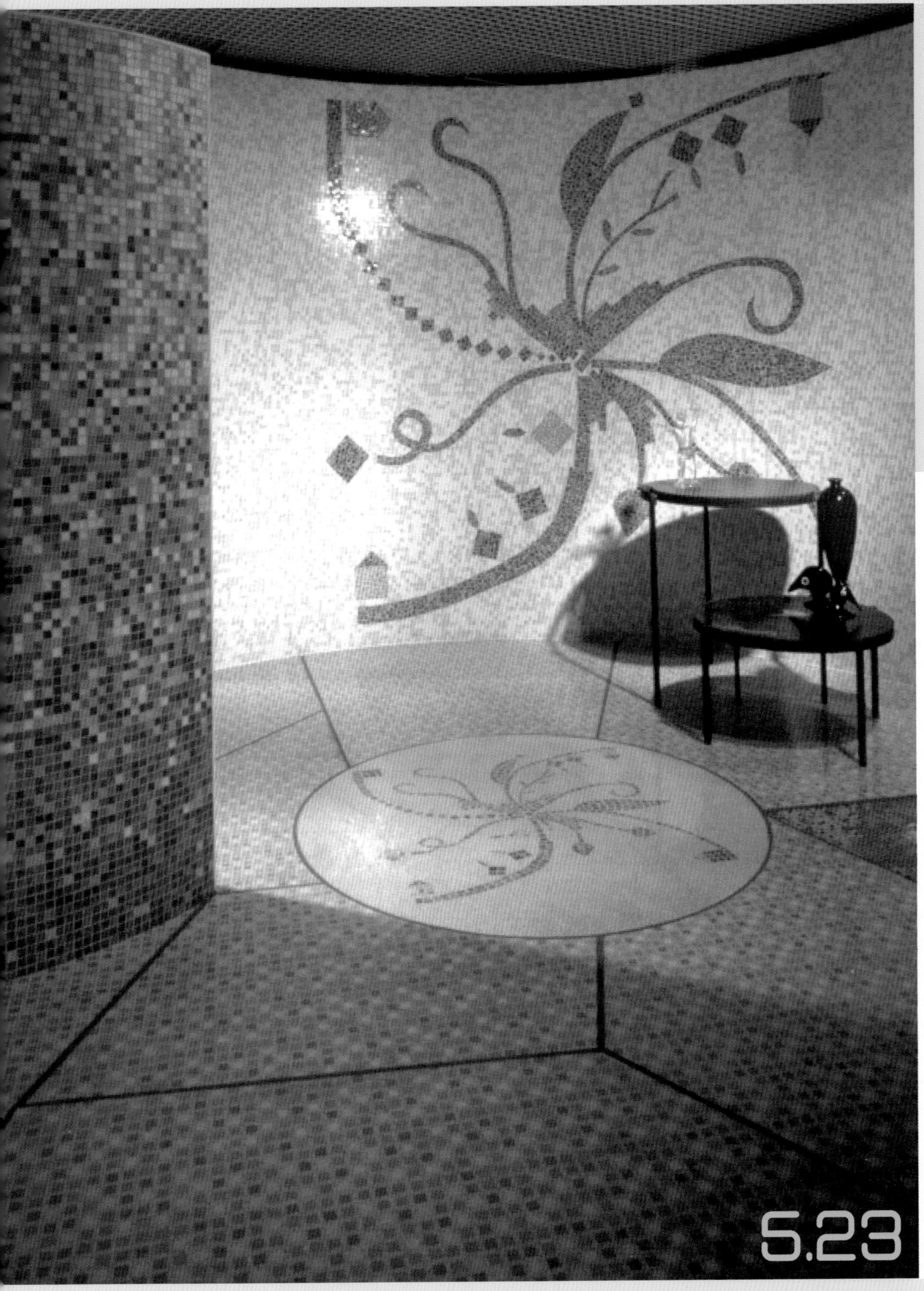

5.23

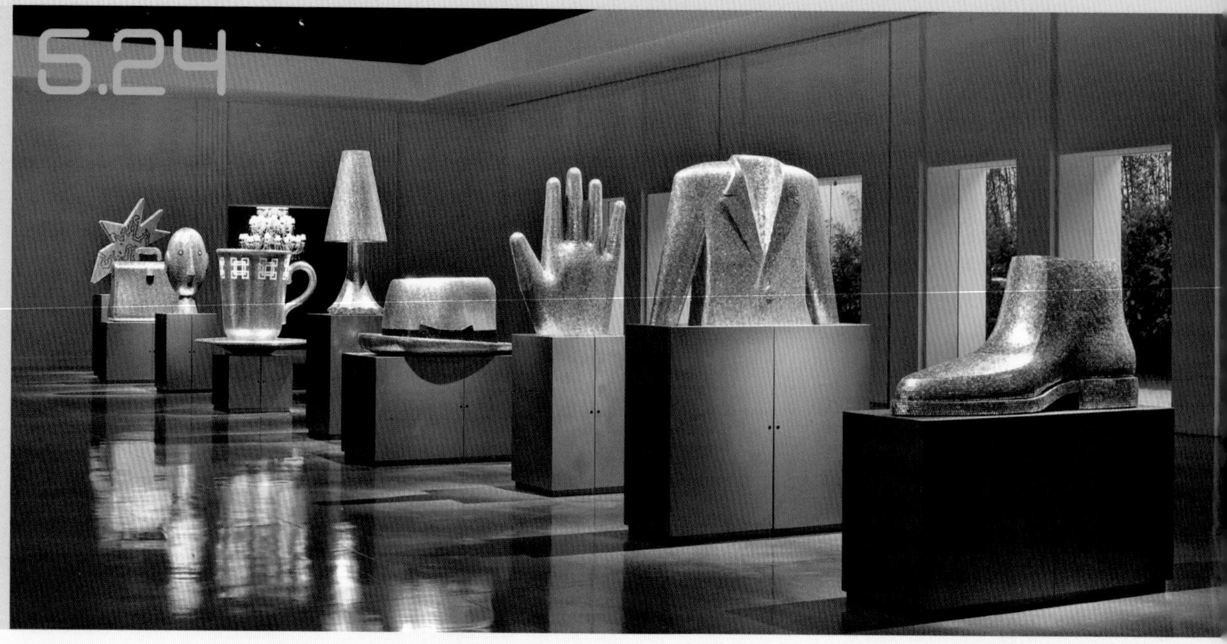

5.24 '남성을 위한 가구' 전시장 모습
5.25 고도의 예술성을 발휘했던 '아트 인 모자이코' 전시

아트 인 모자이코 *1996*
Art in Mosaico

알레산드로 멘디니와 비사자는 1996년 나폴리에서 '아트 인 모자이코'라는 전시를 진행했다. 멘디니가 디자인하고 비사자가 제작했는데, 전해의 쇼룸보다 예술성을 더 강화한 전시였다.

예술적인 추상형태나 가구같은 비교적 큰 물건 위에 타일을 붙여서 환상적이고 예술적인 분위기를 살린 전시였다. 디자인에 예술이 접목된 조형성이나 그런 예술성을 밝고 경쾌한 분위기의 색으로 처리하는 멘디니 특유의 개성이 가득했다.

결과적으로 비사자가 타일만으로 얼마나 환상적인 예술을 만들 수 있는지 보여주면서, 비사자는 단지 상품을 만들고 파는 브랜드가 아니라 예술을 추구하는 격조 높은 회사라는 이미지를 간접적으로 구축하게 되었다. 그 이듬해에도 멘디니는 비사자와의 인연을 계속 이어나갔다.

1997년 멘디니는 비사자 본사 전시장에 '남성을 위한 가구Mobili per uomo'라는 전시를 열었다. 아마 멘디니의 전시 중 가장 인상 깊게 알려진 전시가 아닐까 싶다. 오랜만에 쓰임새에 신경 쓰지 않고 마음껏 예술적 표현을 한 전시이기도 했다.

이 전시에서는 신발 · 손 · 전등 · 잔 등 일상에서 볼 수 있는 대상을 크게 확대한 형태 위에 금색 타일을 붙인 작품을 전시했는데, 일상적인 사물을 크게 확대한 데서 오는 익숙함과 낯섦을 동시에 촉발시켰다. 하지만 무엇보다 금색 타일의 번쩍거리는 이미지가 매우 강렬해서 많은 사람의 뇌리에 깊이 인식된 전시다.

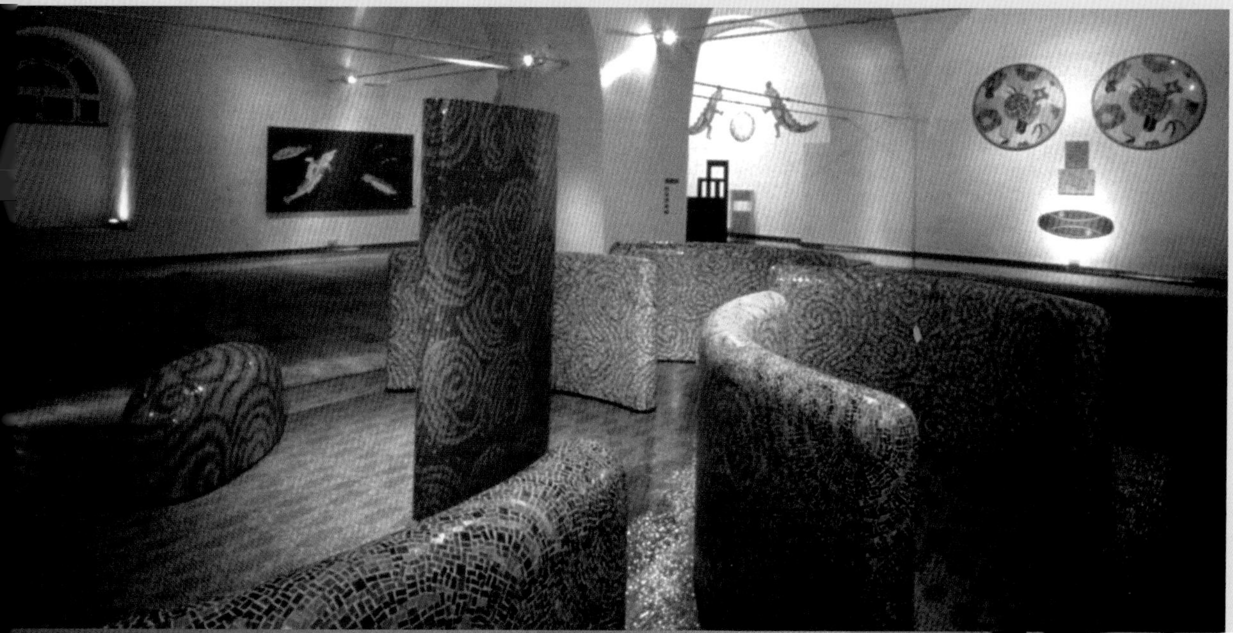

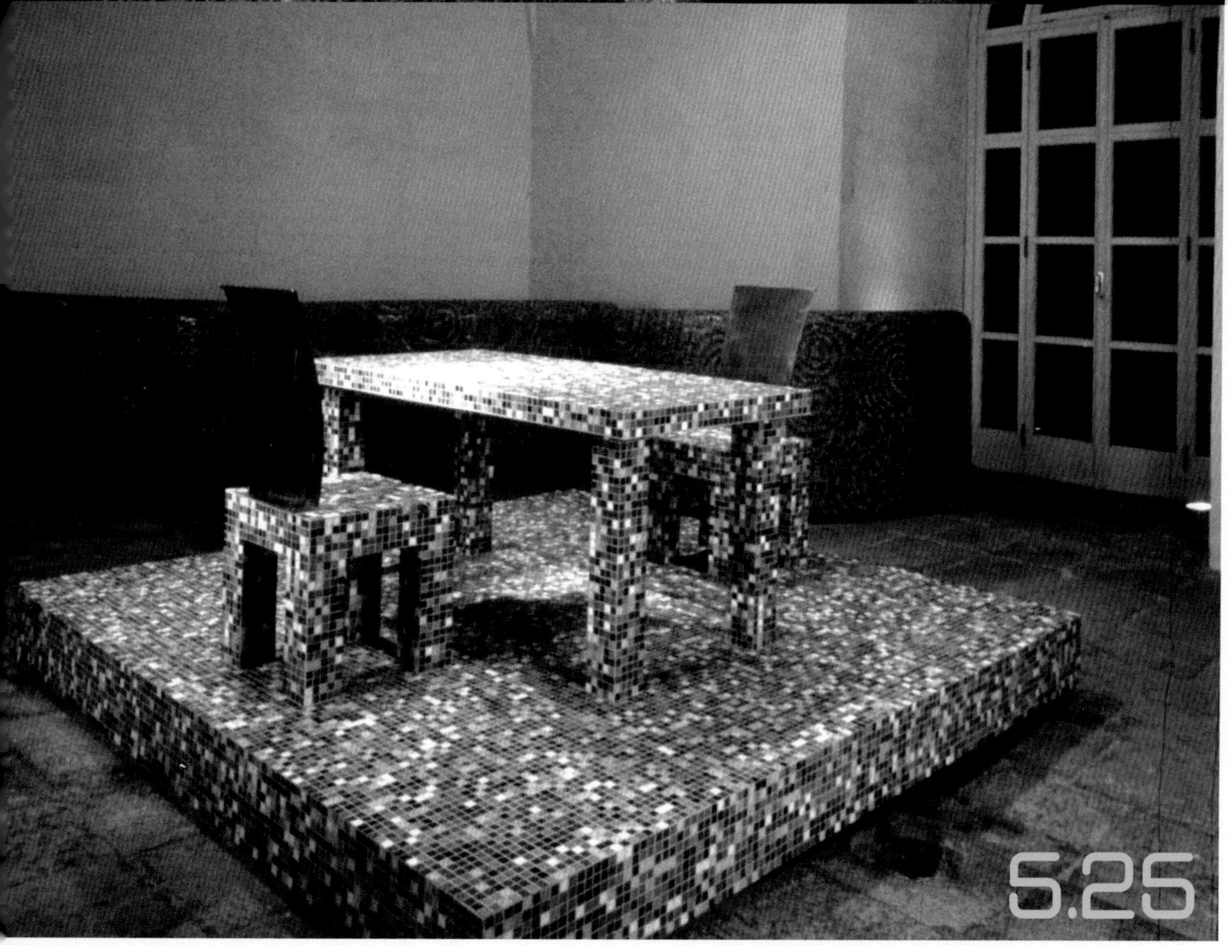

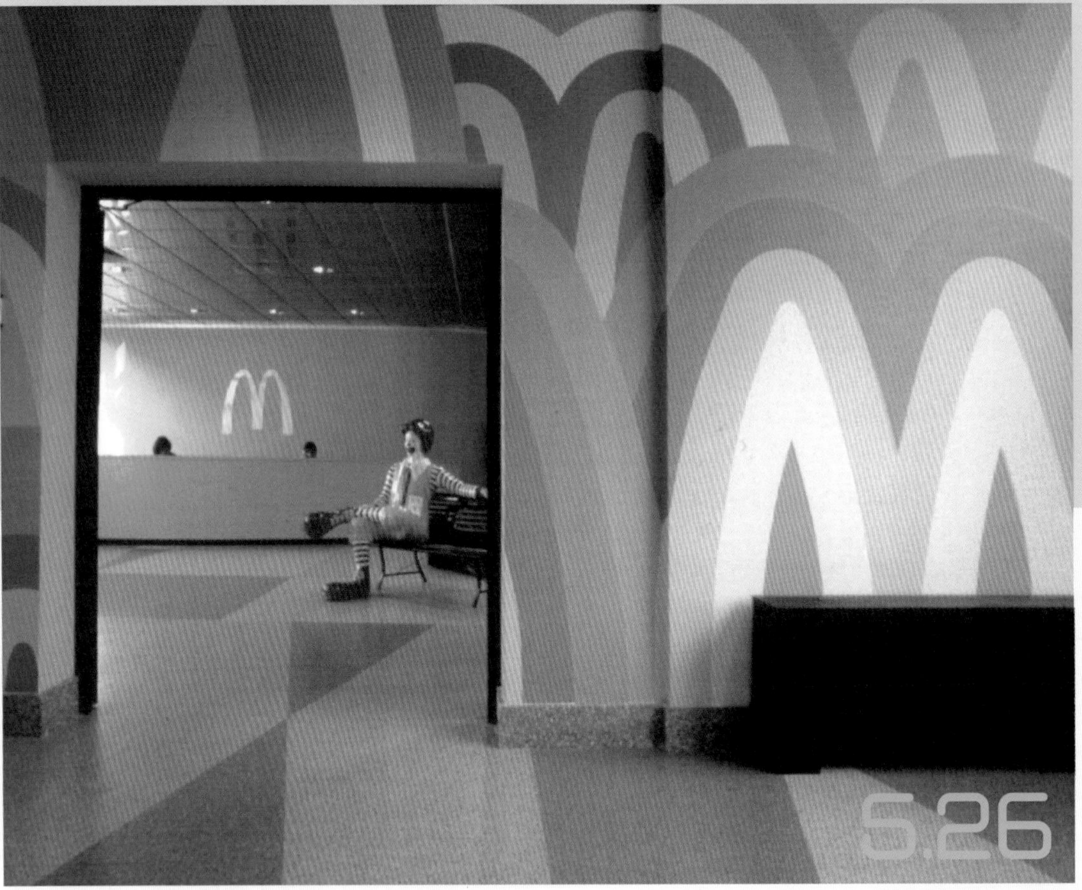

5.26 독특한 디자인의 맥도날드 밀라노 매장

맥도날드 *1996*
McDonald

알레산드로 멘디니는 밀라노의 맥도날드 매장의 인테리어도 디자인했다. 전세계적으로 통일된 매장 디자인의 맥도날드가 밀라노 매장은 멘디니에게 의뢰해 변화를 주었다는 것만으로도 대단히 흥미로운 볼거리다.

멘디니는 순수한 노란색과 빨간색으로 강렬한 이미지를 구축하는 맥도날드를 자신의 감각으로 재해석했다. 강한 원색의 채도를 낮추어 부드럽게 만들고, 밝기의 차이도 완화시켜서 부드러운 톤의 색감이 느껴지도록 했다. 멘디니 특유의 그래픽 처리로 매장과 사무실 벽면을 예술적으로 처리한 것도 돋보인다. 색과 모양을 부드럽고 예술적으로 변화시키면서도 맥도날드 특유의 흥겹고 명랑한 분위기를 그대로 재현한 멘디니의 솜씨도 놀랍다. 덕분에 밀라노는 세계에서 찾아볼 수 없는 독특한 맥도날드를 가지게 되었다.

트렌드 본사 리노베이션 *2005*

Villa Le Scalette, uffici della ditta Trend

5.27 고풍스러운 주택에 자리잡은 트렌드 본사

트렌드는 이탈리아의 비첸차에 본사를 두고 있는 세계적인 타일 브랜드다. 본사 건물은 고풍스러운 분위기가 가득한 오래된 주택인데, 2005년 알레산드로 멘디니는 이 건물의 인테리어디자인을 리노베이션했다.

고풍스러운 분위기를 훼손하지 않으면서도 참신한 분위기를 만들어야 하는 쉽지 않은 디자인이었다. 멘디니는 이 어려운 과제를 거장다운 솜씨로 처리했다. 건물의 고풍스러운 이미지에 걸맞는 고전적인 분위기를 유지하면서도, 멘디니 특유의 화려하고 예술적인 개성을 덧씌워 새롭고도 오래된 것 같은 독특한 분위기를 만들어낸 것이다.

이 건물의 많은 복도나 사무실 바닥을 모두 다른 모양으로 디자인해서 건물 전체가 수많은 볼거리로 가득 찼다. 실제로 이 건물 안을 둘러보면 한 걸음을 옮기기가 어려울 정도로 서로 다른 수많은 타일디자인의 세계가 펼쳐진다. 어울리지 않을 것 같은 모양을 대비시키는 멘디니 특유의 디자인 방식이 이 건물에서도 그대로 적용되었다.

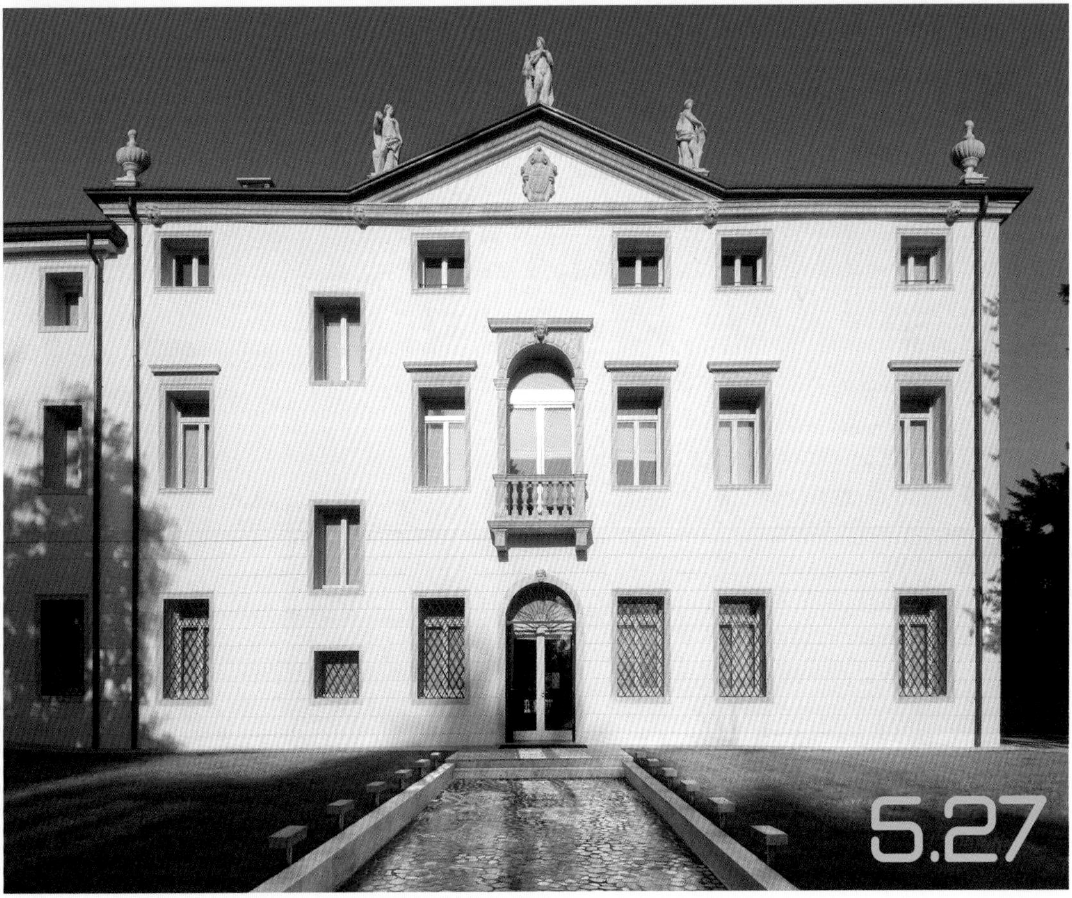

5.28

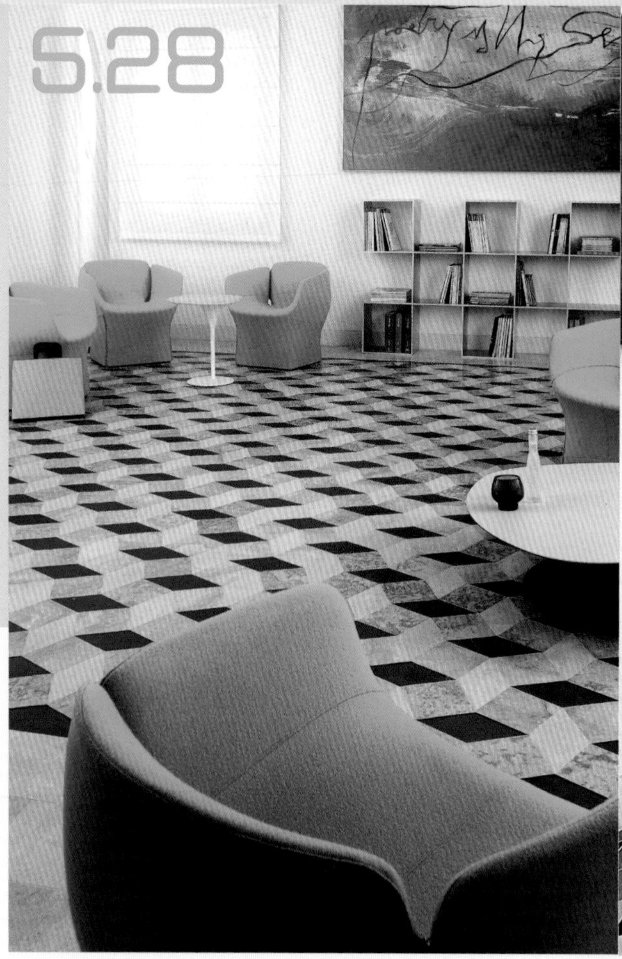

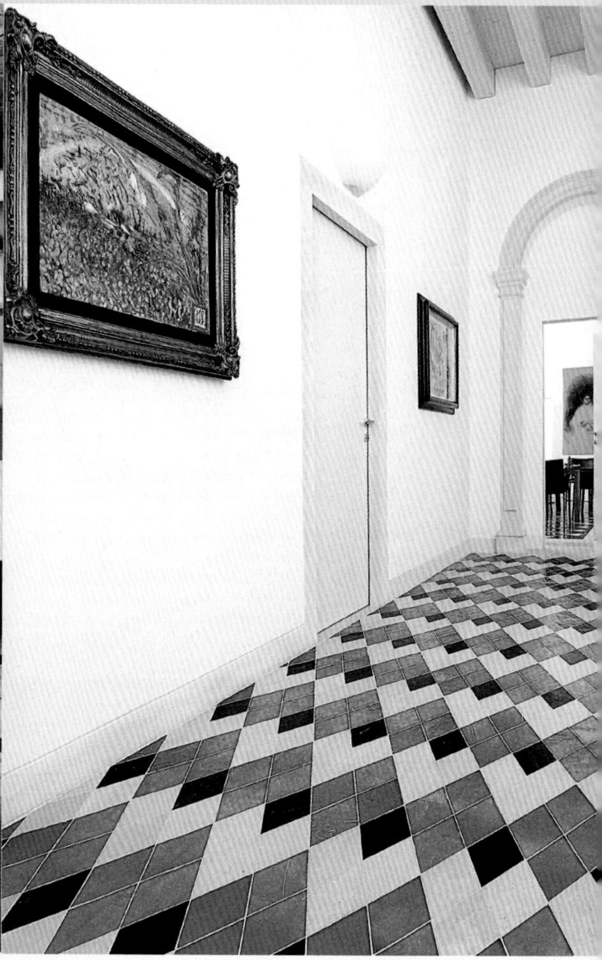

바닥의 타일디자인은 거의가 순수미술에서 인용한 것 같기도 하고, 고전 문양 같기도 한 모양과 색으로 이루어져 있는데, 한마디로 멘디니가 흔히 쓰는 스타일의 모양과 색은 아니다. 그런데 그렇기 때문에 이 건물 안은 오래된 것 같기도 하면서 새로운 것 같은, 장식적인 것 같으면서도 예술적인 매우 모순적인 분위기가 만들어졌다. 이런 분위기는 1층 회의실에 잘 표현되어 있다.

오래되어 보이는 바닥과 벽면이 현대적인 의자나 테이블과 어울려 독특한 분위기를 만들고 있으며, 천장에 달린 샹들리에 또한 고전적이면서 현대적인 이미지를 가지고 있다.

이 모든 부분을 자세히 보면 어디서 많이 보았음직한 이미지를 쓰느라 자신의 개성을 일부러 억제하고 있는 멘디니의 모습을 느낄 수 있다. 상황에 따라서는 자신의 개성도 억제하는 멘디니의 노련함을 느낄 수 있다.

물론 그렇다 하더라도 아름답지 않다면 모든 노력은 수포로 돌아갔을 것이다. 바닥 타일의 빼어난 아름다움은 주위의 다른 모든 것이 보이지 않게 만들어버릴 정도로 강력하다. 때론 비슷한 계통의 색으로 때론 대비가 심한 색으로 이루어진 아름다운 모양은 고전적이든 예술적이든 보는 사람의 눈과 마음을 사로잡기에 모자람이 없다.

5.28 **바닥 타일디자인이 돋보이는 트렌드 본사의 인테리어**
5.29 **오래되어 보이면서도 새로워 보이는 모순적인 분위기의 1층**

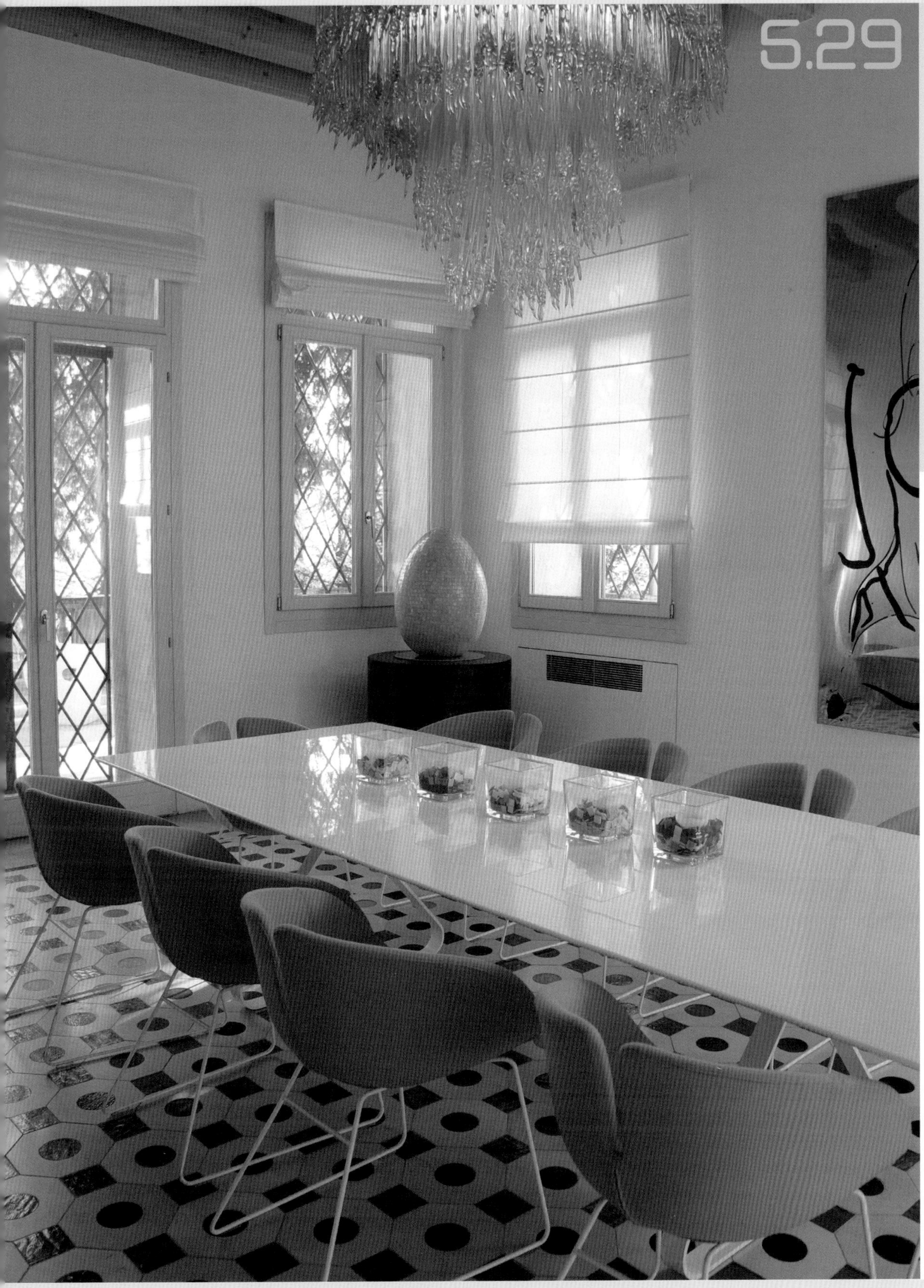
5.29

이 건물의 인테리어는 지하층에서 가장 빛을 발한다고 할 수 있다. 지하층은 고전적인 이미지보다는 예술적인 분위기, 초현실적인 분위기가 가득하다. 강렬한 색상, 몽환적인 이미지, 예술적 표현으로 이루어진 지하층의 모든 부분은 도저히 말로 표현할 수 없는 아름다움을 보여준다. 벽면을 장식하고 있는 몽환적이고 아름다운 그림이 모두 타일로 만들어졌다는 사실을 알면 이런 디자인을 한 멘디니나 멘디니의 디자인을 실제로 구현한 트렌드의 저력에 감탄하지 않을 수 없다.

이 지하층에도 멘디니의 손길이 매우 섬세하게 지나갔다는 것을 느낄 수 있다. 모든 부분이 하나 같지 않지만 색과 형태가 모두 완벽하게 조율되어 있는 것을 볼 수 있다. 세련된 현대디자인과 예술적인 타일디자인의 어울림은 어디서 보더라도 예술작품이다. 이 공간을 직원 휴게시설과 강당으로 쓰고 있다니, 이 브랜드의 품격이 머리가 아니라 온몸으로 파고든다. 직원용 사우나장은 어떤 면에서는 이 건물의 럭셔리함을 완성하고 있다고 해도 과언이 아닐 것이다.

5.30 예술적이어서 더욱 환상적으로 보이는 지하층과 럭셔리함의 극치를 보여주는 사우나 시설

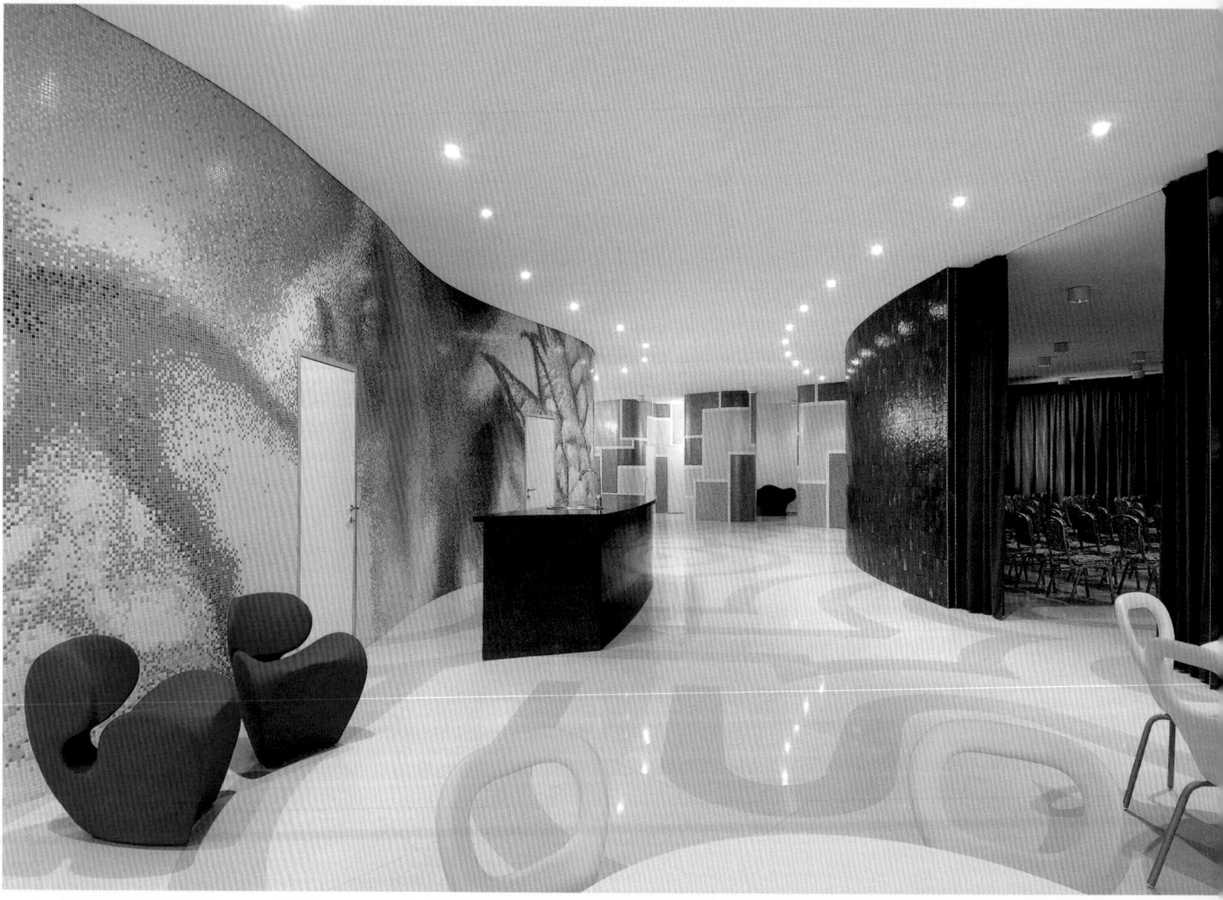

바닥에서부터 천장에 이르기까지 타일의 어울림이 보여주는 환상적인 풍경은 타일로 도달할 수 있는 예술적 수준이 어디까지인지 보여주는 듯하다. 낱개로 보면 그저 그런 타일일 테지만 그런 타일을 모아서 이런 아름다움을 만들어내는 멘디니나 트렌드의 솜씨는 수공업에 기반한 이탈리아 기업의 저력이 어떤 것인지 가슴으로 느끼게 해준다.

멘디니를 비롯한 이탈리아의 디자이너가 수공업을 기반으로 한 이탈리아의 기업과 연계하여 이탈리아의 산업을 획기적으로 발전시켰다는데, 그것이 사실이었다는 것을 이런 디자인을 통해 확인할 수 있다. 과연 수공업적 기술이 첨단 산업기술보다 낙후된 구시대 유물일까? 기술에만 초점을 맞춘 디자인이 오히려 낙후되고 편협한 것일 수도 있다는 사실을 깨닫게 된다.

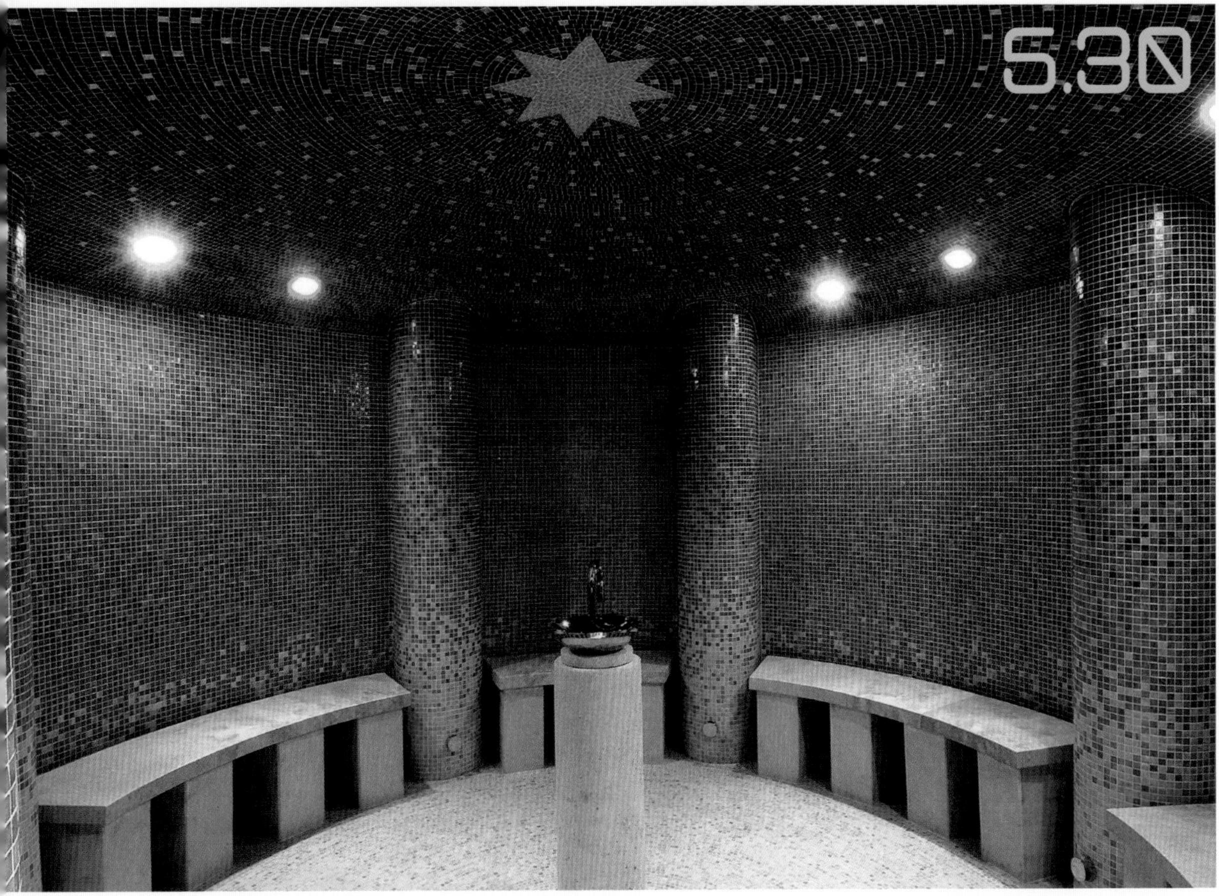

비블로스 아트 호텔 *2005*
Byblos Art Hotel

그의 환상적인 디자인 세계가 정말 환상적으로 표출된 것은 비블로스 호텔의 인테리어 작업이라고 할 수 있다. 원래 이 호텔은 베로나 근처에 있는 르네상스 양식의 오래된 저택이다. 패션 브랜드로 유명한 비블로스는 이 저택을 마술 같은 경험을 할 수 있는 뛰어난 그랜드 호텔로 바꾸고자 멘디니에게 프로젝트를 의뢰했다. 멘디니는 특유의 예술성과 스타일로 이 오래된 주택을 환상적인 호텔로 바꾸었다. 호텔로 들어가면 바로 환상의 세계를 만나게 된다.

5.31 **오래된 저택을 호텔로 리노베이션한 비블로스 호텔**
5.32 **환상적인 모습의 비블로스 호텔 로비**

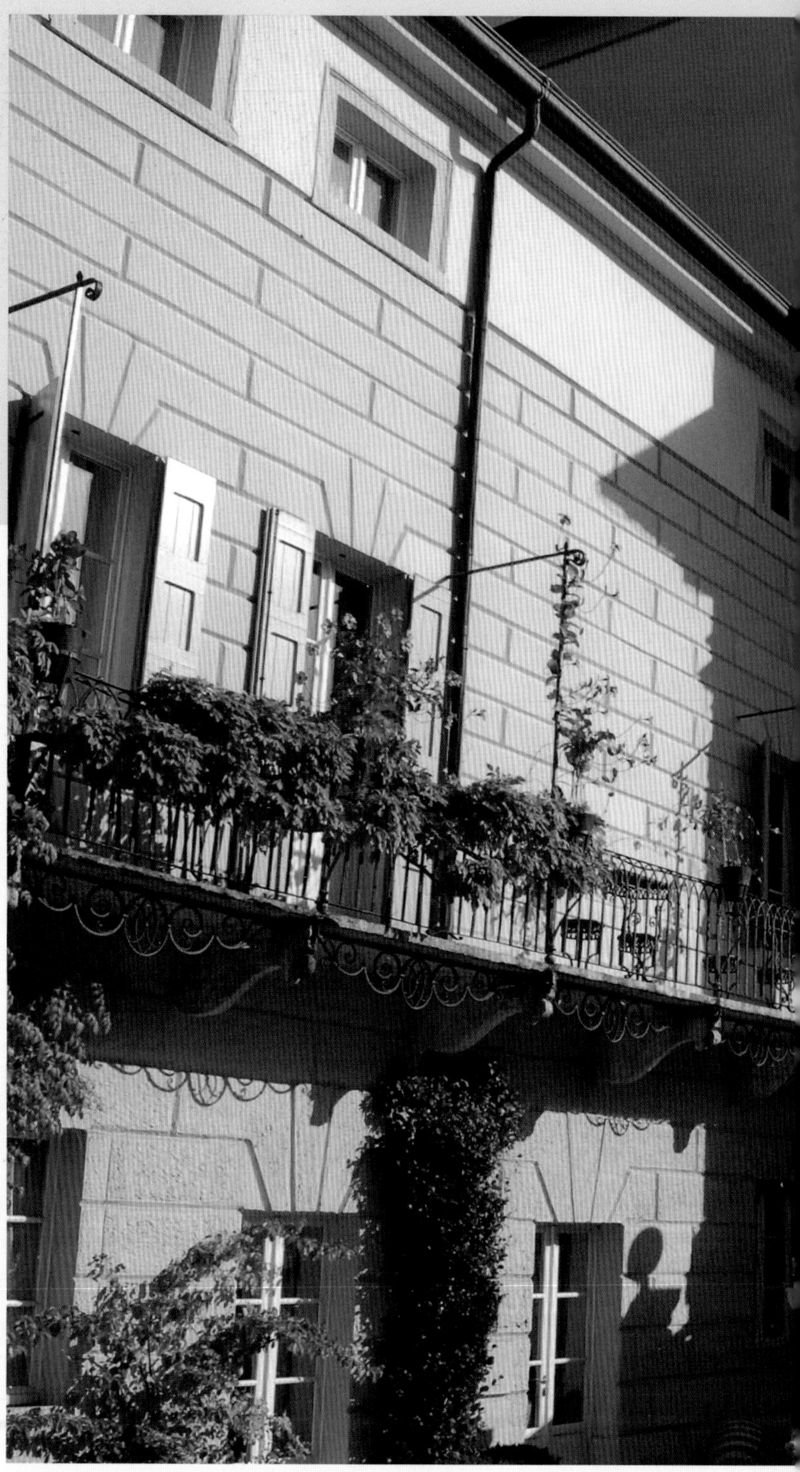

5.31

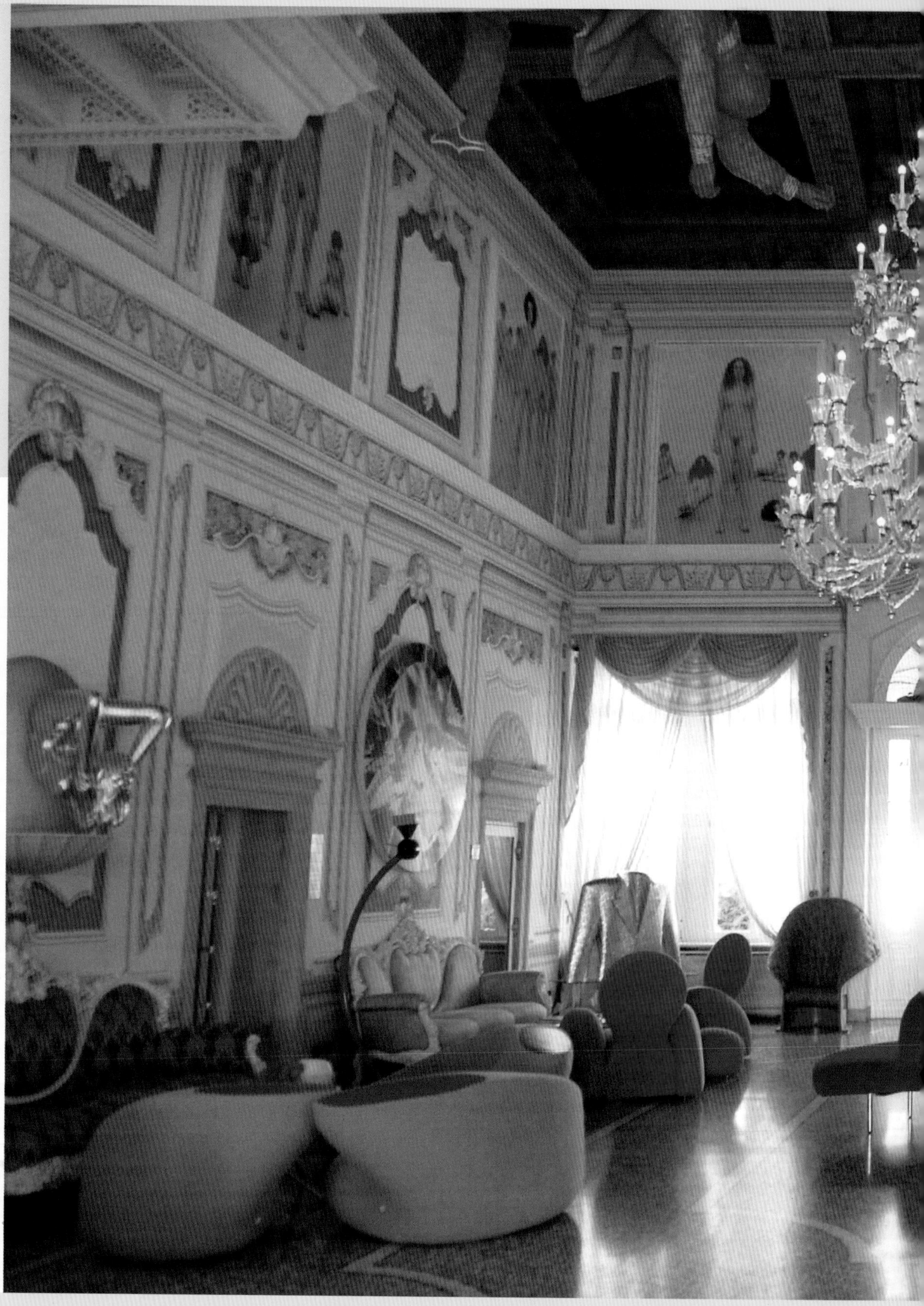

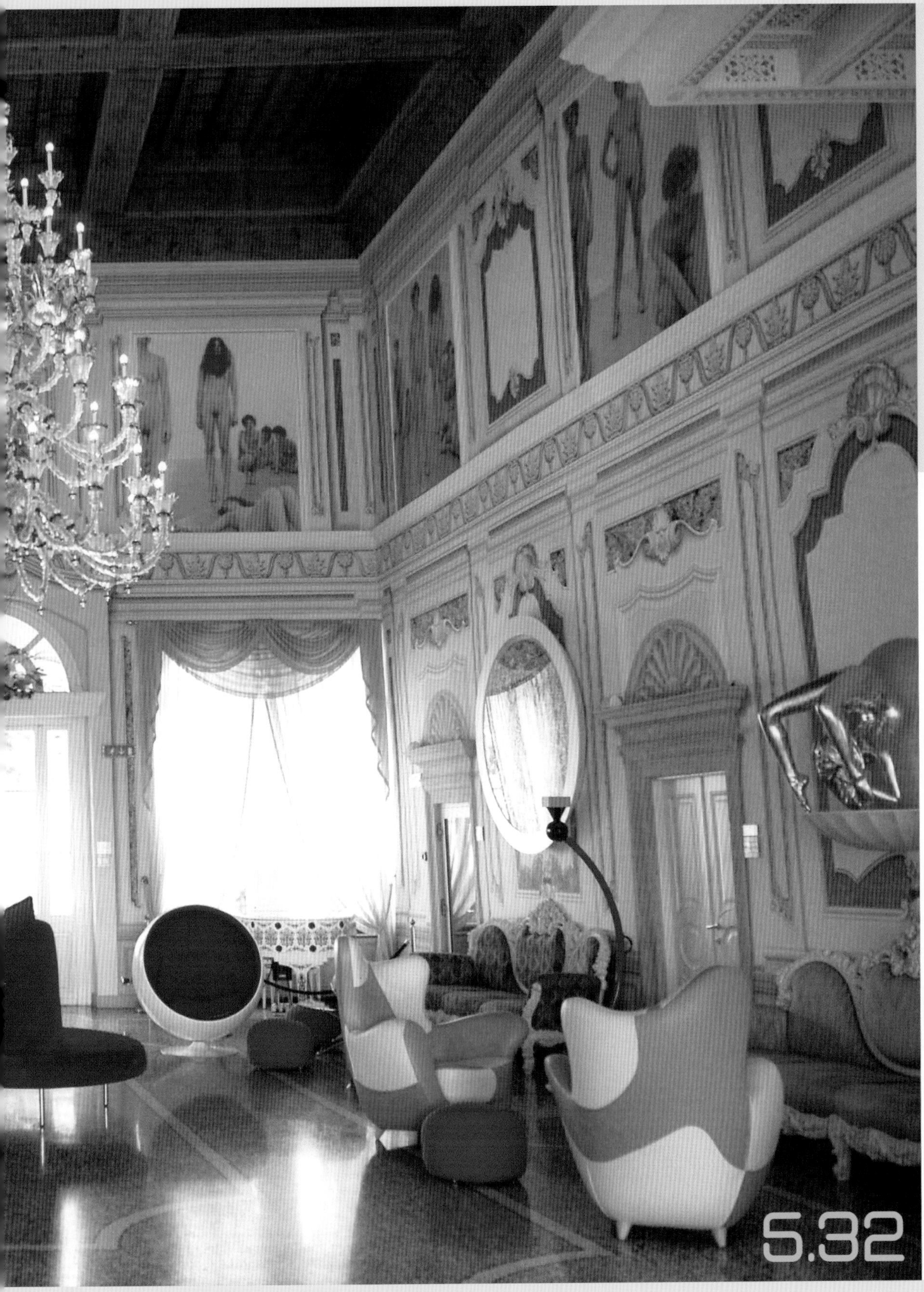
5.32

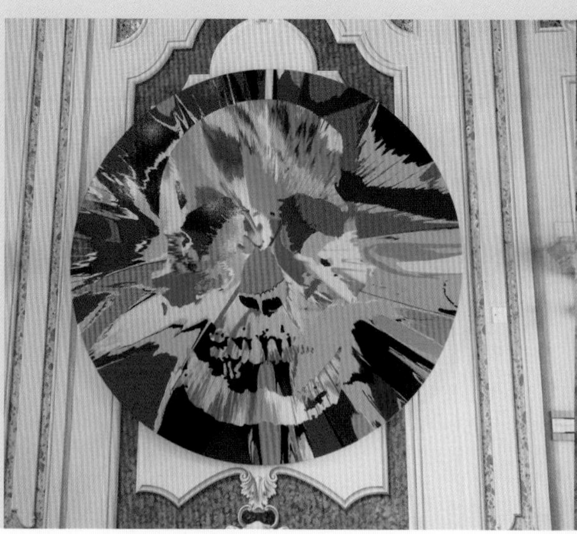

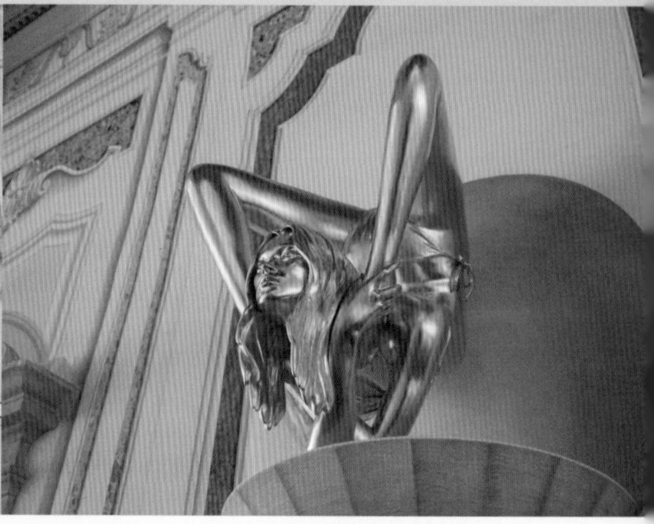

5.33 로비를 빛내는 아름다운 미술품
5.34 호텔 곳곳에 펼쳐져 있는 환상적인 공간

로비에 들어서는 순간 모든 사람은 이상한 나라의 엘리스가 되어버린다. 디자인 역사에 길이 남을 만한 가구와 뛰어난 작가의 미술작품, 유리로 된 샹들리에, 2층 벽면의 누드 사진 등이 함께 어울려 있는 모습은 세상 어느 곳에서도 찾아볼 수 없는 생소한 장면이다. 이탈리아 시골의 전형적인 전원풍경이 펼쳐진 외부와는 완전히 다른 모습이다. 한적한 베로나 근교의 고풍스런 주택 안에 이런 최고의 예술품이 모여 있다는 것을 누가 상상이나 할 수 있겠는가!

순수미술 같은 디자인을 해오던 알레산드로 멘디니가 여기서는 미술을 그대로 가져다놓았다. 덕분에 서로 어울리지 않는 장르와 모양이 충돌하면서 만들어내는 시각적 역동성은 멘디니의 그 어떤 디자인보다도 강렬하다. 게다가 로비를 비롯한 호텔의 모든 작품은 멘디니가 직접 컬렉션한 것이다. 다들 유명한 작가의 작품이기 때문에 각각의 작품을 감상할 수 있다는 것도 이 호텔의 큰 묘미라고 할 수 있다. 아울러 큐레이터 멘디니의 솜씨를 엿볼 수 있는 기회이기도 하다.

일상공간을 예술적으로 디자인해왔던 멘디니가 이 로비는 화랑처럼 디자인한 것이 아니라 정말 화랑으로 만들었다는 것은 짚어봐야 한다. 이 로비는 관객과 작품이 거리를 두고 있는 전형적인 화랑의 모습이 아니라, 작품이 방문객과 경계 없이 어울리고 있다. 소파와 출입문, 테이블 등과 어울려 있는 예술품은 적어도 여기서는 일상용품인 것이다. 그래서 이 로비는 화랑을 넘어서서 더욱 초현실적인 공간이 된다. 삶 속에 예술을 꽃피우고자 한 멘디니의 디자인 세계가 여기서는 또 다른 방식으로 실현되고 있는 것이다.

멘디니가 디자인한 것은 가구뿐이고 다른 사람의 작품을 가져다놓긴 했지만, 이 호텔 로비에서는 멘디니 특유의 개성이 강하게 우러난다. 화사하고 명랑한 분위기나, 대비가 강한 형태의 충돌에서 오는 강렬한 인상은 멘디니의 다른 디자인과 흡사하다. 그러니까 멘디니는 다른 사람의 작품을 큐레이팅하면서도 자신의 개성이 잔뜩 우러나오는 인테리어디자인을 한 것이다.

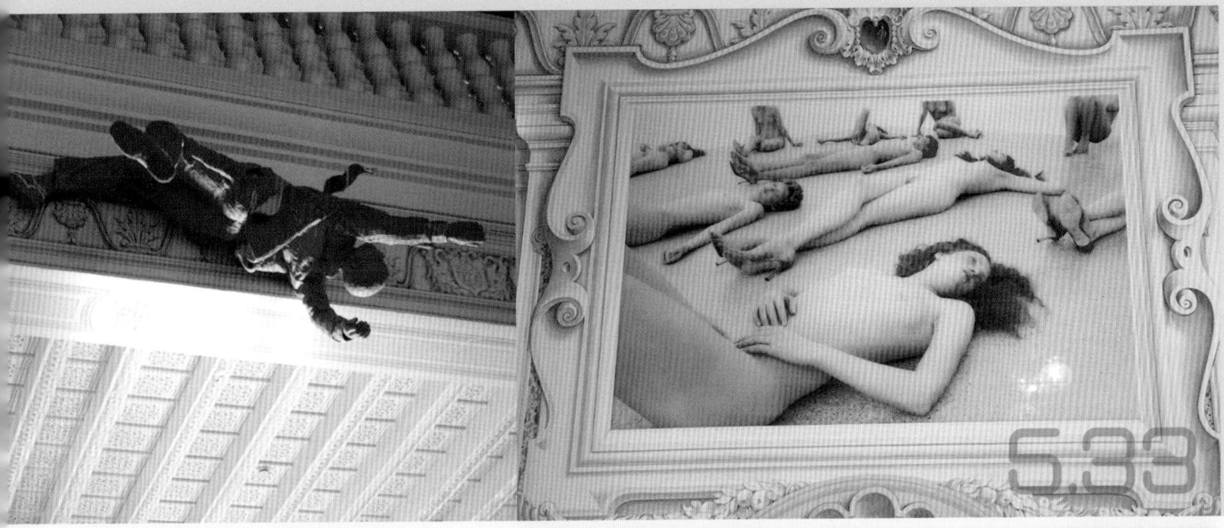

5.33

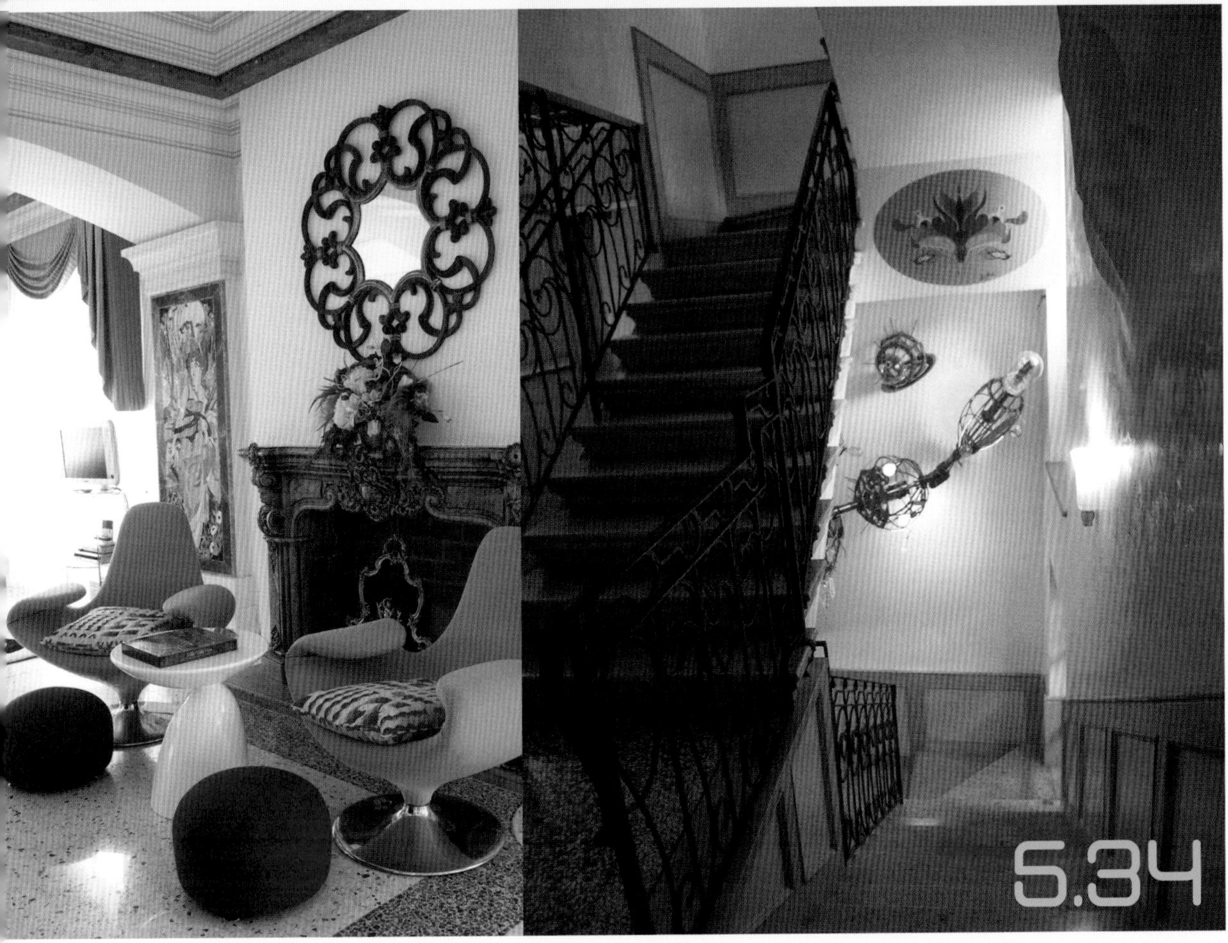

5.34

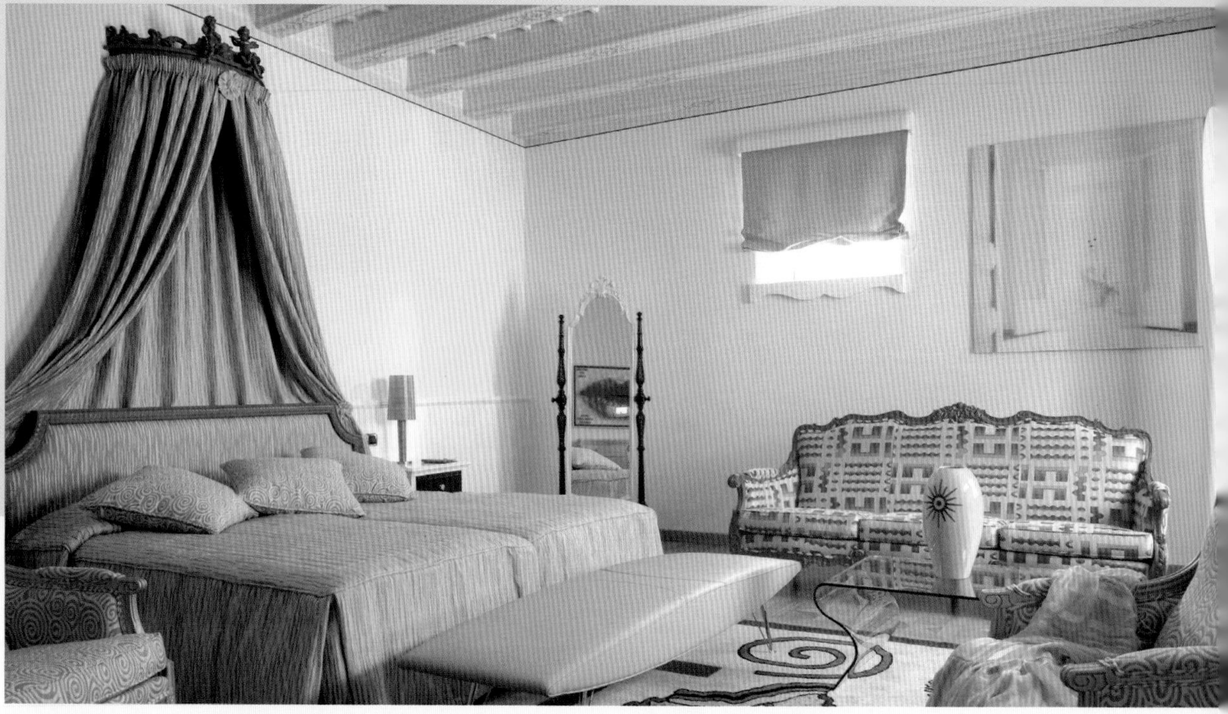

로비뿐 아니라 호텔 곳곳에는 많은 예술품과 명품 디자인의 컬렉션으로 환상적인 이미지가 계속된다.

비블로스 호텔의 객실이야말로 멘디니의 개인기가 폭발적으로 표출되었다고 할 수 있을 정도로 환상적이다. 각각의 객실은 모두 서로 다른 이미지로 디자인되었는데, 어떤 객실이든 멘디니의 환상적인 디자인으로 꽉꽉 채워져 있다. 객실 문을 열고 들어가는 방문객의 입에서는 환호성이 절로 터져 나온다.

모든 객실은 대체로 고전적인 스타일의 가구에 멘디니 특유의 화사하고 명랑한 색이 더해져서 매우 독특한 이미지를 자아낸다. 나무로 정교하게 조각된 침대장식, 콘솔의 우아한 다리, 거울을 둘러싸고 있는 고전적인 장식 위를 도저히 상상할 수 없는 색이 덮고 있는 모습은 단순히 눈만 파고드는 것이 아니라, 보는 사람의 마음속 깊은 곳을 파고들면서 감격하게 만든다. 그리고 이 객실은 고전에도 속하지 않고 현대에도 속하지 않는, 시간으로부터 완전히 격리된 초현실적인 공간이 되었다. 세월에 부식되지 않을 아름다움만이 이 객실 안을 가득 채운다.

디자인과 미술의 빼어난 조화, 오래된 일상 사물의 리디자인, 아름다움으로 가득 찬 환상적인 공간의 창조. 비블로스 호텔은 멘디니가 그동안 줄곧 시도해왔던 디자인적 실험과 시도가 흠잡을 데 없이 완벽하게 하나로 융합된 모습을 보여준다. 호텔의 모든 부분이 실험적인 시도로 가득하지만 이제는 그 실험성 사이로 삐져나오던 낯섦이나 파격성이 온화함과 지극한 아름다움으로 승화하고 있다. 특히 70년대 말에 보여주었던 멘디니의 리디자인이 이제 완전히 몸에 맞는 옷을 입은 것처럼 자연스럽고 아름답게 완성되었다. 멘디니는 자신의 디자인으로 완벽히 새로운 세계를 만드는, 더 이상 높이 올라갈 수 없는 최고의 경지에 이르렀음을 보여준다.

이 호텔은 2006년 'Villegiature Awards in Paris'에서 '유럽 최고의 호텔 건축과 인테리어 디자인상Best Hotel Architecture and Interior in Europe'을 수상했다. 아울러 이 호텔에 등장한 가구는 따로 라인을 만들어 호텔의 환상적인 유전자를 바깥 세상에서도 그대로 이어갈 수 있도록 하였다.

5.35 **환상적인 비블로스 호텔의 객실 인테리어**

5.36 **고전에도 현대에도 속하지 않는 분위기를 조성하는 객실 가구의 부분들**

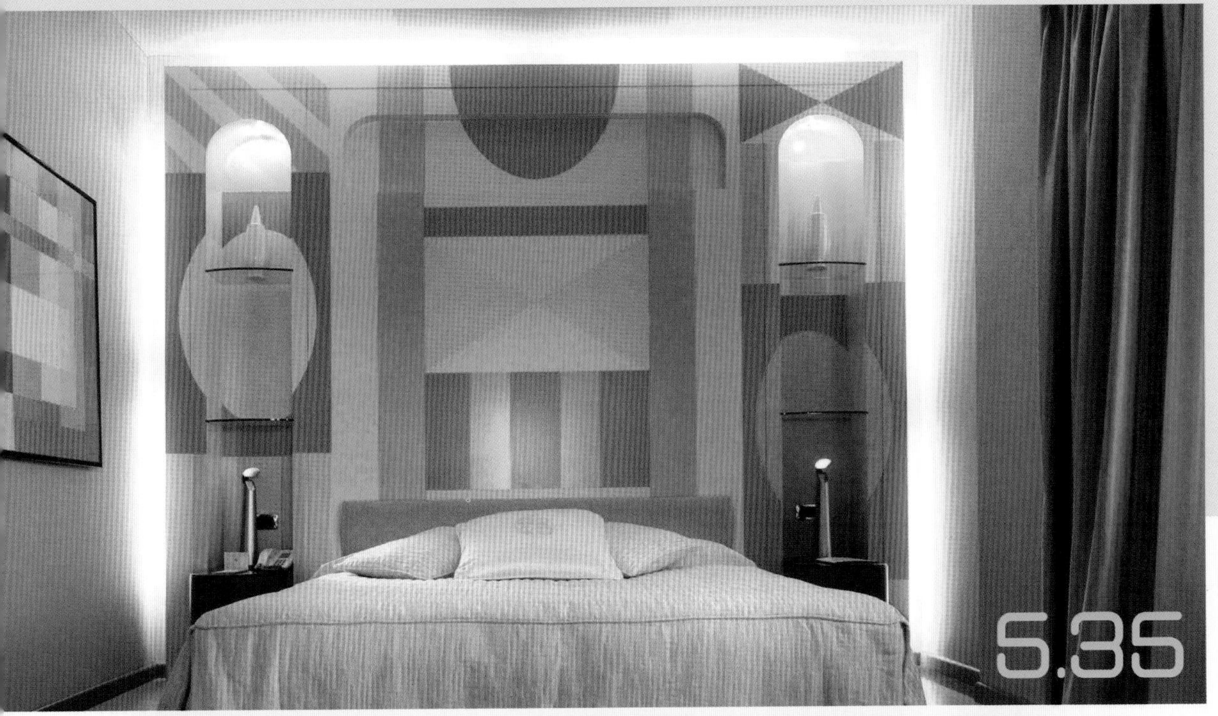

5.35

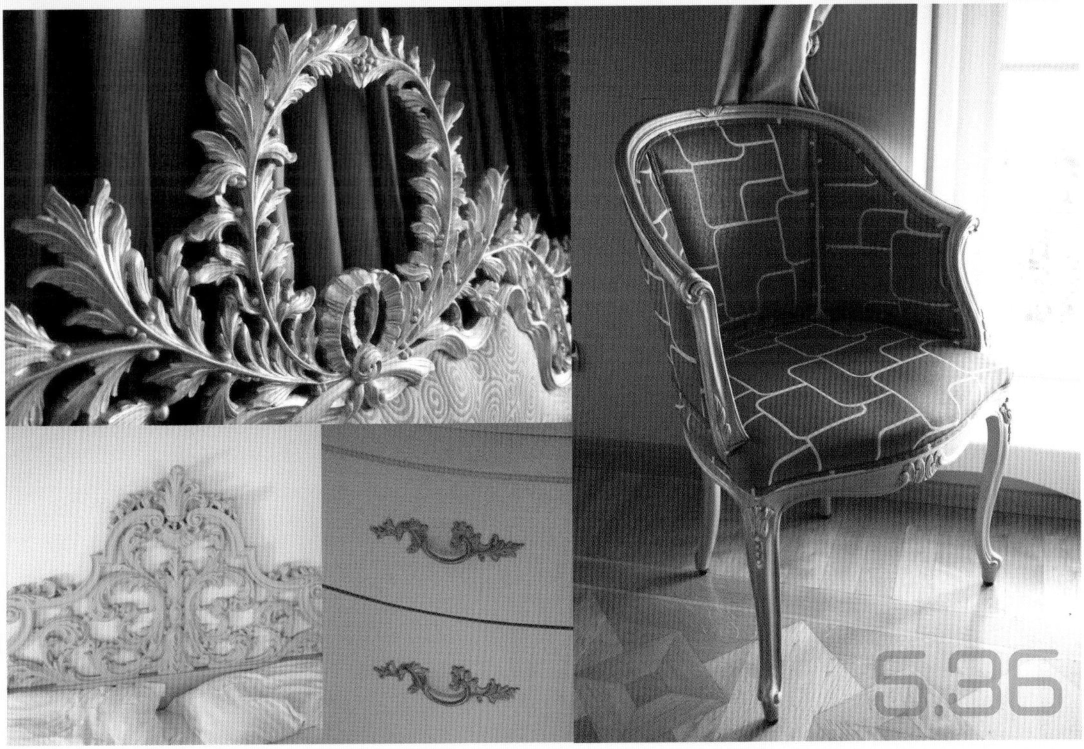

5.36

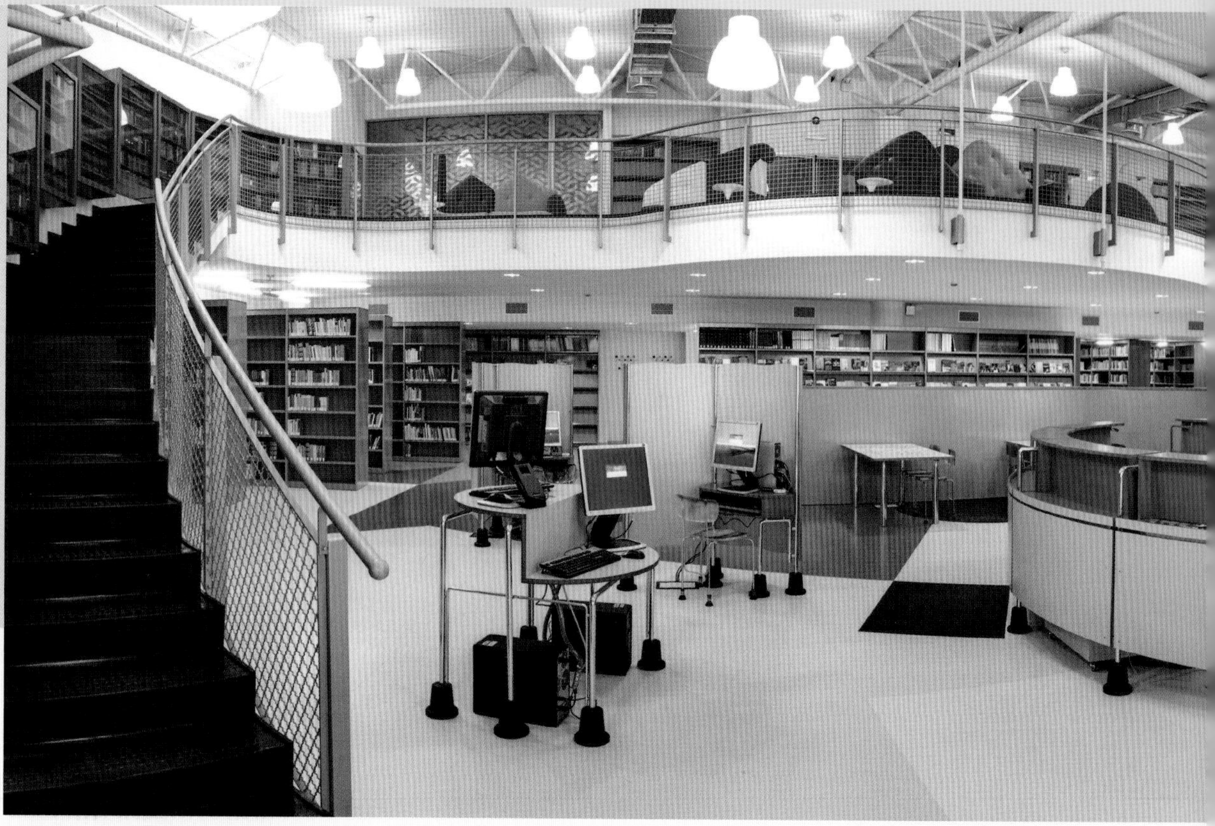

로베레 도서관 2006

Biblioteca Comunale di Lovere

5.37 양쪽 계단이 역동적인 동세를 만드는 도서관의 실내공간
5.38 생기발랄한 색과 모양의 소파
5.39 생동감 있으면서도 친근한 바닥의 그래픽

알레산드로 멘디니는 2006년 이탈리아 디자인계의 거장 가에타노 페세 Gaetano Pesce와 함께 로베레 시립 도서관 인테리어디자인을 했다. 이 2층짜리 도서관은 계단이 공간 양쪽에 설치되어 있어 실내공간이 매우 역동적인 것이 특징이다.

그런 공간에 천진난만한 모양의 원색 소파를 배치해 매우 역동적이고 유머러스하게 디자인했다. 덕분에 엄숙하기만한 도서관의 이미지를 벗어던진, 발랄하고 생기 가득한 색다른 분위기의 도서관이 탄생했다.

이 도서관에서 주목해봐야 할 부분은 바로 바닥의 그래픽 처리다. 트렌드 본사 바닥에서 타일로 시도했던 디자인을 이 도서관에서는 색 면으로 처리하고 있는데, 가구의 생기발랄함을 이어받은 바닥은 도서관의 분위기를 매우 흥겹고 친근하게 만들어준다.

별것 아닌 것 같지만 바닥의 화사한 그래픽 처리 하나로 독특한 분위기의 가구는 고립되지 않고, 도서관 역시 일반 도서관과는 완전히 다른 느낌을 갖게 되었다. 크게 두드러지지는 않지만 약간의 변화로 전체를 바꾸어버리는 거장의 힘이 느껴지는 디자인이다.

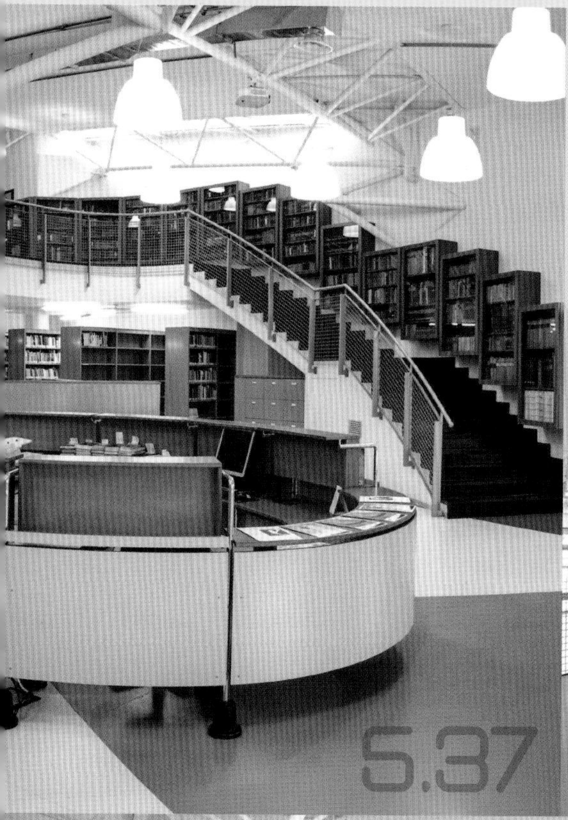

5.37

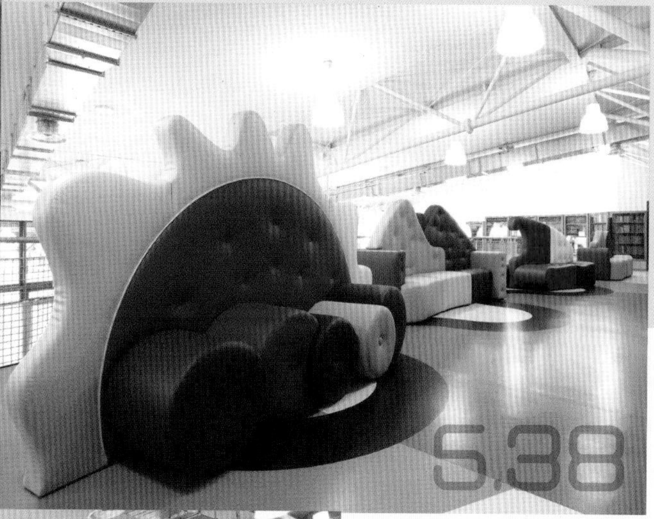

5.38

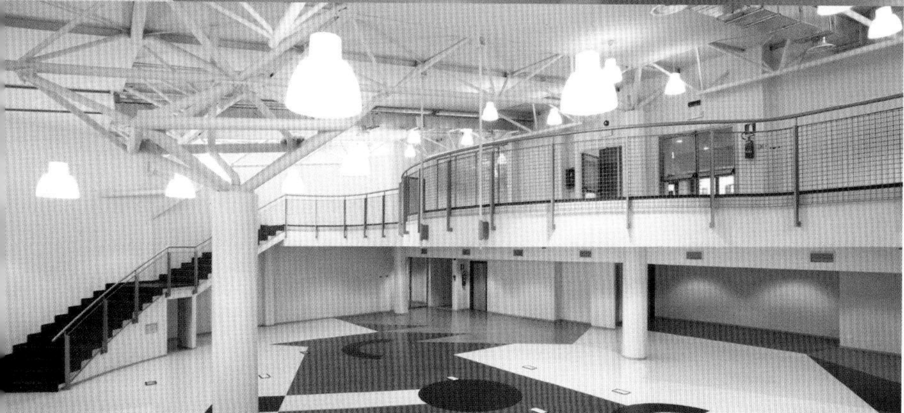

5.39

중국 레스토랑 *2008*

La Collina d'Oro Ting Shang

밀라노에 있는 중국 레스토랑 'La Collina d'Oro Ting Shang'은 중국 이미지를 멘디니적으로 해석한 의미 있는 디자인이다.

언뜻 보면 중국 레스토랑이라는 느낌이 거의 들지 않고, 밝고 깔끔한 실내 인상이 돋보이는데, 재미있고 흥겨운 분위기라는 점에서 알레산드로 멘디니의 손길이 느껴진다.

그런데 자세히 보면 중국 느낌을 직접적이지는 않지만 간접적으로 표현하고 있음을 발견하게 된다. 바닥을 빨갛게 처리한 것과 역시 테이블을 붉은색을 주조로 그래픽 처리한 것은 직접적이지는 않지만 은근하게 중국 이미지가 우러나게 한다. 테이블 위의 붉은 장미꽃도 마찬가지다.

카운터나 테이블 위를 붉은색의 보색인 녹색으로 처리해 붉은색을 돋보이게 한 점을 보더라도 중국 이미지를 은연중에 강조했음을 읽을 수 있다.

노란색을 크게 강조한 화장실의 타일 처리에서는 멘디니답지 않은 면이 보인다. 보통의 경우라면 수많은 장식으로 개인기를 마음껏 발휘했을 텐데, 여기서는 꾹 참고 넓은 면을 노란색으로만 처리했다. 노란색은 멘디니가 자주 쓰는 색이긴 하지만 두 개의 노란색 톤으로만 구성된 넓은 면은 멘디니스럽다기보다는 중국 자금성 등에서의 느낌과 더 유사하다. 중국에서 노란 황금색은 황제를 상징한다.

자신의 개성을 유지하면서도 상황에 따라 적절히 자신을 변화시키고 전체를 조화시켜나가는 멘디니의 놀라운 솜씨를 느낄 수 있는 디자인이다.

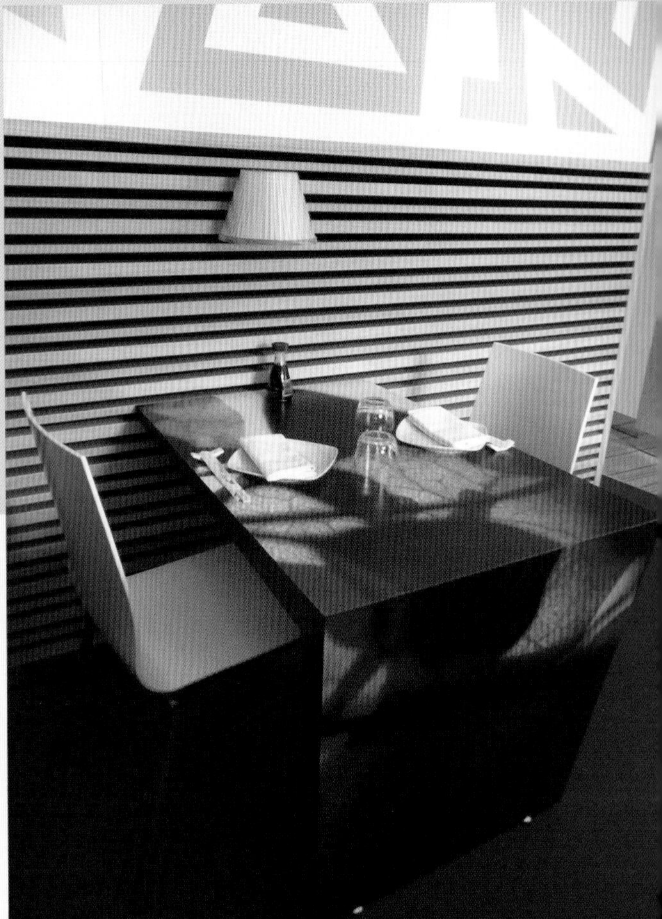

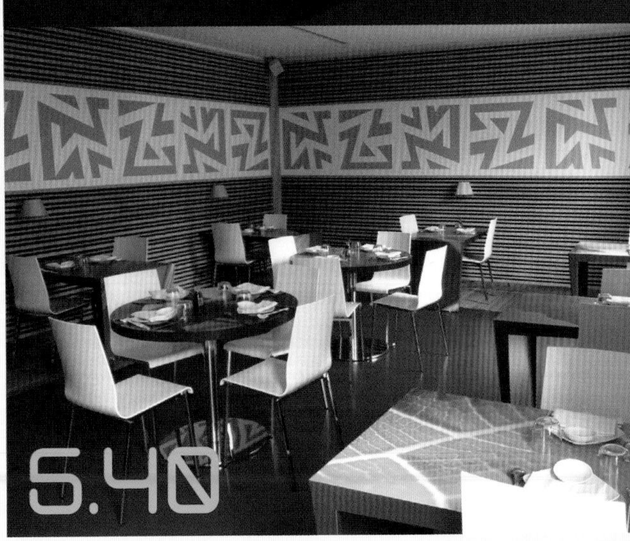

5.40

5.40 중국 이미지를 매우 간접적으로 표현한 인테리어
5.41 중국 느낌이 나는 화장실의 노란색 타일 처리
5.42 밝고 깨끗한 느낌이 돋보이는 레스토랑의 인테리어

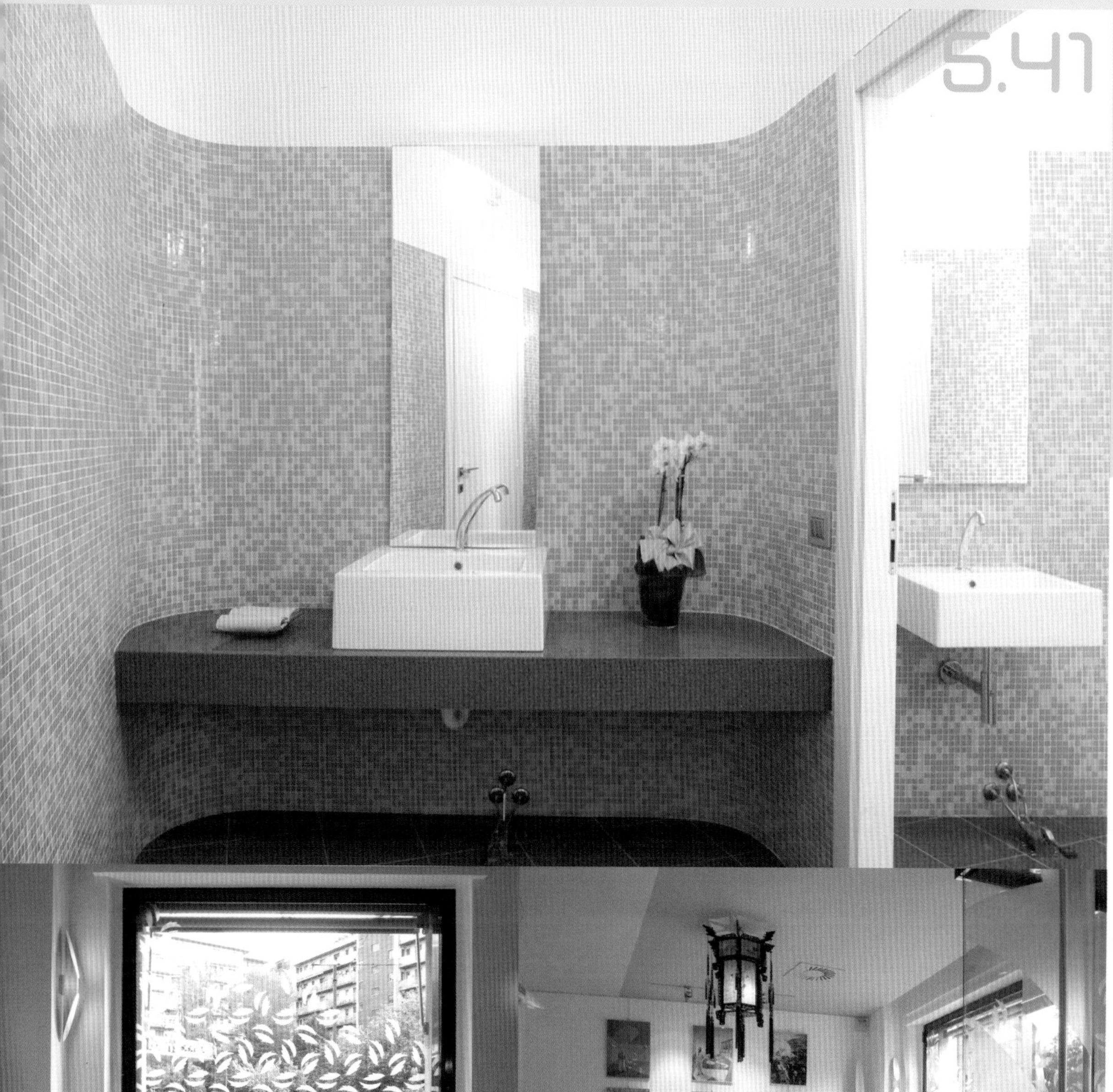

5.41

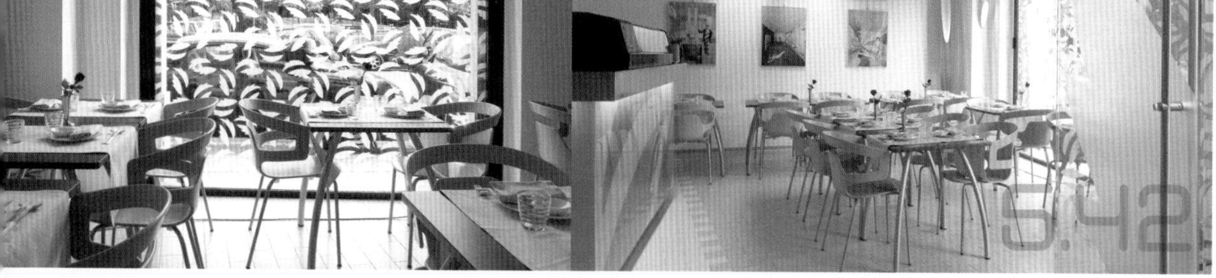

5.42

그로닝거 미술관 리노베이션 *2010*
Groninger Museum-restauro del

2010년에 이르면 그로닝거 미술관도 지어진 지 20년이 되어가면서 다시 개축하게 되는데, 알레산드로 멘디니는 처음 이 건물을 디자인했을 때와 마찬가지로 여러 디자이너와 함께 다시 개축작업을 했다. 우선 건물을 함께 디자인했던 오스트리아의 건축 디자인 그룹 쿱 힘멜브라우가 Art1500-1950 파빌리온을 맡았다.

파빌리온의 외관을 완전히 새롭게 바꾸기보다는 거의 복원하고 변화는 안쪽 인테리어에서 꾀했다. 인테리어는 해체적인 경향을 그대로 유지하면서 색이나 형태의 구성을 좀더 현대적인 감각으로 세련되게 바꾸었다. 그 결과 조형적 안정감과 아름다움이 더욱 강화되었다. 네덜란드의 신예 마르텐 바스Maarten Baas는 레스토랑을 디자인했다. 전체적으로는 네덜란드 특유의 소박하고 단순한 형태로 디자인하고, 그 위에 다듬어지지 않은 듯한 내추럴한 모양의 의자와 천장, 벽거울 등을 더해 소박하면서도 특이한 이미지를 더욱 강화시켰다.

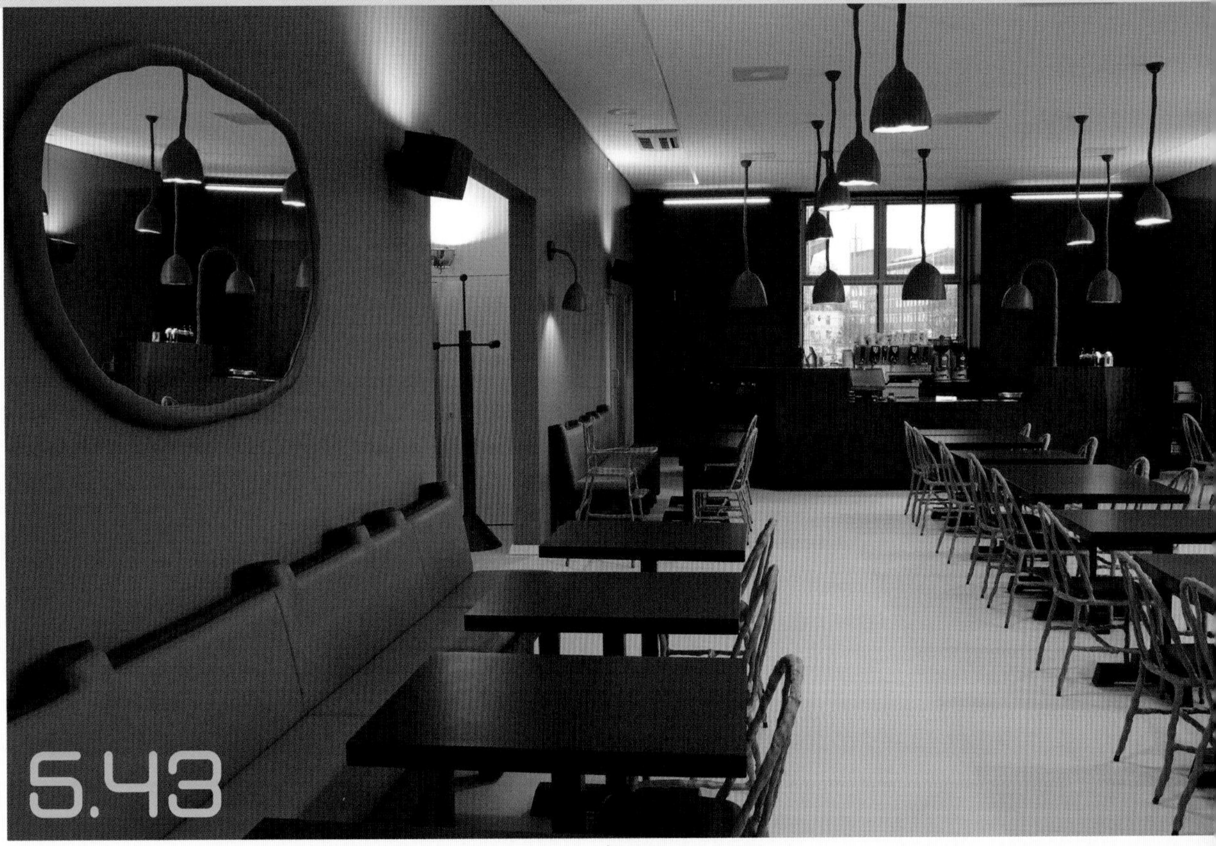

5.43

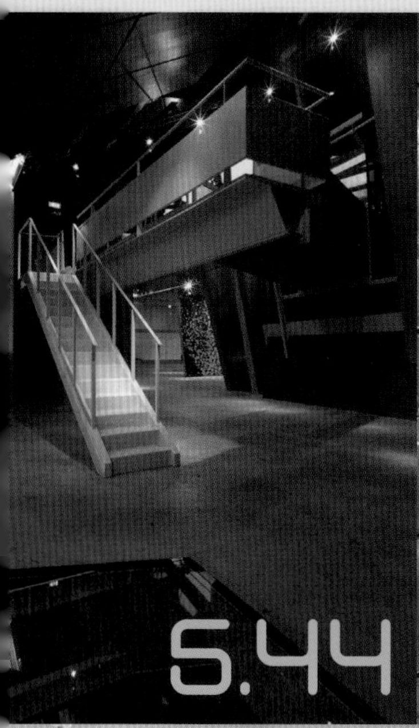

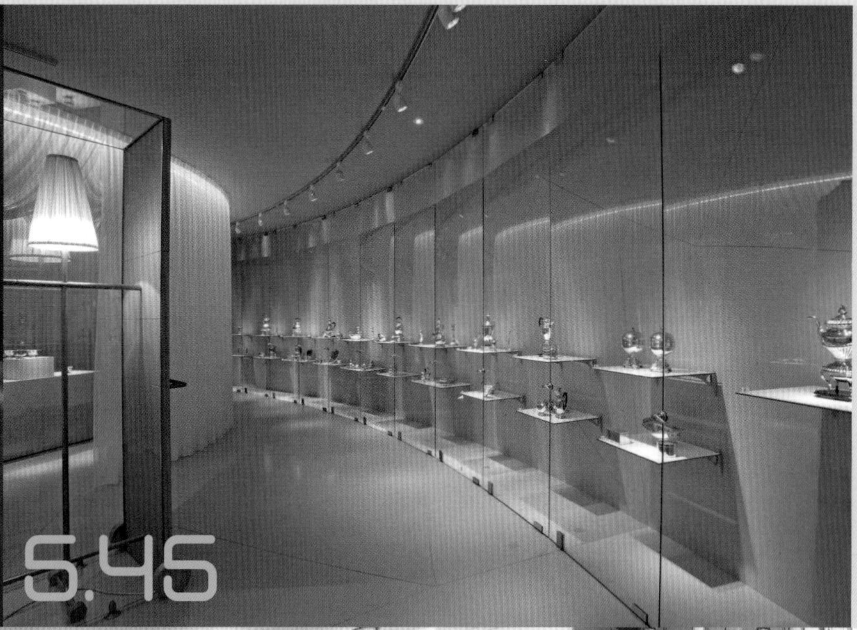

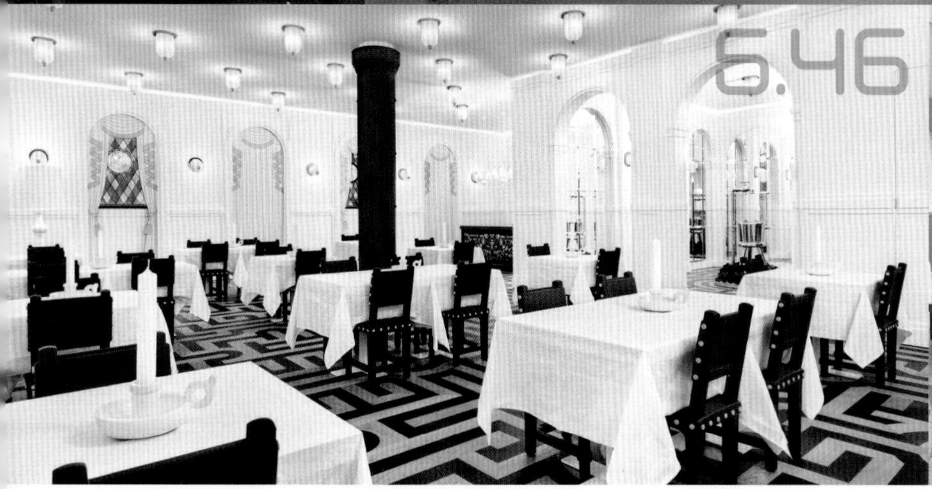

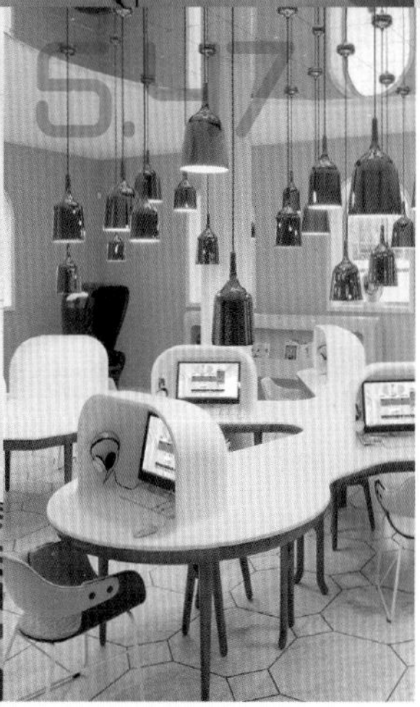

장식미술 파빌리온Decorative Art Pavillion은 필립 스탁이 맡아서 디자인했다. 많은 색을 쓰지 않고 흰색을 기본으로 디자인해서 번쩍거리는 금속작품이 더욱 빛을 발하게 했다. 눈을 자극하지 않으면서도 지극히 호화로운 분위기를 만드는 것을 보면 그의 솜씨가 여전하다는 것을 느낄 수 있다. 인포메이션 센터에서는 새로 참가한 하이메 아욘Jaime Hayon이 특유의 초현실적인 디자인을 선보였다. 우주인이나 쓸 것처럼 생긴 독특한 컴퓨터 책상이나 의자, 그리고 천장에서 우수수 내려온 황금색 조명등의 어울림은 하이메 아욘의 디자인에서 많이 볼 수 있는 독특한 창의력과 미감을 맛보게 해준다. 스튜디오 잡Studio Job은 라운지와 바를 디자인했다. 고전적인 인상이 매우 강하게 풍기는 디자인으로 차분한 분위기의 공간을 만들었다. 그러면서도 곳곳에 설치미술 장면을 연출해 고전적인 분위기 속에 오아시스처럼 신선한 느낌이 샘솟게 했다. 멘디니는 미술관의 여러 부분을 새롭게 디자인했다. 처음 디자인에

5.43 **마르텐 바스의 정갈하면서도 자연스러운 레스토랑**
5.44 **새롭게 바뀐 Art1500-1950 파빌리온의 실내공간**
5.45 **부드러우면서도 우아한 필립 스탁의 인테리어디자인**
5.46 **스튜디오 잡이 디자인한 고풍스런 분위기의 라운지와 바**
5.47 **하이메 아욘의 초현실주의적 공간미가 빛나는 인포메이션 센터**

서 크게 바꾸지는 않고, 색상이나 재료를 바꾸거나 새로운 기술을 접목시켜 현대적인 분위기를 수혈했다. 눈에 확 띄는 큰 변화는 없지만 은근하게 새로운 분위기를 감돌게 만들어 시대의 변화를 반영했다. 요란하지 않으면서도 새롭게 만드는 뛰어난 솜씨를 보여주었다.

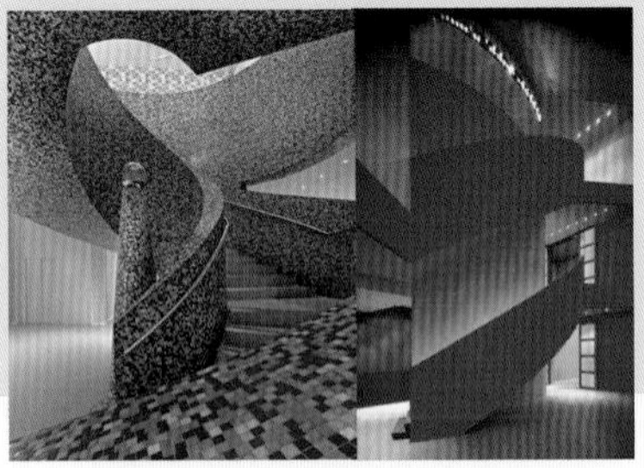

5.48 **알레산드로 멘디니가 리노베이션한 부분들**

그로닝거 미술관이 처음 건설될 때는 대단히 혁신적인 디자인으로 각광받았지만, 세월이 지난 지금은 혁신성에만 기대기는 어렵다. 하지만 디자인 자체의 완성도가 높기 때문에 지금 보아도 전혀 시대에 뒤떨어지는 느낌을 주지 않는데, 이는 다른 해체주의나 포스트모던 건축이 오늘날 보여주는 모습과 비교되는 부분이다. 그렇기 때문에 그로닝거 미술관의 리노베이션은 큰 변화를 주지 않으면서도 새로운 분위기를 비교적 수월하게 녹여낼 수 있었다. 멘디니의 다른 디자인이 그런 것처럼 건축물도 시간의 흐름에 쉽게 부식되지 않을 조짐을 보여준다.

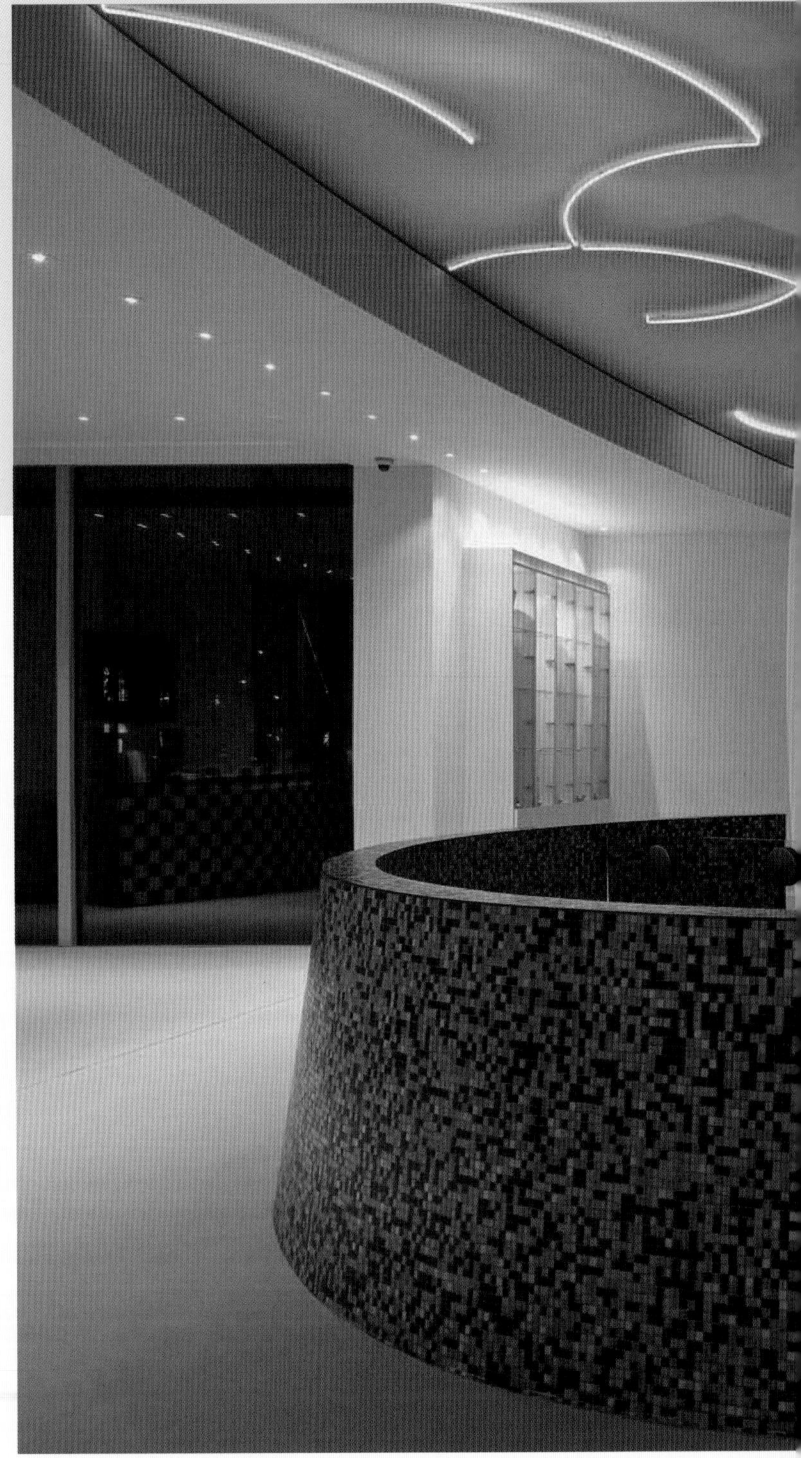

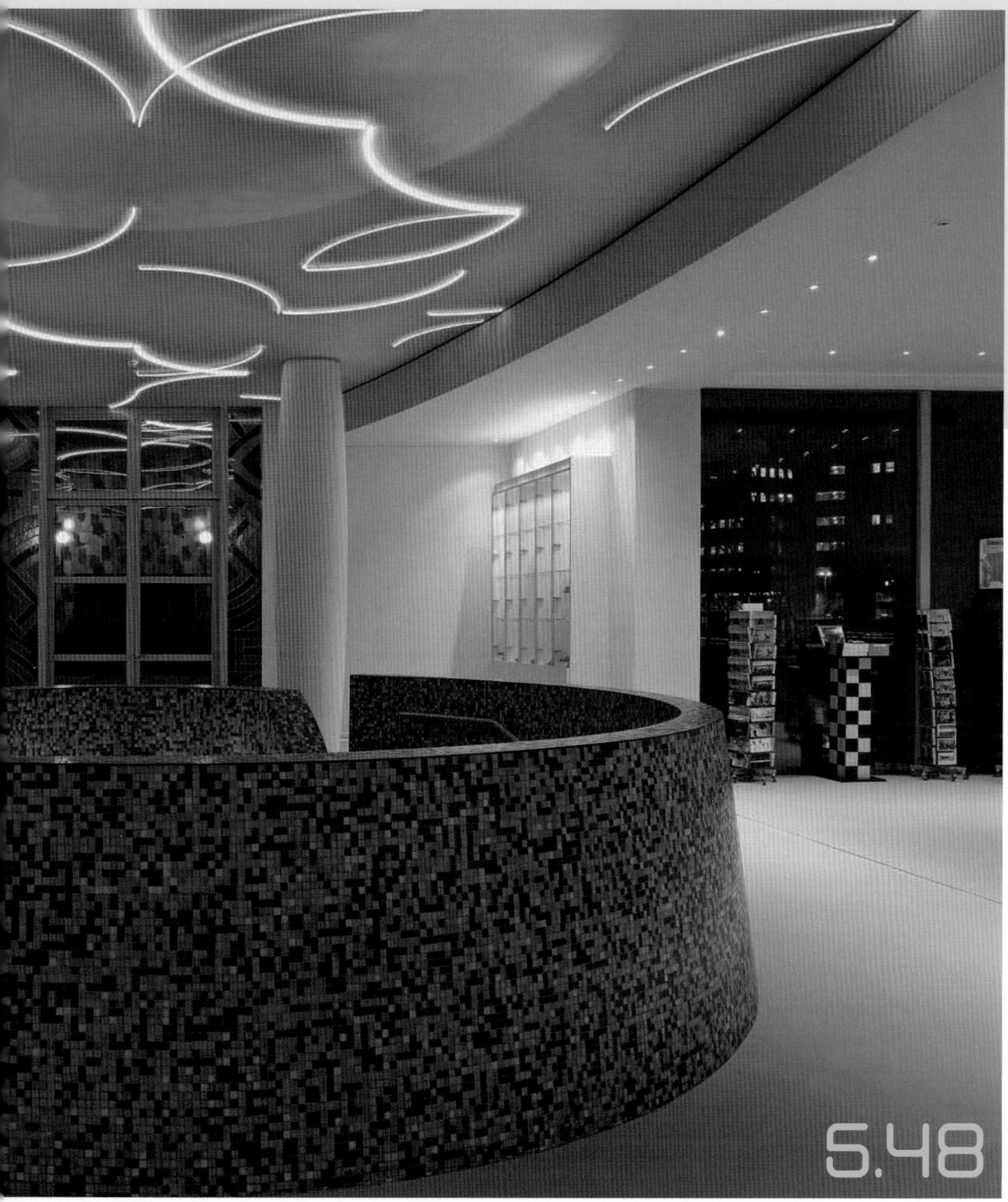
5.48

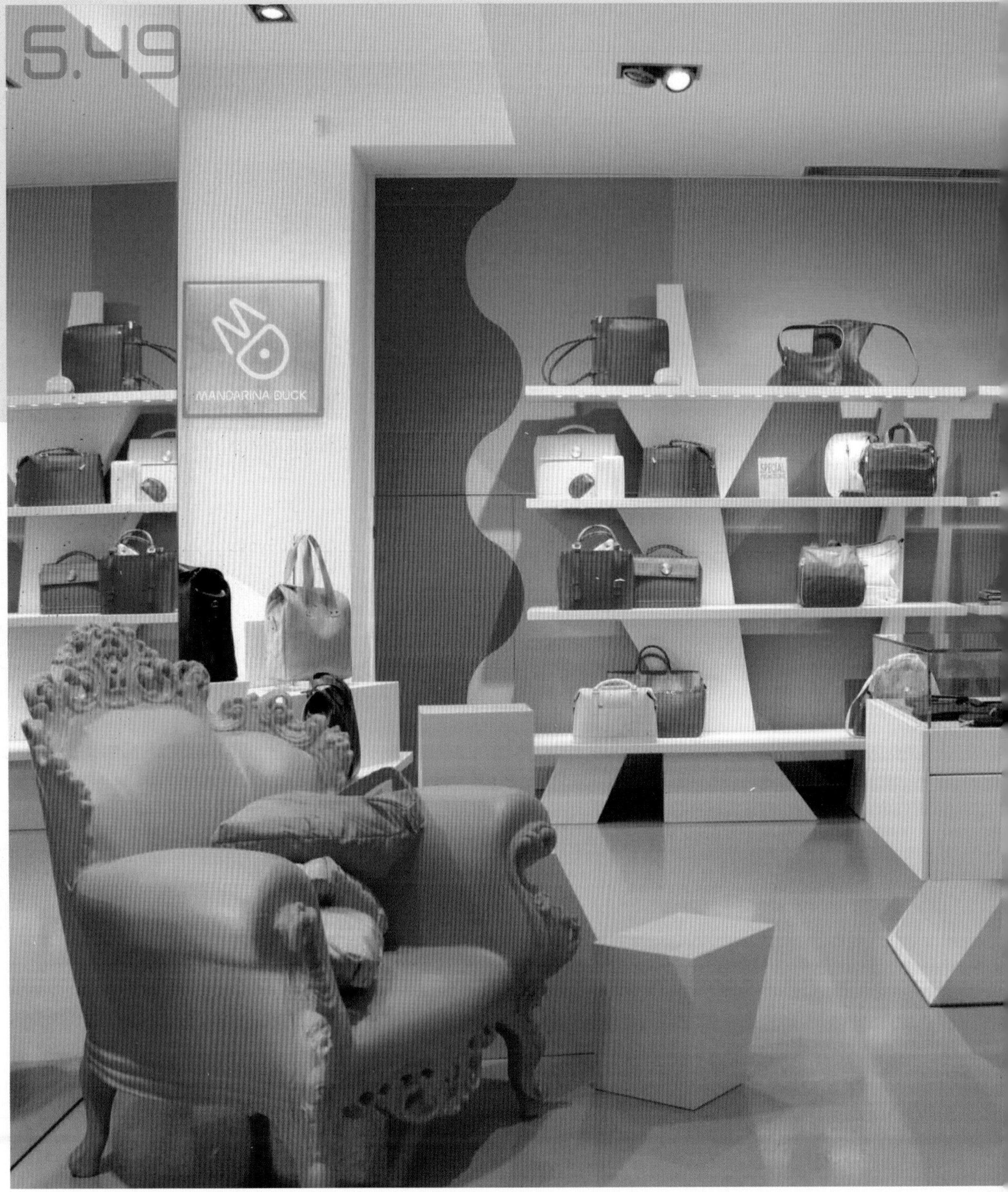
5.49
MANDARINA DUCK
SPECIAL

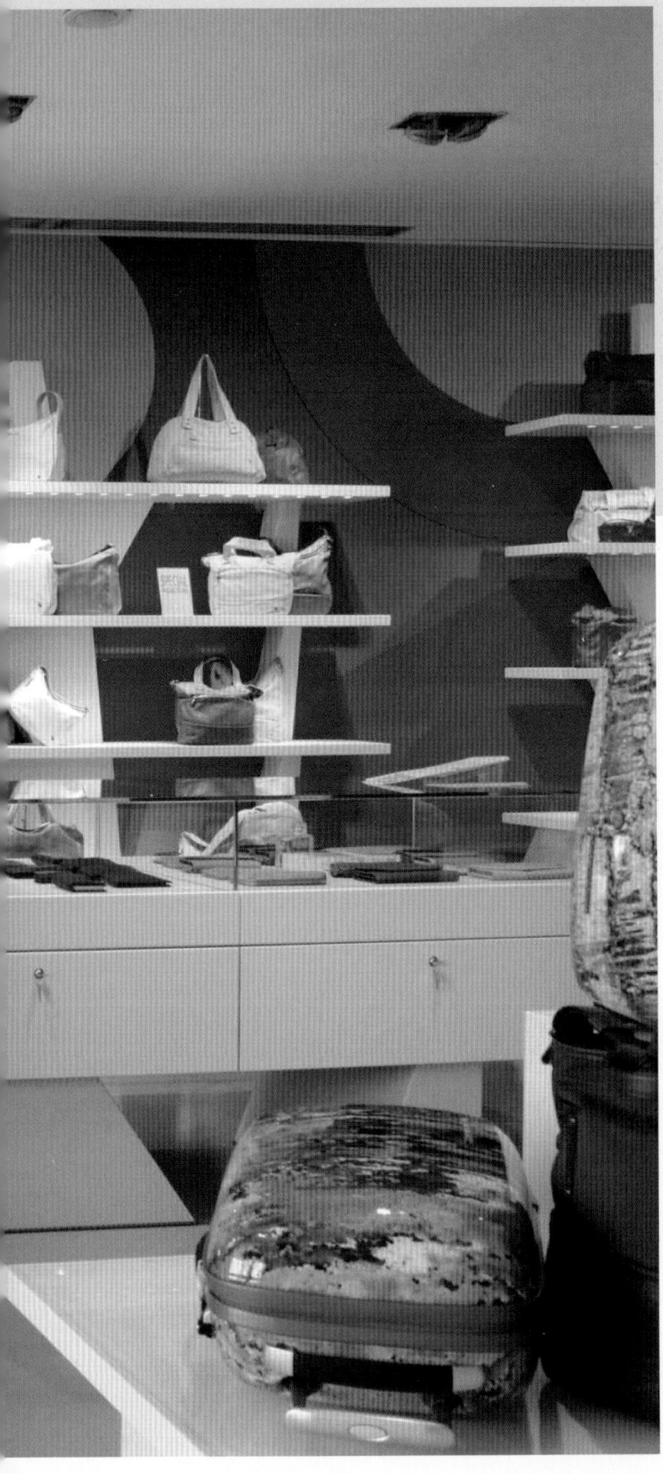

만다리나 덕 매장 *2012*

Mandarina Duck

기능적이면서도 수준 높은 디자인으로 유명한 가방 브랜드 만다리나 덕과 알레산드로 멘디니가 이렇게 만날 수 있다는 것이 놀라울 뿐이다. 멘디니는 2010년에 볼로냐에 있는 만다리나 덕 매장을 인테리어했다. 크지 않은 매장이지만 멘디니의 강렬한 색감이 그 어떤 화려하고 큰 매장보다도 깊은 인상을 남긴다.

만다리나 덕의 가방은 대체로 화려한 색깔을 추구하지는 않지만, 그렇다고 다른 명품 가방처럼 낮은 채도의 색으로 분위기만 잡지도 않는다. 적당히 화사하면서도 적당히 차분한 색을 지향하면서 독특한 자기만의 색의 영역을 구축하고 있다.

이런 만다리나 덕의 밝고 화사하면서도 기능적인 디자인은 보통의 안목 있는 젊은이들이 좋아할 만하지만, 멘디니가 선호하는 색감과는 다소 거리가 있다.

사실 멘디니는 원색에 가까운 색을 많이 쓰기도 하지만 파스텔풍 색을 더 선호하는 편이다. 그런 그가 여기서는 일부러 원색을 강조하고 있다. 노란색과 빨간색을 주조로 하는 맥도날드의 인테리어에서는 오히려 원색을 피하고 채도가 낮으면서도 밝고 화사한 색을 많이 썼던 것과 대비된다. 만다리나 덕 매장에서는 제품의 색상을 고려해 좀더 원색으로 디자인한 것 같다. 원색도 벽면에만 썼는데, 벽면에만 가득 채워진 원색은 가방 뒤에서 가방을 돋보이게 하는 역할에 충실하고 있다.

결과적으로 이런 원색의 향연은 만다리나 덕의 분위기를 활력 있게 만들었으며, 흥겨움이 단연 돋보인다.

5.49 **만다리나 덕의 캐주얼한 이미지와 알레산드로 멘디니의 화려한 색감이 잘 어울린 매장**

라문 쇼룸 *2012*

Ramun Showroom

라문은 알레산드로 멘디니가 디렉터로서 회사의 전체적인 기획, 브랜드, 로고디자인, 제품디자인, 쇼룸디자인, 홈페이지 구성 및 디자인, 마케팅과 광고 기획은 물론, 명함과 네임태그에 이르기까지 모든 것을 직접 디렉팅하는 글로벌 브랜드다. 멘디니는 이 브랜드의 매장 인테리어에서 매우 심플한 디자인을 선보였는데, 강한 시각적 효과를 즐기던 기존 스타일과 비교하면 아주 이례적이라고 할 수 있다. 그 이유는 조명디자인에 있다.

라문 조명디자인이 선적인 구성을 하고 있거나 크기가 작기 때문에 멘디니는 색상과 형태를 최대한 자제해 매장에 놓인 조명등을 돋보이도록 했다. 조명등이 잘 보이도록 하얀색을 배경으로 진열했지만, 매장 벽면을 휘어진 곡면으로 디자인해서 단순함 가운데 파격을 주었다. 이 벽면 안쪽 공간은 창고로 활용할 수 있어서 기능적으로도 큰 역할을 한다.

그리고 조명에 들어가는 부속품을 인테리어 장식처럼 활용하여 다소 단조로운 인테리어에 신선한 변화를 꾀하고 있다. 이것은 매장의 단조로울 수 있는 분위기를 다양하게 만들어주기도 하며, 나아가 제품에 대한 신뢰도를 높이는 데에도 적지 않은 역할을 한다.

이 인테리어를 보며 우리가 알 수 있는 것은, 상황에 따라 디자인을 시각적으로 돋보이게도 하고, 단순화시키기도 하는 그의 융통성 있는 태도다. 자기 스타일이 매우 강한 디자이너이기는 하지만 이처럼 사안에 따라서는 절제력을 정확하게 발휘한다.

5.50

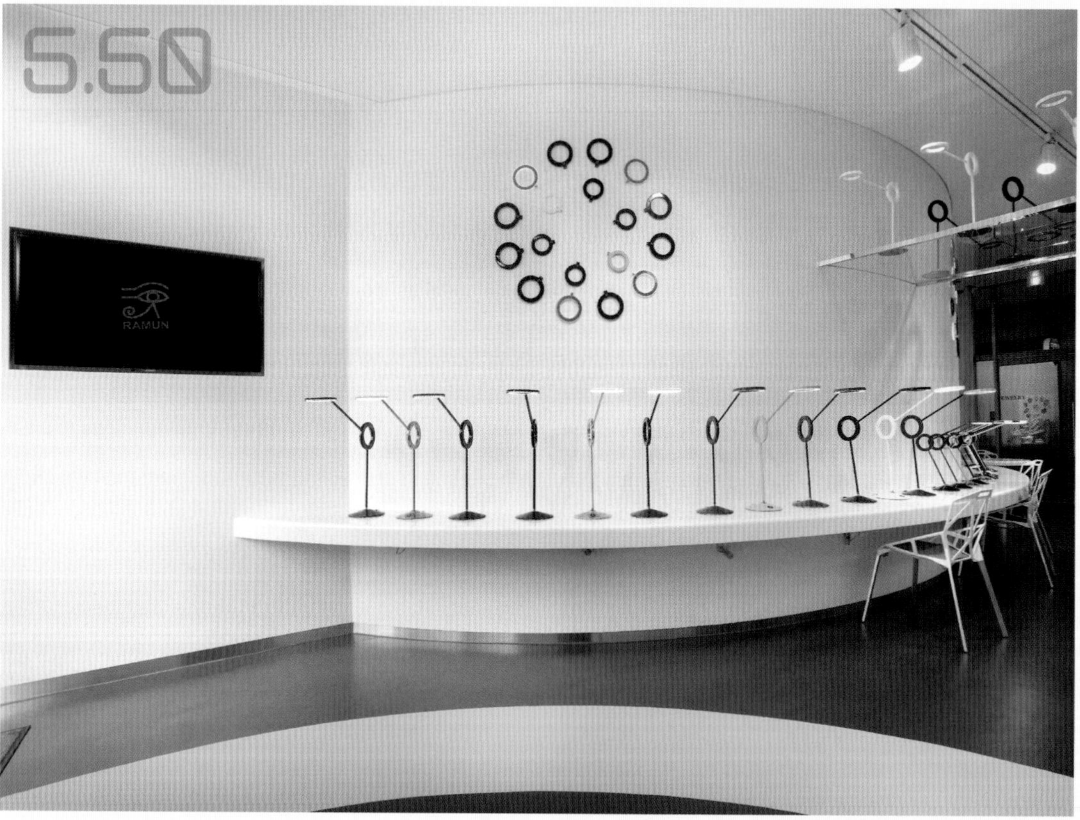

5.50 이례적으로 심플한 이미지를 표현한 라문의 쇼룸디자인

5.51 라문 쇼룸 전경

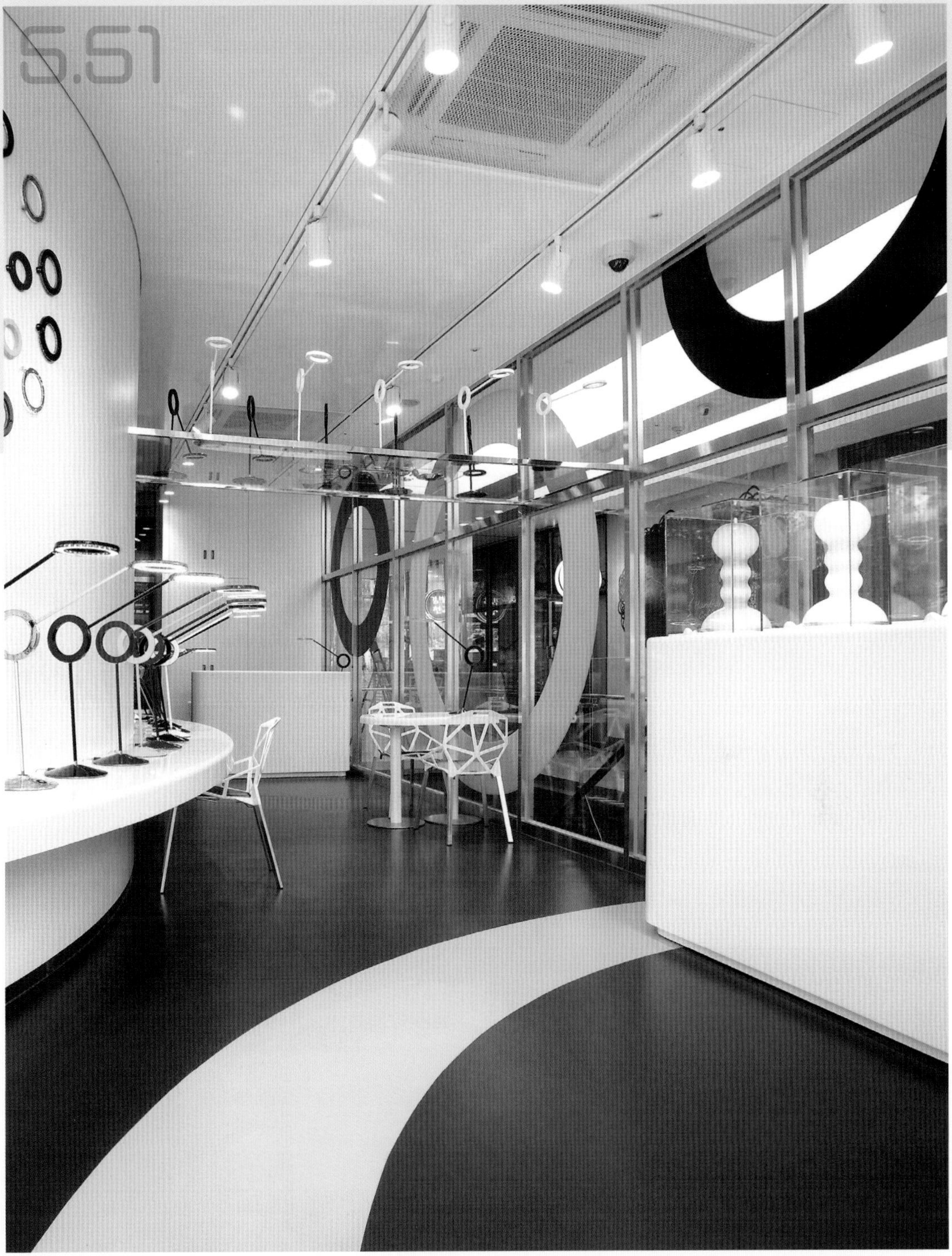
5.51

4

모뉴먼트 디자인

일찍부터 알레산드로 멘디니는 미술과 디자인의 경계를 없애고자 노력했다. 그래서 지금까지 살펴본 바와 같이 그의 디자인은 대체로 순수미술적인 면모를 빠짐없이 모두 갖추고 있어 디자인이 아니라 하나의 조각이나 회화라고 해도 모자람이 없다. 더 나아가 아예 미술작품이라고 해도 무방할 작품도 많다. 주로 큰 공공공간에 세워지는 기념물, 모뉴먼트monument가 그것인데, 이런 작업을 통해 그가 줄곧 주장했던 미술과 디자인의 융합을 말이 아니라 실제로 보여주었다. 특히 멘디니가 디자인했던 조형작품은 예술품으로서도 손색이 없지만, 대중의 머리 위에 군림하는 예술이 아니라 대중의 마음 가까이에 다가가는 예술품이라는 점에서 그 의미가 남다르다.

멘디니가 아틀리에를 시작하면서 작업했던 히로시마의 '파라다이스 탑'이 바로 그런 모뉴먼트 작업의 시작이다. 이후로도 멘디니는 적지 않은 모뉴먼트를 만들면서 자신의 독특한 조형세계를 구축해나갔다.

남성을 위한 가구 *1997-2008*

Mobili per uomo

앞서 살펴본 것처럼 알레산드로 멘디니는 이탈리아의 세계적인 타일 브랜드 비사자를 위해 '남성을 위한 가구'라는 이름의 전시를 열었다. 이때 만들었던 작품은 디자인이 아니라 순수 조형물이다.

재킷이나 커피잔, 가방, 구두 등 일상에서 흔히 볼 수 있는 물건을 거대하게 만든 형태에 금색의 타일을 붙여서 기념비적인 조각을 만들었다. 비사자의 뛰어난 재료와 제작 능력의 역할이 컸다. 디자이너가 만든 조각품이라 당장은 어렵게 느껴지는데, 이는 습관적으로 쓰임새를 찾기 때문이다. 하지만 디자인이든 조각이든 황금색으로 빛나는 작품이 빚어내는 초현실적인 이미지는 당시에도 매우 강렬한 것이어서 순수한 조각이었음에도 불구하고 이 작품은 많은 매체와 사람들에게 큰 반향을 불러일으켰다. 물론 단지 화려한 이미지 때문만은 아니다.

화려함도 화려함이지만 모자이크된 황금색 타일이 은연중에 이집트의 황금조각이나 중세 성당의 모자이크 천장과 벽화를 연상케 한다. 멘디니는 바로 이런 부분을 활용하여 작품에 단순히 황금 질감만이 아니라 역사성을 환기시켜놓았다. 결과적으로 작품 표면을 흐르는 고전적인 분위기와 현대적인 모양이 하나의 덩어리 안에서 매우 강렬하게 충돌하면서 강한 이미지를 만들어낸다. 단순한 조각품 같지만 그 안에는 멘디니의 이런 복잡한 의도가 깔려 있는 것이다.

멘디니는 디자인과 순수미술의 간극을 이런 식으로 무의미하게 만들어버렸다.

5.52 **'남성을 위한 가구' 전시작품과 알레산드로 멘디니**

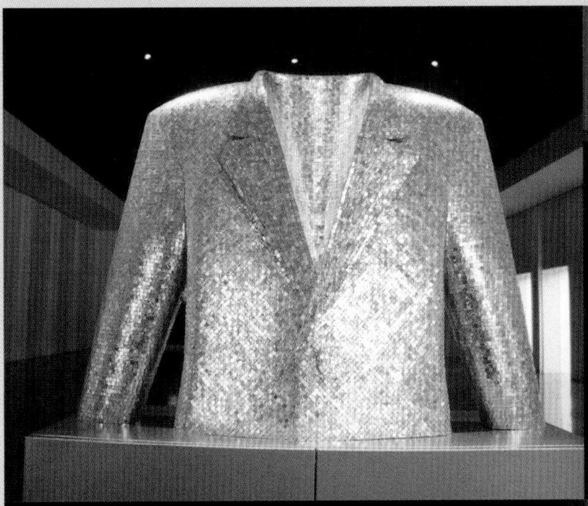
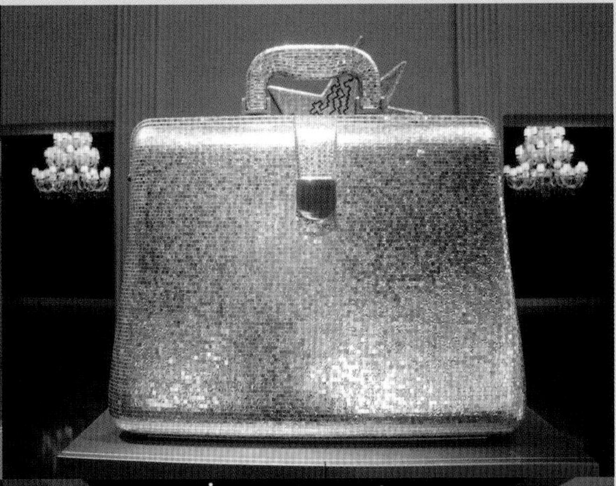
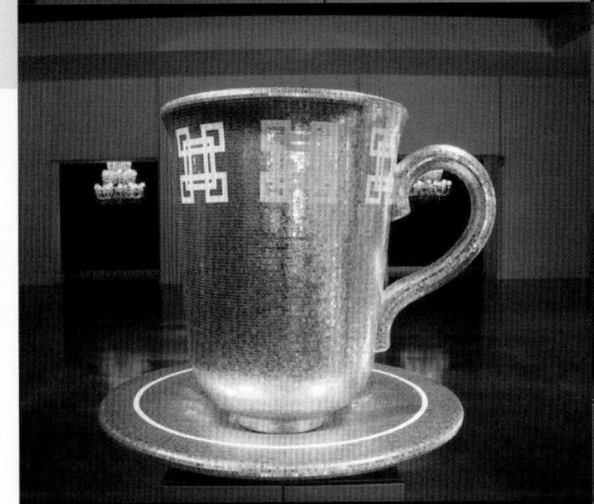
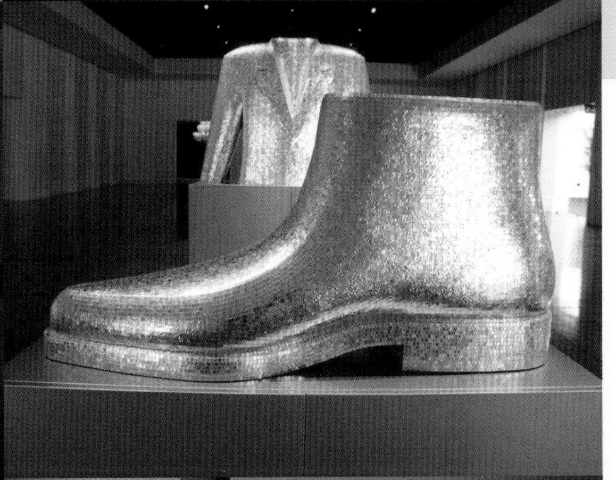
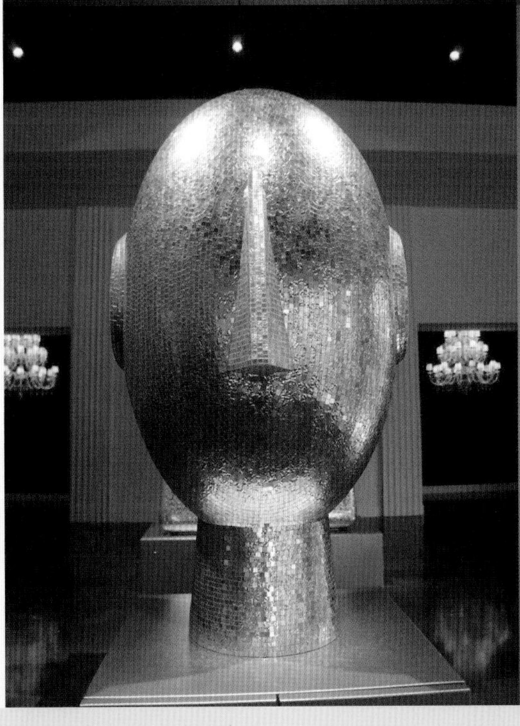
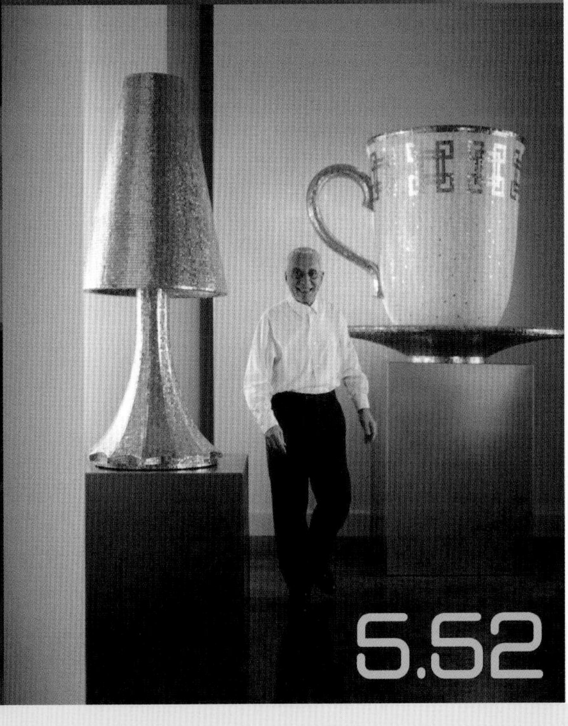
5.52

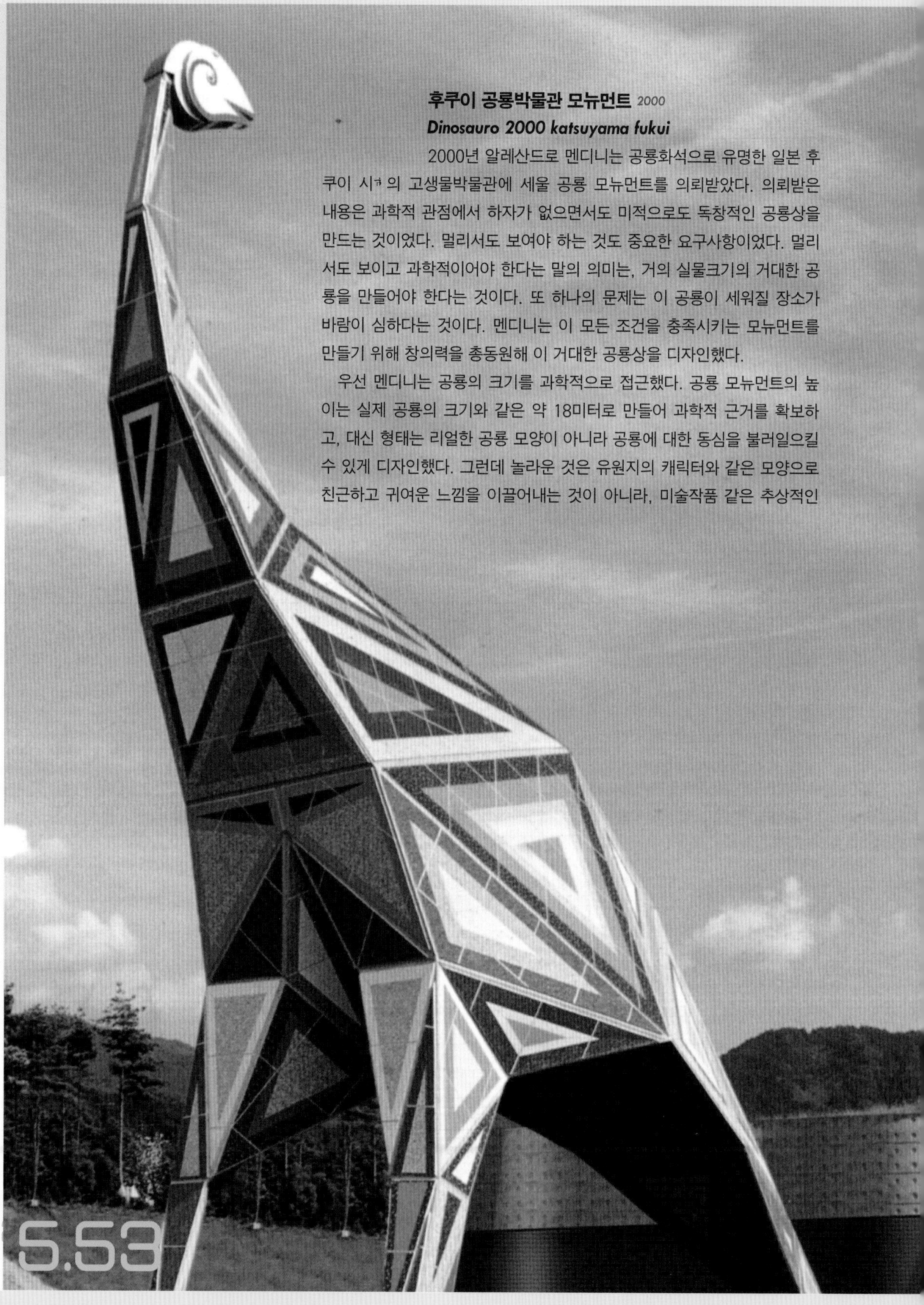

후쿠이 공룡박물관 모뉴먼트 *2000*

Dinosauro 2000 katsuyama fukui

2000년 알레산드로 멘디니는 공룡화석으로 유명한 일본 후쿠이 시市의 고생물박물관에 세울 공룡 모뉴먼트를 의뢰받았다. 의뢰받은 내용은 과학적 관점에서 하자가 없으면서도 미적으로도 독창적인 공룡상을 만드는 것이었다. 멀리서도 보여야 하는 것도 중요한 요구사항이었다. 멀리서도 보이고 과학적이어야 한다는 말의 의미는, 거의 실물크기의 거대한 공룡을 만들어야 한다는 것이다. 또 하나의 문제는 이 공룡이 세워질 장소가 바람이 심하다는 것이다. 멘디니는 이 모든 조건을 충족시키는 모뉴먼트를 만들기 위해 창의력을 총동원해 이 거대한 공룡상을 디자인했다.

우선 멘디니는 공룡의 크기를 과학적으로 접근했다. 공룡 모뉴먼트의 높이는 실제 공룡의 크기와 같은 약 18미터로 만들어 과학적 근거를 확보하고, 대신 형태는 리얼한 공룡 모양이 아니라 공룡에 대한 동심을 불러일으킬 수 있게 디자인했다. 그런데 놀라운 것은 유원지의 캐릭터와 같은 모양으로 친근하고 귀여운 느낌을 이끌어내는 것이 아니라, 미술작품 같은 추상적인

5.53

5.53 동심 가득하면서도 조형적 수준이 뛰어난 공룡 모뉴먼트
5.54 '인테르니 2005 가든' 앞에 설치된 공룡 조형물

형태로 공룡에 대한 동심을 이끌어냈다는 것이다. 예술적인 형태라면 보통 이해하기 어렵고 공감하기 힘든 형태가 되기 쉽지만, 멘디니가 창조한 이 공룡의 예술적인 모양에서는 어떠한 난해함도 찾아볼 수 없다. 그렇다고 만만하지도 않다. 삼각형만으로 구조체를 구성한 조형논리, 고난도의 색의 조화, 공룡의 모양을 이런 형태로 해석해내는 추상 능력은 역시나 예사롭지가 않다. 하지만 멘디니는 그런 난해함을 속으로 감추고, 친근하고 즐거운 느낌을 전면에 내세워 사람들의 마음을 편안하게 감싸버린다. 조형예술작가보다도 한수 더 높은 솜씨다.

멘디니는 2005년 밀라노 트리엔날레의 '인테르니 2005 가든Interni 2005 Garden'관 앞에 이 공룡의 머리부분을 따로 떼어 기념 조형물을 만들었다. 18미터 높이 위에 있는 공룡의 머리를 눈앞에서 본다는 것만으로도 매우 의미 있는 일이지만, 새의 머리처럼 생긴 얼굴과 기다란 목의 아름다운 색상처리가 돋보이는 조형물이다.

거대한 높이 때문에 후쿠이 공룡의 얼굴을 보지 못해 아쉬웠던 사람이라면 이 조형물을 통해 아쉬움을 달랠 만하다.

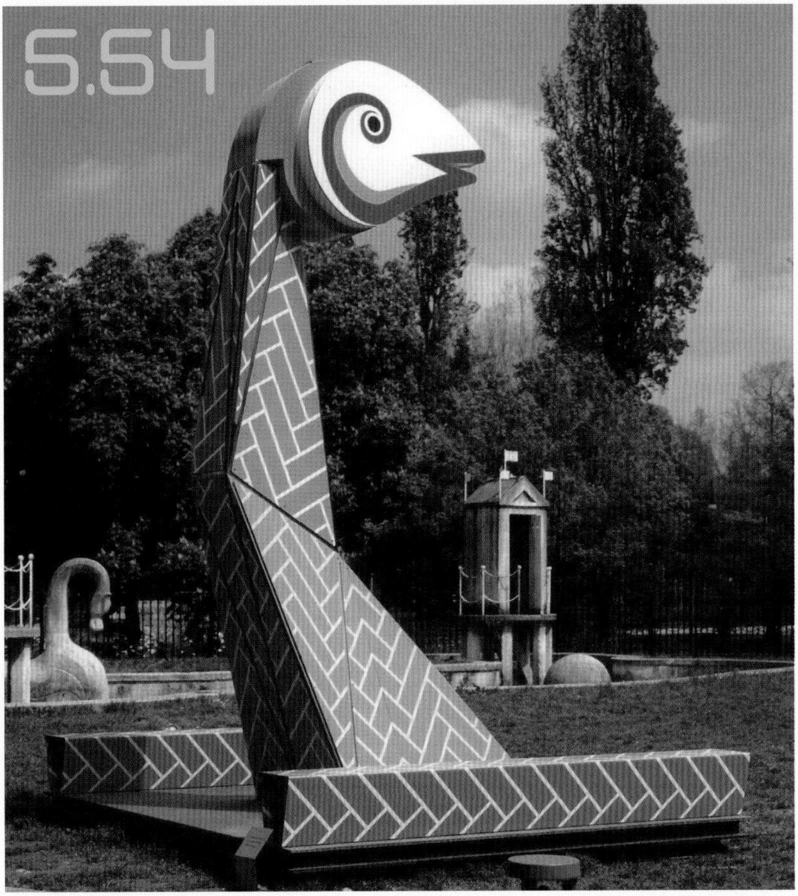
5.54

까르띠에 조형물 *2008-2009*

Colonna di Cartier

알레산드로 멘디니는 프랑스의 명품 브랜드 까르띠에를 위한 조형물을 디자인했다. 멘디니는 특수 제작한 실린더 모양의 유리램프 조각을 세로로 연결해 원기둥 모양의 조형물을 디자인했다. 밝은 곳에서 보면 유리램프 안에 들어있는 구조물의 모양과 색이 독특한 조형적 아름다움을 구성하고, 어두운 곳에서 램프에 불을 켜면 각각의 유리램프가 아름다운 빛을 발하면서 전체적으로 환상적인 모습을 연출한다. 각각의 유리 램프가 서로 다른 모습의 아름다움을 빛내며 어우러진 풍경은 그 자체로 하나의 순수한 조형작품이며, 까르띠에의 아름다움을 추상적으로 잘 표현해준다.

이 조명탑은 다음해 까르띠에 재단을 위한 전시에 다시 등장했다. 붉은색을 주조로 한 실내공간에 까르띠에의 고급스러운 상품과 예술적인 인테리어와 어울린 조명탑은 까르띠에의 이미지를 한층 빛나게 만든다. 어두울수록 밝게 빛나는 조명탑의 유리램프 조각은 탑의 덩어리감을 투명하게 만들며 실내공간을 신비로운 이미지로 가득 채운다.

5.55 **독특한 모양의 유리램프 조각으로 이루어진 탑**
5.56 **까르띠에의 고급스러운 이미지를 유리조각을 통해 표현한 까르띠에 조형물**
5.57 **까르띠에 재단을 위한 전시**

5.55

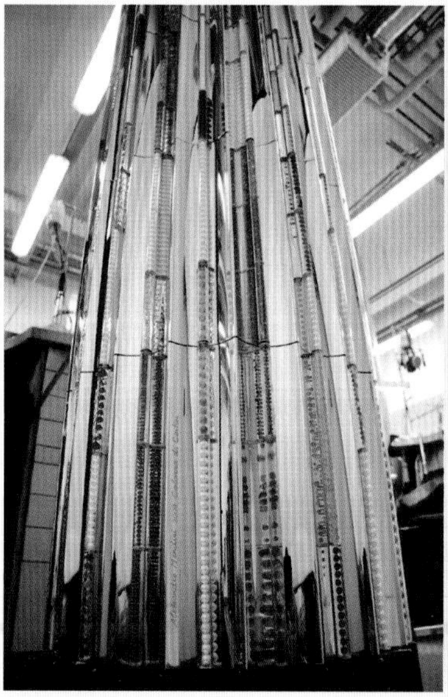

5.56

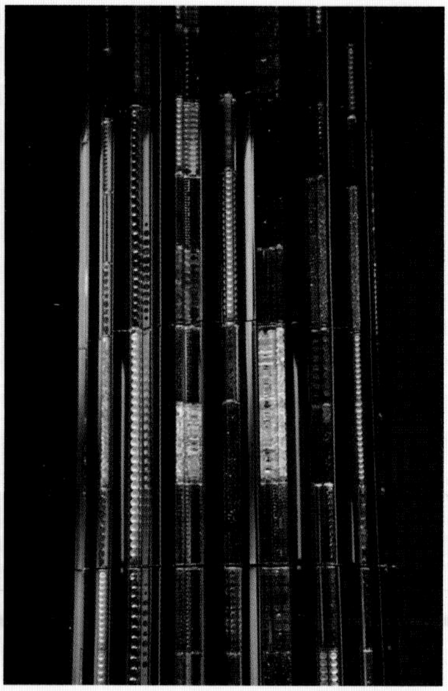

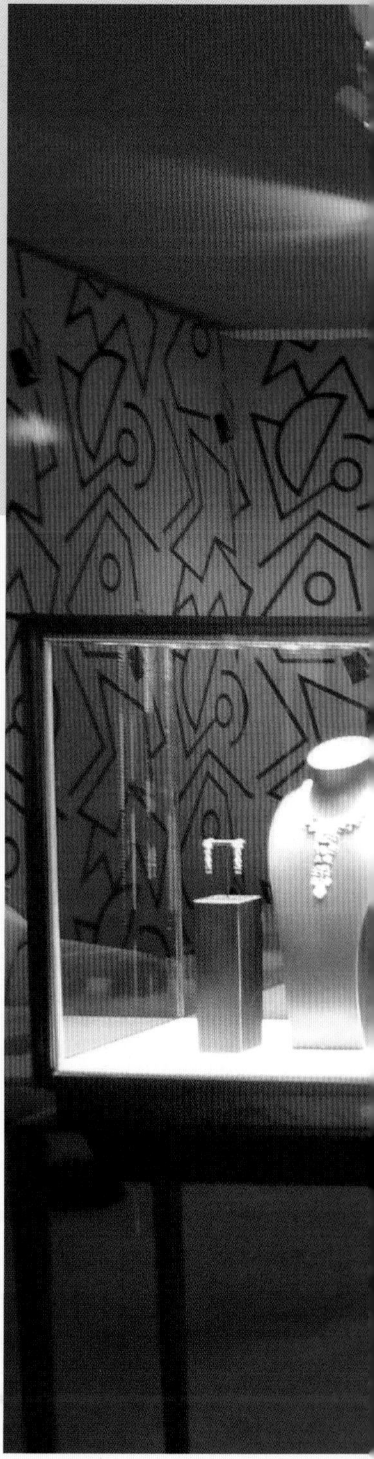

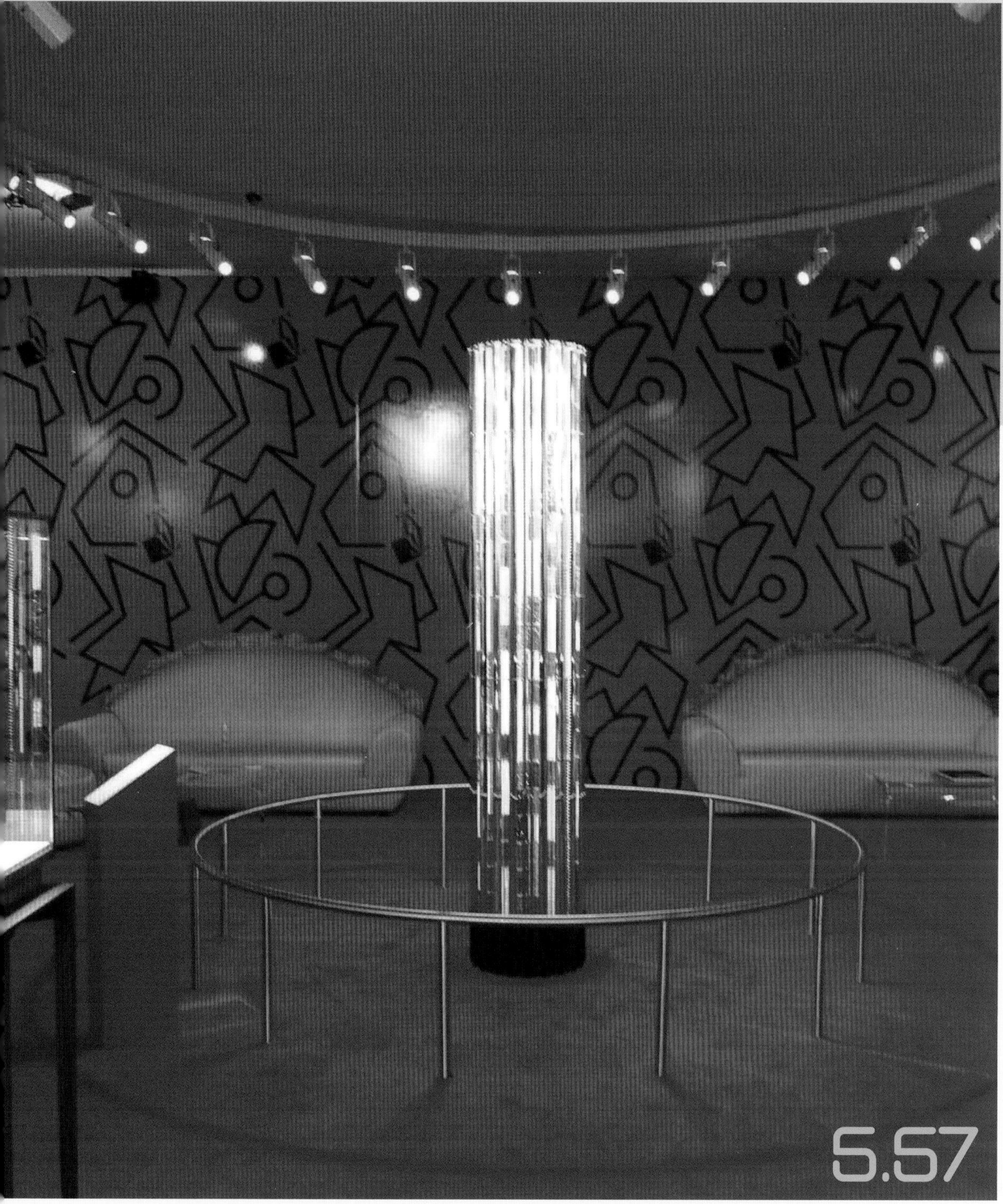
5.57

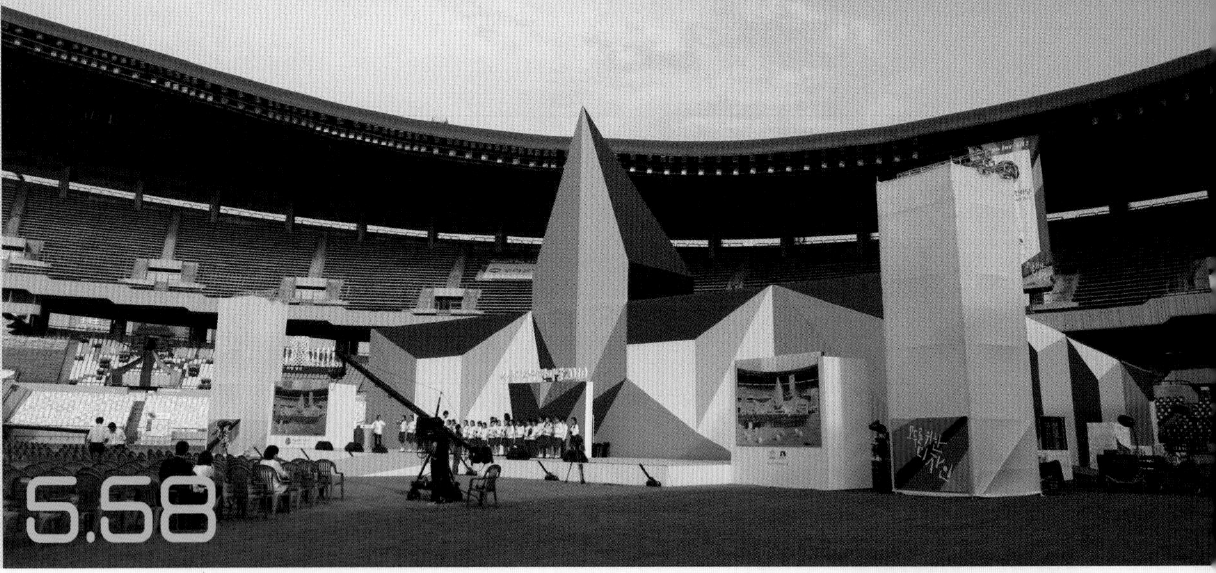

서울 디자인 한마당 전시장 *2010*

La Punta Seoul Design Center

서울 올림픽 경기장에서 열린 '서울 디자인 한마당' 행사장의 상징물이자 전시장은 알레산드로 멘디니 디자인의 또 다른 면을 보여주었다.

뒷면은 전시장 건물이고 앞쪽은 행사가 이루어지는 무대이자 상징물의 역할을 하도록 디자인했다. 이 앞부분의 디자인이 대단하다. 기하학적이면서도 불규칙하게 구성된 색 면에 멘디니 특유의 원색적인 색상이 들어간 디자인으로 형태가 자아내는 역동적인 느낌과 강렬한 이미지는 거대한 경기장 안을 꽉 채우고도 남을 정도다. 색의 면으로만 강렬한 이미지를 만든다는 것은 놀라운 일이다. 빨간색이나 오렌지색 같이 따뜻한 원색을 많이 써서 선명하고도 강렬한 색의 조화를 만들고, 그 중간 중간 파란색을 조금씩 넣어 색의 대비감을 증폭시켰다. 그 결과 색의 어울림이 강한 이미지를 표출하게 되었다. 또한 전체적으로 대칭형이고 직선으로만 구성되었지만, 불규칙적인 각도로 구성된 선의 조합은 이 디자인에 우연성을 부여하면서 강한 인상을 더욱 강조했다. 전체적으로는 안정된 질서를 가지고 있는 듯하지만 부분적으로는 무질서해 보이는 조형적 대비감이 이 조형물을 매우 인상적으로 만든 것이다.

특히 색 면의 강한 밝기 차이가 이 구조물을 입체물처럼 보이게 하는데, 측면에서 평평한 판에 색만 칠한 것을 확인하면 다시 한 번 놀라게 된다. 이런 의외성도 이 조형물을 한층 독특하게 만든다. 넓은 평면 하나만으로도 이처럼 다양한 표현을 만들어내는 멘디니의 솜씨가 돋보인다. 거장은 어떤 상황, 어떤 조건 속에서도 최고의 표현을 이끌어낸다.

조명이란 빛을 내어 다른 것을 밝게 하는데, 멘디니의 이 샹들리에는 자신을 밝게 하여 보는 사람의 마음을 밝게 한다. 2010년 서울 디자인 한마당에서 선보인 이 육중한 샹들리에는 독특한 디자인과 신비로운 조명효과로 상당한 존재감을 발휘했다. 피라미드가 거꾸로 세워진 듯한 형태와 표면을 가득 채운 LED램프는 마치 고대의 역사와 미래의 기술이 만난 것 같은 초현실적인 분위기를 만들었다. 푸른색이 감도는 차분한 색상 위로 밝게 빛나는 램프의 어울림은 절제와 과시의 역설로, 멘디니의 수준 높은 디자인 솜씨를 보여주었다.

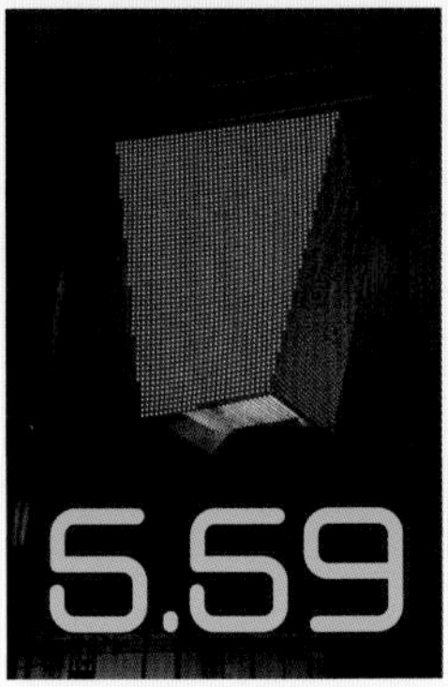

5.58 **서울 디자인 한마당 전시장의 상징물**

5.59 **서울 디자인 한마당에 전시된 멘디니의 샹들리에디자인**

뒤러의 기사 *2010-2011*

Cavaliere di Dürer

중세기사 이미지를 알레산드로 멘디니 특유의 조형감각으로 새로 빚어낸 조각품이다. 장난감 같은 모양이지만 자세히 살펴보면 만만치 않은 조형적 내용을 읽을 수 있다. 우선 독일의 르네상스 화가 뒤러Albrecht Dürer의 이름을 붙인 멘디니의 독특한 문학적 감각을 느끼게 한다. 기사의 형태를 단순하고 현대적인 조형으로 빚어낸 솜씨 또한 돋보인다. 복잡한 기사의 형태를 단순한 형태로 표현한 방식을 보면 마치 입체파 화가나 기하학적 조형을 추구했던 레제Joseph Fernand Henri Leger 같은 화가가 만든 조각 같다.

특히 중세의 거칠고 묵직한 이미지를 기하학적 형태로 재해석한 조형 능력은 멘디니가 조각가로서도 뛰어난 능력을 가지고 있음을 잘 보여준다. 이 조각품을 위해 멘디니가 그린 아이디어 스케치도 그 자체로 작품이라고 할 만큼 예술성이 높다. 재미있는 것은 실물 조각의 이미지가 이미 드로잉에서 완벽하게 나오고 있다는 것이다. 조각가의 드로잉처럼 거칠고 이미지 위주로 그려졌지만, 그렇기 때문에 입체적인 조각의 이미지가 잘 표현되어 있다. 드로잉과 결과물을 같이 보는 것만으로도 흥미롭지만, 멘디니의 예술적인 디자인 세계를 이해하는 데도 많은 도움이 된다.

5.60 중세적인 이미지를 현대적 조형으로 재탄생시킨 모뉴먼트와 조각품을 위해 그린 스케치

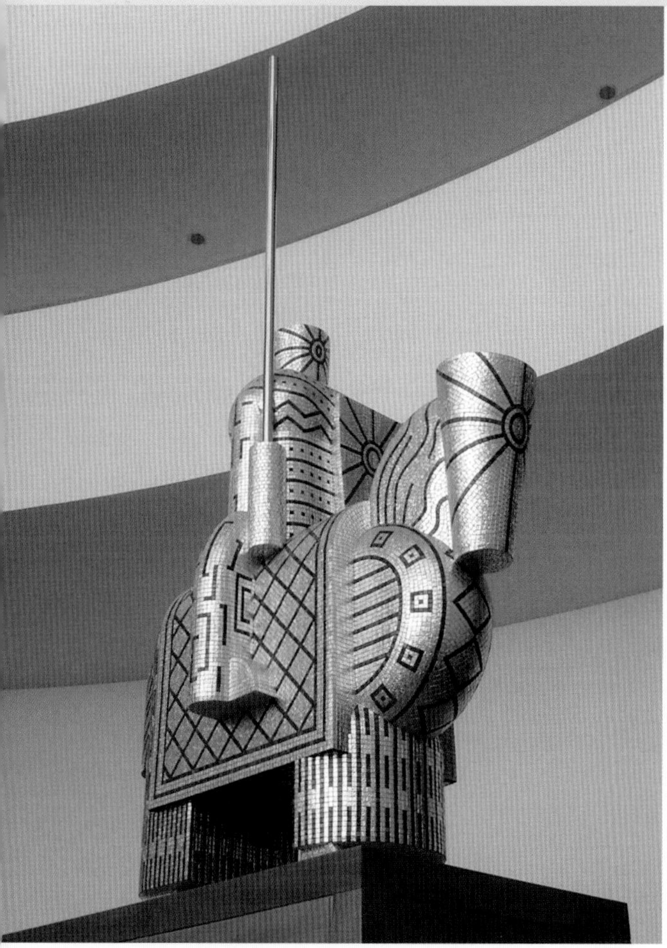

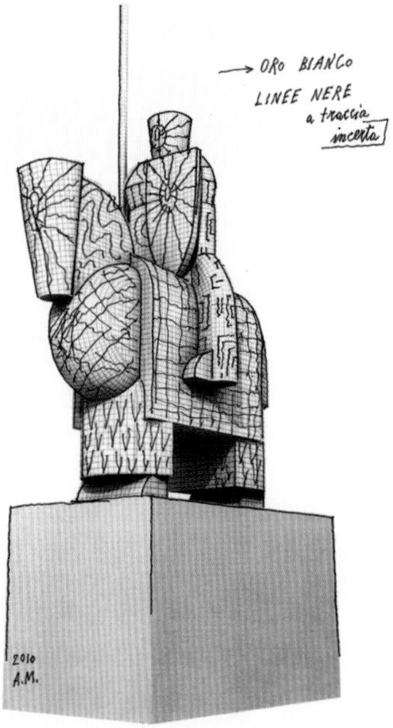

5.60

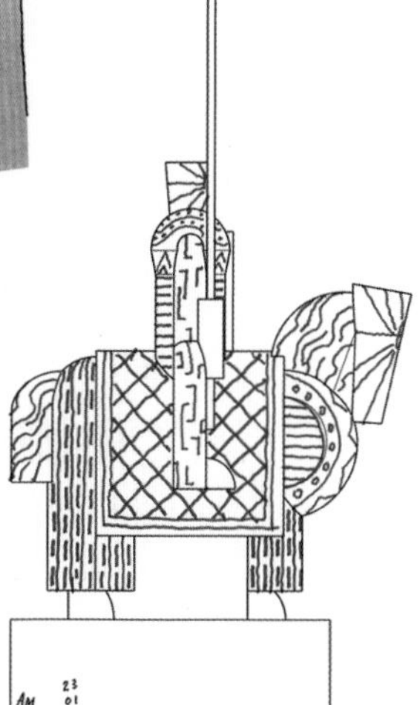

5

산 업 디 자 인

안나 G는 알레산드로 멘디니가 디자인한 대표적인 산업디자인이라고 할 수 있지만, 이 외에도 많은 제품을 디자인했다. 멘디니의 아방가르드한 성격 때문에 그가 무조건 반기능주의적 디자인을 했을 것이라고 생각하기 쉽지만, 그건 디자인의 목적에 따른 것일 뿐이다. 일반적인 상품을 디자인할 때 멘디니는 다른 디자이너와 마찬가지로 기능성이나 실용성을 누구보다 중요하게 생각한다. 그가 디자인한 산업디자인을 통해 그것을 잘 확인할 수 있다.

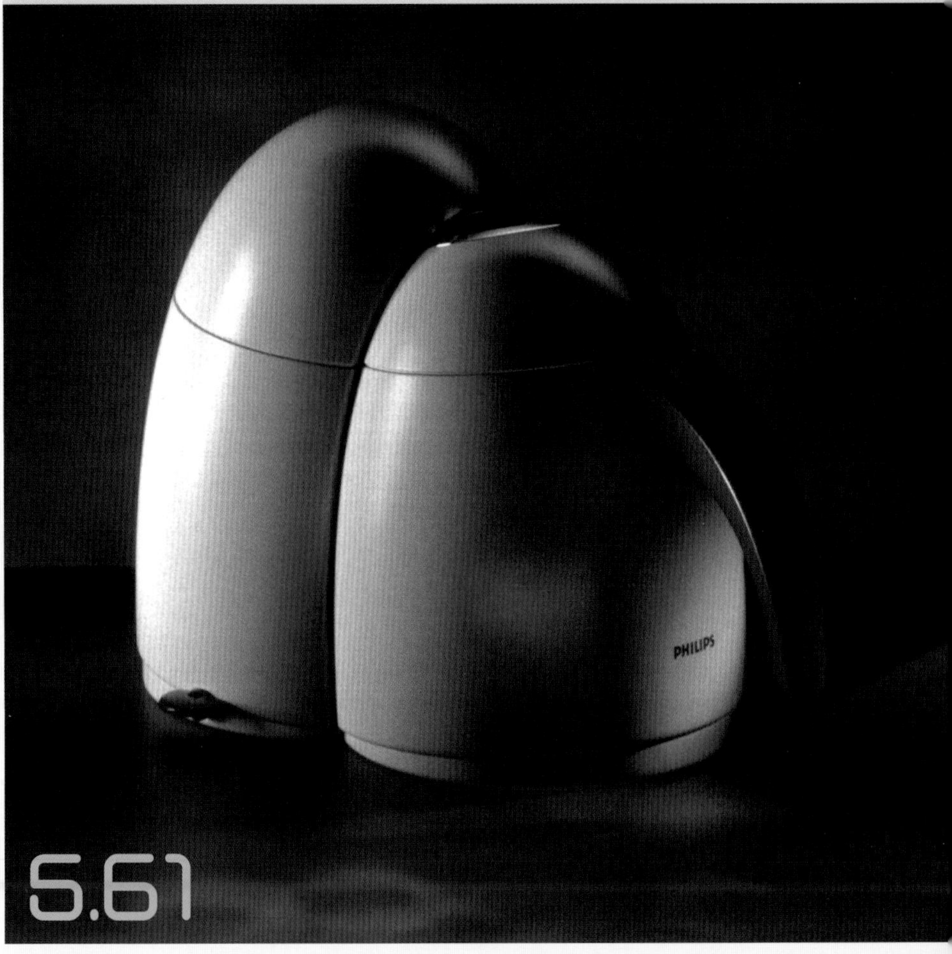

5.61

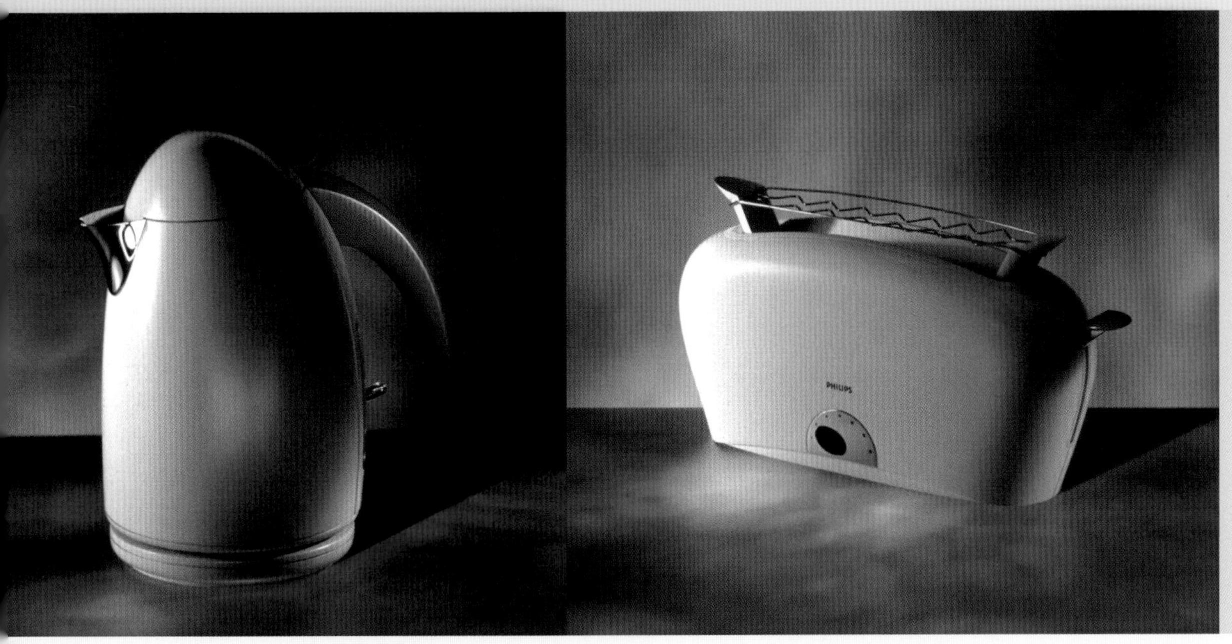

알레시와 필립스를 위한 전기제품 *1994*

Alessi Philips Workshop

1994년 알레시와 네덜란드의 전자제품 회사 필립스가 공동으로 제품을 개발하는 프로젝트를 진행했는데, 이때 알레산드로 멘디니가 디자인을 맡았다. 그가 디자인했던 제품은 커피포트, 토스터, 레몬즙기였다.

당시의 디자인을 보면 건축이나 인테리어 등에서 볼 수 있던 그의 실험적이고 예술적인 스타일을 발견할 수가 없다. 산업디자인을 할 때 그는 다른 분야의 디자인을 할 때와는 전혀 다른 모습을 보이는데, 이는 분야의 특수성 때문이라고 할 수 있겠다. 건축이나 인테리어 디자인은 일단 단품 디자인이라 제작할 때 사람의 손이 상대적으로 많이 가기 때문에 장식적인 표현이나 복잡한 형태를 구현할 수 있다. 하지만 전기 · 전자 제품은 대량생산이 기본이고 기계로 생산한다. 때문에 대량생산 시스템에 적합하지 않은 디자인은 일단 생산 자체가 불가능하거나 비용이 많이 든다. 따라서 디자인을 할 때 생산을 고려한 표준화의 문제가 매우 중요하다. 멘디니가 그토록 비판했던 기능주의적 디자인을 하지 않을 수 없는 분야인 것이다.

멘디니는 바로 이런 문제 상황 속에서 매우 현명한 디자인을 선보였다. 일단 다른 분야의 디자인을 할 때와는 달리 형태를 매우 단순하고 부드럽게 디자인했다. 색상도 부드러운 크림색톤을 주조로 하여 강한 인상을 피했고, 형태도 부드러운 곡면으로 디자인하여 색과 마찬가지로 부드럽고 우아한 느낌을 표현해 산업디자인에 필요한 요소를 모두 충족시켰다. 그렇지만 손잡이나 버튼 같은 부분에 강렬한 색을 넣어 얌전한 가운데 활력을 불어넣었다. 역시 멘디니스러운 느낌을 빼먹지 않았다.

그런데 결과적으로 제품의 이미지가 마치 캐릭터나 장난감처럼 보인다는 점을 유심히 살펴보아야 한다. 식빵처럼 위로 갈수록 볼록해지는 비례를 가진 토스터나 알 속에 알이 겹쳐 들어가 있는 듯한 커피포트, 주둥이를 벌리고 있는 새처럼 생긴 레몬즙기의 모양은 동심어린 분위기를 은유적으로 자아내고 있어, 다른 기능적인 제품처럼 딱딱하고 건조해 보이지 않는다. 멘디니는 색이나 형태로 직접 표현하지는 않았지만, 구조나 비례를 통해 부드럽고 유머러스한 이미지를 간접적으로 표현했다. 강렬한 색상이나 파격적인 형태라는 차와 포를 다 떼고도 단순히 비례만으로도 자신의 개성을 유감없이 표현하는 노련함이 돋보인다. 이후로도 멘디니는 기술이나 생산 여건의 제약 속에서도 자신의 예술적 재능을 현실 요구에 맞게 디자인한 제품을 적지 않게 선보인다.

5.61 **알레시와 필립스 공동 프로젝트의 디자인 제품들**

알레시의 제품들

알레산드로 멘디니와 알레시의 각별한 관계를 생각하면 너무도 당연한 일이지만, 멘디니는 디자이너로 출발하던 시기부터 지금까지 알레시를 위한 산업디자인을 꾸준히 해왔다.

벽시계 시리즈 솔레 *2004-2005*
Sole

멘디니의 그래픽 감각이 잘 표현된 벽시계 시리즈. 그간 멘디니의 디자인에서 자주 보아왔던 그래픽 이미지가 시계 바탕에 깔리면서 다양한 시리즈로 개발되었다.

커피 메이커 제오 *2004*
Geo

얼핏 보면 목도리를 두른 인형처럼 생겼다. 안나 G와 알레산드로 M 이후로 사람 모양의 캐릭터를 제품에 적용한 또 하나의 사례가 된 디자인이다. 커피 메이커를 캐릭터처럼 디자인한 것이다.

캐릭터 같은 모양을 절묘하게 커피 메이커에 적용한 센스와 구조적인 이해가 돋보인다. 수수하면서도 유머러스한 모양은 과도하게 캐릭터적이지 않으면서도 보는 사람의 입가에 미소가 피어나게 한다. 주방의 분위기를 즐겁고 감각적으로 만들 수 있는 소품으로도 아주 훌륭하다. 커피 맛도 좋을 것 같다.

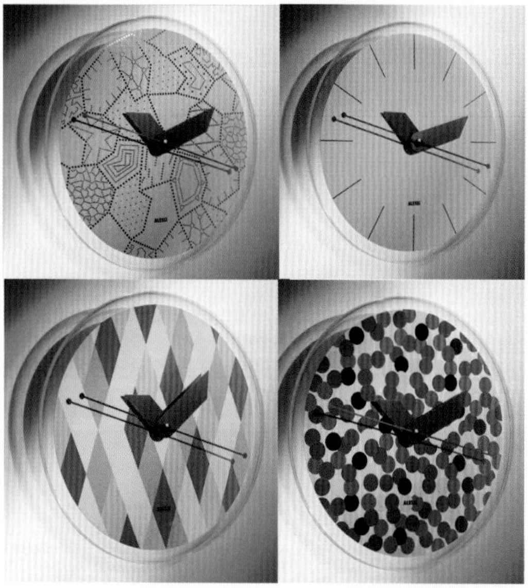
5.62

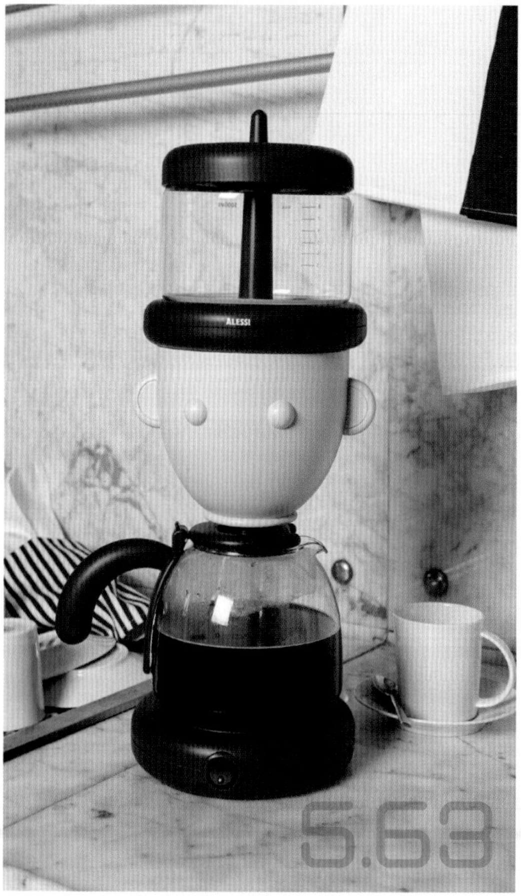
5.63

5.62 알레산드로 멘디니의 그래픽 감각이 잘 표현된 벽시계, 솔레
5.63 제품이라기보다는 캐릭터 상품 같은 제오

호두까기 크락 *2004*

Crack

호두까기 인형처럼 생기지는 않았지만, 손에 부드럽게 감겨올 것 같은 고급스런 손잡이 모양을 보면 이 도구로 호두껍질만 까기에는 좀 아까워 보인다.

전체적으로 금속성의 질감으로만 디자인한 부분과 단순하면서도 대비가 심하지 않은 형태는 알레산드로 멘디니의 다른 디자인에서는 보기 드문 특징이다. 손으로 잡는 기능이 중요한 제품이기 때문에 자신의 개성을 강조하지 않은 것 같다. 그래서 오히려 신선하고 새로운 느낌을 주는 디자인이 되었다.

5.64

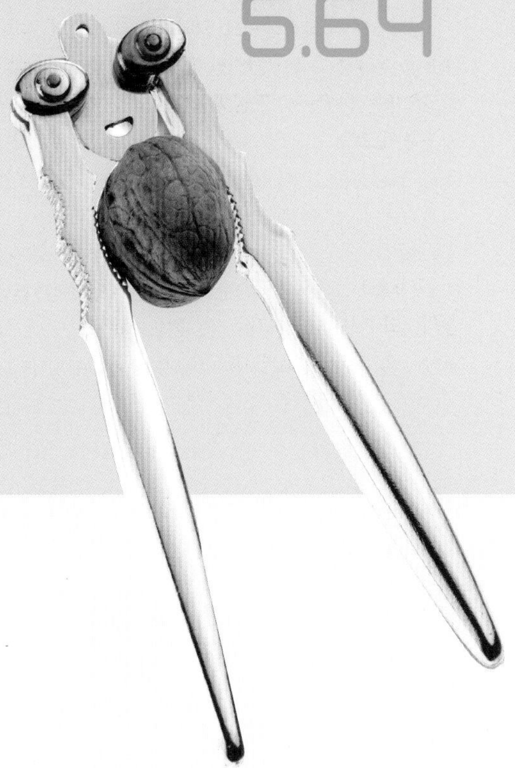

5.65

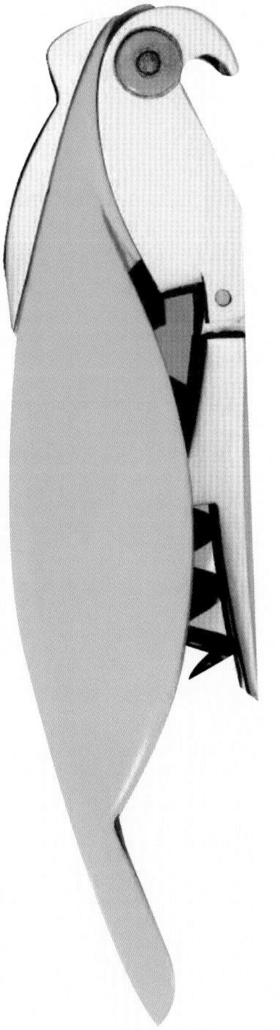

와인오프너 패롯 *2005*

Parrot

와인오프너 안나 G의 유명세가 워낙 대단하다보니, 알레산드로 멘디니가 디자인한 와인오프너 중에서 앵무새를 닮은 이 패롯이 있다는 사실을 잘 모르는 사람이 많다. 하긴 장난감처럼 생긴 이 앵무새 모양을 보고 단박에 와인오프너라고 생각하기는 어려울 것 같긴 하다.

그러나 이 앵무새 모양은 마치 영화 〈트렌스포머〉의 로봇처럼 순식간에 와인오프너로 변신한다. 와인오프너로 변신한 패롯이 얼마나 뛰어난 성능을 발휘하는 도구인지는 써보면 바로 안다. 작고 가벼운 형태지만 와인병을 막고 있는 코르크마개를 지렛대의 원리로 손쉽게 뽑아버리는 퍼포먼스를 보면, 잠시 얕잡아보던 눈길을 거두고 감탄을 금할 수 없게 된다.

와인의 코르크마개를 거두고 난 뒤에는 곧바로 귀엽고 얌전한 앵무새로 돌아가서는 찬장이나 주방의 분위기를 화사하고 즐겁게 만든다. 이 깜찍한 도구는 보는 것만으로도 큰 즐거움이 아닐 수 없다.

5.64 **우아한 자태를 가진 호두까기 크락**

5.65 **장난감처럼 생긴 앵무새 모양의 와인오프너 패롯**

커피 메이커 모카 *2010*
Moka

커피 메이커는 참 많지만 이렇게 부드러운 곡면을 많이 가진 것은 없을 것이다. 알루미늄의 차가운 금속성 질감이 곡면을 만나서 매우 부드럽고 따뜻하게 변했다. 그리고 검은색 플라스틱 부분은 밝은 알루미늄 몸체와 대비되어 강렬한 시각적 포인트가 된다. 이 부분은 전체의 부드러운 곡면 이미지를 더욱 강조해주는 역할도 하고 있다.

알레산드로 멘디니의 디자인으로 보기에는 상당히 얌전한 형태로, 프로젝트에 따라 자신을 변화시키는 멘디니의 융통성 있는 디자인 실력을 잘 보여준다. 검은색으로 조그마하게 들어가 있는 알레산드로 M의 실루엣은 전체 형태를 매우 편안하고 재미있게 만들어준다. 이 커피 메이커는 단순한 형태에 단순한 색깔로 이루어진 디자인이지만, 이 하나의 그래픽 처리로 그 어떤 복잡하고 화려한 디자인보다도 강렬한 이미지를 갖게 되었다. 구조는 전통적이지만 그 한계 안에서 다양한 표현을 이끌어내는 멘디니의 노련한 손길이 느껴진다.

5.66

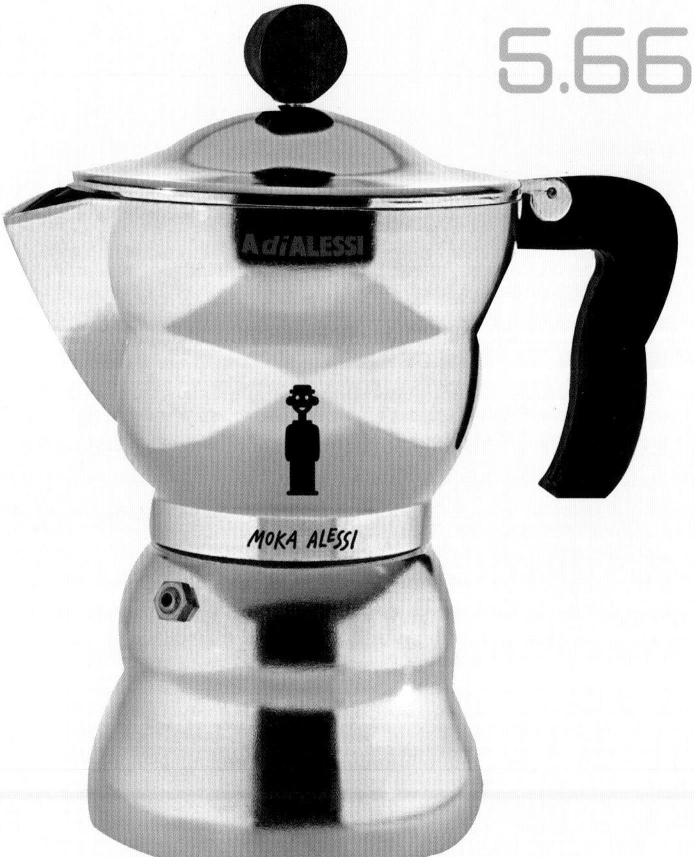

5.66 부드러운 곡면을 가진 커피 메이커 모카
5.67 우아한 모양이 돋보이는 샐러드 세트
5.68 자연스러우면서도 오래된 듯한 느낌의 스푼, 포크, 나이프 세트

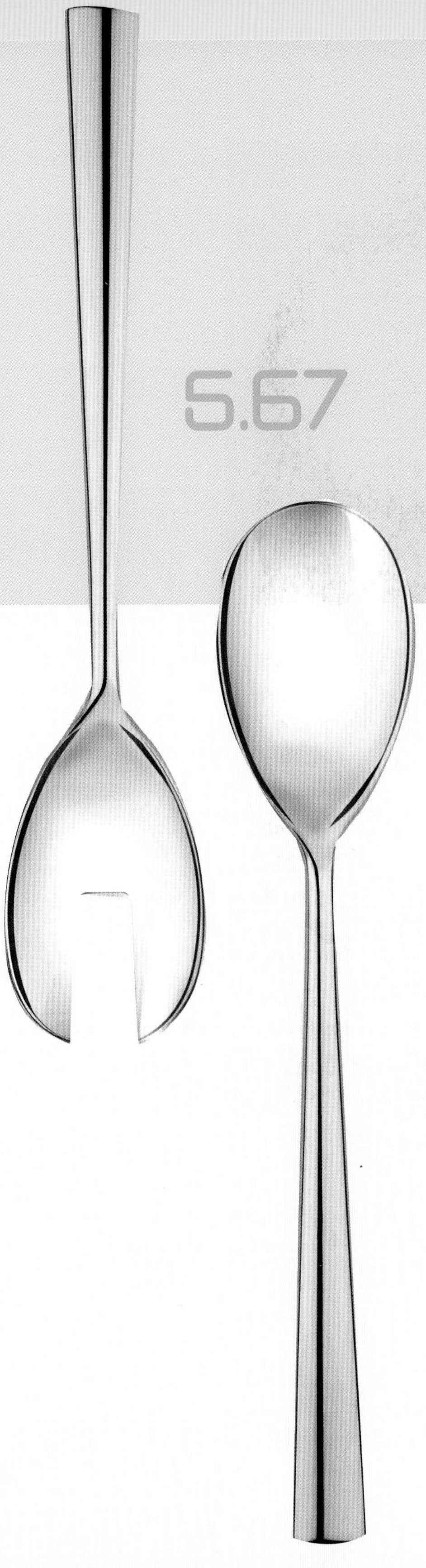

5.67

샐러드 세트 아스타 2011

Asta salad set

단순한 선의 율동, 그 속에서 우러나는 우아한 분위기가 돋보이는 디자인이다. 알레산드로 멘디니의 디자인이기 때문에 더 그렇게 보이는지도 모른다. 평소 그의 화려한 디자인과 비교하면 획기적으로 얌전한 디자인이기 때문이다. 하지만 둥근 손잡이 부분과 과격할 정도로 단정적으로 처리한 끝부분의 디자인은 강한 인상을 남기며 눈길을 끈다. 부드러운 곡선이 바로 끝나면서 직선적인 이미지로 마무리된다. 단순한 디자인이지만 은은하면서도 강한 여운을 남긴다.

테이블 세트 2011

Asta barocca

알레산드로 멘디니는 자연스러우면서도 오래된 느낌이 나는 스푼, 포크, 나이프 세트를 선보였다. 그렇게 과격하게 조형적인 디자인은 아니지만, 마음을 편하게 해주는 디자인이다.

손잡이에 새겨진 문양이 대칭 형태로 들어가 있는 것이 특이하며, 점과 선과 문양이 서로 어울려 있는 디자인도 독특하다. 나무조각과 제품을 같이 찍은 사진 역시 매우 신선하다.

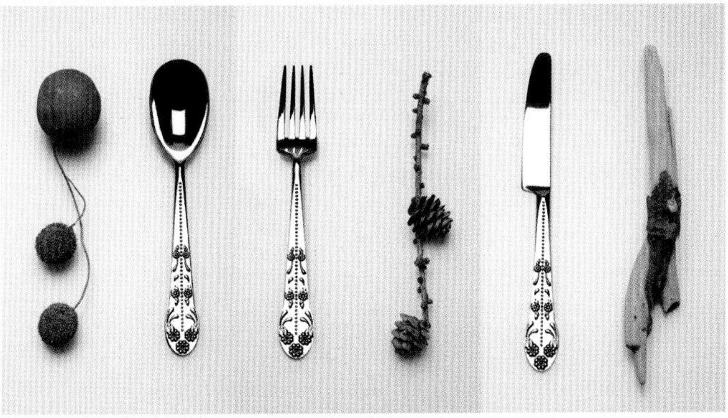

5.68

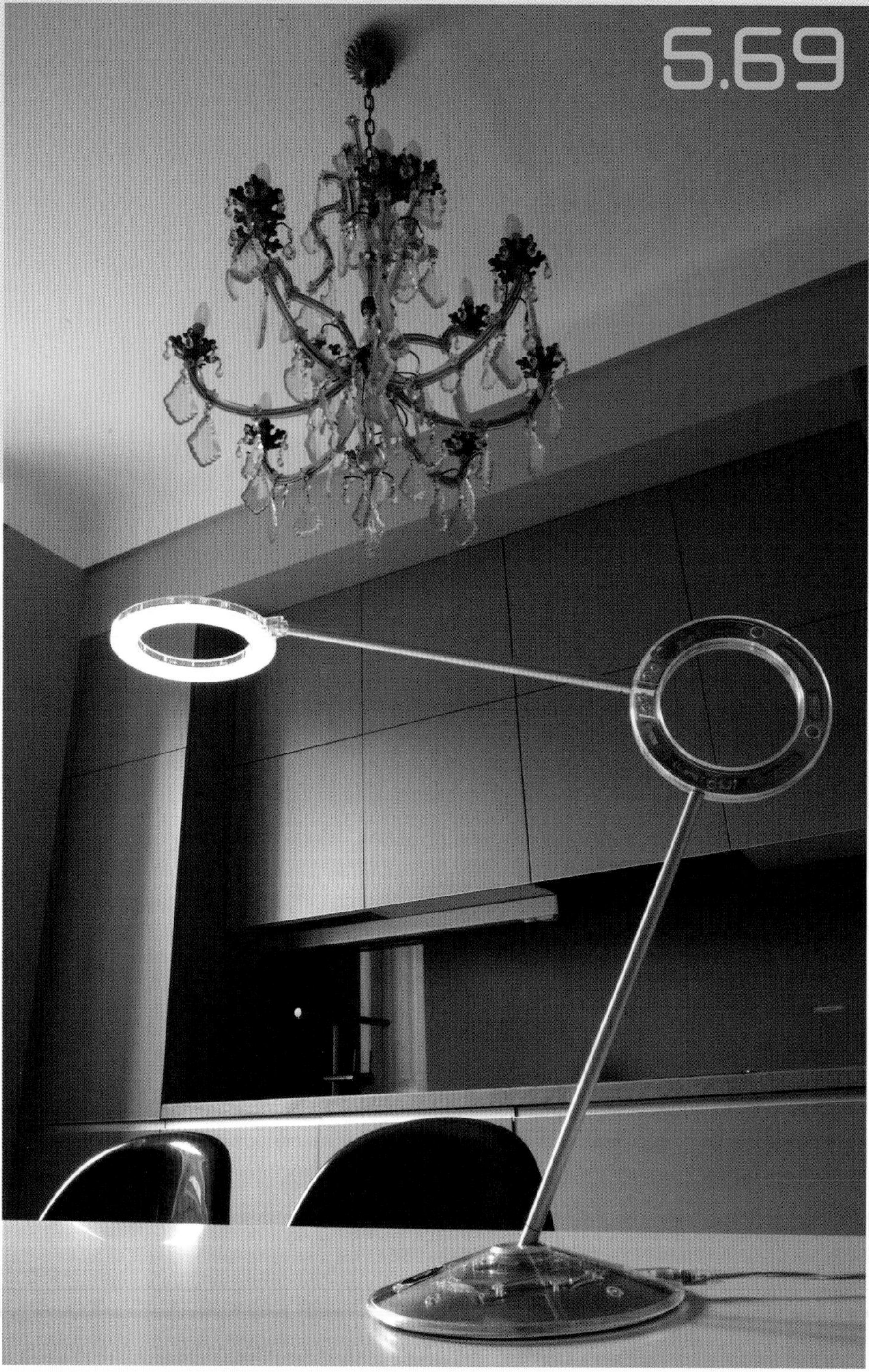
5.69

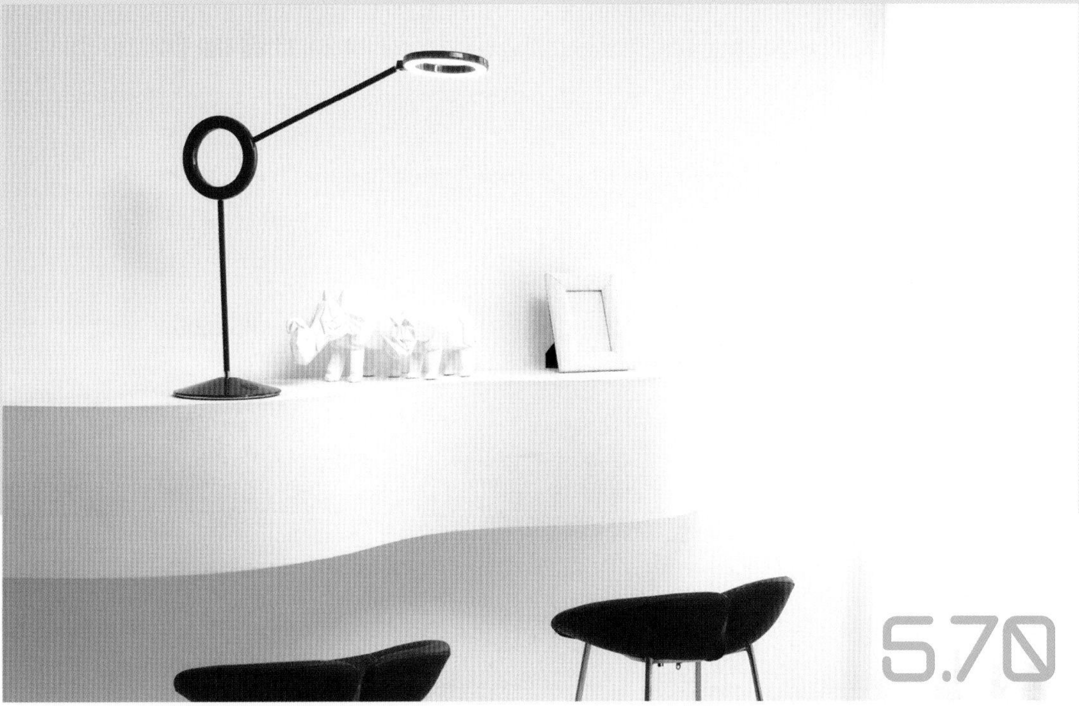

라문 조명 시리즈 *2012*
RAMUN

알레산드로 멘디니는 4년 동안 라문의 조명 디자인을 개발해왔다. 조명디자인은 디자이너에게 매우 중요한 아이템이다. 사람 몸이 직접 닿지 않고 빛을 내는 것 말고는 필요한 기능이 그리 많지 않아 디자이너에게 많은 자유를 주기 때문이다. 그래서 웬만큼 이름 있는 디자이너라면 자신을 대표하는 조명디자인이 하나쯤 있기 마련이다. 그래서 라문 조명디자인 개발은 그에게 매우 의미 있는 프로젝트였을 것이다. 그는 총 세 종류의 램프를 디자인했는데, 그의 명성에 걸맞는 독특한 램프가 탄생했다. 멘디니는 이 새로운 램프로 지금까지 보여주지 않은 그의 또 다른 면모를 보여준다.

아물레또 *Amuleto* • 아물레또 미니 *Amuleto mini*

이미 '시간을 초월한 걸작'이라는 평가를 받고 있는 아물레또는 세 개의 램프 중에서도 가장 심혈을 기울인 디자인이다. 심플한 모양의 아물레또에는 총 3개의 원이 있다. 이 원에는 알레산드로 멘디니의 깊은 뜻이 담겨 있는데, 각각의 원은 태양과 달 그리고 지구를 형상화한 것이라고 한다. 말하자면 이 단순한 조명은 '트리니티' 곧 우주의 조화를 함축하고 있는 것이다.

얼핏 보기에는 램프라기보다는 조형예술작품처럼 보인다. 원과 직선으로만 이루어진 구조는 20세기 초 구성주의 작가의 작품이라고 해도 손색이 없다. 특히 가는 선으로 이루어진 구조의 외양만 보아서는 램프라는 생각조차 들지 않는다. 전선 등과 같은 부속이 이렇게 슬림한 구조물 안에 어떻게 들어갈 수 있는지부터가 미스터리다. 조명등이라고 했을 때 예상하는 일반적인 모양을 완전히 뒤엎은 기하학적 형태 또한 기능에는 관심 없이 오로지 조형적 목적에만 헌신하는 것 같아 그런 생각을 더욱 부추긴다.

그렇지만 이것은 램프, 그것도 매우 기능적인 램프다. 중간의 관절부분과 램프가 있는 머리부분의 원이 일단 눈에 확 띄는데, 속이 시원하게 뚫려 있어서 전체 구조를 선적인 조형물로 보이게 하는 데 결정적인 역할을 한다.

5.69 **알레산드로 멘디니의 사색이 투여된 듯한, 투명한 존재감의 아물레또**
5.70 **어떤 공간이든 아물레또가 더해지면 품격 또한 더해진다**

하지만 얇은 테두리를 가진 두 개의 원은 형태를 떠나 기능적으로도 매우 큰 역할을 한다. LED램프가 원형을 이루며 들어 있는 머리부분은 조형적인 아름다움을 위해 원으로 디자인됐지만, 기능적인 측면에서도 완벽하다. 램프가 원형으로 빛을 사방에서 비추기 때문에 그림자가 생기지 않는다. 그래서 단순히 책을 볼 때는 물론 어떤 정밀한 작업에도 매우 유용하다. 수술할 때 쓰는 수술등도 그림자를 방지하기 위해 이처럼 환 구조로 만들어진다.

램프 테두리 안쪽의 큰 구멍은 조명등의 위치를 바꿀 때 손잡이 역할까지 하는데, 손으로 잡고 램프머리를 필요한 위치로 쉽게 옮길 수 있다. 램프의 발광부가 뜨겁지 않기 때문에 손으로 잡아도 아무 문제가 없으며, 독서 등 작업을 할 때 매우 쾌적하다.

5.71 **아물레또의 움직임을 정확하고 안정적으로 콘트롤하는 크고 튼튼하면서도 아름다운 관절**
5.72 **부드럽게 움직이며 어떤 위치에서도 안정적으로 정지하는 아물레또**

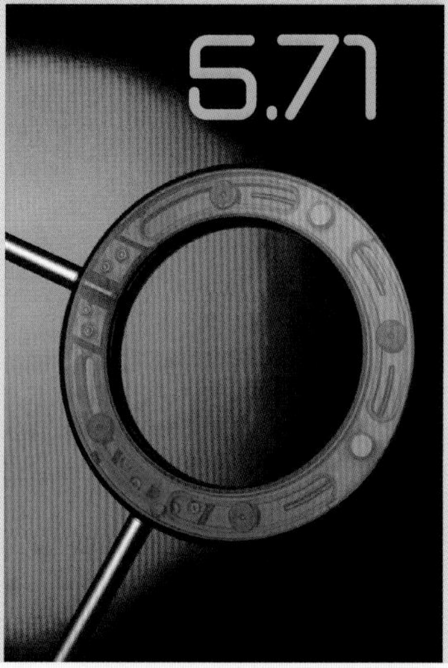

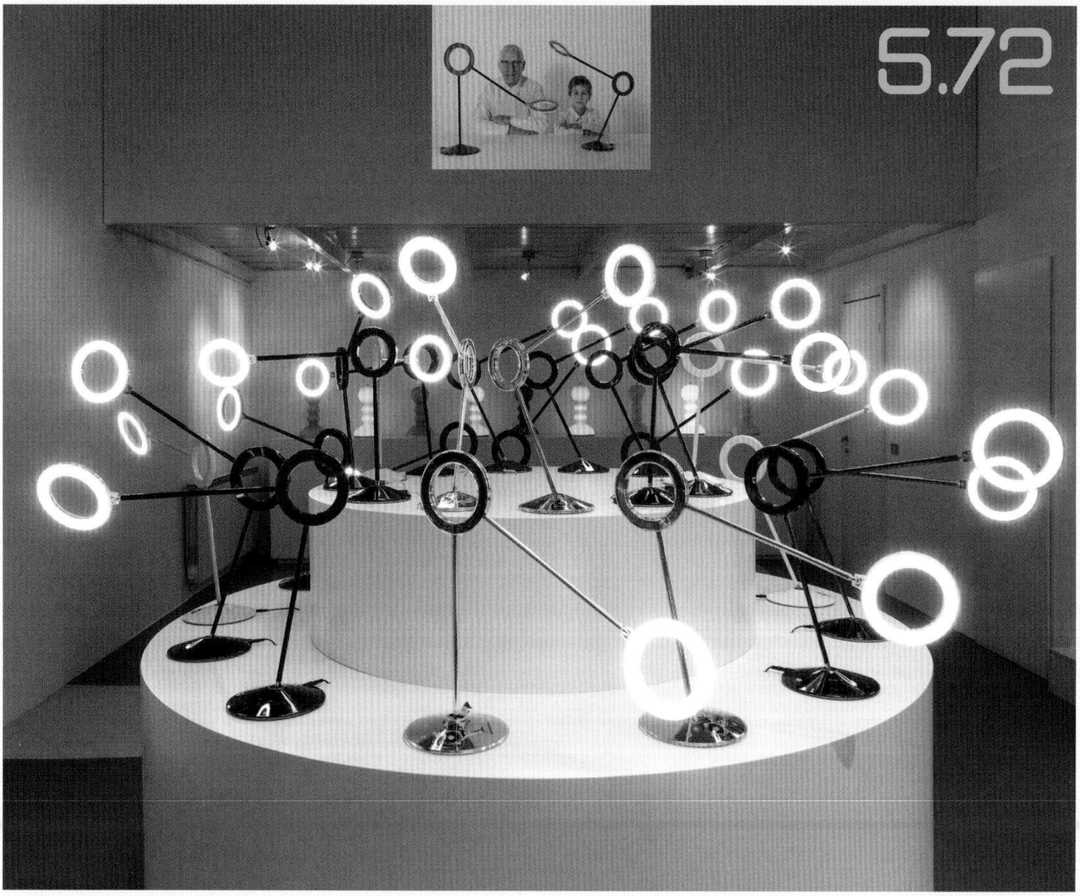

5.73

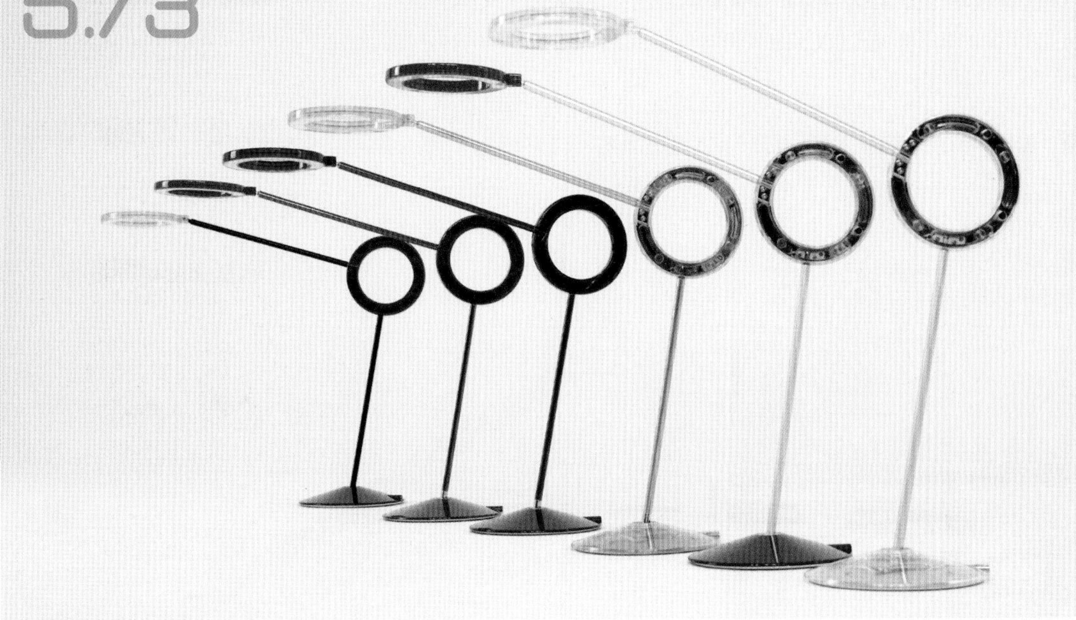

둥근 관절부분의 형태도 주목해볼 만하다. 이 부분 역시 조형적인 이유로 이렇게 디자인되었지만, 기능적으로도 전화위복이 되었다. 관절이 커진 것이다.

일반적인 조명등에서는 관절부분을 이렇게까지 키울 수 없기 때문에 관절이 대체로 약하며, 조형적으로도 잘 부각되지 않는다. 하지만 아물레또는 조형적인 핑계로 관절부분에 큰 원 구조가 들어감으로써 크고 튼튼한 관절을 갖게 되었다. 원형의 관절부분에는 특수 설계한 금속구조물이 들어있어 견고하면서도 뛰어난 기능을 발휘한다. 이 관절 덕분에 조명의 머리부분은 어느 위치로도 부드럽게 움직일 수 있고, 조명등은 어떤 상태로 놓이더라도 그 위치에 안정적으로 서 있을 수 있게 되었다. 이 관절부분의 메커니즘이야말로 이 조명등에서 가장 중요한 핵심이라고 할 수 있다.

조명등의 구조만 기능적인 것이 아니다. 이 조명등은 부분마다 색깔이나 질감을 달리하여 수 십 가지의 유형으로 조합할 수 있다. 원과 직선으로만 구성된 단순한 조명등이지만 이런 변화 덕분에 여러 이미지를 가질 수 있게 되었다. 형태의 단조로움을 멘디니는 이런 식으로 극복한 것이다. 덕분에 소비자도 원하는 스타일을 자유롭게 선택할 수 있다.

아물레또는 예술적인 부분을 동시에 기능적인 장점으로 승화시켰다. 기능을 과도하게 내세워 디자인했으면서도 정작 그 기본적인 기능조차 제대로 수행하지 못하는 그 많은 디자인과 비교해보면, 이 디자인의 한 차원 높은 격을 실감하게 된다.

아물레또를 처음 접하면 순수미술품 같다고 생각하게 되는데, 알고 보니 디자인 제품이라는 의외성의 반전효과는 그 빛만큼 강렬하다. 이런 아물레또의 예술적인 외모는 조명등으로 사용되지 않을 때도 실내 분위기를 예술적으로 고조시키는 오브제로서도 충분하다.

어떤 성격의 공간이든지 둥근 원 세 개와 직선으로 이루어진 구조는 전체 공간을 구획하면서 현실적인 공간에 초현실적인 분위기를 전염시킨다. 그저 그런 침실, 평범한 거실, 조용한 서재는 이 조명 하나로 화랑이 되고, 예술적인 공간이 되고, 환상적인 공간이 된다. 단순하고 덩어리감이 거의 없는 선적인 조명등 아물레또는 단순히 빛만 밝히는 조명등이 아닌 것이다.

5.73 여러 가지 색상과 질감으로 다양한 조합을 만들 수 있는 아물레또

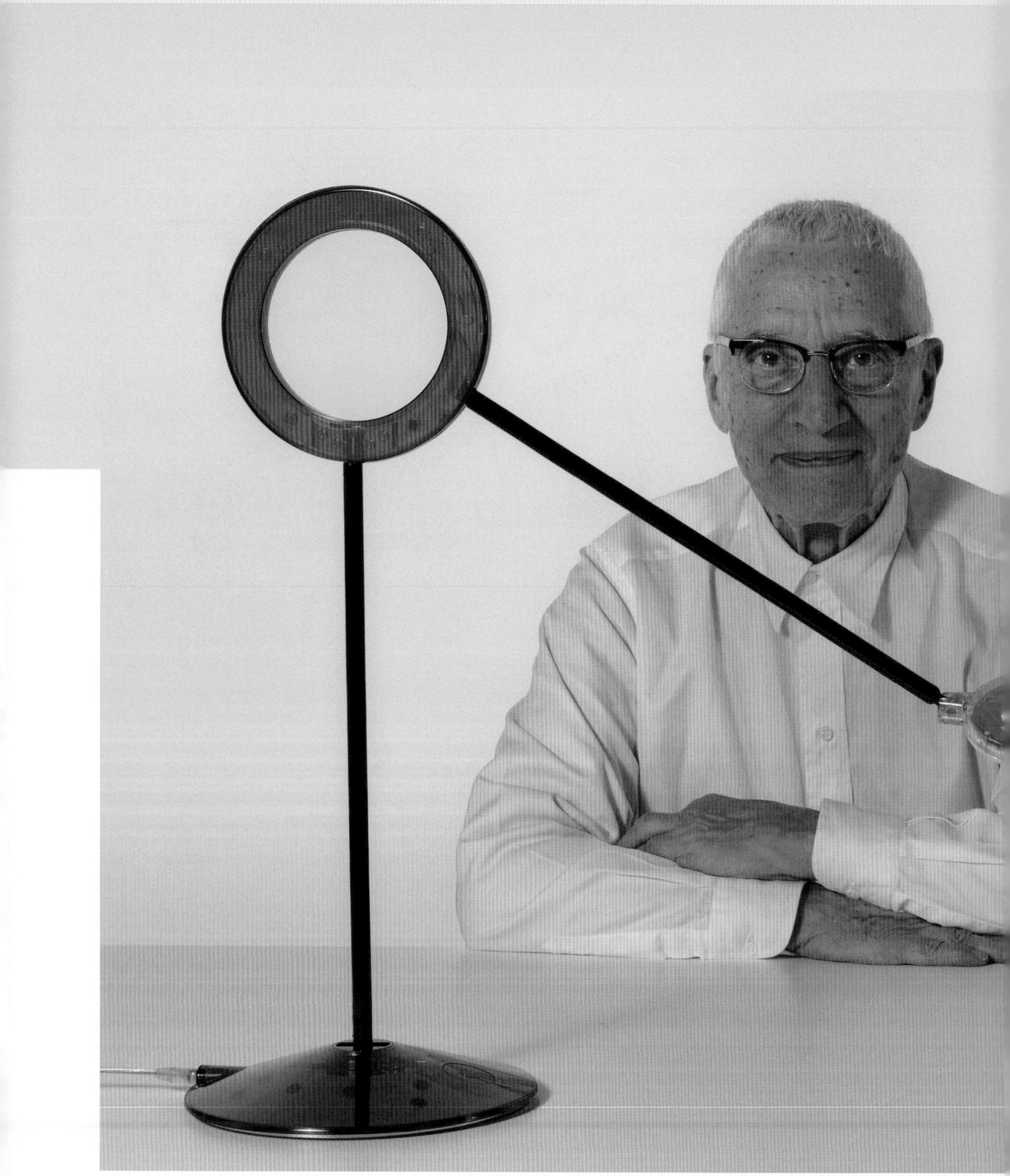

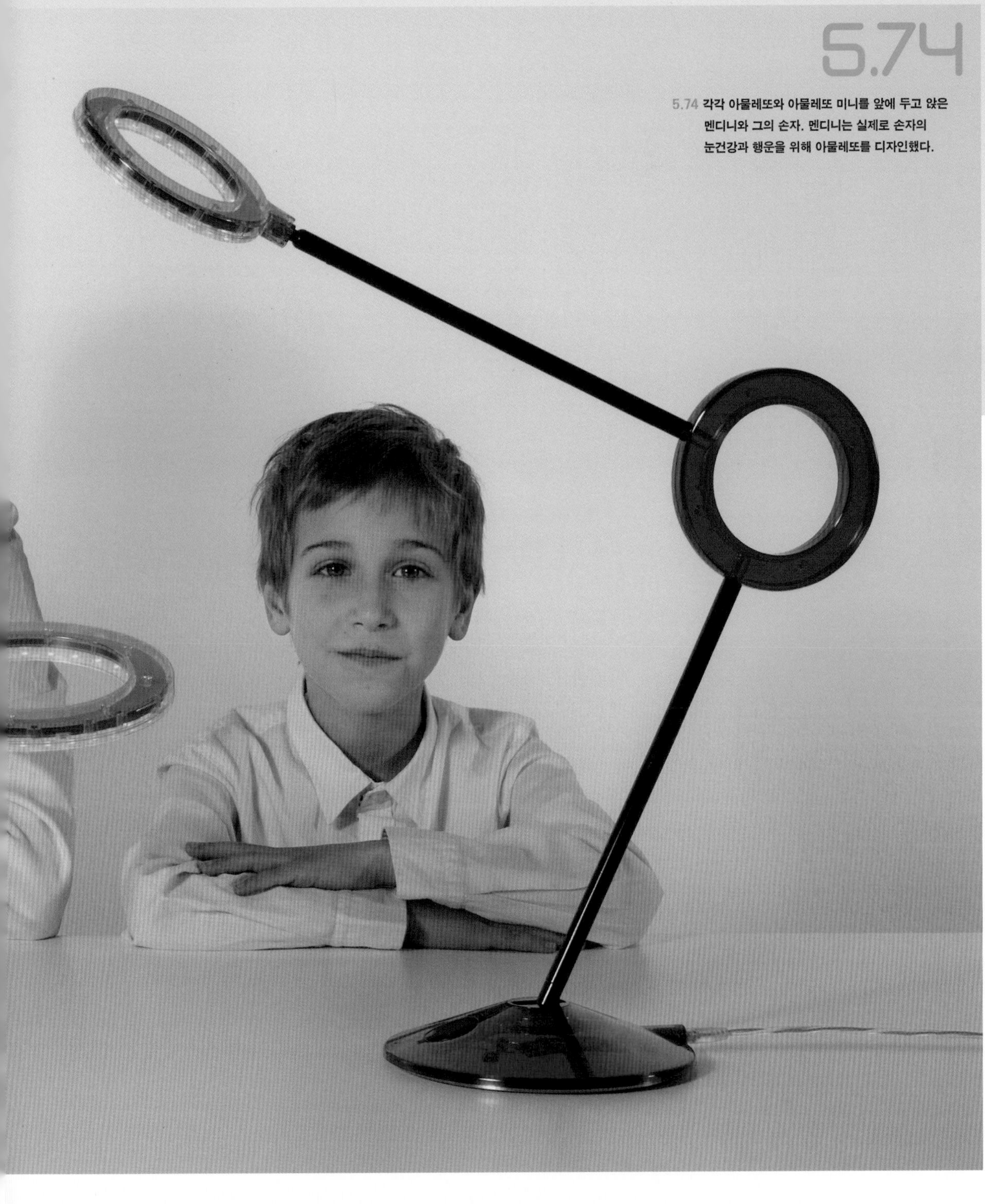

5.74

5.74 각각 아물레또와 아물레또 미니를 앞에 두고 앉은 멘디니와 그의 손자. 멘디니는 실제로 손자의 눈건강과 행운을 위해 아물레또를 디자인했다.

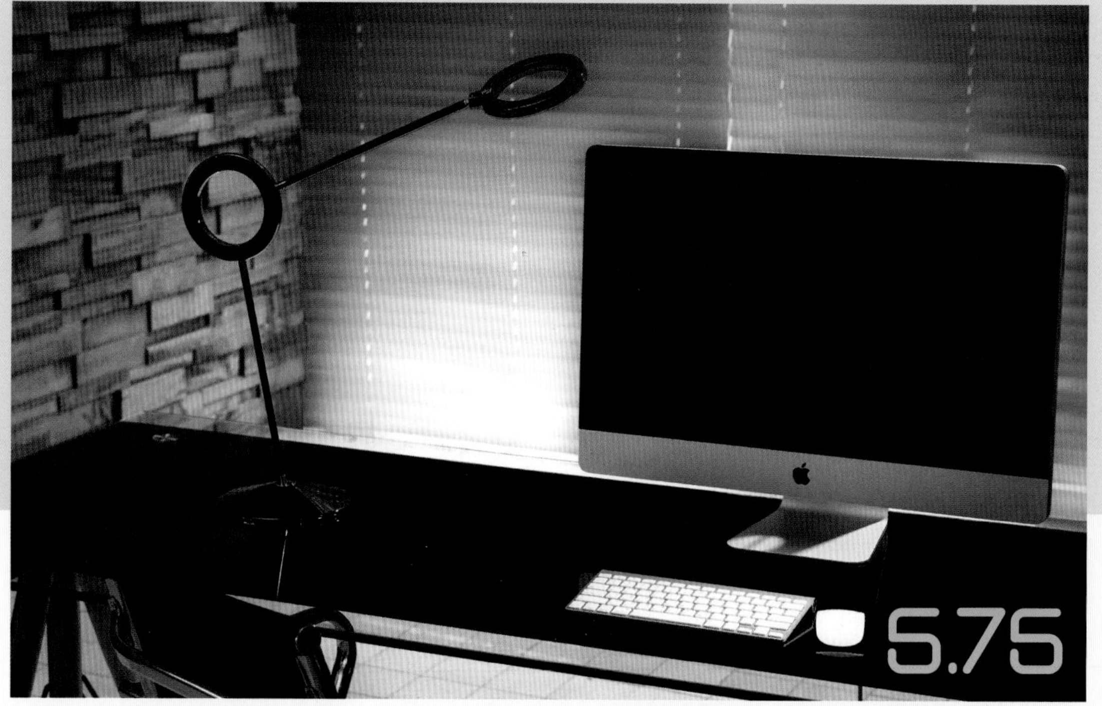

5.76

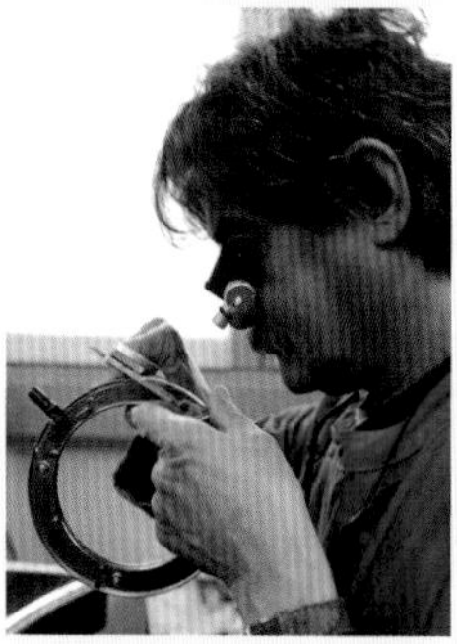

5.75 실내를 장식하는 오브제로서도 모자람 없는 아물레또
5.76 놀라운 디자인과 탁월한 기술력의 결합, 아물레또

그동안 멘디니는 일상을 예술로 만들려는 고차원적인 목표를 추구해왔고, 이를 위해 디자인에 많은 형태요소와 많은 색을 충돌시켜 강렬한 이미지를 만들어왔다. 하지만 아물레또에서는 지금까지와는 다른 방향을 향하고 있는데, 그것은 바로 무엇을 더하기보다는 빼는 방향으로 디자인되었다는 것이다. 서로 다른 형태를 충돌시키지 않고 있다는 것이 먼저 눈에 띈다. 이 디자인에서는 같은 모양의 원과 직선만을 취하고 있다. 직선은 몸체가 지탱할 수 있는 범위에서 최대한 가늘게 만들어졌으며, 관절의 원 모양은 관절로서 지탱할 수 있는 범위 내에서 가운데를 최대한 크게 관통시켜 면의 느낌이 들지 않도록 했다. 그 결과 이 조명등은 공간 속에서 투명해졌다. 그간 평면성이나 입체감을 강조해왔던 멘디니의 디자인 경향과는 사뭇 다르다. 개념적으로 본다면 동양의 정신에 더 다가간 모습이다.

물론 책상 위에 놓고 쓰는 물건이기 때문에 그렇게 디자인했다고도 볼 수 있는데, 존재에 대한 멘디니의 사색이 많이 투여된 디자인이 아닐까 싶다.

한편 라문 조명 시리즈는 뛰어난 작품성과 진보된 기술의 집합체로 향후 조명의 방향성을 제시하였음을 인정받아 현재 독일 뮌헨 현대미술관 및 시카고 아테나에움 건축디자인뮤지엄에 영구전시되었는데, 멘디니는 라문의 조명디자인을 통해 조명디자인에서도 기념비적인 발자취를 남기게 되었다.

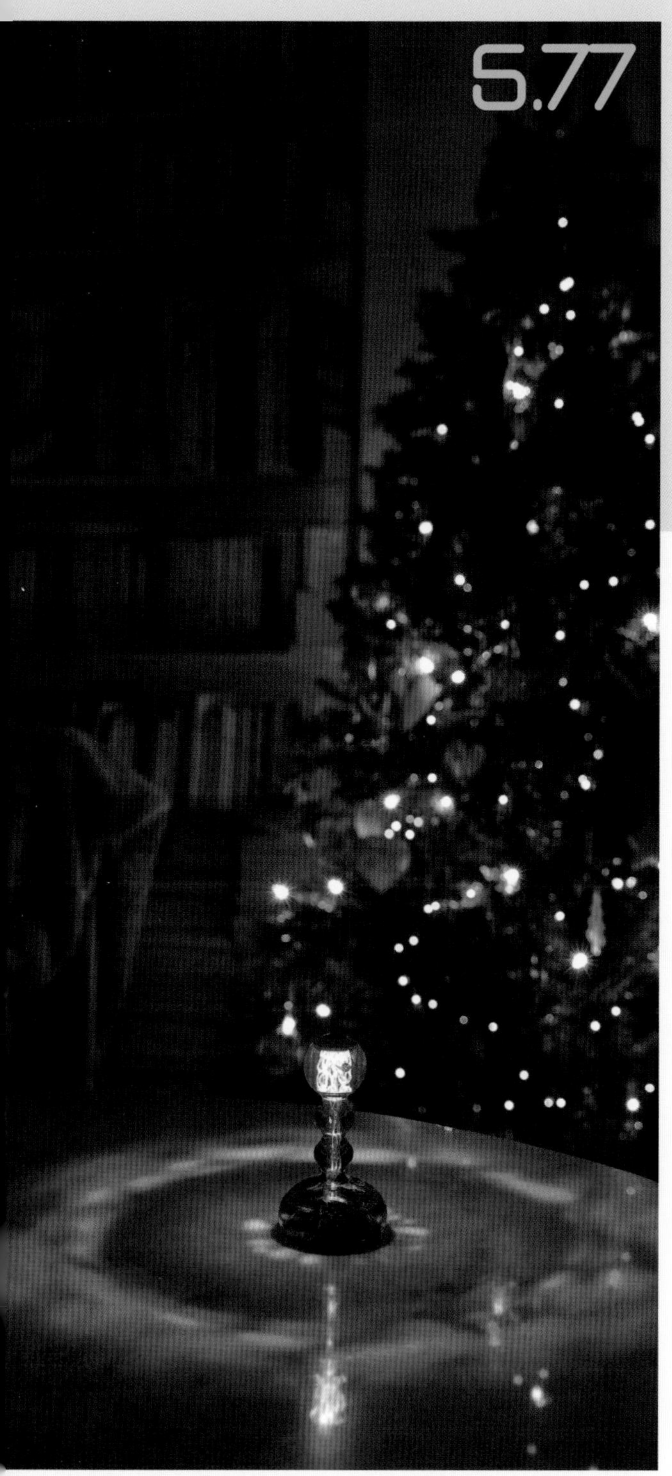

깜빠넬로 *Campanello*

깜빠넬로는 캔들라이트로 디자인한 조명으로서 촛불과 같은 느낌으로 취침등 및 무드등으로 크게 환영받고 있다. 모양은 크고 작은 구가 중첩된 볼록볼록한 형태로 마치 장난감 같기도 하고, 조그마한 소품처럼 보이기도 한다. 이는 사람을 형상화한 디자인으로 오브제와 사람과의 교감이 이루어져야 한다는 알레산드로 멘디니의 디자인관이 반영된 디자인이다.

라문의 모든 램프가 최고의 안전성을 자랑하지만, 특히 깜빠넬로는 전선 없이 충전으로 작동하는 램프라 취침등 및 수유등으로 아이들 가까이 두어도 전혀 위험하지 않다.

5.77 귀여운 모양의 테이블 벨 깜빠넬로
5.78 작지만 환상적인 빛의 효과를 보여주는 깜빠넬로

마음을 치유하는 조명으로 유명한 깜빠넬로는 모자처럼 보이는 검은 부분에 손을 대면, 스위스 전통 오르골 명인의 편곡된 멜로디가 심신을 안정시켜주며, 1000년의 신비를 간직한 바티칸의 종소리를 담고 있다.

램프 몸체가 투명한 스테인드플라라 안쪽 램프의 빛이 몸체 밖으로 퍼지지만, 그냥 나오는 것이 아니라 몸체의 울퉁불퉁한 굴곡을 타고 여러 각도로 반사된다. 또한 램프 바로 밑에 스프링처럼 감겨 있는 투명한 피복전선에도 빛이 반사되는데, 이 두 요소가 어우러져 매우 환상적인 오로라를 만든다.

조명의 머리부분 안에 있는 투명한 피복전선이 만들어내는 효과는 놀랍다. 램프에 전기를 공급하는 전선이 아니라 유리관으로 만든 특수한 조형처럼 보일 정도로 전선의 역할보다 조형적 역할이 더 커 보인다. 그렇게 전선에 비춰져 환상적으로 바뀐 빛은 투명한 몸체를 타고 빛의 효과를 더욱 환상적으로 증폭시킨다. 덕분에 투명한 몸체는 진짜 크리스털을 깎아 만든 듯하다. 재료 본래의 가치를 넘어서게 만드는 멘디니의 럭셔리한 센스가 돋보이는 디자인이다.

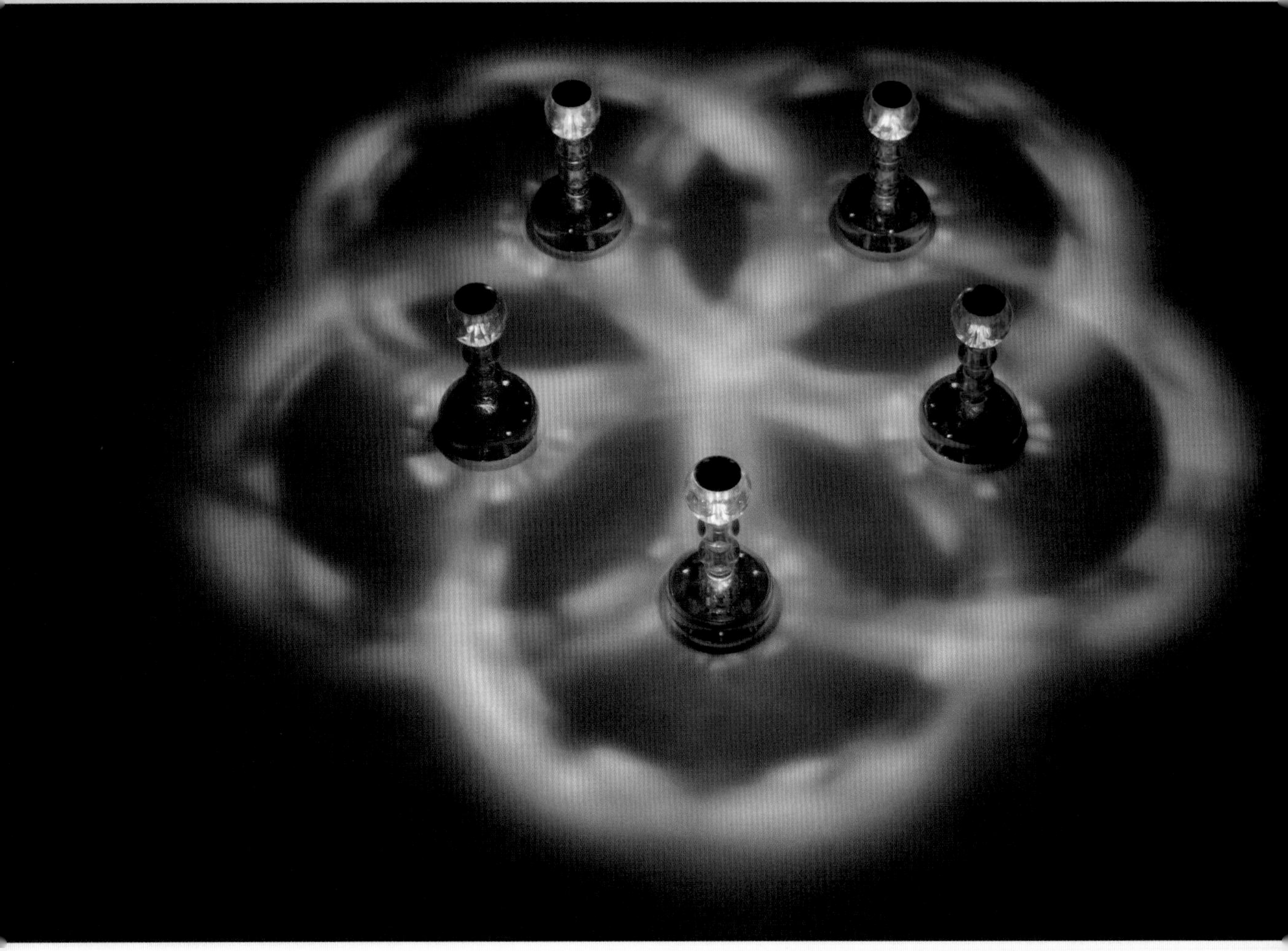

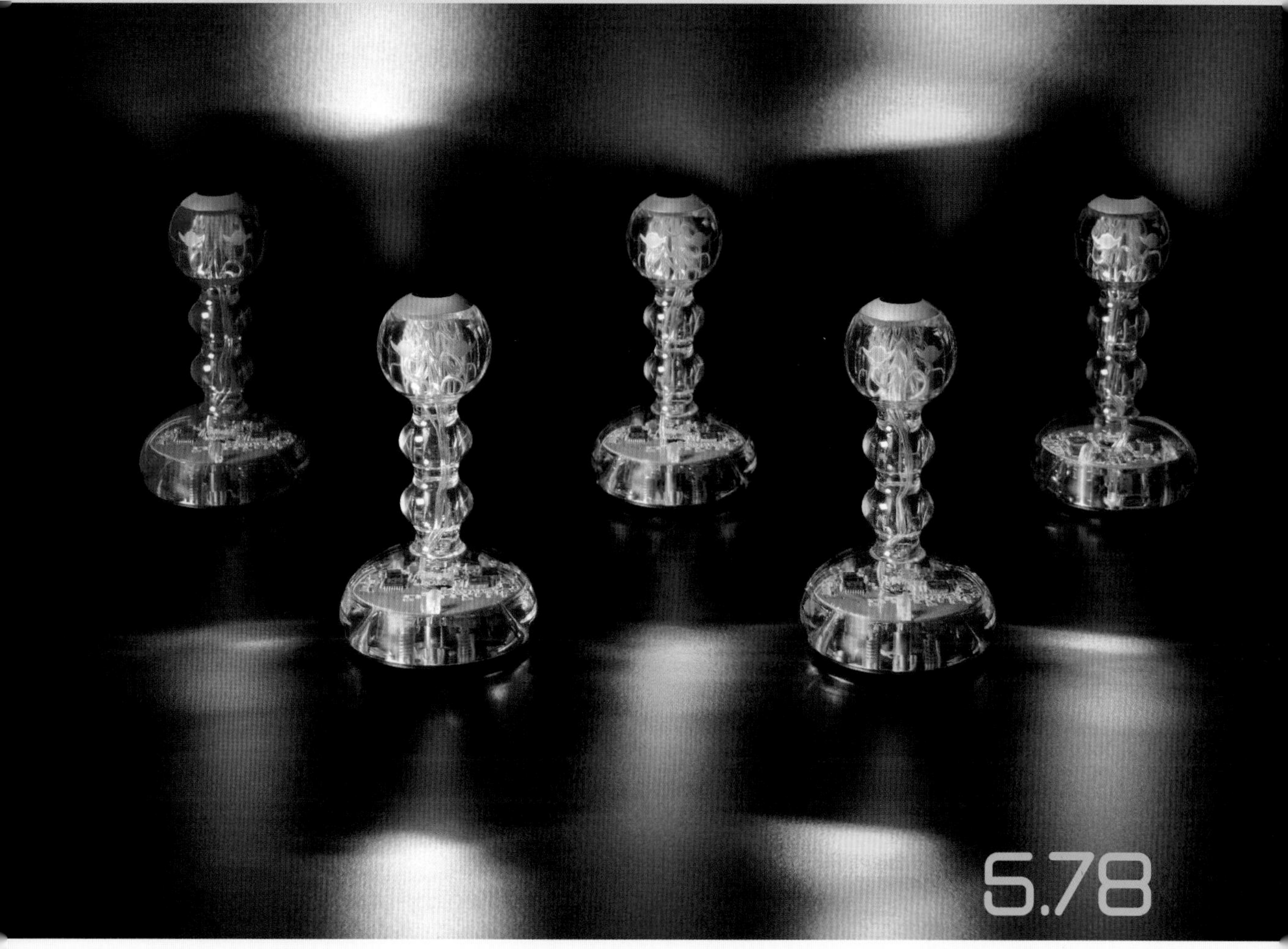
5.78

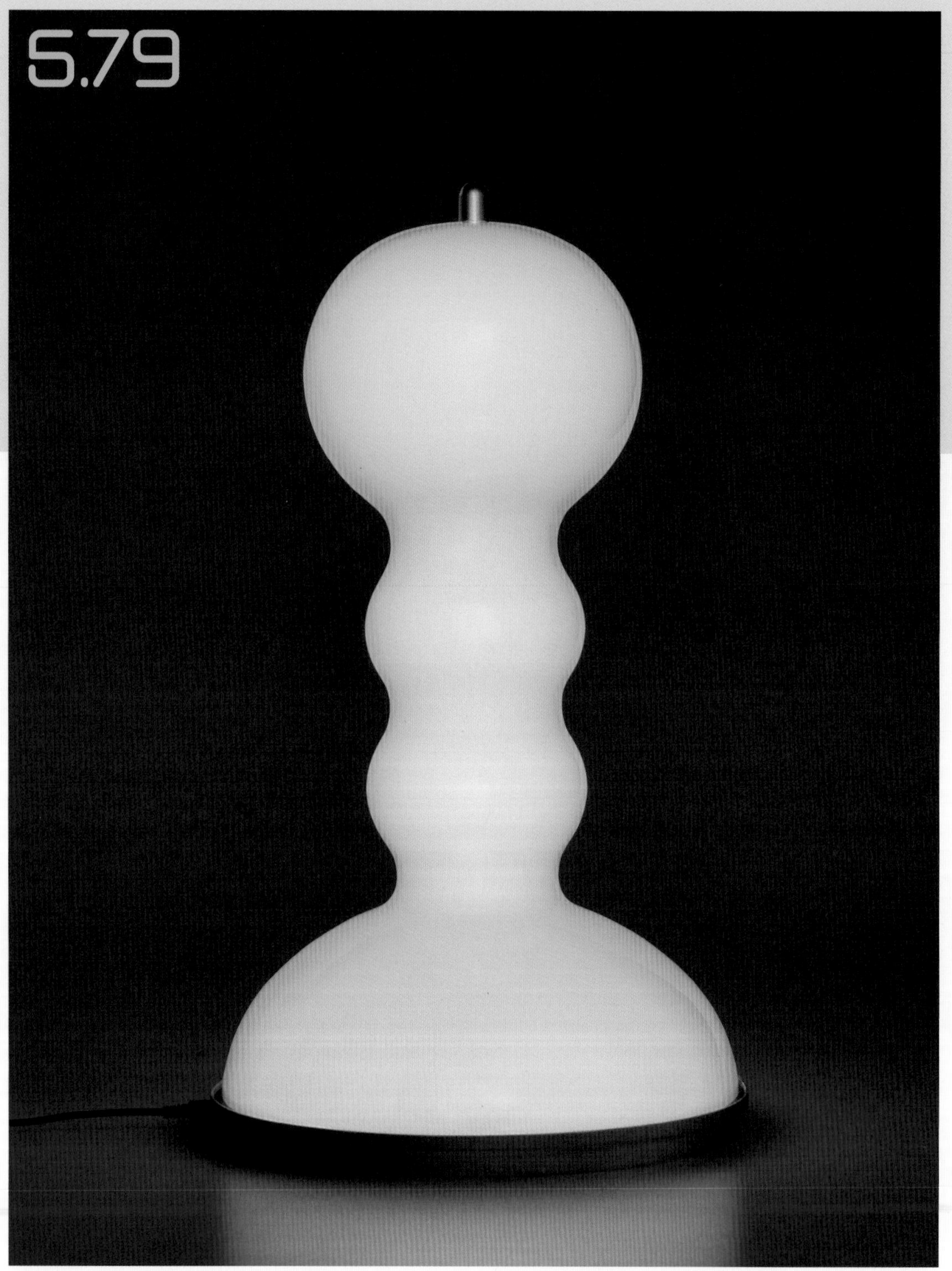
5.79

오팔레 *Opale*

오팔레는 깜빠넬로를 확대한 모양이지만 깜빠넬로와는 비교할 수 없이 크고, 꼭대기의 금속 꼭지 때문에 매우 조형적으로 보인다. 몸체는 깜빠넬로와 달리 유리로 만들어져 훨씬 럭셔리하다. 베니스의 유명한 유리공예 제조사인 베니니와 콜라보레이션하여 만든 것이다. 조명을 켜면 빛이 유리를 통해 은은하게 흘러나오면서 신비로운 분위기를 만든다. 부드러운 곡면과 은은하면서도 밝고 또 깊은 색은 마치 동양의 청자를 연상케 한다. 존재감 있는 크기와 우아한 색상의 오팔레는 그 존재만으로도 실내 분위기를 귀족적으로 만들어주며, 단순한 만큼 깊은 예술성을 실현한 실내조각이라고 할 수 있다. 회색 · 라일락색 · 초록색 세 가지 컬러가 있고, 100% 수공예 유리로 만들어지기 때문에 한정 수량만 생산했다. 물론 알레산드로 멘디니가 직접 서명하고 일련번호를 매겼다.

5.80

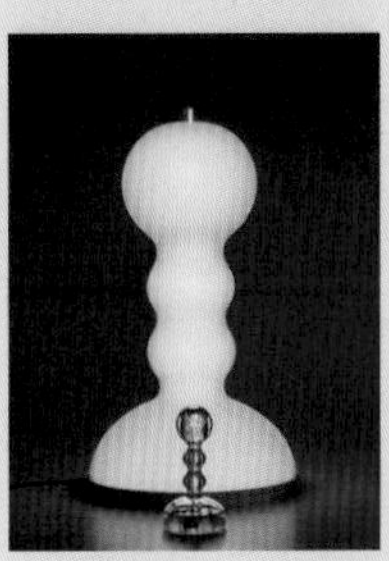

5.79 오팔레의 신비로운 빛
5.80 깜빠넬로를 확대한 듯한 오팔레
5.81 실내를 우아하게 만드는 오팔레

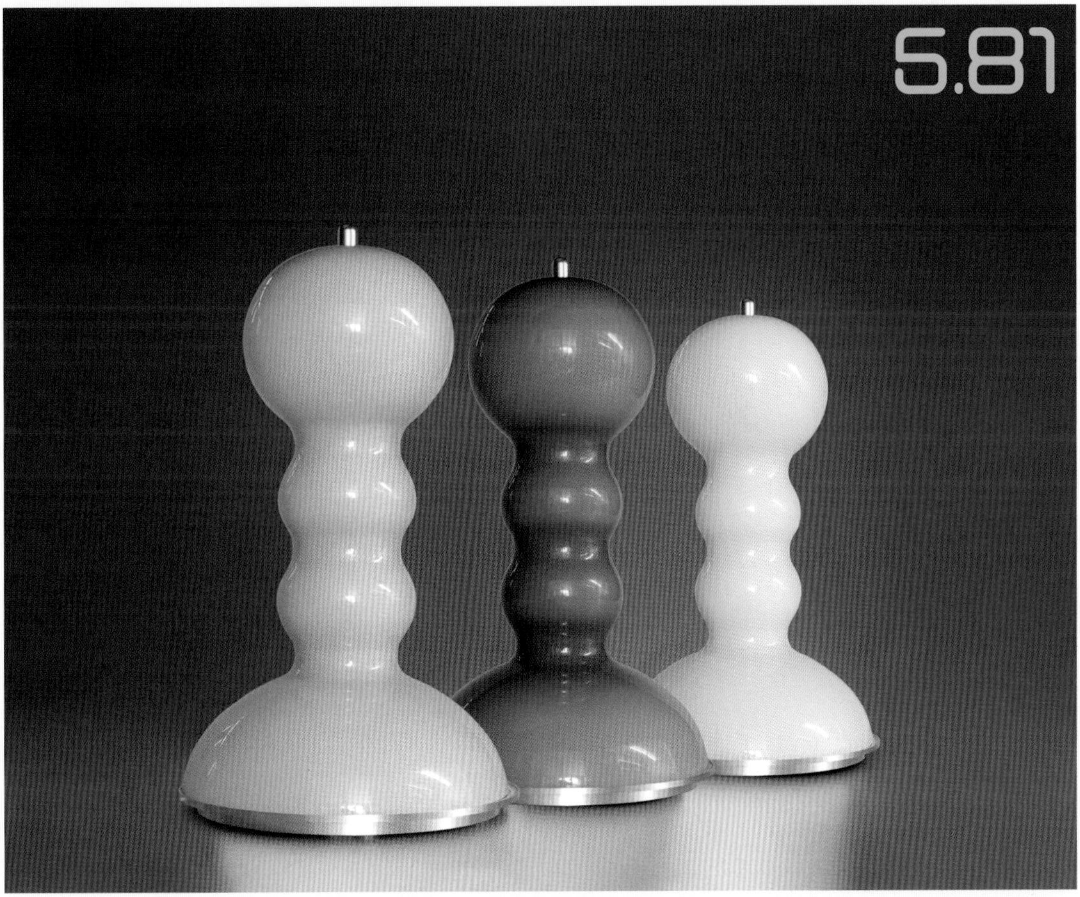

6

알레산드로 멘디니는 자신의 실험적 디자인을 주로 가구를 통해 선보였는데, 프루스트 의자나 칸딘스키 의자 등이 그것이다. 이처럼 멘디니의 디자인 경력에서 가구가 차지하는 비중이 적지 않은데, 멘디니의 가구디자인은 기본적으로 리디자인을 유전자로 하여 계속 진화해온 경향이 있다. 물론 멘디니의 모든 디자인이 리디자인의 영향 안에 있긴 하지만, 특히 가구디자인에서 그 영향이 많이 보인다.

가구 디자인

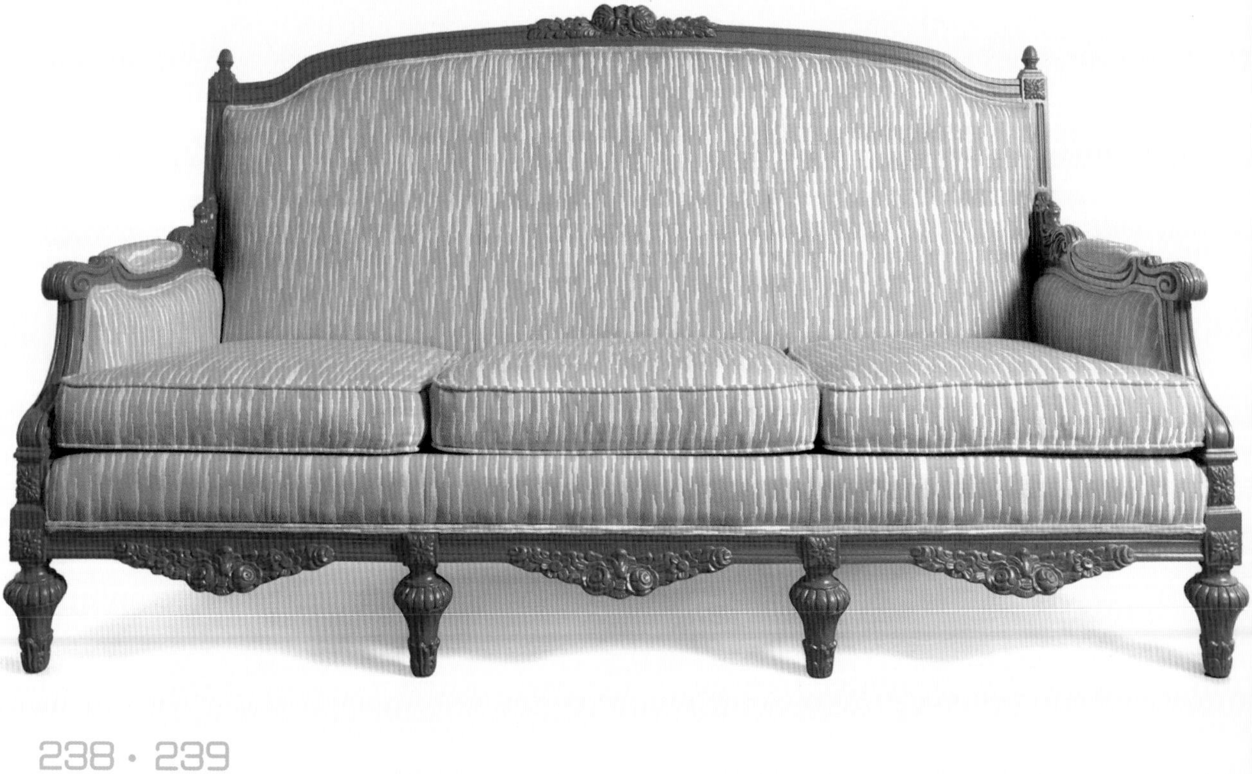

비블로스 카사 *2008*

Byblos Casa

2005년에 비블로스 호텔을 디자인하면서 객실에 들어가는 가구도 새롭게 디자인했다. 이때 디자인했던 가구를 정리하여 비블로스 카사라는 이름의 가구 라인도 만들었다. 대체로 고전적인 분위기가 물씬 풍기는 가구에 알레산드로 멘디니 특유의 화려하고 대비가 심한 색상을 결합하여 어디서도 보지 못한 독특한 스타일의 가구를 선보였다. 이 가구는 고전이 주는 안정감과 화려한 색상이 주는 두근거림을 모두 흡수하여 과거도 아니고 현재도 아닌 묘한 존재감을 가지게 되었다. 이런 접근은 원래 멘디니가 프루스트 의자나 '리디자인'전에서 시도했던 것이다. 디자인에 대한 실험적인 성격이 짙었던 까닭에 당시에는 디자이너 입장이 중심이 되어 만들어졌지만, 비블로스 카사에서는 사용하는 사람을 중심으로 장식성이나 조형적 완성도를 보완하여 완전히 새로운 스타일의 디자인으로 진화시켰다. 그렇게 본다면 비블로스 카사 시리즈는 리디자인의 완전판이라고 할만하다. 비블로스 카사 라인은 콘솔, 테이블, 소파, 책상, 거울, 책장, 의자 등 실내에 필요한 가구를 총망라하고 있다.

5.82 기성품과 알레산드로 멘디니의 색채가 어울린 리디자인의 전통이 느껴지는 가구들

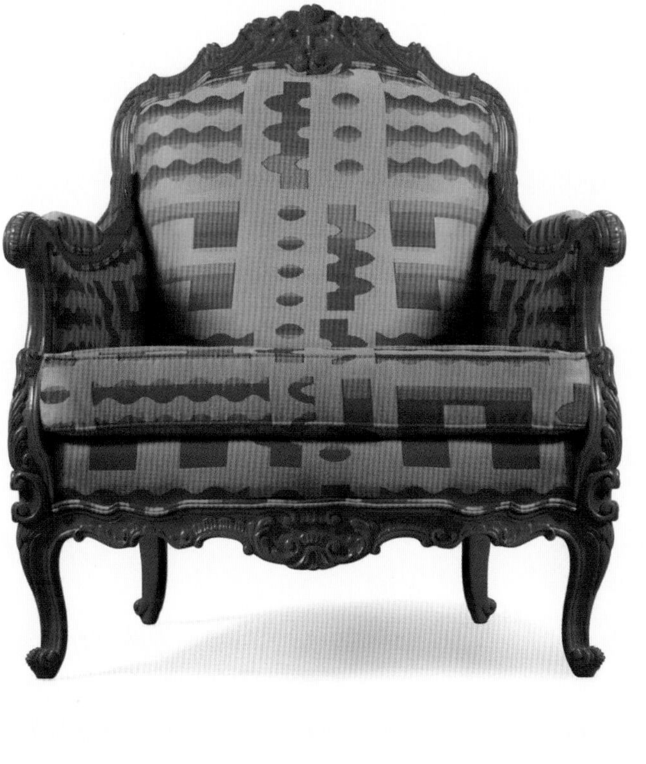

5.82

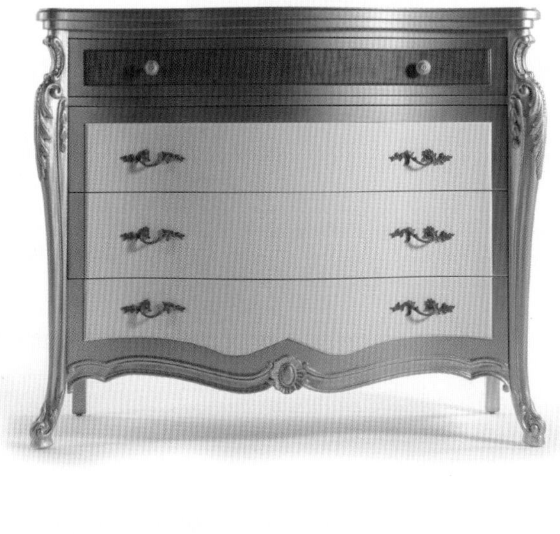

7

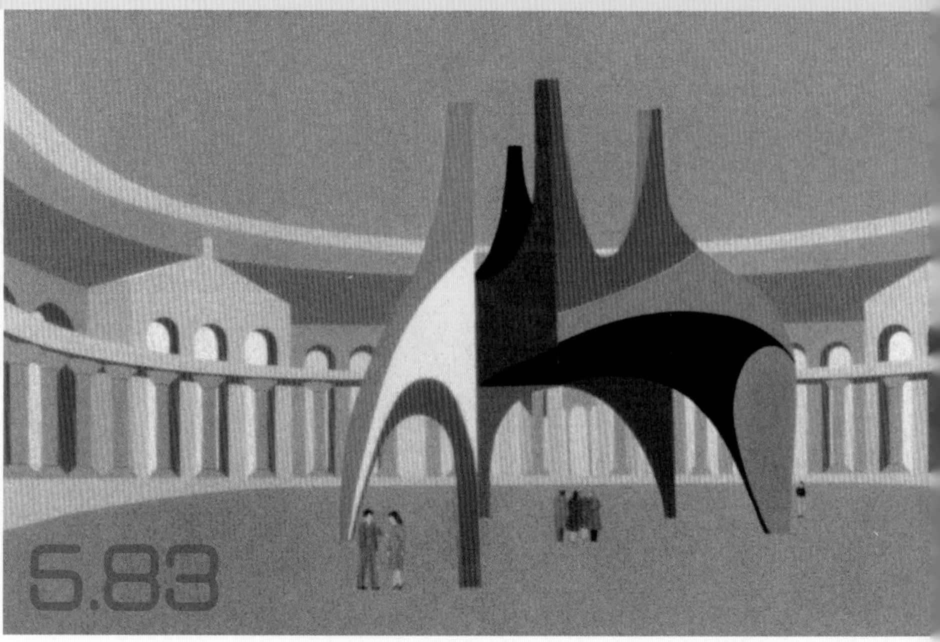

그 래 픽 디 자 인

알레산드로 멘디니는 건축을 전공하고 주로 인테리어나 가구, 제품처럼 3차원이나 공간과 관계된 디자인을 해왔기 때문에 그가 회화적으로 얼마나 뛰어난 감각을 가지고 있는지는 잘 모른다. 하지만 그는 인테리어나 가구, 제품 디자인 실력 못지않게 그림 실력도 뛰어나다. 어릴 때부터 미술적 소양을 풍부하게 다져왔고, 그림 그리는 것을 너무 좋아해서 대학교 때 일러스트레이터가 되겠다는 생각을 하기도 했을 정도다. 사실 그의 디자인을 풍부한 이미지로 가득 차게 만들고, 예술적 취향을 고조시킨 근원을 살펴보면 대체로 그의 회화적 소양이나 고차원의 그래픽 감각이 모습을 드러낸다.

입체적이면서도 평면적인 멘디니 디자인의 특징은 회화나 그래픽 감수성의 영향이 크다고 할 수 있다. 실제로 멘디니는 디자인할 때 수많은 드로잉을 하면서 형태와 아이디어를 만들고 정리해나가면서 최종적인 디자인 결과물을 다듬어낸다. 어떤 디자인을 하든지 사전 단계에서는 반드시 회화적 성향이 짙은 드로잉을 하고, 그것은 하나의 작품으로도 손색이 없을 정도로 뛰어나다.

그는 디자인에 수반되는 드로잉 말고도 실험적인 회화나 그래픽 작업도 많이 했고, 가끔은 그래픽디자인 작업도 하곤 한다. 그의 드로잉 실력이 대단히 뛰어나다는 사실은 이미 아는 사람은 다 아는 사실이다. 때문에 멘디니의 뛰어난 회화적 감수성도 따로 살펴볼 필요가 있다.

무제 *1985*

Senza Titolo

알레산드로 멘디니는 순수미술작가처럼 제목이 없는 '무제' 작업을 틈나는 대로 해오다 1985년도부터 본격적으로 진행하는데, 대체로 목적 없는 구성주의적 양식의 그림을 많이 그렸다. 그가 작업한 이미지를 보면 이런 작업이 그의 디자인에 많은 실마리를 제공해왔다는 것을 짐작할 수 있다.

1985년도 초기 작품은 색상이나 구성방식에서 당시의 포스트모더니즘 영향이 느껴진다. 1986년도의 그래픽 작업도 앞의 작업과 크게 달라진 것은 없지만, 회화적인 조형실험을 하고 있다는 것을 알 수 있다. 1988년도 이후 작품에서는 자신의 개성과 조형적 모티브를 찾아가고 있는 과정을 볼 수 있다. 이런 과정을 통해 멘디니는 디자인에 대한 자신만의 독특한 스타일이나 색감을 찾아가게 된 것 같다.

현재 아틀리에 멘디니의 상징과도 같은 조형적 이미지도 이런 과정을 통해 만들어진 것임을 그의 작업을 통해서 알 수 있다.

5.83 디자인하는 과정에서 그려진 회화적 드로잉
5.84 1985년의 무제 작품
5.85 1986년의 무제 작품
5.86 1989년의 무제 작품
5.87 아틀리에 멘디니의 상징처럼 사용되고 있는 이미지와 아틀리에 출입구

5.84

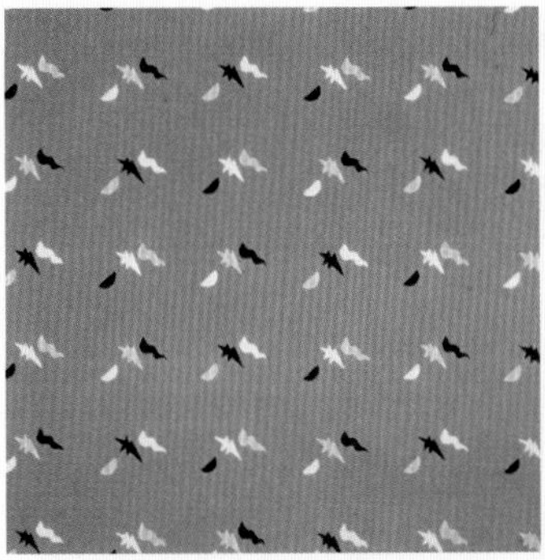

5.85

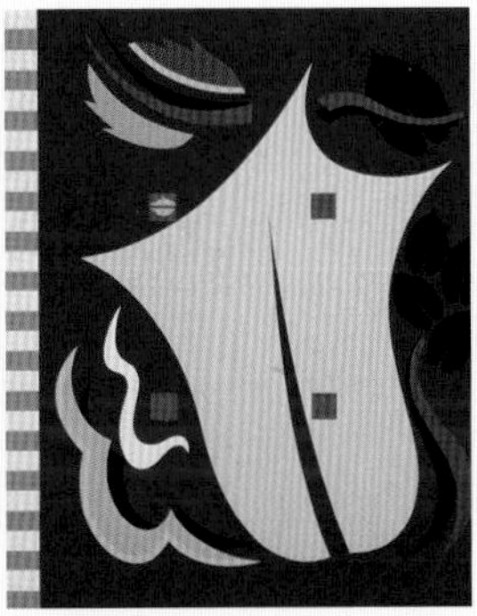

5.86

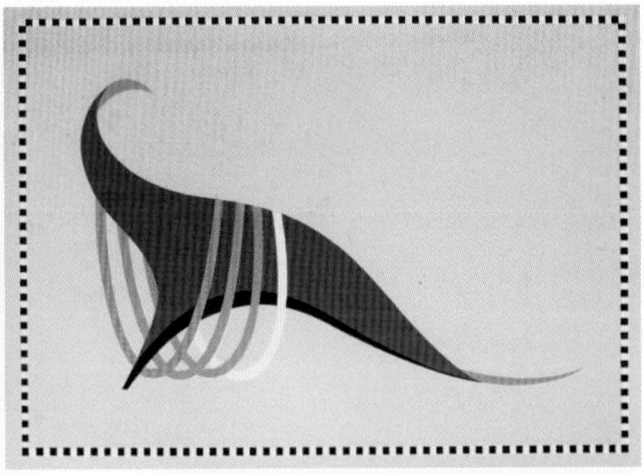

5.87

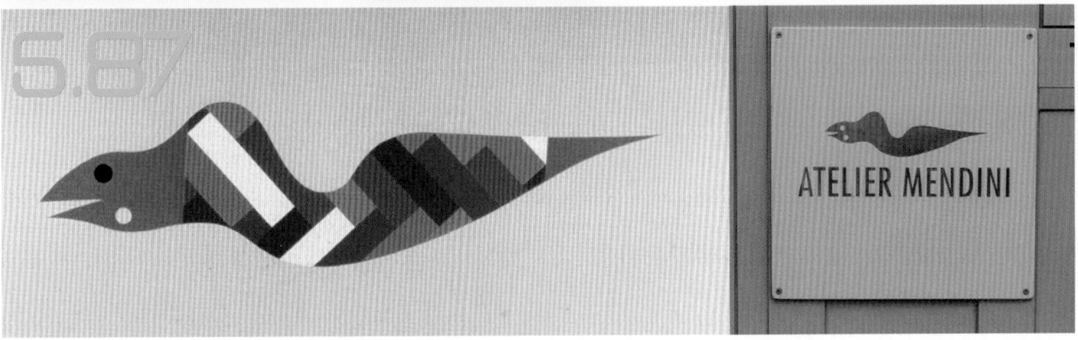

골판지의 아이콘 *1990*
Pennarello Su Cartoncino

1990년 알레산드로 멘디니가 그린 예술적인 캐릭터를 보면 그의 회화적 그래픽 실력이 만만치 않음을 다시금 느낄 수 있다.

어렸을 때 디즈니 만화를 아주 좋아했다고 하는데, 이 회화적 캐릭터는 그런 경향에서 만들어졌을 것이다. 닭이나 물고기, 곤충처럼 생긴 만화 같은 캐릭터를 회화적으로 표현한 멘디니의 솜씨가 대단하다. 재미있는 형태이지만 단순 캐릭터 수준이 아니라 추상작품으로도 손색이 없는 격조 높은 작품성을 보여준다.

에르메스 넥타이의 작은 성당 *2002*
Petit Temple de la Cravate

알레산드로 멘디니의 격조 높은 그래픽 실력 때문인지 2002년에는 세계적인 명품 브랜드 에르메스 Hermes의 넥타이 패턴 디자인을 맡았다. 멘디니는 에르메스 브랜드의 럭셔리한 이미지를 자신의 개성에 따라 디자인하였는데, 그 과정에서 나온 그래픽이 매우 아름답다. 자신의 트레이드마크라 할 수 있는 원색의 점묘적 표현을 통해 에르메스 넥타이의 패턴을 찾아갔다. 그런 원리로 멘디니는 색군에 따라 수많은 디자인을 내놓았다. 멘디니는 그래픽디자인이나 텍스타일디자인에서도 모자람이 없다는 것을 스스로 입증했다.

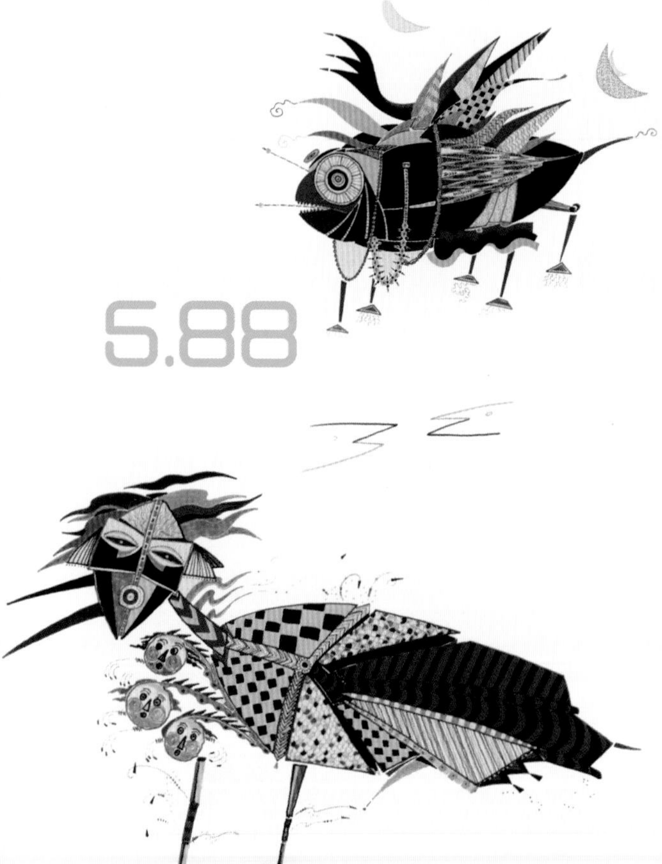

5.88

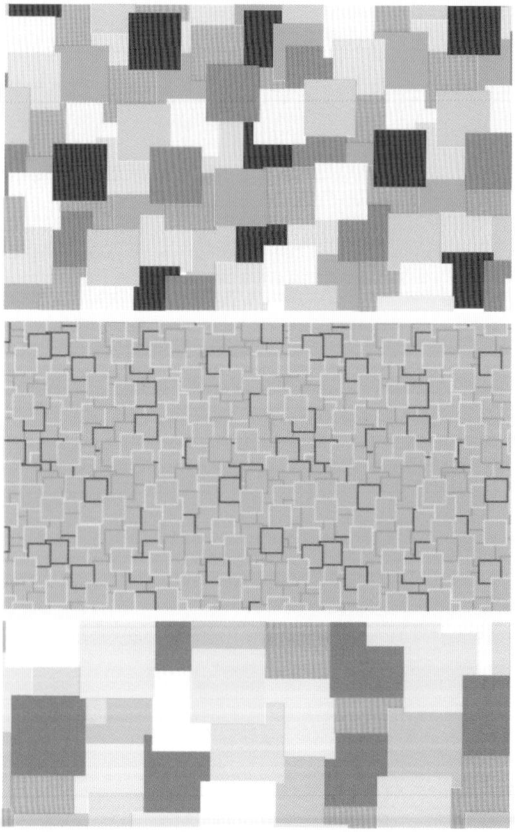

5.89

알레시 타일 그래픽 *2003*

알레시 타일을 위한 그래픽디자인에서 자신의 그래픽 감각을 유감없이 발휘했다. 다양한 무늬와 다양한 색만을 적재적소에 배치하면서 보는 사람의 눈을 현란하게 자극하는 알레산드로 멘디니의 솜씨는 그래픽디자이너로서도 손색이 없다. 첨단 기술이나 특별한 효과를 전혀 쓰지 않고, 순전히 무늬와 색만으로 이런 뛰어난 시각적 결과를 얻어낸다는 데서 거장의 위대한 손길을 느끼게 된다.

5.88 회화적인 캐릭터 습작들
5.89 에르메스의 넥타이 패턴을 위한 중간 그래픽 작업
5.90 색 면의 현란한 아름다움을 보여주는 타일디자인 계획

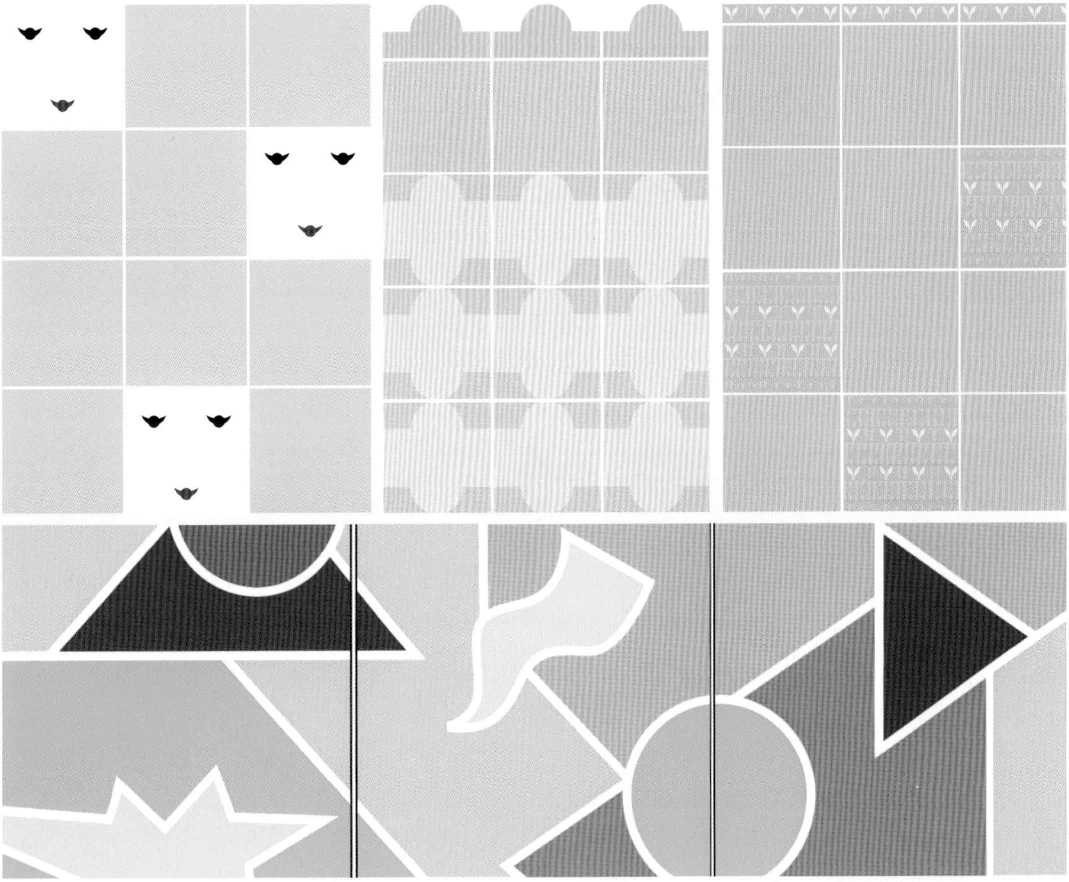

5.90

알레시 셉템베르 티슈에스 그래픽 *2003*

September tissues

알레산드로 멘디니는 쇼핑백을 비롯하여 셉템베르 티슈에스 프로젝트에 필요한 여러 그래픽을 디자인했다. 그가 제시한 시안에 표현된 다양하면서도 아름다운 색의 향연은 그것만으로도 큰 볼거리다. 멘디니는 이 그래픽디자인 시안에서 특유의 색상과 무늬로 우아하면서도 즐거운 분위기를 표현했는데, 이는 그가 다른 분야 디자인에서 보여주었던 것과 유사한 스타일이다.

멘디니는 분야를 초월하여 자신의 개성을 다양한 방식으로 유감없이 보여주었다. 이런 결과는 자신의 디자인관과 개성이 분명하기 때문에 가능한 일이다. 멘디니의 이런 행보를 보면 디자인에서 본질적인 것은 분야의 전문성이 아니라 디자이너의 개성이나 가치관이라는 것을 실감하게 된다.

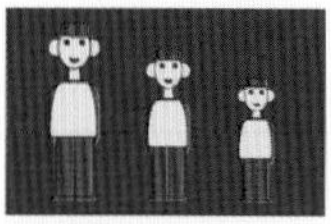

Carpet 50x80

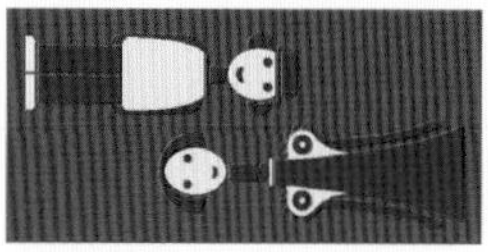

Kitchen carpet 57x120

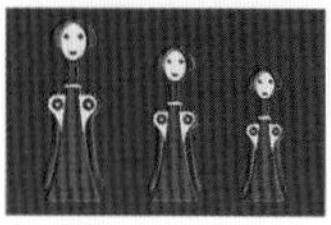

Carpet 50x80

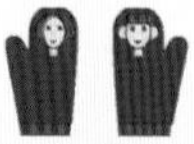

Oven-glove

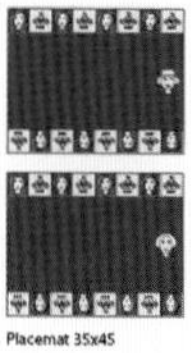

Placemat 35x45

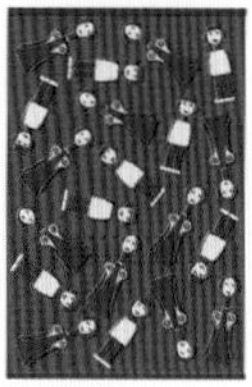

Teatowel 60x90

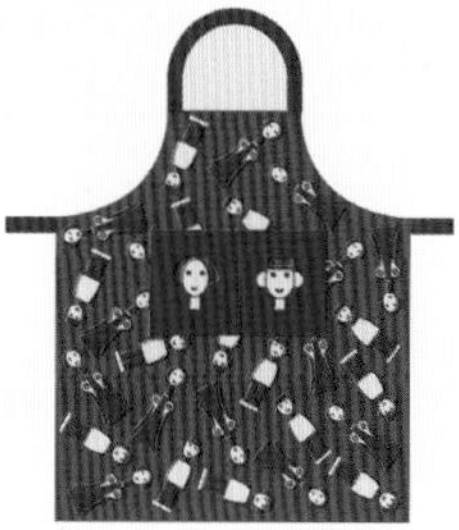

Apron

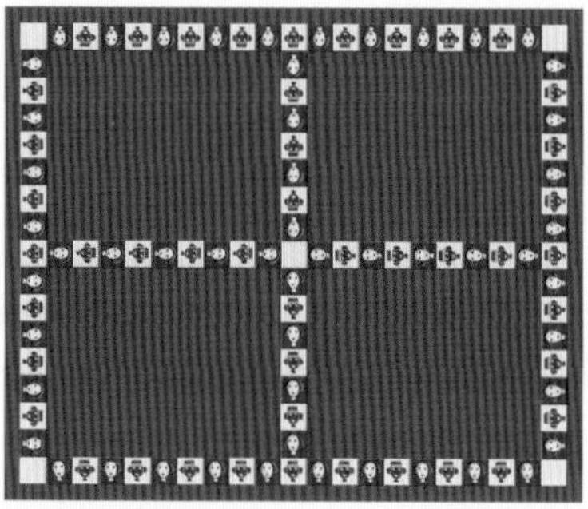

Tablecloth 150 x 183

Textile Pantone

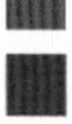

17-1663 TP

19-3955 TP

5.91

5.92

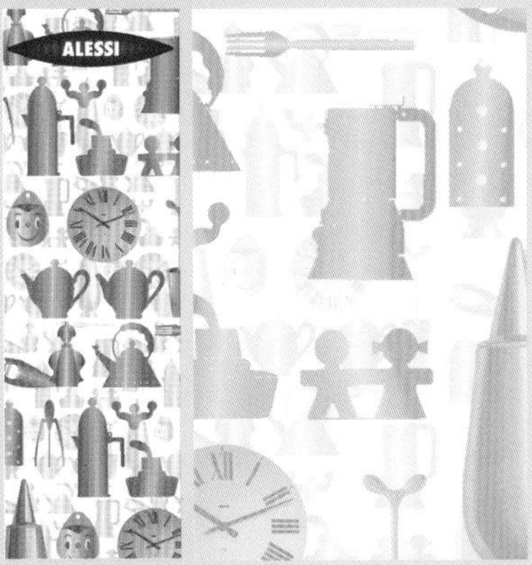

알레시 매장 장식 *2003*

알레산드로 멘디니가 알레시 매장을 위해 디자인한 그래픽디자인에서도 멘디니의 그래픽 실력이 유감없이 발휘되었다. 어느 분야의 디자인이든 매력적인 디자인이 되기 위해서는 자극적이기만 해서는 안 된다. 사람의 눈과 마음을 잘 헤아려서 정확한 조형적 포인트를 짚어주어야 하는데, 이 그래픽디자인이 그렇다. 멘디니는 이 그래픽디자인에서 다른 때와 달리 색을 극도로 아꼈다. 대신 알레시에서 생산되는 제품의 실루엣만 살려서 화면을 가득 채우고 있다. 색을 절제해 쓴 탓에 전체 이미지는 난삽하지 않고 분명하게 정리되었고, 대신 많은 제품의 실루엣이 모여서 만들어내는 선명한 인상과 공간감은 색과 형태가 휘황찬란한 디자인보다 훨씬 강하고 세련된 인상을 만들어내고 있다.

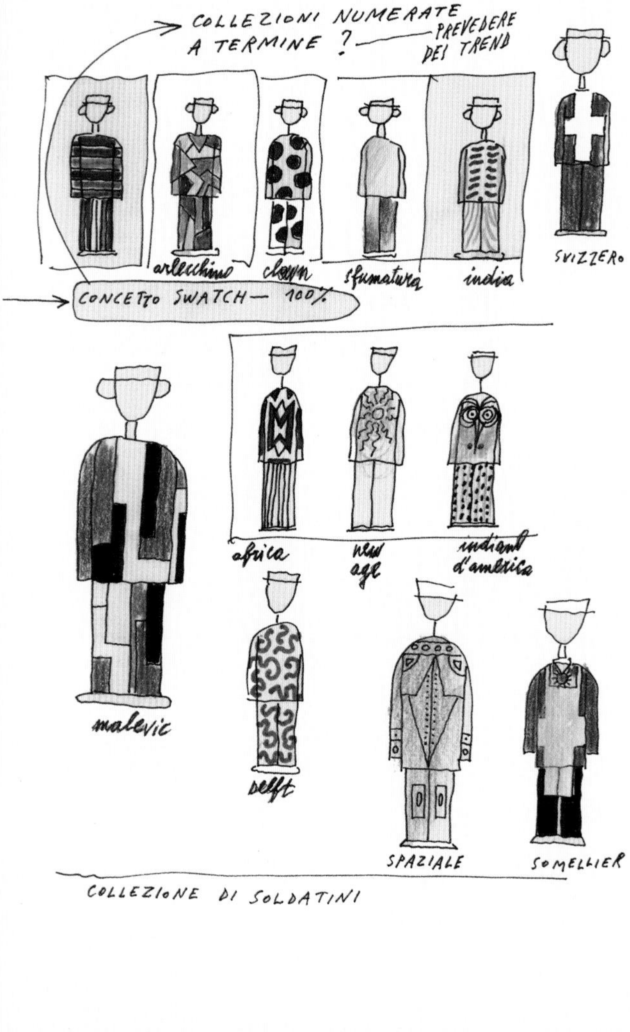

알레산드로 M을 위한 그래픽 2004

알레시의 와인오프너 알레산드로 M의 디자인을 개발하는 데도 알레산드로 멘디니의 그래픽 감각이 절대적으로 작용했다. 그 중간과정을 보면 알레산드로 M의 패션을 구성하는 데 멘디니가 그래픽적으로 얼마나 심혈을 기울였는지 알 수 있다.

드로잉 단계에서 색과 그래픽 처리에 대한 많은 아이디어가 계획되고 있음을 알 수 있다. 이렇게 해서 얻어진 아이디어는 구체적인 그래픽 작업을 통해 검토하고 선택한다. 같은 모양의 몸통에 서로 다른 그래픽 처리로 다양한 디자인을 모색하는 것은 알레시의 '100% 메이크업' 전시에서 본 방법이다. 멘디니는 자신의 실험적인 디자인 경험을 이렇게 새로운 디자인을 만드는 원리로 활용하고 있다. 하지만 그래픽 역량이 없으면 추구할 수 없는 접근이다. 이런 여러 그래픽 이미지를 입은 알레산드로 M의 모습은 그 자체로 재미있고 매력적이다.

5.93

5.92 **알레시 매장을 위한 그래픽디자인**
5.93 **알레산드로 M의 몸통에 다양한 패턴을 넣은 그래픽 이미지**

접시 그림디자인 2008
Corsi Design

5.94 독특한 그래픽적 접근을 보여주는 접시디자인

2008년 '코르시 디자인'에서 알레산드로 멘디니가 보여준 접시의 그래픽디자인도 매우 흥미롭다. 접시에 단순한 원색 면으로 각종 그래픽을 선보였는데, 추상미술과 캐릭터 디자인을 넘나드는 표현은 주목할 만하다.

추상적 형태의 색 면으로 구성된 그래픽은 20세기 초의 순수미술을 연상케 하는데, 같은 방식으로 그린 공룡이나 새, 토끼 같은 그림은 추상미술에 대한 선입견을 깼다. 이처럼 가벼운 캐릭터에도 예술적인 추상성이 투사될 수 있고 그만한 격조를 가질 수 있다는 점을 손수 보여주었다.

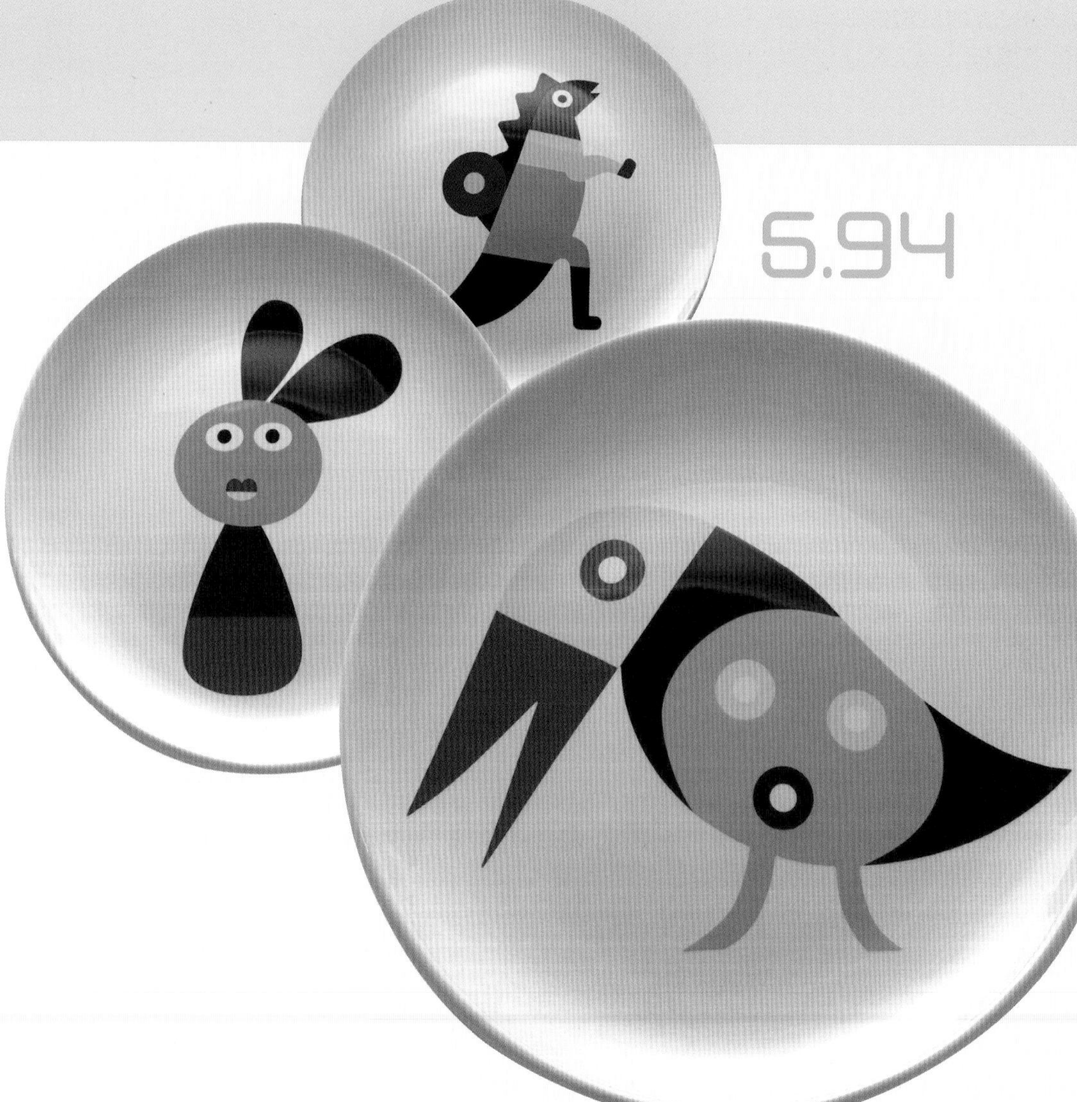

5.94

드로잉Drawing

실제로 디자인 프로젝트와 무관하게 알레산드로 멘디니의 드로잉은 그 자체로 예술이라고 할 수 있을 정도로 뛰어나다. 쉽게 쓱쓱 그린 것 같지만 그의 선 하나하나에는 수많은 시간의 연륜이 녹아 있다. 멘디니의 드로잉에는 몇 가지 특징이 있다. 무엇보다 다른 디자인에서 보여준 것처럼 예술적이면서도 편안하다는 것을 꼽을 수 있다. 그의 드로잉은 분명 쉽게 나올 수 없는 단련된 선으로 이루어져 있고, 놀라울 정도로 추상적이지만 언뜻 보기에 전혀 부담스럽지 않다. 오히려 재미있다. 이것은 멘디니의 스타일이 원래 그렇다기보다는 실험적인 디자인을 할 때부터 지향했던 디자인관이 드로잉에 압축되어 표현되었기 때문이다.

멘디니 디자인의 특징 가운데 하나인 장식성은 드로잉에서도 여과 없이 표현된다. 하지만 그의 드로잉에서 볼 수 있는 장식성은 상식적으로 생각하듯이 아름답고 휘황찬란한 장식에서 그치는 것이 아니라, 사람의 마음을 포근하게 감싸면서 마무리된다. 따라서 장식이 많을수록 그의 드로잉은 즐거워지고 또 아름다워진다. 이 모든 특징을 떠나 궁극적으로 그의 드로잉 뒤에는 오랜 세월 정신적으로 예술적으로 단련된 멘디니가 깊은 눈을 반짝이며 서있다.

5.95 예술적이면서도 편안한 느낌을 주는 알레산드로 멘디니의 드로잉

5.95

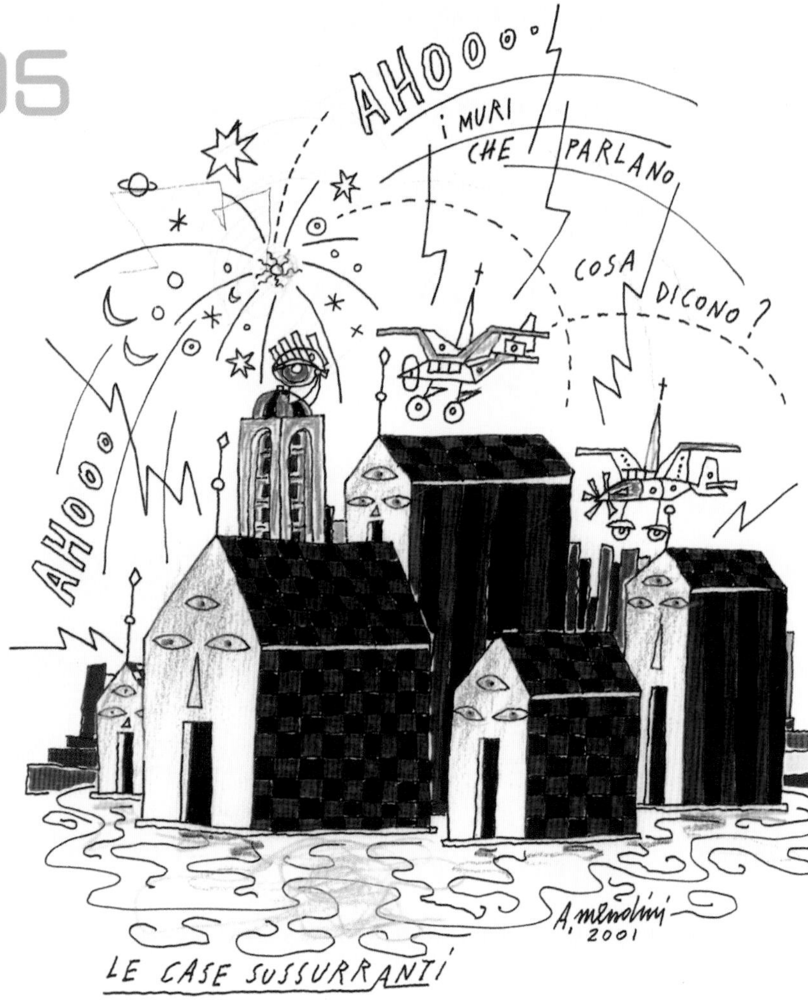

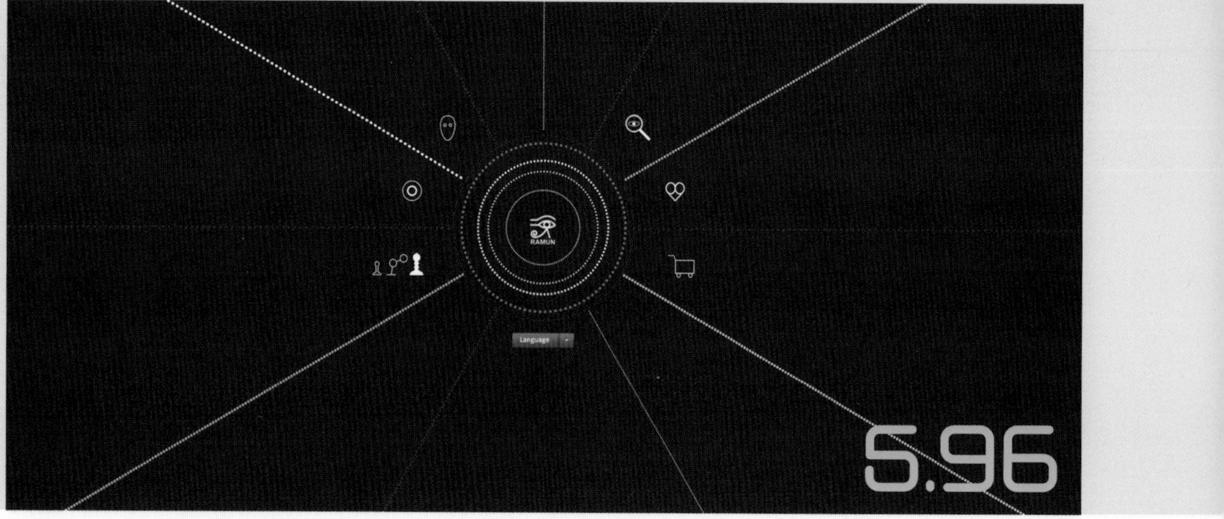

5.96

라문 그래픽디자인 *2012*

알레산드로 멘디니는 라문의 조명 아물레또와 깜빠넬로, 오팔레 등을 디자인하면서 라문의 홈페이지를 비롯한 모든 그래픽 장식까지 디자인했다. 멘디니는 이미 다양한 그래픽디자인 작업을 해왔지만 이처럼 브랜드와 관련된 모든 그래픽, 특히 홈페이지까지 디자인한 경우는 드물다.

인터넷이라는 매체는 멘디니와 같은 세대의 디자이너와는 시대적인 격차가 있다. 그리고 그간 그의 디자인 활동을 살펴보더라도 그에게 익숙한 분야라고 하기에는 어색한 면이 있다. 하지만 제품 이미지에 맞춰 새로운 매체를 위해 디자인한 그의 솜씨를 보면 역시 거장에게는 분야가 그다지 중요하지 않다는 것을 새삼 느끼게 된다.

라문 홈페이지www.ramun.com 디자인을 보면, 원과 직선으로 이루어진 제품의 조형적 이미지와 빛을 발산하는 조명의 보편적 특징을 추상적으로 잘 표현한 것을 알 수 있다. 바탕을 검은색 계통의 저명도색으로 처리했기 때문에 제품 이미지는 어두운 곳을 비추는 조명처럼 밝게 빛난다. 별다른 설명 없이도 그 페이지가 보여주려는 제품이 조명이라는 것을 직감적으로 알 수 있다. 게다가 어두운 바탕을 넓게 디자인했기 때문에 조명등의 이미지와 여타 아이콘은 마치 고딕성당의 넓고 어두운 공간 틈새로 스며드는 밝은 빛줄기 같은 느낌을 준다. 이런 디자인은 평면 인쇄의 경우, 아무리 밝게 인쇄한다고 해도 빛이 아니기 때문에 구현하기 어려운 효과다. 하지만 모니터에서는 밝은 부분이 실제로 빛을 발하기 때문에 이런 고딕적 효과가 가능하다. 매체의 특징을 정확히 이해하고 있기에 가능한 표현이다. 멘디니의 통찰이 새로운 매체에서도 힘을 발휘하고 있다.

단순한 기하학적 선으로 이루어진 아이콘 디자인도 돋보인다. 무엇보다 멘디니의 자유로운 스케치 느낌이 이런 기하학적 형상에서도 그대로 표현될 수 있다는 것이 놀랍다. 단순한 기하학적 형태지만 전혀 딱딱해 보이지 않고, 잔잔한 위트까지 느껴진다. 그리고 제품 각각의 인상이 단순한 선을 통해 혼란스럽지 않고 정확히 표현된 것에서도 멘디니의 노련한 조형적 솜씨를 엿볼 수 있다.

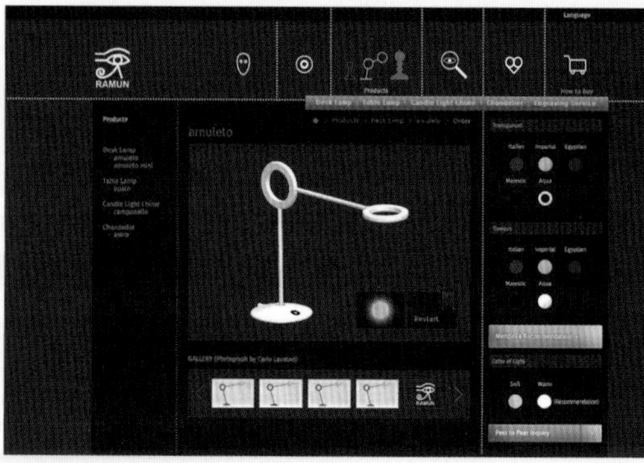

5.97

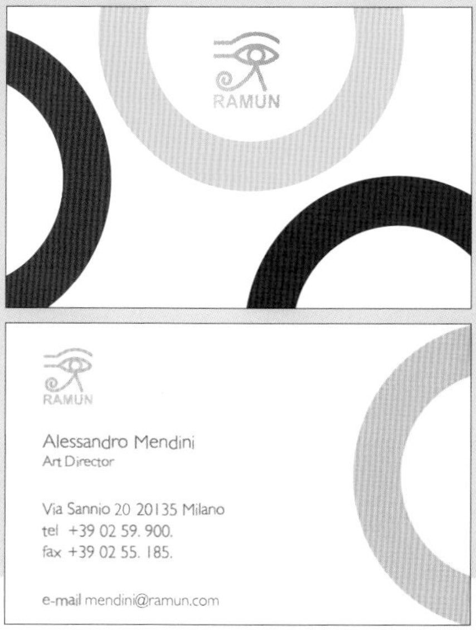

5.98

5.99

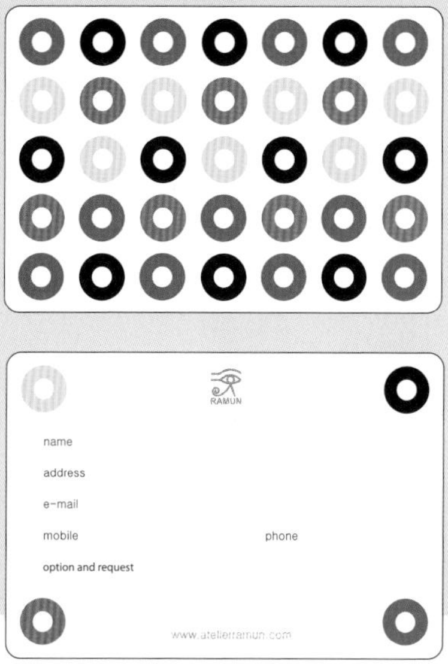

5.96 **어둠을 가르고 퍼져나가는 빛의 이미지를 단순하면서도 아름답게 형상화한 메인페이지**
5.97 **기하학적인 선으로 이루어진 아이콘은 심플하면서도 완성도 높고, 직관적이다**
5.98 **심플하면서도 선명한 이미지의 라문 명함**
5.99 **라문 매장을 위한 그래픽디자인에 아물레또의 조형적 특징을 그대로 담아 전체적인 통일감을 꾀하면서도 라문의 이미지가 더욱 돋보이도록 했다**

홈페이지뿐 아니라 라문의 다양한 그래픽디자인에서도 조명의 이미지가 압축적으로 잘 표현되어 있다. 명함을 비롯한 여러 아이템의 그래픽은 라문의 대표적인 조명등 아물레또에서 추출된 원과 삼원색의 이미지를 중심으로 디자인했다.

둥근 원은 그 자체로 변화나 융합 등을 의미하며, 삼원색은 모든 색의 원천이 되는 색이다. 이와 같은 라문 그래픽디자인의 조형요소는 너무도 근본적인 가치들과 연결되어 있기 때문에 자칫 개성이 희석되고 보편성만이 두드러질 수 있다. 그런데 멘디니는 그런 위험을 살짝 비켜나면서 오히려 이런 특징을 조형적으로 적극 활용하고 있다.

이념적인 것과 관계없이 기하학 도형으로서의 원은 어떤 형태와도 조형적으로 잘 어울린다. 그리고 삼원색은 색의 주파수가 높아서 눈에 가장 잘 띄는 색이다. 멘디니는 이런 조형적인 특징을 활용하여 라문의 이미지가 더욱 눈에 잘 띄고 강한 개성을 갖도록 디자인하였다. 그 결과 삼원색의 둥근 원이 어울려 있는 디자인은 눈에도 선명하게 다가오지만 그런 어울림이 자아내는 이미지는 익숙한 것 같으면서도 독특하다.

이렇게 통일된 이미지로 디자인된 각종 그래픽디자인은 라문의 조명제품과 하나가 되어 깊이 있으면서도 인상적인 디자인의 향연을 보여준다.

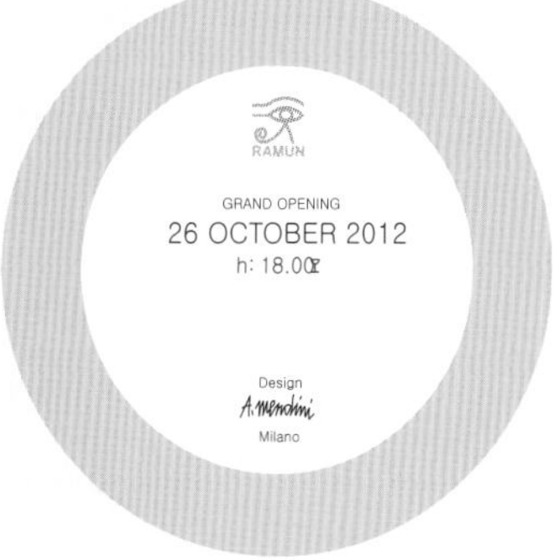

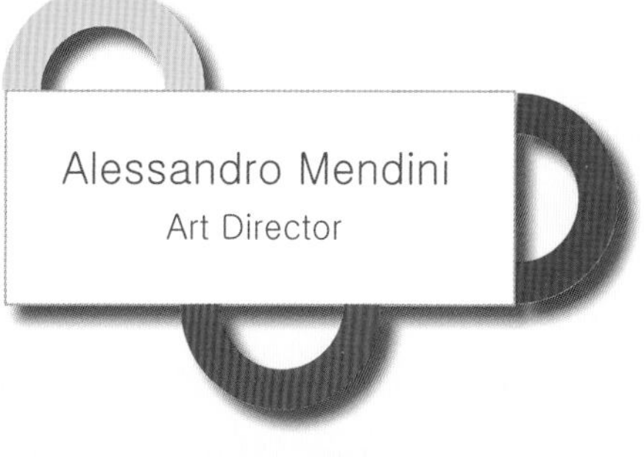

8

전 시 기 획

알레산드로 멘디니는 디자이너가 되기 이전부터 많은 전시를 기획했다. 알키미아에서 주로 했던 일도 전시를 기획하고 진행하는 일이었기 때문에 그의 경력에서 전시기획은 디자인 활동보다 더 오래되었다고 할 수 있다. 그래서 그런지 그는 아틀리에를 열고 디자이너로 활동하면서도 적지 않은 전시를 기획하고 진행하였다. 그는 뛰어난 디자이너이기도 하지만, 새로운 전시주제를 제안하고 기획하는 데는 그 어떤 큐레이터보다도 발군의 실력을 가지고 있다.

그는 자기 스스로의 작품을 전시하기도 하지만, 그와는 전혀 관계없는 전시도 기획하고 진행해왔다.

호텔 이모션 *2003*

Hotel Emotion

2003년 밀라노 박람회장Fiera di Milano에서 '국제 숙박산업 박람회HOST Salone Internazionale dell'Ospitalità Professionale'가 열렸는데, 알레산드로 멘디니는 전시장 가운데 하나인 호텔 이모션을 디자인했다. 여섯 명의 디자이너가 선보인 호텔의 가구나 인테리어를 멘디니가 조율하여 환상적인 전시를 만들었다.

각각의 주제로 꾸며진 방은 호텔의 아늑하고도 환상적인 분위기를 잘 보여주었다. 붉은색의 벽면은 주변의 시선을 강렬하게 끌었고, 그 안에 진열된 밝은 인테리어는 회화적 이미지와 더불어 매우 초현실적인 분위기를 만들었다.

방에서 썼던 것과 같은 붉은색을 개별 가구를 전시하는 공간 바닥에도 써서 강렬하면서도 환상적인 분위기를 이어나갔다. 이로 인해 관람객의 눈길을 확실히 끌었을 뿐 아니라, 가구의 아름다운 형태도 잘 드러났다.

5.100 **환상적인 이미지로 디자인된 방**
5.101 **붉은색의 바닥 위에 전시된 각종 가구**

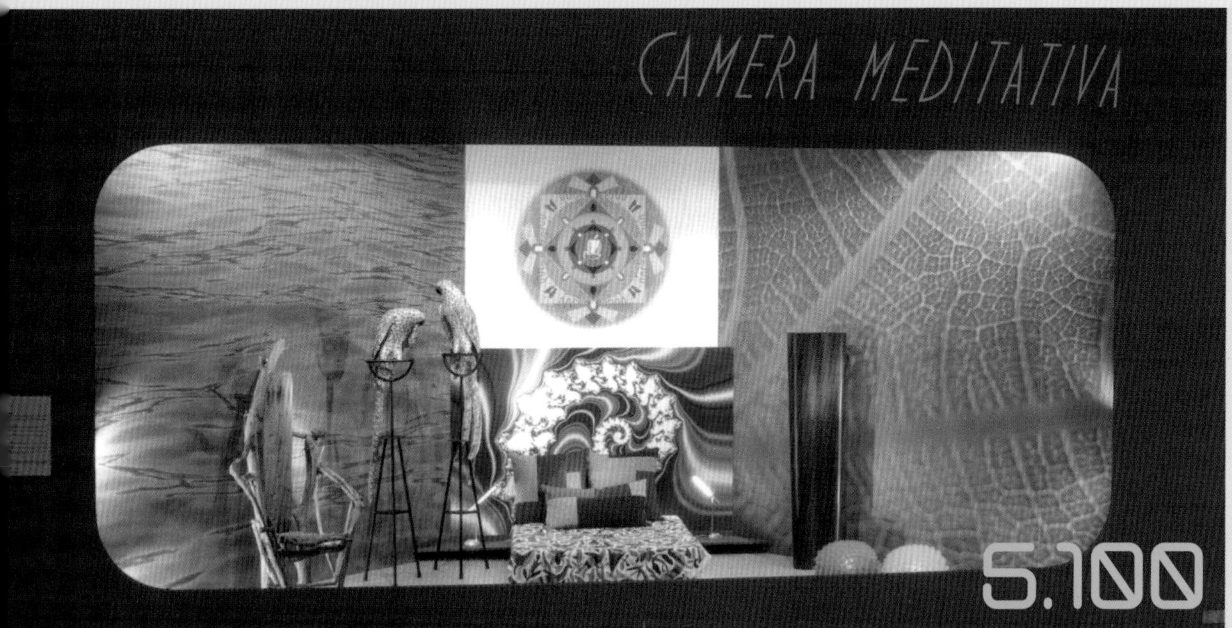

5.100

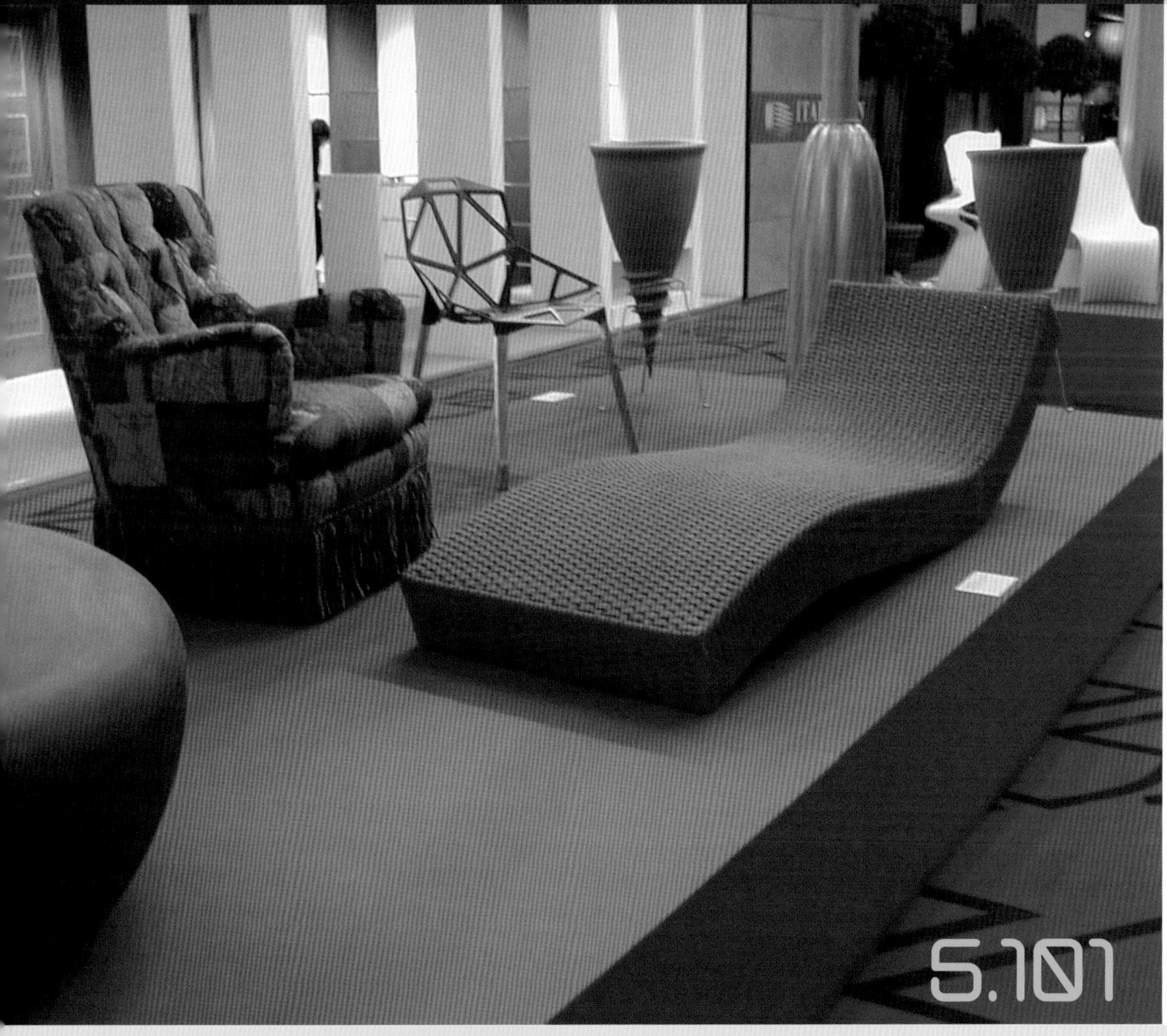

5.101

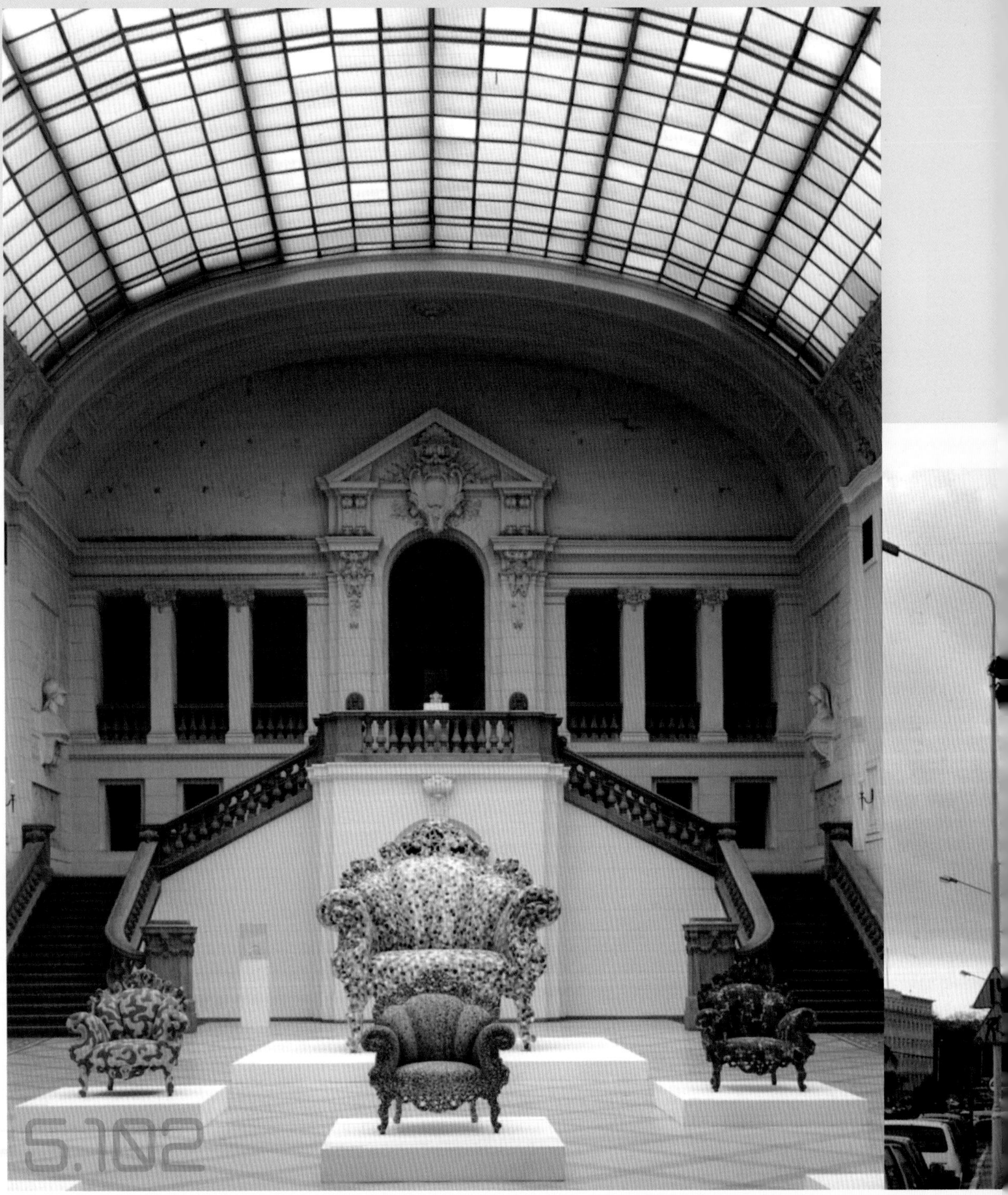

멘디니 *2004*
Mendini

5.102 알레산드로 멘디니의 초기작
5.103 유서 깊은 박물관 건물과도 잘 어울리는 디자인

알레산드로 멘디니는 폴란드 최대의 박물관이라고 할 수 있는 바르샤바 국립박물관에서 개인전을 열었다. 알키미아의 '리디자인'전에 선보였던 의자 시리즈나 칸딘스키 의자, 프로스트 의자 등 비교적 초기작과 2000년대까지 작업했던 작품을 전시했다.

이 박물관은 외관에서부터 오랜 역사의 품격을 보여주는데, 이런 유서 깊은 박물관 건물에 멘디니의 실험적인 디자인이 어울려 있는 모습은 그 자체로 매우 아름다운 풍경이 되었다. 실험성만 농후했다면 이 건물과 그의 디자인은 물과 기름처럼 섞이지 못했을 테지만, 전통을 놓치지 않은 멘디니의 디자인은 이렇게 전통이 자욱한 건물을 만나면서 오히려 더욱 밝게 빛났다.

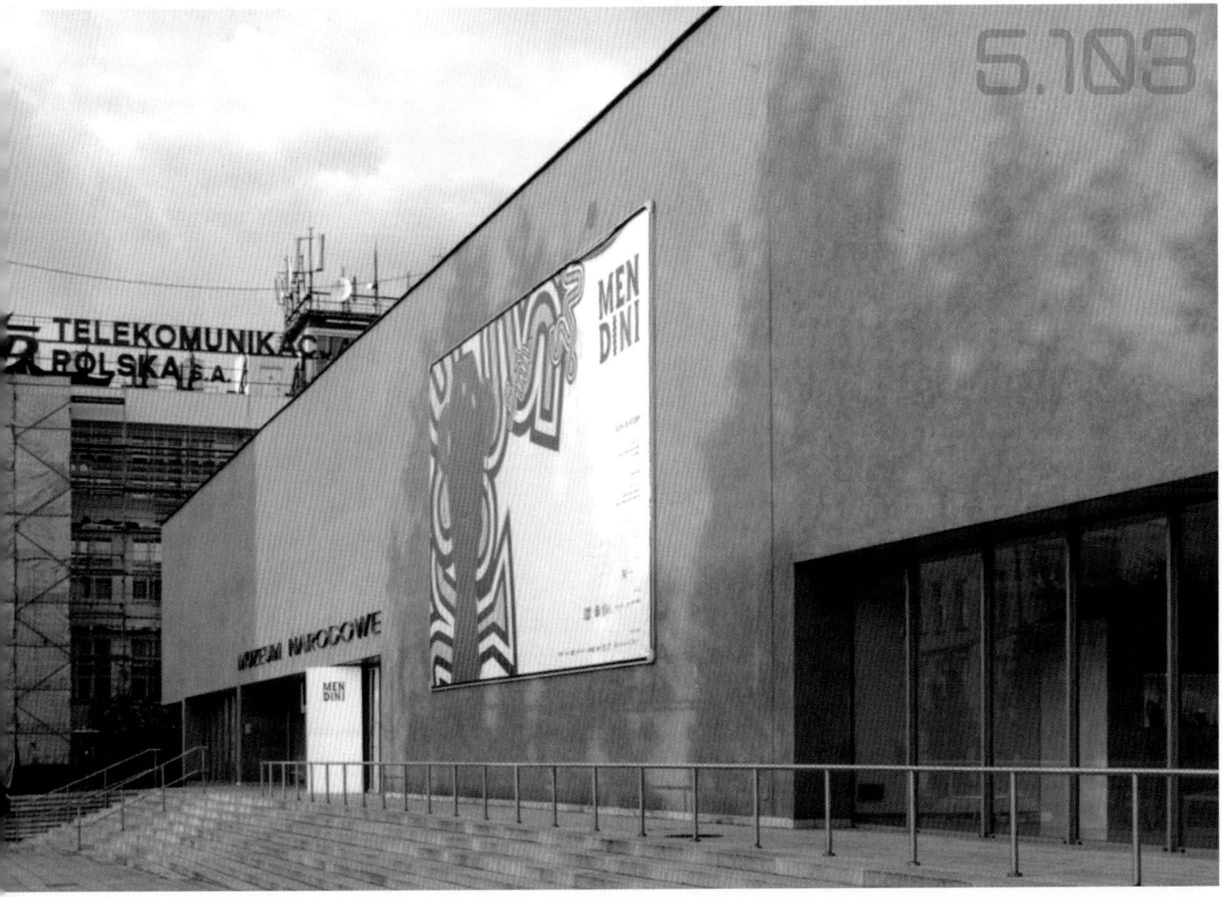

아트 오브 이탈리안 디자인 *2005*
Art Of Italian Design

2005년 그리스의 아테네 콘서트 홀에서 열린 '아트 오브 이탈리안 디자인' 이라는 주제의 전시는 이탈리아를 대표할 만한 현대디자인을 컬렉션해서 이탈리아 디자인의 현주소를 보여주는 전시였다. 빼어난 개성을 자랑하는 이탈리아의 가구나 조명을 한 자리에 어울리게 하려면 어려움이 많았을 것이다.

알레산드로 멘디니는 전시공간 바닥을 모두 벽돌색에 가까운 빨간색으로 처리했다. 그래서 바닥에서부터 이탈리아적인 분위기가 잔뜩 우러났으며, 전시장에 진열된 다양한 작품도 이러한 강렬한 바닥 위에서 혼란스럽지 않게 어울리게 되었다.

5.104 이탈리아의 열정을 보여주는 전시장의 붉은 바닥과 이탈리아 현대디자인들

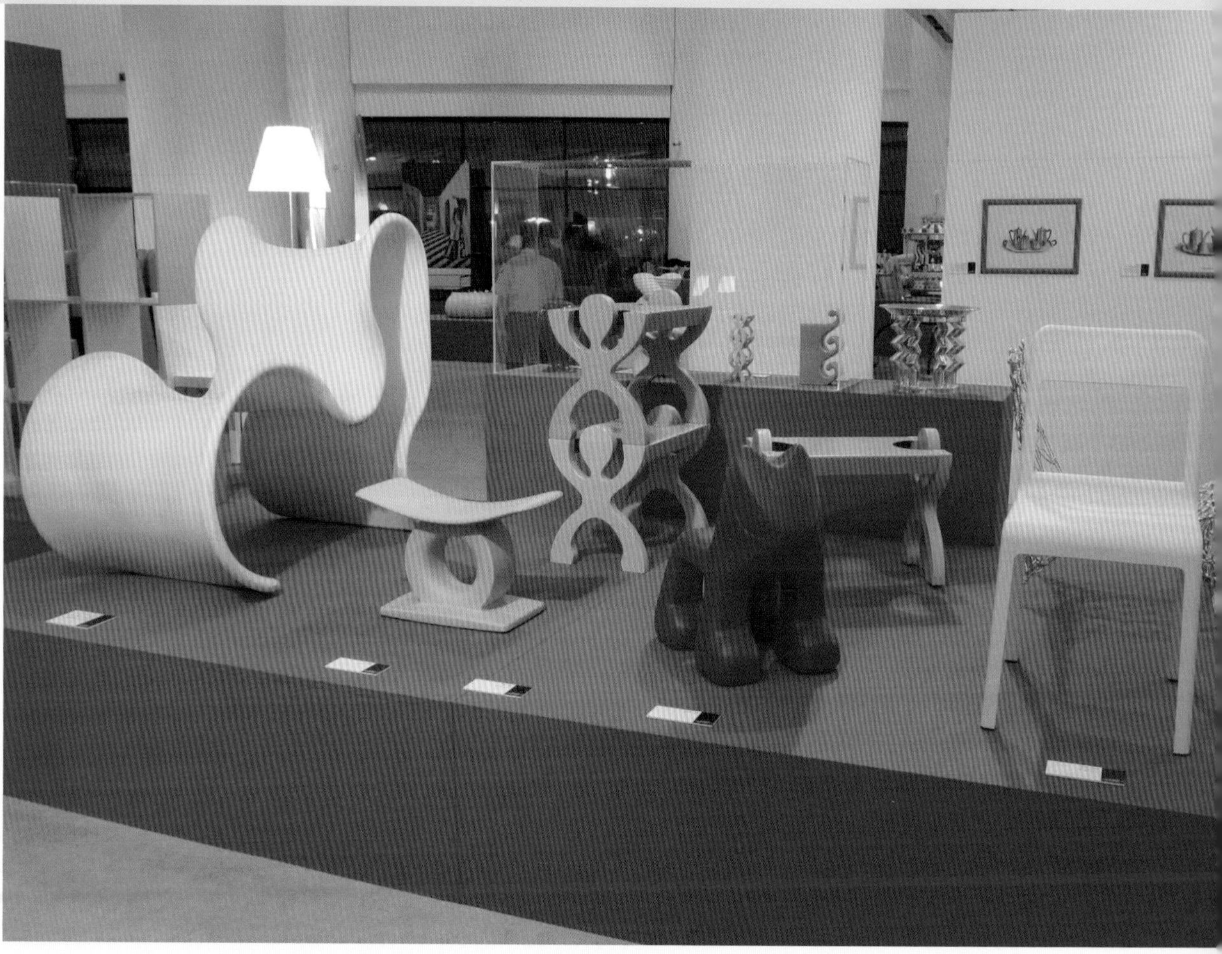

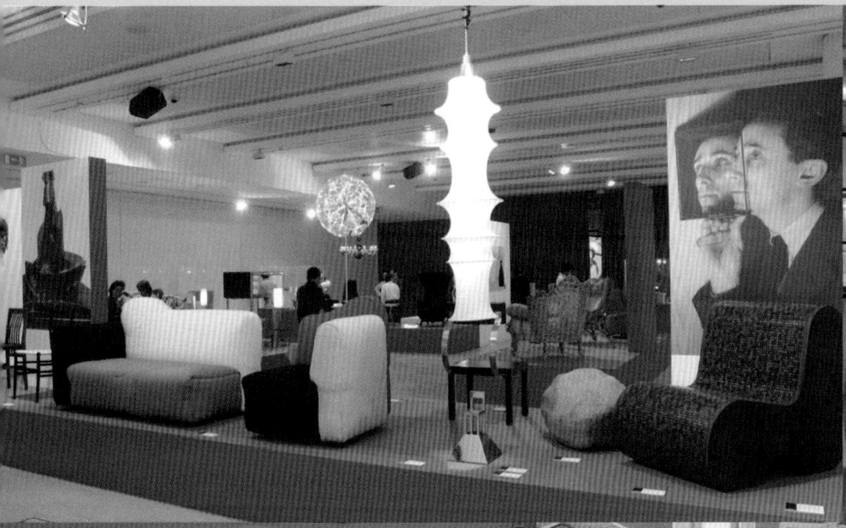

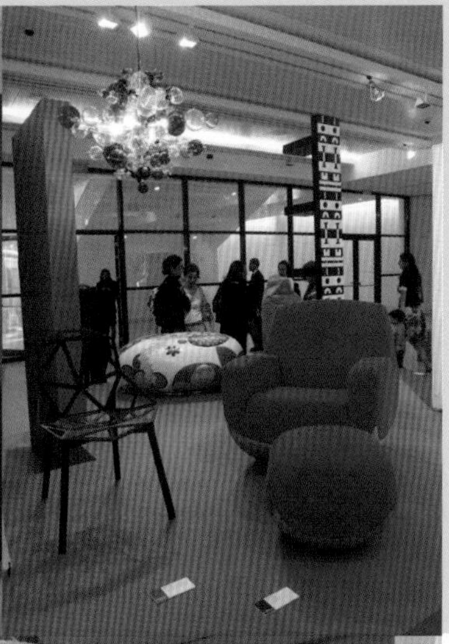

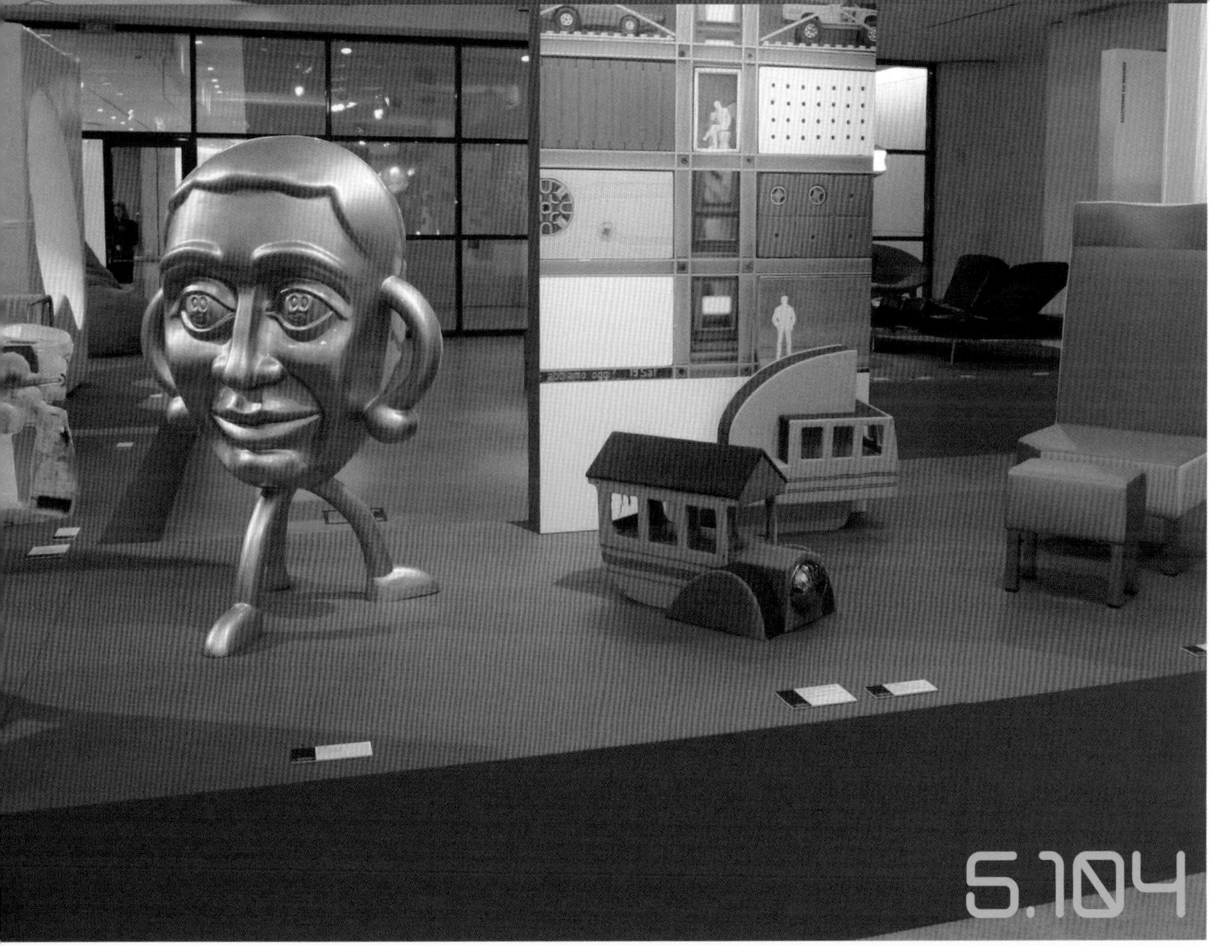

5.104

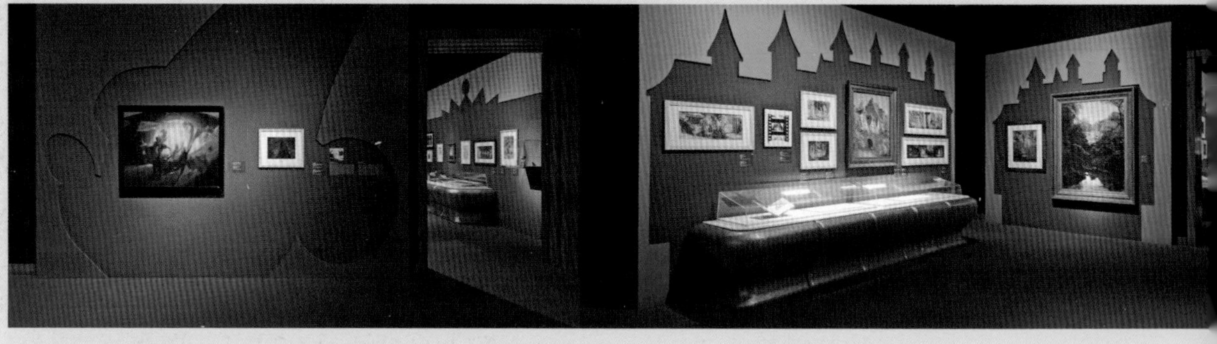

옛날 옛적 월트 디즈니 2006

Once Upon a Time Walt Disney

알레산드로 멘디니는 어릴 때 디즈니의 만화영화를 보며 자랐다고 한다. 그래서 그는 만화에 대한 관심도 많고, 실제로 그림을 그릴 때도 만화적인 분위기를 많이 표현해왔는데, 2006년 드디어(?) 디즈니 전시를 맡게 됐다. 프랑스 파리에 있는 그랑 팔레Grand Palais와 캐나다에 있는 몬트리올 미술관에서 이루어지는 전시였다.

보통 이런 전시를 일류 디자이너가 도맡아서 하기는 어려운 일이다. 이미 전시 대상 자체가 너무나 개성이 강하고 두툼한 콘텐츠를 가지고 있기 때문에 디자이너는 보조역할밖에 할 수 없기 때문이다. 한마디로 잘해야 본전이다. 그러니 세상에서 둘째가라면 서러워할 개성을 가진 디자이너가 이런 프로젝트를 선뜻 맡는다는 것, 게다가 자신의 강한 개성을 살리면서 완벽한 전시를 만들기란 정말이지 쉬운 일이 아니다. 하지만 멘디니는 어려운 길을 택했다. 과연 그는 자신의 강한 개성과 디즈니의 전통적인 비주얼 이미지를 어떻게 결합했을까? 생각만으로도 기대되는 전시다.

멘디니는 매우 화려하고 대비가 심한 색을 쓰는 디자이너다. 그런데 그는 이 전시 디자인에서 색을 최대한 절제해 평소와 달리 대체로 어둡고 채도가 낮은 색을 썼다. 전시물이 더 잘 보이게 하기 위해서다. 더 나아가 디즈니의 캐릭터를 단순한 실루엣으로 처리하여 차분한 색상 사이로 디즈니의 이미지가 빛나게 만들었다. 이 실루엣은 단순하면서도 정확하게 표현되어 총천연색으로 세밀하게 그려진 캐릭터보다도 더 강하고 매력적이다. 디즈니의 캐릭터를 단순한 형태로 요약해내는 멘디니의 놀라운 조형 능력은 디즈니에 대한 애정이나 이해가 없으면 불가능한 표현이다. 멘디니는 이런 표현을 통해 디즈니의 전시품에 전혀 영향을 주지 않으면서도 이 전시가 디즈니의 전시라는 것과 이 전시가 얼마나 매력적인지를 은은하지만 강하게 말하고 있다.

그리고 바닥을 붉은색으로, 대부분의 벽을 붉은색의 보색으로 배색한 것도 의미심장하다. 멘디니는 전시장 바닥에 붉은색을 자주 사용하고, 대비가 심한 배색 역시 멘디니가 좋아하는 색 조합이다. 디즈니의 이미지를 살리면서도 자신의 색을 은연중에 드러내는 멘디니의 수준 높은 솜씨를 느낄 수 있다. 전시장을 가득 채운 붉은색은 결코 무시할 수 없는 강렬함인데, 다만 이 붉은색이 멘디니뿐 아니라 디즈니의 이미지도 동시에 강하게 살리고 있기 때문에 튀어 보이지 않는 것이다.

멘디니는 전시를 하지 않는 전시장의 로비에서야 비로소 자신의 색깔을 유감없이 보여준다. 멘디니 특유의 노란색과 파란색을 강하게 대비시키면서 디즈니의 환상적인 이미지를 잘 표현했다. 이로써 멘디니는 디즈니 전시를 색다른 매력으로 승화시켰을 뿐 아니라, 자신만의 또 다른 디자인 스타일도 만들었다.

아마 세상 어디에서도 이처럼 매력적인 디즈니 전시를 보기는 어려울 것이다.

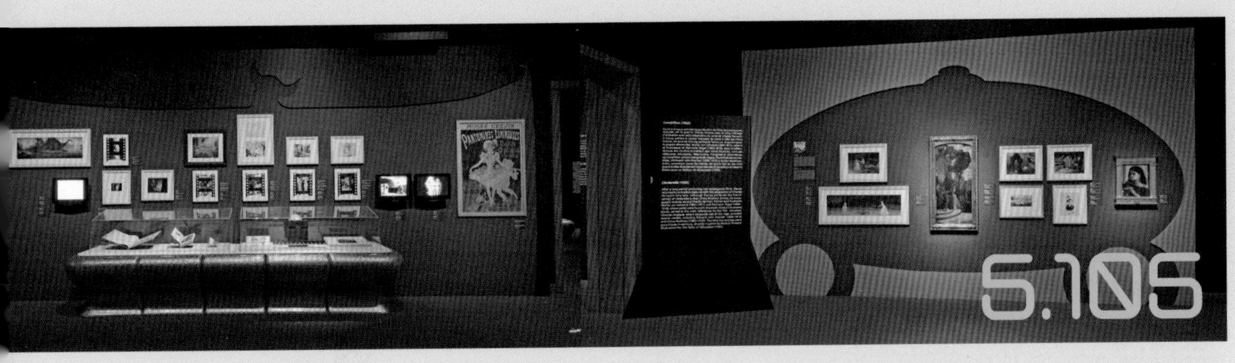

5.105 디즈니의 분위기와 멘디니의 개성을 잘 결합한 전시디자인
5.106 멘디니스러움을 한껏 표현하고 있는 전시장 로비

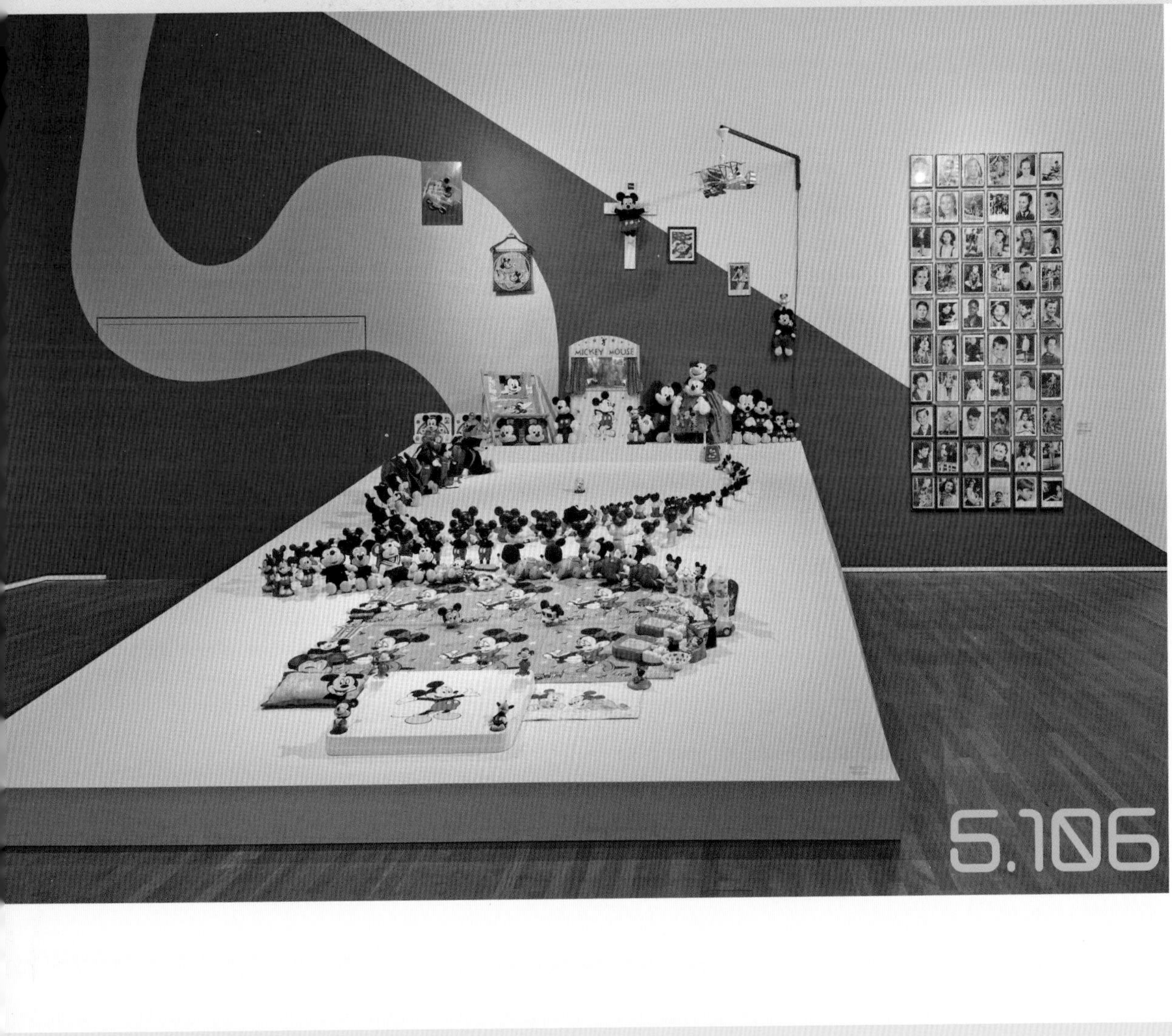

알레시 오브제와 프로젝트 *2010*
Objects and Projects Alessi

5.107 알레시의 완성된 제품과 시제품들
5.108 이탈리아 특유의 자유로운 분위기의 전시

2010년 독일 뮌헨의 뮌헨 국제미술관The International Museum Munich에서 진행된 알레시 전시의 큐레이팅과 프로젝트 세팅을 알레산드로 멘디니가 맡았다. 멘디니는 알레시에서 생산한 각종 제품뿐 아니라 제품을 개발하는 과정에서 만들어진 시제품이나 모형까지 전시했으며, 여러 이미지를 실험한 그림이나 아이디어 스케치도 함께 전시했다. 이를 통해 이탈리아의 디자인뿐 아니라 기업의 디자인 개발과정까지 보여주었다.

전시장의 친근하고 편안한 디스플레이는 독일의 엄숙한 디자인 스타일과는 많이 달랐다. 자연스럽지만 보는 사람의 마음을 파고들고, 마음대로 마구 작업한 것 같지만 예술적인 디자인은 이탈리아에서만 볼 수 있는 접근이다. 그 결과 이 전시는 독일과는 전혀 다른 이탈리아의 현대디자인 전통과 기업문화를 독일 한복판에서 잘 보여주었다.

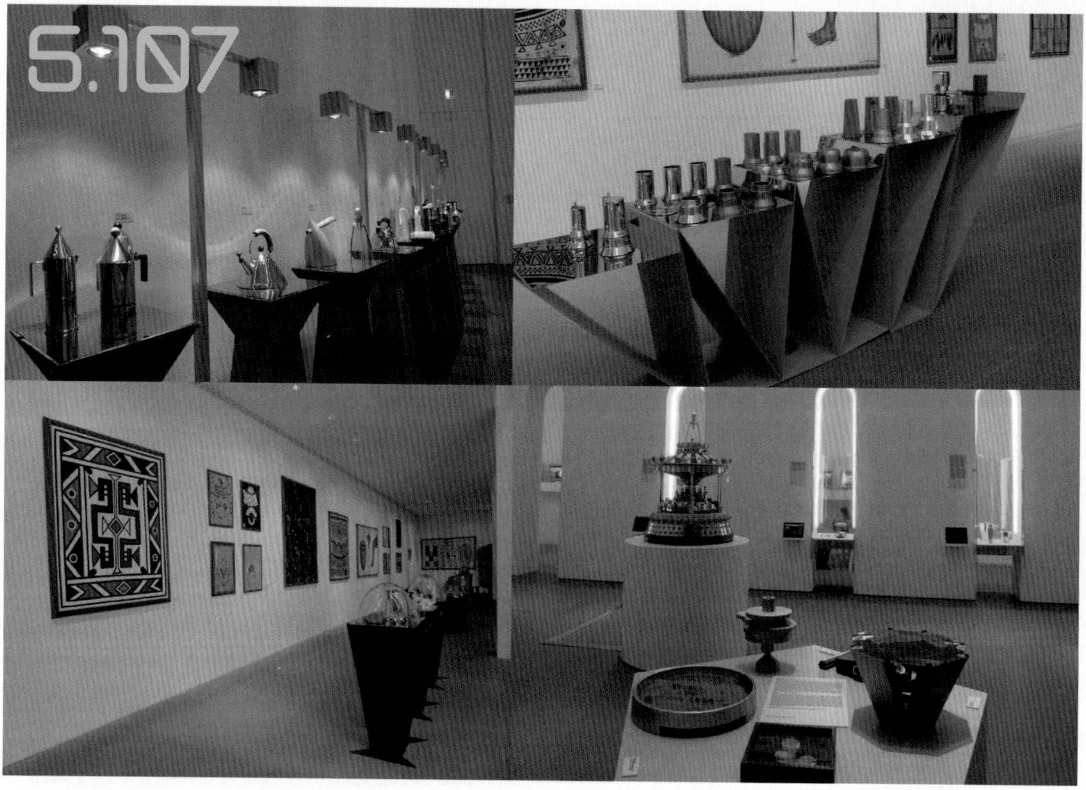

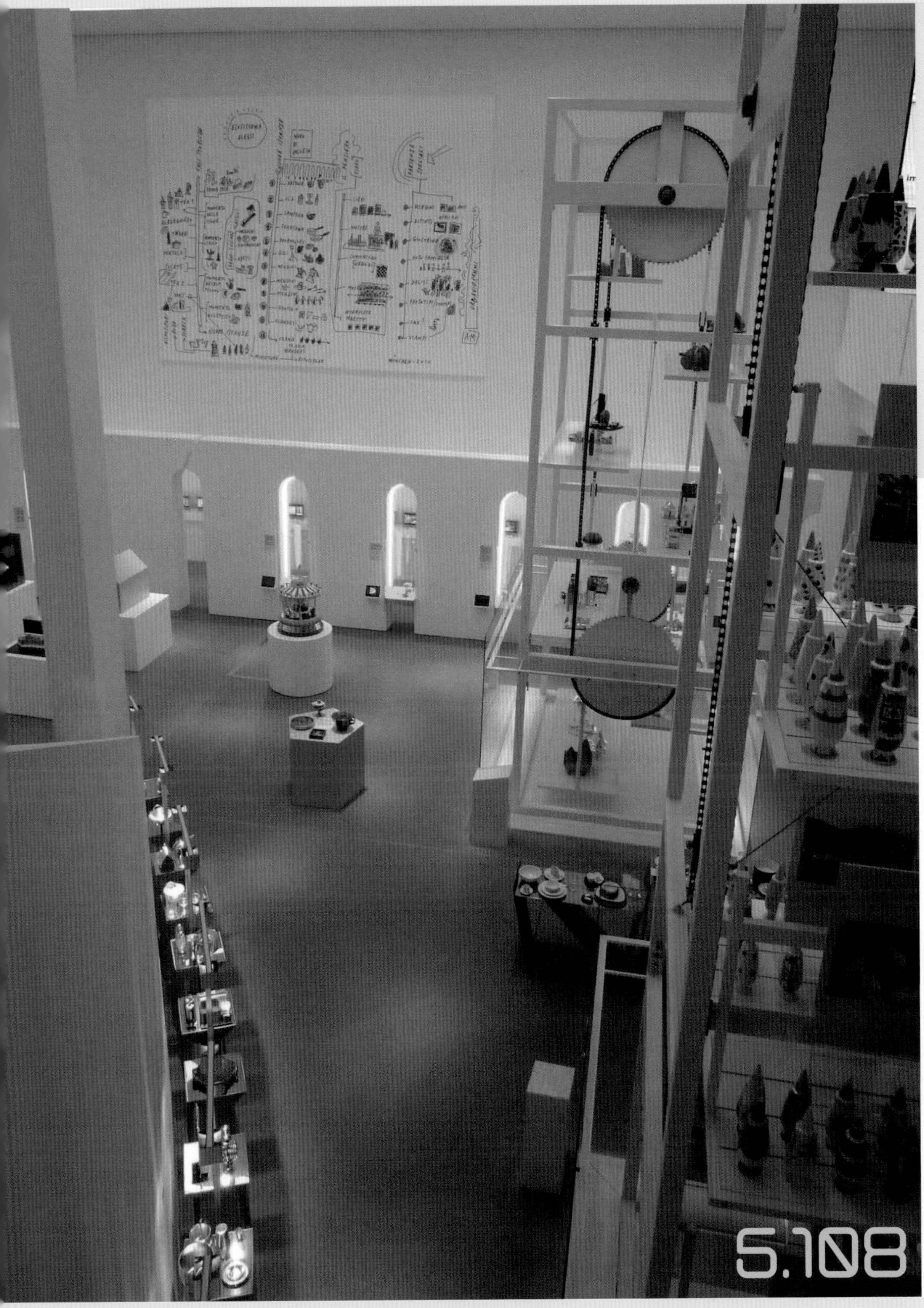

5.108

알레산드로 멘디니 *2011*

Alesandro Mendini

알레산드로 멘디니는 독일 뉘른베르크의 예술과 디자인을 위한 신 미술관Neues Museum für Kunst und Design에서 개인전을 가졌다. 멘디니의 초기작부터 새로운 디자인까지 망라한 전시였다. 큰 홀에 작품대와 바닥을 멘디니 식으로 처리해 배치를 재미있게 구성한 전시인데, 전체적인 느낌은 달랐다. 특히 초기작의 인상이 달랐는데, 자세히 보면 구조나 형태는 그대로 두고 색을 대거 현대적으로 바꾸었다는 것을 알 수 있다. 형태는 익숙한데 더욱 간결하고 화사하게 바뀐 색이 주는 새로움은 낯설기보다 신선하다. 실험적인 디자인의 다소 난해하고 복잡한 색감이 좀 더 분명해지고 정리도 되면서 디자인 전체에 생생한 역동성이 강화되었다.

도대체 멘디니 디자인의 수명은 얼마나 될까? 이렇게 새로운 이미지로 계속 환생한다면 르네상스 선배들의 작품처럼 시간을 넘어서는 공간에 자리잡게 될 것이다.

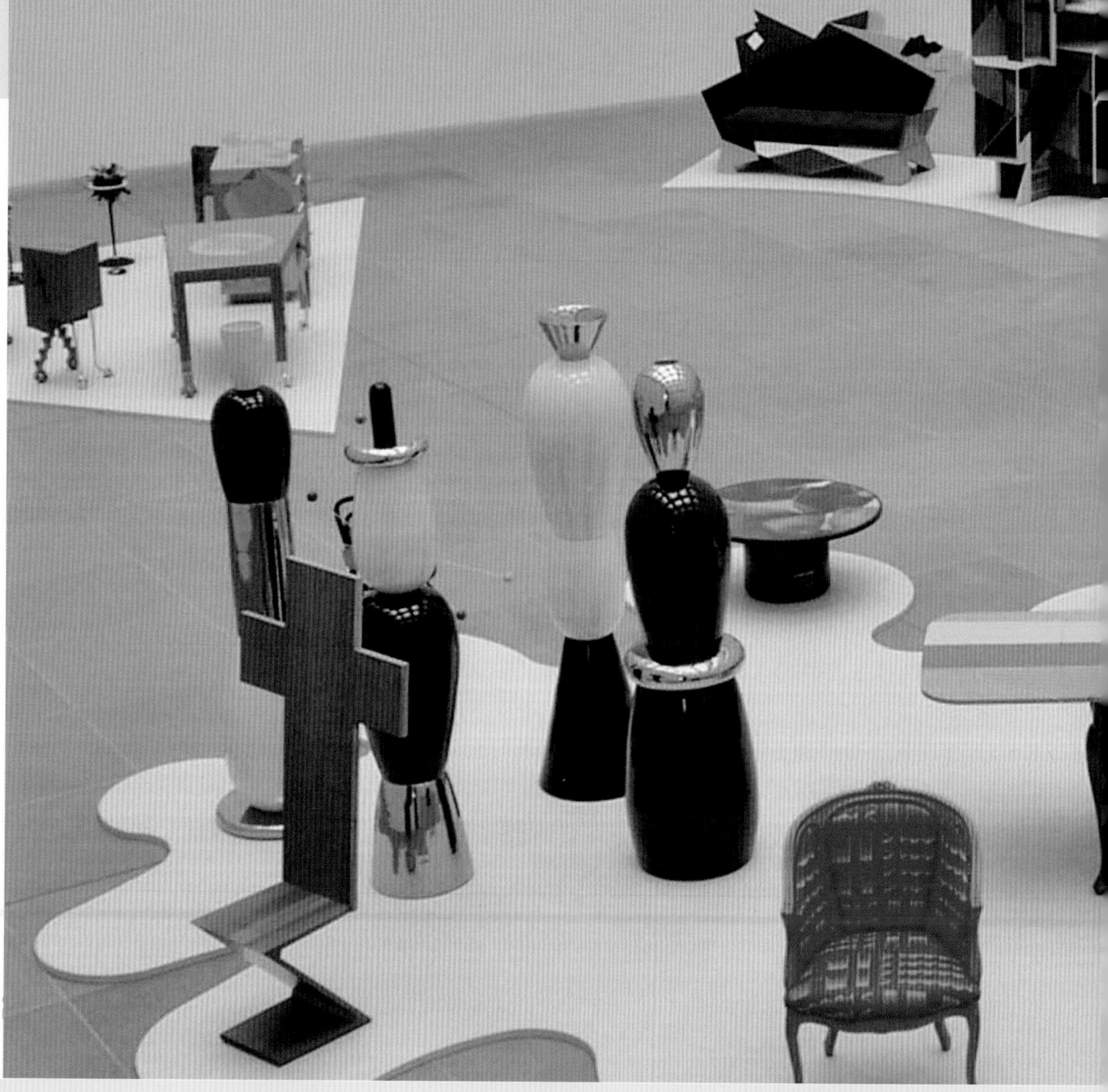

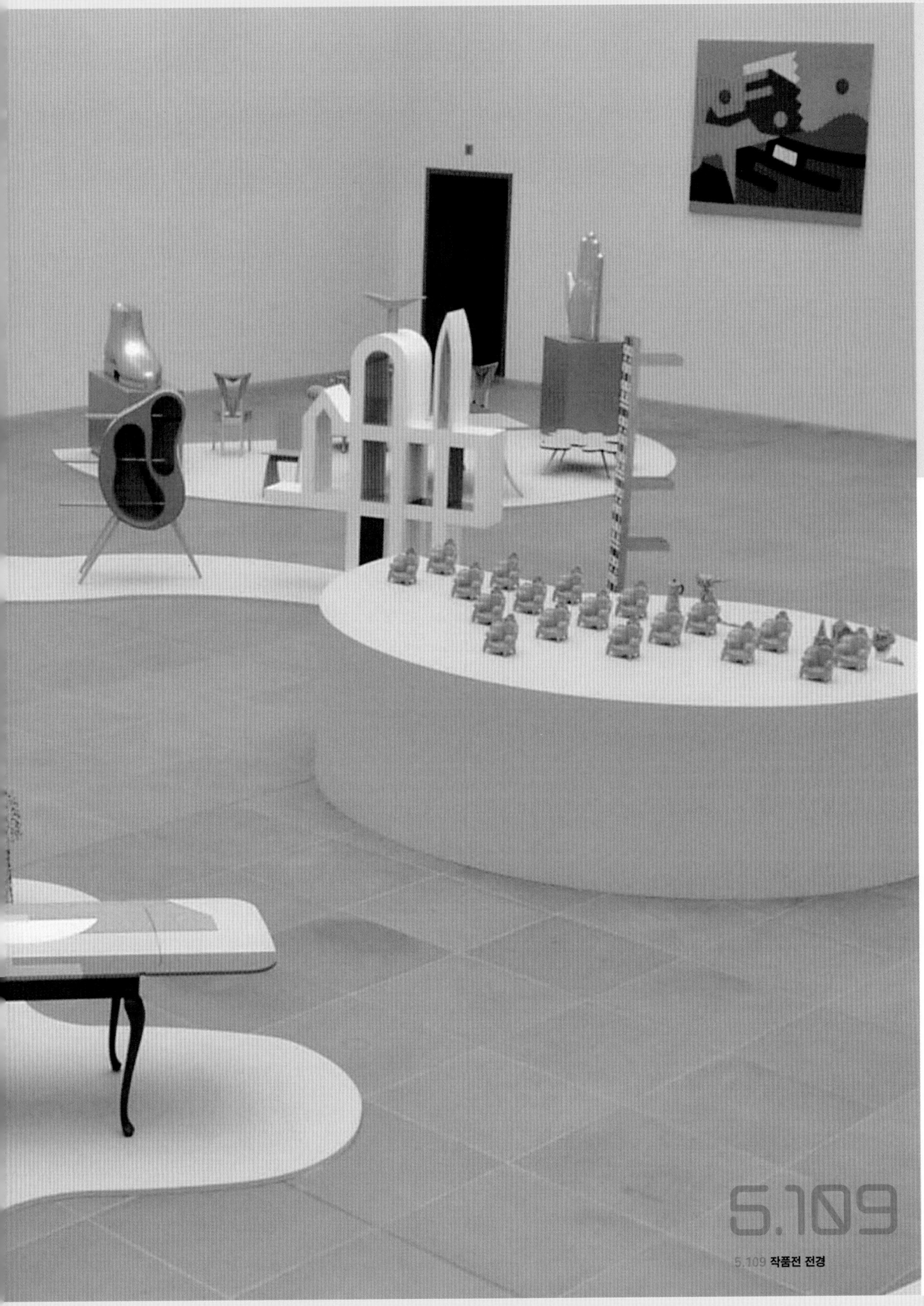

5.109

5.109 작품전 전경

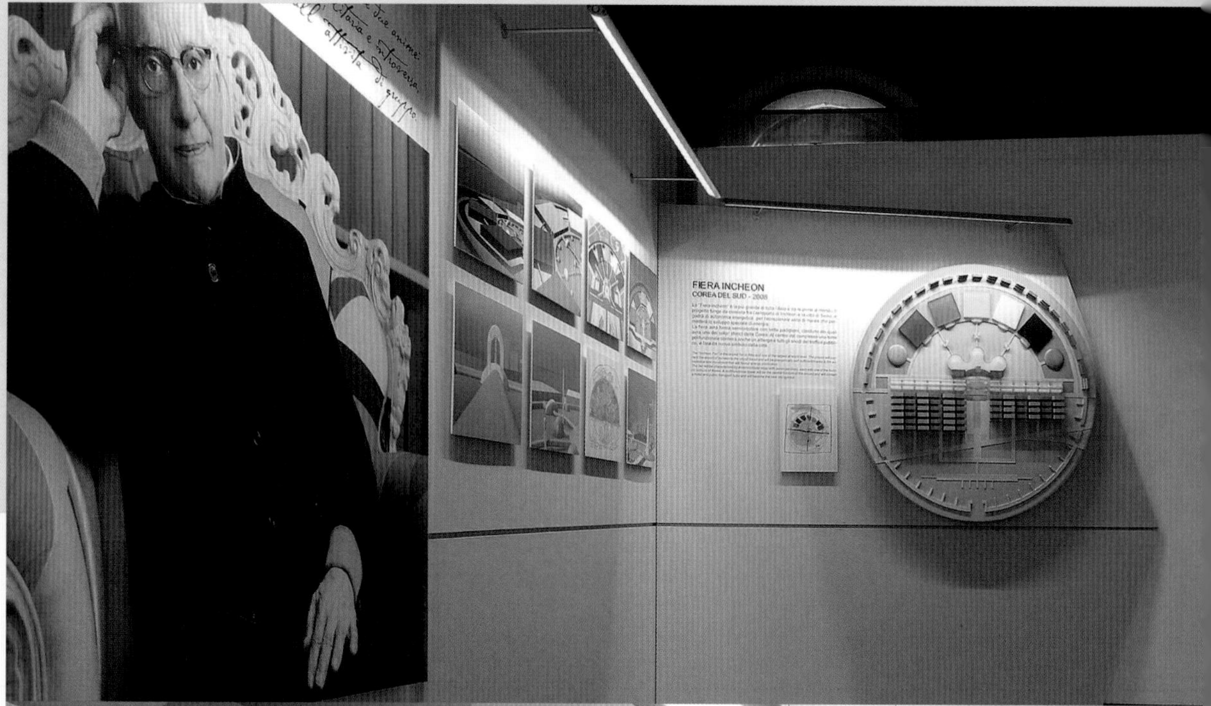
FIERA INCHEON
COREA DEL SUD - 2008

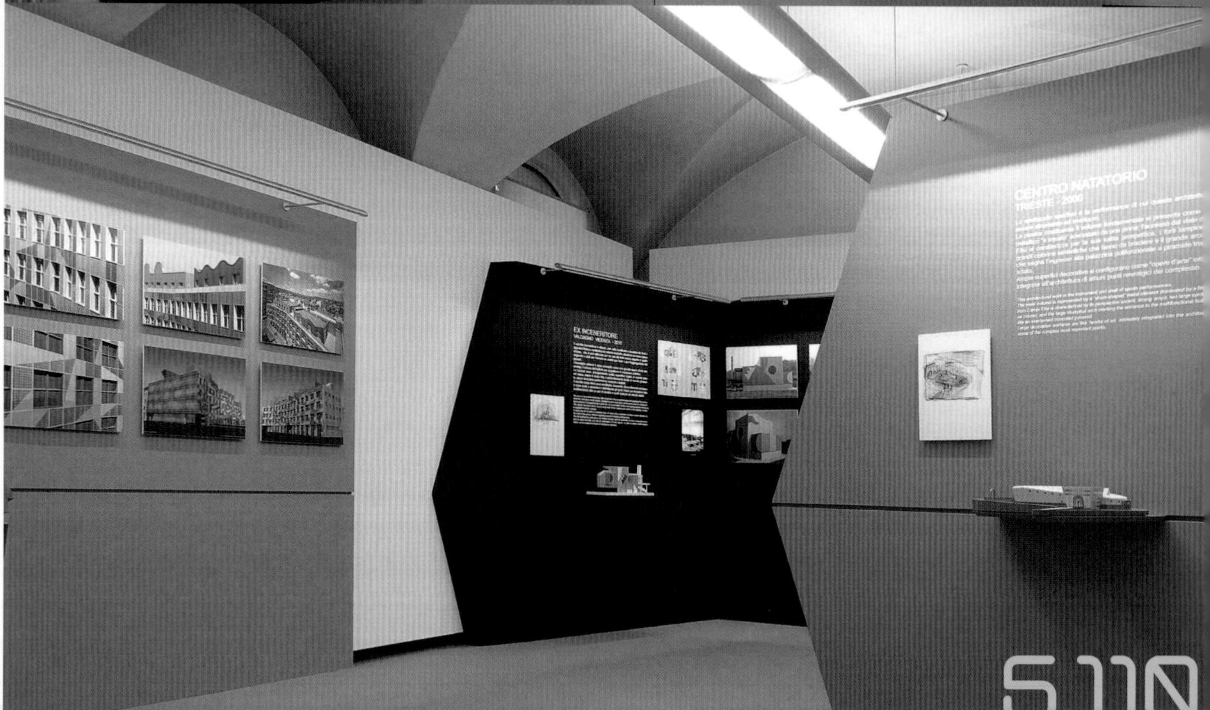
CENTRO NATATORIO
TRIESTE - 2000
EX INCENERITORE

5.110

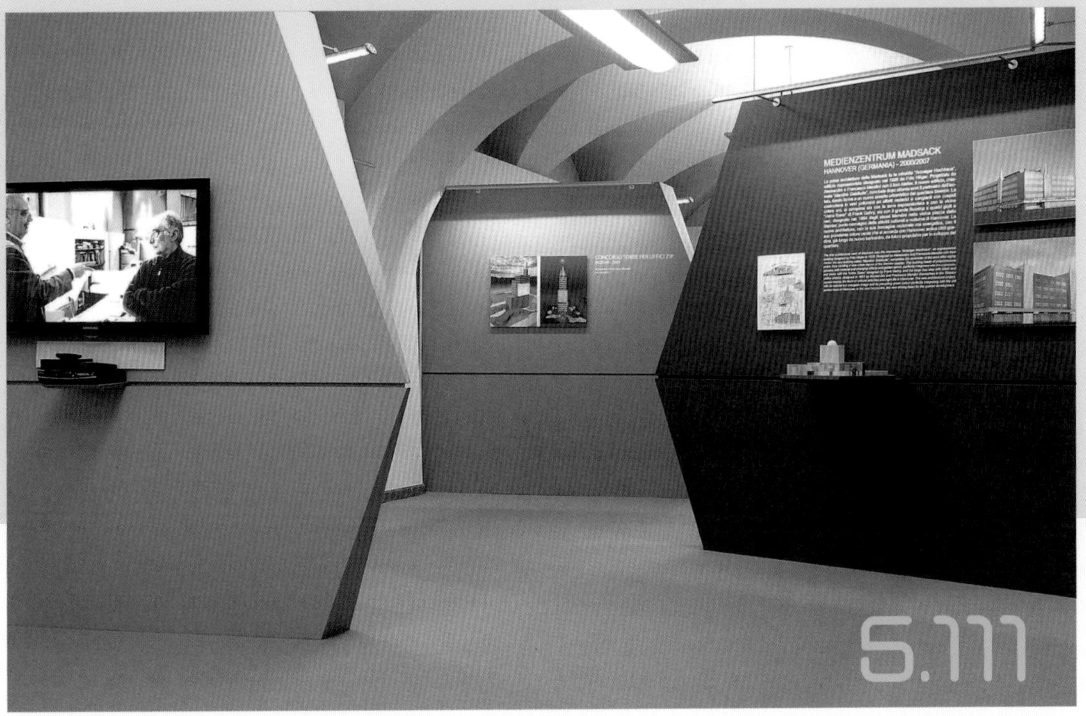

5.111

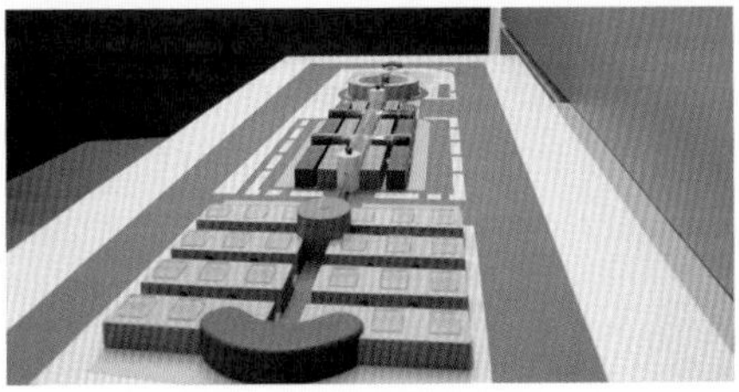

건축 개인전 *2011*

Mendini Architects Weavers

2011년 알레산드로 멘디니는 자신이 디자인한 열 개의 건축 프로젝트를 전시했다. 이 전시에서 돋보이는 것은 전시방식과 색이었다. 일반적인 전시와 달리 주로 벽에 붙는 패널pannel과 건축 모형이 중심이 된 전시로, 패널이 붙는 벽이 전시공간을 폐쇄적으로 구성하여 작품에 집중할 수 있도록 하였다. 그리고 이 벽에 붙은 패널을 통해 멘디니가 건축디자인을 어떻게 진행했는지 볼 수 있고, 그 과정에서 만들어진 각종 이미지도 감상할 수 있게 하였다.

이 전시를 구성하는 것 가운데 또 하나 돋보이는 것은 색이다. 모형이나 이미지의 색이 원래 디자인과 달리 더 세련되고 더 화사해져서 마치 건축이 새롭게 태어난 듯하다. 같은 디자인이지만 색만 조율해 완전히 새로운 이미지로 만드는 멘디니의 감각은 혀를 내두르게 한다.

5.110 **벽과 패널을 통해 구획된 공간 안에서 관람할 수 있게 된 전시장**
5.111 **색상이 돋보이는 전시 패널**

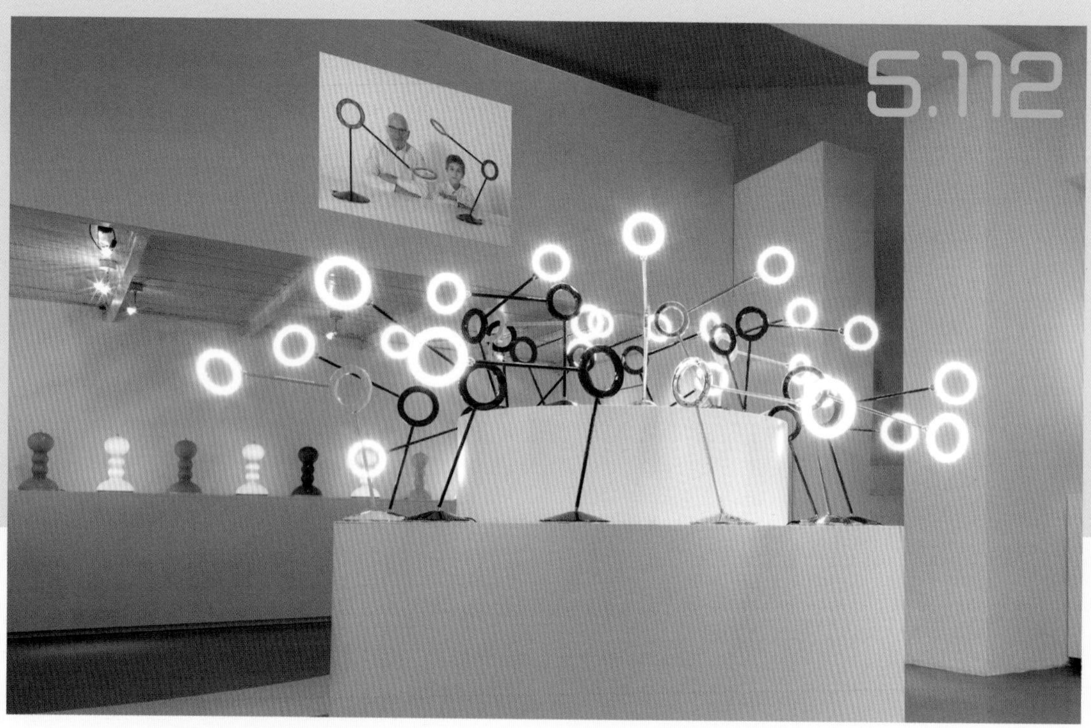

밀라노 국제 가구박람회 *2013*
Salone internazionale del Mobile
라문 밀라노 쇼룸

알레산드로 멘디니는 2013년 밀라노 국제 가구박람회에서 자신이 디자인한 라문의 조명 아물레또와 깜빠넬로, 오팔레를 전시하는 쇼룸을 디자인했다.

멘디니는 쇼룸 안쪽을 조명등 이외에는 거의 다른 조형요소를 사용하지 않고 최대한 단순한 분위기로 디자인했다. 다채로운 색상과 복잡한 형태를 즐겨 쓰는 그의 일반적인 디자인 경향을 생각한다면 이 쇼룸은 대단히 특이한 경우라고 할 수 있다. 이는 특이해 보이기 위해서가 아니라 전시되는 조명등의 성격을 최대한 고려했기 때문이다. 조명등은 가구와 달리 크지 않기 때문에 전시공간을 평소처럼 휘황찬란하게 디자인했다가는 조명등의 존재감이 사라진다. 멘디니는 거장답게 자신의 스타일을 획일적으로 관철시키지 않고, 쇼룸의 전체 상황을 고려해 매우 단순하게 디자인했다.

대신 대표적인 조명등이라고 할 수 있는 아물레또 여러 개를 쇼룸 가운데의 원형 받침대 위에 둥글게 배치시키고는 각각의 모양을 매우 불규칙하게 조절하였다. 관절의 각도를 서로 달리하고 서있는 수많은 아물레또는 그래서 아주 강한 조형적 인상을 만들어낸다. 덕분에 쇼룸 내부는 단순하면서도 동시에 다이내믹한 분위기가 흘러넘쳤고, 사람들의 관심을 자연스럽게 조명등으로 유도하였다. 말하자면 멘디니는 단순하게 처리된 쇼룸 공간 중심부를 강력한 불규칙함으로 장식함으로써 다른 장식적 조형요소는 최대한 배제하고 제품 자체의 무질서함이 장식적인 효과를 발휘하도록 디자인한 것이다.

뿐만 아니라 조명을 알리는 영상물도 쇼룸 내부의 조형적 분위기를 훼손하지 않은 선에서 매우 효과적으로 가동시켰다. 예컨대 쇼룸에 들어서면 보이는 위쪽 흰색 벽면을 스크린으로 활용해 영상이 전시물을 방해하지 않으면서도 눈에 띄게 했고, 출입구 쪽의 빈 흰색 벽에는 검은색 프레임 TV를 설치해 흰색과 검은색의 명암대비로 쇼룸을 나가려는 이들이 잠시 발걸음을 멈추고 영상물에 집중하도록 처리했다.

그 때문인지 밀라노 국제 가구박람회 동안 이 전시는 많은 사람의 관심을 불러일으켰으며, 세계적인 매스컴의 취재가 줄을 이었다.

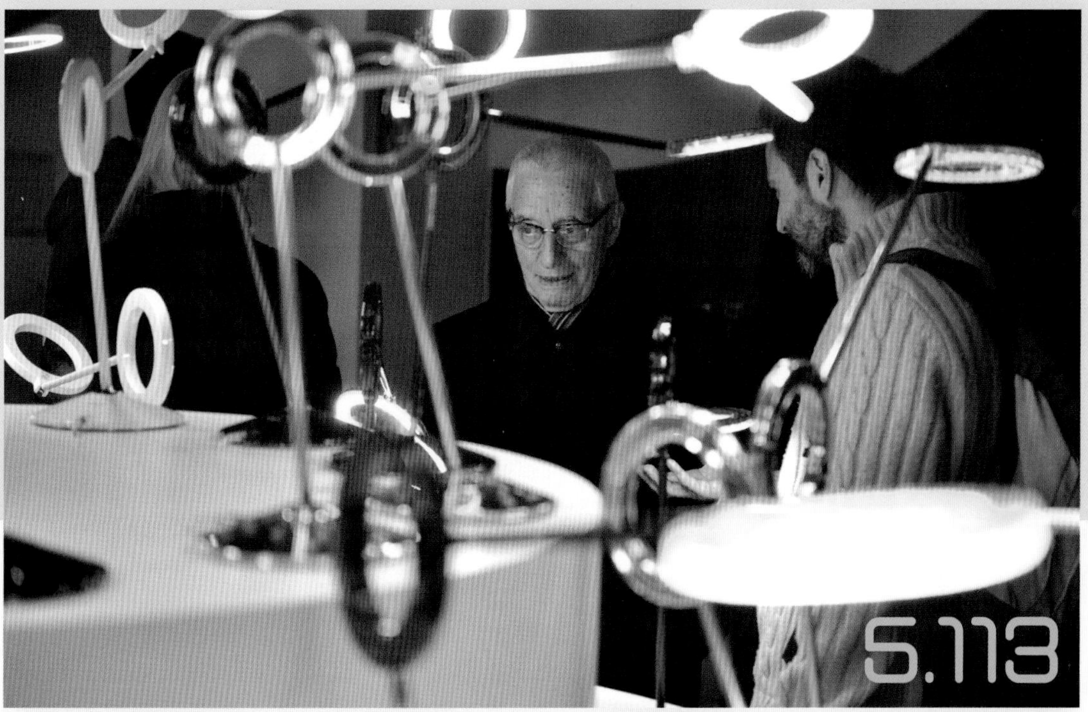

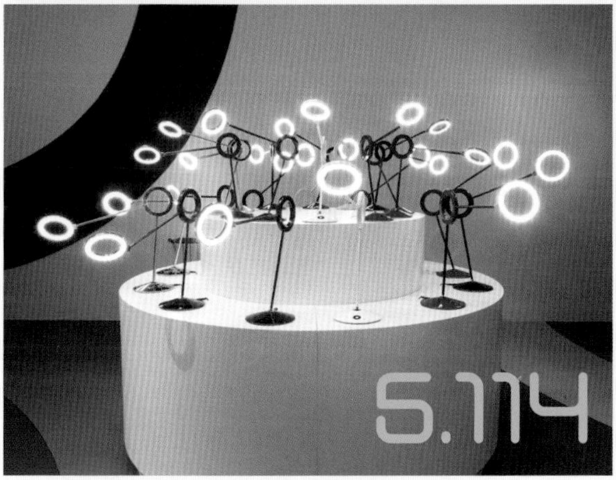

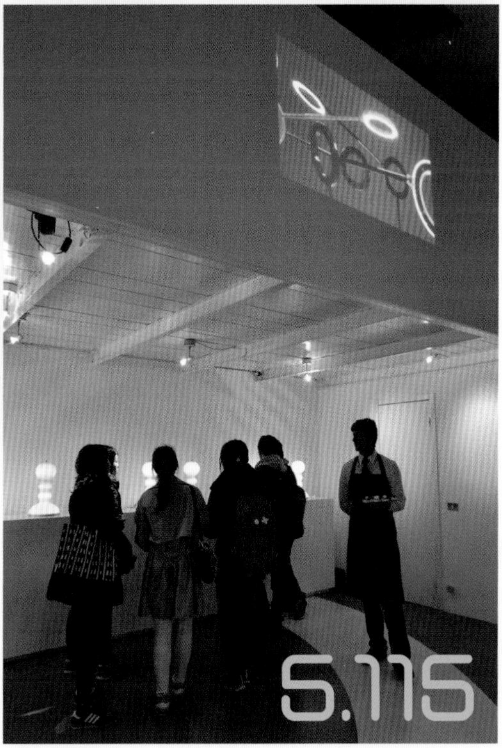

5.112 자유로운 모양으로 밀라노 쇼룸 가운데 전시되어 있는 아뮬레또
5.113 전시장 내부에서 관람객을 환대하는 알레산드로 멘디니
5.114 단순하게 디자인된 라문의 밀라노 쇼룸
5.115 전시장 위쪽 벽면 스크린 처리

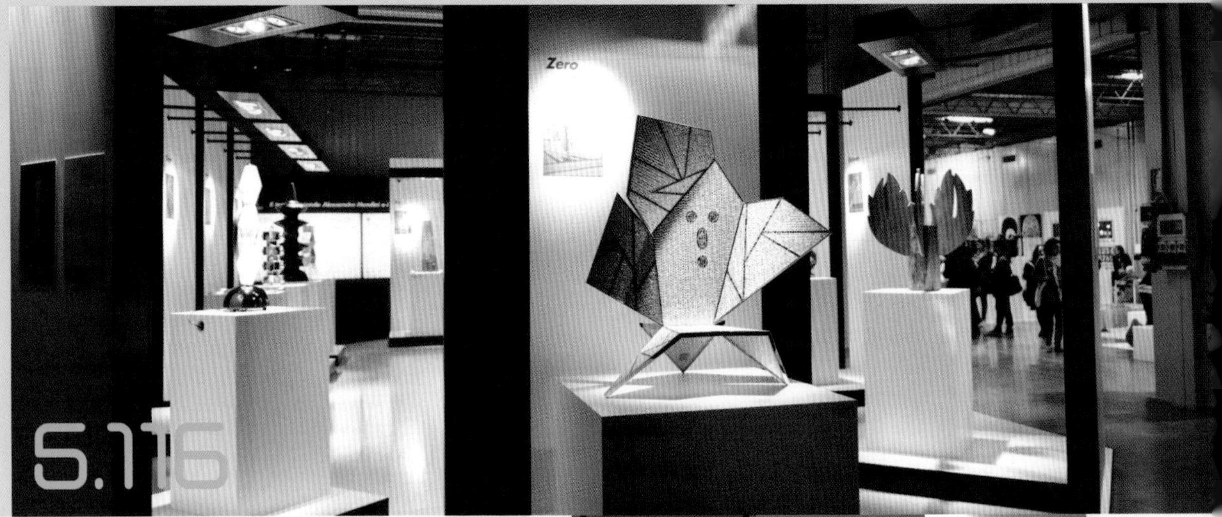

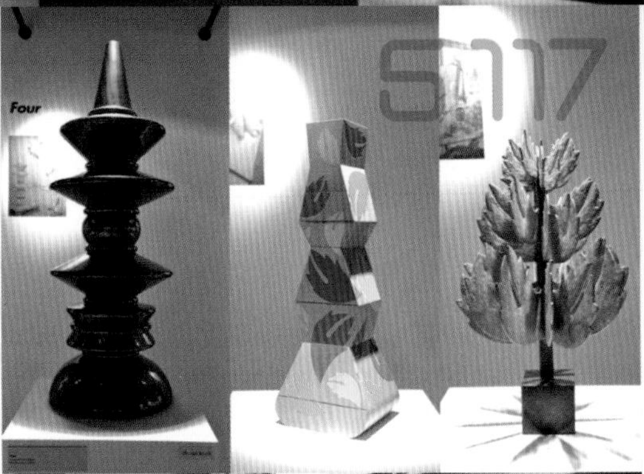

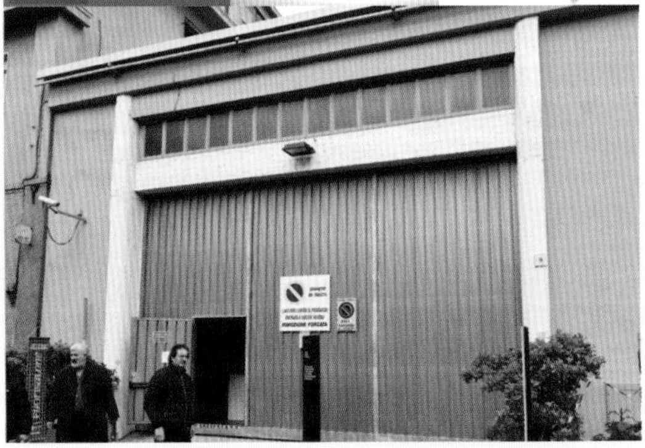

5.116 **전시장 모습**
5.117 **전시장을 채우고 있는 다양한 작품**
5.118 **허름해 보이는 전시장 외부 모습**

5.118

예술과 공예와 디자인
Arts & Craft & Design

알레산드로 멘디니는 2013년 밀라노 국제 가구박람회 기간 동안 약 10여 개의 전시에 관계했는데 그 가운데 '예술과 공예와 디자인'이 특히 눈에 띄었다.

'Time According to Alessandro Mendini and his artisans'라는 부제가 붙은 이 전시에는 '시간'이라는 주제에 따라 멘디니가 디자인한 다양한 조형물을 여러 예술가 · 공예가가 풍부한 재료와 기법으로 재창조해서 만든 작품 총 13점이 전시되었다.

이 전시는 이런 과정을 통해 디자인과 예술과 공예의 화학작용을 이끌어내고 분야별로 단절된 현대 조형예술의 문제점을 타파하고 새로운 생기를 얻기 위해 기획되었다. 그런 목적에 따라 만들어진 작품은 나무 · 금속 · 유리 · 플라스틱 · 도자기 등 여러 재료로 이루어졌으며, 다양한 가공 기법을 시도했다. 하나하나의 작품 모두 강한 개성을 가지고 있음은 물론, 사람의 마음을 파고드는 가치나 창조력을 자극하는 새로움, 작가의 손끝에 살아있는 장인정신이 고루 녹아 있다. 너무나 테크놀로지 중심으로 변해가는 요즘, 디자인이나 예술작품의 본질에 대해 생각해볼 수 있는 전시였다. 그리고 무엇보다 멘디니의 디자인 세계가 공예나 예술, 다양한 재료와 형태로 재해석된 작품을 경험한다는 측면에서도 의미 있는 기회였다.

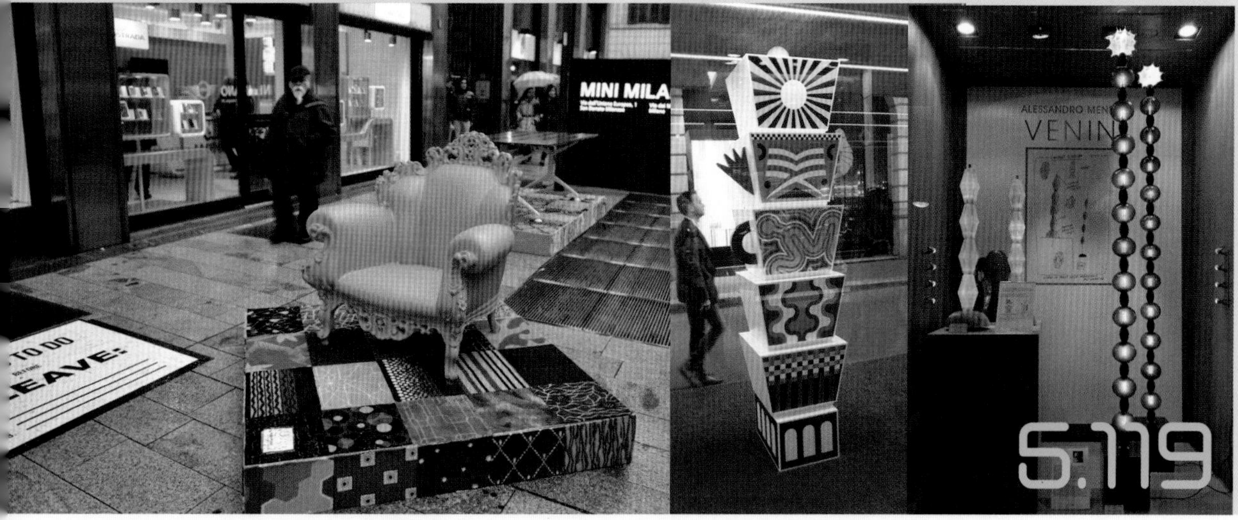

그 밖의 거리 전시

알레산드로 멘디니가 약 10여 군데의 전시에 관여한 덕분에 밀라노 도심 곳곳에서 멘디니의 디자인을 심심찮게 만날 수 있었다. 여전히 현역으로 활동하는 디자이너 알레산드로 멘디니의 존재감을 느낄 수 있다는 것은 참으로 놀라운 일이기도 했거니와 그의 디자인을 알고 있는 사람에게는 매우 반가운 일이기도 했다.

라문의 쇼룸이 있는 토르토나의 거리에서 만난 프루스트 의자는 멘디니 디자인에 있어 세월의 흐름이 무의미하다는 것을 실감케 했다.

플라스틱으로 만들어진 마지스Magis의 프루스트 의자가 분명한데, 사람들이 오가는 거리 한복판에 돌좌대를 깔고 앉아 있는 모습은 매우 친근하면서도 세월의 존재감을 무겁게 깔고 있는 듯했다. 플라스틱임에도 불구하고 고풍스러운 형태를 가지고 있으며, 무채색 바닥에 대비되는 고채도의 오렌지색 가구의 존재감은 여전히 미래와 과거를 향해 쌍방향으로 달리고 있다. 생산된 지는 오래되었지만 이처럼 박람회 기간을 통해 사람들에게 다시 한 번 자신의 존재를 확실히 해두는 모습이 매우 인상적이었다.

밀라노에서 가장 유명한 패션거리인 몬테 나폴레오네 거리Monte Napoleone Street에서도 멘디니의 작품을 만날 수 있었다. 길거리에 설치된 간이 전시장의 모뉴먼트는 특별한 쓰임새를 가지고 있지는 않지만, 간결한 형태 위에 재기발랄한 분위기의 그래픽이 자아내는 인상은 멘디니의 작품임을 한눈에 알아보게 만들었다. 생각도 못했던 공간에서 그의 작품을 만날 수 있다는 것은 밀라노 국제 가구박람회가 주는 묘미 중 하나라고 할 수 있다.

이 거리에서 멘디니의 또 다른 작품을 만났다. 베니스의 유리회사 베니니 매장이다. 세계 유명 디자이너에게 의뢰해 만든 유리디자인이 작가별로 전시되어 있는데, 그 가운데 멘디니의 작품도 전시되어 있었다.

전시공간은 크지 않지만 이 작은 공간에 멘디니는 길쭉한 모양의 유리작품을 디자인했는데, 뒤 벽면에는 자신의 아이디어 스케치를 넣어 매우 회화적인 분위기를 연출했다. 환상적인 모양의 유리에 곁들여 있는 그의 작품성 넘치는 드로잉은 독특한 분위기를 만들어냈고, 멘디니다운 인상을 자아냈다. 그의 디자인 세계를 알고 있는 사람이라면 누구나 반가워할 전시였다.

이처럼 멘디니는 밀라노 곳곳에 있는 크고 작은 전시를 통해 영원한 현역 디자이너로서의 존재감을 발휘하고 있었다. 전시의 양이나 질을 생각할 때 그의 활동은 경외감을 느끼게 하기에 충분했다.

5.119 **플라스틱 프루스트 의자, 길거리에 전시되어 있는 유쾌한 느낌의 모뉴먼트, 유리공예 작품**

Part 6

멘디니의 디자인관

1

멘디니 디자인관의 특징

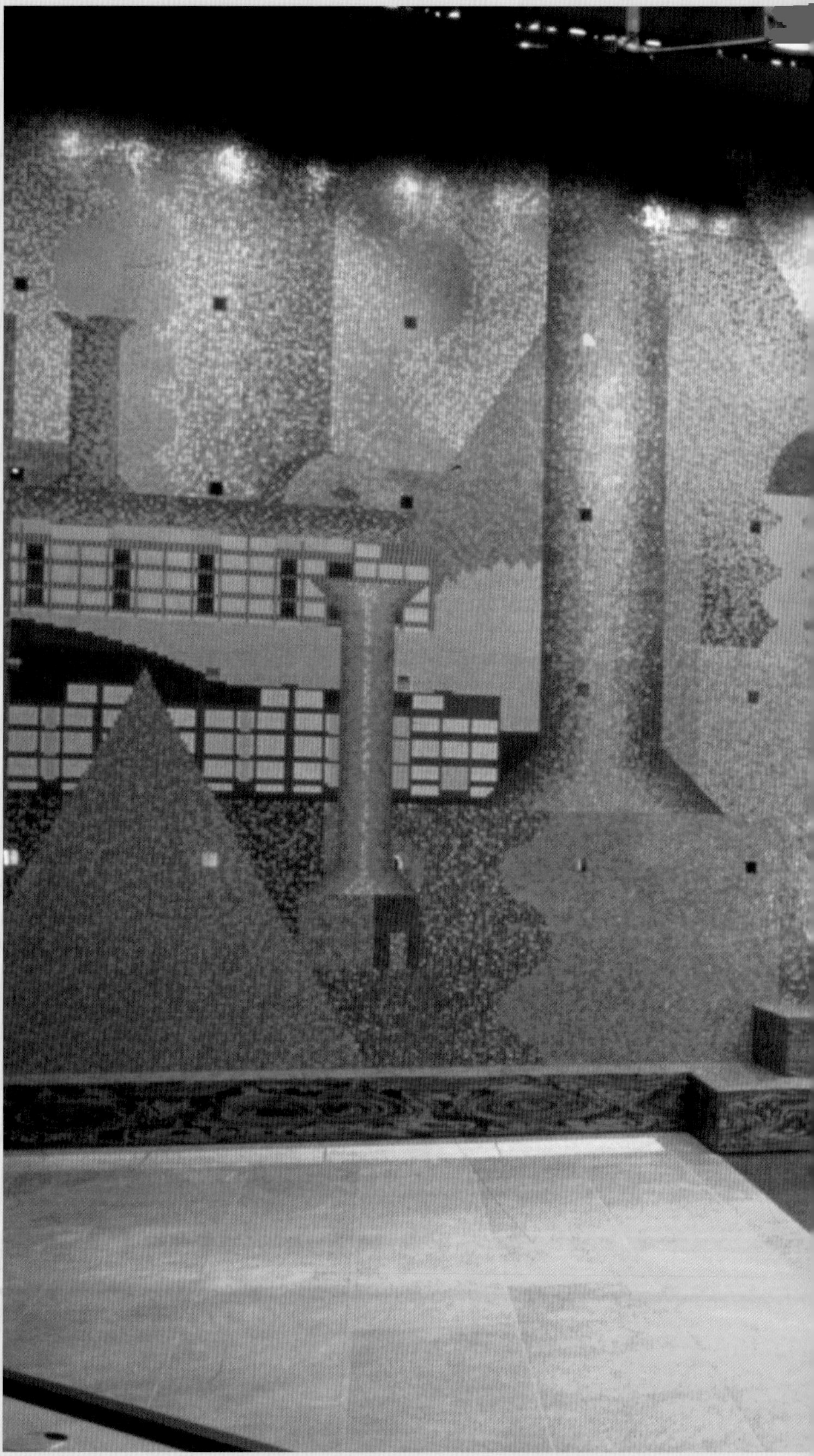

모든 디자인을 관통하는 디자인관

지금까지 살펴본 것처럼 알레산드로 멘디니는 무엇보다 엄청나게 많은 디자인을 했다. 50대 후반에 본격적으로 디자인을 시작했다는 사실을 믿을 수 없을 정도로 많은 양이다. 게다가 그 영역만 하더라도 건축에서부터 인테리어, 산업디자인, 그래픽디자인, 공예에 이르기까지 거의 모든 분야를 망라하고 있다. 그리고 그는 프로젝트 성격에 따라 때론 미니멀하게, 때론 표현적으로 자신의 스타일을 다양하게 변화시켜왔다. 언제나 실험적인 디자인을 해온 디자이너이니 그의 디자인에 담긴 가치나 디자인 방법론도 헤아릴 수 없이 많다. 그는 철학에서부터 문학, 미술, 역사 등 광범위한 영역의 영향으로 이런 디자인을 할 수 있었다.

이런 디자이너를 몇 개의 단어나 정의로 명료하게 이해하겠다는 것은 불가능한 일임에 틀림없다. 넓이도 헤아리기 어렵고, 깊이도 가늠하기 어렵다. 멘디니는 한 사람의 디자이너의 것이라고 하기에는 불가사의할 정도로 방대한 규모의 디자인 세계를 구축해놓았기 때문이다.

그러나 그렇다고 그의 디자인이 무작정 다양하기만 하고 깊기만 한 것은 아니다. 그의 이런 복잡한 디자인에는 일정한 경향이 있는데, 그것을 디자인관이라고 한다. 멘디니의 디자인은 그 자신의 뚜렷한 디자인관에 입각해서 그렇게 다양해지고 깊어진 것이다. 때문에 그의 방대한 디자인 세계에서 길을 잃지 않으려면 그의 디자인관을 이해해야 한다.

다행스럽게도 많은 사람이 멘디니의 디자인관에 대해 정리하고 있으며, 멘디니 자신도 본인의 디자인관에 대해 많이 언급해왔기 때문에 그다지 어렵지 않게 멘디니의 디자인관을 살펴볼 수 있다.

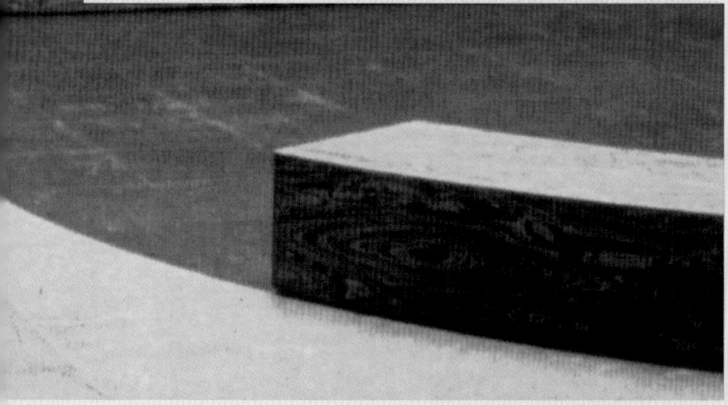

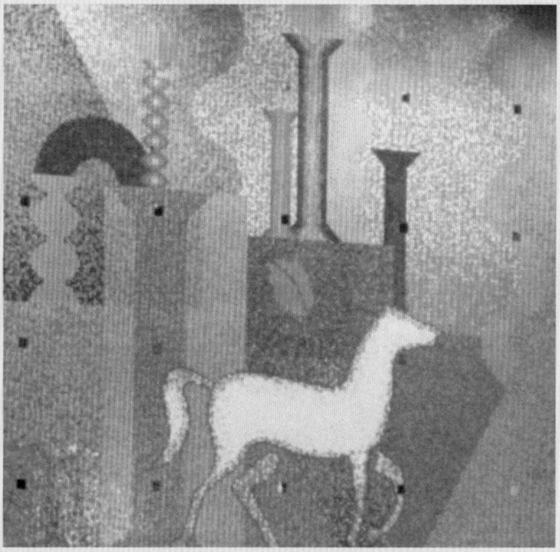

융합적 디자인관

알레산드로 멘디니는 실험적인 디자인운동을 시작할 때부터 자신만의 뚜렷한 디자인관을 가지고 있었다. 우선 기능주의 디자인과 상업주의 디자인에 대한 반대의사가 분명했다. 이런 디자인이 대중의 삶을 획일적으로 만들고 디자인을 황폐화시킨다고 격렬하게 비판하면서 새로운 디자인의 가능성을 추구했다. 그의 이런 태도는 아틀리에를 시작한 뒤에도 그대로 이어졌다. 그는 지금까지 상업적 · 기능적 목적만으로는 디자인하지 않았다. 그는 항상 그것을 넘어서는 가치를 만들어왔다.

그의 이런 디자인관은 초기에는 안티디자인이나 리디자인이라는 이름으로 불렸다. 다분히 기능주의 디자인에 대한 반항심이 전면에 드러나는 이름이다. 그러나 특정한 디자인 경향에 대한 그의 반발심은 그야말로 반발심에서 그치지 않고 대중의 삶을 예술적으로 꽃피워야 한다는 디자인관을 형성하는 단계로까지 나아갔다. 사람들의 그저 그런 일상을 아름다운 예술로 거듭나게 만드는 것, 그것이 그의 최종 목적인 것이다.

이를 위해 멘디니는 자신의 디자인 안에 기능뿐 아니라 다양한 가치를 동시에 새겨넣었다. 디자인과 예술을 아우르고 다양한 디자인 영역을 넘나들며, 깊이 있는 가치와 여러 스타일을 하나로 압축해 결과적으로 모든 것을 '융합'하는 독특한 디자인관을 만들었다. 그렇게 해서 그는 기능주의 디자인을 넘어섰으며, 새로운 디자인으로 세계 디자인계를 흔들어놓았던 것이다.

융합에서 우러나오는 모호함

알레산드로 멘디니의 이런 융합적인 디자인 안에는 여러 가치가 공존해야 하기 때문에 어떤 특정 가치에 무게 중심을 둘 수가 없었다. 아니 두어서는 안 되었다. 멘디니가 특정한 스타일에 머물거나 경계를 긋는 것을 그리 좋아하지 않은 데는 이런 이유가 있다. 그렇다고 모든 가치가 모두 제 목소리를 내며 병렬적으로 줄 서는 것을 추구하지도 않았다. 짠맛 · 신맛 · 단맛 · 쓴맛 · 매운맛 등이 똑같은 양으로 들어간다면 맛있는 음식이 될 수 없다. 융합이 아니라 혼합이기 때문이다. 그래서 멘디니가 선택한 것은 '모호함'이다.

그의 디자인에는 여러 유형의 형태와 색채가 함께 있지만, 이들이 어울려진 디자인은 경계가 모호한 가치를 만들고 있다는 점에 주목해야 한다. 그의 디자인은 디자인 같으면서도 미술품 같고, 자극적인 것 같으면서도 온화하고, 지적이면서도 감성적이다. 그의 디자인 안에서는 많은 것이 서로 부딪히지만 그 경계가 선명하지 않다. 멘디니는 "안정성보다는 진화에, 확실성보다는 불확실성에 더 흥미를 느낀다"고 말하면서 그러한 모호함이 의도적인 결과라는 것을 암시하기도 했다. 그런 모호함을 통해 수많은 가치가 부딪히지 않으면서 한 디자인 안에 자연스럽게 녹아들었다.

그렇기 때문에 그의 디자인은 항상 '변화'한다는 것이 바로 핵심이다. 단 하나의 존재방식만이 존재하는 것이 아닌 그 모호함 덕분에 그의 디자인은 상황에 따라서 존재감이 바뀌게 되었다.

"나는 내 디자인이 계속 변화할 수 있고, 일시적인 해법이라는 사실에 흥미를 느낀다"라고 말한 것을 보면, 모호함이 변화로 귀결되는 것은 멘디니의 철저한 의도임을 짐작할 수 있다.

그 결과 그의 디자인은 무생물이 아니라 피가 돌고 혼이 깃든 살아 움직이는 생명체가 되었다. 모더니즘 디자인이 영생을 얻지 못한 것은 이 부분에서 실패했기 때문이다. 그러나 '모호'하고 '변화'한다고 해서 영생이 얻어지는 것은 아니다.

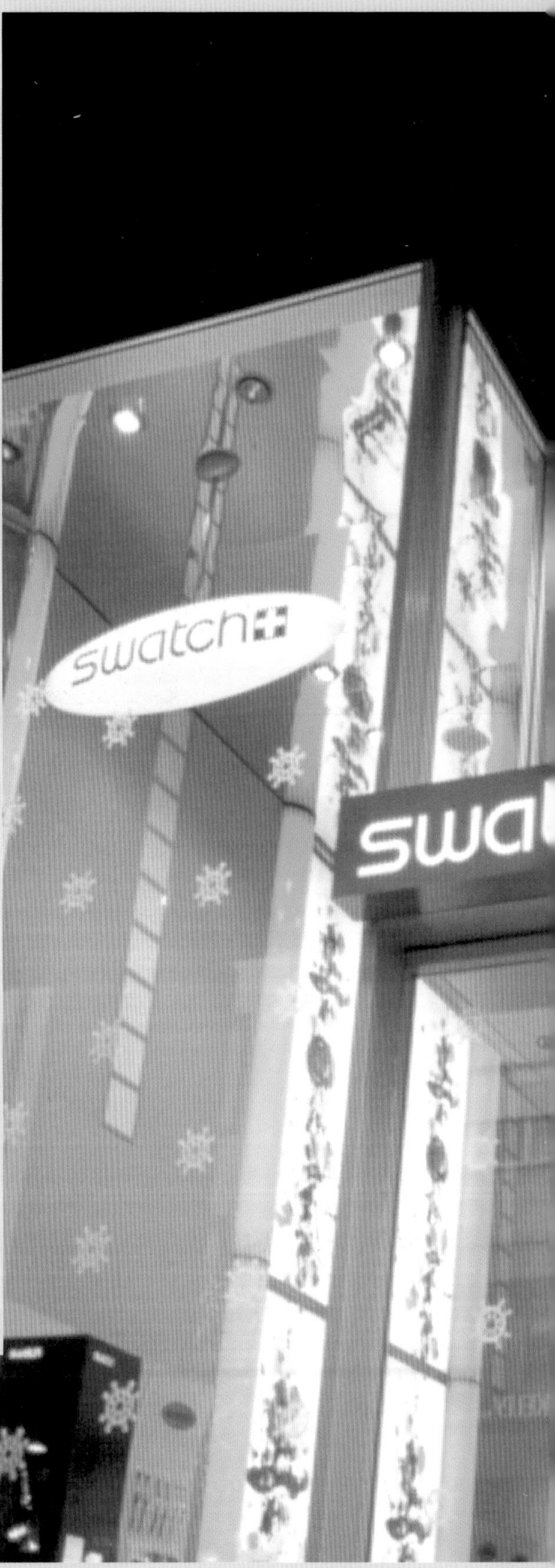

모호함을 마무리하는 '시적 매력'

알레산드로 멘디니는 말했다.

"디자인 자체가 사람에게 매력을 풍기는 것이 좋다."

"나에게 디자인은 시적 의미와 오브제가 중요하다."

멘디니 디자인에서의 모호함은 변화를 불러일으켰고 그것의 종착점은 '매력'이다. 그 매력의 내용은 멘디니가 말한 바와 같은 '시적 의미'다.

다양한 가치, 모호함, 변화, 시적 의미 등이 중첩되어서 멘디니의 디자인은 매우 독특한 세계를 만드는데, 그것을 보는 사람은 정서적으로 크게 동요된다. 그의 디자인관으로 만들어진 '매력'과 '시적 의미'는 끝내는 사람들의 마음을 감동시키면서 마무리된다.

"디자인은 체험하는 것이다."

디자인이라고 하면 우선 형태가 아름다워야 한다거나 기능이 뛰어나야 한다고만 생각하기 쉽다. 틀린 말은 아니지만 여기에 포함된 가치들이 자칫 제외될 우려가 있다. 멘디니는 '체험'이라는 말로 디자인에 대한 이해를 보다 폭넓게 하였다. 체험이란 디자인이라는 대상이 그것을 대하는 사람과 어떤 선입견 없이 화학반응을 이루는 과정을 의미한다고 할 수 있다. 디자인을 대하는 사람에는 디자이너도 있을 수 있고, 대중도 있을 수 있다. 디자이너는 디자인을 만드는 과정에서의 체험을 수반할 것이고, 대중은 디자인을 받아들이는 과정에서 체험을 겪게 될 것이다. 그 과정에서 만들어지는 최종결과물은 바로 디자인에 담긴 '가치'다. 디자인을 체험한다는 말은 정확히 디자인 안에 들어있는 '가치'를 체험하는 것이라 할 수 있다.

"좋은 디자인이란 시와 같고 감성을 주고 생각하게 하는 것이며, 미소와 로맨스를 건네주는 것이다."

진부한 상투적 표현clichee으로 볼 수도 있겠지만, 멘디니의 디자인관을 생각한다면, 이 말이 상업성이나 기능성만 챙겨왔던 기존 디자인관에 대한 비판적 견해를 바탕에 깔고 있다는 사실을 먼저 살펴야 할 것이다. 일반적인 디자인에서는 시적 감수성과 생각할 의미와 감동을 그다지 중요하게 생각해오지 않았다. 멘디니의 공헌이라고 한다면 상업성과 기능성에 가려 주목받지 못했던 '가치'와 '감수성' 등을 디자인 중심에 자리잡게 했다는 것이다. 이제 우리는 단순한 기능이나 기업의 이익만을 대변하는 디자인과 우리에게 말을 건네는 디자인을 구별해야 한다. 그리고 디자인이 가져다주는 은유와 상징, 예술적 감흥에 흠뻑 젖어들면서 생활의 편리뿐 아니라 삶의 가치를 고양시키도록 해야 한다.

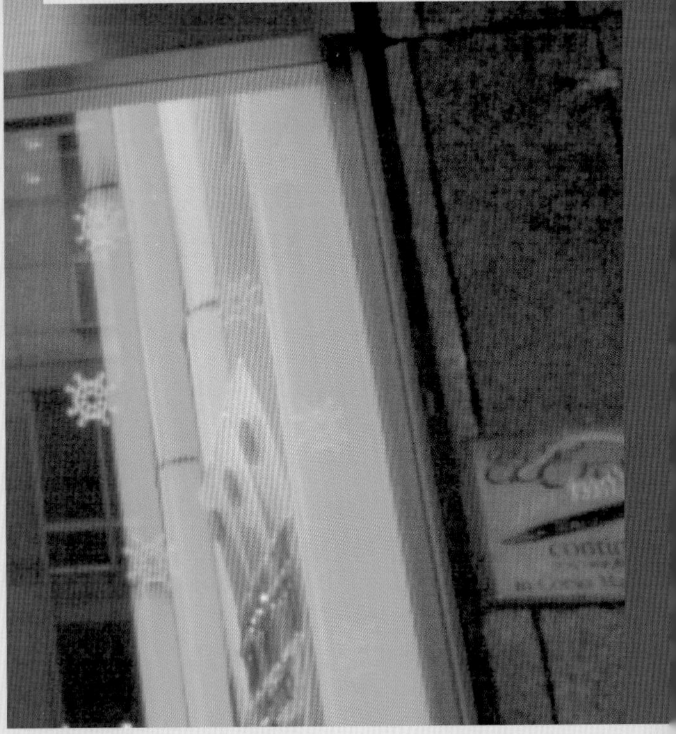

2

멘 디 니
디 자 인
방 법 론

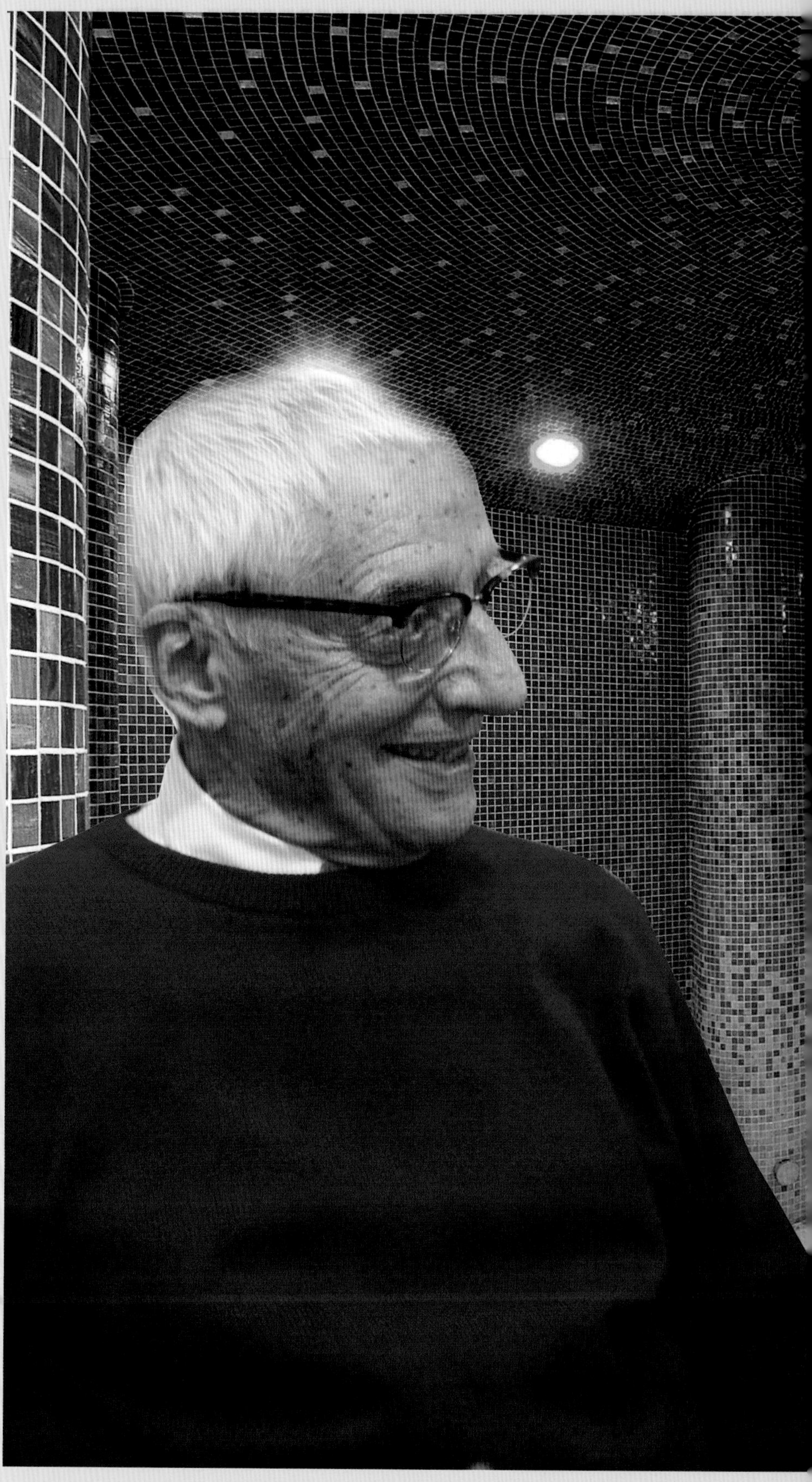

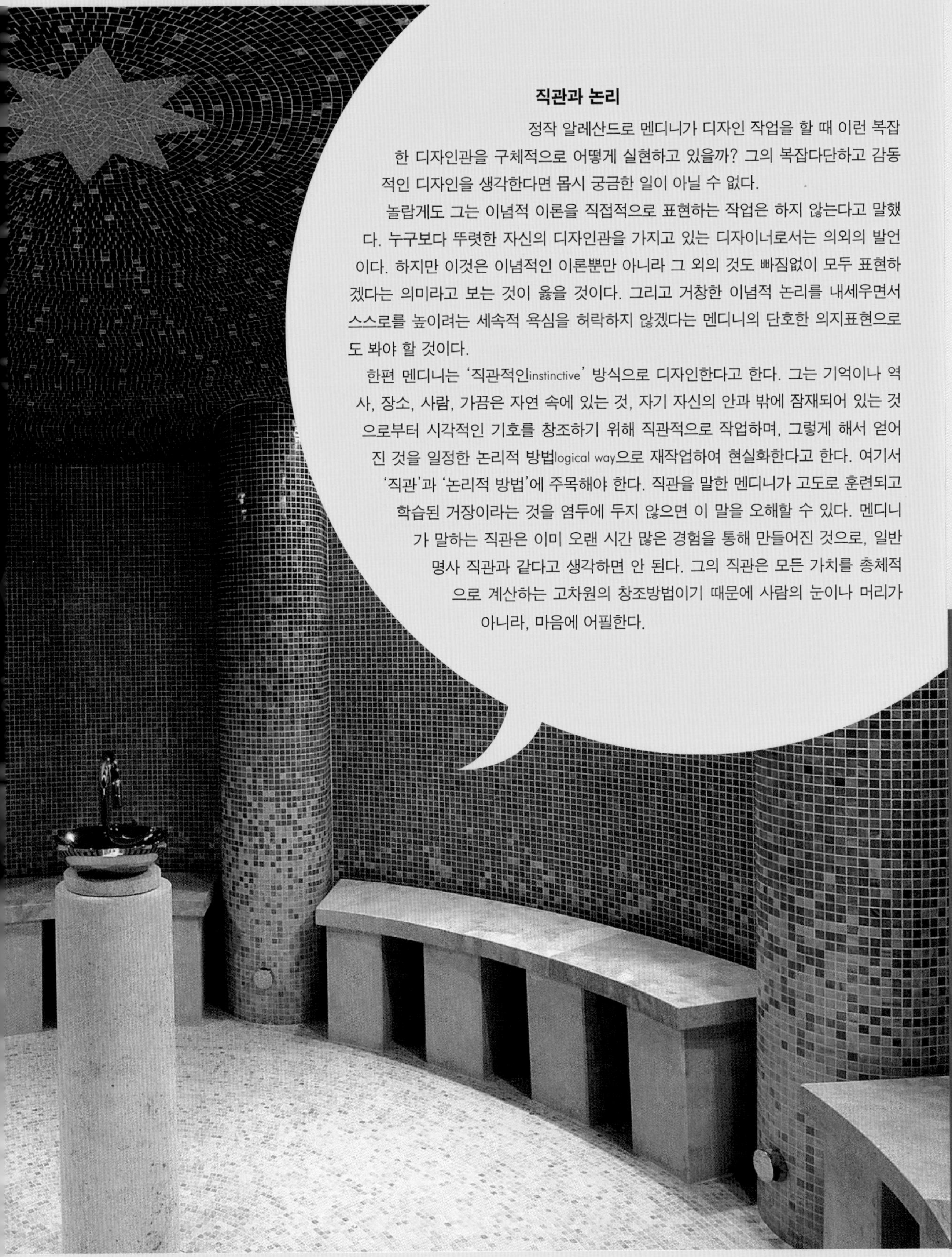

직관과 논리

정작 알레산드로 멘디니가 디자인 작업을 할 때 이런 복잡한 디자인관을 구체적으로 어떻게 실현하고 있을까? 그의 복잡다단하고 감동적인 디자인을 생각한다면 몹시 궁금한 일이 아닐 수 없다.

놀랍게도 그는 이념적 이론을 직접적으로 표현하는 작업은 하지 않는다고 말했다. 누구보다 뚜렷한 자신의 디자인관을 가지고 있는 디자이너로서는 의외의 발언이다. 하지만 이것은 이념적인 이론뿐만 아니라 그 외의 것도 빠짐없이 모두 표현하겠다는 의미라고 보는 것이 옳을 것이다. 그리고 거창한 이념적 논리를 내세우면서 스스로를 높이려는 세속적 욕심을 허락하지 않겠다는 멘디니의 단호한 의지표현으로도 봐야 할 것이다.

한편 멘디니는 '직관적인instinctive' 방식으로 디자인한다고 한다. 그는 기억이나 역사, 장소, 사람, 가끔은 자연 속에 있는 것, 자기 자신의 안과 밖에 잠재되어 있는 것으로부터 시각적인 기호를 창조하기 위해 직관적으로 작업하며, 그렇게 해서 얻어진 것을 일정한 논리적 방법logical way으로 재작업하여 현실화한다고 한다. 여기서 '직관'과 '논리적 방법'에 주목해야 한다. 직관을 말한 멘디니가 고도로 훈련되고 학습된 거장이라는 것을 염두에 두지 않으면 이 말을 오해할 수 있다. 멘디니가 말하는 직관은 이미 오랜 시간 많은 경험을 통해 만들어진 것으로, 일반 명사 직관과 같다고 생각하면 안 된다. 그의 직관은 모든 가치를 총체적으로 계산하는 고차원의 창조방법이기 때문에 사람의 눈이나 머리가 아니라, 마음에 어필한다.

경험과 감수성

알레산드로 멘디니는 좋은 디자인을 하려면 각자가 가지고 있는 것, 연구한 것을 솔직하게 표현해야 한다고 한다. 멘디니가 디자인할 때 가장 중요하게 생각하는 것은 자기 자신에게 충실한 것이다. 여기서의 충실은 열심히 한다는 뜻이 아니라 자신의 내면을 솔직하고 자연스럽게 표출한다는 뜻이다. 이에 대해 그는 이렇게 말했다.

"나의 삶은 본질적으로 어떠한 '디자인 허세'도 포함하지 않는다.
나는 나 자신의 목표를 설정하거나 계획을 세우는 것에 흥미를 느끼지 않는다.
그러므로 디자인, 글쓰기, 물체, 잡지, 전시회, 강연, 시, 그림과 장치는
그냥 해안에 부서지는 파도와 같은 것이다."

멘디니는 자신의 모든 행위를 흐르는 물처럼 대하고 있다. 열심히 흐르기는 하지만 어떤 계획이나 작위적인 노력 없이 순수하고 자연스럽게 움직여 간다는 것이다. 그렇게 하면 모든 것이 자연스럽게 맞아떨어진다는 생각인데, 공자와 노자와 같은 동아시아 현자의 견해와 매우 흡사하다. 또한 그는 일을 마치 체력훈련처럼 생각한다고 한다. 문제가 생기면 그것을 고치고, 맞는지 다시 시험해보고. 대신 그는 일이 끝나면 지나치게 자아비판하지도, 잘했다고 생각하지도 않는다고 한다. 교만을 경계하라고 한다.

"내가 하는 지적이거나 문화적인 것은 모두 나의 삶과 나의 천성적인 감수성에
기반하고 있다. 나의 디자인 방법론은 매우 개인적이다.
지나가는 분위기에서도 지속되는 어떤 가치에 초점을 맞추려고 집중한다.
나는 종종 관행적이지 않고unconventional, 메인 스트림에서 벗어난
어떤 본능적인 느낌으로 변방의 혹은 아방가르드한 문화로 들어가는
나만의 방법을 시도하고 찾으려 한다."

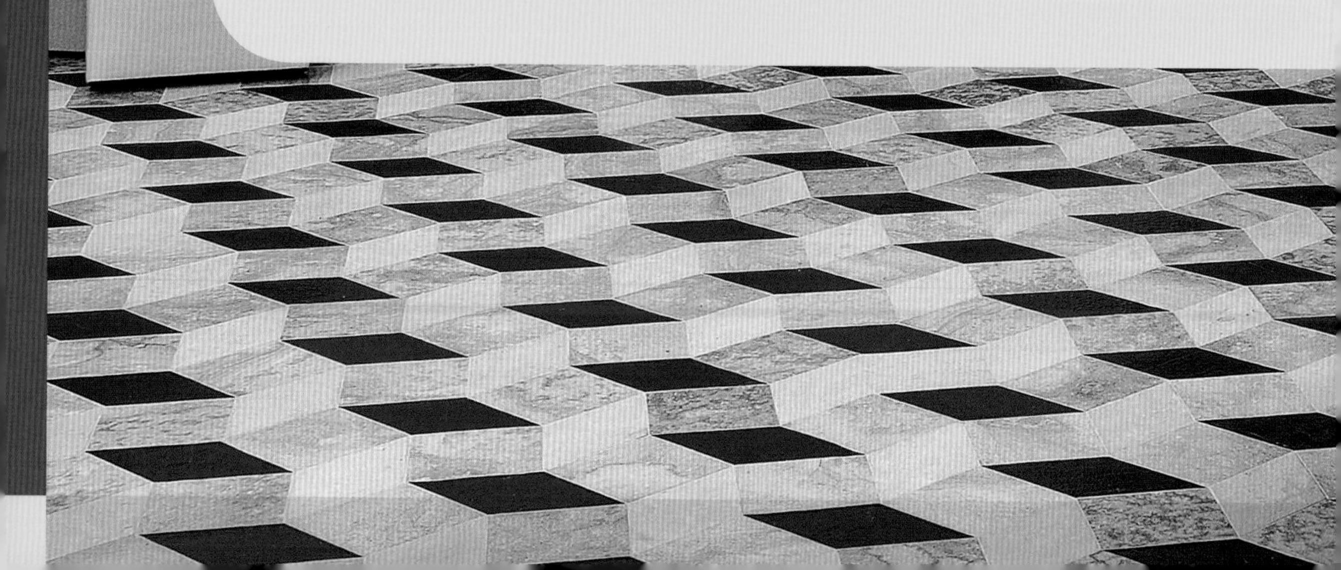

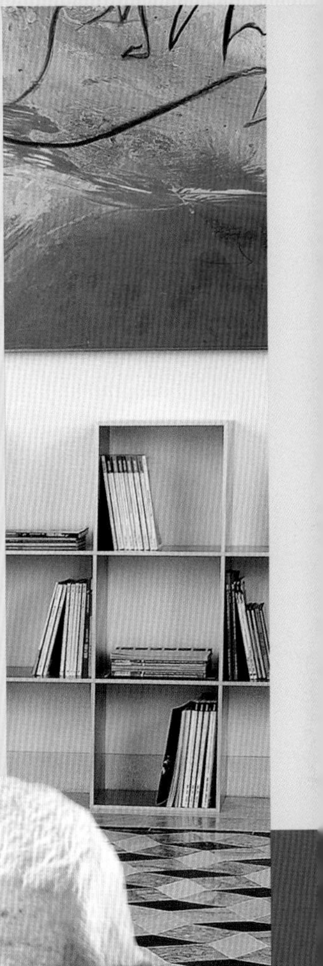

그런 거장이 이런 불안감을 가지고 있다는 것이 의외지만 멘디니라면 충분히 그러고도 남을 것 같다. 스스로의 잘못됨을 항상 고민하는 모습에서 그가 왜 기능주의적이고 상업적인 디자인을 비판해왔는지 잘 알 수 있다. 어쩌면 이런 윤리적 태도가 그의 가장 중요한 디자인 방법론일지도 모른다. 그는 자신이 디자인하는 구체적인 방법에 대해 이렇게 말하기도 했다.

> "내가 최고일 것이라고 생각하는 순간, 그걸로 끝입니다.
> 사람마다 타고난 성격이 있겠지만, 저는 늘 완전하지 못하다는 불안감을
> 가지고 있어요. 그래서 학교에서 강의하는 것도 잘 하지 않습니다.
> 혹시 강의중에 잘못된 것을 전달할까봐…."

결국 그의 디자인 방법에서 가장 중요한 것은 개인의 경험과 감수성에 입각하여 풀어나가는 것이고, 가능한 중심이 아닌 가장자리에서 실험을 지속하는 것이라고 할 수 있다. 구체적이고도 기술적인 방법이 아니라 본질적이고 핵심적인 가르침이다.

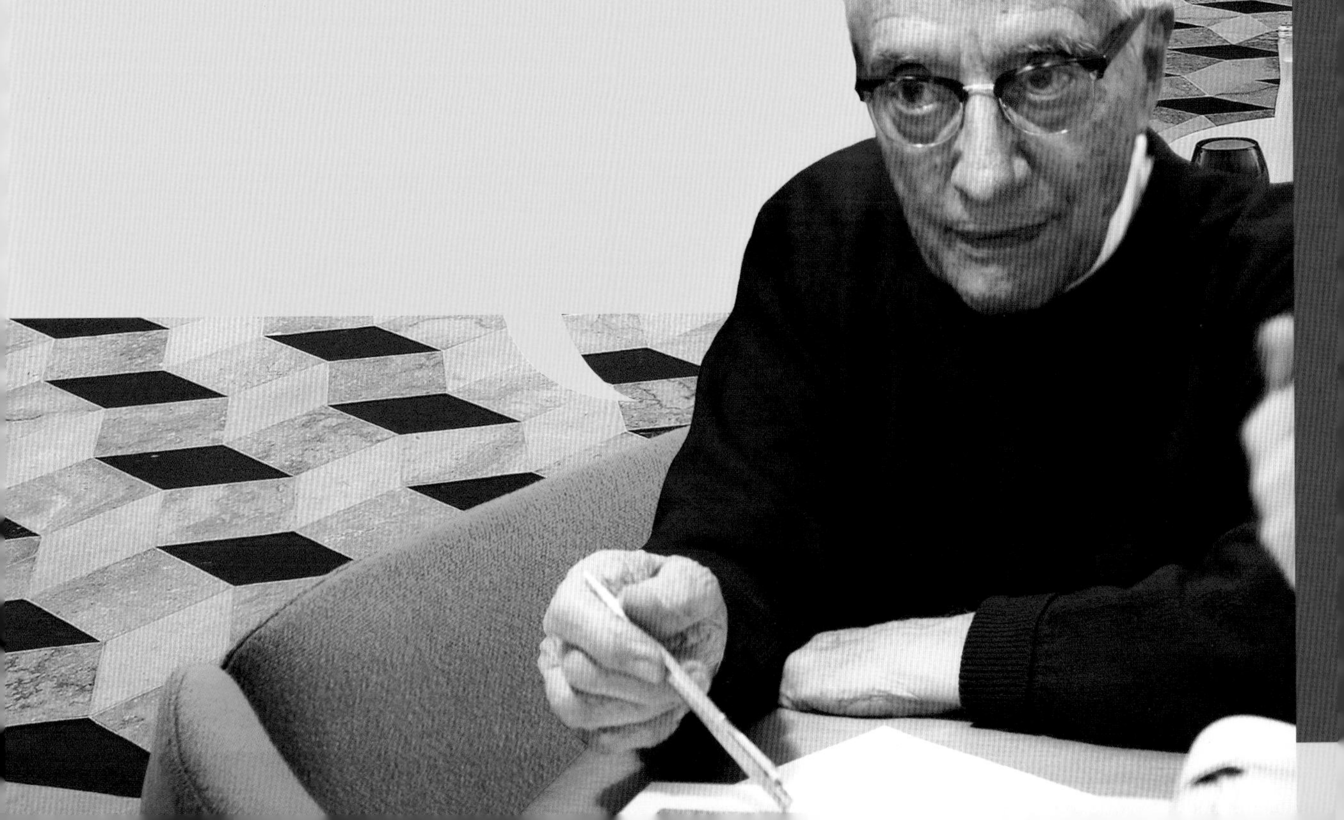

멘디니가 정리한 디자인 방법

친절하게도 알레산드로 멘디니는 자신이 생각하는 디자인 태도를 정리해 후학에게 교훈이 되도록 했다. 기존의 디자인 방법론과 비교하면 역설적인 내용으로 가득 차 있다. 하지만 그의 이런 정리를 통해 방법론이나 기능주의적 디자인 말고도 다양한 디자인 가치관이 있다는 것을 이해하고, 자신의 이름을 걸고 디자인하는, 차원이 다른 디자인 거장의 노하우를 참고하는 것은 아주 의미 있는 일일 것이다.

알레산드로 멘디니의 디자인 방법론(1984년)

1. 물체를 기능이 아니라 이미지를 기반으로 디자인하라.
2. 기능은 설명하기 모호하게 만들라.
3. 물체의 일반적인 모양에서 일반적이지 않은 결과를 뽑아라.
4. 다시 디자인하는 것을 거부하지 마라.
5. 모순된 이미지를 얻기 위해 분투하라 : HARD와 SOFT 모두에서.
6. 독특한 상황에서 디자인하라.
7. 상이한 부분을 함께 뭉쳐라.
8. 예상할 수 없는 무언가를 보여주라(긴장감을 창조하라).
9. 차분하고, 시적이고, 내적이고, 자조적인 물체를 만들어라.
10. OLD와 NATURE이라는 단어를 기억하라.
11. 항상 서로 다른 것들(다른 시리즈)로부터 새로운 물체를 창조하라.
12. 공예와 컴퓨터로 조합된 물체를 만들라.
13. 전체 또는 부분에 장식의 요소를 넣어라.(2차원 또는 3차원)
14. 명확한 부분과 흐릿한 부분을 조합하라.
15. 날카로운 모서리를 피하라.

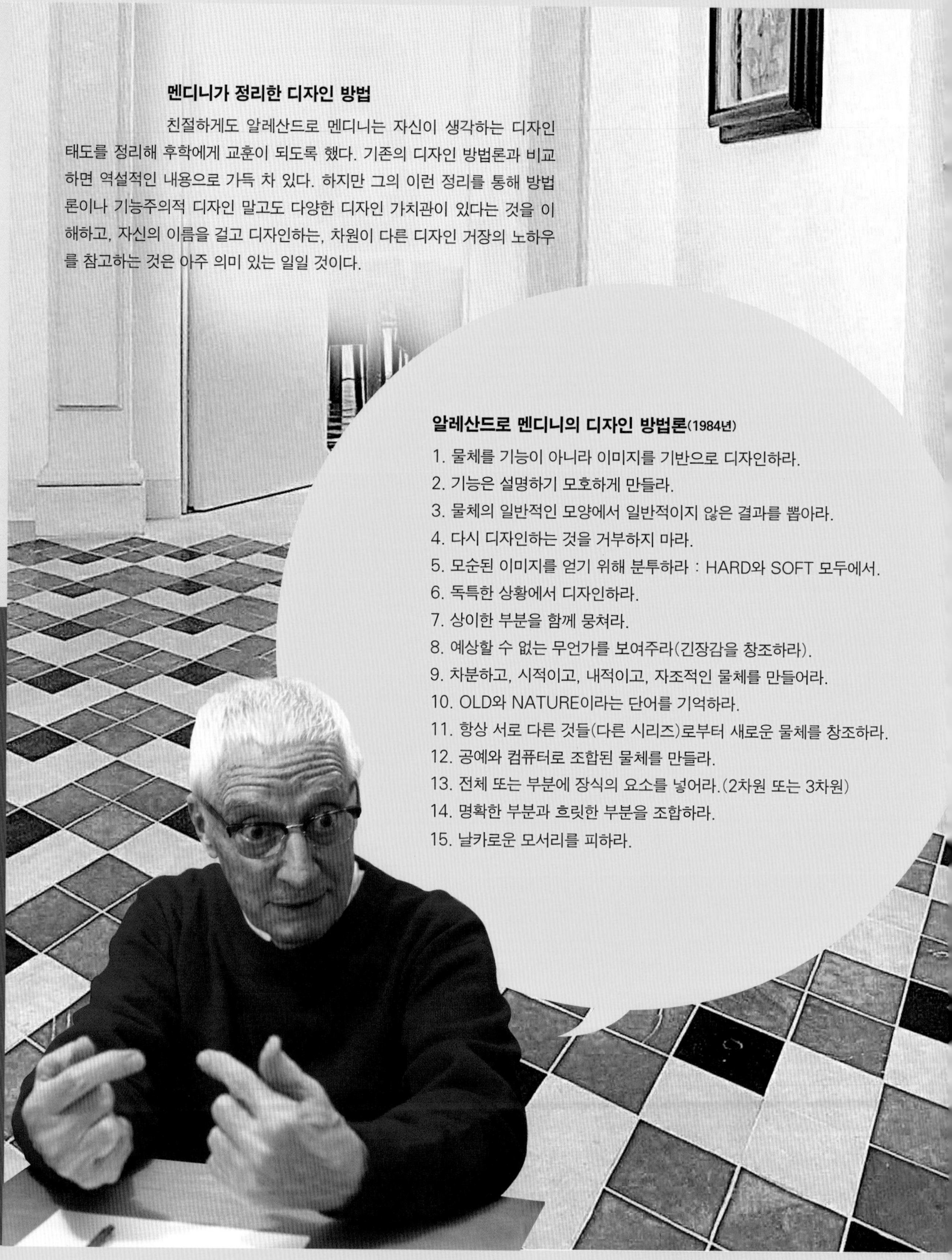

Verbs in the infinity

자신의 약점을 잊어라.
가장 자연적인 길을 따라라.
현재보다 앞서가라.
우리의 차원보다 한 차원 높이 가라.
확실한 가정을 타파하라.
당신의 근본을 넘어서라.
메시지 없이 살라.
삶에게 증언하라.
오래된 방법에서 안정성을 찾아라.
바람이 불더라도 당황하지 마라.
유행이 지나가도 당신의 위치를 유지하라.
개인적인 방안을 내놓아라.
작고 무작위적인 것을 잡아라.
당신의 이념을 잊어라.
필요 이상의 소통은 하지 마라.
상징적인 프로젝트를 택하라.
완전히 다른 세상을 제안하라.
당신의 개성을 잃지 마라.
가이드라인을 찾지 마라.
옛것을 그리워하지 마라.
불행이 존재한다는 것을 알라.
끊임없이 반복하라.
당신이 방금 완성한 일을 잊어라.
패션에 무관심하라.
농축시키기보다는 확장시켜라.
기존의 품질을 뒤집어라.
모든 것을 약간 바꿔라.
평화를 깨지 마라.
교회를 방문하라.
전쟁을 일으키지 마라.
계속 버려라.
아름다움을 찾아라.
같은 길을 결코 따르지 마라.
모든 것을 전하지 마라.
민족성을 활용하라.
과거를 반성하라.
다른 방법을 사용하라.
시간의 리듬을 택하라.
모든 곳에 가봐라.
자신을 위해 게임을 하라.
많은 사물을 사랑하라.
공격적인 디자인을 반성하라.
고전주의적인 객관성을 보여라.

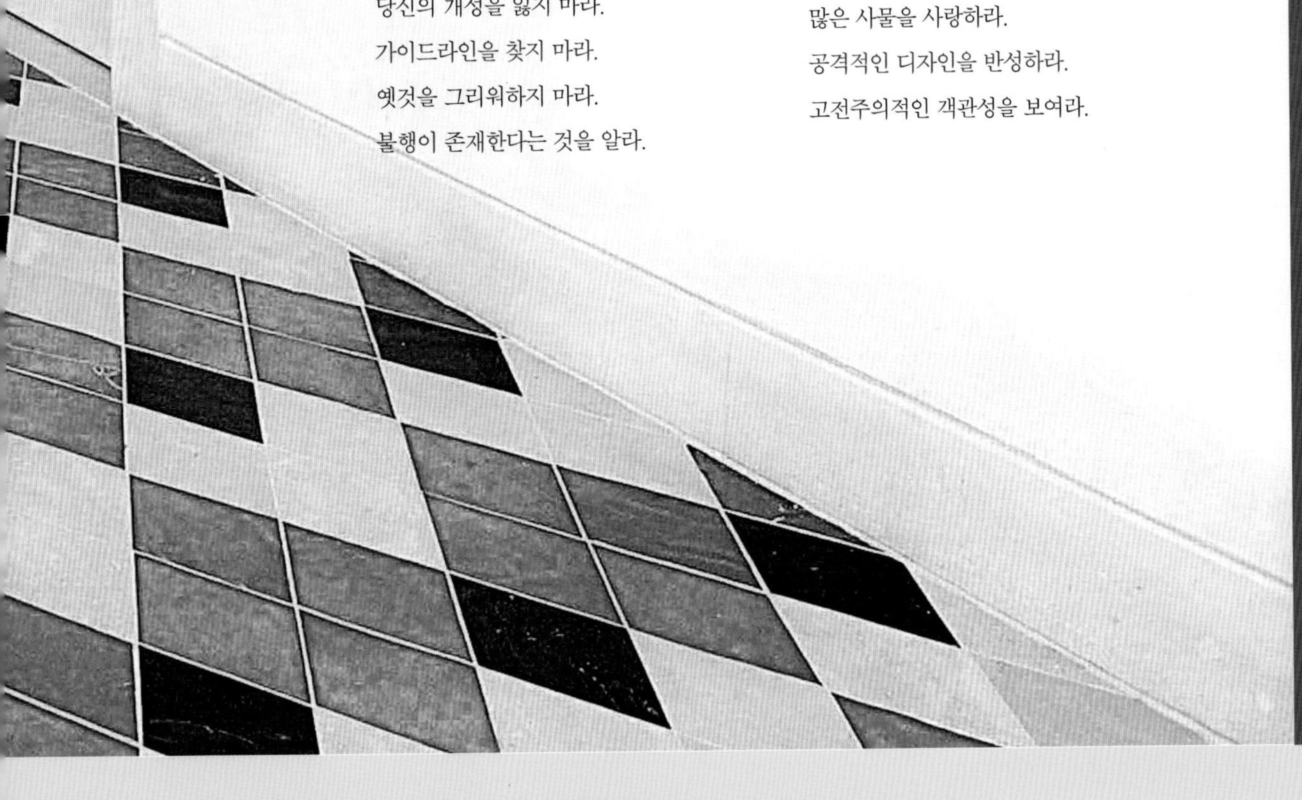

3

거장 멘디니의 일상

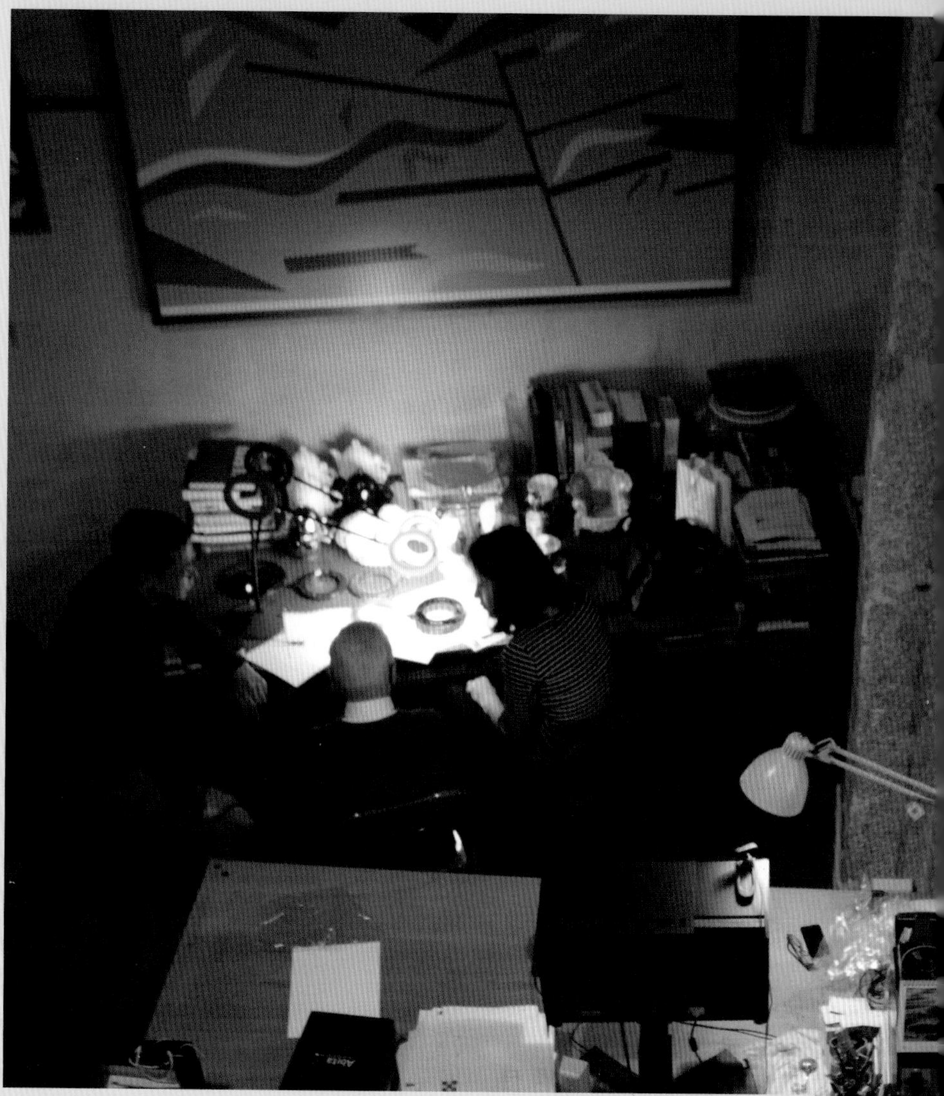

고요하고 소박한 삶

알레산드로 멘디니라는 이름이 이탈리아 디자인계와 세계 디자인계에 드리운 영향력이 얼마나 큰지를 이해한다면 그의 삶이 지극히 소박하고 자연스럽다는 사실에 매우 놀랄 수도 있다.

그는 디자인을 하지 않을 때는 읽거나 걷는 일 말고는 아무 것도 하지 않는다고 한다. 가급적 밤에는 책을 읽지 않고, 주로 오후 3시나 8시 사이에 비평이나 심리학, 철학책 등을 읽고, 주말에는 건축잡지나 디자인잡지를 많이 보면서 재충전한다고 한다. 시각적 효과가 대단히 강한 그의 디자인과 달리 그의 삶은 아주 단순하고 청교도적이기까지 하다. 그의 삶은 오로지 디자인을 향해서만 열려 있는 듯하다.

디자인 작업을 할 때도, 우선은 집중하기 위해서 집에서 조용히 혼자서 일한다고 한다. 혼자서 생각하고 그림을 그리면서 디자인에 대한 아이디어와 방향을 얻는데, 실제로 프로젝트가 아틀리에에서 진행될 때는 팀원들과 많은 이야기를 나눈다고 한다.

아틀리에

그의 모든 디자인이 아틀리에를 통해 탄생한다는 것을 생각하면 그의 디자인을 이야기할 때 아틀리에를 빼놓을 수가 없다. 그리고 그도 틈이 날 때마다 자신의 아틀리에에 대한 고마움과 중요함을 언급해왔다.

1989년 처음 아틀리에를 연 이후 지금까지 변한 것이 거의 없다는 것을 보면 놀라울 따름이다. 우선 아틀리에를 같이 시작한 친동생 프란체스코 멘디니도 여전하고, 아틀리에 내부도 벽에 걸린 그림이나 책상 위의 책이나 작업 내용이 바뀐 것 말고는 거의 그대로다. 일반적으로 디자인 사무실이라고 하면 번쩍거리는 인테리어에 최첨단 컴퓨터와 장치가 돌아가고 있을 것 같지만, 이 세계적인 디자이너가 작업하는 아틀리에는 시간의 흐름을 감지하기 어려울 정도로 소박하다.

20명 남짓한 사람이 일을 하고 있는데, 정직원은 약 12명 정도고, 전 세계에서 찾아온 디자이너가 임시직으로 있다고 한다. 그 중에 능력을 인정받고 적당한 자리가 생기면 정직원으로 채용된다고 한다. 분위기는 가족 같고, 프로젝트 진행은 철저히 개인차원에서 자율적으로 이루어진다고 한다. 그래서 출퇴근 시간도 따로 없는데, 그래도 모두 하루에 7, 8 시간씩은 꼭 일한다고 한다.

아틀리에는 연구소 콘셉트로 운영한다고 한다. 그래서인지 아틀리에를 가득 채우고 있는 것은 책상이고, 그 위에는 책이 즐비하게 쌓여있다. 다른 디자인 연구소처럼 많은 인원이 트렌드를 잡고, 마케팅을 하고, 기존의 것을 변형하는 식의 프로젝트는 진행하지 않는다고 한다. 트렌드를 창조하고 제시하기 위해서 멘디니의 아틀리에에서는 그런 일보다는 새로운 스타일이나 아이디어를 창출하는 데 더 많은 노력을 기울인다고 한다. 그의 디자인이나 성품처럼 맑고 진지한 분위기가 아틀리에 전체를 감돌고 있어서 그의 디자인이 왜 그렇게 디자인되었는지 바로 알 수 있다. 이곳에서 그는 자신의 스태프와 함께 수많은 프로젝트를 가족처럼 즐겁고 진지하게 진행하고 있다.

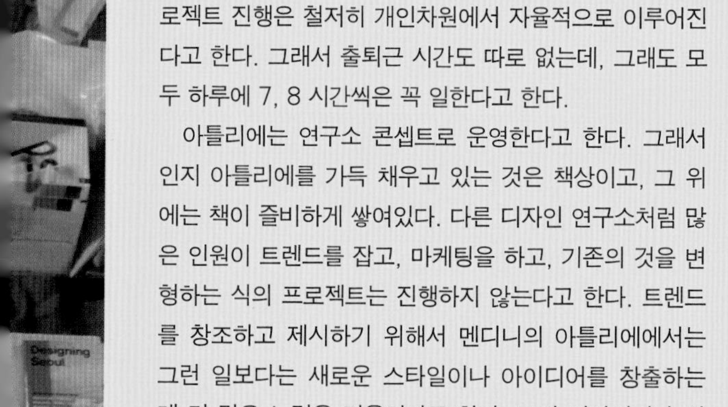

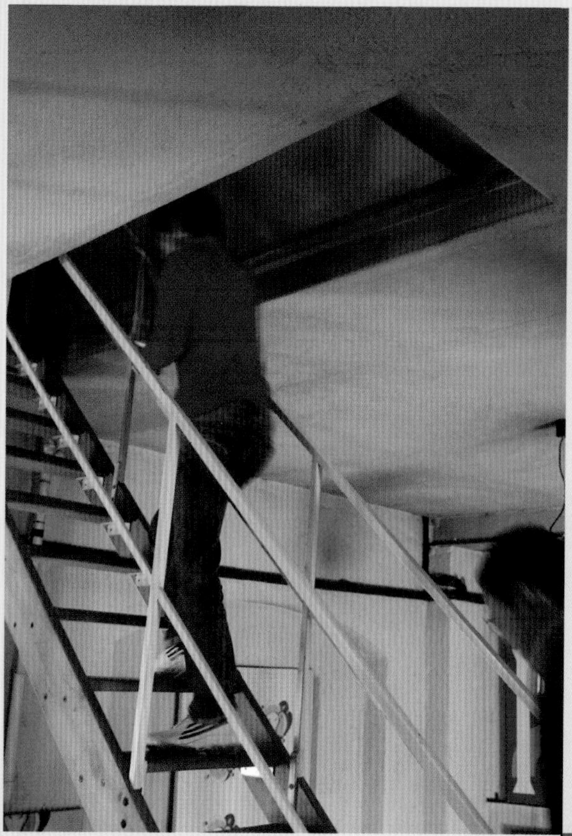

아틀리에 위층은 그가 거주하고 있는 아파트라고 하니 그는 거의 모든 시간을 이곳에서 보내는 것이다. 마치 중세 수도사가 바깥출입을 하지 않고 성당 안에서만 수행하던 모습을 연상시킨다.

아틀리에 건물은 원래 밀라노 철도청이 쓰던 건물이었다고 한다. 지금 스튜디오 자리는 철도청의 큰 시설이나 물건을 보관하던 창고였는데, 그런 창고의 흔적은 아틀리에의 높은 천정에 그대로 남아있다. 아틀리에 내부를 가건물처럼 2층으로 만들어서 쓸 수 있었던 것도 이렇게 높은 천정을 가진 창고였기 때문에 가능했다. 원래는 바닥도 비포장이었던 것을 나중에 시멘트와 나무를 깔았다고 한다.

넓은 창고 바로 위는 철도청 직원의 기숙사였는데, 지금은 알레산드로 멘디니의 집이다. 재미있는 것은 아틀리에 2층에서 천장으로 작은 계단이 연결되어 있는데, 멘디니의 집으로 가는 계단이다. 마치 우주선이나 로봇 연구소 같은 느낌을 주는 구조다. 하루 일과가 시작되거나 끝나는 시간이면 멘디니는 이 계단을 통해 아틀리에로 내려오고 집으로 올라간다. 누구든 그 계단을 보면 올라가보고 싶은 충동을 불러일으키는 구조다.

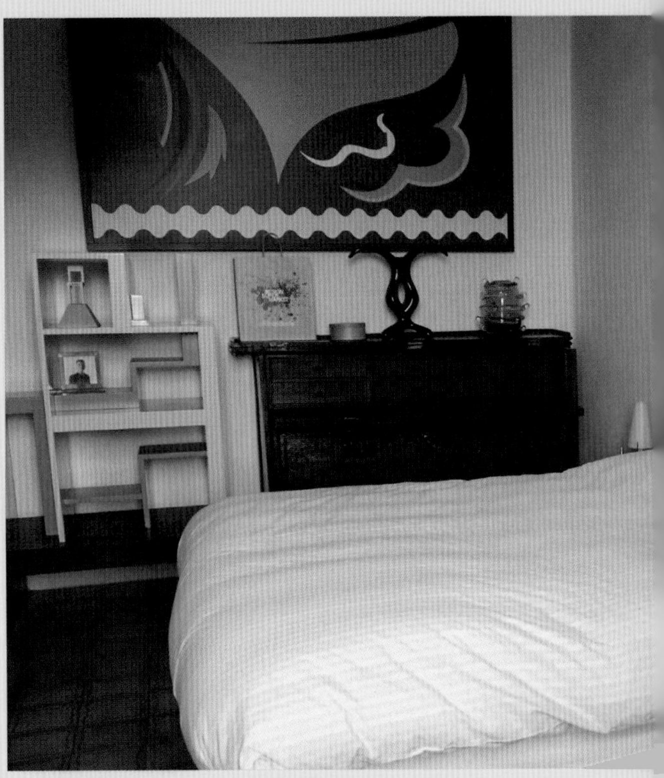

계단을 통해 아틀리에 천장 위로 올라가면 거짓말처럼 아늑한 공간의 집이 나타난다. 알레산드로 멘디니가 살고 있는 집이다. 하지만 그의 세계적인 명성에 비하면 정말 소박하기 짝이 없을 정도로 작다. 멘디니는 철도청 노동자가 썼던 이 소박한 공간이 마음에 들어 키우거나 화려하게 고치지 않았다고 한다. 화려하고 거창하지는 않지만 그 때문에 그의 집은 아주 아늑하고 정감이 넘친다.

그의 집은 세 개의 공간으로 이루어져 있는데 가운데가 침실이고 좌우로 서재와 사무실, 그리고 주방이 자리잡고 있다. 이 공간 안에는 멘디니 특유의 발랄하면서도 지적인 분위기가 가득하다.

무엇보다 집안 곳곳에 그간 잘 볼 수 없던 그의 초기 실험작이 자리하고 있어서 마치 '멘디니 특별전'을 하는 화랑에 온 느낌이다. 특히 주방 선반에는 그가 알레시를 위해 기획했던 '100% 메이크업'의 디자인이 모두 진열되어 있어 추억을 환기시키고 있다.

디자인뿐 아니라 벽면의 색깔이나 여러 소품도 멘디니 특유의 화사하고 정감어린 분위기를 강조하고 있다. 집안을 빛내는 다른 아티스트의 작품도 색상이 강하고 모양이 특이한 것이 많아 모두가 알레산드로 멘디니의 스타일과 닮아있다.

하지만 이처럼 화사한 색깔과 복잡한 형태의 이미지가 집안에 가득함에도 불구하고 정작 그의 집안을 가득 채우고 있는 것은 화려하고 럭셔리한 분위기가 아니라 매우 소박하고 정감어린 분위기라는 것은 참으로 신기한 일이 아닐 수 없다. 이는 그의 디자인이 보여주는 특징과 매우 흡사하다. 상품이나 기능성 이전에 인간의 소박한 마음을 먼저 챙기는 그의 정신이 그의 디자인 작업뿐 아니라 집안으로까지 이어지는 것을 확인할 수 있다. 일반적으로 디자인은 상품과 기능성, 클라이언트의 요구 등의 문제를 해결해야 하기 때문에 디자이너 자신의 삶과 일치시킨다는 것이 쉽지 않다. 특히 자신의 삶이 이루어지는 한가운데에 이렇게 자기의 디자인관을 일관되게 실천하고 있다는 것은 매우 놀랍고 존경스러운 일이다.

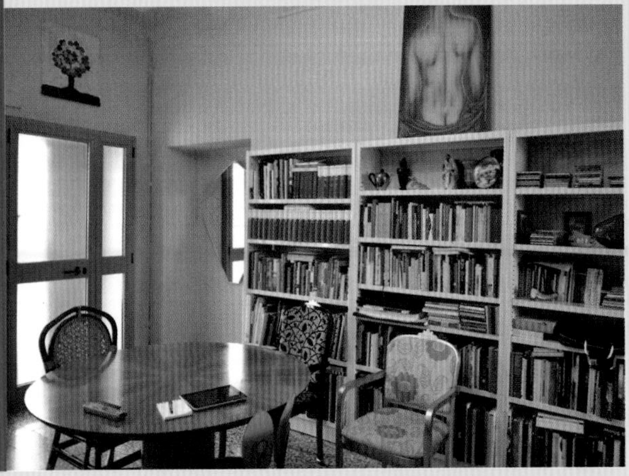

하지만 거기서 끝이 아니다. 계단을 내려오면서 아틀리에를 내려다보면 그의 디자인 정신이 아틀리에 전체에 고스란히 스며들어 있음을 확인할 수 있다. 아틀리에를 가득 채우고 있는 것은 분명히 화려하고 장식적인 이미지지만 그런 것들이 환기시키는 것은 더없이 소박하고 인간적인 분위기다. 이런 분위기 속에서 멘디니의 황금과도 같은 디자인이 만들어지고 있는 것이다. 그래서 그의 디자인은 사람의 머리 위에 군림하지 않고 친구가 되었다.

디자인뿐 아니라 자신의 집과 아틀리에, 그리고 자신의 삶 전체에 일관된 정신을 흐트러짐 없이 실천하고 있는 진정한 그의 모습을 확인했다. 정말이지 큰 울림을 주는 감동이다. 이 정도라면 그는 이미 한 명의 디자이너 수준이 아니라 거의 종교의 단계에 이른 사람으로 보아야 하지 않을까? 하긴 그는 이미 디자인계의 살아있는 전설이다.

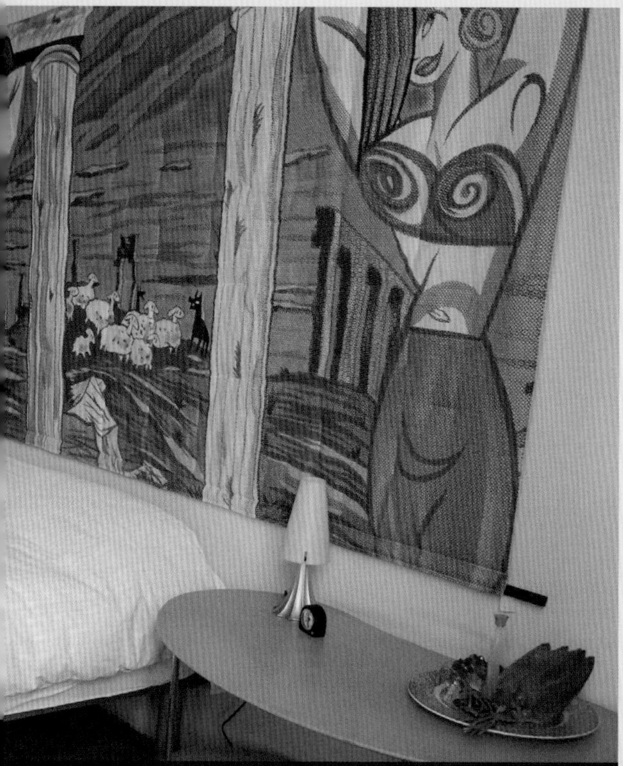

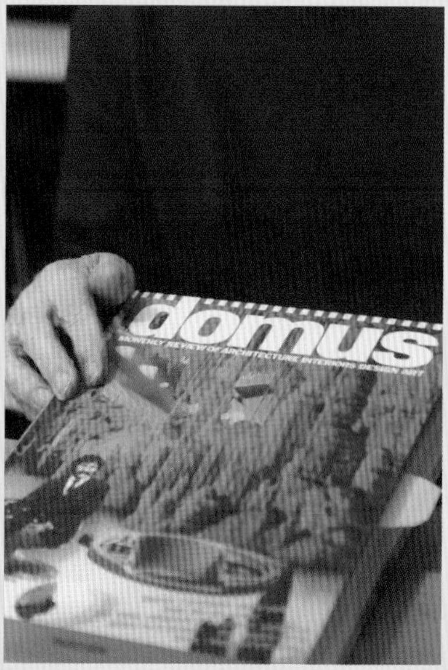

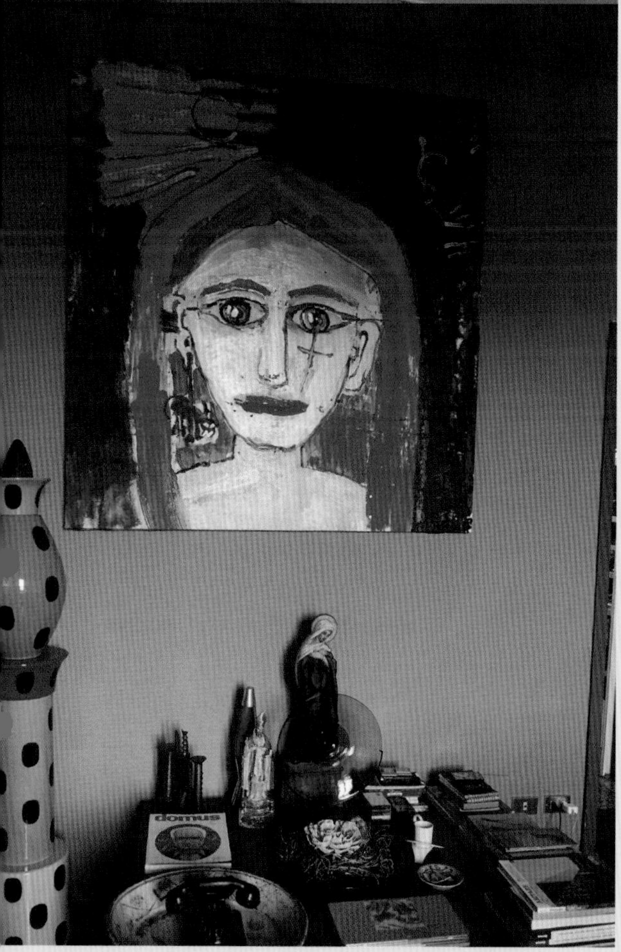

다시 〈도무스〉 편집장

디자인 작업만 해오던 알레산드로 멘디니는 2010년 초에서 2011년 초까지 1년 동안 과거 편집장으로 일했던 〈도무스〉에 편집장으로 깜짝 발탁되었다. 80년대 중반에 그만두었으니 어언 30년이 넘는 시간을 지나 다시 복귀한 셈이다.

그가 편집장이 되어 만든 〈도무스〉는 표지부터가 달랐다. 하얀색 바탕은 이전의 도무스와는 완전히 다른 분위기, 그러니까 좀더 깔끔하고 현대적인 분위기를 만들어냈다. 그리고 과거 그가 세계를 돌며 발굴한 디자이너의 얼굴을 표지에 넣었듯이 디자이너나 작가의 얼굴 캐리커처를 잡지 표지 가운데에 넣어서 예술적인 분위기를 한껏 북돋웠다.

내용의 편집체계도 많이 바꾸었다. 흰색의 여백을 많이 주어서 깔끔하면서도 가독성을 높였고, 드로잉이나 회화적 이미지의 비중도 늘렸다. 전체적으로 편집장 멘디니의 솜씨가 녹슬지 않고 여전하다는 것을 보여주었다.

편집장으로서 그의 솜씨를 즐기기에는 좀 아쉬운 짧은 시간이기는 했지만, 1년간의 편집장 활동은 멘디니 자신에게도 매우 의미 있고 재미있는 시간이 되었다.

Part 7

멘디니와 주고받은 질문과 응답

알레산드로 멘디니에 관한 글을 쓰기 위해서 그에 대해 궁금한 점을 서면으로 질문하고 답변을 얻을 수 있는 기회를 가졌다. 말로만 듣던 거장에게 궁금한 것을 물을 수 있다는 것만으로도 큰 영광이었는데, 그가 직접 작성한 답변을 받는 감격은 이루 말할 수 없는 것이었다. 평소에 궁금했던 것이 많았던 터라 비교적 많은 질문을 했고, 답하기가 쉽지 않은, 곤란한 것도 있었다. 하지만 멘디니는 질문 하나하나에 매우 꼼꼼하고 진지하게 답변해주었다.

그의 세심한 답변에는 기존에 출간된 책에서는 볼 수 없던 사실이 많았다. 단지 멘디니 개인의 이야기뿐만 아니라 현대디자인에 관련된 여러 이야기가 담겨 있어서 대단히 가치 있는 정보가 되었다. 멘디니에 대해 많이 이해하게 되었으며, 그가 활동한 시대의 디자인 흐름에 대해서도 가감 없이 알게 되었다. 그리고 무엇보다 그런 이야기를 다른 사람도 아닌 멘디니의 생생한 글로 접했다는 것은, 단지 정보의 습득을 넘어서서 멘디니와 마주한 듯한 특별한 경험이 되었다. 그의 목소리를 글로 들어보자.

1 어떤 계기로 디자인을 하게 되었나?

1

자연 인
멘디니

어렸을 때부터 그림 그리는 것을 좋아했다. 유머러스한 스케치도 했고 만화책도 만들었다. 항상 그리고 칠했다. 그러다가 밀라노 공대에 입학했는데, 처음에는 전공이 엔지니어링이었다가 나중에 건축으로 바꾸었다. 저널리스트나 일러스트레이터가 되기를 원했다. 월트 디즈니를 너무나 좋아했다. 나는 여러 영역에서 일하는 데 항상 열려 있다. 디자이너가 되어야겠다는 생각은 나중에, 내가 〈카사벨라〉라는 건축과 디자인 잡지 편집장으로 있을 때에야 들었다.

2 어렸을 때 조형적인 기초는 어떤 과정을 거쳐서 공부했는가?

내가 대학을 다닐 당시 밀라노는 예술적으로 매우 발전되어 있었다. 음악은 라 스칼라 극장으로, 미술은 브레라 아카데미로, 건축과 디자인은 〈도무스〉라는 잡지로 발전하고 있었다. 나는 이들과 거리를 두고 살았지만, 그런 예술적 현상을 항상 가까이에서 주시하고 있었다.

3 자신에게 영향을 미친 존경하는 예술가에는 어떤 사람들이 있는가?

어렸을 때는 입체파나 미래파, 표현주의 등 유럽 아방가르드 예술과 회화 운동으로부터 광범위하게 영향을 받았다. 작가로는 칸딘스키나 데페로, 그리고 가우디에게 영향을 많이 받았는데, 내게 그들은 꿈의 세계를 보여주었다.

4 건축회사를 다니다가 잡지 편집인을 하게 된 계기는 무엇인가?

항상 문학과 예술 비평을 좋아했고, 소설과 내가 흥미를 느끼는 인물의 전기 읽기를 좋아했다. 그외에 그림을 좋아했으며, 항상 글을 쓰는 것과 인쇄물에 관심이 많았다. 밀라노에서는 〈카사벨라〉와 〈도무스〉라는 유명한 잡지가 있었고(지금도 있는데), 나는 그들과 같이 일하기 시작했다. 그리고는 잡지 편집장까지 되었다. 나는 지오 폰티와 같은 경우에 속하게 되었다. 그는 〈도무스〉에서 편집장을 지냈고, 나처럼 건축가이자 디자이너였다. 유럽에서는 이렇게 절충적인 경향의 지식인이 하나의 공식처럼 되어 있다.

5 건축회사에 다닐 때는 어떤 일을 주로 했는가?

나는 서로 다른 그룹의 협업체와 많은 이야기를 하면서 보냈다. 그들은 크든 작든, 유명하든 덜 유명하든 수년 동안 각자의 길을 가고 있었다. 우리의 실험적인 프로젝트는 자주 전시되고 또 설치미술이 되었다. 우리는 단지 우리 회사를 위해서만 일하지 않았으며, 우리의 가정과 나라를 위해 일했다.

6 잡지사 편집인으로 했던 일 중에서 가장 자랑스러운 점은 무엇인가?

나는 항상 내 잡지를 연속적으로 생산되는 공업제품이라고 생각했다. 그래서 나는 오케스트라의 지휘자처럼 잡지를 디렉팅했다. 각각의 악기는 서로 어울려 조화를 이루도록 조정되어야 한다. 나는 각각의 잡지에서 명확한 이념을 견지했다. 그것은 나를 소통하게 하였고 콘텐츠의 성격을 만들도록 해주었다.

7 알키미아 활동은 왜 하게 되었나?

나는 15년 동안 잡지 만드는 일만 했고, 나의 모든 시간을 그것에 헌납했다. 그래서 약간의 틈을 내서 다른 일도 해보기로 했다. 부업으로 밀라노에서 이미 만들어져 있던 알키미아 스튜디오를 시작했다. 나는 매일 저녁 거기에 들렀다. 거기서 새로운 시각적 언어와 사회적 변용을 적용한 실험적인 프로젝트들을 이끄는 경험을 했다. 경제적인 측면은 중요하지 않았다.

8 잡지사를 나와 디자이너로서 활동하게 된 것은 미리 계획된 일이었나?

잡지에서 했던 많은 일을 통해 나는 이탈리아 디자인을 생산하는 데 중요한 역할을 하는 산업계의 인사들을 알게 되었고, 친구가 되었다. 그것이 내가 산업디자인을 하게 된 이유였으며, 알키미아와 같이 디자인하기도 했고, 때로는 혼자 하기도 했다. 나는 이미 디자인 영역에 관련된 중요한 지식을 심오한 수준에 이르기까지 모아놓고 있었다.

9 본인이 편집했던 잡지들은 얼마나 인지도가 있었나?

비즈니스 규모로 본다면 이탈리아 건축잡지는 미미하다. 하지만 디자인의 취향과 유행을 만들어내기 때문에 문화적인 관점에서는 엄청나게 중요하다고 할 수 있다. 대중적인 잡지는 아니지만 건축잡지는 예술 비평과 역사에 관한 내용을 다룬다.

10 제2차 세계대전 때는 무엇을 했나?

제2차 세계대전 시기1940-1945 나는 소년이었다. 당시 이탈리아는 파시스트의 손에 넘어가 있었고, 독일에 점령당했다. 가족은 폭격을 피해 밀라노로 이주해왔다. 그리고 이 5년간은 내 인생에 공포로 각인되어 있다. 전쟁이 끝난 후 이탈리아는 왕정에서 공화제로 바뀌었다. 전쟁 후 재건 분위기 속에서 나는 고등학교를 다녔고, 대학에 들어갔다.

11 친하게 지냈거나 친하게 지내는 디자이너로는 어떤 사람들이 있나?

나는 항상 동료의 작업과 방법에 대해 관심이 많다. 과거를 생각하면 비엔나의 요제프 호프만Josef Hoffmann과 오토 바그너Otto Wagner가 떠오른다. 현재는 많은 친구와 동료가 생각난다. 아라타 이소자키Arata Isozaki에서부터 한스 홀라인까지, 필립 스탁에서부터 론 아라드까지. 그러나 나에게 가장 영향을 많이 미친 선생님이라고 한다면 지오 폰티를 들 수 있다.

12 밀라노에서만 살았나?

나는 항상 이탈리아에서 살았다, 특히 밀라노에서만. 짧은 여행을 많이 한 편인데, 다른 도시나 나라로 옮길 생각은 전혀 없다.

13 가족은 어떻게 되나?

마리아라는 쌍둥이 여동생이 있는데 독일에서 학위를 받았다. 남동생 프란체스코도 있다. 그는 나보다 여덟 살이 적은데 건축학위를 받았고 아틀리에 멘디니에서 같이 일하고 있다. 우리 관계는 형제를 넘어서서 가장 위대한 우정을 이루고 있다. 나에게는 두 딸 풀비아와 엘리사가 있다. 그리고 두 명의 어린 손자가 있다. 나는 아틀리에 바로 위에 있는 아파트에서 혼자 살고 있다.

14 어렸을 때 가정환경은 어땠나?

내가 어렸을 때는 가톨릭 독일 수녀들이 운영하는 학교에 다녔다. 그래서 이탈리아 말을 배우기 전에 독일어를 배웠다. 학습 방식은 노래로 배우는 것이었다. 그 당시 밀라노는 예술적이면서도 차분한 도시였다. 우리 가족은 다른 친척들이 살았던 집에 살았다.

15 디자인 스튜디오를 처음 열었을 때 경제적으로 별 문제는 없었나?

밀라노 공대 시절 처음 일을 시작했다. 급우들과 돈을 모아서 개인 차원의 작은 인테리어 프로젝트와 일러스트레이션을 하기 위한 작은 스튜디오를 열었다.

16 디자인을 하지 않을 때는 주로 무엇을 하나?

특별한 취미는 없다. 나는 읽고, 조금 걷고, 그리고 아무것도 안 한다.

17 좋아하는 여행지는 어디인가?

밀라노 북쪽 산의 해발 900미터 숲속에 아름다운 집이 있다. 차로는 한 시간 반 정도 운전해서 갈 수 있다. 1910년에 지어진 크고 오래된 집인데, 가끔 그곳에 간다.

18 좋아하는 스포츠는 무엇인가?

나는 스포츠를 즐기지 않는다. 그저 집에서 체조나 하고 명상을 하는 정도다.

19 한 달의 독서량은 어느 정도이며, 가장 좋아하는 책은 무엇인가?

나는 여러 방면에 관심이 많다. 많은 책과 잡지를 사기도 하고 받기도 한다. 모든 타입의 사진과 그림을 보고, 내 책상 위에 놓여 있는 많은 출판물을 본다. 거기에는 항상 너무나 많은 것이 있고, 나는 언제나 그 아래에 있다. 그러나 나는 이 모든 것에 매료된다.

20 인생에 위기가 있었다면 언제라고 생각하는가?

내가 50이 되었을 때 큰 위기를 맞았다. 같은 시기에 이혼을 했고, 〈도무스〉를 떠나게 되었다. 바로 그때 동생과 같이 아틀리에 멘디니를 열었다.

21 디자인을 하는 데 육체적으로 힘든 점은 없나?

창조작업이란 내게는 큰 기쁨이다. 하지만 동시에 육체적으로 힘들고 어려운 일이기도 하다. 집중이 나의 운동이다.

22 이 나이에 고생스럽게 디자인을 왜 하고 있는지 회의가 든 적은 없나?

나는 80이 넘었다. 그러나 결코 일을 그만둘 정도로 마음을 닫지는 않는다. 내 방법과 나의 조직과 나의 호기심은 지금까지 변하지 않았다. 나는 경쟁적이지 않은 방향으로 너그럽게 행동해왔으며, 적당한 거리를 두고 사물을 보는 법을 배워왔다.

23 동생은 어떤 사람인가?

내 동생은 우리 아틀리에의 진정한 조정자다. 그는 친절하고 유익한 사람이며, 능력 있는 조직책이다. 그리고 뛰어난 기술 자문인이며, 프로젝트의 미적 측면에 뛰어난 감각을 가지고 있다. 그가 없었다면 나는 복잡한 프로젝트와 더 많이 부딪히면서 어려움을 겪었을 것이다. 우리의 가장 중요한 활동은 모두 그의 책상에 먼저 가고, 그 다음에 내게 온다. 주로 그의 견해에 따라 협업자와 클라이언트를 정한다.

2

디자이너 멘디니

1 본인의 디자인에 일관되게 나타나는 독특한 색감은 어디에서 나온 것인가?

보통 색깔을 직관적으로 선택한다. 좋아하는 색이 별로 없지만, 핑크나 바랜 파랑, 라벤더, 오렌지와 같은 색을 좋아하긴 한다. 모든 자연은 색이 입혀져 있으며, 나는 자연과 연결되어 있다. 나는 자연의 색을 좋아하고, 인위적이고 합성된 색은 싫어한다. 나는 한 대상에 여러 가지 다른 색을 넣는 것을 즐긴다. 르네상스 시대부터 미래파에 이르기까지 이탈리아 회화의 역사에는 색과의 위대한 관계성이 있다. 또한 다채로운 색상은 에너지와 즐거움을 선사한다. 그래서 동서양을 막론하고 다채로운 색상은 행운을 불러온다는 의미를 가지고 있기도 하다.

2 본인의 디자인에서 이탈리아 문화의 영향은 얼마나 큰가?

수없이 여러 나라를 인용하며 작업해왔다. 이집트, 일본, 미국의 팝아트 등. 하지만 이탈리아의 시각적 문화는 당연히 내 마음과 정신의 근본적인 요소가 되어왔다.

3 알키미아는 처음에 어떤 취지로 만들어졌으며, 구성원은 어떻게 모이게 되었는가?

내가 스튜디오 알키미아를 설립했을 때 디자이너 알레산드로 구에리에로가 요구한 것은 적은 수의 디자이너가 모여서 물건이나 가구를 만들자는 것이었다. 하지만 결과물이 이상하리만큼 동종의 것처럼 유사했다. 그래서 그룹은 자체의 강렬한 스타일을 가지게 되었고, 역사를 가지게 되었던 것이다. 우리는 자주 모여서 많은 물건에 대해 이야기를 나누었고, 심지어는 격렬하게 논쟁하기도 했다. 대량생산되는 산업적 아이템을 대신하여 공예의 가치와 소규모 생산을 강화해야 할 필요가 있었던 시점에서, 알키미아는 하나의 시작점이 되었던 자가 생산의 실험실이었다. 공해와 환경문제가 중요한 이슈로 제기되기 시작했고, 그 당시 원자재는 유독했고, 생산방법은 고도로 집중화되었다. 알키미아의 장점과 단점은 돈에 의해 관심을 이끈 것이 아니었다는 것이다.

4 알키미아가 세계적으로 그렇게 큰 영향을 미칠 줄 처음부터 알고 있었나?

알키미아의 첫 전시 '바우하우스 1'을 통해 우리는 이런 움직임에는 무엇인가 매우 특별한 것이 있다는 것을 알게 되었다. 안티디자인이나 래디컬 디자인은, 특히 내가 디렉팅한 잡지를 통해 잘 알려진 현상이 되었다. 그러나 이탈리아와 해외의 디자인 공식기관들이 알키미아를 거세게 공격했다. 이유는 알키미아가 모든 기능주의자에게 표현적인 디자인 경향에 대해서 어느 것이 진실인지 문제제기를 했기 때문이었다.

5 1980년대 전후의 이탈리아 디자인을 포스트모더니즘 디자인의 시작으로 보는 것에 대해 어떻게 생각하나?

포스트모더니즘은 원래 1980년에 시작되었다. 정확하게 말하자면 파올로 포르토게시Paolo Portoghesi가 디렉팅한 베니스 건축 비엔날레에서 시작됐다고 할 수 있다. '새로운 도로'는 세계의 모든 주류 포스트모던 경향의 건축가가 모여 그룹을 만든 전시였다. 그리고 '진부한 물건'은 내가 디렉트하고 '새로운 도로'와 수평적으로 조직된 전시였다. 이 전시는 알키미아의 새로운 이론을 정립한 것으로 알려져 있다.

6

본인의 작품을 비롯해 이탈리아 디자인이 세계적인 반열에 오르게 된 가장 큰 이유는 무엇이라고 생각하나?

알키미아의 첫 전시와 앞에서 언급한 비엔날레는 의심할 바 없는 첫 시작점이었다. 그 전시에서 나온 이미지는 완전히 새로운 어떤 것과 관련된 엄청난 커뮤니케이션 작용을 불러일으켰다.

7

제2차 세계대전 후 이탈리아 디자인이 이탈리아 산업을 발전시킨 직접적 원인이었다는 데 동의하는가?

제2차 세계대전이 끝난 후, 젊은 건축가나 디자이너는 일이 없었다. 주택 영역이나 물건과 기대들은 재건되어야 할 필요성에 입각해 있었다. 공장은 작았고, 거의가 공예를 바탕으로 하고 있었다. 건축가와 산업가는 물건을 발명하고 같이 제작하는 일을 시작한 젊은 친구들이었다. 지오 폰티, 마르코 자누소, 비코 마지스트레티, 아킬레 카스티글리오니 같은 디자이너가 여기에 속했다

8

안나 G는 여자 친구가 기지개 켜는 것을 보고 아이디어를 얻었다는 데 맞는 말인가?

안나 G는 와인 병마개를 따기 위해서 만들어진 도구이며, 역동적인 움직임으로 그 역할을 완벽하게 수행한다. 이것은 팔을 올렸다 내렸다 하고, 스스로 빙글빙글 회전한다. 디자인할 때 생각한 것은 발레리나가 춤을 추는 모습이었다. 그리고 또한 디자이너 안나 G라는 실제 사람의 모습을 만들 수도 있겠구나, 하는 생각을 했다. 나는 내 디자인에 실제 사람의 모습을 부여하면서 기쁨을 느낀다. 눈을 가지고, 입을 가지고, 몸을 가지면서 이들은 더욱 사람 같아졌고, 친근해졌다.

9

라문의 아물레또를 보면 단지 모양만이 아니라 사용하는 과정에 대해서도 디자인하고 있다는 느낌이 드는데 실제로 디자인할 때 사람들이 사용하는 행위도 많이 고려하는가? 직접 사용해보았는가?

그렇다. 기능적인 도구를 만들 때, 실용적인 측면을 고려한다. 이는 반드시 전문적으로, 그리고 기술적으로 해결되어야 한다. 또한 그 역할에 따른 마케팅으로 해결되어야 한다. 당연히 사용하고 있다. 내 테이블에는 두 개의 아물레또 램프가 있다. 하나는 오른쪽에 또 다른 하나는 왼쪽에. 나는 태양이 비칠 때도 그 램프를 항상 켜놓는다. 정말 뛰어난 기능을 가지고 있다.

10 **잡지 편집자로서 활동하다가 디자이너로 전환했을 때는 어떤 이유가 있었나?**

나는 세 개의 잡지를 각각 5년 동안 디렉팅했다. 그것은 매우 즐겁고 매혹적인 일이었다. 하지만 나는 그림을 그리고, 발명을 하고, 디자인을 해야 할 필요성을 느꼈다. 잡지 만드는 일을 하면서 이러한 나의 천직을 포기하고 있었던 것이다. 그래서 50이 되던 해에 큰 결정을 내린 것이다. 하지만 지난해 2010-2011에 다시 〈도무스〉 편집장으로 돌아가서 1년간 잡지를 편집했다. 30년 만의 일이었다. 그것은 아주 환상적인 경험이었다.

11 **오랜 기간 편집인으로 활동하다가 디자이너로 활동을 시작했을 때 어떤 불안감은 없었는가?**

내가 잡지를 디렉팅할 때도 나는 저녁에 계속 그림을 그렸다. 작은 스튜디오를 할 때 혼자 처음 시작했는데, 알키미아 스튜디오의 게스트였을 때까지도 계속했다.

12 **디자인 작업에 일관되게 나타나는 '어린 아이와 같은 심성' 은 어디서 유래한 것인가?**

자기 아이러니, 자기 제어, 호기심, 헌신, 유용함, 꾸준한 연구 등이 나의 성격을 구성하고 있는 변함없는 요소들이다.

13 **본인의 디자인 중 경제적으로 가장 성공한 것은 무엇인가?**

나는 하나의 대상이 다른 것에 대해 특권을 갖는 것을 좋아하지 않는다. 좋은 것을 위하건 나쁜 것을 위하건, 그들은 모두 나의 업무를 구성하고 있는 요소다. 그들은 마치 경기의 캐릭터인 것 같기도 하고, 합창단의 단원과도 같다. 모두 나의 증언을 표현하는 일반적인 전체이다.

14 **에토레 소트사스와 본인의 다른 점은 무엇이라고 생각하는가?**

에토레 소트사스는 진정으로 위대한 작가다. 그리고 나는 항상 그를 존경했다. 몇 년 동안 우리는 수많은 유형의 작업을 같이 했다. 심지어 의기투합하여 스튜디오를 공유하기도 했다. 우리는 가깝기도 했고 멀어지기도 했다. 스타일에 있어서 어떤 유사점이 있었음에도 불구하고 우리의 생각은 언제나 매우 다른 길을 걸었다.

15 예술과 디자인의 관계에 대한 생각을 말해달라.

내가 생각하는 우주의 이미지는 아주 절충적이다. 그래서 그 공통분모는 미술과 디자인, 건축을 포함하는 광범위한 표현에서 찾을 수 있다. 나는 반대를 향해 있는 규범의 경계에는 관심이 없다. 나는 서로 다른 방법을 섞어 직조하면서 결실을 얻는다.

1 **디자인이란 무엇인가? 또 좋은 디자인이란 무엇인가?**

2 **그렇다면 좋은 디자인은 어떻게 만들어지는가?**

3

디자인 입문자를 위한 제언

오늘날 디자인이라는 단어는 아주 광범위해졌다. 사물과 온 세상에 형상을 부여하는 일반적인 방법이 되었지만, 한마디로 말하면 디자인이란 물체에 심미적이고 기능적인 특성을 주는 것이다. 더 나아가 '좋은' 디자인은 잘 디자인되고 고품질로 만들어진 기능적인 물건이나 유용한 도구다. 내 말은 특히 유럽풍의 산업 디자인을 말한다.

좋은 디자인이란 좋은 형태, 좋은 기술, 좋은 재료의 조합이다.

3 **부모가 자녀를 디자인 감각이 있는 아이로 키우려면 어떻게 가르쳐야 하는가?**

우선은 아이들에게 재미있고 친근하며 장난기 있는 물건을 사용하게 하라. 디자이너는 단지 직업으로서가 아니라 미션으로 생각해야 한다. 그러므로 자신을 알고 자신의 문화적 · 기술적 장점을 이해해야 한다. 부모는 이 지식을 활용해 아이가 다양한 이상과 유토피아로 향하도록 안내해야 한다.

4 **디자인과 관련한 책임이 있는 정부담당자나 경영자가 좋은 디자인을 촉진시키려면 어떻게 해야 하는가?**

문화, 역사, 기술, 연구, 제품의 수명에 대한 제대로 된 지식을 갖고 있는 재능 있는 조언자가 필요하다

5 **디자인에 관심 있는 사람들에게 어떤 조언을 해주고 싶은가?**

1800년대 후반부터 시작된 국제 디자인 역사에 관한 책을 읽는 것부터 시작하라고 말해주고 싶다.

6 **좋은 디자이너가 되려는 젊은이들에게는 어떤 조언을 해주고 싶은가?**

스스로를 강하게 믿어야 한다고 말하고 싶다. 겸손해야 하며 동료를 사랑하고 삶의 목표를 돈에 두어서는 안 된다. 연구하고 실험하는 것을 절대 멈추지 마라.

7 **신진 디자이너 공모전에서 심사할 때는 무엇을 기준으로 심사하는가?**

원칙적으로 디자인을 경쟁하도록 만드는 것은 유용한 일이다. 새롭고 알려지지 않은 에너지를 활용할 수 있는 방법이다. 그러나 모든 측면에서 올바른 대회라는 것은 상당히 드물다. 그래서 종종 참가자들은 깊은 환멸을 느낀다.

8 **아틀리에에서 함께 일할 새로운 디자이너의 포트폴리오를 볼 때, 무엇을 관심 있게 보는가?**

포트폴리오는 여러 요소로 평가된다. 창조력 · 기술력 · 구성력 이외에 기본은 내 그룹에서 일하고 싶은 열망이다.

9 **젊은 디자이너에게 추천하고 싶은 생활패턴이나 양식이 있는가?**

나의 패턴을 젊은 디자이너에게 권하는 것은 옳지 않다고 본다. 대신 내가 일하는 방식을 이해하고, 많이 여행하고, 많이 읽는 것은 유용할 것이다

10 **디자이너를 교육시킬 때, 어떤 점에 중점을 두는가?**

디자이너가 젊건 경험이 있건 나이가 많건 적건 정신적이고 감성적인 면을 마음에 담고 디자인해야 한다.

11 **건축과 디자인은 어떻게 다른가? 어느 쪽에 더 흥미를 느끼는가?**

나에게 있어서 건축–디자인–예술은 함께 섞일 수 있는 동종의 지식체계이다. 그들 사이에는 비주얼 사인과 색이라는 통합 요소가 있다. 물론 모든 프로젝트에는 고도의 전문지식이 필요하다.

12 **이탈리아가 아니라 다른 나라에서 태어났어도 당신은 지금처럼 좋은 디자이너가 됐을 것 같은가?**

나는 이탈리아인으로서 항상 내 나라의 논리와 전통을 따르는 데 관심을 가져왔다. 내가 만약 다른 나라에서 태어났다면 나는 그 나라 역사의 전형적인 위대한 인물에 충실했을 것이다.

13 **당신의 일 가운데 가장 큰 만족감을 주는 것은 무엇인가?**

프로젝트가 대중과 만날 때 가장 기쁘다.

14 디자인의 영감은 어디서 얻는가?

나는 아주 다양한 것에서 영감을 받는다. 특히 책과 잡지의 사진 그리고 여행과 인터넷 등의 매체를 통해 접한 인공적이고 자연적인 비주얼에서 영감을 받는다. 도시, 상점, 동물과 오브젝트, 그리고 사람들의 심리(그들의 문제, 의식, 욕망, 철학, 사랑과 증오)도 마찬가지다. 마지막으로 끝없이 계속되는 예술도. 이것들이 내 아이디어의 마르지 않는 샘이다. 무엇보다 영감을 받은 후 다시 그것을 마음속에서 공을 들여 나의 생각, 형태, 아이디어들과 연결시킨다.

15 대중이나 고객이 좋아하지 않아 아쉬웠던 프로젝트는 무엇인가?

시작하기 전에 오직 나만 관심 있는 프로젝트라는 것을 알 때가 있다. 그것들은 개인적인 실험으로 대중과 소통되기 어렵기 때문이다.

16 수집하는 것이 있는가?

나는 수집가 정신이 없다. 내가 갖고 있는 것은 애착과 기억과 연관된 것들이다.

17 일할 때 당신 자신을 어떻게 채찍질하는가?

생각하고, 그리고, 창조하기 위해서는 홀로 있거나 집중할 필요가 있다. 고요함을 위해 집에서 일한다. 그리고 아틀리에에서 프로젝트를 진행할 때는 협력자들과 함께 의논하며 역량을 집중시킨다.

18 일하지 않을 때는 무엇을 하나?

내가 생각하는 이상적인 여유시간은 아무것도 하지 않는 것이다. 그냥 앉아서 아무 생각도 하지 않는다. 물론, 이건 정말 거의 일어나지 않는 아름다운 경우이다.

19 오래도록 건강을 유지하는 비결은 무엇인가?

무엇보다 건강은 행운이다. 그렇지만 운동선수처럼 어떤 목적을 달성하려면 훈련을 해야만 한다. 그래서 나는 체계적으로 지적 운동을 한다. 그리고 매일 짧게 운동과 요가를 하고 소식을 한다. 나는 채식주의자고 동종 요법(질병과 비슷한 증상을 일으키는 물질을 극소량 사용하여 병을 치료하는 방법)을 사용한다. 그리고 일찍 잔다.

20 요즘 아시아나 유럽뿐 아니라 세계적으로 젊은이의 실업과 조기 퇴직자 문제로 큰 몸살을 앓고 있다. 당신은 58세의 나이에 아틀리에를 시작해 여전히 일하고 있고 새로운 것을 창조한다. 일자리를 찾지 못하고 있는 젊은이와 조기 퇴직자에게 인생의 멘토로서 해줄 충고가 있는가?

현대 사회는 학교를 막 나선 젊은이에게 일을 주지 못하는 힘든 시간을 겪고 있다. 더군다나 수명은 길어지고 노령 인구도 늘어났다. 세대 간에 균형 잡힌 유동성을 확보하기 위해 일을 그만두어야 하는 사람과 일을 시작해야 할 사람의 수를 적절히 조절하는 것은 쉬운 일이 아니다.

65세에 은퇴하는 사람은 20년 동안 잘살 수 있겠지만 목적의식과 만족감은 빼앗긴다. 취미는 실제적인 효용성이 없어 점차적으로 지루함과 우울증을 느끼게 한다. 그러나 노인은 젊은 세대에게 길을 내주어야 한다.

퇴직하는 사람은 다이내믹하고 창조적으로 삶을 즐길 수 있도록 새로운 일을 고안해내야 한다. 그것은 자신이 몇 십 년 동안 해왔던 일과 전혀 다른 분야가 될 수도 있다. 예를 들어 수공예나 책을 쓰는 것 등이다. 한마디로 정신을 예리하게 유지시키고 몸을 건강하게 만드는 노력을 필요로 하는 활동이 또한 돈도 벌게 해준다.

반면에 관리직은 더 젊은 세대에게 넘겨주어야 한다. 우리는 종종 어떤 특정한 소명이나 적성 없이 전개되는 사람들의 삶을 보곤 한다. 일반적으로 그들은 잘살기 위해 충분한 돈을 버는 것을 목표로, 있어 보이는 직업을 찾는다. 아주 많은 사람이 그런다. 반면 특별한 소명과 구체적인 이상을 따르는 사람도 있다.

특별한 재능을 가지고 태어났거나 정확한 관심사를 개발했다면 추구하는 무엇이든지 할 수 있다. 이런 사람은 퇴직 메커니즘이나 세대 간의 변화에 제약받지 않는다. 나이는 상관없다. 젊거나 나이가 들었거나 동등한 입장에 서 있다. 아주 나이 들기 전까지, 신체적으로 정신적으로 허락되는 한 자신의 창조적인 논리를 따른다. 이 경우 일하는 것은 다른 사람들에게도 유용한 것과 아이디어를 계속 만들어낸다는 프라이드와 기쁨이 된다.

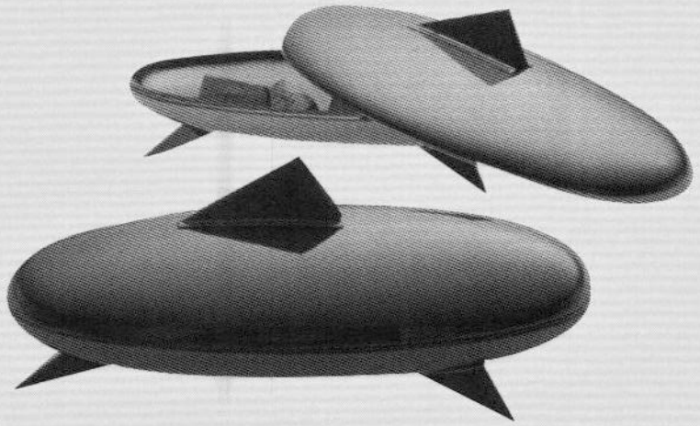

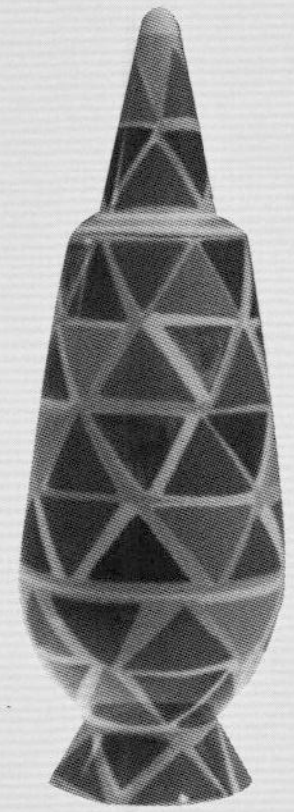

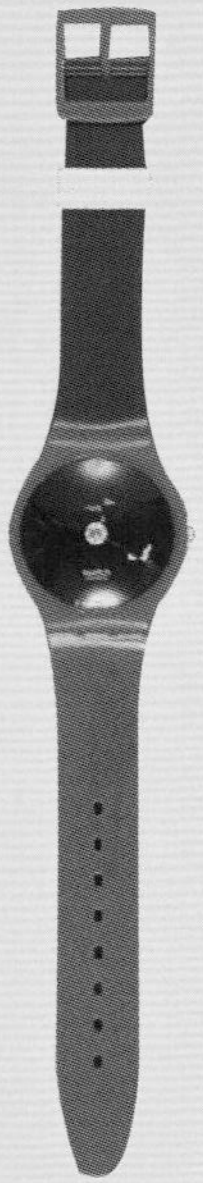

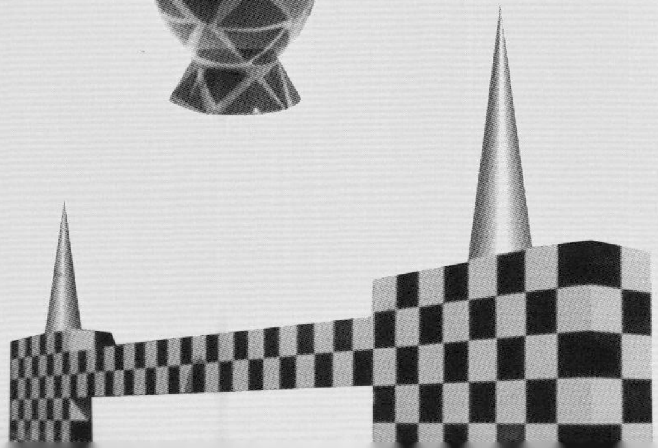

연표로 보는 멘디니

1989

1989 히로시마 파라다이스 탑 Tower of Paradise
1989 그로닝거 미술관 Groninger Museum
1990 페이라노 박스 Peyrano Box
1990 골판지의 아이콘 Pennarello Su Cartoncino
1990 스와치 오롤로지오 시리즈 Orologio
1992 100% 메이크업 100% Make-up
1992 스와치 로트 오브 도츠 Lot of Dots
1993-1996 알레시 본사 건물 Alessi Office
1993 스와치 크리스털 서프라이즈 Crystal surprise
1994 독일 하노버 버스정류장 Hanove Bus stop
1994 스와치 파리 매장
1994 안나 G Anna G
1994 알레시와 필립스의 전기제품 Alessi Philips Workshop
1995 비사자 쇼룸 Bisazza Showroom
1996-1999 오메냐 포럼 Forum of Omegna
1996 맥도날드 인테리어 McDonald

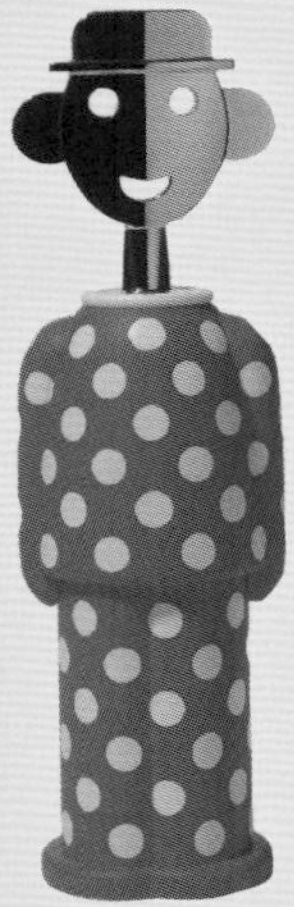

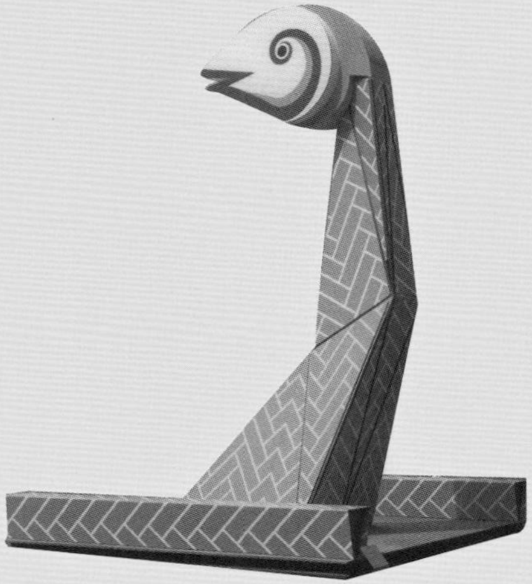

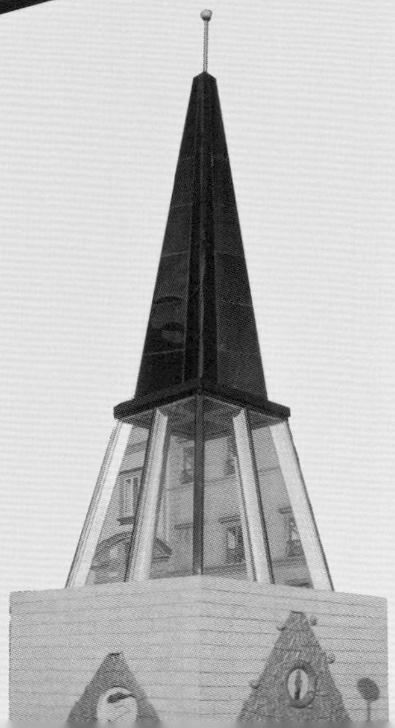

1996 아트 인 모자이코 Art in Mosaico

1997-2002 살바토르 로사 역 Stazione Salvator Rosa

1997-2008 남성을 위한 가구 Mobili per uomo

1997 카지노 아로사 Casino Arosa

2000-2002 브루노 비앙키 수영센터 Bruno Bianchi Swimming center

2000 후쿠이 공룡박물관 모뉴먼트 Dinosauro 2000 katsuyama fukui

2002 에르메스 넥타이의 작은 성당 Petit Temple de la Cravate

2003 알레시의 티 앤 커피 피아자 Tea & Coffee Piazza

2003 호텔 이모션 Hotel Emotion

2003 마테르데이 역 Stazione Materdei

2003 스와치 이탈리아 팔레르모와 파리 매장

2003 알레산드로 M Alessandro M

2003

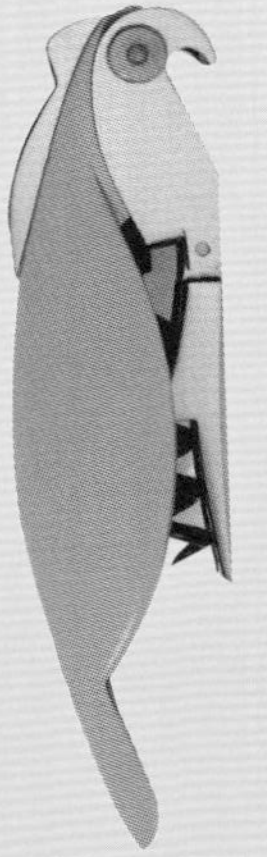

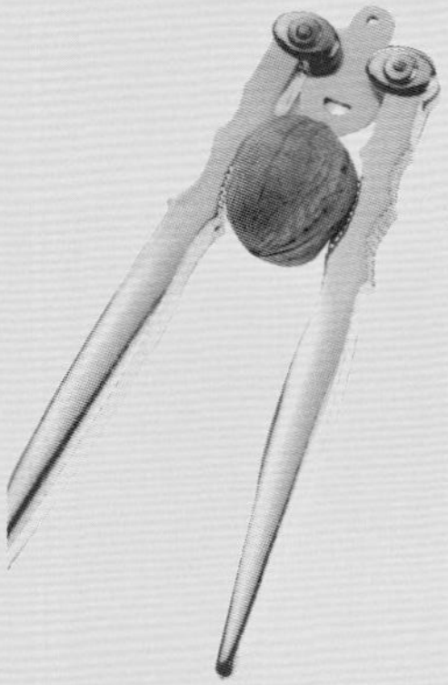

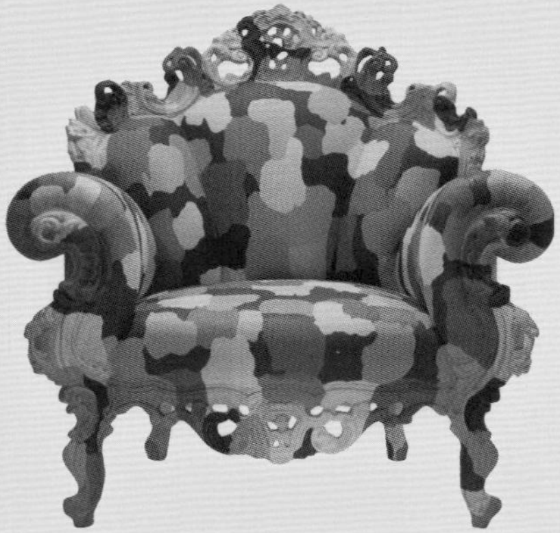

2004

2004 멘디니 전시 Mendini

2004 알레시 벽시계 시리즈 솔레 Sole

2004 알레시 커피 메이커 제오 Geo

2004 알레시 호두까기 크락 Crack

2005 알레시 와인오프너 패롯 Parrot

2005 아트 오브 이탈리안 디자인 전시 Art Of Italian Design

2005 모뉴먼트로 만들어진 프루스트 의자

2005 비블로스 아트 호텔 Byblos Art Hotel

2005 트렌드 본사 리노베이션 Villa Le Scalette, uffici della ditta Trend

2006 로베레 도서관 Biblioteca Comunale di Lovere

2006 옛날 옛적 월트 디즈니 전시 Once Upon a Time Walt Disney

2008 비블로스 카사 Byblos Casa

2008 접시 그림디자인 Corsi Design

2008 중국 레스토랑 La Collina d'Oro Ting Shang

2008-2009 까르띠에 조형물 Colonna di Cartier

2009 안나 에투알 Anna Etoile

2010 가구 마술 Mobili Magici

2010 그로닝거 미술관 리노베이션 Groninger Museum-restauro del

2010 서울 디자인 한마당 전시장 La Punta Seoul Design Center

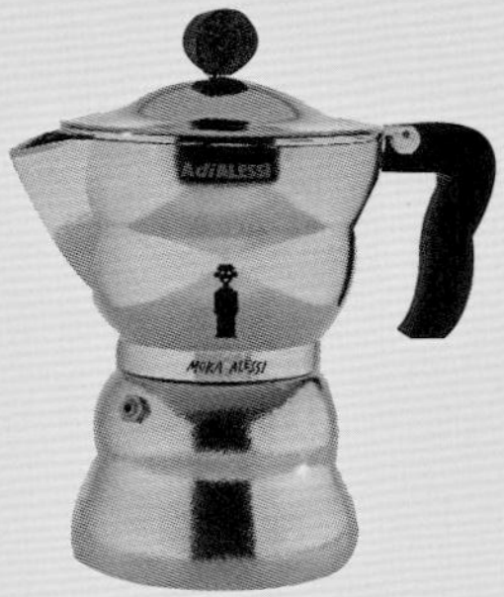

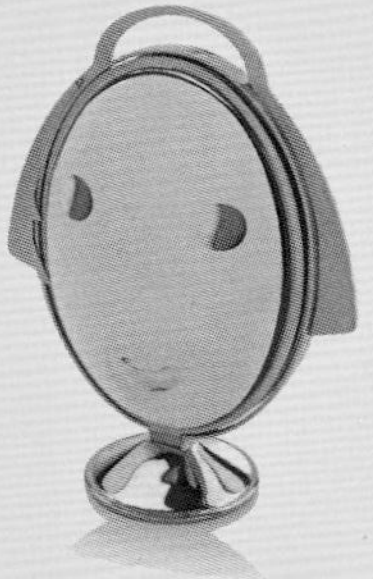

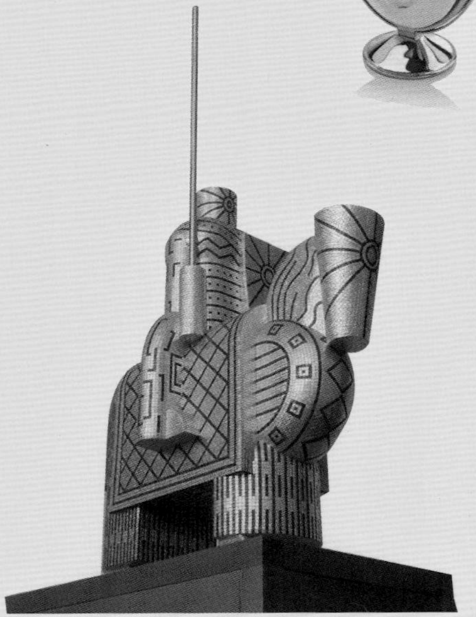

2010 라문 샹들리에 아스트로 Astro

2010 알레시 커피 메이커 모카 Moka

2010-2011 뒤러의 기사 Cavaliere di Dürer

2011 알레산드로 멘디니 전시 Alessandro Mendini

2011 건축 개인전 Mendini Architects Weavers

2011 알레시 샐러드 세트 아스타 Asta salad set

2011 알레시 테이블 세트 Asta barocca

2012 만다리나 덕 매장 인테리어 Mandarina Duck

2012 안나 공 Anna Gong

2012 라문 데스크 램프 아물레또 Amuleto

2012 라문 테이블 램프 오팔레 Opale

2013 라문 캔들 라이트 깜빠넬로 Campanello

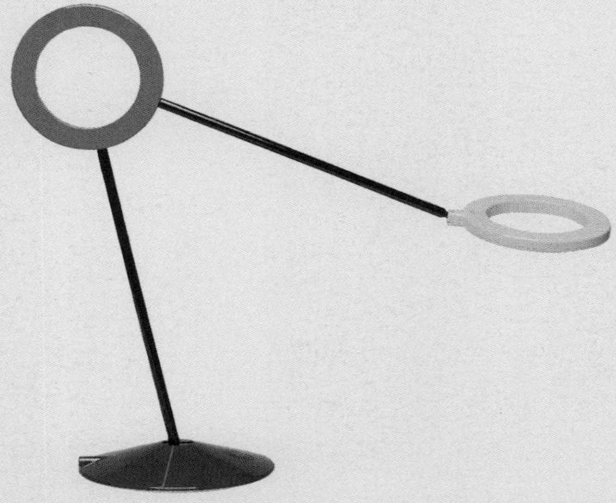

Part 8

알레산드로 멘디니를 만나다

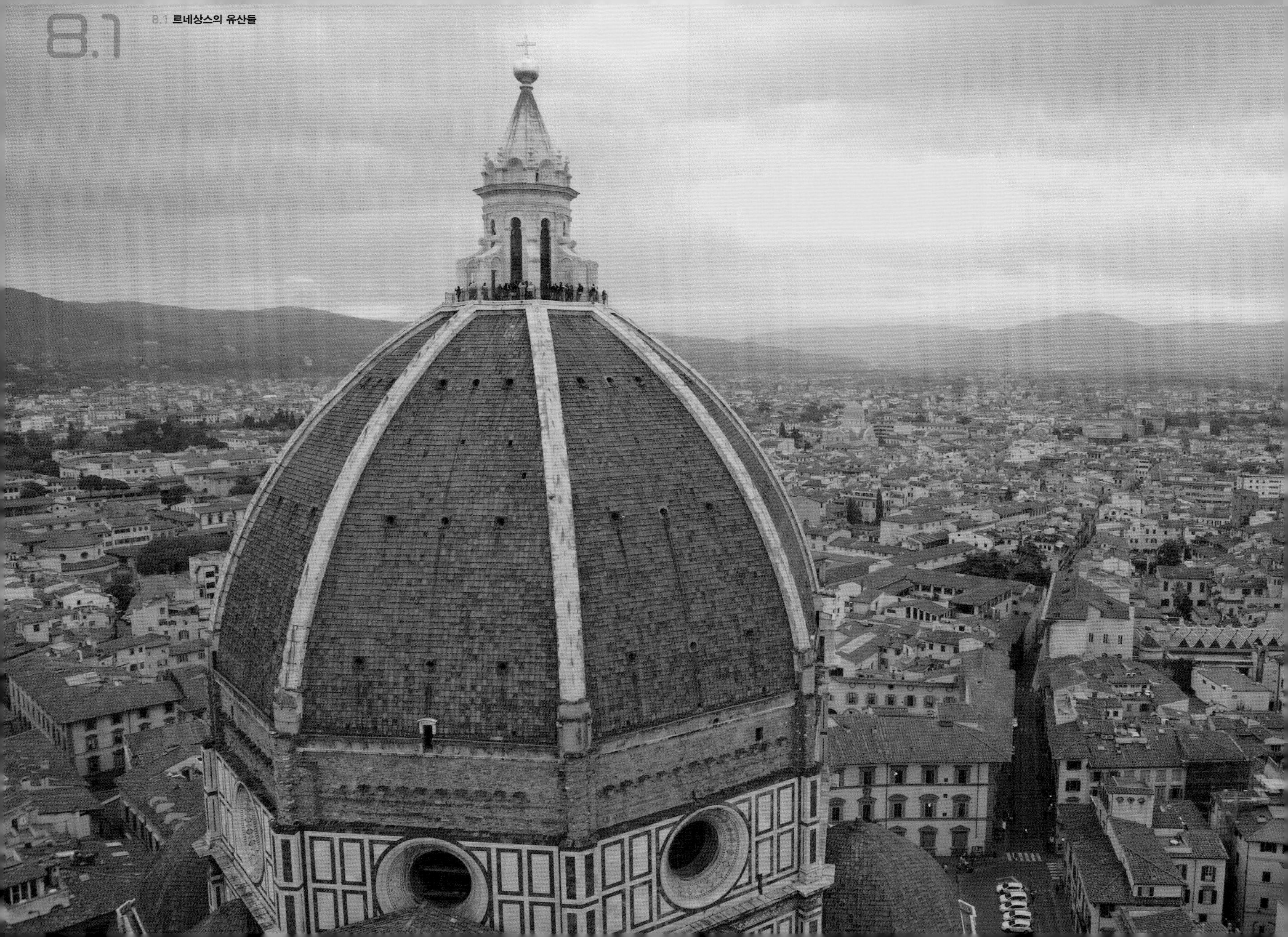

첫번째 만남

2011년 11월 마침내 알레산드로 멘디니를 만나는 길에 올랐다. 학창시절에 접한 그는 세계 디자인의 흐름을 좌우하는 영웅적 디자이너였다. 개인적으로는 그에 관한 서적을 집필한 적이 있어서 그의 진면목에 대해서 다른 사람보다는 많이 알고 있고, 현대디자인에 그가 남기고 있는 업적에 대해서는 깊은 존경심을 가지고 있었던 차였다. 그런데 그런 그를 그의 아틀리에에서 만나 편안하게 궁금한 것을 마음껏 물어볼 수 있는 기회를 가지게 된 것이다.

계다가 멘디니는 자신이 작업한 장소나 기업을 직접 취재하는 것이 좋겠다면서 이탈리아에 산재해 있는 여러 기업도 탐방할 수 있도록 주선해주었다. 아무나, 아무 때나 갈 수 없는 곳을 그의 도움으로 갈 수 있게 된 것이다. 그를 만나기 전부터 배려를 톡톡히 받게 되었으니 참으로 영광이 아닐 수 없다. 비행기에 오르는 발걸음은 심장박동으로 가득 찼고, 청명한 가을 하늘은 그런 여정을 축하라도 해주는 듯 푸르고 밝았다. 사진과 취재진행, 편집 디자인을 도와줄 일행과 함께하는 것도 더없이 즐거운 일이었다.

8.2

8.2 **밀라노 대성당**

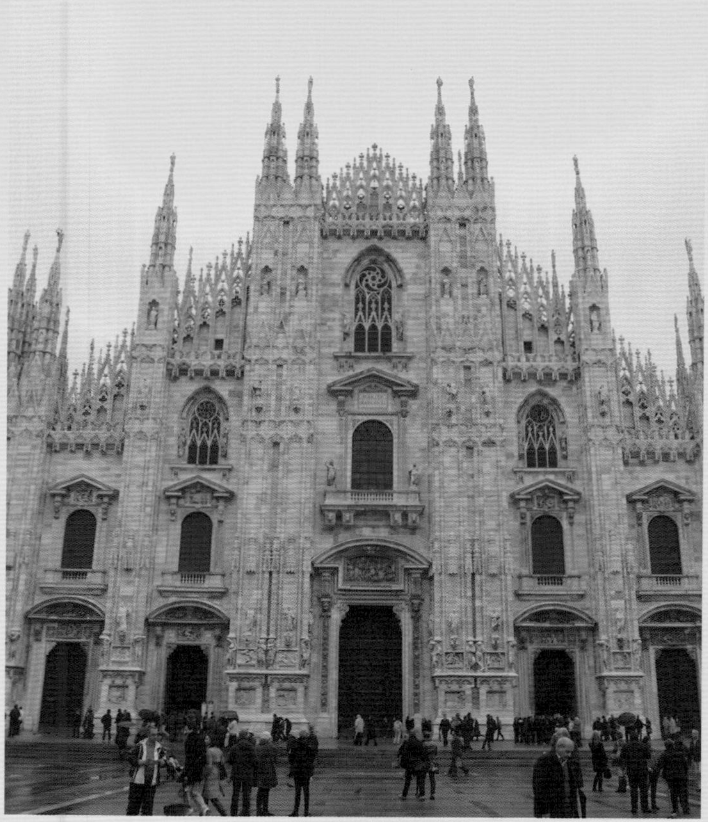

처음 도착한 곳은 피렌체였다. 피렌체를 먼저 방문한 것은 멘디니를 만나기 전에 그의 선배들을 먼저 보는 것이 예의일 것 같은 생각이 들어서였다. 그를 비롯한 이탈리아 현대디자이너의 활약을 단지 디자인이라는 좁은 틀에서만 본다는 것은 뭔가 부족한 것 같았다. 이들의 디자인 활동을 이해하기 위해서는 르네상스 시대부터 이어지는 이탈리아의 디자인 전통을 이해하는 것이 순서라고 생각했다. 그래서 마지막 일정도 베니스로 잡아 르네상스의 인문주의적 예술전통을 멘디니와 같이 이해하고자 하였다. 그를 만나기 전에 먼저 피렌체를 만났던 것은 그의 디자인을 이해하는 데 중요한 단서가 되었다. 피렌체를 가득 채우고 있는 건물과 예술품, 그리고 그의 선배라고 할 수 있는 미켈란젤로, 레오나르도 다빈치, 브루넬레스키, 라파엘, 도나텔로 등을 통해 이탈리아의 조형적 전통과 인본주의적 태도를 생생하게 느낄 수 있었다. 그것을 통해 멘디니가 보편적 지식인의 모습으로 융합적인 디자인을 추구했던 것이 그의 천재성 때문만이 아니라, 이탈리아 예술의 일반적 전통이라는 것을 확실히 알 수 있었다. 무엇보다 큰 수확은 그의 디자인이 하루아침에 만들어진 것이 아니며, 자신의 문화적 전통에서 시작했다는 관점을 가지게 되었다는 것이다.

피렌체에서 밀라노로 향했다. 밀라노는 피렌체에 비해서는 확실히 현대적인 냄새가 물씬 풍겼다. 이곳에서 알레산드로 멘디니는 학창시절을 비롯한 인생의 대부분을 보냈고, 제2차 세계대전 후 이탈리아조형예술의 움직임이 모두 모였던 중심지라고 생각하니 모든 것이 허투루 보이지 않았다. 이탈리아 패션산업이 시작되었던 밀라노의 명품거리나 고딕풍의 밀라노 대성당을 보면서 7, 80년대 밀라노에서 디자이너들이 어떻게 활동했을지 상상하는 것은 참으로 재미있는 일이었다.

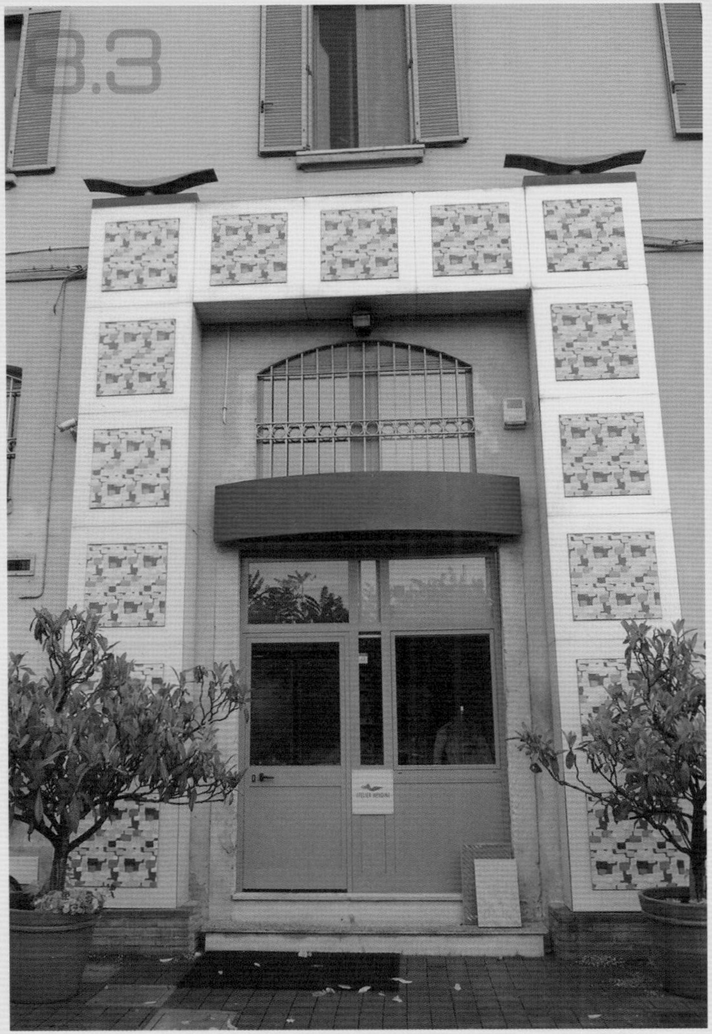
8.3 알레산드로 멘디니의 아틀리에임을 알게 해주는 출입구 디자인

밀라노에 도착한 다음날 알레산드로 멘디니의 아틀리에를 찾아갔다. 날은 흐렸지만 그를 본다는 기대감으로 발걸음은 더없이 밝았다. 그의 아틀리에는 번화한 거리에 럭셔리하게 자리잡고 있지 않았다. 밀라노에서도 약간은 변두리인 듯했고, 동네 아저씨의 안내를 받고서야 작은 간판을 찾을 수 있을 정도였다. 멘디니의 아틀리에는 그저 그렇게 생긴 아파트의 맨 아래층에 있었다. 아파트 주차장에서 바로 들어가게 되어 있는 그의 아틀리에는 평범하게 생긴 문 주위에 멘디니 특유의 장식적인 틀이 개선문처럼 새겨져 있었다. 문에는 멘디니의 아틀리에임을 알려주는 노란색 간판이 조그마하게 붙어있었다. 아틀리에에 들어가기 전부터 그의 겸손한 품성이 먼저 반겨주었다.

문 앞에서 두근거리는 마음을 다잡고는 아틀리에 문을 열고 들어섰다. 우리를 가장 먼저 반겨주신 분은 멘디니 아틀리에에 근무하고 있는 차영희 실장으로, 아름다운 미소로 반갑게 맞아주셨다. 안은 아파트 1, 2층을 터놓은 듯한 공간이다. 아마도 창고로 쓰이던 곳이 아닌가 싶다. 그 넓은 공간에 가건물로 2층을 만들어 사무실로 사용하고 있다. 큰돈 들여 번쩍거리는 인테리어를 하지 않은 것이 무척이나 놀라웠다. 오로지 디자인 작업만을 위한 공간이라는 것이 너무나 편했다. 그 공간 안쪽에서 밝게 빛나는 노인이 보였다. 책에서만 보던 알레산드로 멘디니다.

막상 그를 대하고 보니 말문이 막혔다. 무슨 말을 해야 할지 하나도 기억나지 않았고, 말을 하기 전에 밀려오는 감격을 억누르는 것도 쉽지 않았다. 그런 마음을 알았는지 그는 마치 동네 할아버지처럼 친절하게 대해주셨다. 직접 커피를 만들어주시고 간식을 챙겨주시던 황송함과 감격은 말로 표현할 수 없다. 많은 평론가가 표현했던 그의 인품은 결코 과장이 아니었다.

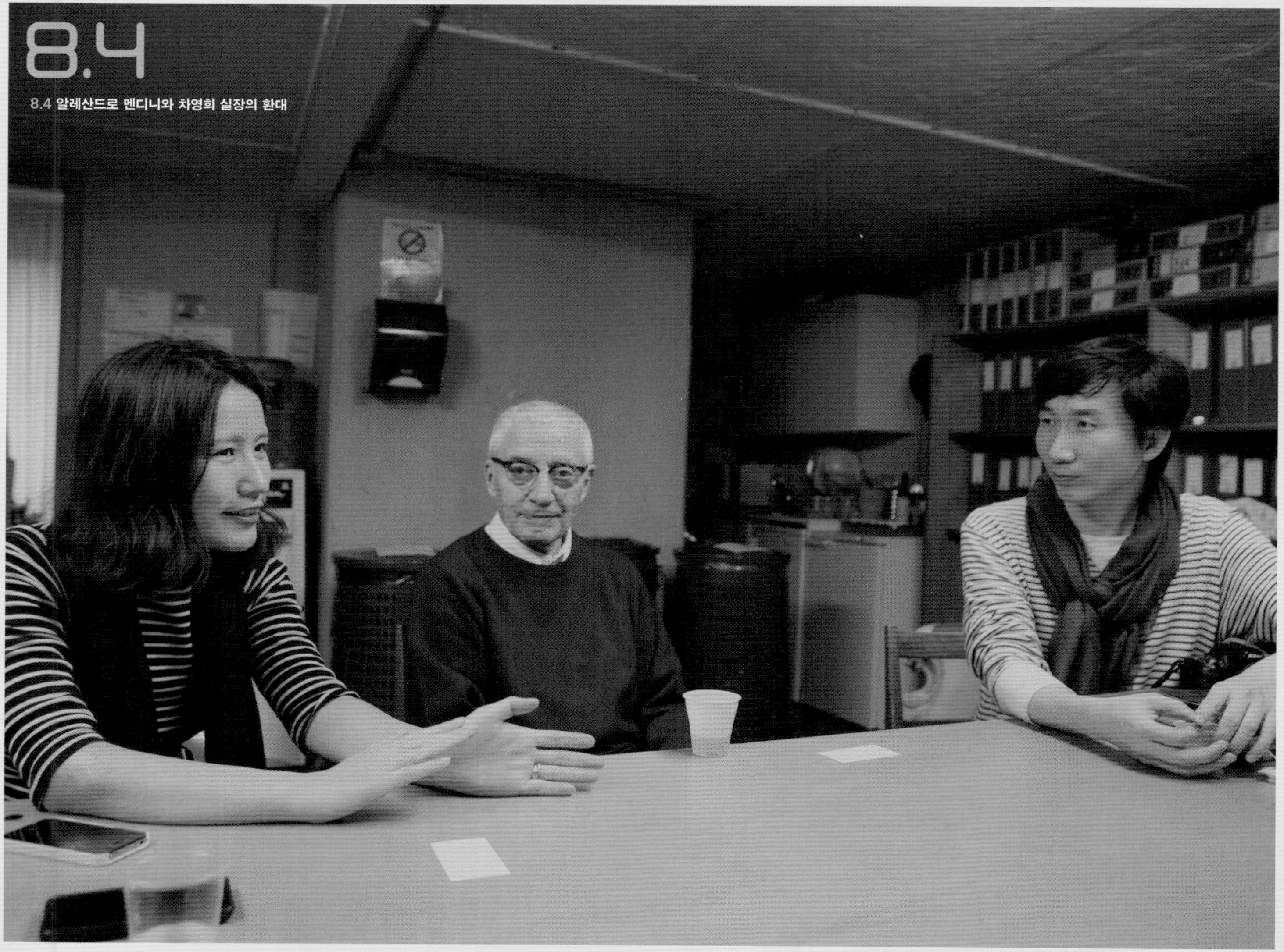

8.4

8.4 알레산드로 멘디니와 차영희 실장의 환대

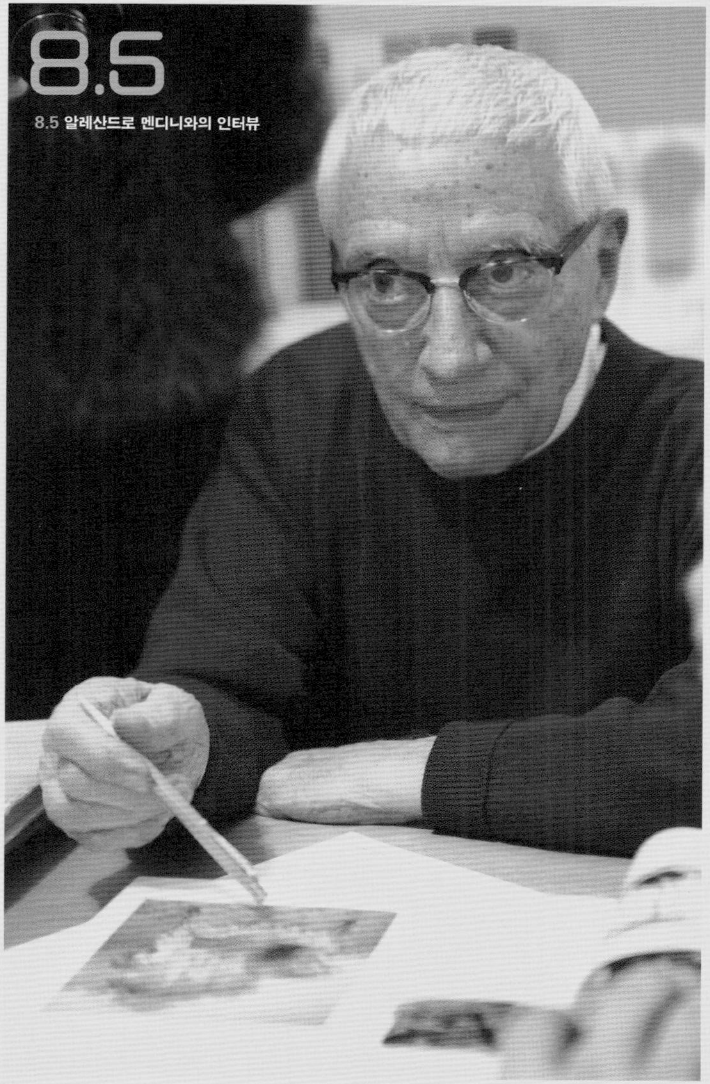

일단 인사를 하고 잠시 담소를 나눈 다음에 멘디니는 프로젝트 회의 때문에 양해를 구했고, 우리는 본격적인 인터뷰를 하기 전에 아틀리에를 마음껏 구경하는 시간을 가졌다. 아틀리에 전체를 자유롭게 살펴볼 수 있는 황금같은 기회였다. 아틀리에 곳곳에는 멘디니의 소박하면서도 진지한 디자인 태도와 철학이 잔뜩 묻어 있다. 자유로우면서도 가족 같은 분위기는 그의 디자인만큼이나 매력적이다. 실례를 무릅쓰고 그의 아틀리에를 샅샅이 살펴보고, 회의실에서 그와 본격적인 인터뷰를 하게 되었다.

그는 정말 책상 위에 손을 가지런히 모아놓고 대화에 임했다. 큰 코와 맑은 눈은 대화를 나눌 때 빛을 발했다. 그는 세상을 달관한 듯한 표정으로 시종일관 진지하면서도 유머러스하게 답변해주었다. 덕분에 그간 궁금했던 것을 마음껏 물어볼 수 있었다. 이미 서면으로 질문한 내용을 바탕으로 이야기를 끌어갔다. 과연 책으로 알던 것과는 다른 질감의 이야기가 많았다. 때론 조심스러운 질문도 있었지만 성심성의껏 답해주는 그의 모습에 오히려 송구스러울 정도였다. 여기에 모두를 배려하는 차영희 실장의 정감 넘치는 태도와 뛰어난 통역은 큰 선물이었다. 그녀 덕분에 너무나 편안하고 안정적인 분위기에서 이야기를 나눌 수 있었다. 그러나 어느 새 날은 저물었고, 장시간 이어지는 인터뷰가 멘디니에게 체력적인 부담이 되는 것 같아 아쉽지만 다음을 기약하고 인사를 나누었다. 멘디니와의 첫 만남은 이렇게 마무리했다.

아틀리에를 나오니 어두운 밤 그림자가 도시를 뒤덮고 있었다. 정말 꿈만 같은 하루였다. 과연 멘디니를 직접 만난 것이 맞는지 실감이 나지 않았다. 다음날부터는 멘디니가 소개해준 업체들을 방문해야 하는 일정이 또 기다리고 있었다.

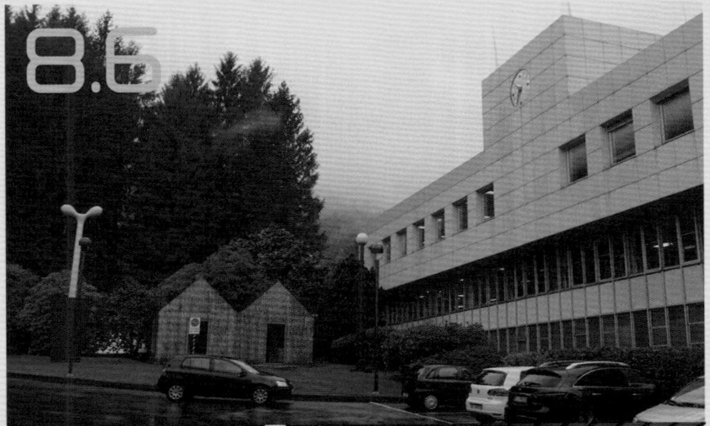

8.6

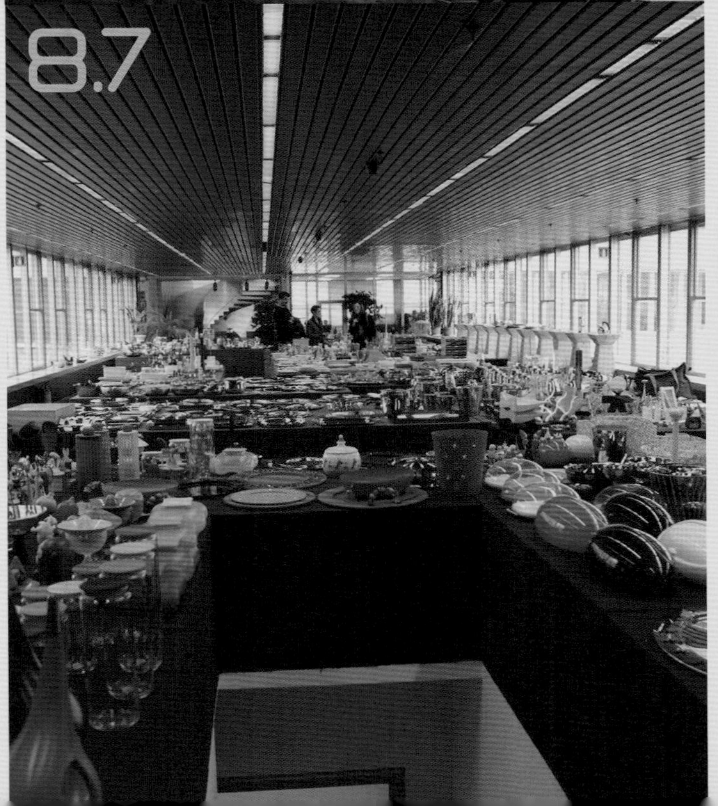

8.7

다음날은 아침부터 비가 왔다. 밀라노에서 알프스 산자락까지 가야 했기 때문에 좀 걱정이 되긴 했다. 그렇지만 알레시 본사를 가는 일이니 기대감이 더 컸다. 제2차 세계대전 때 피난 갔던 곳에서 시작했던 회사였기 때문에 알레시 본사는 알프스 산자락 깊숙한 곳에 자리잡고 있다. 전쟁이 나도 모를 만큼 깊은 산골이다. 그런 곳에 알레산드로 멘디니가 디자인한 본사 건물이 거짓말처럼 있다. 회사의 규모는 생각보다 크지는 않았지만, 마치 테마파크 같은 아름다운 분위기는 과연 알레시다웠다.

큐레이터 프란체스카 아피아니Francesca Appiani는 직접 본사의 여러 곳을 안내하고 설명해주었다. 알레시에서 생산한 거의 모든 제품을 모아놓은 갤러리에서 평소 사진으로만 보던 제품을 한자리에서 모두 볼 수 있었다. 그녀는 여러 제품의 디자인과 그 역사에 대해서도 상세히 설명해주었다.

이어 그녀는 내부인에게만 개방되는 본사 안쪽으로 우리를 인도했다. 본사 위층에 비밀스럽게 자리잡고 있는 아카이브, 바로 알레시가 그동안 개발해온 제품의 그 모든 과정이 보관되어 있는 박물관이다. 이곳에서 프란체스카는 알레시의 역사와 업적에 대해 본격적으로 설명해주었다. 제품을 개발할 당시 만든 여러 실험 모형과 샘플을 직접 보니 그녀의 설명이 바로 이해되면서 알레시에 대해 제대로 알게 되었다. 그 과정에서 멘디니가 얼마나 큰 역할을 했는지 입에 침이 마르도록 칭찬하는 그녀의 설명을 들으며 알레시에서 멘디니를 어떻게 생각하는지 다시금 확인할 수 있었다. 어제 만났던 친절한 사람이 정말 세계적인 디자이너라는 사실이 새삼스럽게 실감났다.

아카이브에서는 알레시 회장이 디자이너와 직접 제품 개발에 대한 회의도 하는데, 우리 일행은 그들이 앉아서 회의하는 책상과 의자에

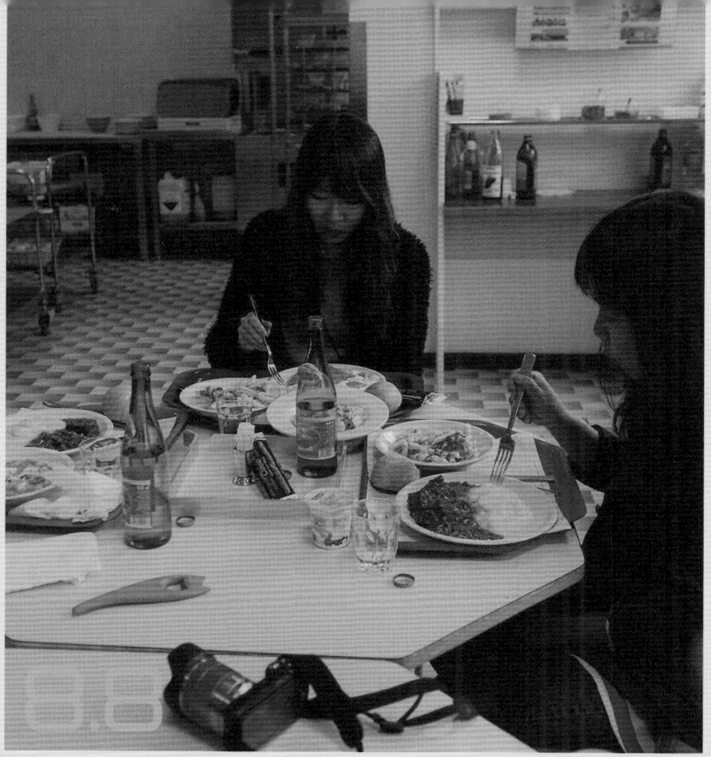

8.6 알레시 본사
8.7 알레시 갤러리
8.8 알레시 구내식당에서 식사

도 앉아보았다. 물론 그곳에는 사진을 찍어서는 안 되는 것도 많고, 아무나 들어올 수 없는 곳이다. 프란체스카의 친절한 설명을 통해 알레시와 멘디니에 대해 더욱 많은 사실을 확인할 수 있었다.

곧 점심시간이어서 알레시 구내식당에서 점심을 먹는 영광을 누리기도 했다. 식당은 매우 검소했고, 점심을 먹으러 온 직원은 우리 이방인을 매우 친절하고 즐겁게 대해주었다. 물론 음식도 맛있었다. 창으로는 거대한 알프스가 비구름 사이로 신비로운 분위기를 자아내고 있어서 더욱 현실 같지 않았다.

맛있는 점심을 먹고 친절한 프란체스카와 작별했다. 짧은 만남이었지만 정다웠고, 책이 나오면 꼭 보내겠다는 약속을 하고는 다시 밀라노로 돌아왔다.

밀라노로 돌아오자마자 베로나로 떠나야 했다. 알레시에서의 추억을 반추하기도 전에 다음 일정을 진행해야 해서 아쉽고 또 정신도 없었다. 기차를 타고 밀라노를 떠난 시간은 거의 해가 질 무렵이었다. 다음에는 또 무엇이 기다리고 있을까?

베로나에 도착했을 때는 이미 해가 지고도 한참 지난 후였다. 비블로스 호텔은 베로나에서도 10여 킬로미터나 떨어져 있기 때문에 차를 불러 한참 더 들어가야 했다. 도착해서 마주친 비블로스 호텔의 첫인상은 '아주 오래된 건물'이었다. 물론 이는 외양이었다. 짐을 챙겨 호텔 안으로 들어서는 순간, 일행 모두 깜짝 놀라지 않을 수 없었다. 호텔 바깥에서 보던 이미지와는 완전히 다른, 너무도 환상적인 로비가 우리를 맞았기 때문이다.

알레시를 떠나 바로 베로나로 오느라 저녁을 제대로 먹지 못해 허기가 졌지만 호텔의 아름다운 모습은 허기를 느끼지 못할 정도로 엄청났다. 게다가 투숙객은 우리뿐인 듯했다. 늦은 시간, 시장한 배에도

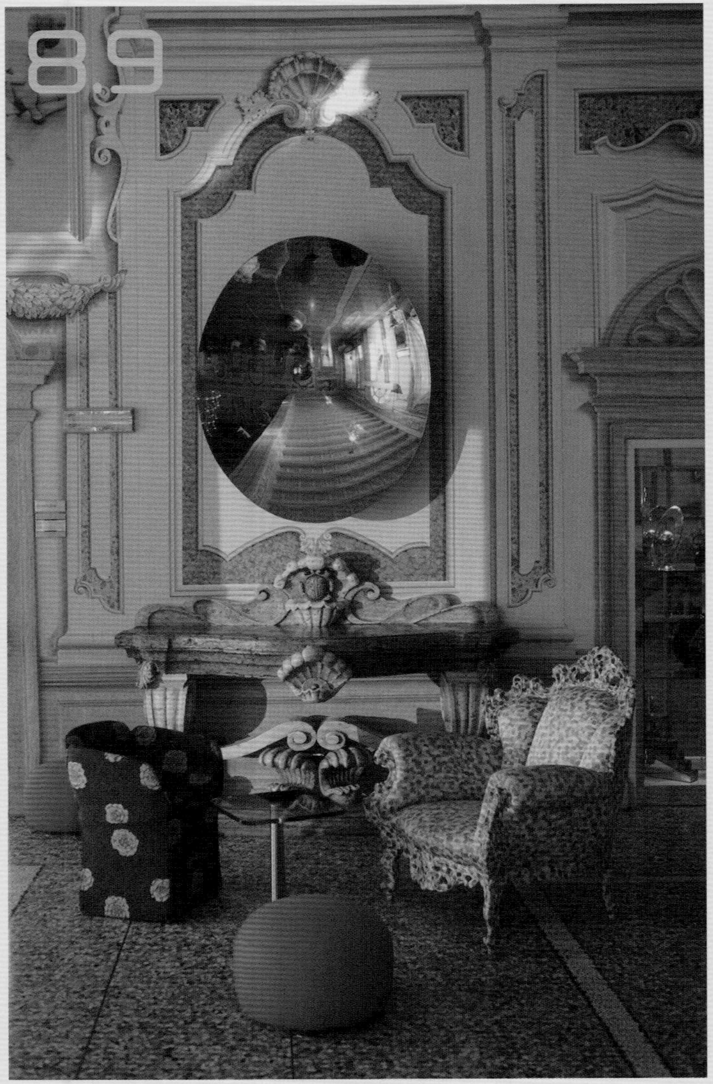

아랑곳하지 않고 카메라를 메고 호텔 곳곳을 살폈다.

객실부터 환상이었다. 특별히 뛰어난 시설은 없지만 생전 경험해 보지 못한 아름다운 색으로 뒤덮인 방은 그냥 잠을 자기가 아까울 정도였다. 그 놀라운 호텔 구경은 다음날 아침까지 이어졌다.

밝은 빛을 받은 호텔은 깜깜한 밤의 모습과는 또 달랐다. 더 많은 것이 보이니 더욱 환상적이었다. 특히 호텔 곳곳에 포진되어 있는 미술품과 세계적인 디자인이 어울려 자아내는 아름다운 모습은 알레산드로 멘디니의 큐레이팅 능력이 얼마나 뛰어난지 잘 보여주었다.

대단히 많은 것이 세심하게 디자인되어 있어서 보는 것만으로도 지칠 정도였다. 카메라를 든 손의 힘은 이미 오전에 모두 소진되고 말았다. 그리고 우리는 다시 비첸차로 가야 했다.

호텔을 뒤로하고 나오는 발걸음은 아쉬웠다. 조금 더 여유 있게 감상하고 즐기고 싶었는데 일정이 너무 빠듯했다. 한편으로는 다음에는 또 얼마나 대단한 것이 기다리고 있을까, 하는 기대감에 부풀기도 했다. 그리고 알레산드로 멘디니가 왜 이런 일정을 추천해주었는지 알 것 같았다. 직접 보니 삶을 예술화하려고 했던 그의 의도와 가치를 분명히 느낄 수 있었다. 그리고 그의 디자인이 왜 오랫동안 명성을 얻고 있는지도 확실하게 이해할 수 있었다.

8.9 아침에 본 비블로스 호텔의 환상적인 풍광
8.10 고풍스런 트렌드 본사
8.11 타일로 만든 트렌드의 환상적인 인테리어

8.10

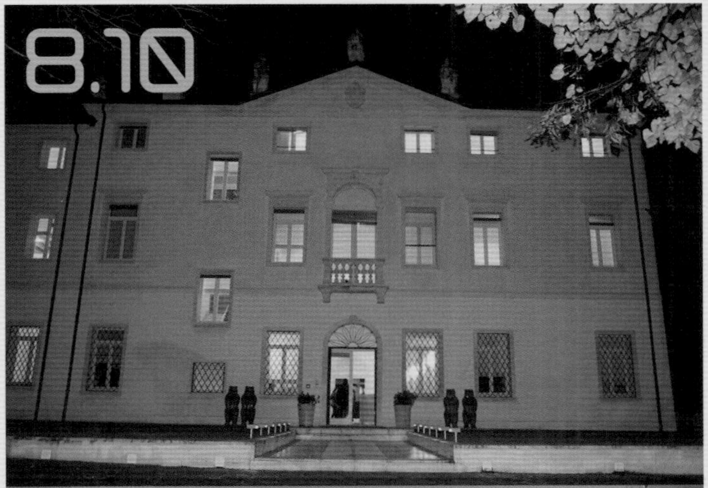

8.11

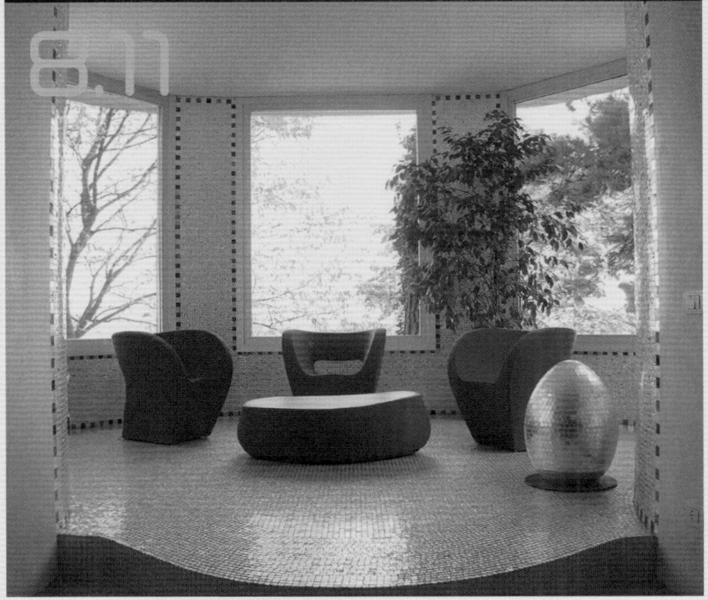

여러 우여곡절 끝에 예상보다 늦게 비첸차에 도착했다. 도시는 크지 않고, 유명한 관광명소가 많은 곳은 아니지만 르네상스 문화에 있어서는 중요한 곳으로, 르네상스 시대 유명한 건축가 팔라디오Andrea Palladio가 활약했던 중심지다. 이곳에서 알레산드로 멘디니가 추천해 준 곳은 세계적인 타일 회사 트렌드와 비사자였다. 두 회사 모두 알레산드로 멘디니와 많은 디자인 작업을 해왔는데, 트렌드는 본사의 인테리어가 알려져 있고, 비사자는 모뉴먼트가 유명하다. 비첸차에 도착한 다음날 오전부터 두 회사를 찾아갔다.

먼저 찾아간 것은 트렌드였다. 트렌드 본사는 언덕 위에 있는 거창한 대저택에 위치해 있다. 겉모습은 비블로스 호텔과 마찬가지로 오래된 주택처럼 보이는데, 그 안에는 예술적인 분위기로 가득 찬 회사가 있다. 우리를 안내해준 매력적인 여성은 페데리카 비사자Pederica Bisazza였다. 캐주얼하게 차려입었지만 날씬한 몸매에 가죽 부츠를 신고 스카프로 멋을 낸 모습에서 범접할 수 없는 귀족적인 분위기가 우러났다. 그녀의 친절하면서도 우아한 안내를 받으며 아름다운 회사 내부를 둘러보는 것은 정말 환상적이면서도 황송한 일이었다. 나중에 알고보니 그녀는 회장의 따님이었다.

그녀는 우리가 최대한 편안하게 회사 안을 둘러볼 수 있도록 배려해주었고, 덕분에 회사 곳곳에 스며있는 멘디니의 손길을 찬찬히 살펴볼 수 있었다. 타일만으로 이처럼 아름다운 디자인을 할 수 있다는 것이 놀라울 따름이었다. 타일을 통해 우리 눈을 파고드는 아름다움은 눈만으로는 감당하기 벅찬 것이었다. 바닥에서부터 벽면에 이르기까지 각각의 층과 방에 따라 모두 다르게 디자인된 공간은, 하나의 이미지로 통일되어야 한다는 디자인의 기본원칙을 완전히 무시하는 것이었다. 하지만 그것은 일반 수준에서나 통하는 논리였다. 각기 다

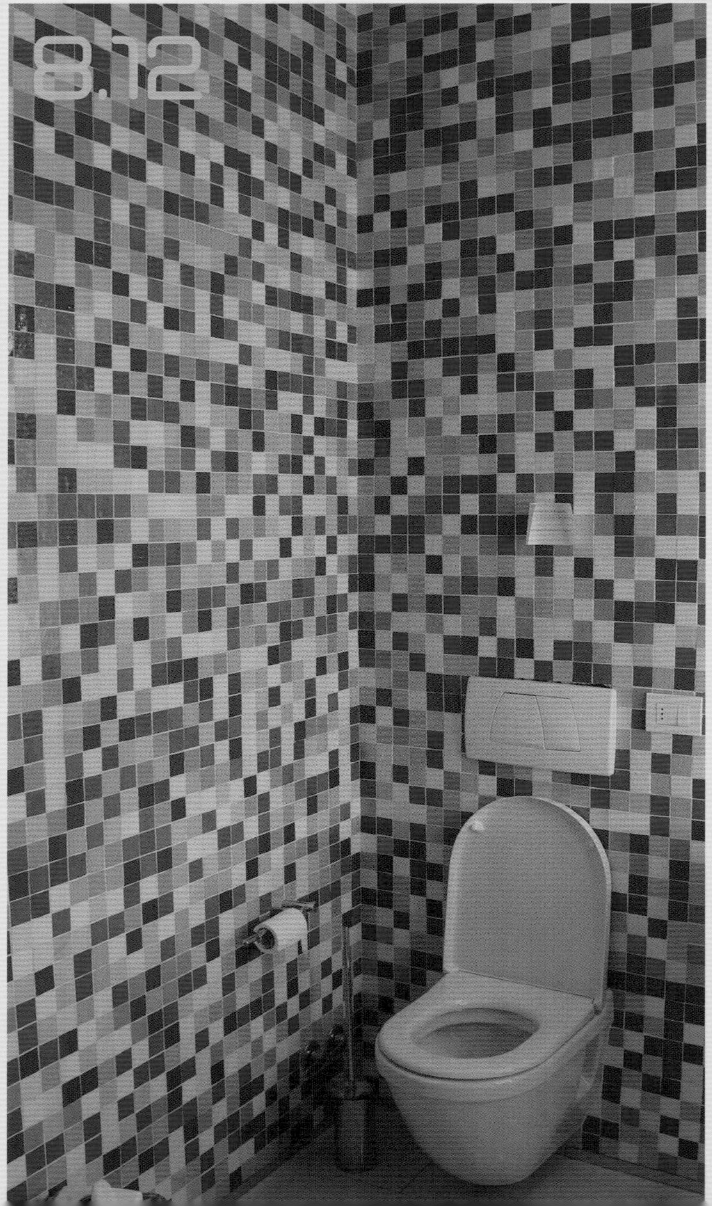

른 이미지로 디자인된 부분은 전체적으로 살아 있는 역동성과 예술적 감흥을 북돋웠으면 북돋웠지 혼란스러워 보이지 않았다. 멘디니의 노련한 디자인 실력이 유감없이 발휘되고 있었다.

특히 지하 회의실과 사우나, 휴게실이 있는 공간은 환상적인 예술성과 귀족적 아름다움의 극치를 보여주었다. 이것이 순전히 타일만으로 이루어졌다는 것이 놀라울 따름이었다. 멘디니의 놀라운 예술적 감각도 뛰어났고, 그것을 실제로 구현해내는 트렌드의 축적된 실력도 대단했다. 이탈리아 사람은 어떤 재료도 예술적으로 승화시킬 수 있는 힘이 있는 것 같았다.

과연 직원을 위해 이보다 더 럭셔리한 시설을 만들 수 있을까? 이 사실 앞에서는 그 어떤 디자인이론이나 상품논리도 의미를 찾기 어려웠다. 과연 무엇이 인간을 위하는 것일까?

하지만 안타깝게도 이후 비사자의 방문일정 때문에 겨우 한 시간 남짓만 둘러보고 나올 수밖에 없었다. 거의 모든 공간을 보긴 했지만 이 럭셔리한 공간을 좀 편안하고 여유 있게 즐기지 못한 것이 못내 아쉬웠다. 후일을 기약하고 탐방을 마칠 수밖에 없었다. 페데리카의 친절함에 고마움을 표하고 트렌드를 나섰다.

비사자에서는 친절하게도 차를 보내주었다. 트렌드처럼 걸어가거나 버스를 타고 갈 수 있는 거리가 아니었고, 찾아가기도 어려운 관계로 회사에서 직접 제공해주었다. 모두 알레산드로 멘디니와 차영희 실장의 친절한 배려 덕분이었다. 비사자 본사로 가는 길은 아주 멀지는 않았지만 꽤 걸리는 거리였다. 도심을 조금 벗어나서 변두리를 좀 달리다 보니 비사자 본사가 나왔다. 넓은 정원이 건물을 중심으로 잘 꾸며져 있어서 회사의 입구에서부터 강한 인상을 받았다.

8.12 **트렌드의 타일 인테리어**
8.13 **인상적인 비사자의 입구**
8.14 **비사자 쇼룸의 디자인 작품**

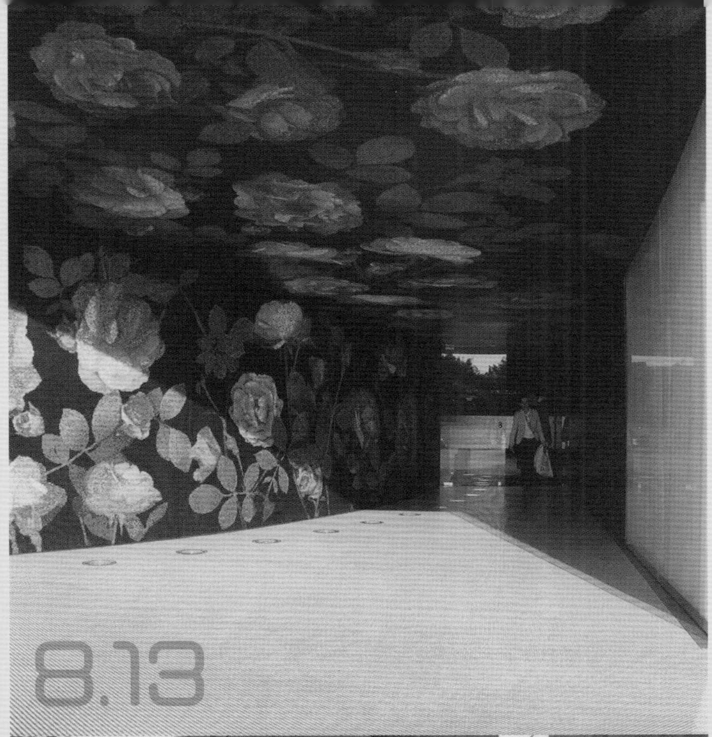

8.13

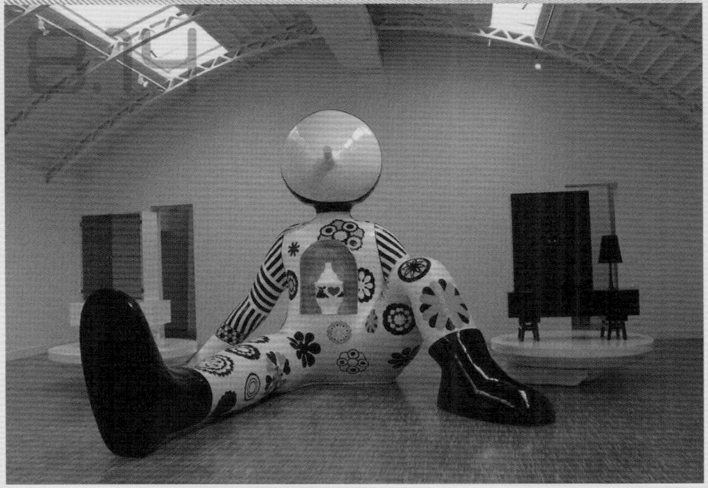

8.14

회사 안으로 들어가보니 규모도 크고, 실내 분위기도 현대적이었다. 곳곳에는 타일로 만든 예술적인 그림이 실내 분위기를 한껏 고조시켰다. 우리를 맞이해준 사람은 홍보담당인 진 보이어Jeanne Boyer였다. 그녀는 우리를 먼저 회의실에 데려가서 편안하게 커피를 대접해주었다. 회의실 안에는 으리으리한 장식은 없었지만 벽면의 대리석 인물상 드로잉이 인상적이라고 생각했는데, 자세히 보니 그것은 대리석이 아니라 작은 타일을 붙여서 만든 그림이었다! 이 회사는 타일로 사업을 하는 것이 아니라 예술을 한다는 느낌이 강하게 들었다.

우리와 약간의 담소를 나눈 후 진 보이어는 안에 있는 갤러리를 안내해주면서 마음껏 취재하도록 배려해주었다. 모두 물 만난 고기가 되어 넓디넓은 갤러리를 샅샅이 훑었다. 분명 찾아온 것은 비사자라는 타일 회사였는데, 안쪽에는 큰 규모의 화랑이 있었다. 그 안에는 알레산드로 멘디니를 비롯해서 에토레 소트사스 , 하이메 아욘, 파비오 노벰브레, 마르셀 반더스Marcel Wanders 등 기라성 같은 디자이너의 디자인이 전시되어 있는데 모두가 비사자의 타일로 만들어진 것이다. 멘디니의 작품 중에서 가장 많이 알려진 금색 타일로 만들어진 조각도 여기에 전시되어 있었고, 프루스트 의자를 모뉴먼트로 만든 작품도 있었다. 이 작품들을 사진이 아니라 직접 대하여 부분을 꼼꼼하게 살필 수 있는 기회를 가질 수 있다는 것은 정말 감격스러운 일이었다. 뿐만 아니라 세계의 주목을 끌었던 하이메 아욘이 타일로 만든 피노키오도 살펴볼 수 있었다. 세계적으로 쟁쟁한 디자이너의 유명한 작품이 어떻게 비첸차 인근에 모두 모여 있을 수 있는지도 불가사의했지만, 그보다는 길거리에서 금덩어리라도 주은 듯한 기분이 발걸음을 더 재촉했다. 멘디니가 왜 이곳을 가보라고 했는지 또 한 번 그 이유를 알 수 있었다. 문제는 시간이었다. 이곳에서도 머물 수 있는 시

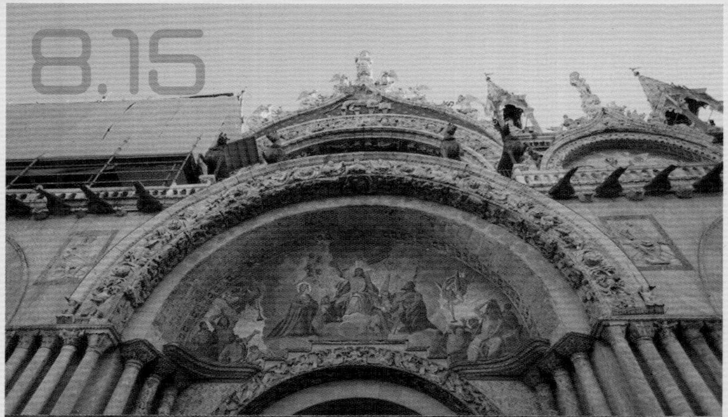

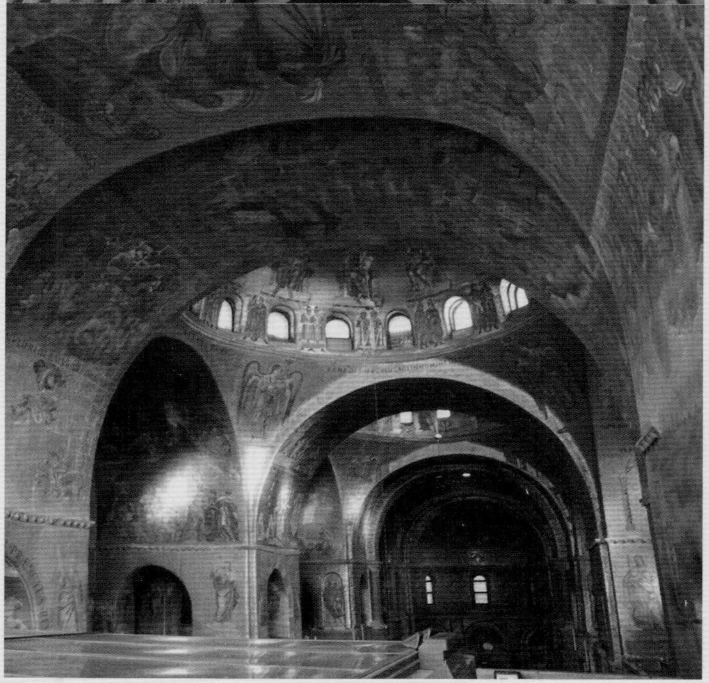

간은 많지 않았다. 하지만 이 화랑에 얼마나 많은 전시장이 있는지 알 수가 없었고, 새로운 방이 나타날 때마다 감탄을 금할 수 없게 되니 빠른 시간에 모두 살펴본다는 것이 어려웠다. 일단 현재에 충실했다. 꼼꼼하게, 하지만 빠른 발걸음으로 화랑을 훑어보았다. 다행히 갤러리 전체를 시간 안에 다 보고 나올 수 있었다. 천천히 보지 못한 게 아쉽긴 했지만 거의 모두 카메라에 담기는 했다. 친절하게 안내를 해준 진 보이어와 작별인사를 하고는 비첸차 역으로 갔다. 다행히 베니스로 가는 기차는 늦지 않게 탈 수 있었다. 가급적 해가 있을 때 베니스에 가야 했기 때문에 서둘렀던 것이다.

비첸차에서 베니스까지는 멀지 않았다. 다행히 해가 지기 전에 바다를 관통해 베니스로 이어지는 철로를 지날 수 있었다. 숙소에 도착한 것은 저녁시간이었다. 해는 이미 넘어가서 어둠이 가득했다. 하지만 베니스라는 이름만으로도 찬란했다. 어둠이 깔린 산마르코 성당과 산마르코 광장의 풍경은 어두운 곳에서도 빛을 발했다. 그것은 피렌체와는 완전히 다른 르네상스의 모습을 가지고 있다. 낮에는 이 성당을 장식하고 있는 타일을 볼 수 있는데, 성당의 바깥뿐 아니라 넓은 실내 공간 거의 모두가 금빛 타일로 장식되어 있어 여행객의 눈을 압도한다. 9세기에 만들어진 성당이니 트렌드나 비사자 같은 타일 회사들이 얼마나 오랜 전통을 바탕으로 하고 있는지 짐작할 수 있다. 두 회사에서 느껴지는 강렬한 프라이드와 격조, 그리고 무엇보다 뛰어난 제작 능력에는 다 이유가 있었던 것이다.

8.15 **산마르코 성당의 타일 장식**
8.16 **옛날 방식 그대로 작업하고 있는 베니니의 공장**

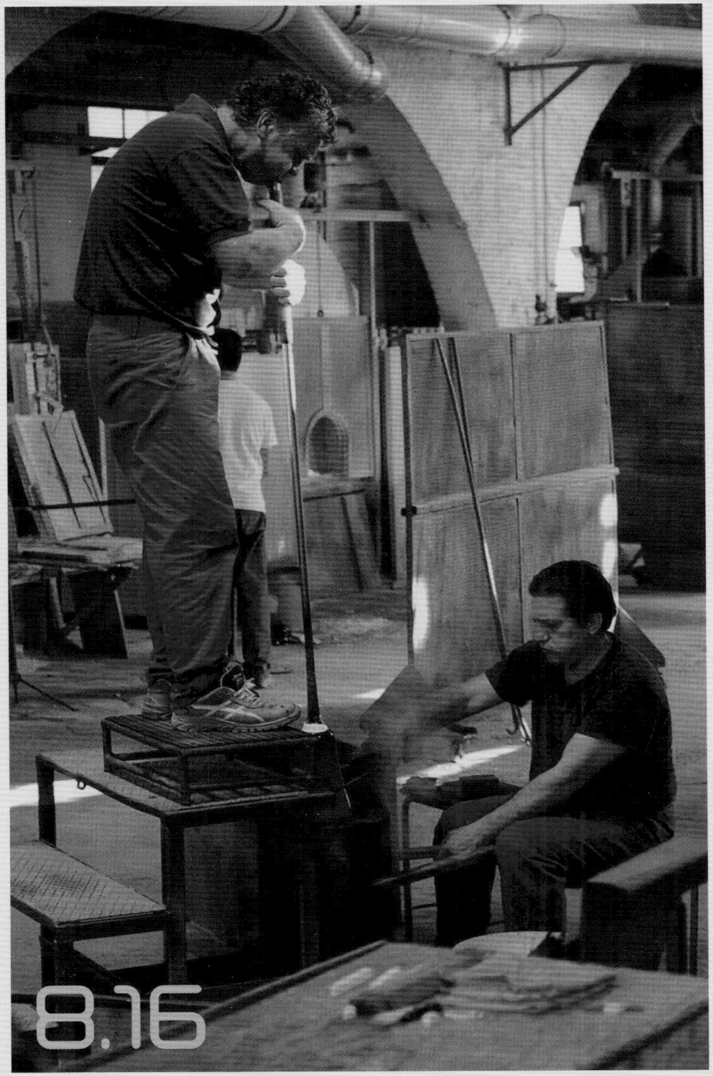

베니스는 이번 여행의 마지막 지역이다. 알레산드로 멘디니가 추천해준 곳은 유리공예로 유명한 회사 베니니다. 베니니는 멘디니와 오래 전부터 많은 작업을 해왔고, 베니스에 부속되어 있는 섬 무라노에 있는 회사다. 무라노는 유리공예로 15세기부터 이름을 날리던 곳이다. 베니니에는 베니스에 도착한 다음날 아침에 방문했다.

베니스에서 무라노로 가기 위해서는 배를 타야 한다. 지중해 무역이 한참 번창할 때부터 무라노 섬은 유리공예로 이름을 날렸다고 한다. 그 당시를 상상하면서 무라노 섬으로 가는 길은 마치 환상의 세계로 들어서는 것 같았다. 섬에 내리니 섬이라기보다는 유리공예품을 파는 상점들이 즐비하게 늘어서 있는 하나의 타운처럼 보였다. 바다 바로 앞에 상점들이 줄을 지어 서있는 모습은 매우 초현실적이었다. 베니니는 이 가게들 속에 자리잡고 있다.

가게로 들어가서 방문 약속을 말하니 베니니의 아트디렉터를 맡고 있는 로베르토 가스파로토Roberto Gasparotto가 맞이해주었다. 그는 우리를 2층 사무실로 데려가서 여러 가지 이야기를 해주고는 곧 유리공예 작업장으로 안내해주었다. 그곳은 2층 사무실 뒤쪽에 위치한 곳으로, 1층 매장에는 통로가 없기 때문에 아무나 들어갈 수 없다. 그런 곳에 직접 들어가 작업하는 모습을 견학하고 사진에 담을 수 있었던 것이다.

작업장 안은 마치 15세기가 그대로 보존되어 있는 것 같았다. 작업을 하는 장인들이 사용하는 도구나 공장 시설에서는 거의 현대문명의 흔적이 보이지 않았다. 심지어 물을 뜨는 바가지까지도 나무로 만든 예전 것을 그대로 쓰고 있었다. 물론 유리공예작품을 만드는 과정은 말할 것도 없다.

뜨거운 화로에서 막 녹여낸 유리를 긴 쇠막대로 불거나 돌리면서

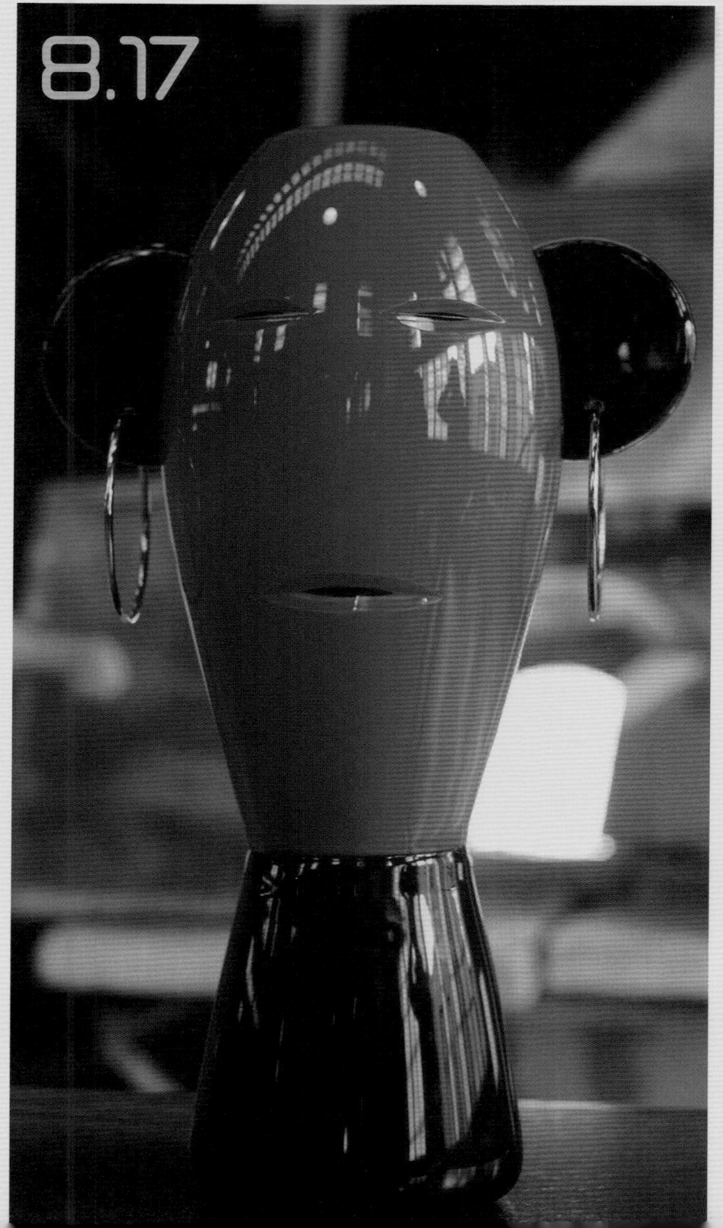

유리작품을 만드는 마술 같은 솜씨를 보면 마술사가 따로 없다. 유리덩어리가 하나의 아름다운 작품으로 거듭나는 과정은 눈으로 보면서도 믿을 수 없었다. 하지만 이곳은 제작기법 누출의 위험 때문에 아무에게도 보여주지 않는 곳이라고 했다.

로베르토 가스파로토는 우리에게 그렇게 아무나 볼 수 없는 장면들을 보여주고서는 다시 사무실로 와서 알레산드로 멘디니가 디자인한 유리공예품들을 직접 꺼내 보여주었다. 그 혼자서 무거운 작품을 옮기는 것을 보고는 우리 일행이 나서서 몇몇 작품을 옮겨주었는데, 그런 우리를 보고는 그가 기겁을 하며 말리고는 이후로도 내내 우리의 도움을 한사코 거절했다. 나중에 안 사실이지만 그 작품들은 단지 유리공예품이 아니라 한 개에 천만 원을 넘나드는 고가품이었던 것이다. 베니니에서 멘디니가 디자인한 유리제품 촬영을 끝으로 모든 일정이 끝났다. 친절하게 우리를 안내해주었던 로베르토 가스파로토와 작별을 고하고, 책이 나오면 꼭 보내주겠다는 약속을 하고 베니니를 나섰다.

흐린 하늘은 지중해의 분위기를 쓸쓸하게 만들었지만 일정을 마무리하고 난 일행의 마음은 밝고 경쾌해졌다. 너무나 좋은 것을 많이 보았지만, 모든 일정을 짧은 시간 안에 수행해야 했기 때문에 몸과 마음이 많이 지쳤기 때문이다. 가벼워진 발걸음으로 남은 시간 동안은 베니스를 둘러보며 르네상스의 또 다른 얼굴을 감상하기만 하면 되었다.

남은 시간이 많지는 않았지만 베니스에 담겨있는 이탈리아 문화를 최대한 둘러보았다. 피렌체와는 분명 다른 것이지만 인간의 존엄성과 총체적인 지식인들이 꾸려온 예술적 성취는 대단한 것이었다. 피렌체에 비해서는 훨씬 국제화되었다는 것이 좀 다른 면이었다. 베니

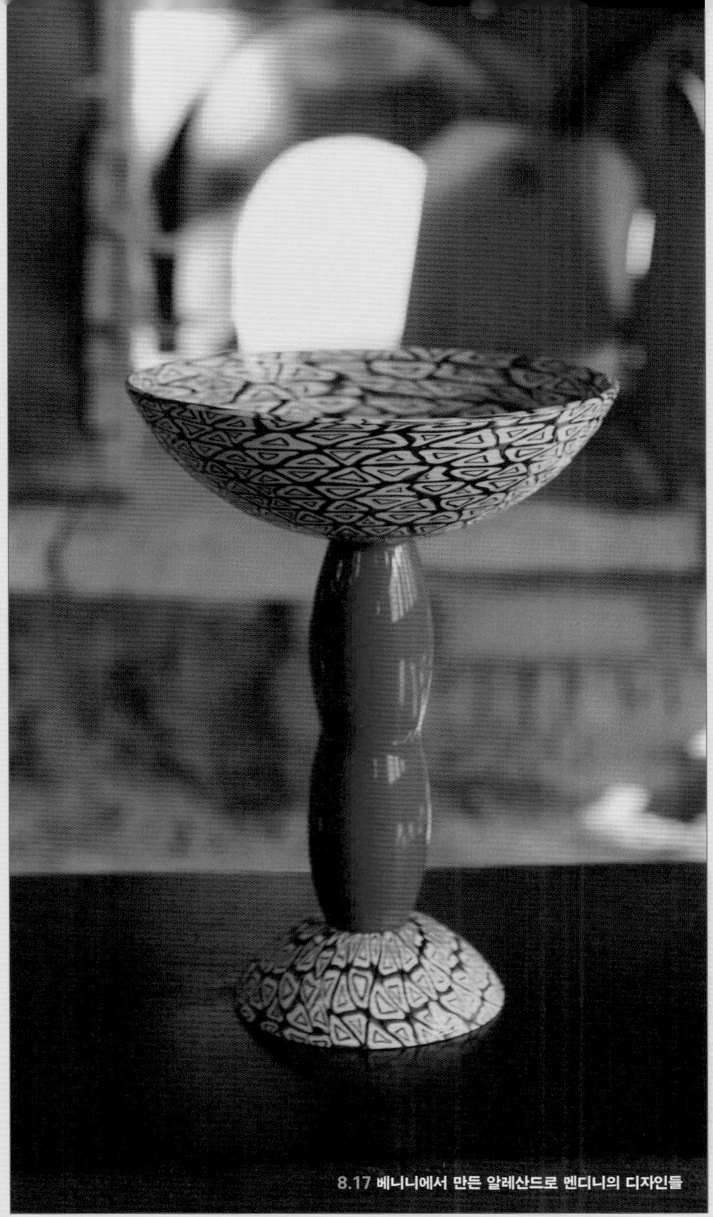

8.17 베니니에서 만든 알레산드로 멘디니의 디자인들

스에서는 좀더 개방적이고 다양함에 열려 있는 이탈리아 전통을 느낄 수 있었다. 멘디니에게 직접적으로 영향을 미쳤다고는 볼 수 없지만, 국제적으로 개방적인 멘디니의 성향과 많은 부분이 연결되어 있지 않을까, 했지만 더 깊게 파고들기에는 남은 시간이 많지 않았다.

돌아오는 비행기 안에서는 만감이 교차했고 머릿속이 복잡했다. 그에 관한 글을 어떻게 써야 할까? 가기 전에 비해서 손에 든 자료나 보고 들은 정보의 양은 정말 어마어마해졌다. 하지만 그만큼 다루어야 할 내용도 많아졌다는 것을 의미한다. 이제는 무엇을 쓸 것인지가 아니라 어떻게 쓸 것인가가 문제였다. 행복한 고민을 하게 된 것이다.

하지만 분명해진 것은 그를 만나기 전에는 알레산드로 멘디니 한 사람만 보였다면, 그를 만나고 난 뒤부터는 그를 중심으로 이탈리아 전체가 하나의 덩어리처럼 다가왔다는 것이다. 그와 이탈리아, 그와 세계는 다른 존재가 아니라 하나의 흐름으로 이어져 있다는 것이 보였다. 그는 그렇게 흘러가고 있었던 것이다.

아마 그를 다시 만난다고 하더라도 처음 그를 보았을 때의 느낌은 평생 잊지 못할 것이다. 그리고 그의 디자인을 찾아 성지 순례하듯 다녔던 경험도 아마 평생 잊을 수 없을 것이고, 다시 경험할 기회를 얻기도 어려울 것이다. 그런 소중한 경험을 가능하게 해준 알레산더 멘디니를 비롯하여 차영희 실장에게 큰 감사의 마음을 보낸다.

그리고 우리 일행이 방문했을 때 너무나 친절하게 대해주고 큰 도움을 주었던 알레시의 큐레이터 프란체스카 아피아니, 트렌드의 페데리카 비사자, 비사자의 진 보이어, 베니니의 로베르토 가스파로토에게도 같은 감사의 마음을 보낸다. 이들이 없었다면 그런 소중한 경험과 정보들을 결코 얻을 수 없었을 것이다. 아울러 귀한 경험을 같이 했던 일행에게도 깊은 감사를 보낸다.

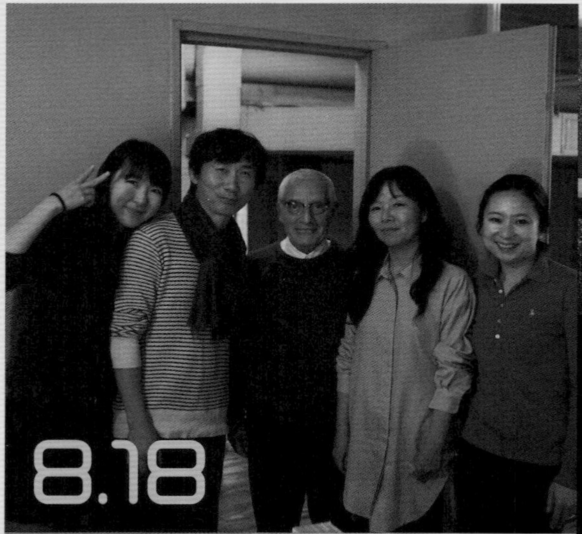

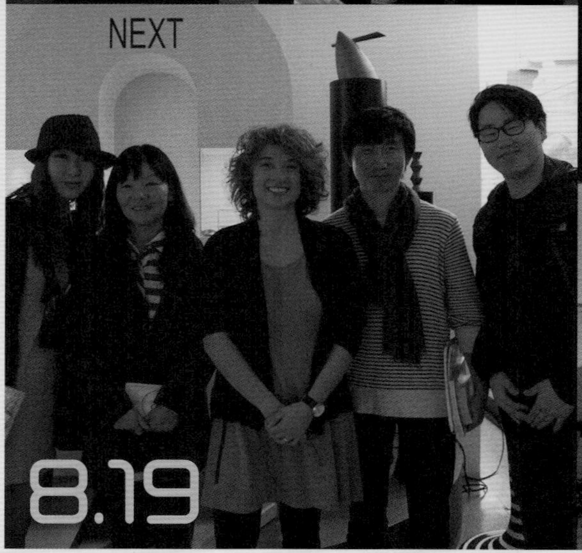

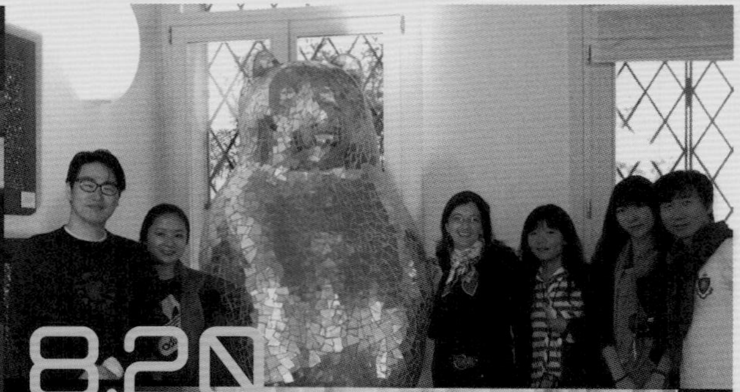

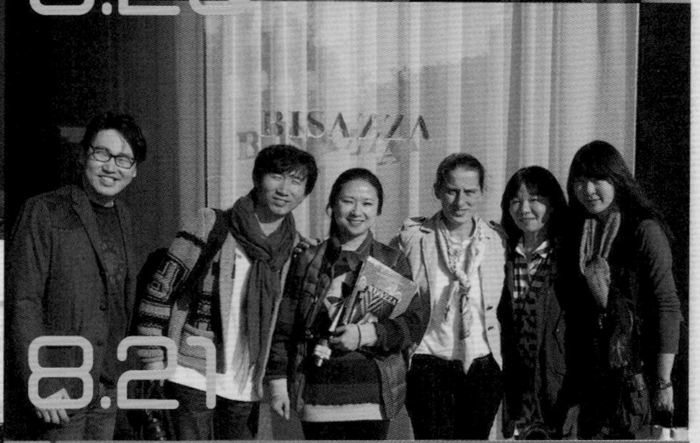

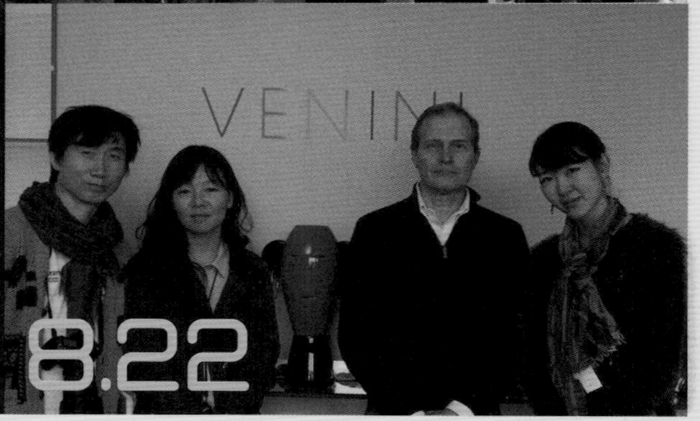

8.18 알레산드로 멘디니와 함께
8.19 프란체스카와 함께
8.20 페데리카와 함께
8.21 진 보이어와 함께
8.22 로베르토 가스파로토와 함께

두번째 만남

2013년 밀라노 국제 가구박람회가 개최되는 4월 초는 이미 2년 넘게 집필해왔던 알레산드로 멘디니의 책이 출간되었어야 하는 시점이었다. 원래 계획은 출간된 책을 가지고 이탈리아에 가서 알레산드로 멘디니에게 전해주면서 모든 일을 멋있게 마무리하는 것이었다. 그리고 편한 마음으로 밀라노 국제 가구박람회를 둘러보는 것이 책을 쓸 때부터 세운 계획이었다.

하지만 모든 것은 뜻대로 되지 않았다. 조금씩 마무리되지 못한 작업들로 결국 밀라노에는 가제본을 가져가는 수밖에 없었고, 밀라노 방문은 멘디니와 책에 대해 최종적으로 검토하는 자리가 되었다.

매우 실망스럽긴 했지만 책이 완료되기 전에 멘디니가 검토한 바를 직접 듣고 문제점을 보완하는 것이 책을 위해서는 더 타당한 일이기도 했다. 사실 이 책의 '주인공'으로부터 어떤 견해가 나올지가 가장 두려운 일이었다. 그냥 디자이너가 아니라 〈도무스〉의 편집장 출신이 아닌가! 처음 원고를 쓸 때부터 각오는 하고 있었지만 멘디니에 대한 글을 멘디니 앞에서 쓴다는 것은 정말 번데기 앞에서 주름을 잡

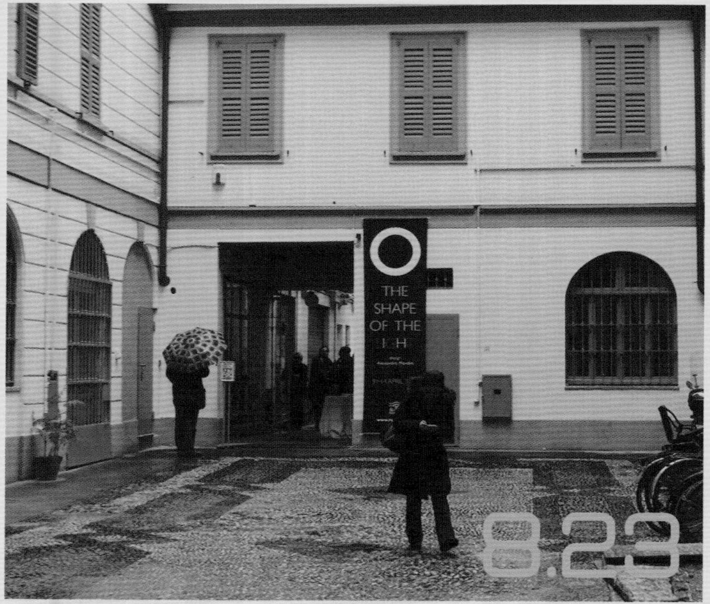

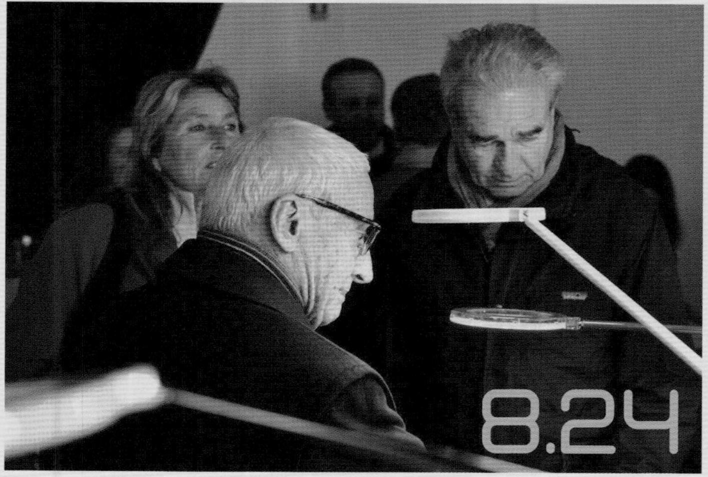

아도 단단히 잡는 일이었다. 약간의 도전정신에 입각해서 집필에 들어가긴 했지만 막상 글을 마무리하는 단계에서부터는 정말 걱정이 태산이었다. 하지만 칭찬을 듣든 꾸중을 듣든 그로부터 직접 견해를 들을 수 있다는 것은 아무나, 어느 때나 경험할 수 없는 엄청난 영광이기도 했다. 과연 그는 무슨 말을 해줄까? 너무나 궁금했다.

결과적으로 책이 나오기 전에 먼저 그를 만날 수 있다는 것은 오히려 문제점을 미리 예방한다는 차원에서 너무나 잘된 일이고, 국제적인 행사기간 동안 국제적인 인물을 다시 만난다는 것은 가슴 벅찬 일이다. 그런 마음을 안고 밀라노로 향했다.

원래 알레산드로 멘디니와의 미팅 계획은 토요일 오전 10시였다. 일요일이 박람회 마지막 날이니 아직 박람회가 끝나지 않은 시점이지만 어렵게 시간을 내준 것으로, 책에 대한 그의 관심과 배려를 충분히 느낄 수 있었다. 그렇지만 라문의 조명전시장 오픈이 화요일 오후 7시여서 전시장을 먼저 찾았다. 멘디니를 처음 만난 이후로 1년 반이 흘렀고, 햇수로는 2년이 지난 터라 무척 감개무량했다. 전시장에 들어섰을 때는 이미 많은 사람이 전시를 구경하고 있었고, 전시 관계자들은 방문객들과 이야기를 나누고 있었다.

멘디니도 많은 사람과 이야기를 나누고 있었다. 방해가 되지 않게 조용히 들어가 차 실장님과 먼저 인사를 나누었다.

그분들과 이야기하는 중에 나의 방문을 알게 된 멘디니와 인사를 나누었다. 현명함과 친절함이 배어나오는 그의 표정은 여전했지만, 환대의 느낌은 훨씬 강했다. 원고를 영역해서 보내준 글을 완전히 검토했다는 것을 악수하는 손길과 표정에서 진하게 느낄 수 있었다. 맨 처음 건넨 말은 책에 대한 치하였다. 본인도 글을 써봐서 알지만 매우 어려운 일을 했다는 말을 먼저 해주었다. 그리고 자신의 디자인

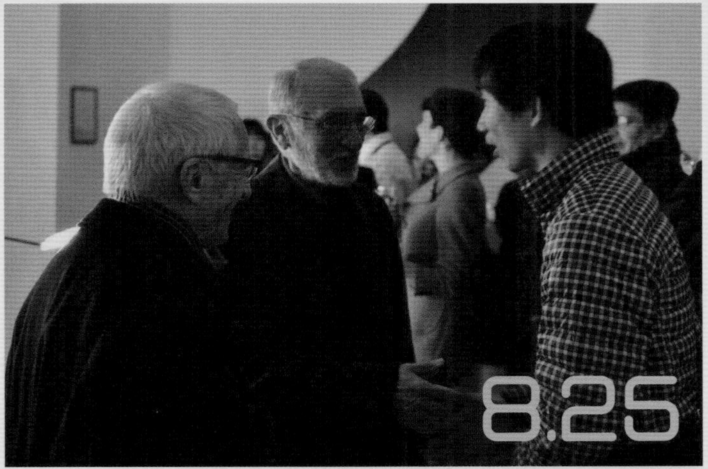

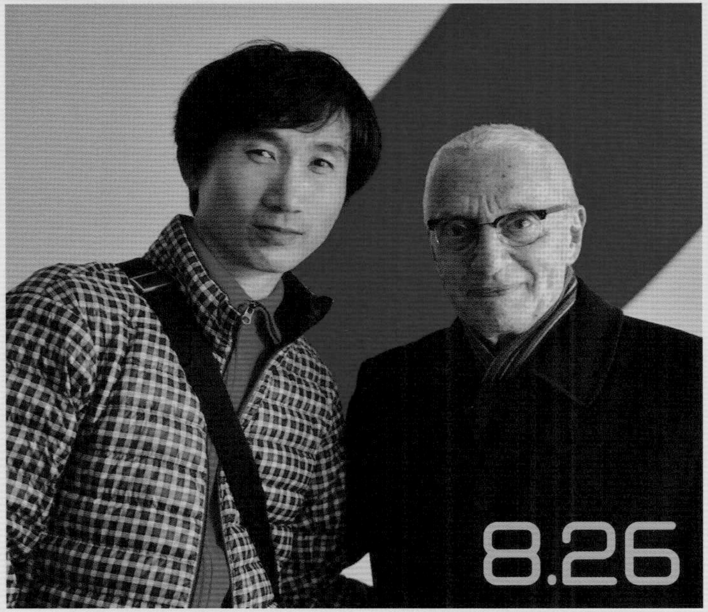

작업을 매우 잘 해석해주었다는 말로 밀라노까지 찾아간 보람을 느끼게 해주었다. 다른 사람도 아니고 알레산드로 멘디니로부터 이런 칭찬을 듣는다는 게 꿈인지 생시인지 전혀 믿기지 않았다. 물론 멀리서 전시장을 찾아간 사람에게 비판을 들이댈 인품이 절대 아니지만, 조목조목 예를 들어 칭찬해주니 정말 한없이 기쁘고 고마웠다. 무엇보다 안심이 되면서 몸과 마음이 날아갈 것 같았다. 그렇게 꽤나 오랜 시간 이야기를 나누었다.

동생인 프란체스코 멘디니도 소개를 시켜주어서 인사를 나누었다. 바쁜데 괜히 시간을 뺏는 게 아닌지 걱정이 될 정도로 많은 이야기를 나누다, 적당한 시간에 자리를 떴다. 토요일에 면담할 예정이기도 했고, 멘디니를 찾아온 사람이 많았기 때문이다.

꿈속을 걷는 기분으로 먼발치에서 멘디니와 이야기를 나누는 것을 지켜보고 있던 동행한 연구원들 곁으로 갔다. 이들도 세계적인 거장을 직접 본 터라 흥분한 상태였다. 애써 들뜬 마음을 가라앉히고서야 전시장을 둘러보고 라문 전시장에서 준비한 다양한 서비스를 즐길 수 있었다.

아름다운 조명을 많은 사람이 찾아와서 보고 감탄하는 장면이 정말 신기했고, 그런 문화가 있다는 것이 아름다워 보였다. 무엇보다 봄기운이 풍겨나는 시절에 그런 분위기를 즐기고 있다는 것이 말할 수 없이 기뻤다. 바쁜 와중에도 멘디니는 간간이 우리 일행에게 다가와 담소를 나누기도 하고, 같이 사진을 찍기도 했다. 전시장에서의 꿈같은 시간을 보내고 늦은 시간 작별을 고하고 숙소로 돌아갔다.

8.23 **라문 전시장 진입구**
8.24 **알베르토 메다(Alberto Meda)와 대화하는 알레산드로 멘디니**
8.25 **동생 프란체스코 멘디니와 함께**
8.26 **알레산드로 멘디니와의 재회**

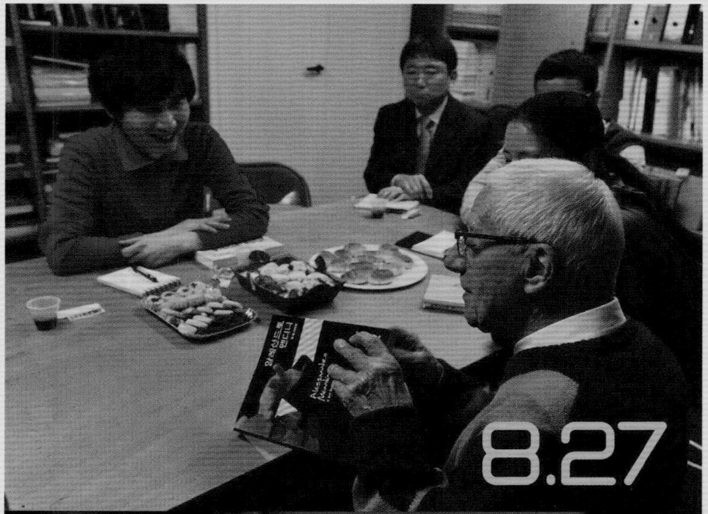

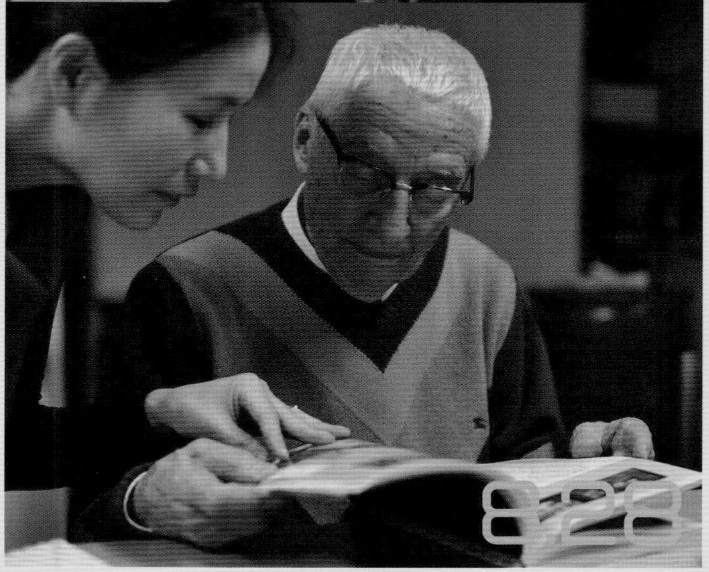

약속한 토요일 오전, 렌터카로 밀라노에 있는 알레산드로 멘디니의 아틀리에를 찾아간다는 것은 쉬운 일이 아니었다. 도로 사정이 한국과는 완전히 딴판이라 길을 찾기도 어려웠고, 많이 막혔다. 결국 약속시간보다 30분 정도 지나서야 겨우 낯익은 동네에 닿았고, 한 번 와본 곳이라 바로 아틀리에 앞 넓은 주차장에 진입했다. 스튜디오는 여전했다. 문을 열고 들어서니 아직 박람회기간이고 또 토요일이어서 그런지 멘디니와 차 실장님, 그리고 라문 관계자 분들뿐이었다. 한적하고 편안한 아틀리에에는 우리 일행이 들어서면서 시끌벅적해졌다. 늦게 도착한 우리를 모두가 반갑게 맞아주었다. 1층에 있는 식당 겸 회의실에서 다과와 함께 토요일 오전의 여유를 느끼며 책에 대한 이야기를 나누었다.

안타깝게도 인쇄본은 아니지만 일단 책의 모습을 한 가제본을 건넸다. 이미 책에 대한 개괄적인 이야기는 나누었기 때문에 디테일한 부분을 점검했다. 우선 책의 디자인이 매우 흡족하다는 의견을 주었다. 미리 검토할 수 있게 메일로 책의 전체 편집 디자인을 PDF 파일로 전환해 메일로 보냈는데 아틀리에 내에서도 큰 반향을 이끌어냈다는 이야기를 들었을 때는 정말 기분이 좋았다. 그리고 디자인이라는 공통의 언어가 이탈리아와 한국을 관통할 수 있다는 사실이 신기하기도 했다. 가제본을 받은 멘디니는 조심스러우면서도 흥미진진한 표정으로 한 페이지 한 페이지 자세히 살펴보면서 대부분 칭찬해주었다. 아마 흡족하지 않은 부분도 있었을 테지만, 크게 사실과 다른 부분이 아니라면 최대한 저자의 관점을 침해하지 않으려는 배려가 느껴졌다. 무엇보다 테이블에 마주 앉아서 책에 대해 이야기를 나누고 있다는 것 자체가 무척이나 기쁘고 실감이 나지 않을 정도로 영광스러웠다.

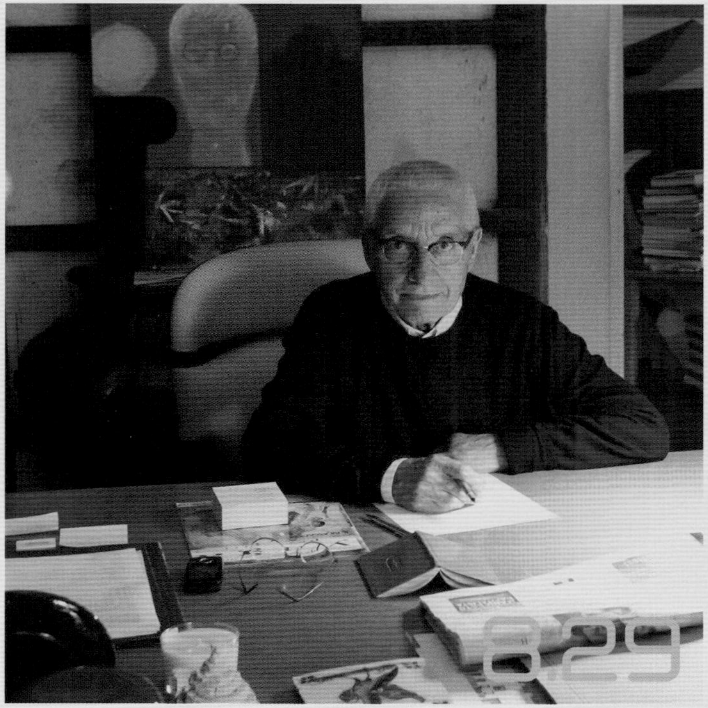

8.27 알레산드로 멘디니와의 회의
8.28 가제본을 자세히 살펴보는 알레산드로 멘디니
8.29 서재에서의 알레산드로 멘디니

책을 보고서 자신이 그렇게 많은 작업을 했다는 것을 알게 되었다는 멘디니의 농담이 곁들여지면서 책에 대한 이야기는 매우 즐겁고 유쾌한 분위기로 이어졌다. 다들 만족해하는 분위기여서 저자로서 남다른 보람을 느꼈다. 이제 남은 것은 아직 디자인 콘셉트가 정리되지 않은 표지뿐이다.

그런데 이야기를 마무리 지으면서 갑자기 멘디니가 자신의 아파트에 가보자는 것이 아닌가! 전혀 기대하지 않은 놀라운 일이었다. 이 위대한 디자이너는 도대체 어떤 공간에서 살고 있을지 궁금했지만, 그의 초대는 생각지도 못한 일이었다. 정말 감읍하지 않을 수 없는 대단한 배려였다.

2층에서 천장으로 연결된 신기한 계단을 따라 아틀리에 천장으로 오르니 갑자기 아늑한 주거공간이 나왔다. 소박한 공간과 그 안에 담긴 최고의 디자인이 너무나 잘 어울렸고, 알레산드로 멘디니의 인간적인 세계관을 그대로 표출하고 있었다. 일행 모두 그 정신과 아름다운 디자인에 감탄했다. 특히 자신의 거실, 서재, 주방은 물론 침실까지 보여주면서 우리에게 하나하나 정성껏 설명해주는 따뜻한 배려는 감동이었다. 침실을 장식하고 있는 그림과 실험적인 가구, 거실의 온화한 분위기, 주방의 아름다운 전시물 모두가 가슴으로 읽혔다.

예술적인 분위기가 가득한 작업물이 진열된 주방에서 작업 당시의 여러 에피소드를 이야기해주는 멘디니를 보면서 이런저런 생각에 잠겨 있는데, 갑자기 선반에 있던 물건을 하나 집어들어 내게 내밀었다. 알레시와의 디자인 작업 때 만들었던 프로토타입 모델이라고 했다. 순간 생각이 멈추고 멍해졌다. 그의 디자인 과정이 담긴 역사적 산물로 멘디니가 친필 사인까지 해둔 것이다. 당연히 매장에서는 살 수도 없는 귀한 작품이다. 받아들자마자 큰 감동이 밀려들었다. 사실 내가

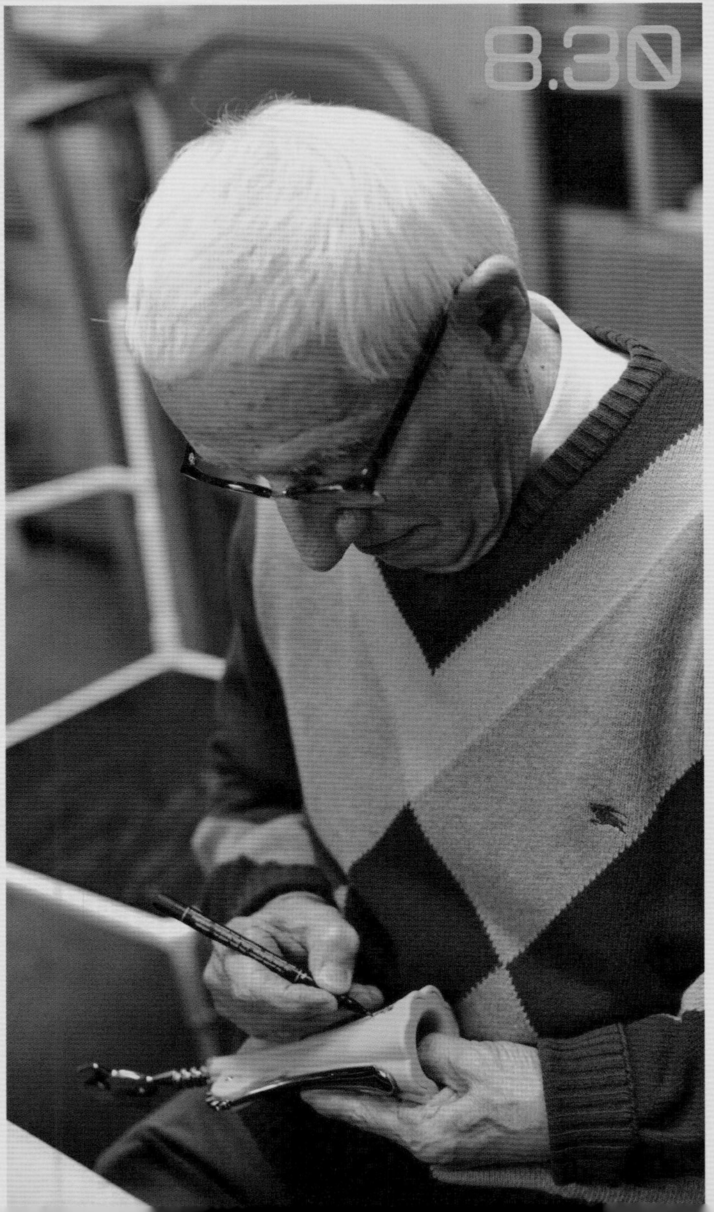

받은 것은 물건이 아니라 그의 배려고 진심이다. 학창시절부터 존경해 마지않던 인물에게 이런 감격적인 대접을 받고 있다는 것이 도저히 믿기지 않았다. 원고의 압박으로 지냈던 지난 2년의 고생스러운 시간이 주마등처럼 지나갔다.

하지만 아직 책이 나온 것은 아니고, 이런 모든 순간은 책에 들어갈 새로운 이야기이기도 했다. 냉정을 유지하면서 계속 기록하고 사진도 열심히 찍었다. 그렇게 한동안 작업하고 다시 아틀리에로 내려갔다. 계단에서 내려다보이는 스튜디오의 입체적인 광경은 매우 인상적이었다. 그저 흐르는 시간이 아쉬울 뿐이었다.

마침 바이어들과 회의가 있어서 실무 관계자는 모두 회의중이라, 멘디니만 남아서 우리와 계속 이야기를 나누었다. 특히 동행한 연구원들이 미리 준비해간 멘디니의 디자인 제품에 하나하나 정성스럽게 사인을 해주어서 모두 감동했다.

책의 표지와 내용을 풍부하게 해줄 사진을 많이 확보하는 것도 이번 방문의 중요한 과제라서 그를 모델로 많은 사진을 찍었다. 익숙해졌을 만도 할 텐데 카메라 앞에서 그는 매우 어색해했다. 불편하게 해드리는 것이 아닌가, 죄송했지만 책을 위해서 어쩔 수 없었다.

그 와중에도 우리 일행은 멘디니와 '인증샷'도 찍으며 즐거운 시간을 보냈다. 특히 아틀리에 입구에서 그와 함께한 촬영은 우리 일행 모두에게 두고두고 잊을 수 없는 추억이 되었을 것이다.

아직 박람회 기간중이라 그를 찾아오는 사람들이 있는 눈치였다. 그래서 필요한 일정이 모두 진행되었다고 판단되었을 때, 아쉽지만 만남을 정리하는 게 예의라고 생각했다. 차 실장님을 비롯한 다른 분들은 여전히 회의중이라 방해하지 않고, 멘디니에게만 작별인사를 건넸다. 마침 손님도 찾아오고 있었다.

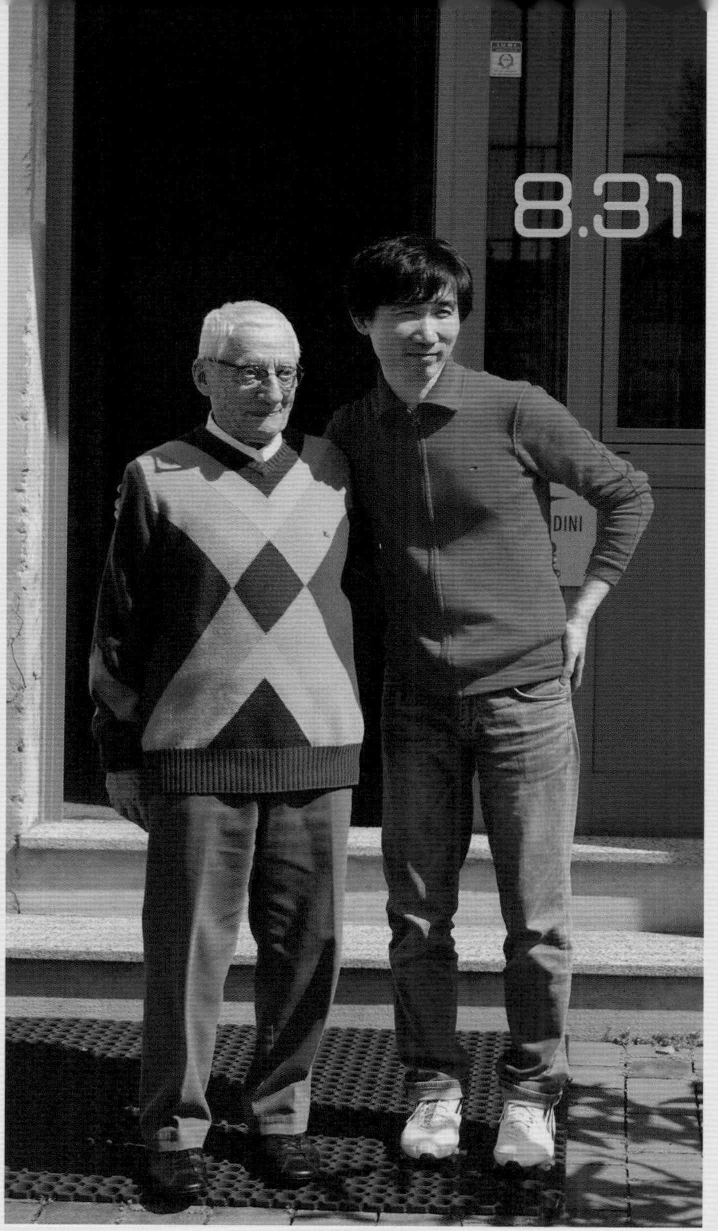

그렇게 따뜻한 봄볕 속에서 그와 헤어졌다. 차에 탄 연구원은 모두 한바탕 꿈이라도 꾼 듯한 표정이었다. 아마 모두 알레산드로 멘디니의 '광팬'이 되어서 훌륭한 디자이너를 꿈꾸게 될 것이다. 이번 두 번째의 짧은 만남에서도 너무나 큰 것을 얻어간다. 아마도 이 여운은 앞으로의 삶에서 꽤 오래 지속될 것이다. 다시 만날 때까지 건강하시길 빌며 아쉬운 발걸음을 옮겼다.

8.30 **정성스럽게 사인을 해주는 알레산드로 멘디니**
8.31 **스튜디오 앞에서 알레산드로 멘디니와 함께**

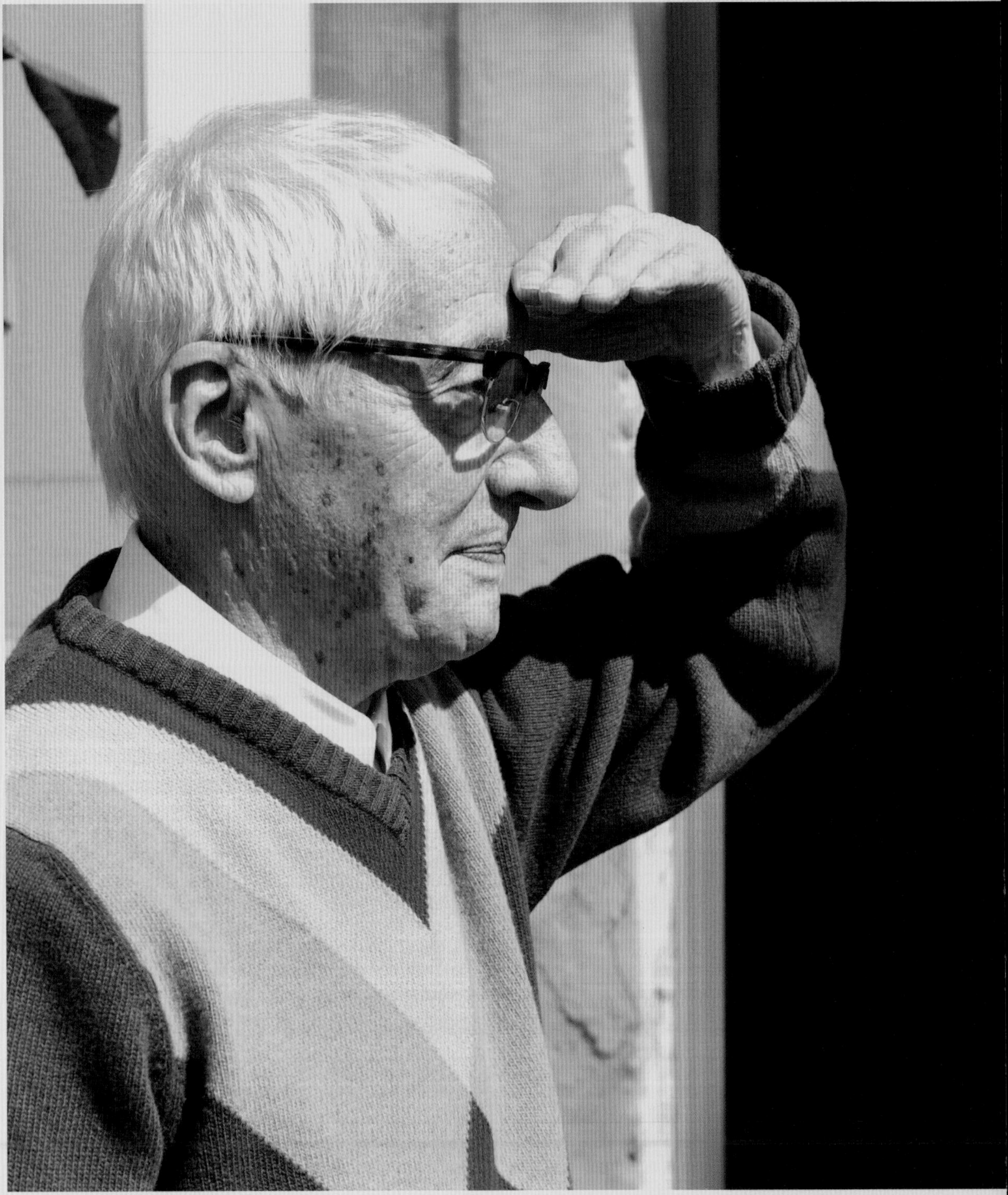

Index

Text Index
Image Index

Text Index

(ㅈ/ㅊ/ㅋ/ㅌ)

(ㅍ/ㅎ)

(H/I/J/K/L)

(M/N/O)

Image Index

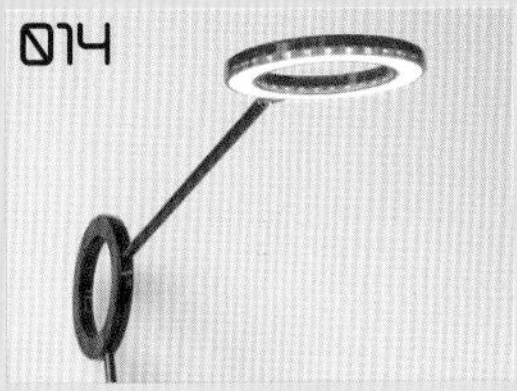
014

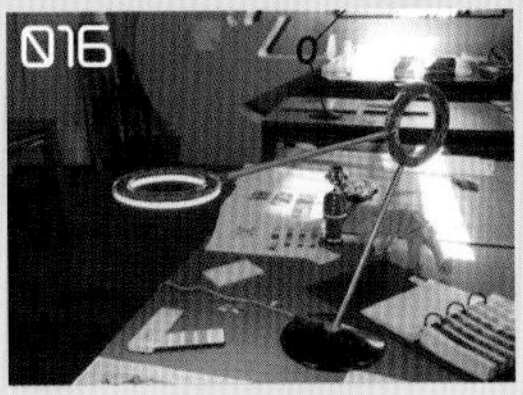
016

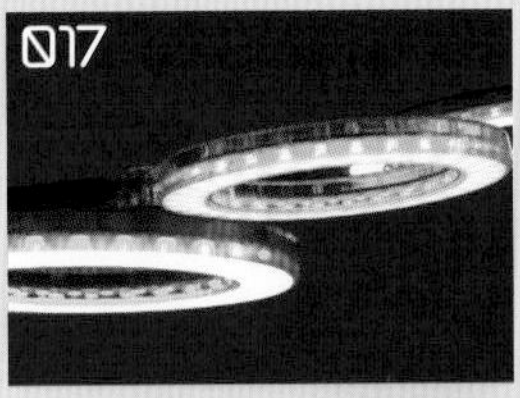
017

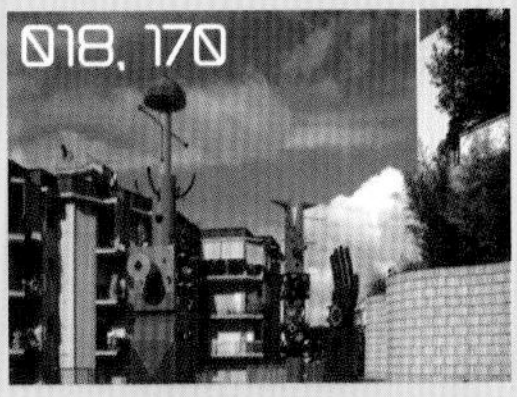
018, 170

019

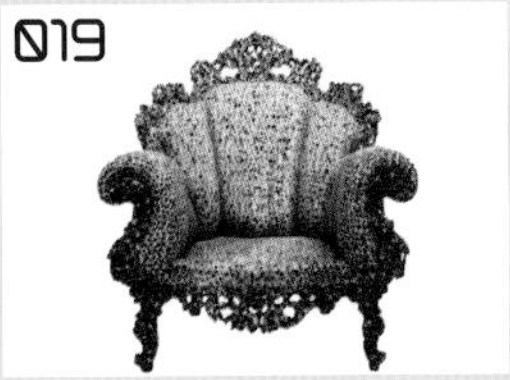
019

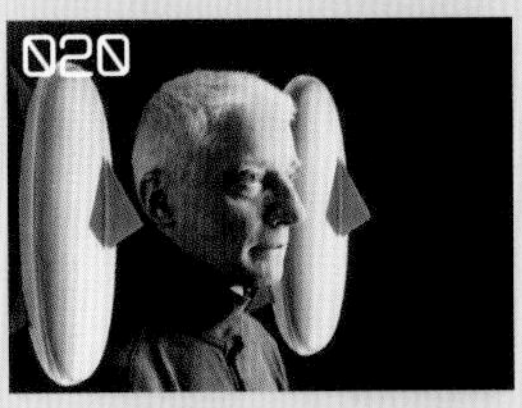
020

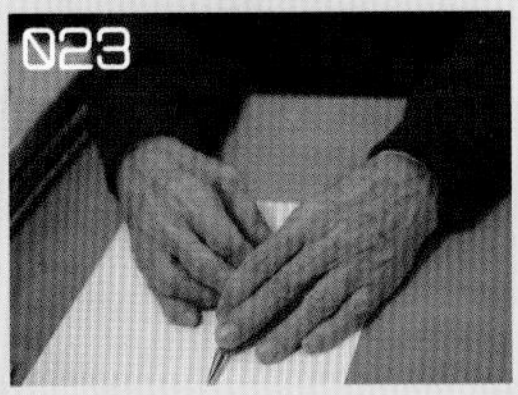
023

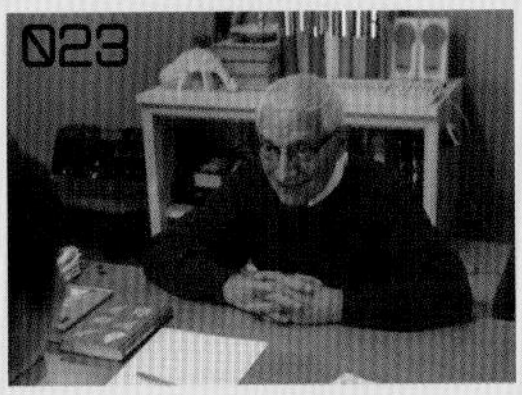
023

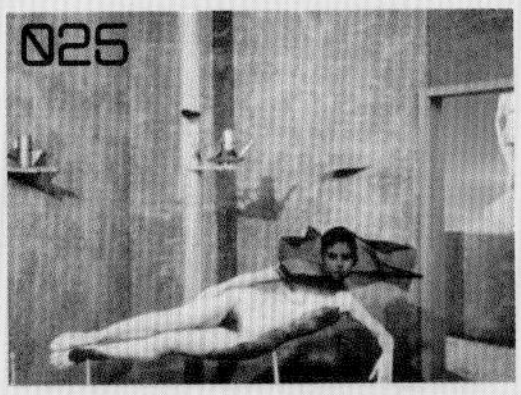
025

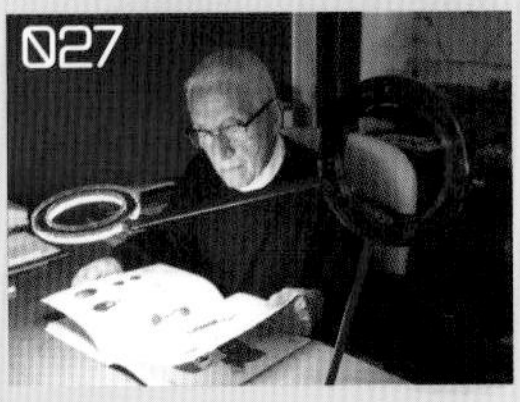
027

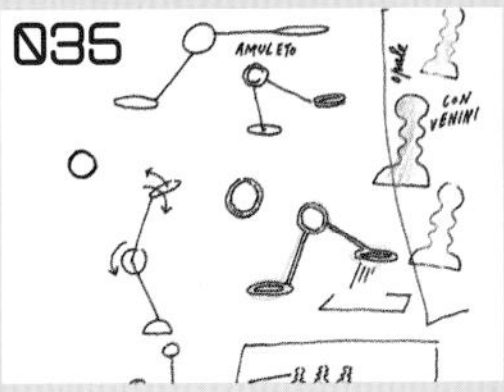
035

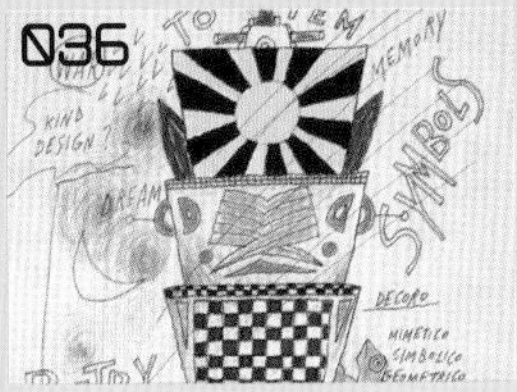
036

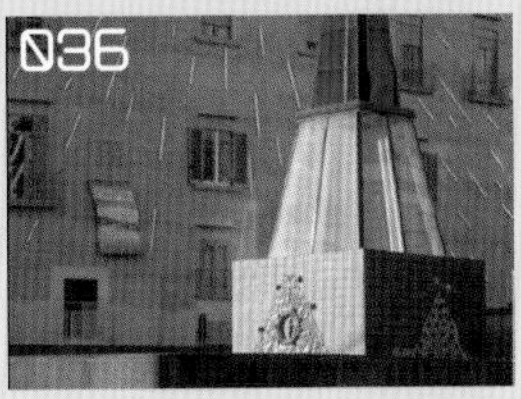
036

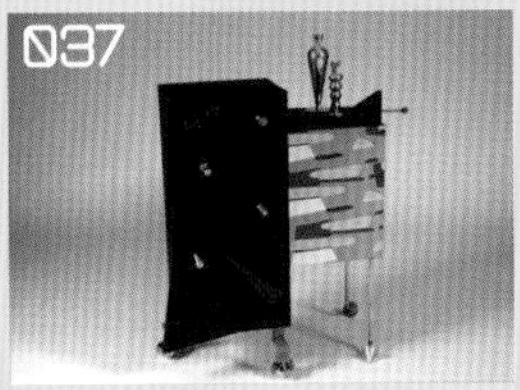
037

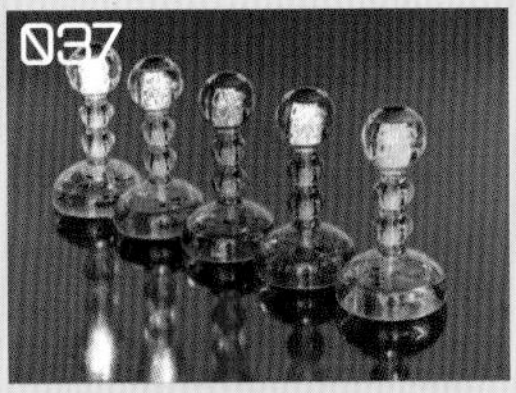
037

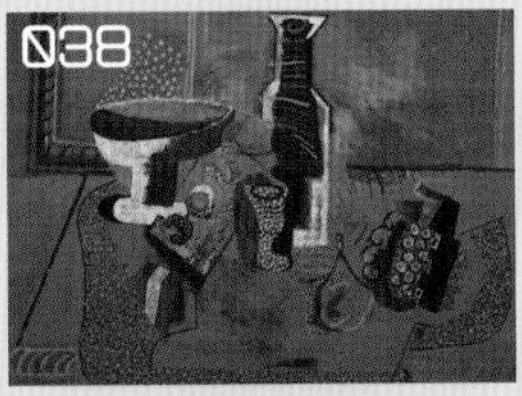
038

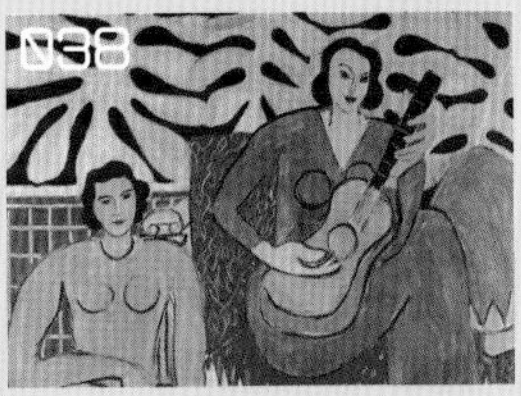
038

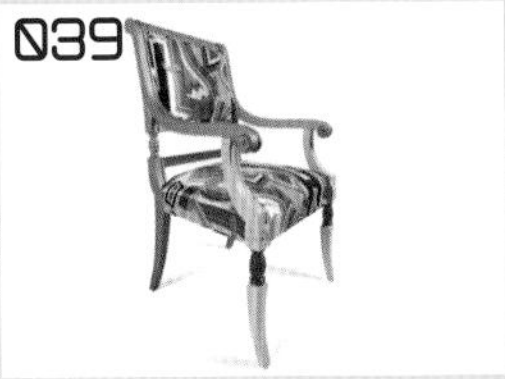
039

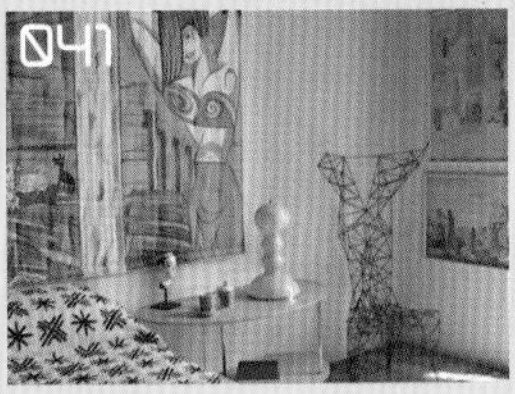
041

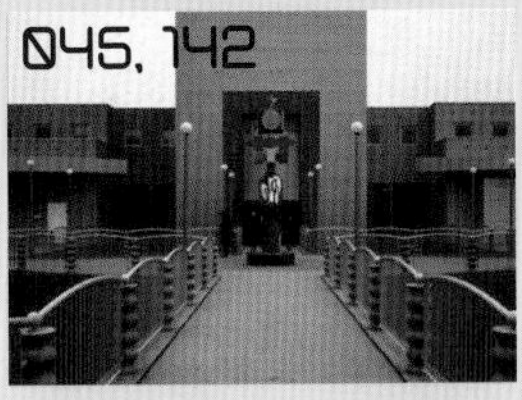
045, 142

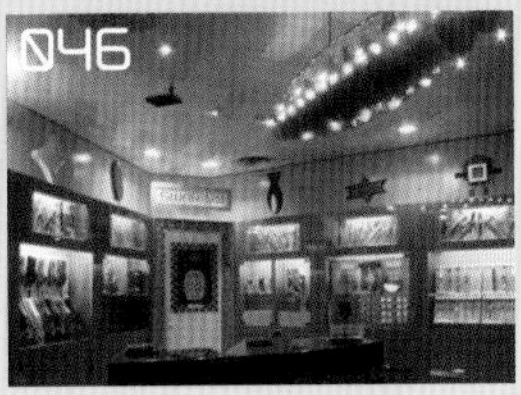
046

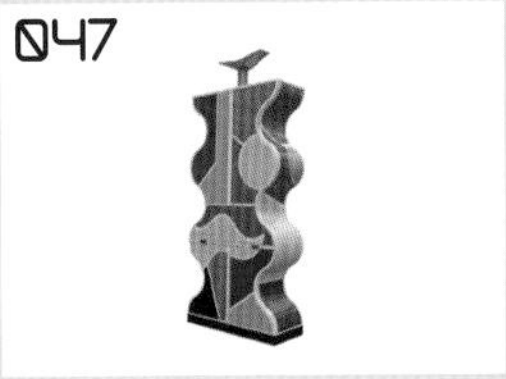
047

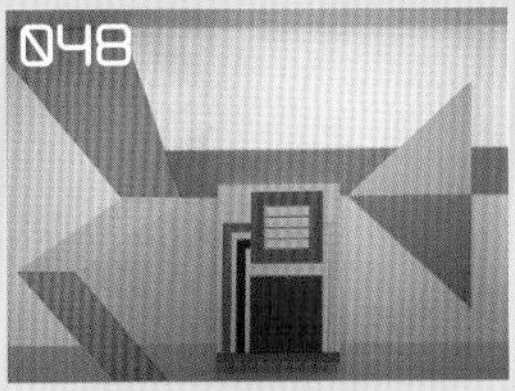
048

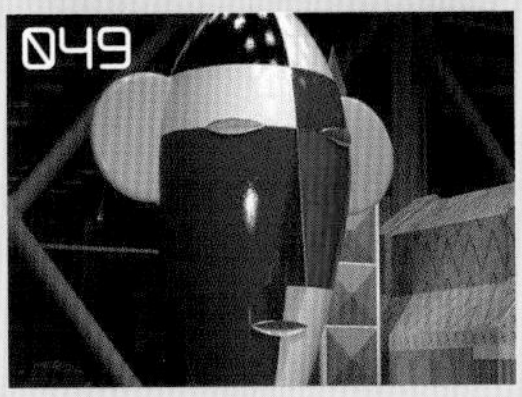
049

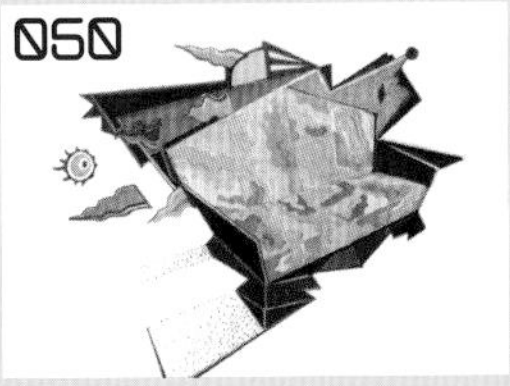
050

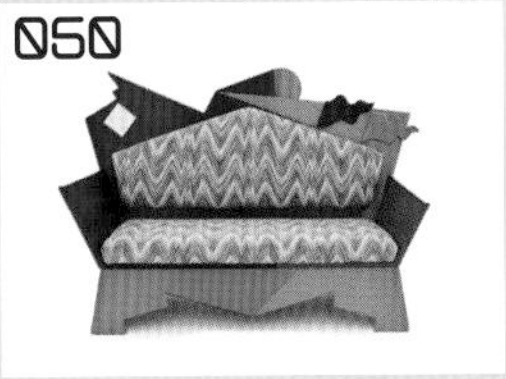
050

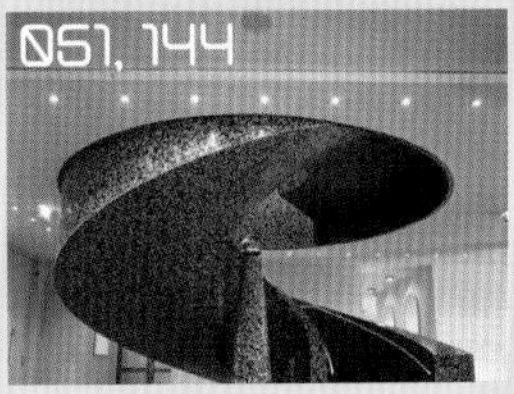
051, 144

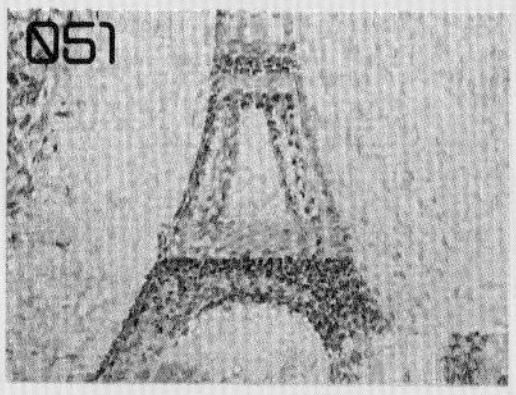
051

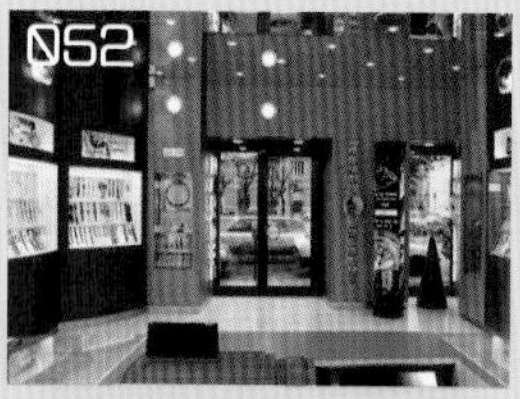
052

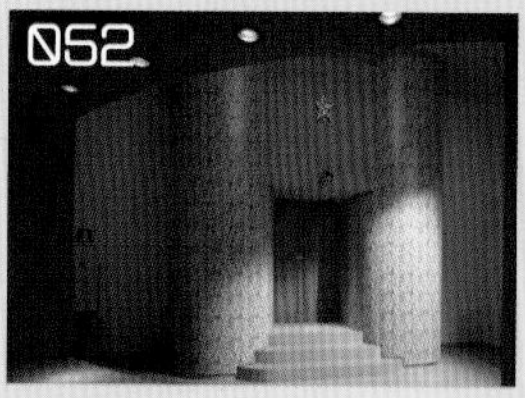
052

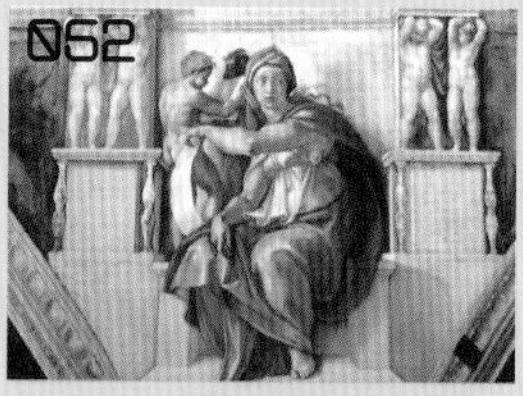
052

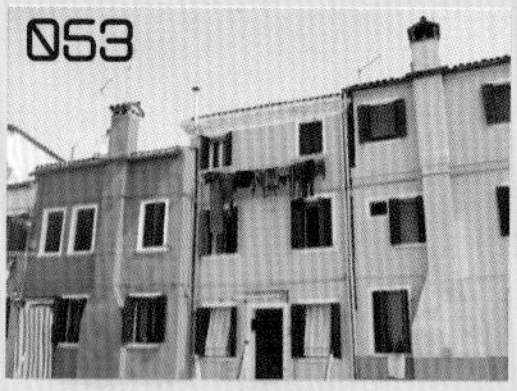
053

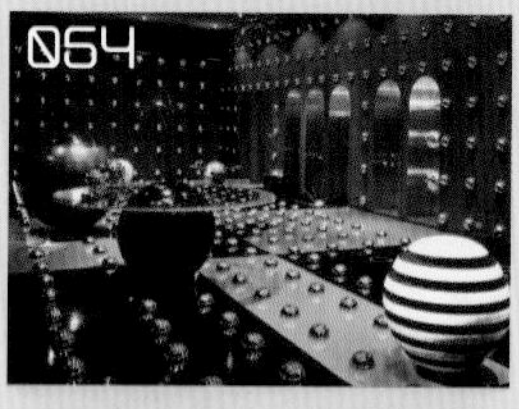
054

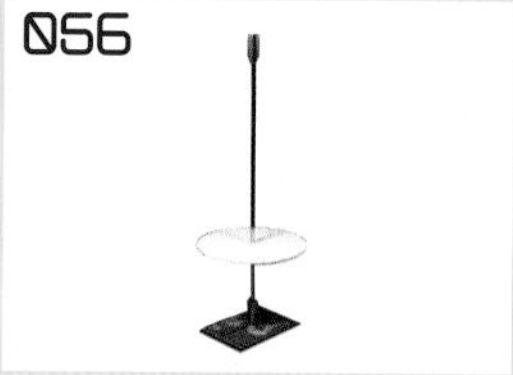
056

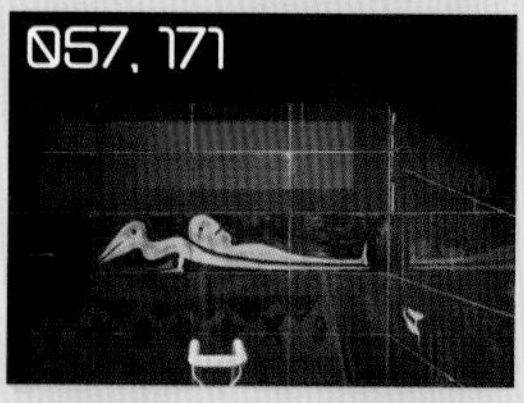
057, 171

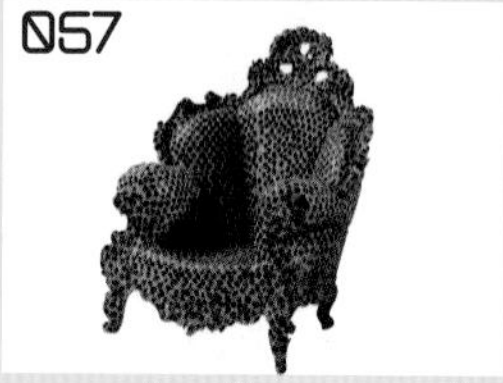
057

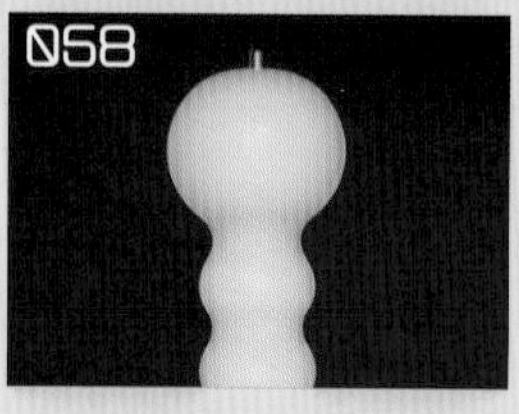
058

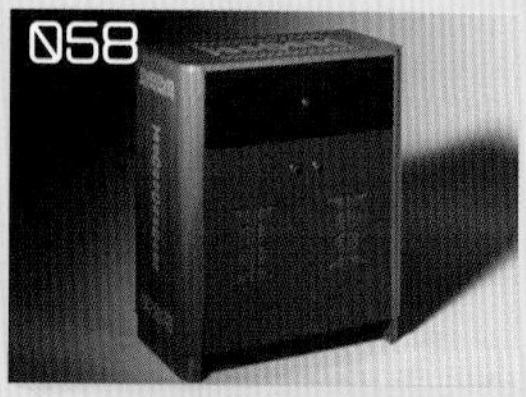
058

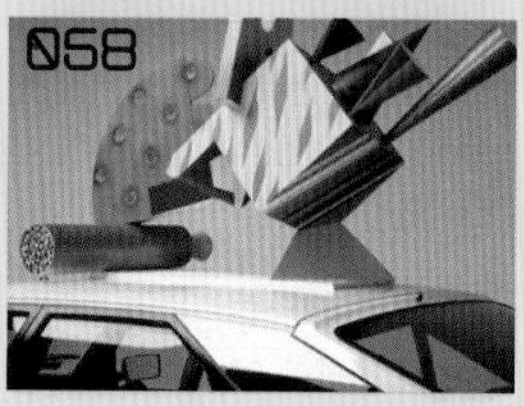
058

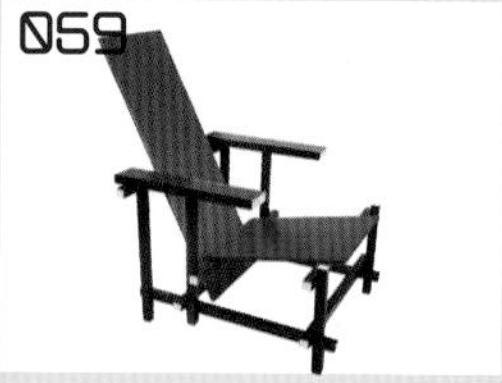
059

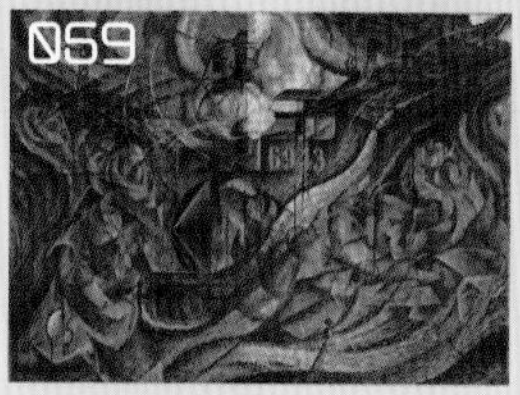
059

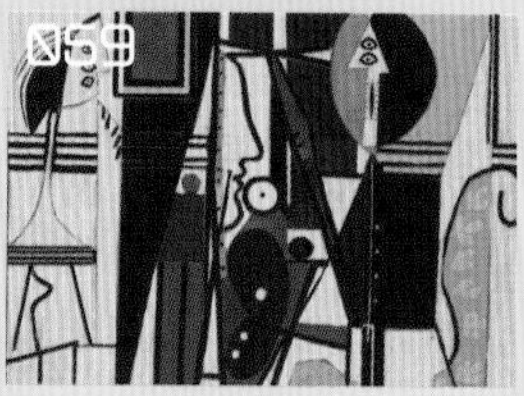
059

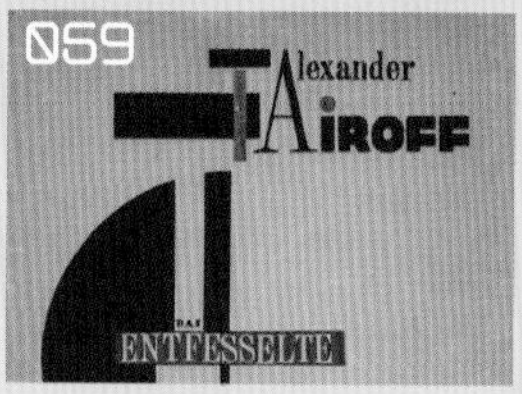

059

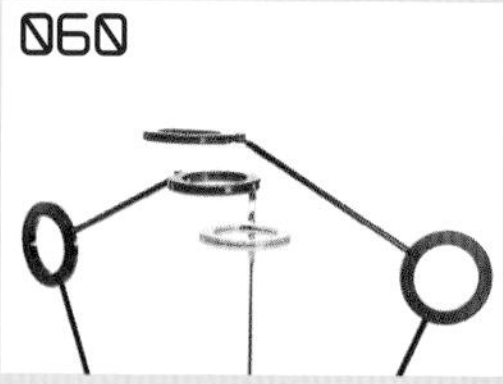
060

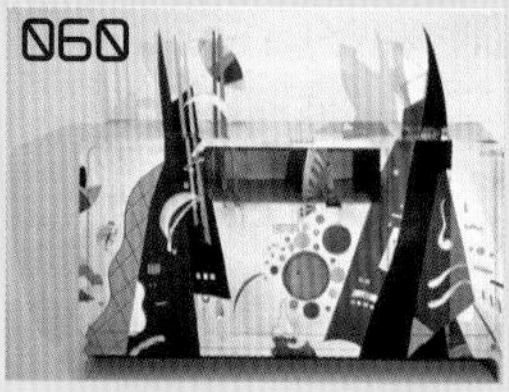
060

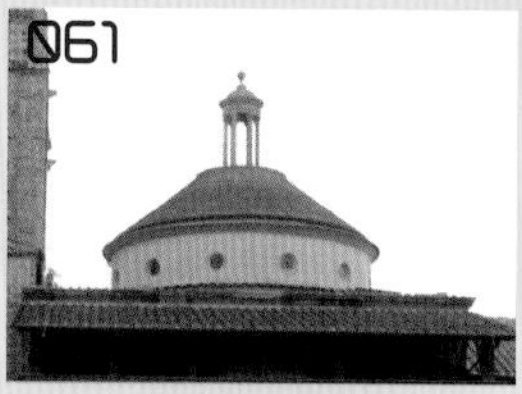
061

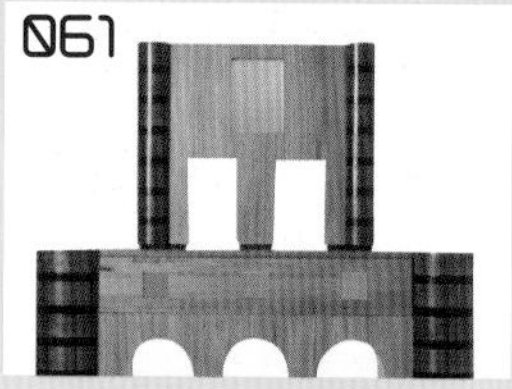
061

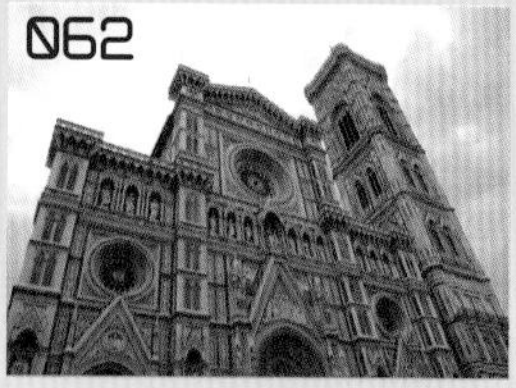
062

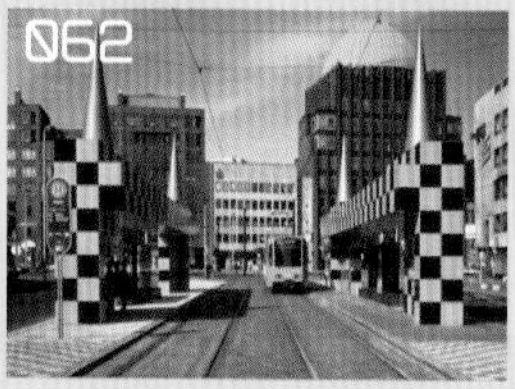
062

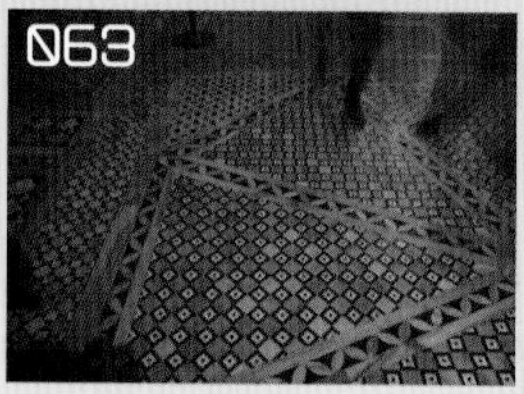
063

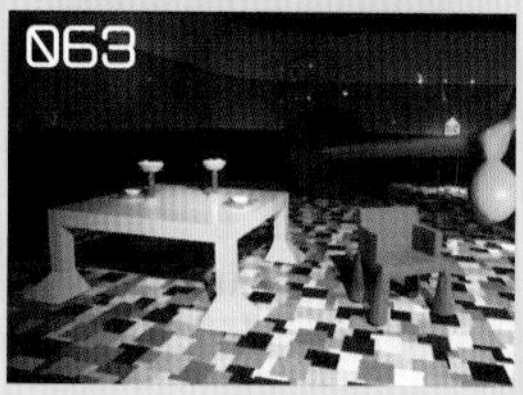
063

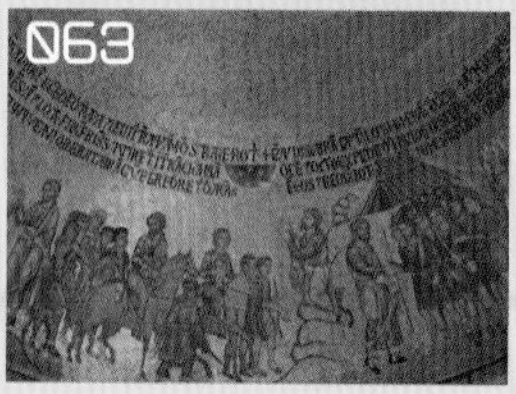
063

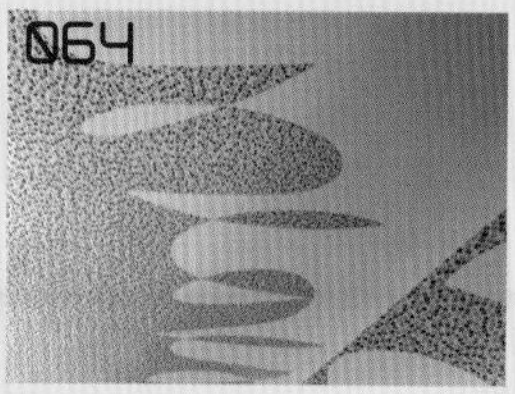
064

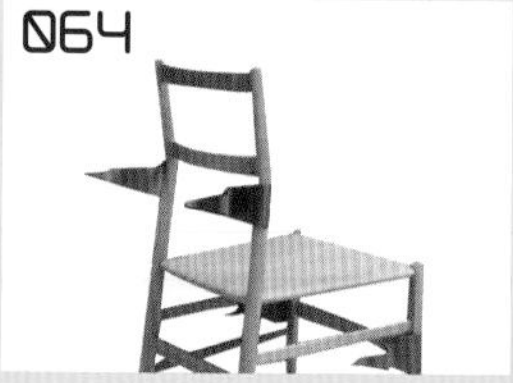
064

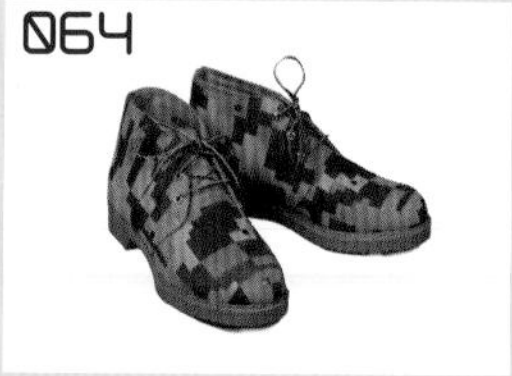
064

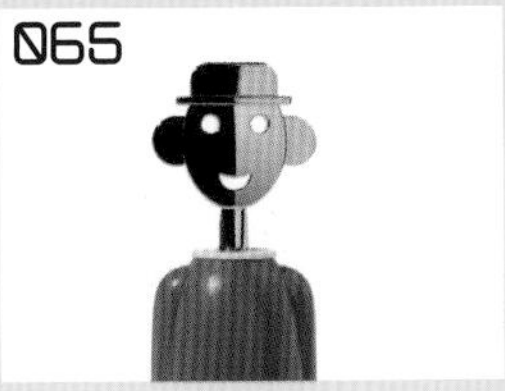
065
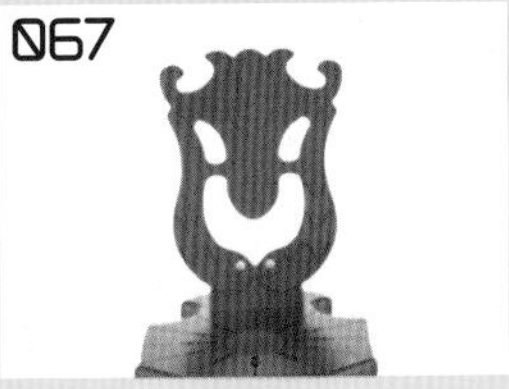
067
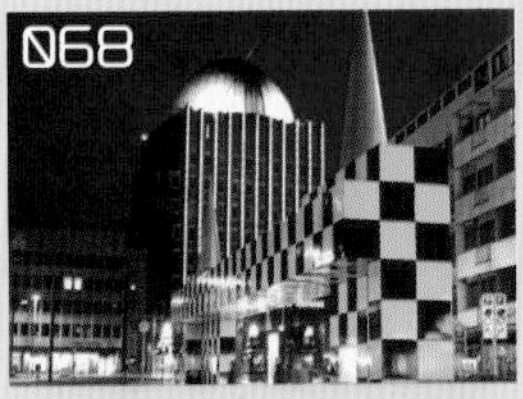
068
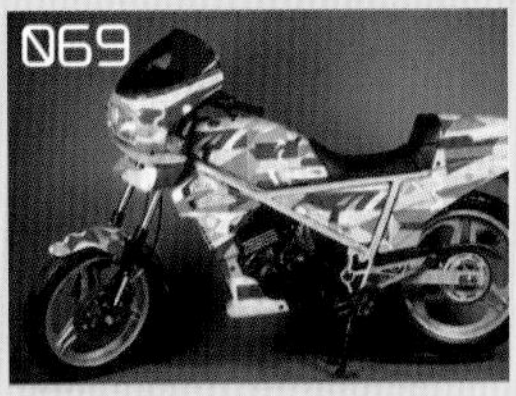
069
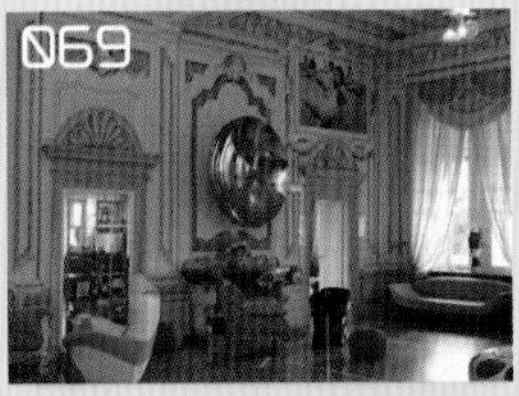
069
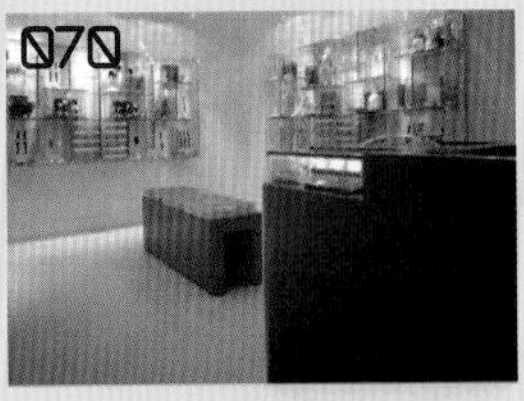
070
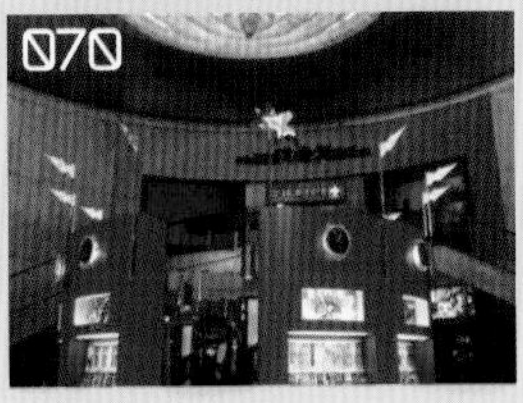
070
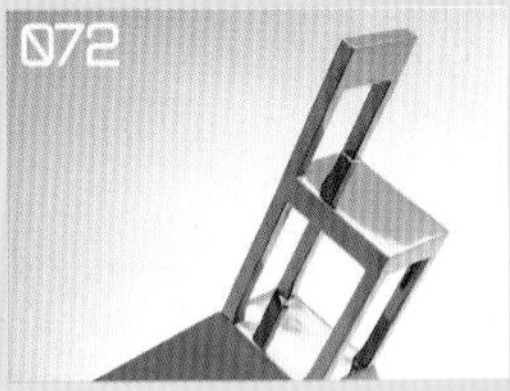
072
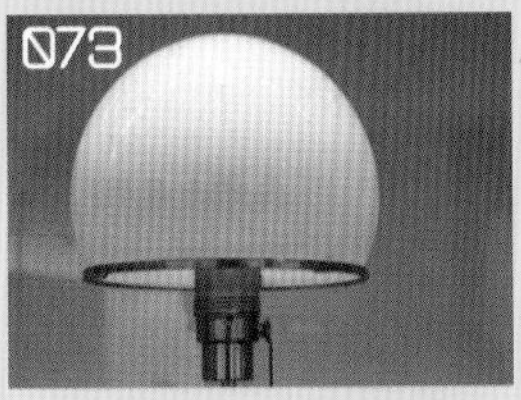
073
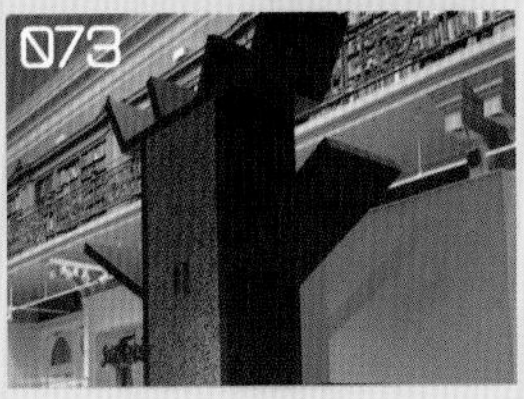
073
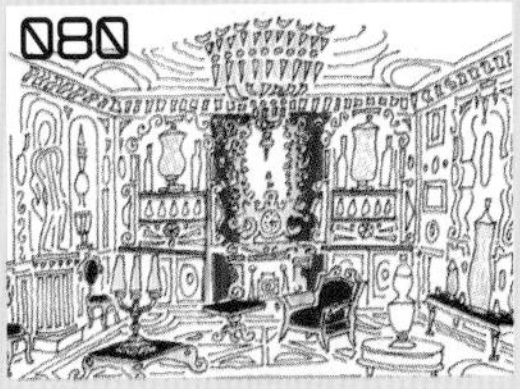
080
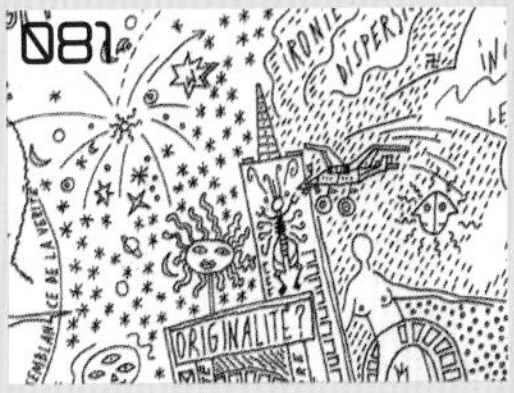
081
ORIGINALITE?
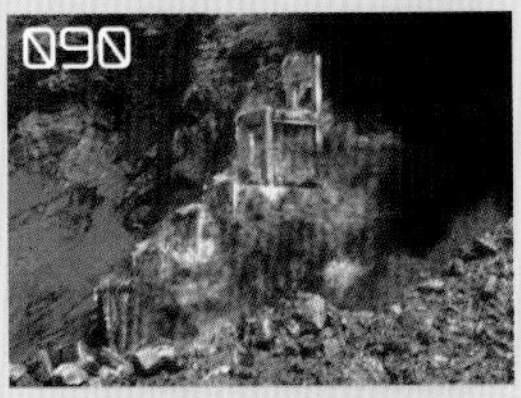
090
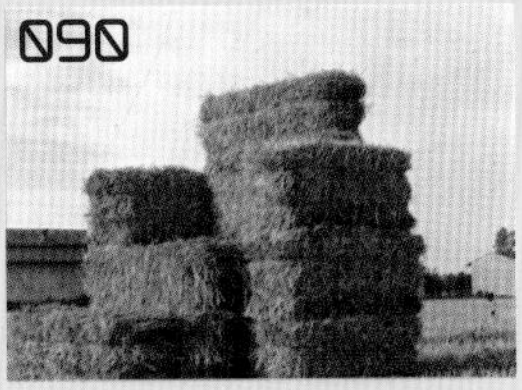
090
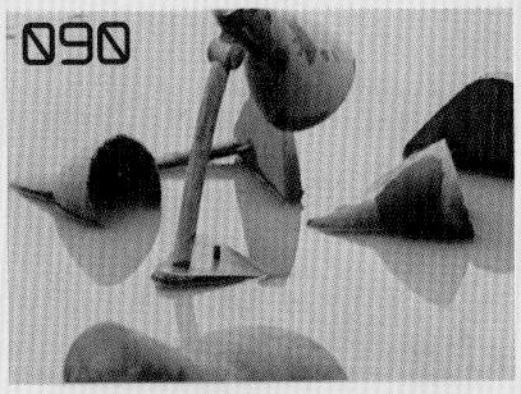
090
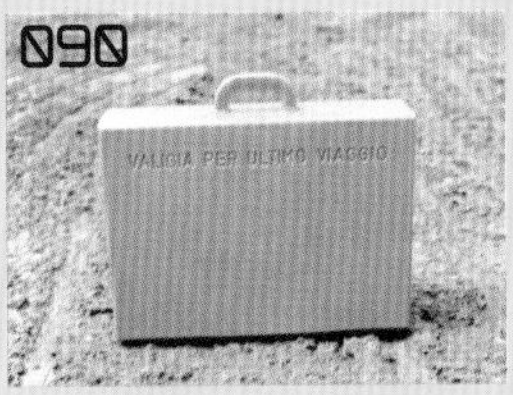
090
VALIGIA PER ULTIMO VIAGGIO
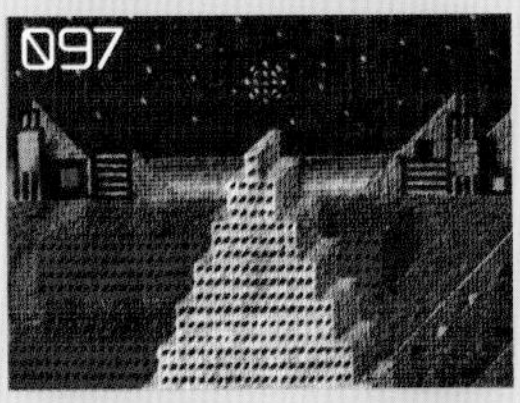
097
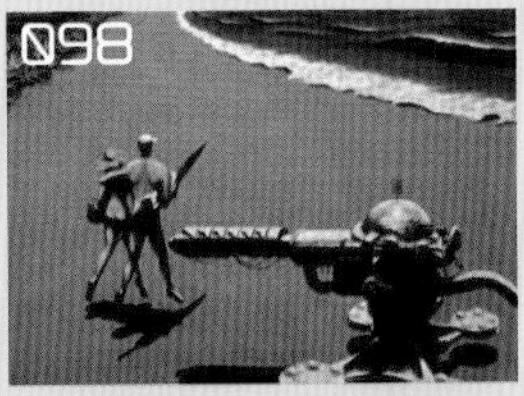
098
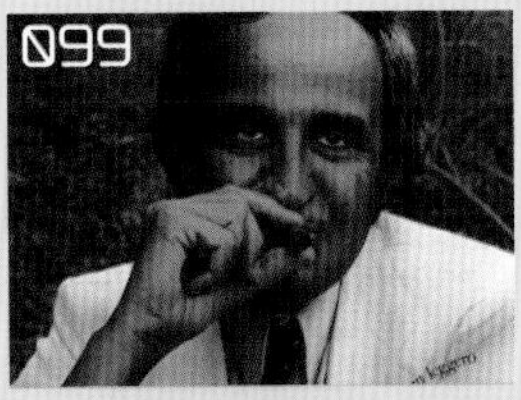
099
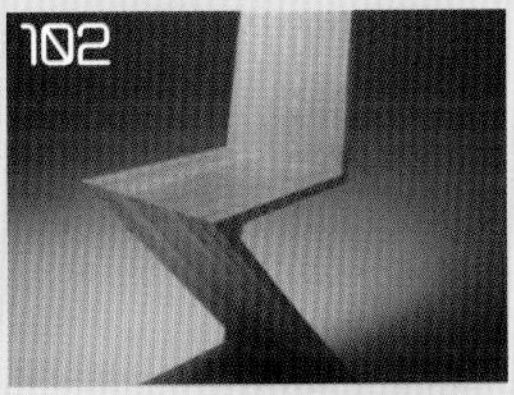
102
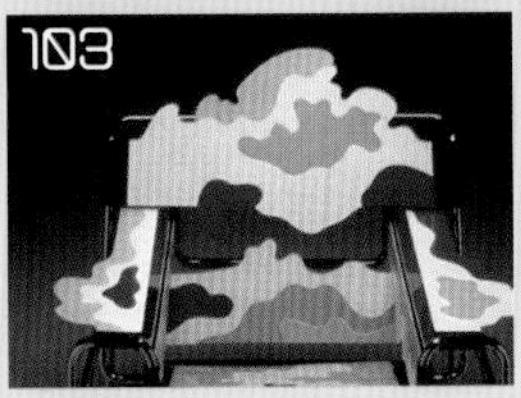
103
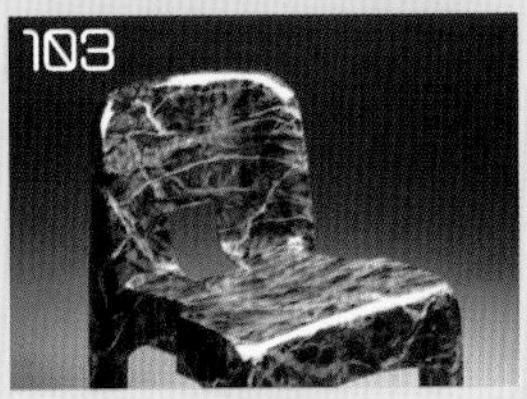
103
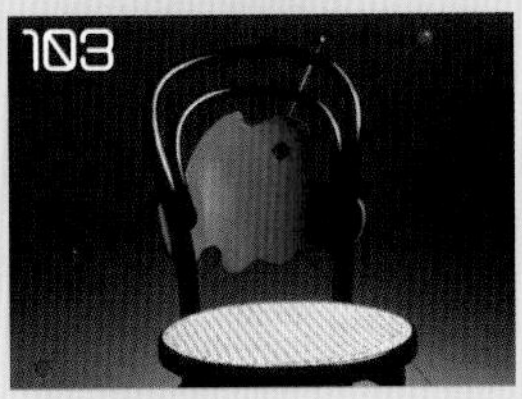
103
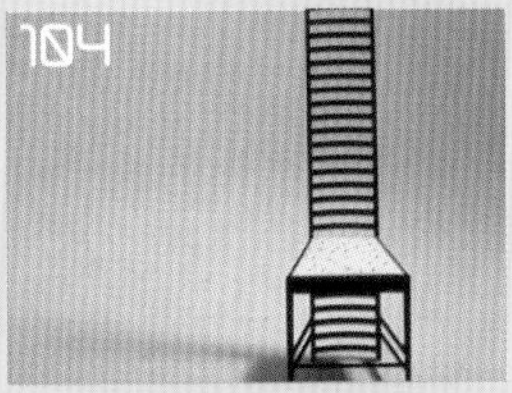
104
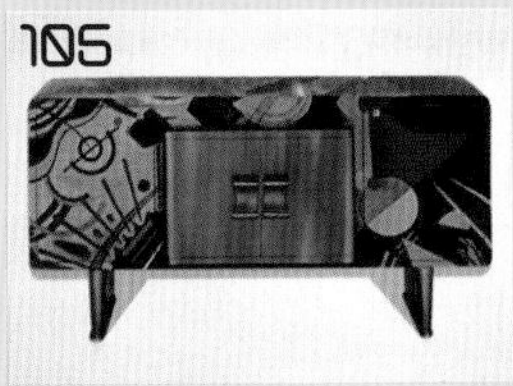
105
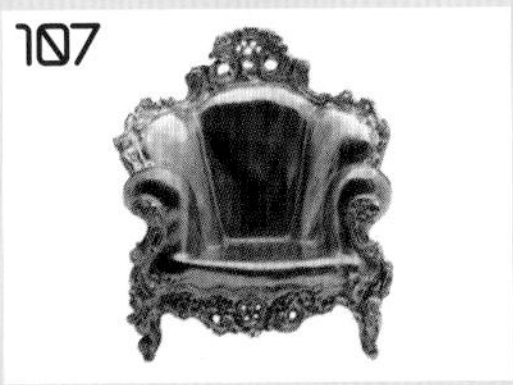
107
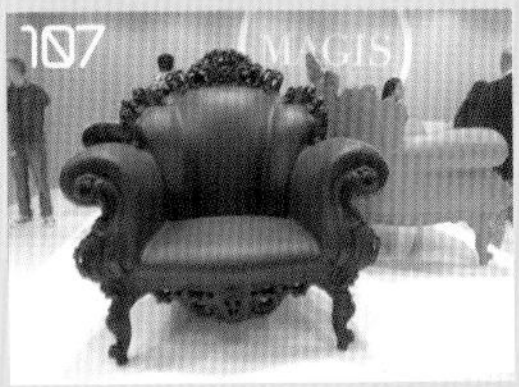
107
MAGIS
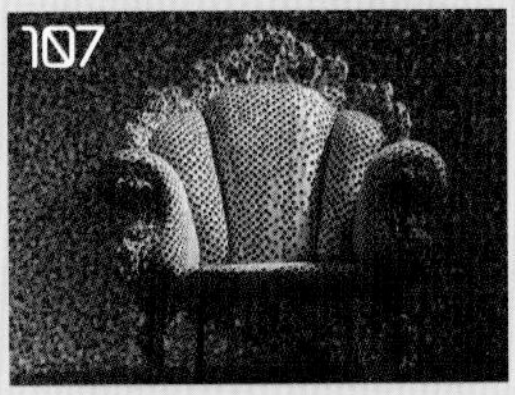
107

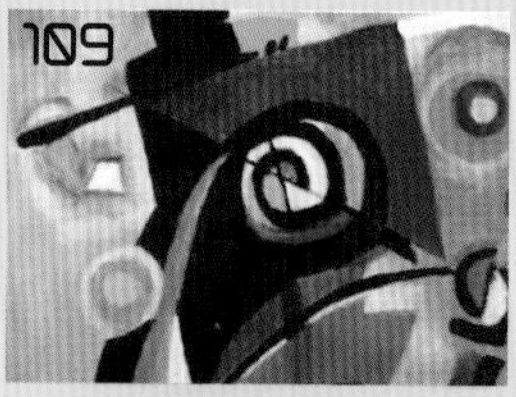
109
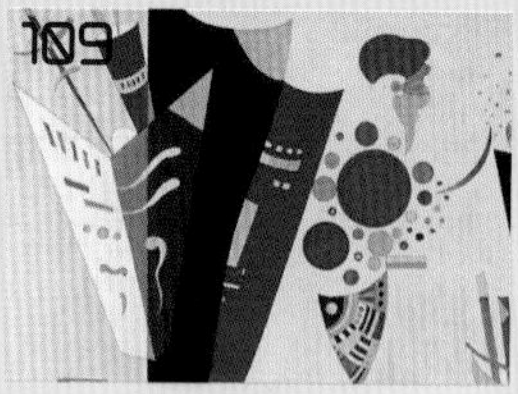
109
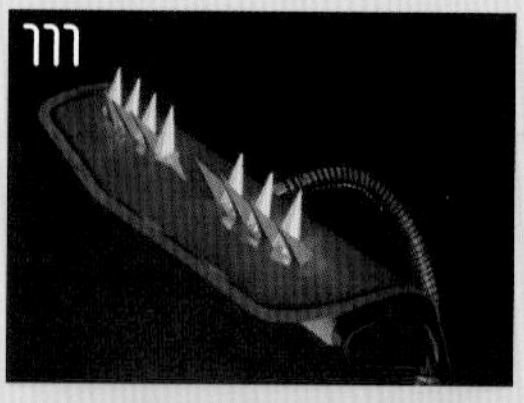
111
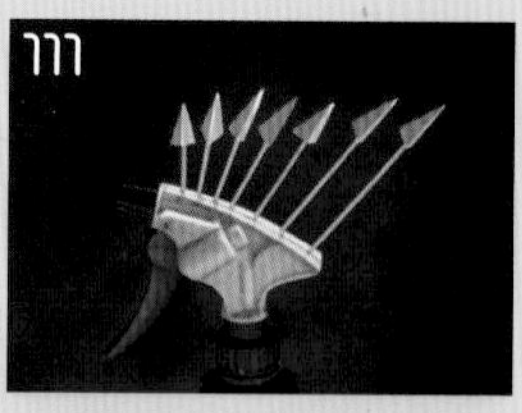
111
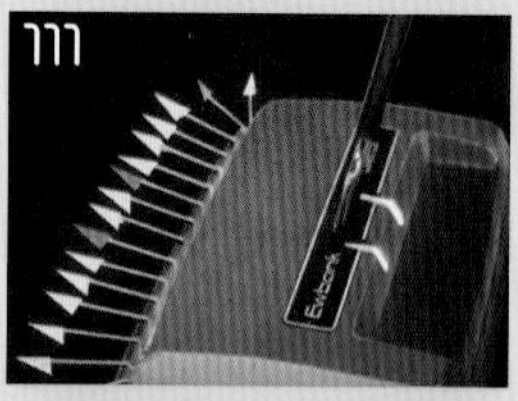
111
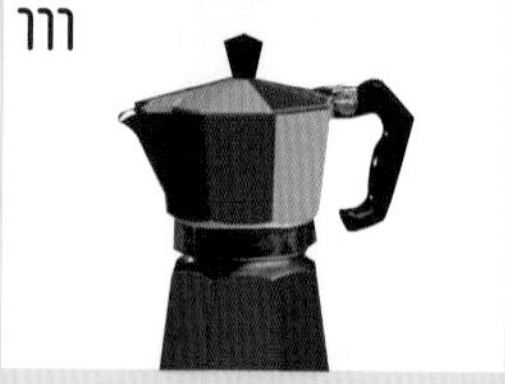
111
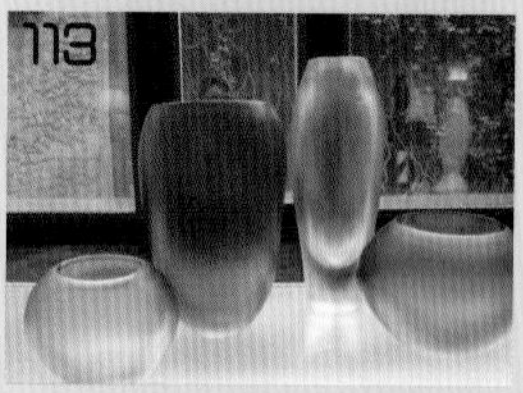
113
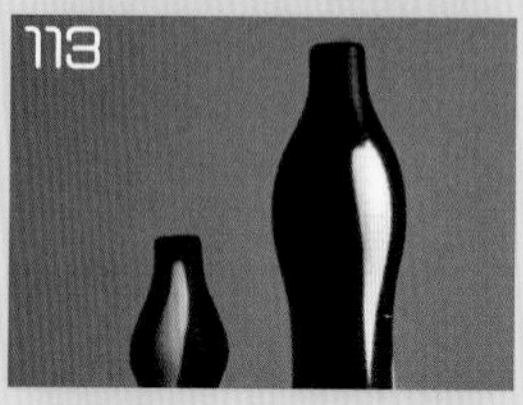
113
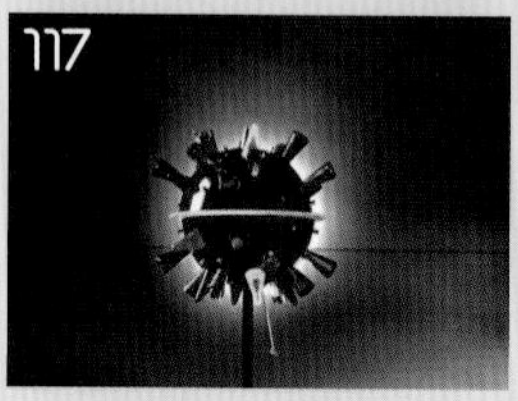
117
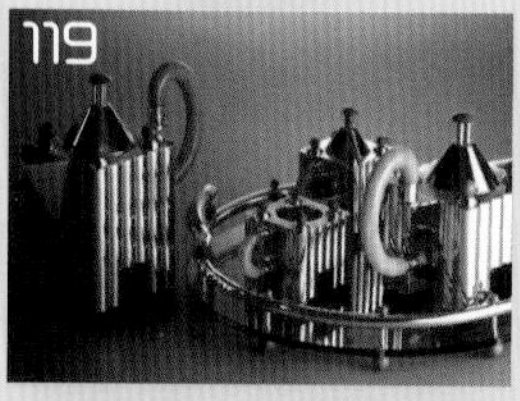
119
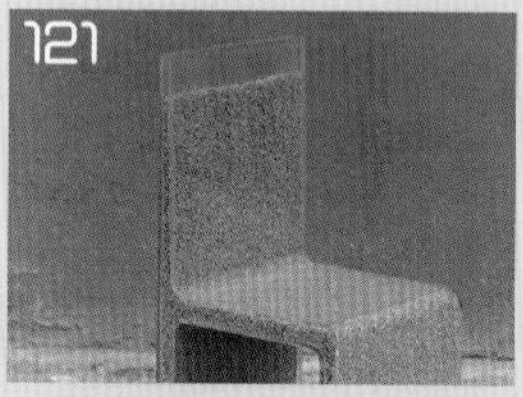
121
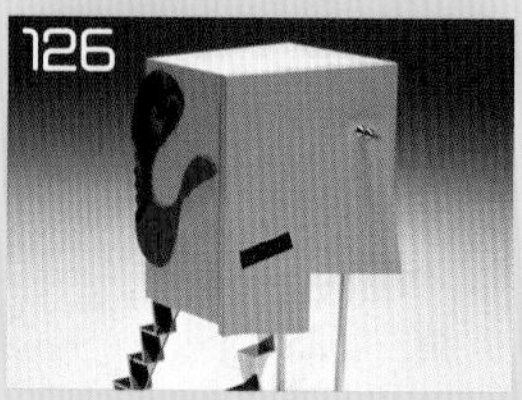
126
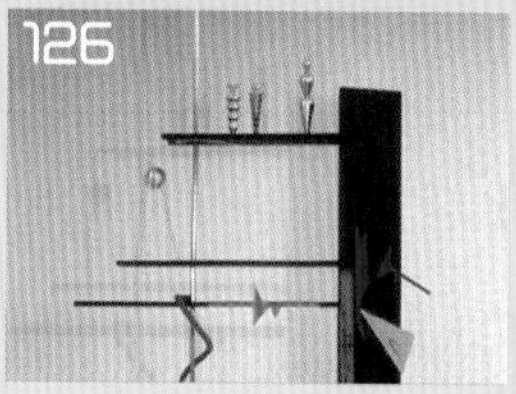
126
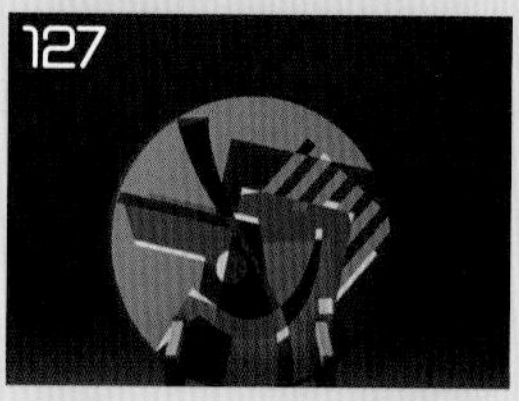
127
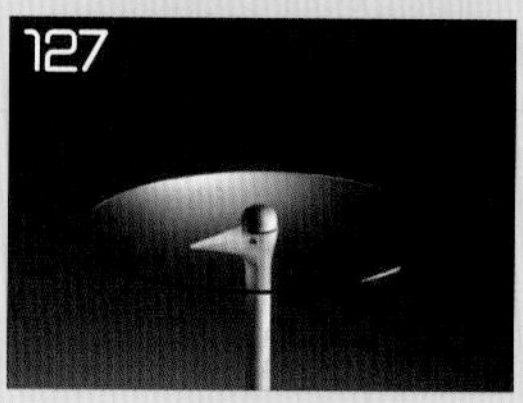
127
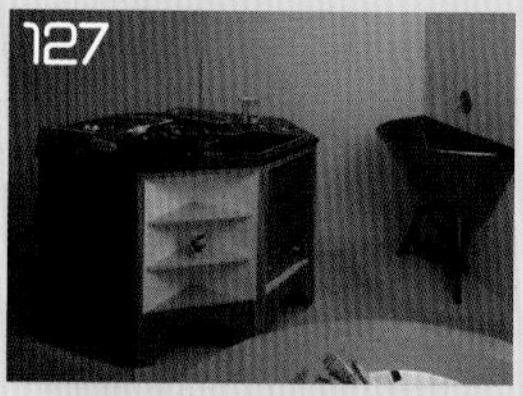
127
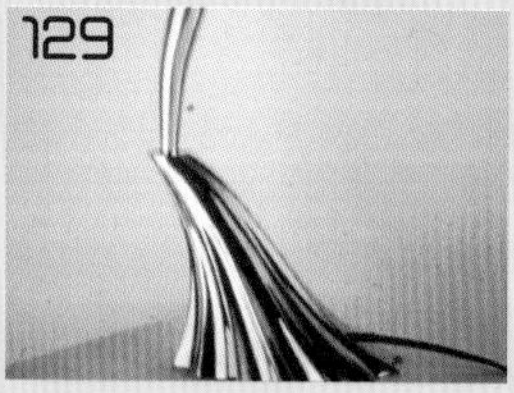
129
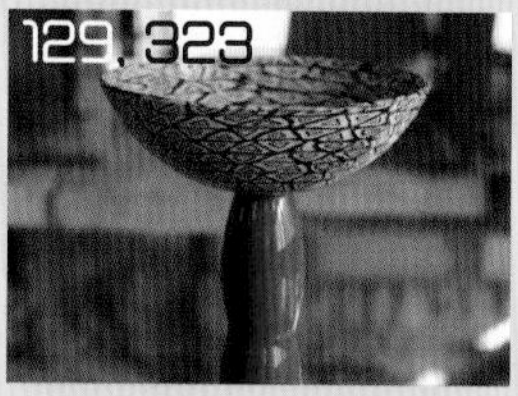
129, 323
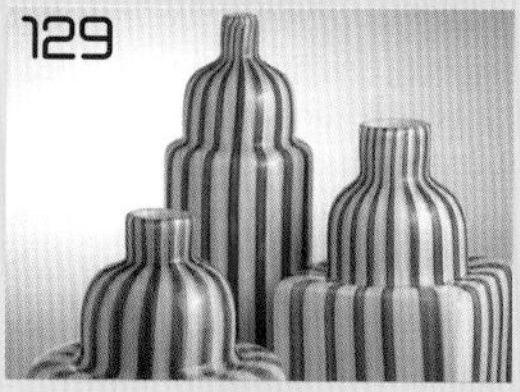
129
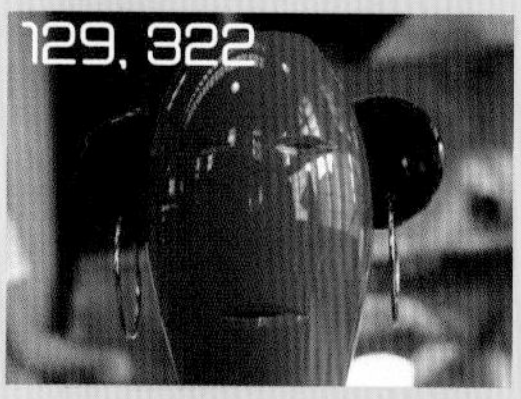
129, 322
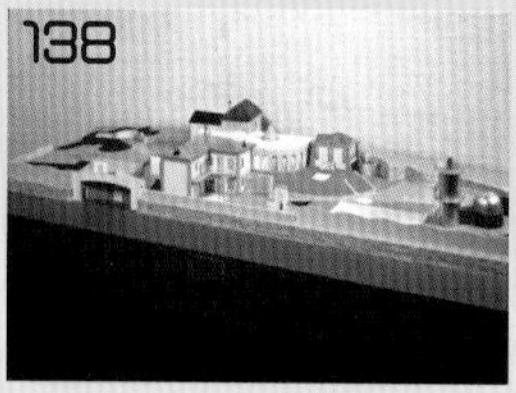
138
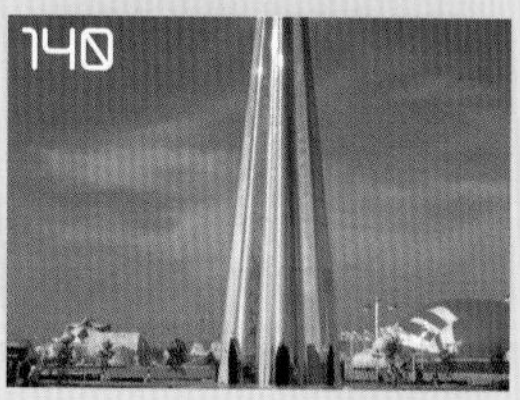
140
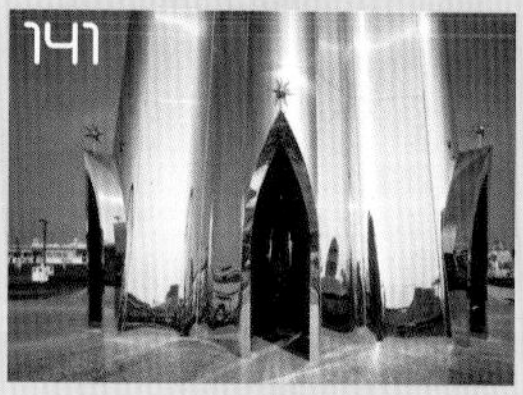
141
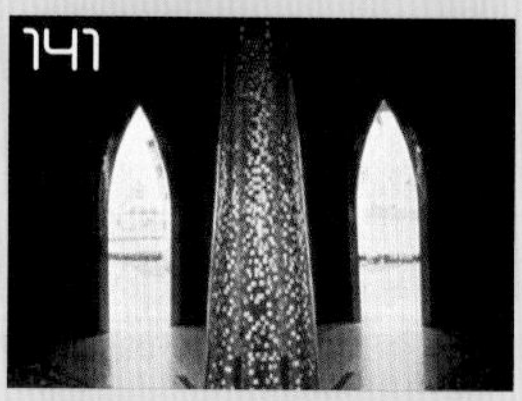
141
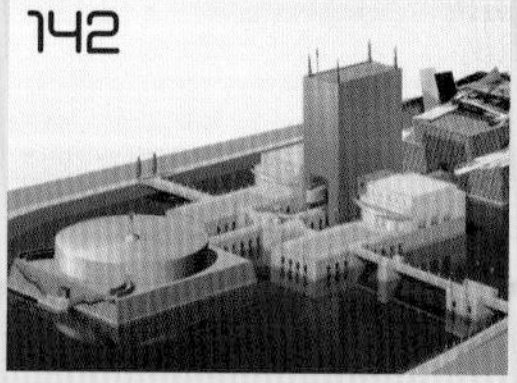
142
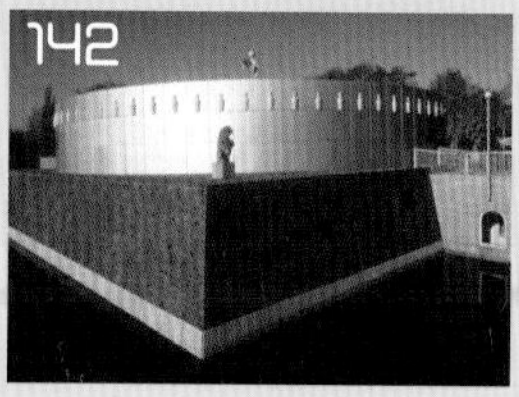
142
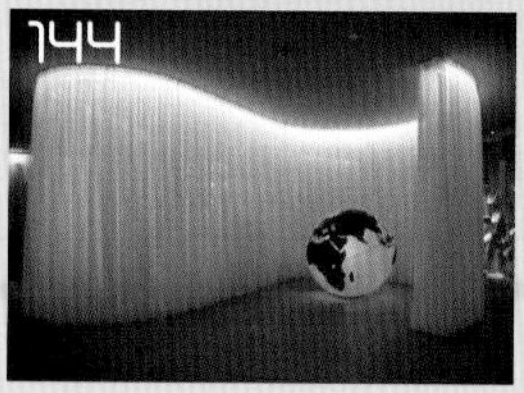
144
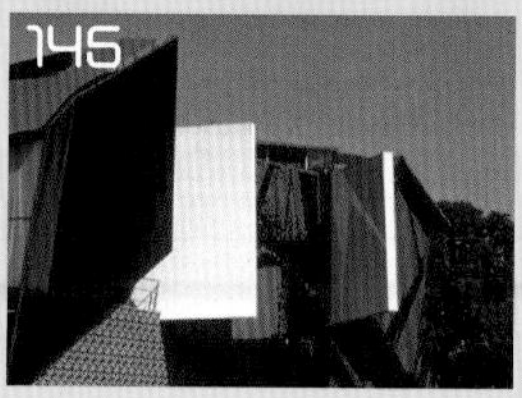
145

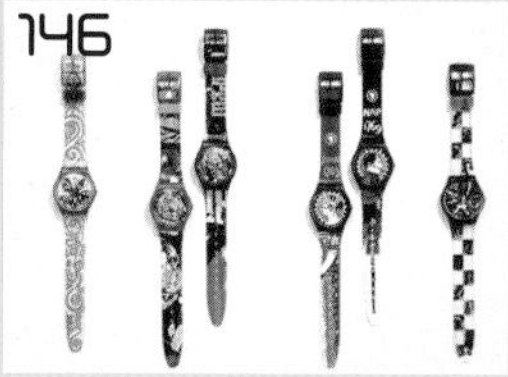
146
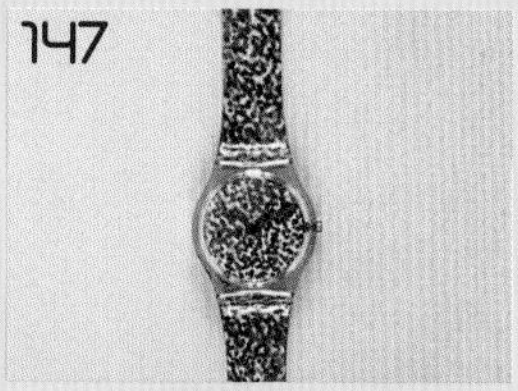
147
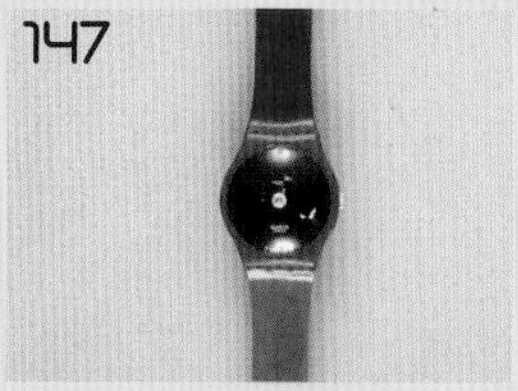
147
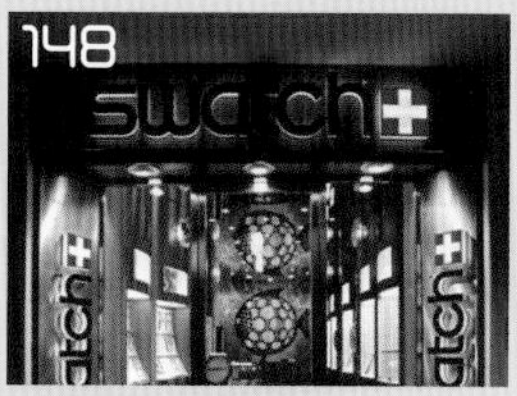
148
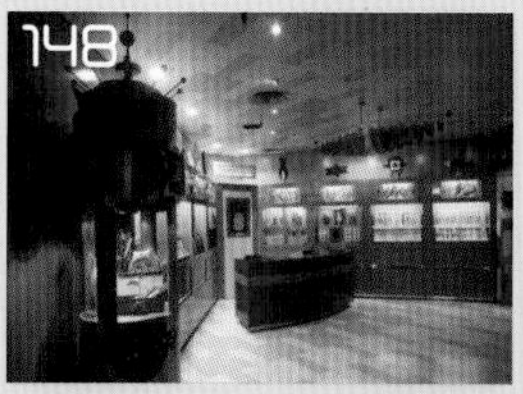
148
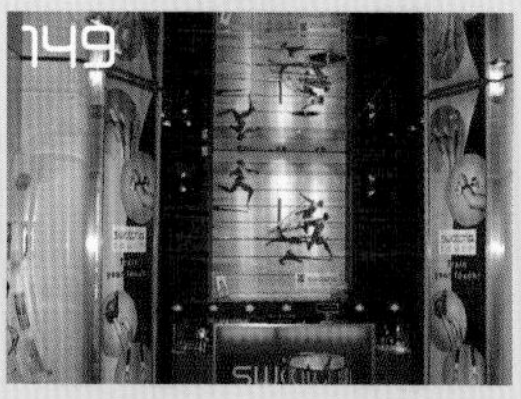
149
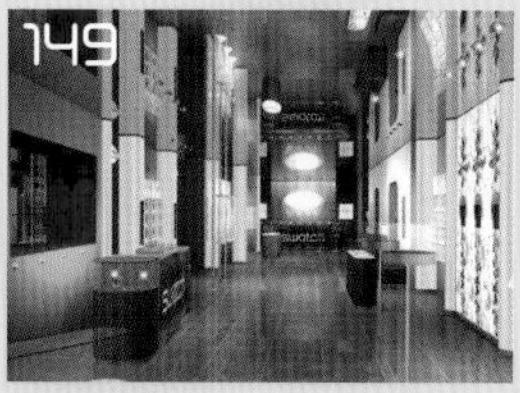
149
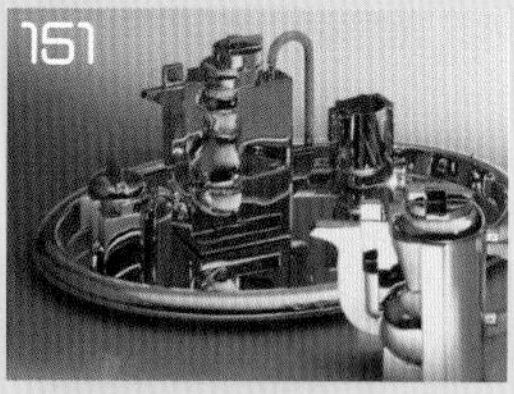
151
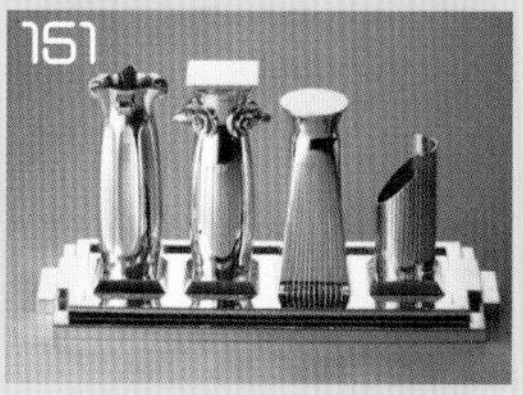
151
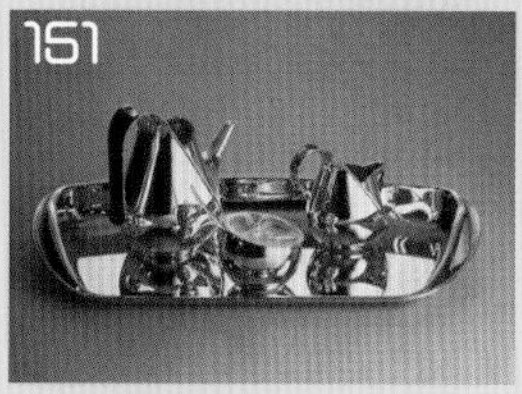
151
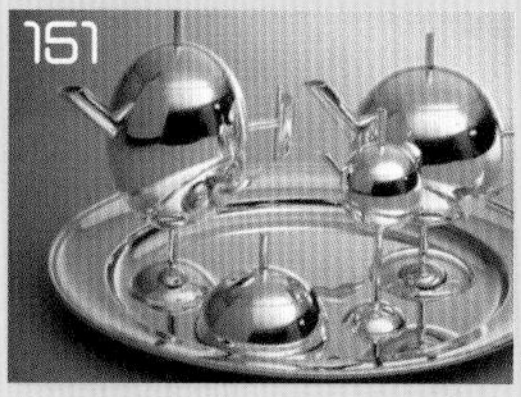
151
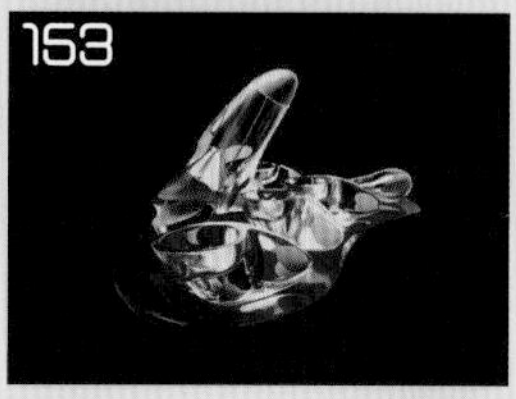
153
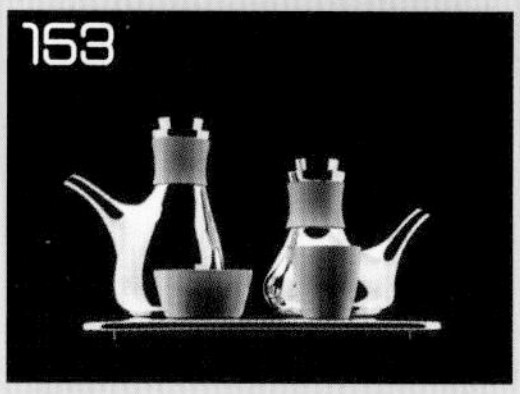
153
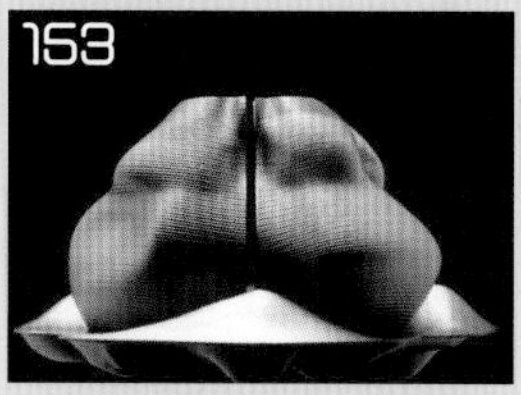
153
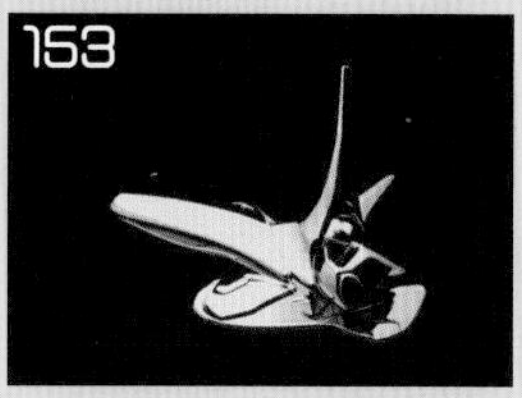
153
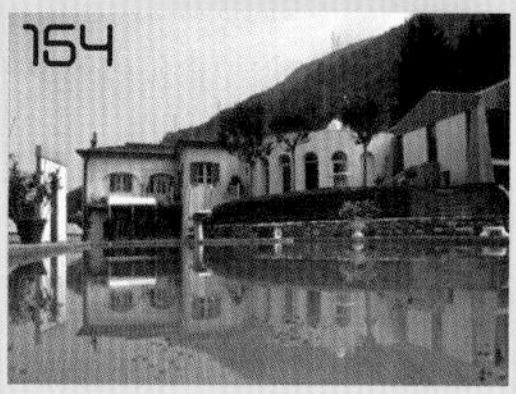
154
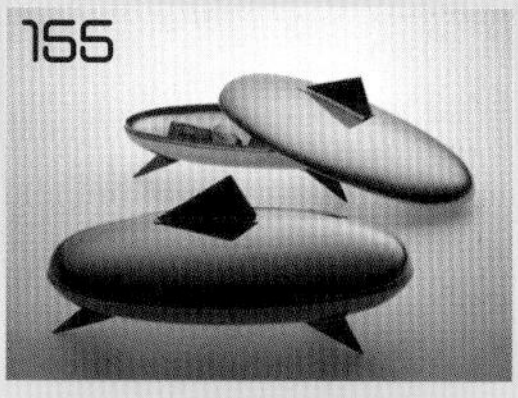
155
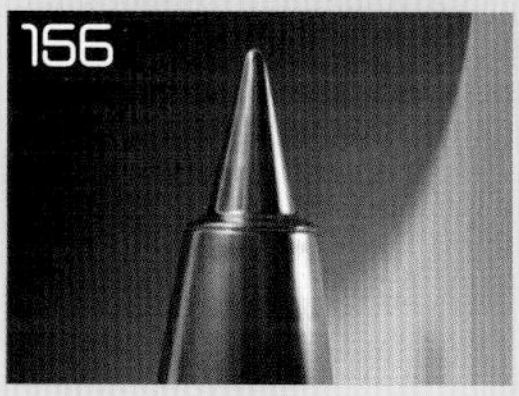
156
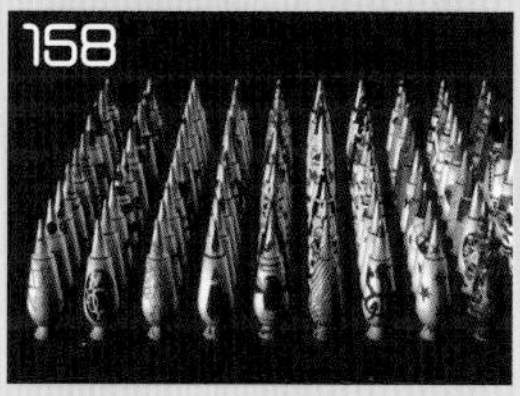
158
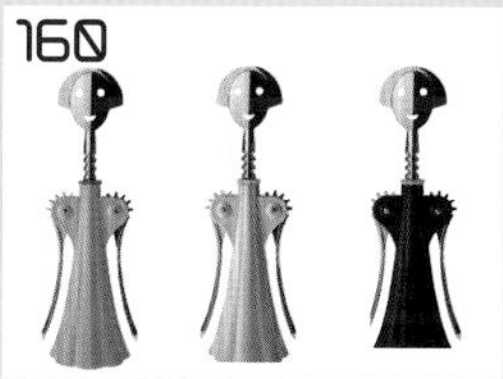
160
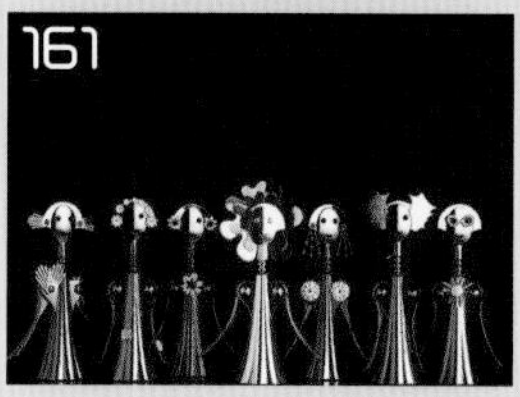
161
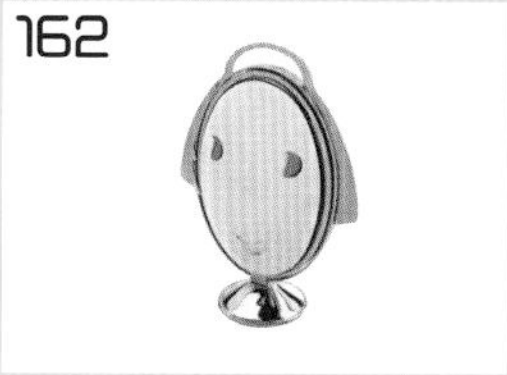
162
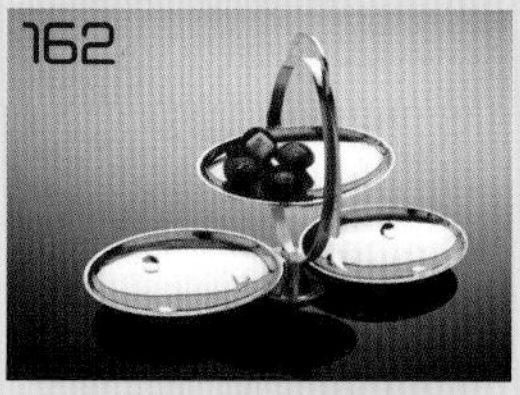
162
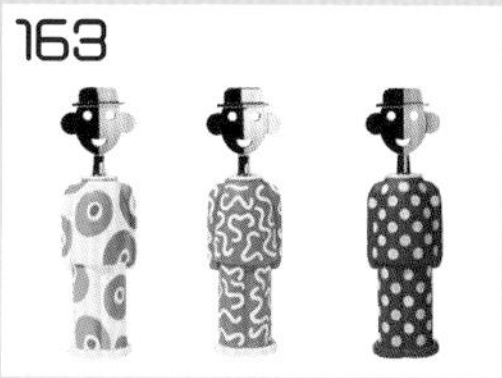
163
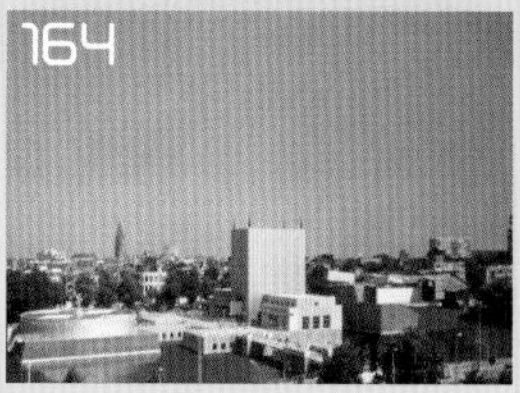
164
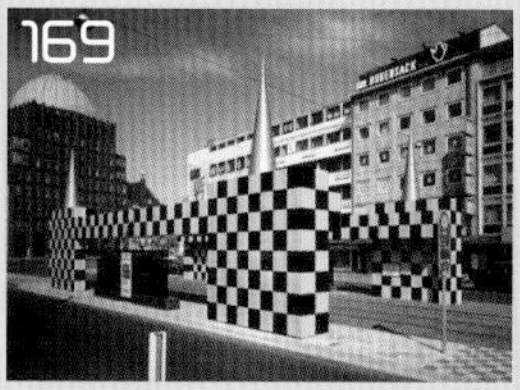
169
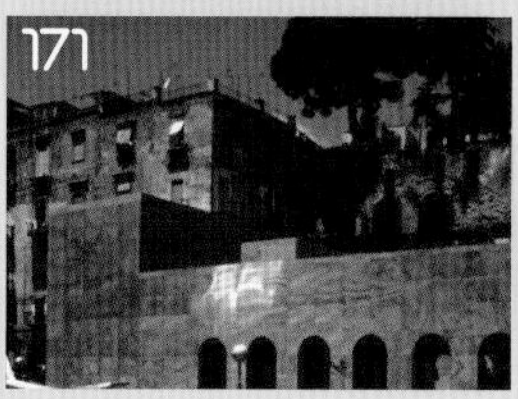
171
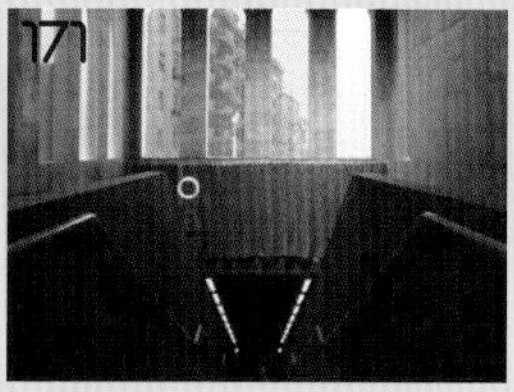
171

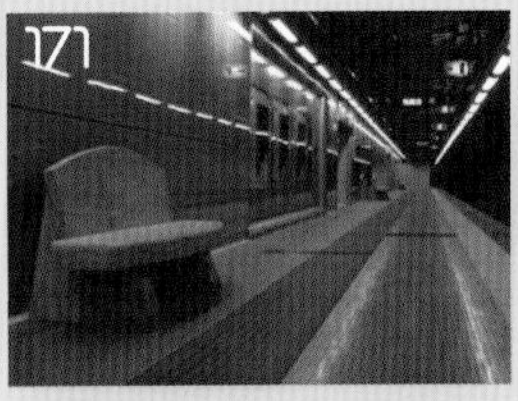
171
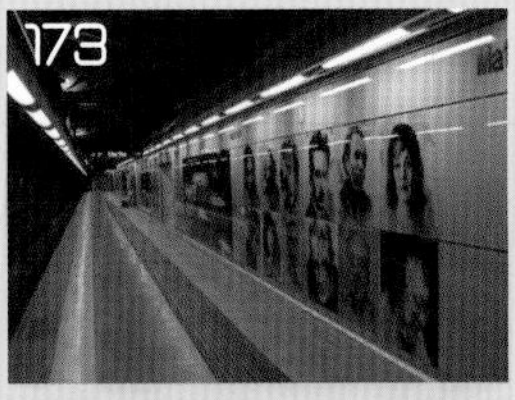
173
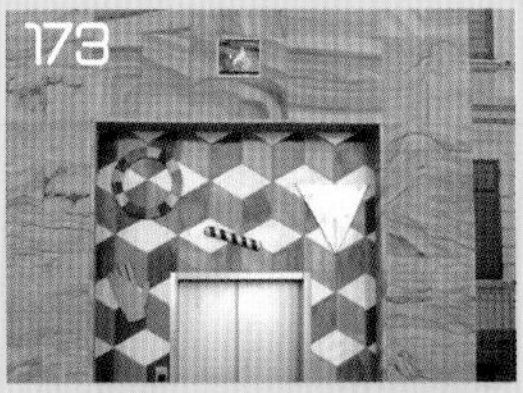
173
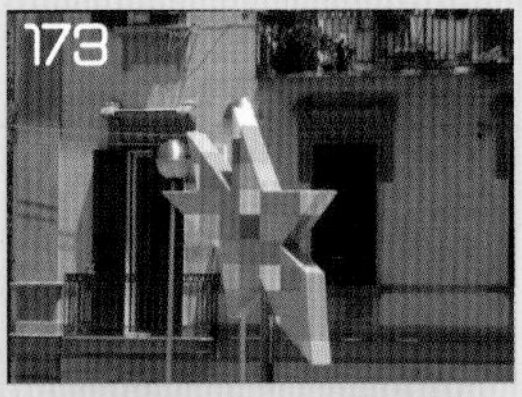
173
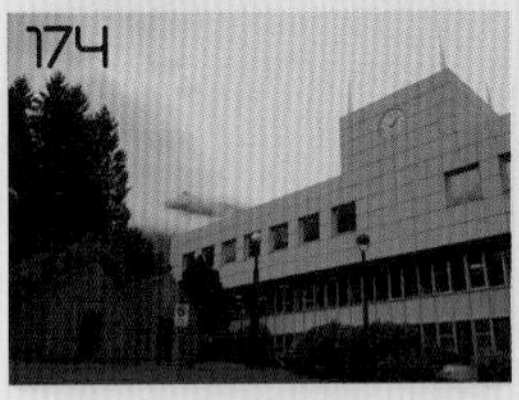
174
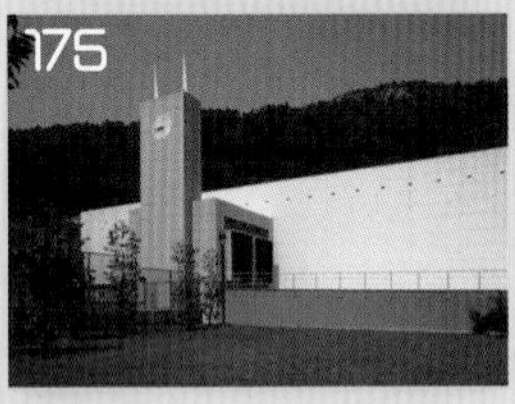
175
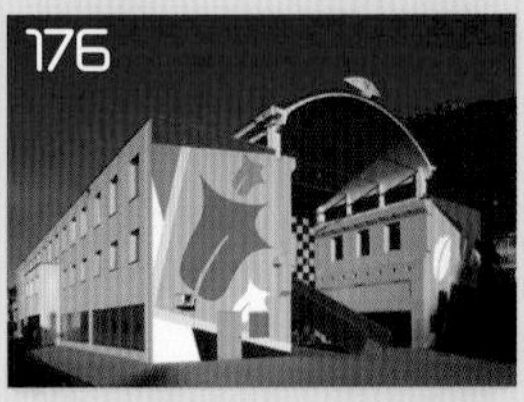
176
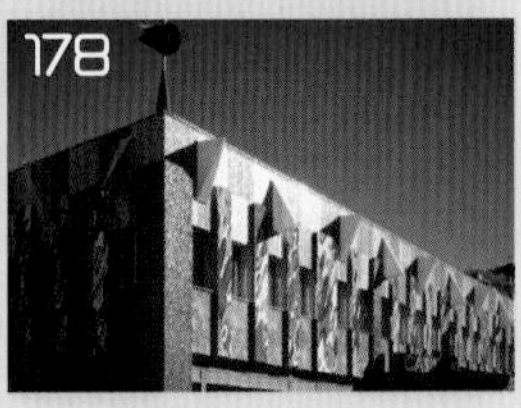
178
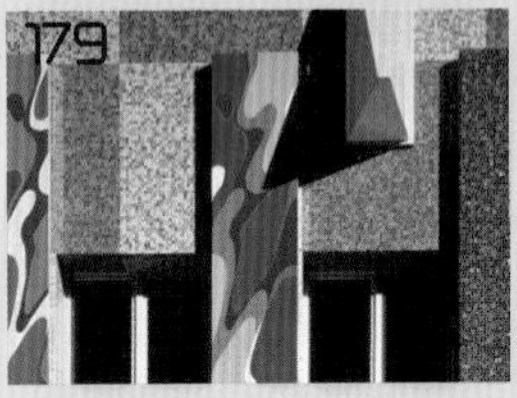
179
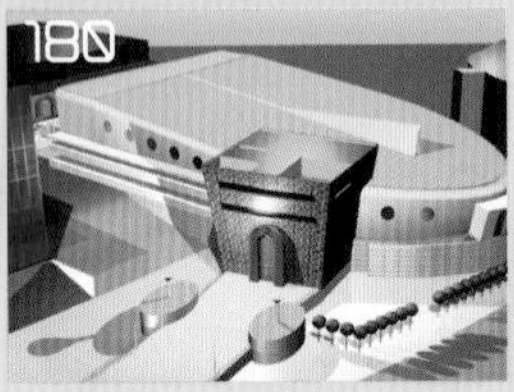
180
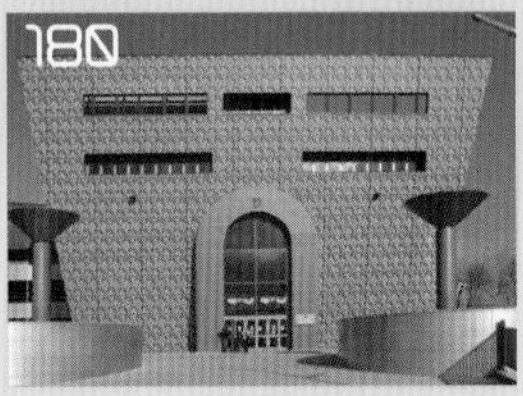
180
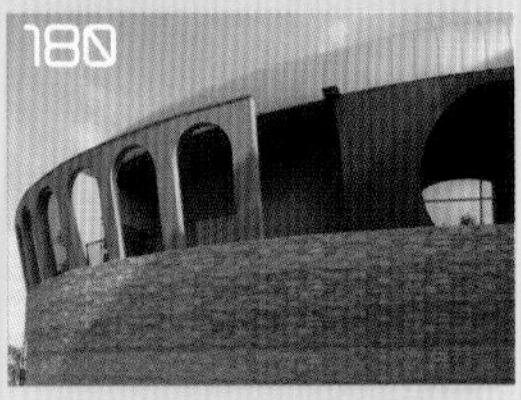
180
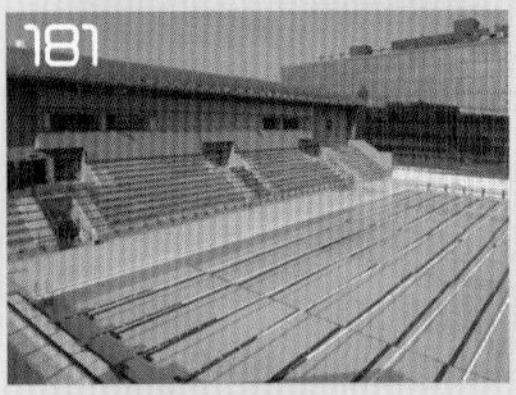
181
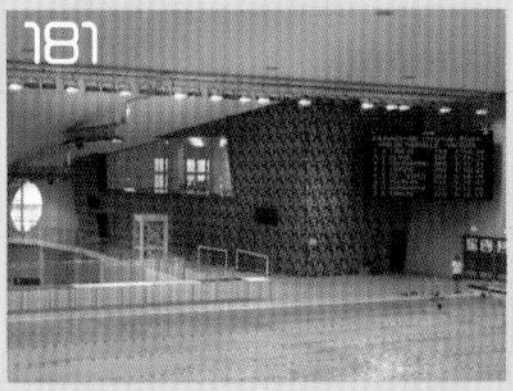
181
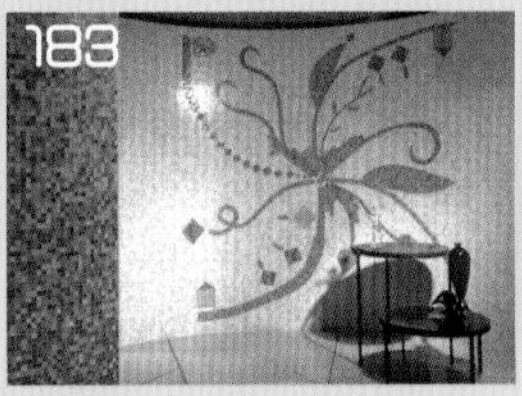
183
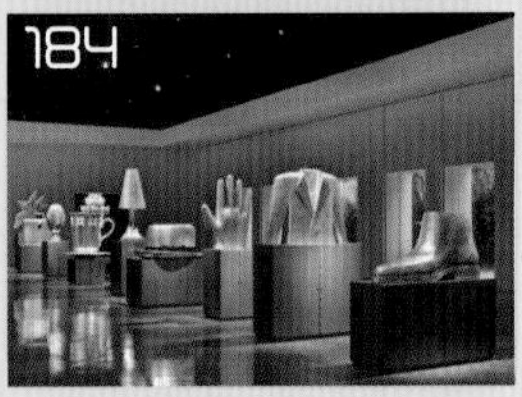
184
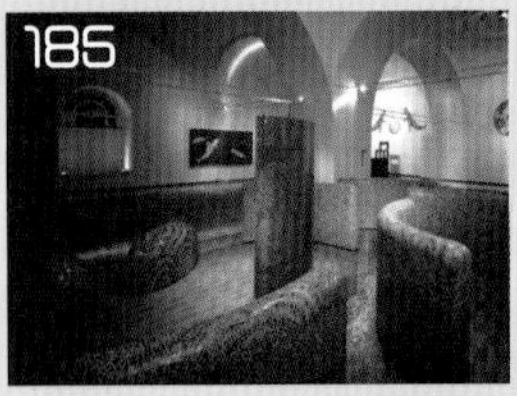
185
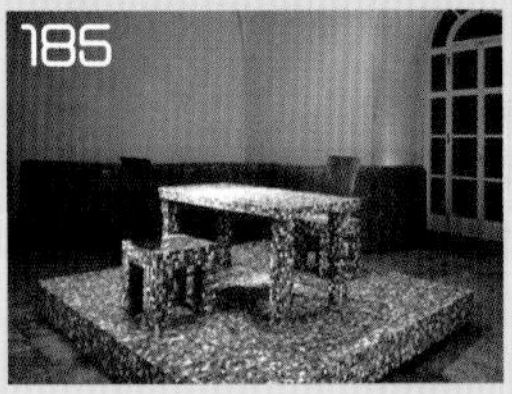
185
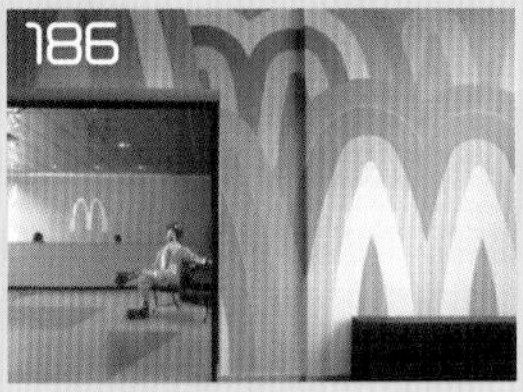
186
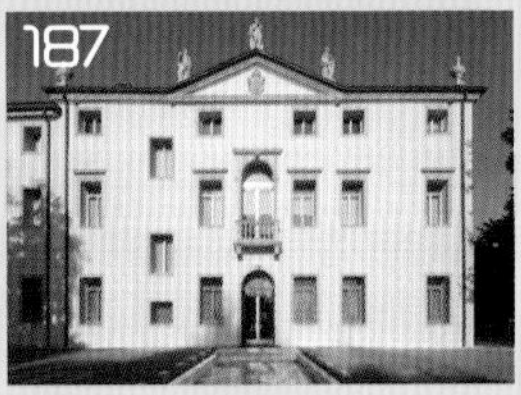
187
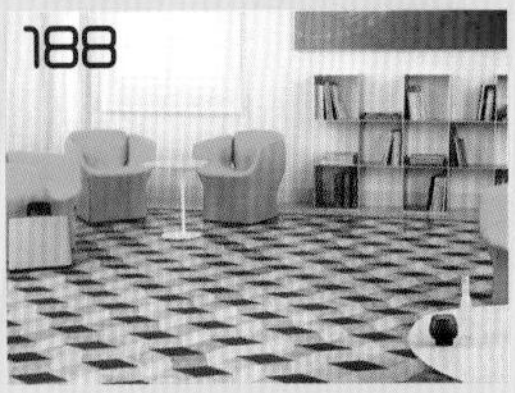
188
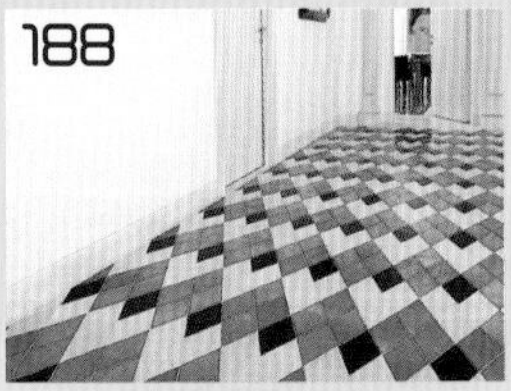
188
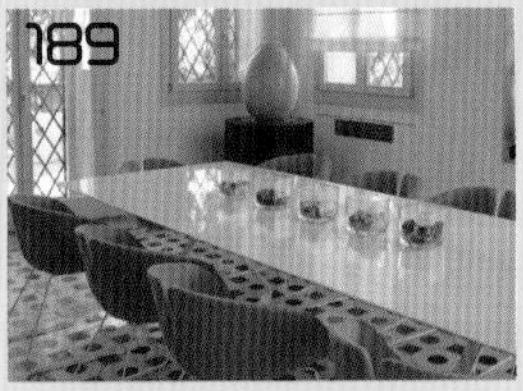
189
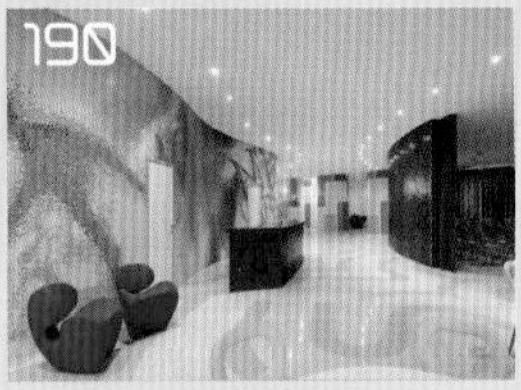
190
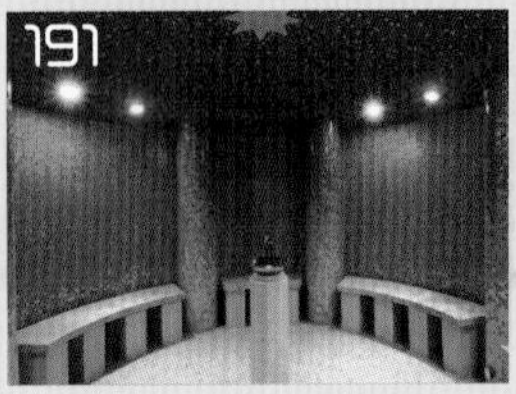
191
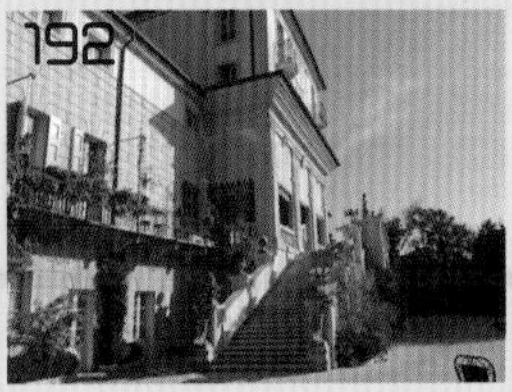
192
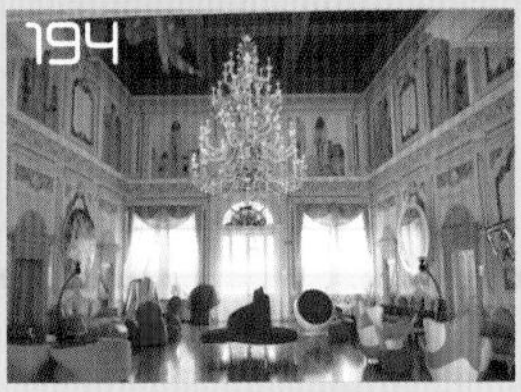
194
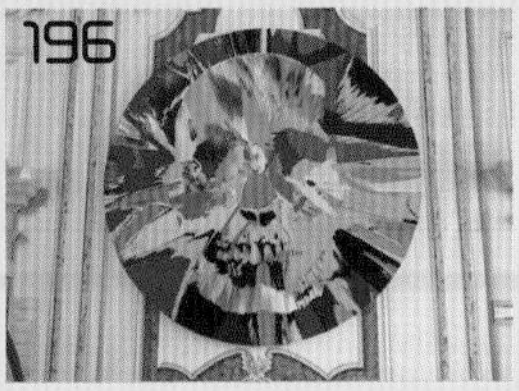
196

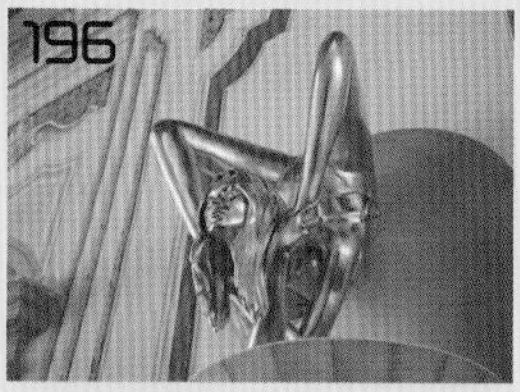
196
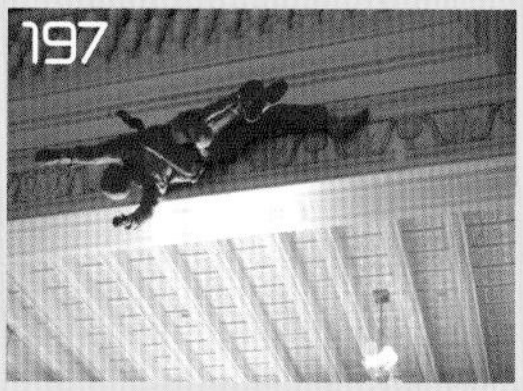
197
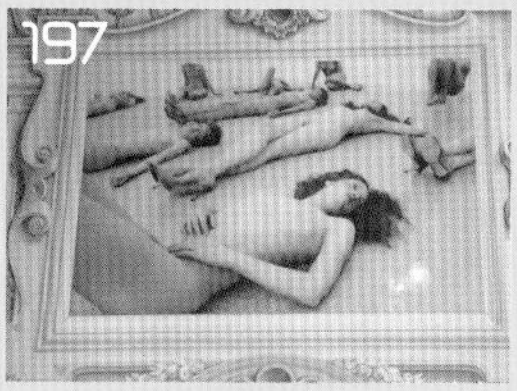
197
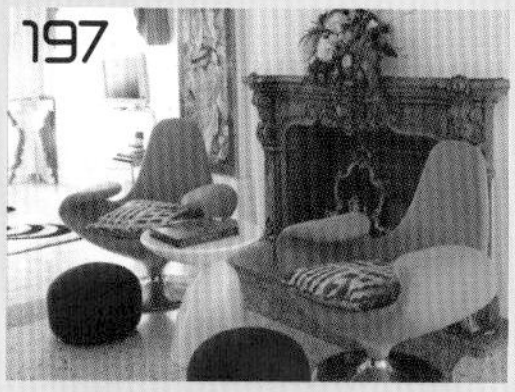
197
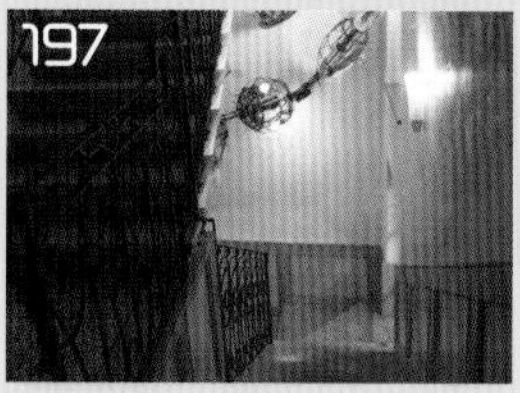
197
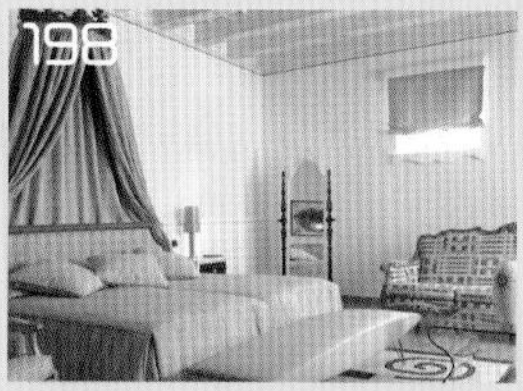
198
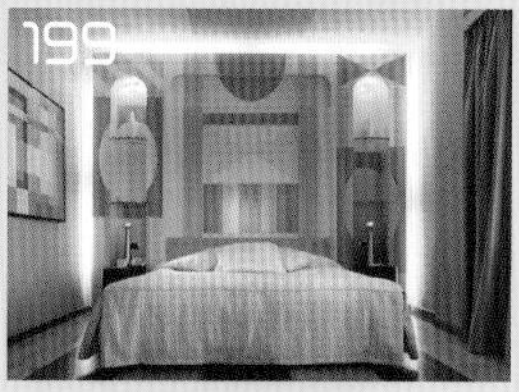
199
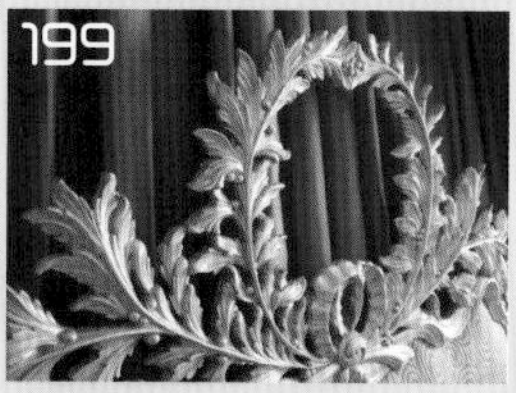
199
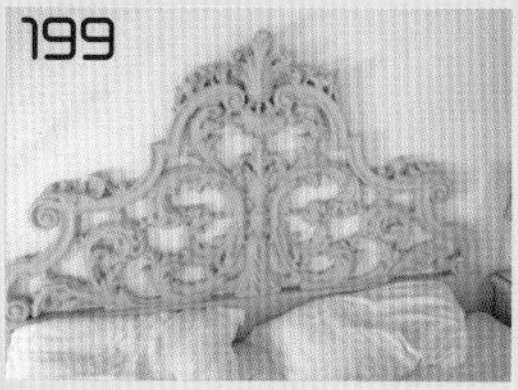
199
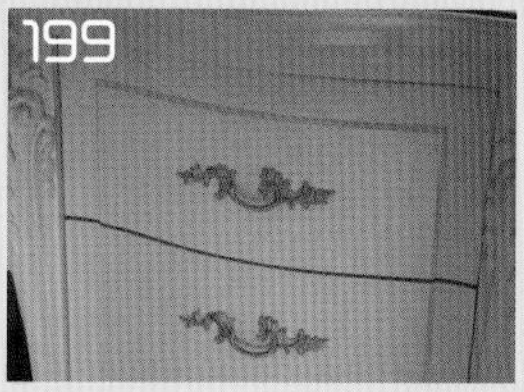
199
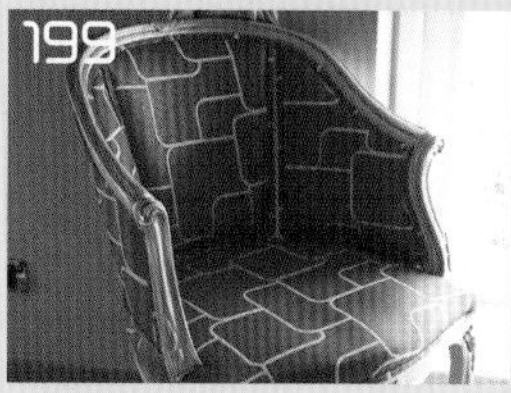
199
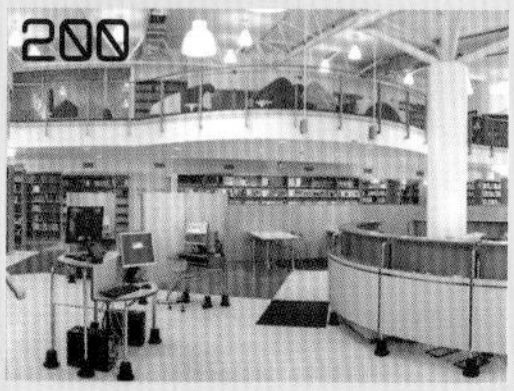
200
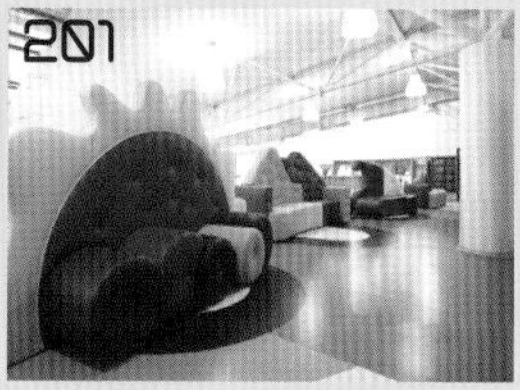
201
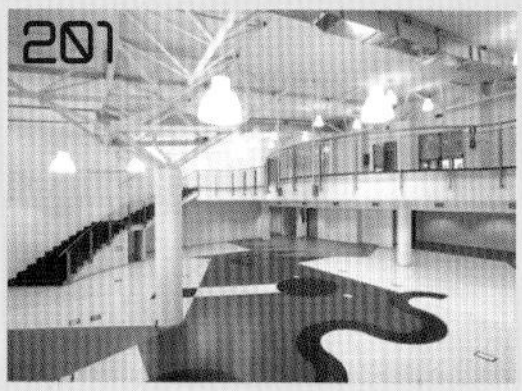
201
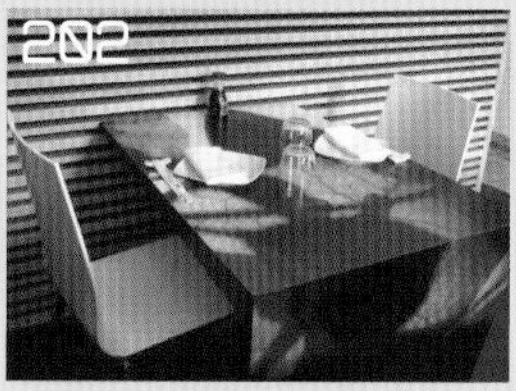
202
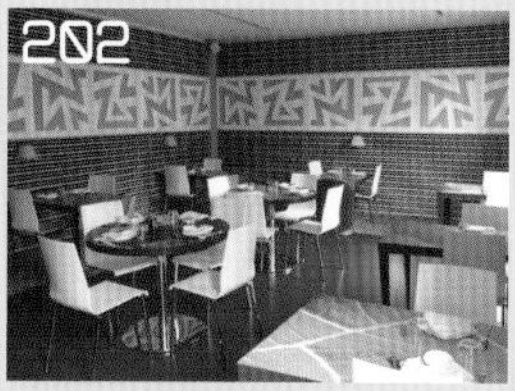
202
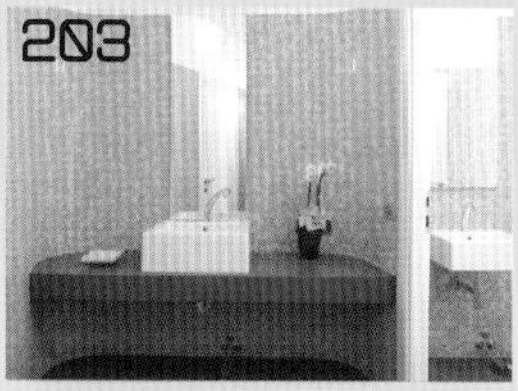
203
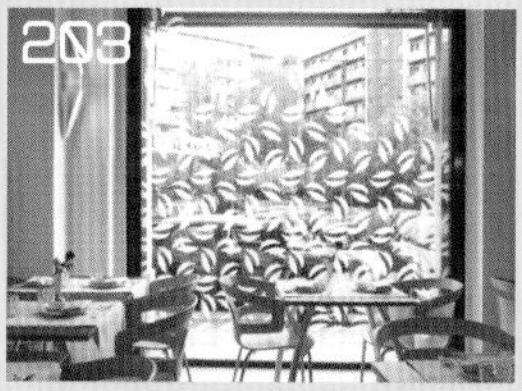
203
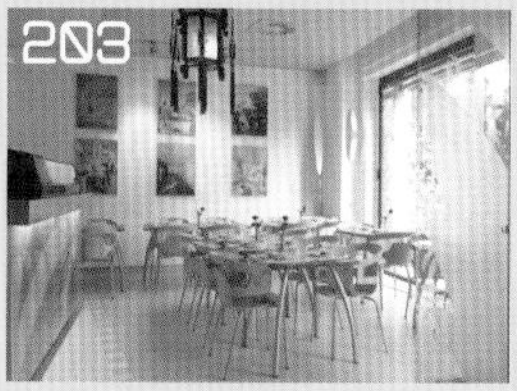
203
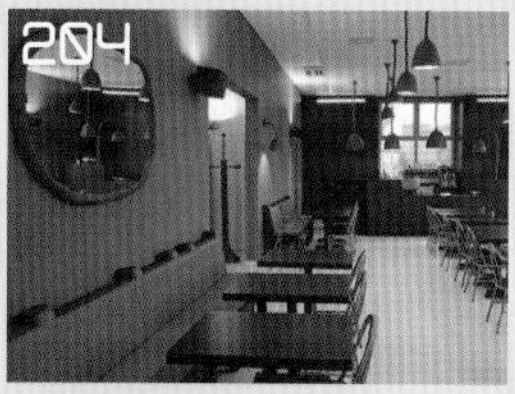
204
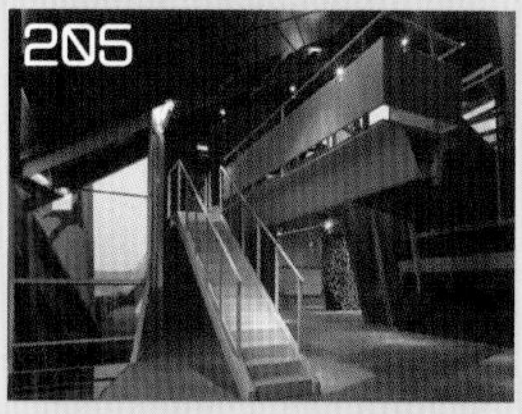
205
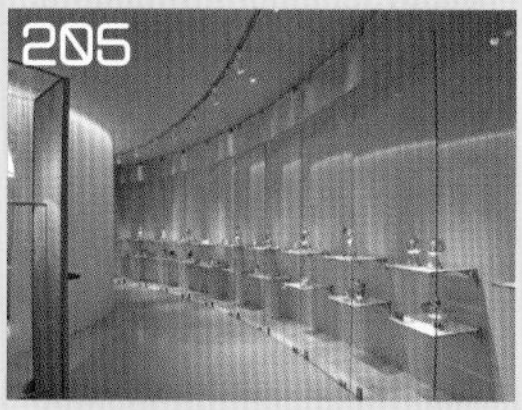
205
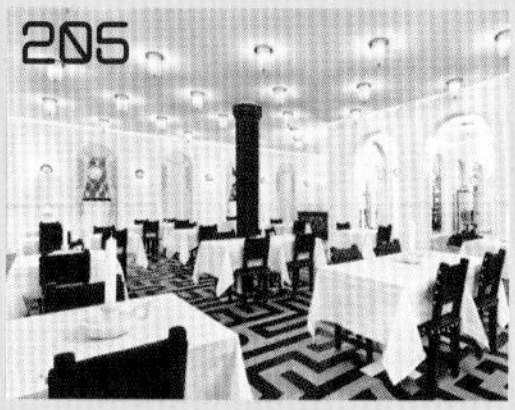
205
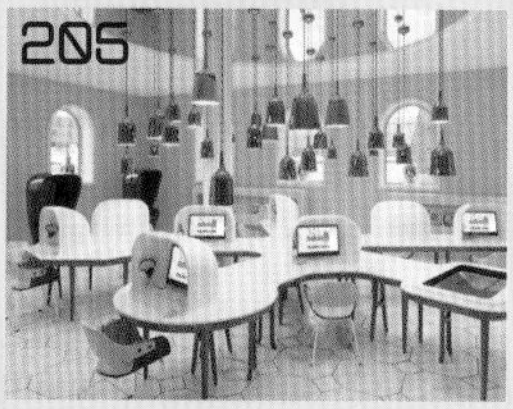
205
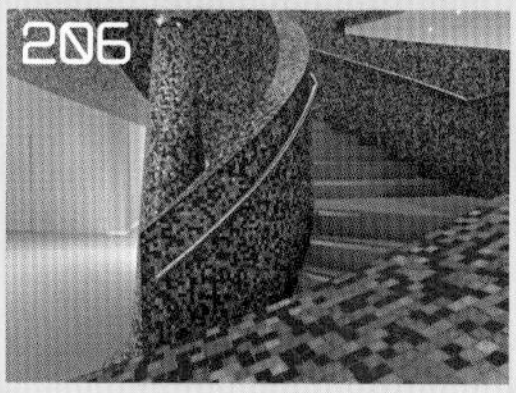
206
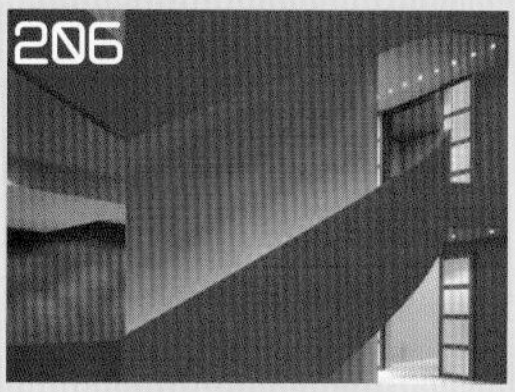
206
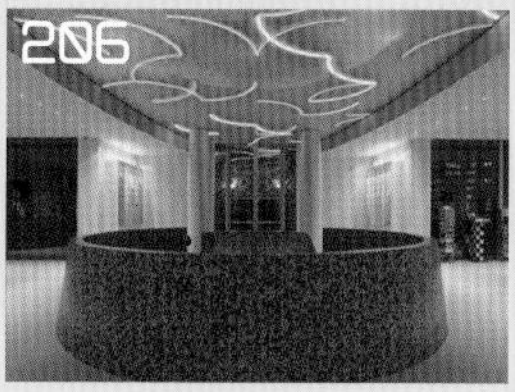
206
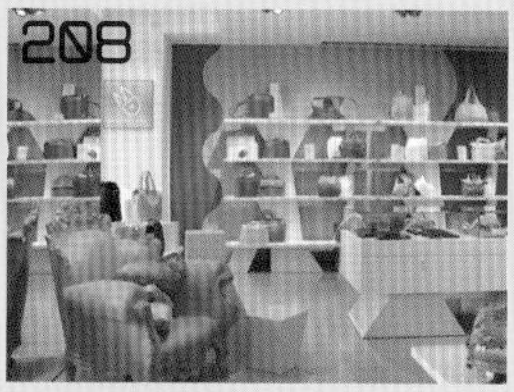
208

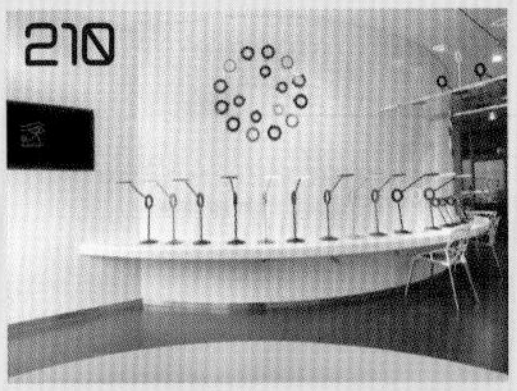
210
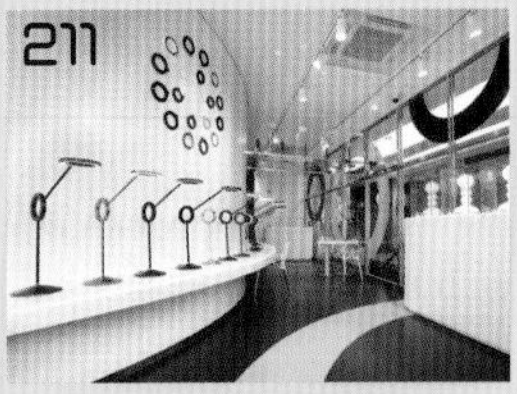
211
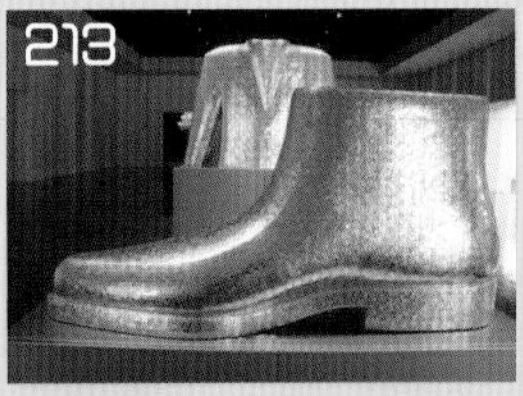
213
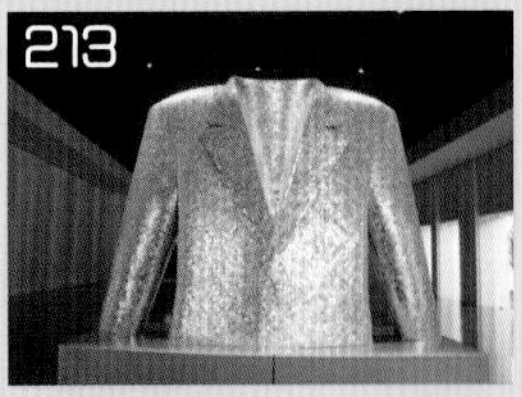
213

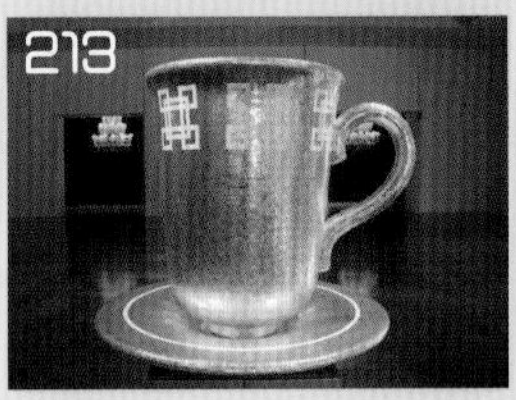
213
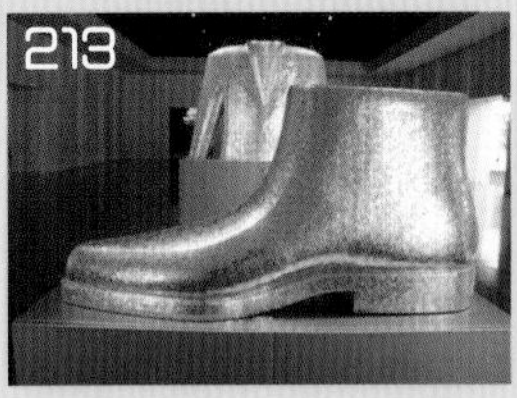
213
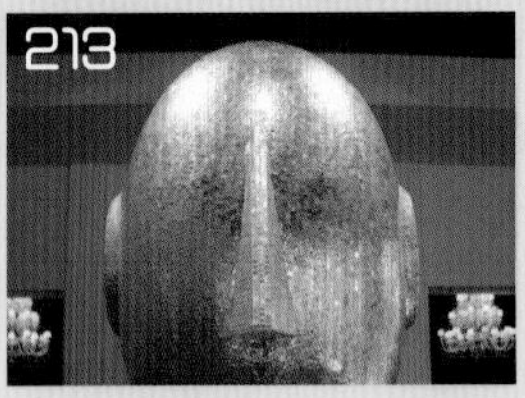
213
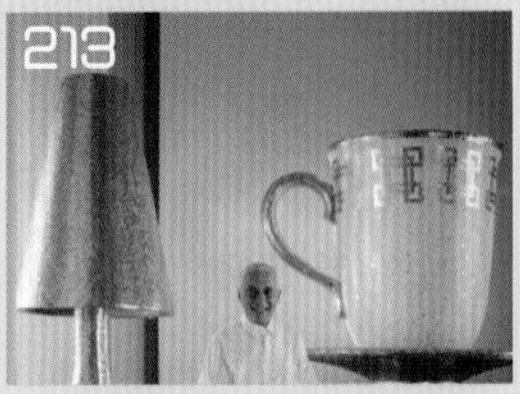
213

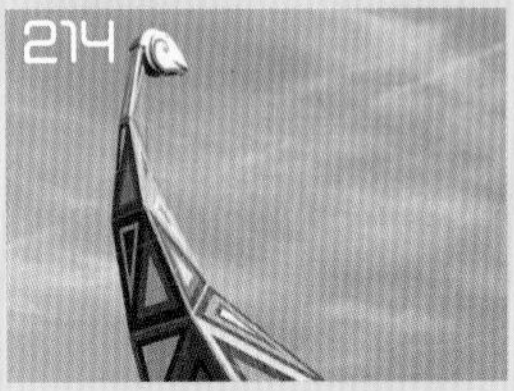
214
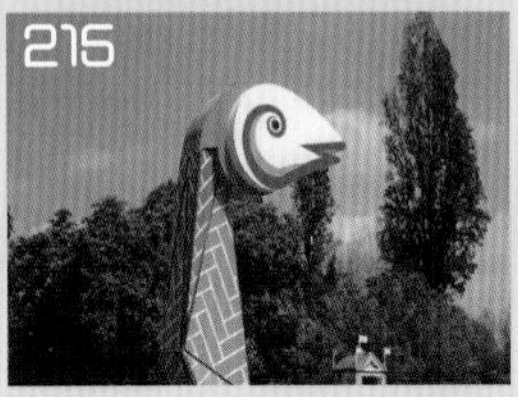
215
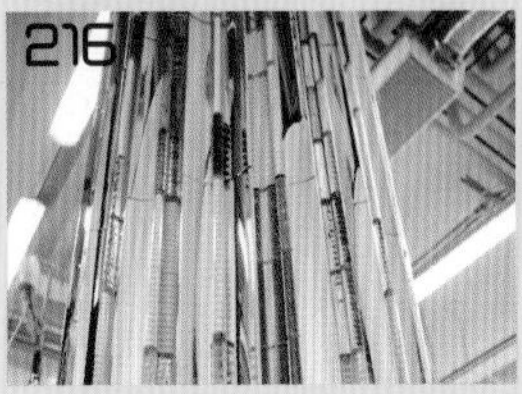
216
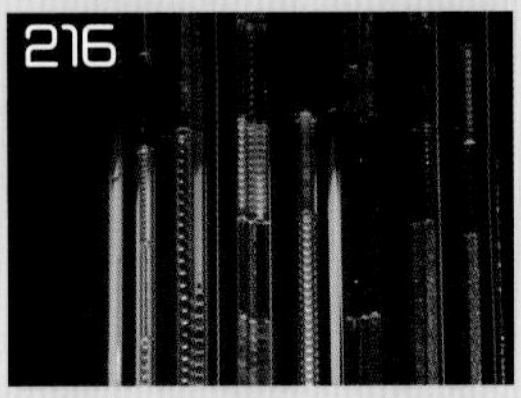
216

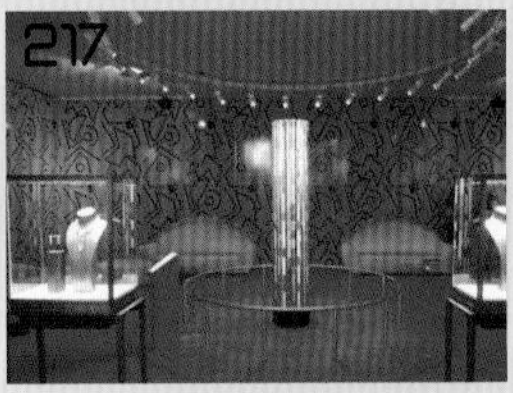
217
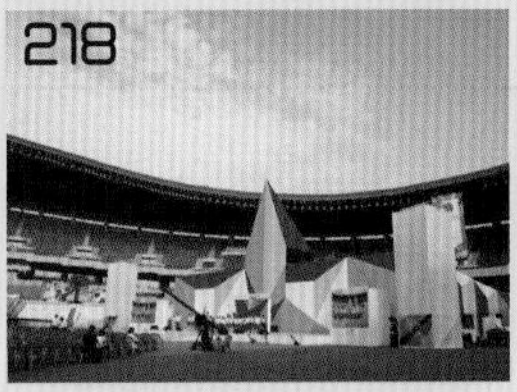
218
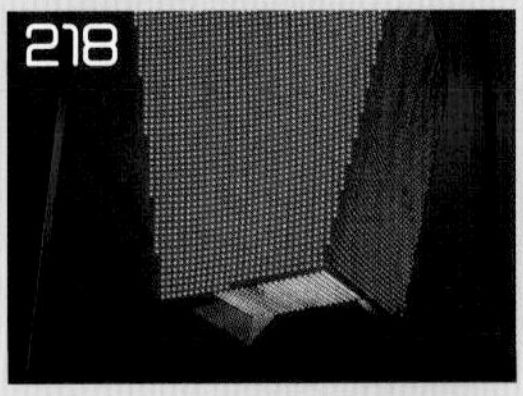
218
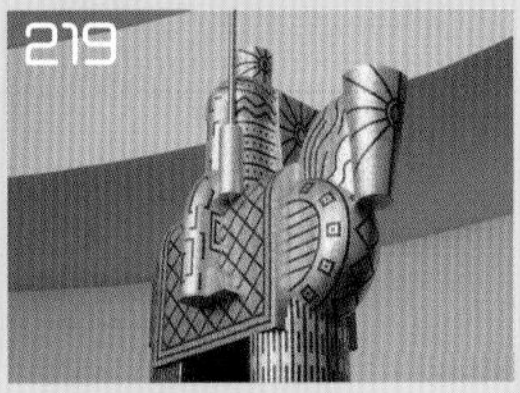
219

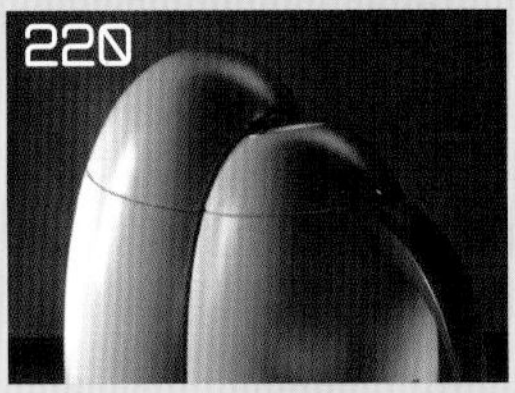
220
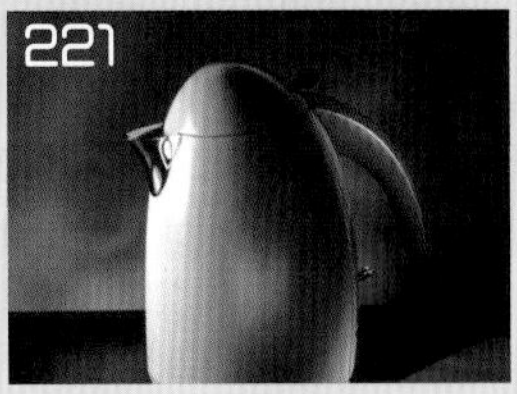
221
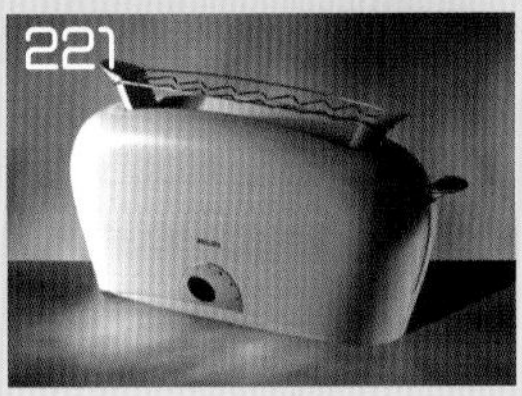
221
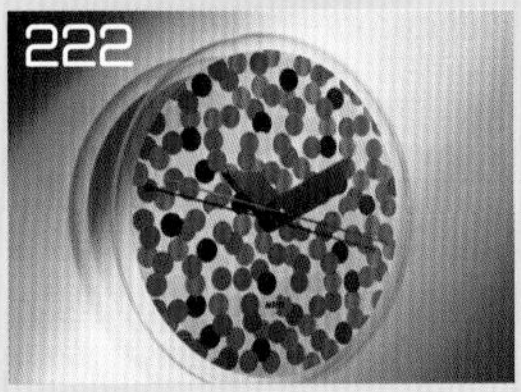
222

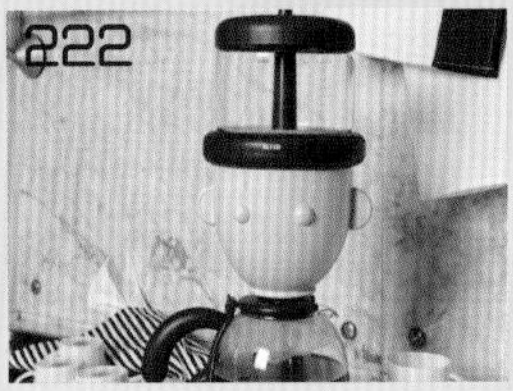
222
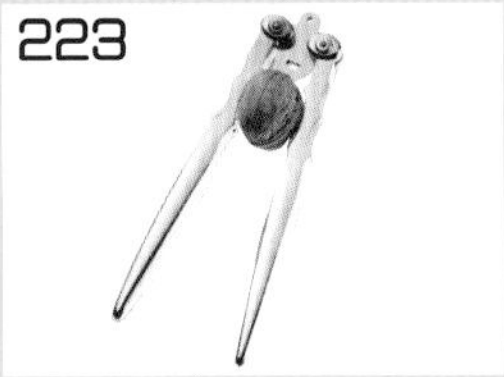
223
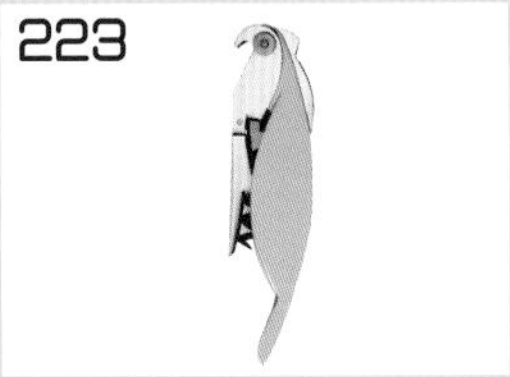
223
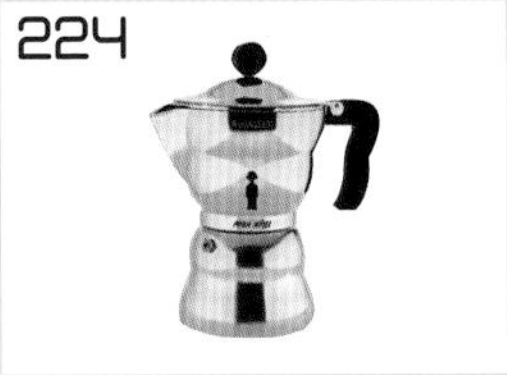
224

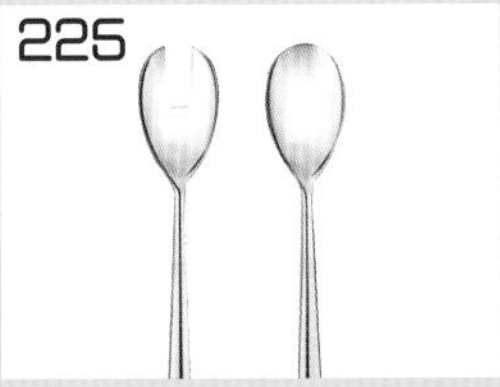
225
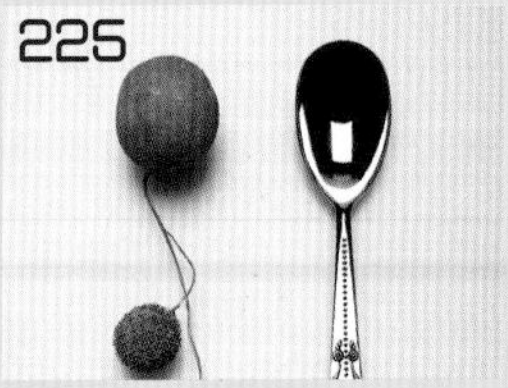
225
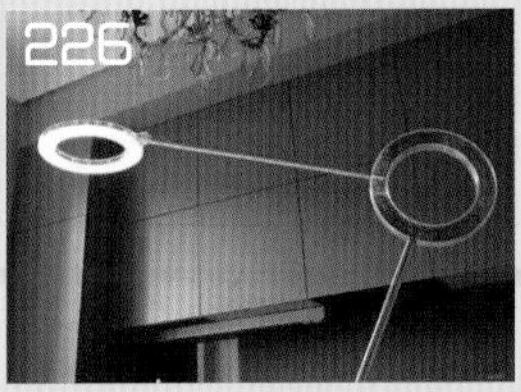
226
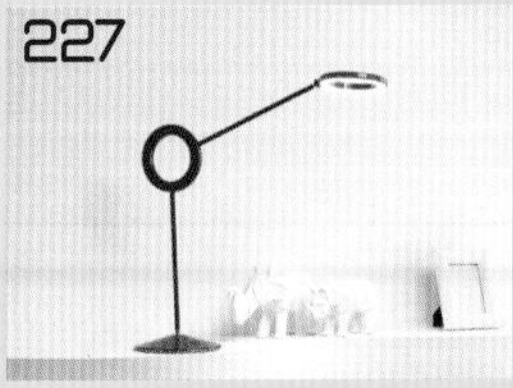
227

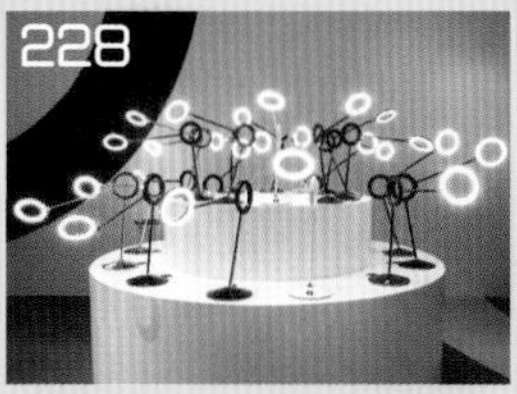
228

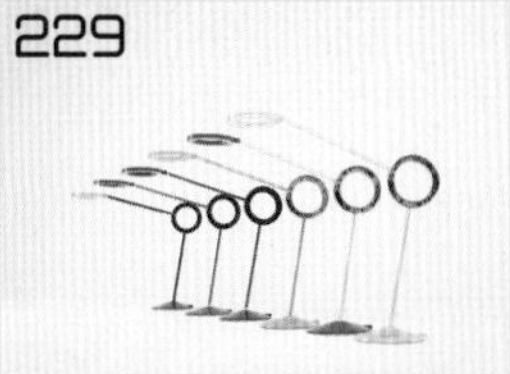
229

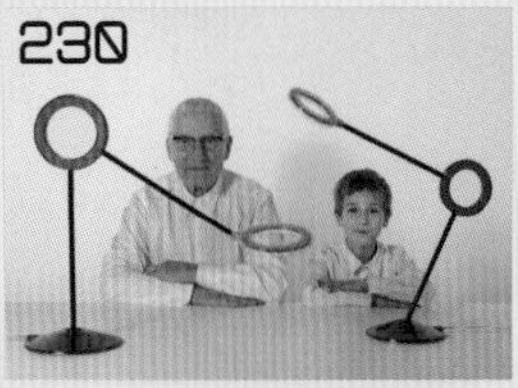
230

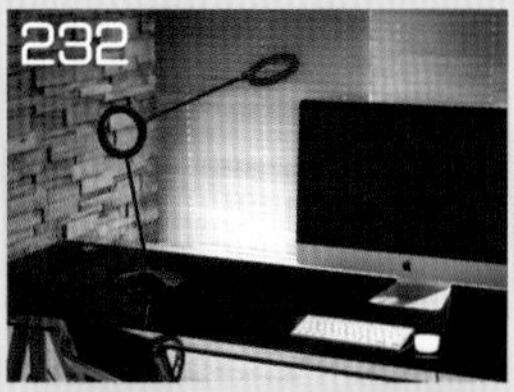
232

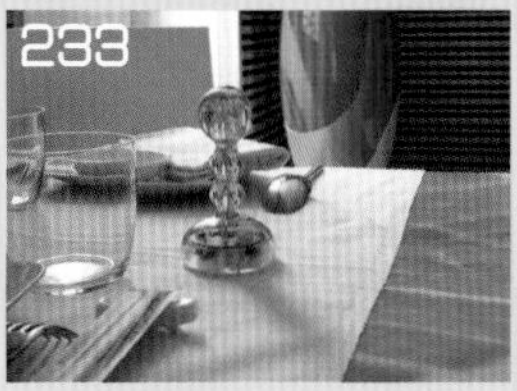
233

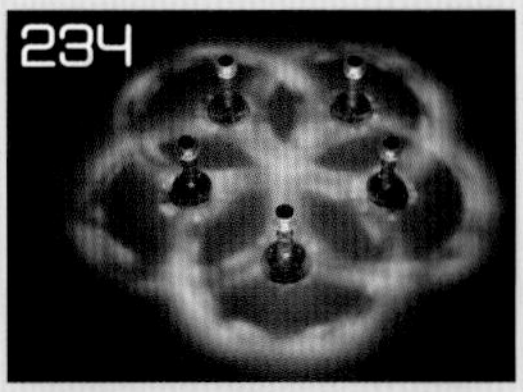
234

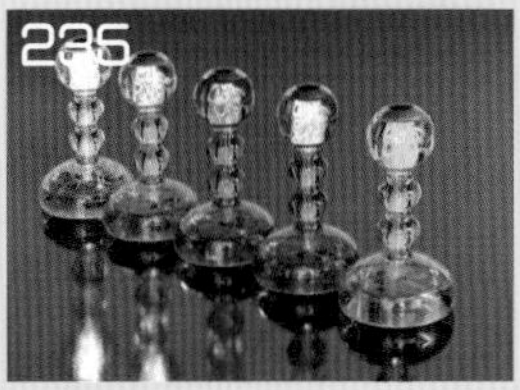
235

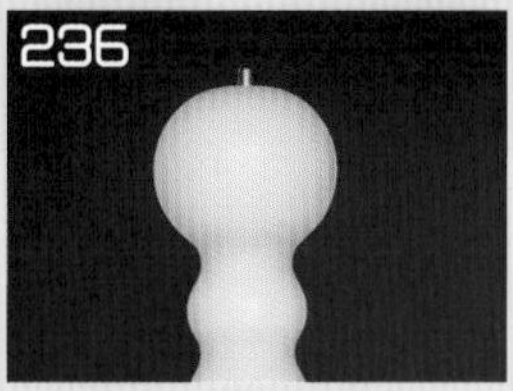
236

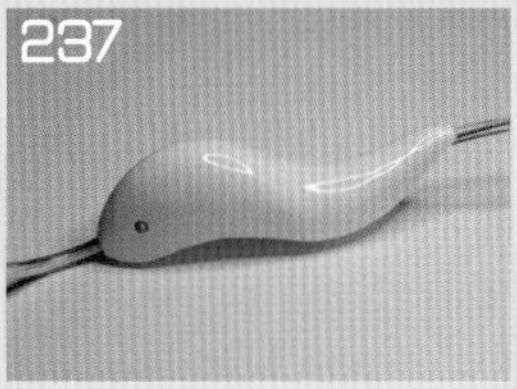
237

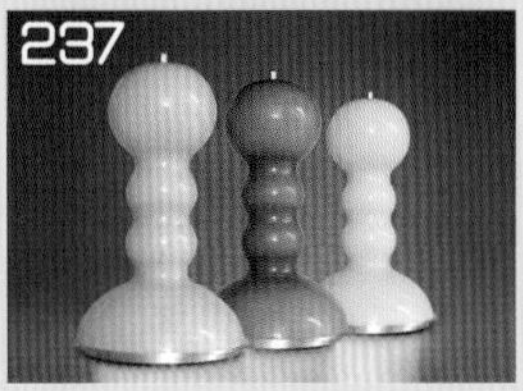
237

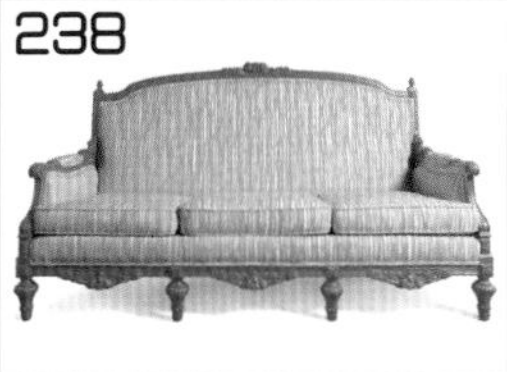
238

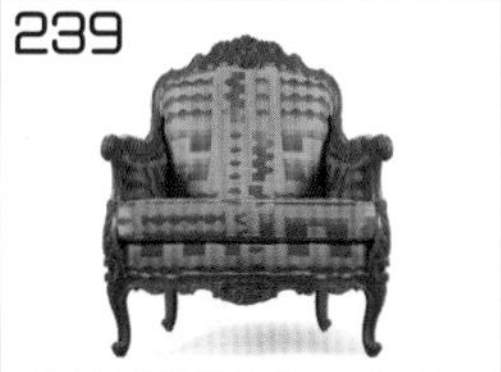
239

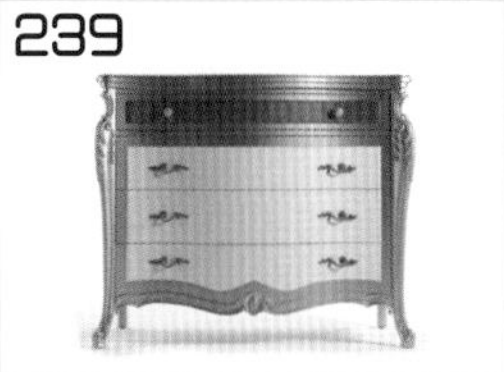
239

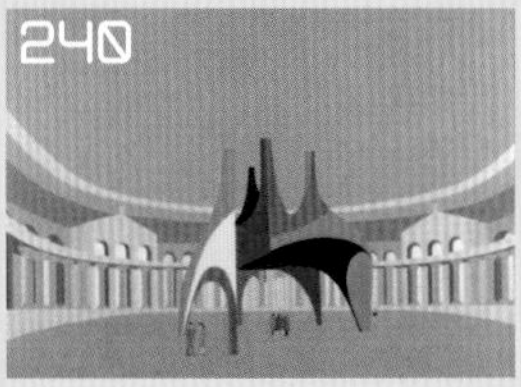
240

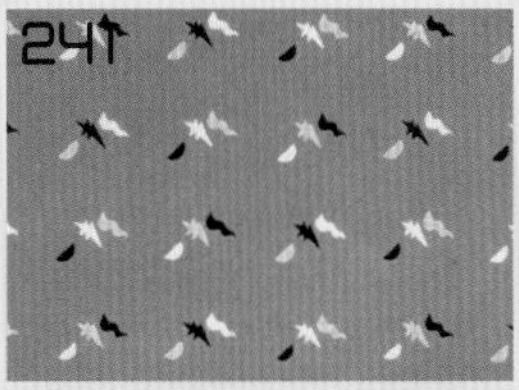
241

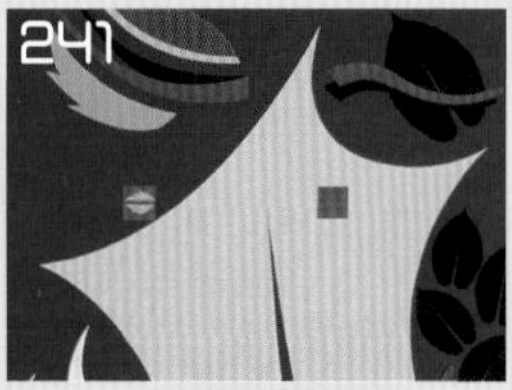
241

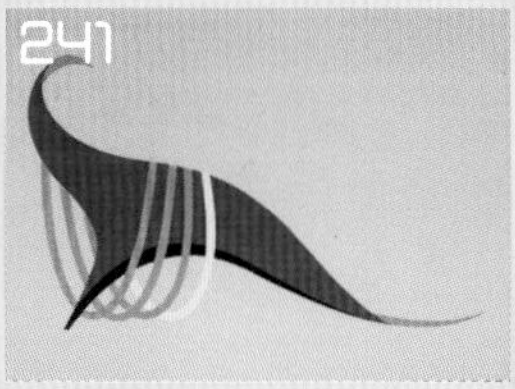
241

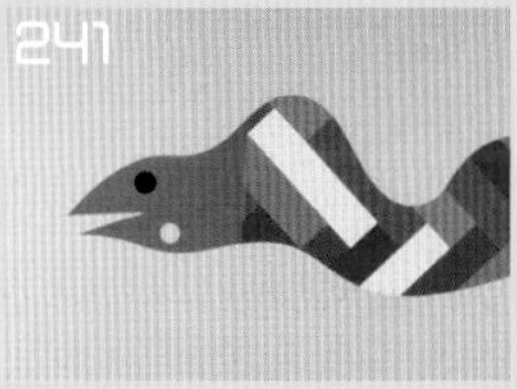
241

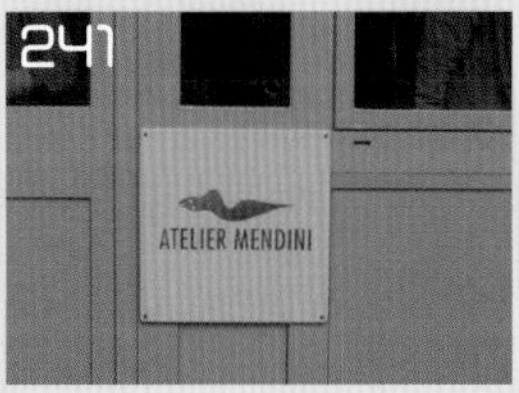

241

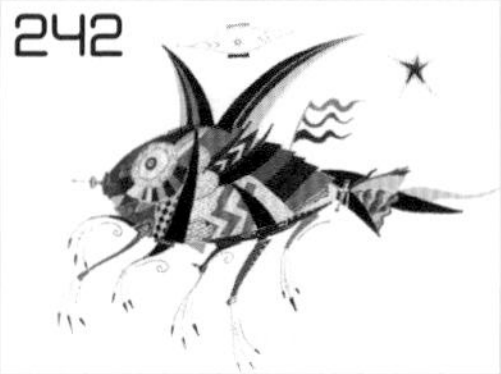
242

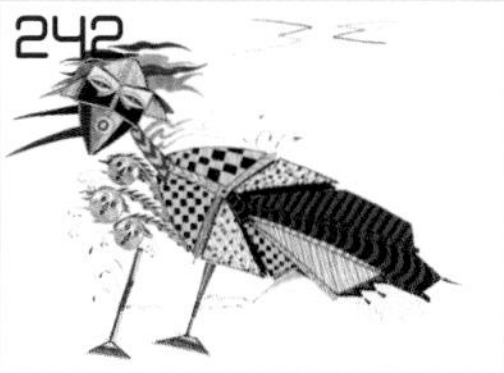
242

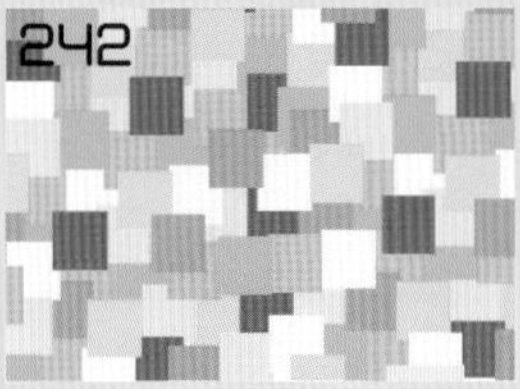
242

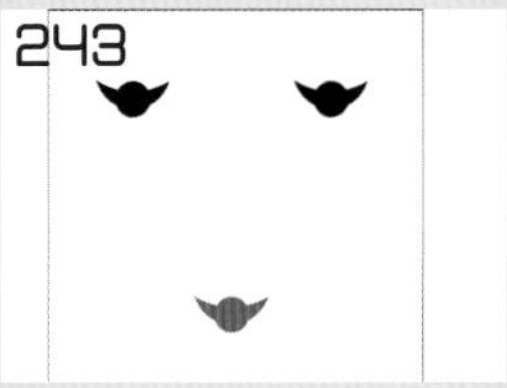
243

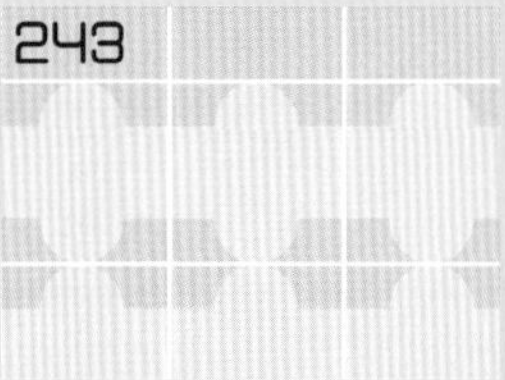
243

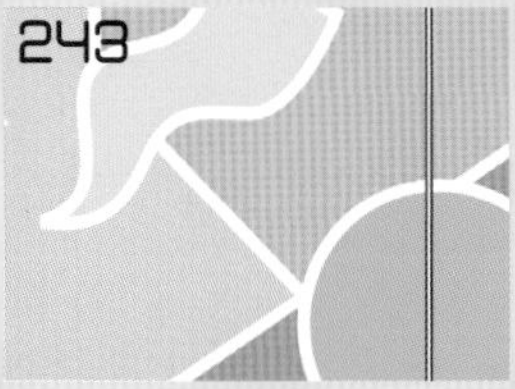
243

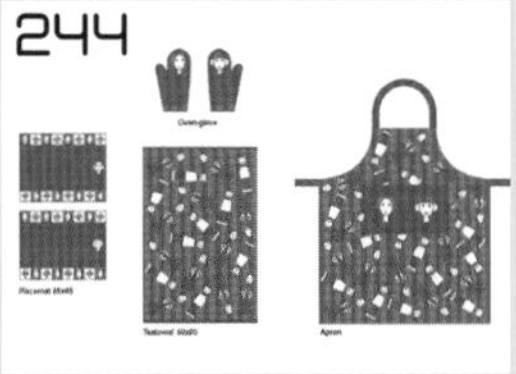
244

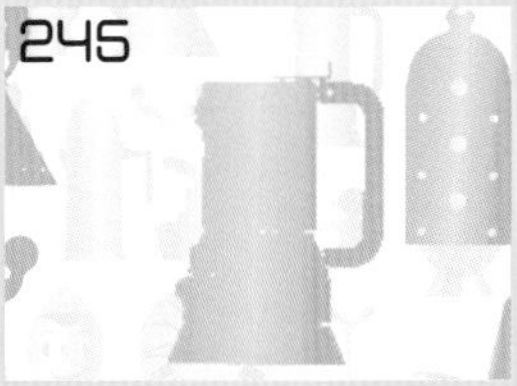
245

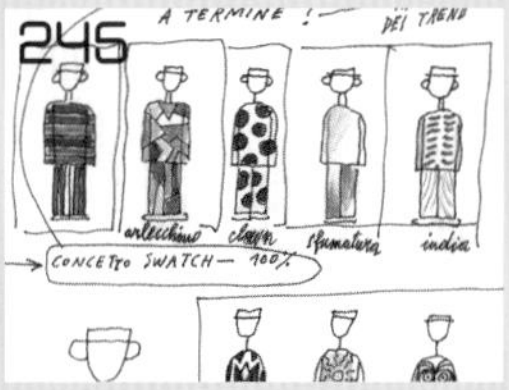

246

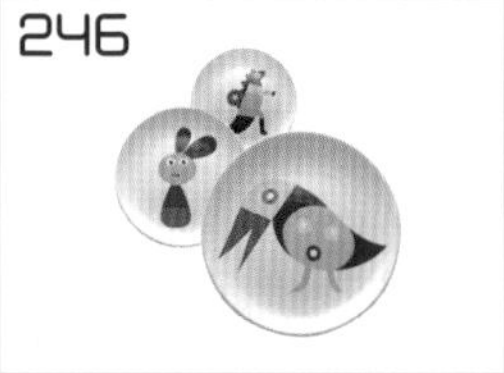
246

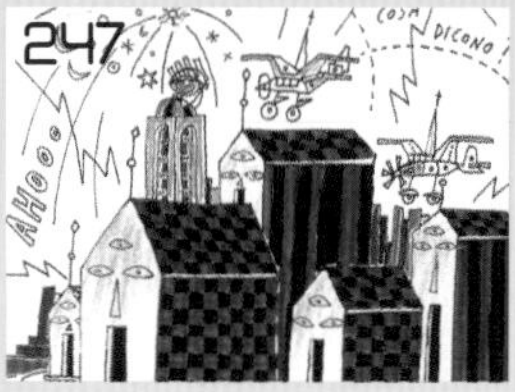
247
AHOO
DICONO

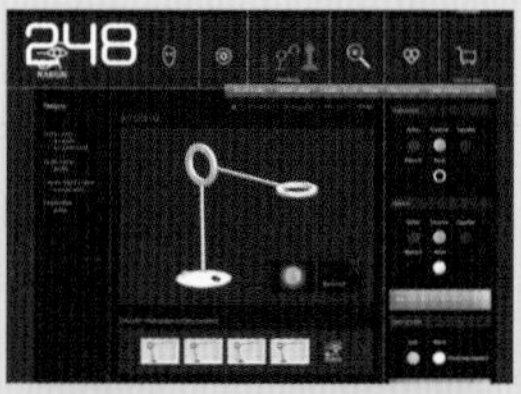
248

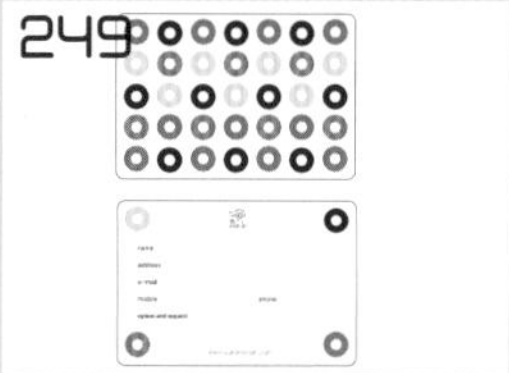
249

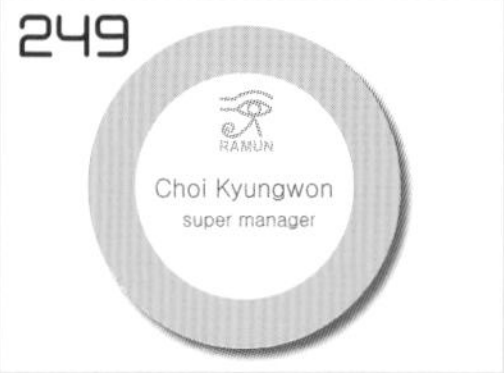
249
RAMUN
Choi Kyungwon
super manager

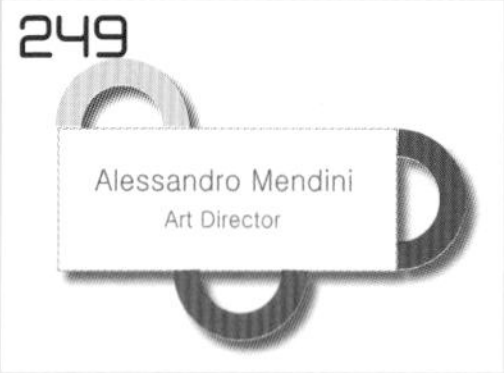
249
Alessandro Mendini
Art Director

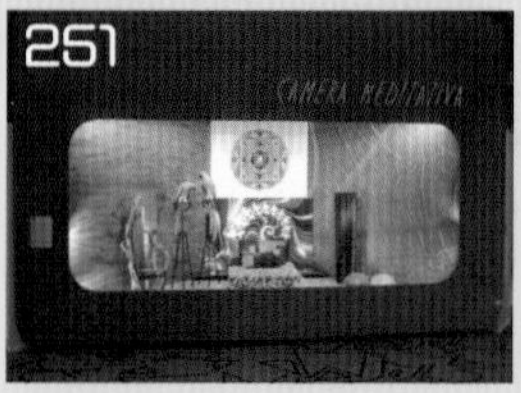
251
CAMERA MEDITATIVA

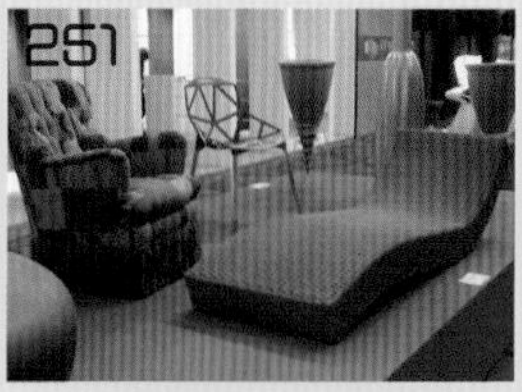
251

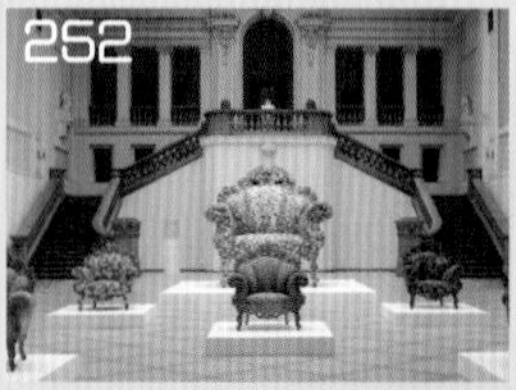
252

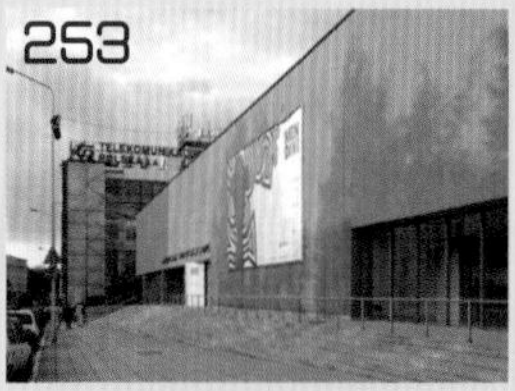
253

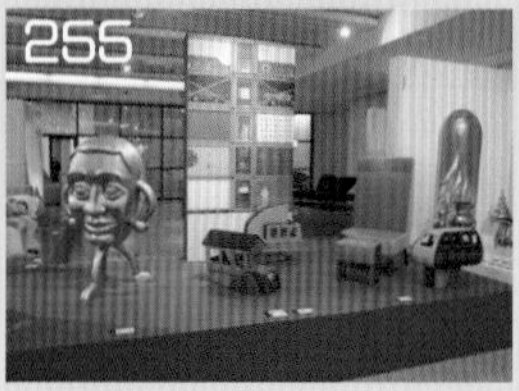
255

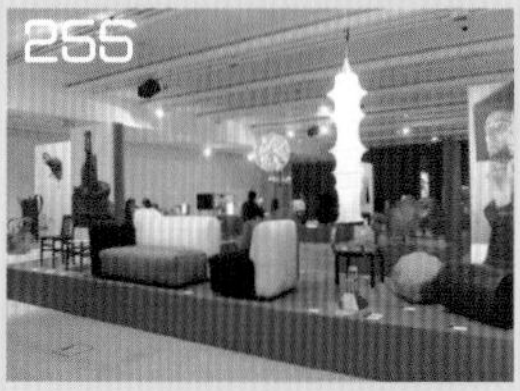
255

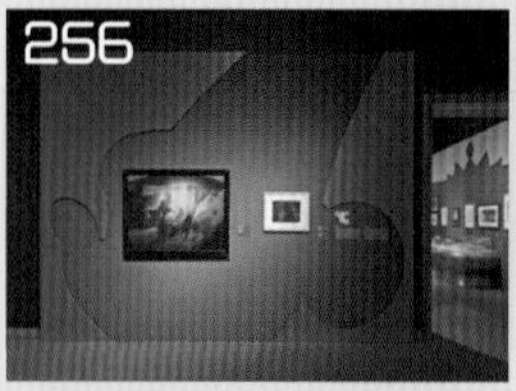
256

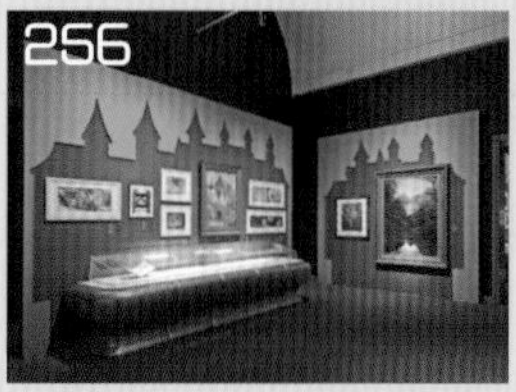
256

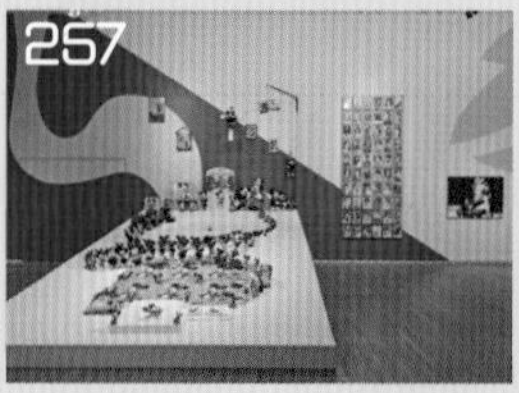
257

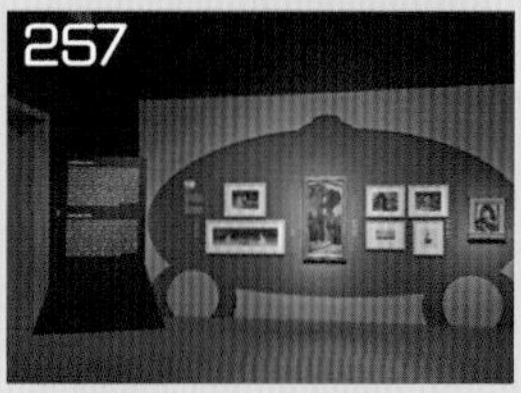
257

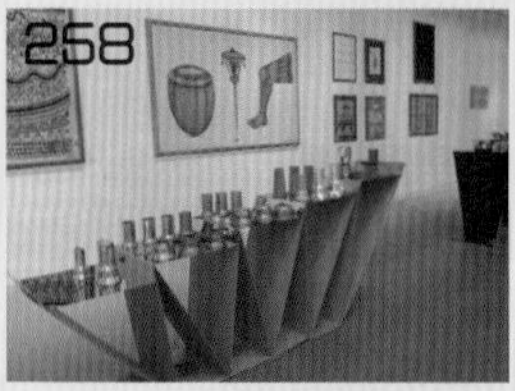
258

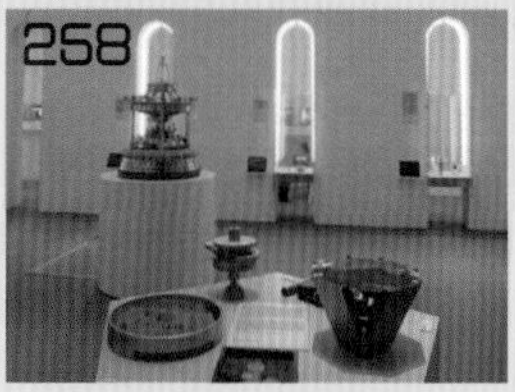
258

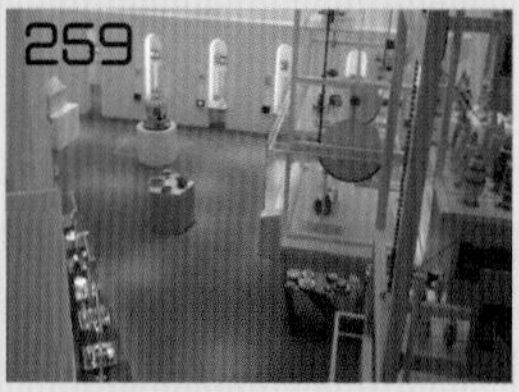
259

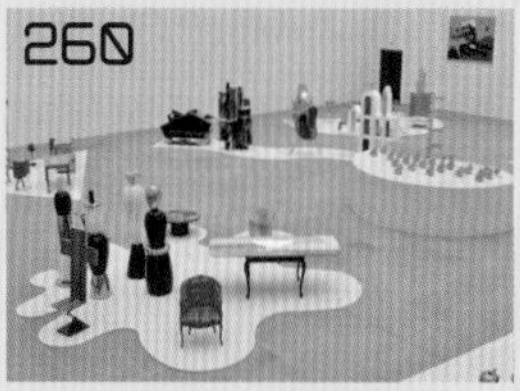
260

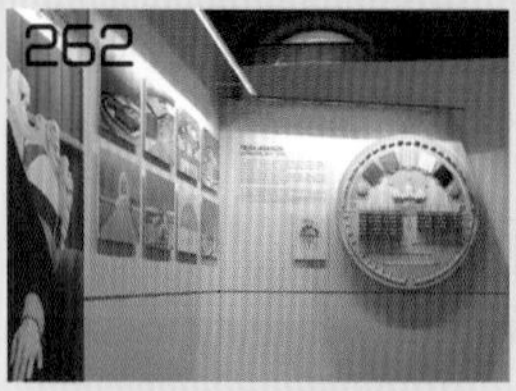
262

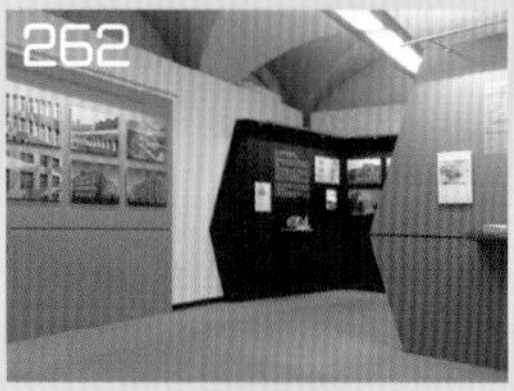
262

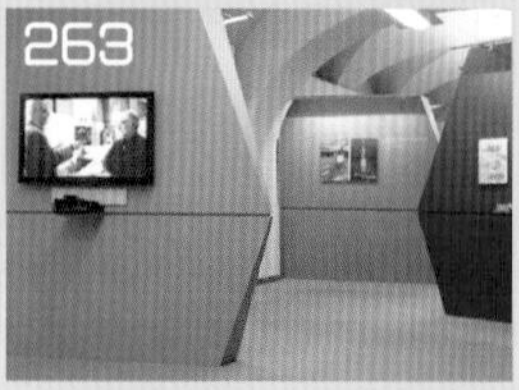
263

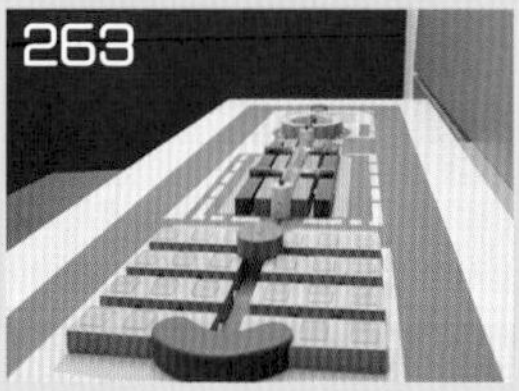
263

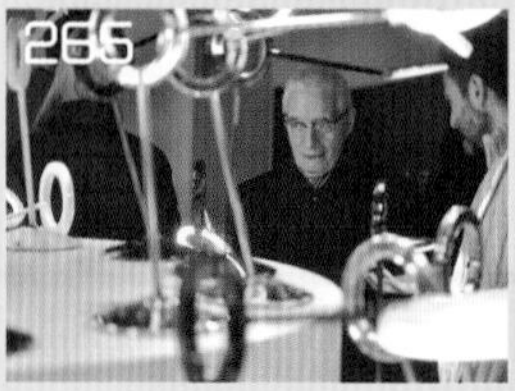
265

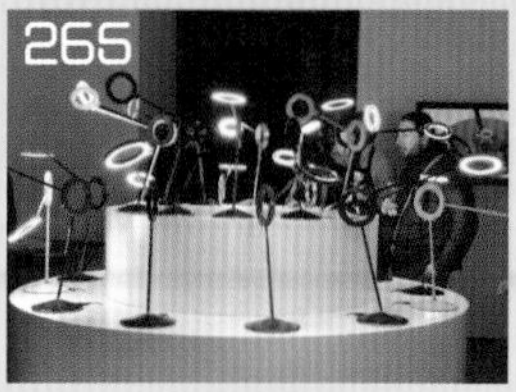
265

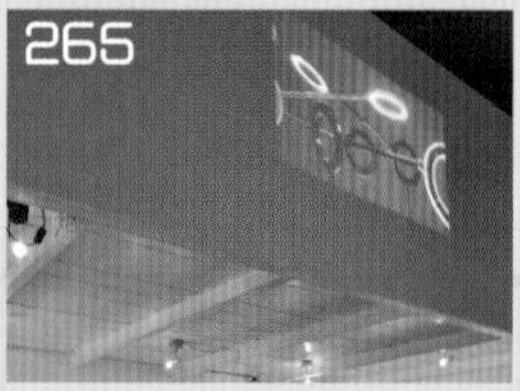
265

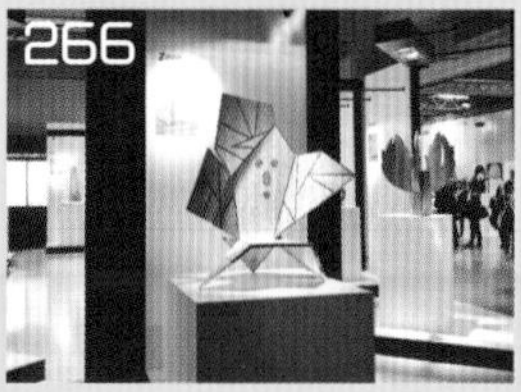
266

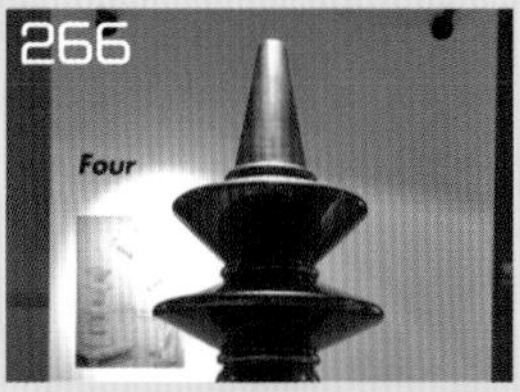

266

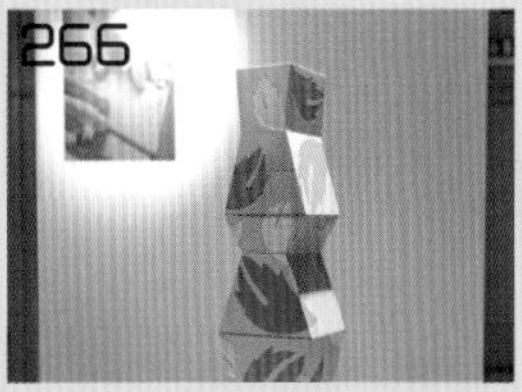
266

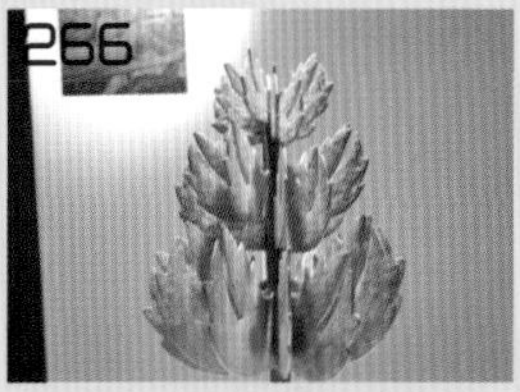
266

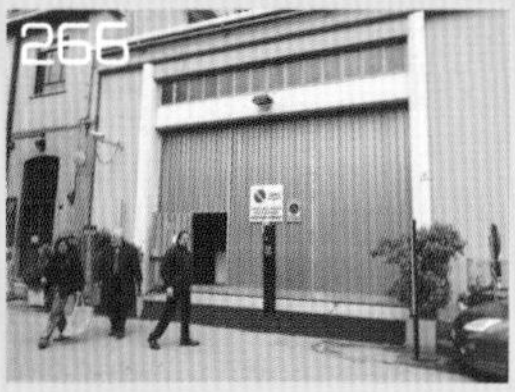
266

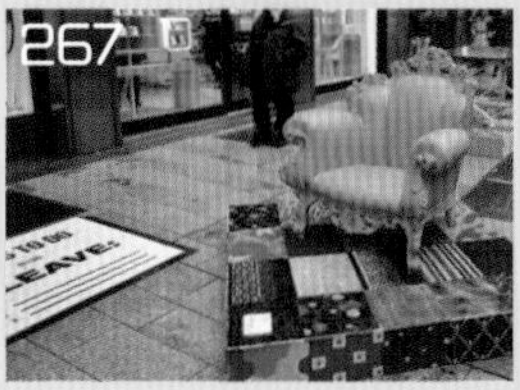
267

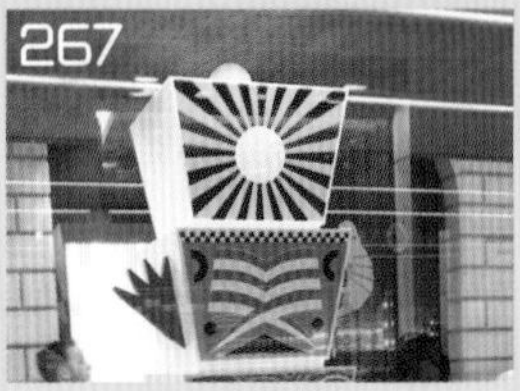
267

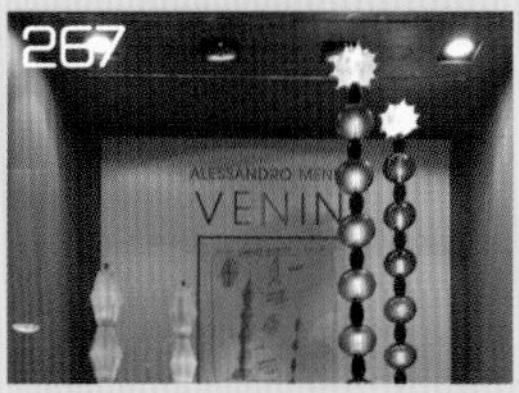
267

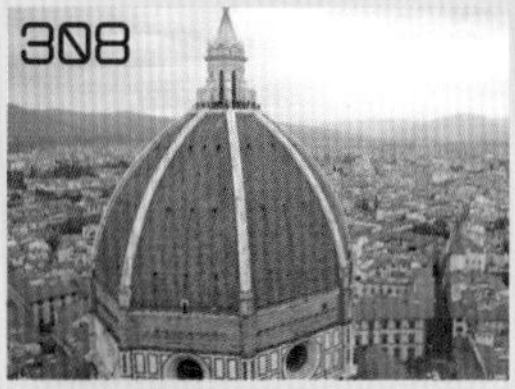
308

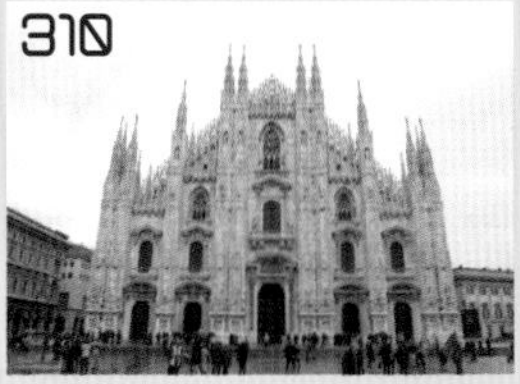
310

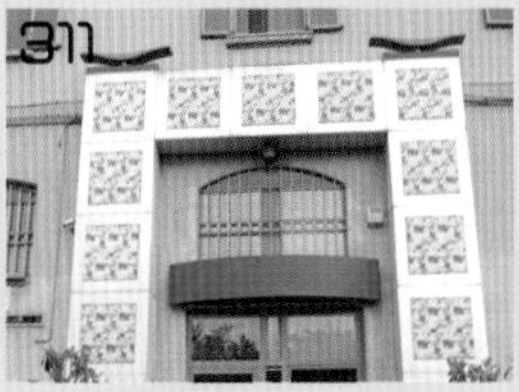
311

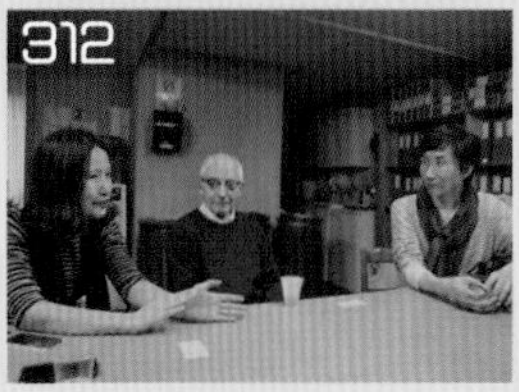
312

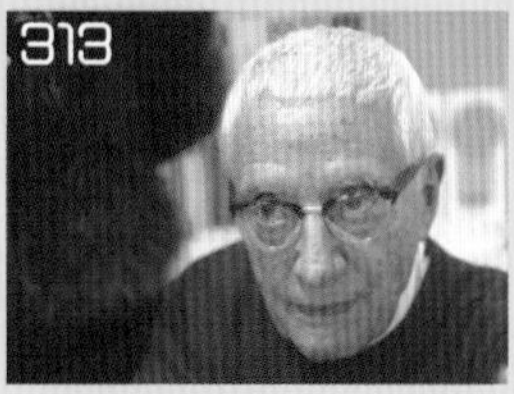
313

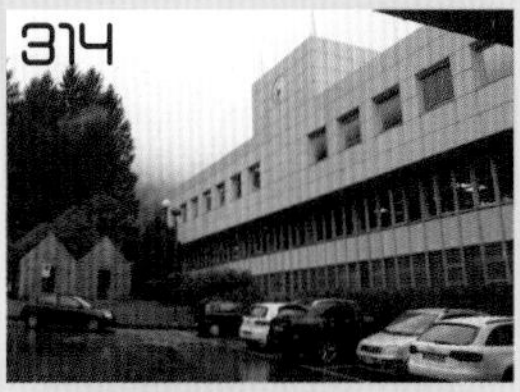
314

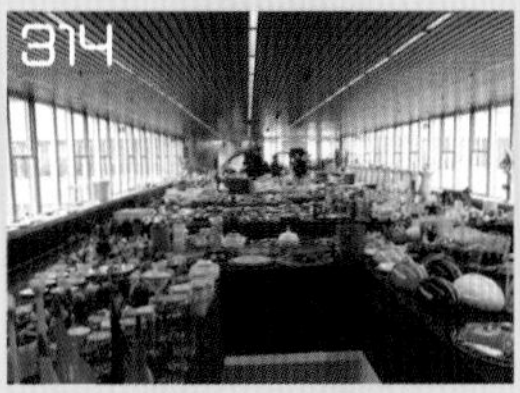
314

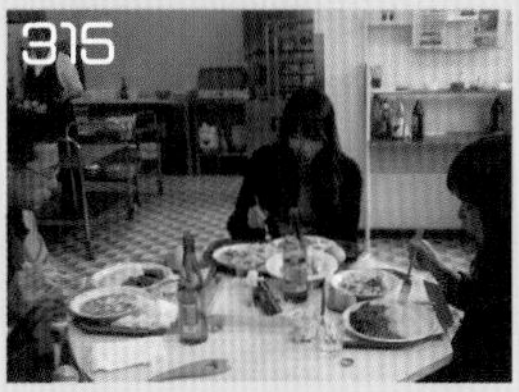
315

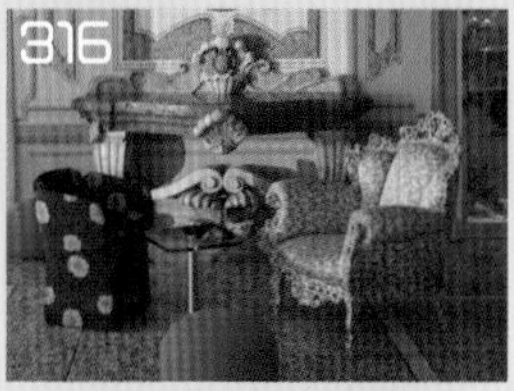
316

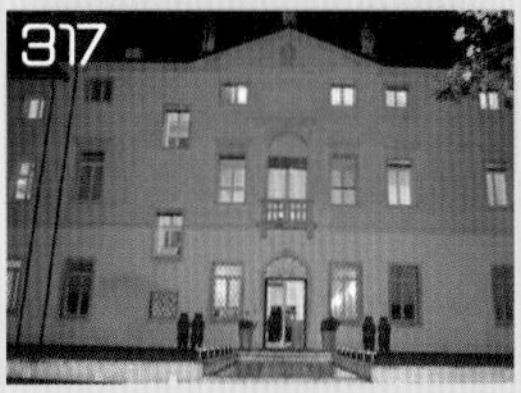
317

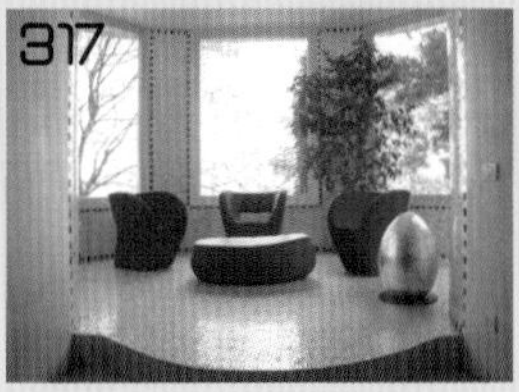
317

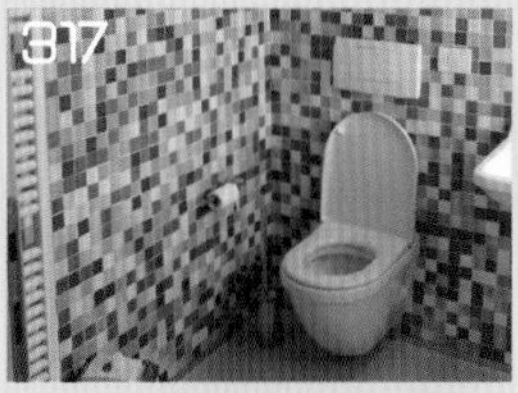
317

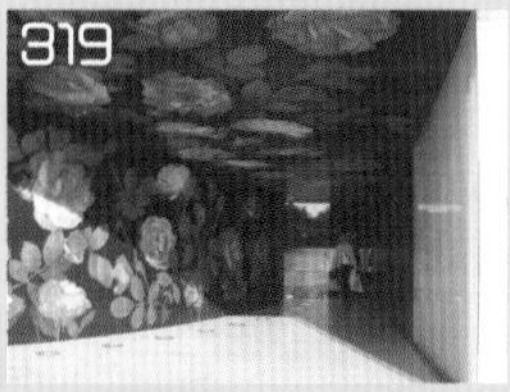
319

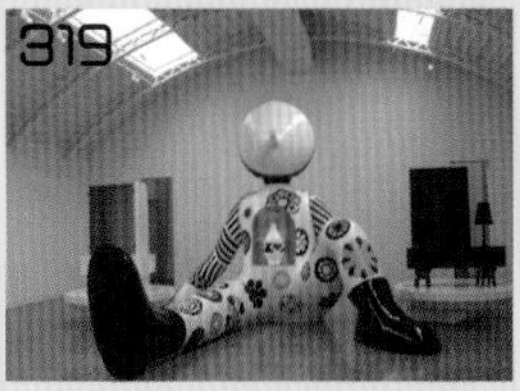
319

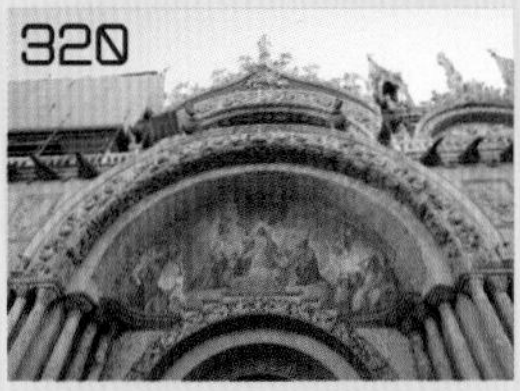
320

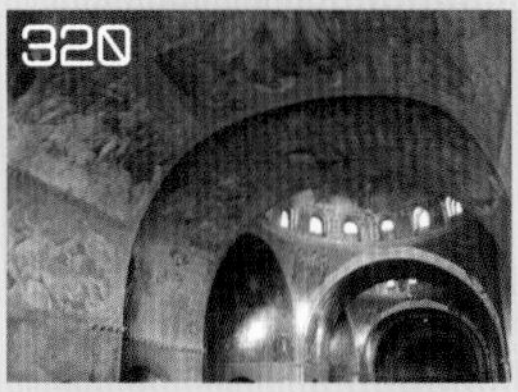
320

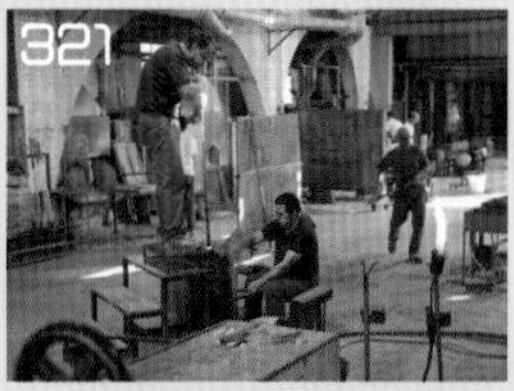
321

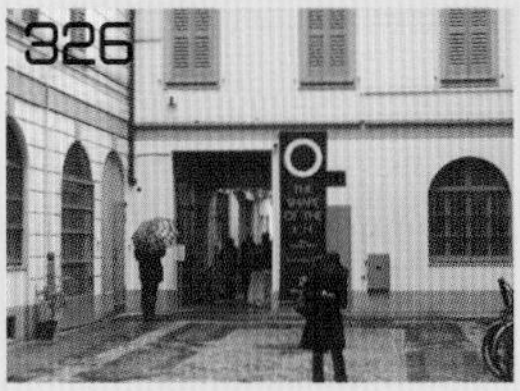
326

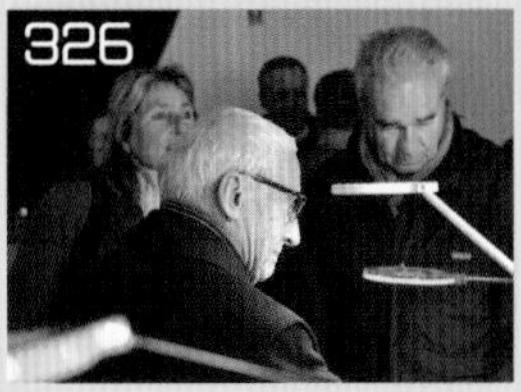
326

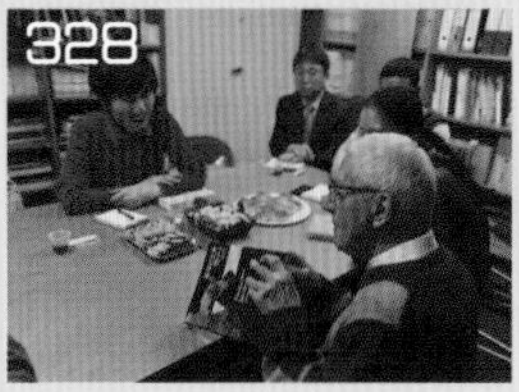
328

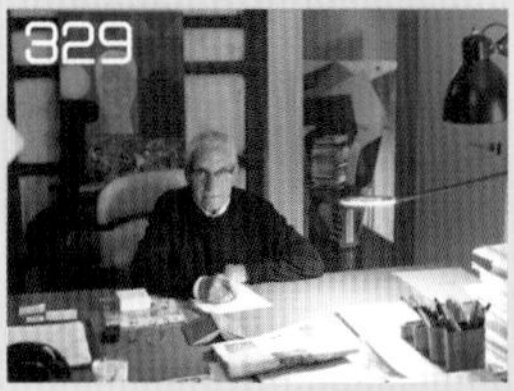
329